Епископъ Аверкій

Руководство
къ изученію

Священнаго Писанія
Новаго Завѣта

Часть I
Четвероевангеліе

Тѵпографія прп. Іова Почаевскаго
Holy Trinity Monastery, Jordanville, New York

Испытайте Писанїѧ... и та сꙋть свидѣтельствꙋющаѧ ѡ Мнѣ.

Іоан. V, 39.

Глаго́лы, ꙗже А́зъ глаго́лахъ ва́мъ, ду́хъ сꙋть и живо́тъ сꙋть.

Іоан. VI, 63.

Се́ же е́сть живо́тъ вѣ́чный, да зна́ютъ Тебе́ еди́наго истиннаго Бга, и Егоже посла́лъ еси́ Іиса Хрта.

Іоан. XVII, 3.

Предисловіе.

Настоящій трудъ, названный нами: «РУКОВОДСТВО КЪ ИЗУЧЕНІЮ СВЯЩЕННАГО ПИСАНІЯ НОВАГО ЗАВѢТА» и состоящій изъ двухъ частей: 1) ЧЕТВЕРОЕВАНГЕЛІЯ и 2) АПОСТОЛА, не претендуетъ на оригинальность. Онъ представляетъ собою лишь с в о д ъ данныхъ, извлеченныхъ изъ цѣлаго ряда дореволюціонныхъ научныхъ трудовъ и учебныхъ пособій по Священному Писанію Новаго Завѣта, изданныхъ въ Россіи и служившихъ, какъ для самообразованія, такъ и для обученія въ нашихъ духовно-учебныхъ заведеніяхъ. Въ настоящемъ своемъ видѣ наше «Руководство» является конспективно-изложеннымъ курсомъ Священнаго Писанія Новаго Завѣта, какъ онъ преподавался нами въ теченіе трехъ лѣтъ (1951-1953 г. г.) въ Свято-Троицкой Духовной Семинаріи, открытой въ 1948 г. Высокопреосвященнѣйшимъ Архіепископомъ Виталіемъ въ Св. Троицкомъ монастырѣ близъ селенія Джорданвиллъ штата Нью-Іоркъ.

При составленіи настоящаго руководства были использованы нижеслѣдующіе труды и учебныя пособія:

1) Епископъ Михаилъ. — ТОЛКОВОЕ ЕВАНГЕЛІЕ въ трехъ книгахъ;
2) Епископъ Михаилъ. — ТОЛКОВЫЙ АПОСТОЛЪ: Дѣянія и Соборныя посланія;
3) Епископъ Ѳеофанъ. — Евангельская Исторія о Богѣ Сынѣ;
4) Епископъ Ѳеофанъ. — Толкованіе посланій св. Апостола Павла;
5) М. Барсовъ. — Сборникъ статей по истолковательному и назидательному чтенію Четвероевангелія въ двухъ томахъ;
6) М. Барсовъ. — Сборникъ статей по истолковательному и назидательному чтенію Дѣяній Св. Апостоловъ;
7) М. Барсовъ. — Сборникъ статей по истолковательному и назидательному чтенію Апокалипсиса;
8) Прот. Павелъ Матвѣевскій. — Евангельская Исторія о Богѣ-Словѣ Сынѣ Божіемъ, Господѣ нашемъ Іисусѣ Христѣ, воплотившемся и вочеловѣчившемся нашего ради спасенія;
9) Б. И. Гладковъ. — Толкованіе Евангелія;
10) Свящ. Т. Буткевичъ. — Жизнь Господа нашего Іисуса Хри-

ста. Опытъ историко-критическаго изложенія Евангельской Исторіи;
11) Ф. В. Фарраръ. — Жизнь Іисуса Христа въ переводѣ А. П. Лопухина;
12) С. В. Кохомскій. — Объясненіе важнѣйшихъ мѣстъ Четвероевангелія;
13) Херасковъ. — Истолковательное обозрѣніе свящ. книгъ Новаго Завѣта;
14) А. В. Ивановъ. — Руководство къ изученію священныхъ книгъ Новаго Завѣта;
15) Прот. Н. Александровъ. — Пособіе къ изученію Священнаго Писанія Новаго Завѣта;
16) Проф. Д-ръ Н. Н. Глубоковскій. — Евангелія и ихъ благовѣстіе о Христѣ-Спасителѣ и Его искупительномъ дѣлѣ;
17) Проф. Д-ръ Н. Н. Глубоковскій. — Благовѣстіе христіанской свободы въ посланіи св. Апостола Павла къ Галатамъ;
19) Епископъ Касіанъ. — Христосъ и первое христіанское поколѣніе.

Само собой разумѣется, что широко использованы были, въ первую очередь всѣ истолковательныя творенія Святыхъ Отцевъ — въ особенности св. Іоанна Златоуста и «Благовѣстникъ» блаж. Ѳеофилакта, Архіеп. Болгарскаго, а также составленное на основаніи Св. Отцевъ толкованіе Евангелія въ «Троицкихъ листкахъ», изданное до революціи въ Россіи, и «Святоотеческое толкованіе на Евангеліе отъ Матѳея», изданное журналомъ «Вѣчное» подъ редакціей Епископа Меѳодія въ эти послѣдніе годы въ Парижѣ, въ трехъ книгахъ.

Не преслѣдуя спеціально-научныхъ цѣлей, авторъ имѣлъ въ виду дать въ руки читающимъ и изучающимъ Священное Писаніе Новаго Завѣта пособіе, дающее ключъ къ его правильному, согласному съ ученіемъ св. Православной Церкви, пониманію и истолкованію, — пособіе, которое здѣсь заграницей, при крайней скудости книгъ и изданій подобнаго рода, могло бы хотя отчасти замѣнить всѣ прежніе русскіе дореволюціонные учебники и пособія. Насколько эта цѣль имъ достигнута, не ему судить. Авторъ проситъ быть снисходительнымъ къ его труду, поскольку онъ не имѣлъ возможности всецѣло отдаваться ему, какъ этого требовала бы высокая важность предмета, а работалъ надъ нимъ лишь урывками. Но и за эту возможность онъ благодаритъ Бога, полагая, что трудъ его не останется безполезнымъ, и проситъ всѣхъ, кто будетъ пользоваться этимъ «Руководствомъ», помолиться объ авторѣ.

Епископъ **АВЕРКІЙ**.

Вступленіе.

ПОНЯТІЕ О СВЯЩЕННОМЪ ПИСАНІИ НОВАГО ЗАВѢТА.

Священнымъ Писаніемъ Новаго Завѣта называется собраніе тѣхъ священныхъ книгъ, входящихъ въ составъ Библіи, которыя явились въ свѣтъ послѣ Рождества Христова. Написаны эти книги, по вдохновенію отъ Духа Святаго, учениками Господа Іисуса Христа, или святыми Апостолами.

ЦѢЛЬ НАПИСАНІЯ СВЯЩЕННЫХЪ КНИГЪ НОВАГО ЗАВѢТА И ИХЪ СОДЕРЖАНІЕ.

Священныя книги Новаго Завѣта написаны св. Апостолами съ цѣлью изобразить спасеніе людей, совершенное воплотившимся Сыномъ Божіимъ — Господомъ нашимъ Іисусомъ Христомъ. Въ соотвѣтствіи съ этой высокой цѣлью, онѣ повѣствуютъ намъ о величайшемъ событіи воплощенія Сына Божія, о земной жизни Его, объ ученіи, которое Онъ проповѣдывалъ, о чудесахъ, которыя Онъ творилъ, объ Его искупительныхъ страданіяхъ и крестной смерти, о преславномъ воскресеніи изъ мертвыхъ и вознесеніи на небо, о начальномъ періодѣ распространенія Христовой вѣры чрезъ св. Апостоловъ, разъясняютъ намъ ученіе Христово въ его многообразномъ приложеніи къ жизни и предупреждаютъ о послѣднихъ судьбахъ міра и человѣчества.

ЧИСЛО, НАИМЕНОВАНІЯ И ПОРЯДОКЪ СВЯЩЕННЫХЪ КНИГЪ НОВАГО ЗАВѢТА.

Общее число всѣхъ священныхъ книгъ Новаго Завѣта — двадцать семь. Наименованія ихъ и обычный порядокъ расположенія слѣдующіе:
1) Отъ Матѳея святое Евангеліе (или: благовѣствованіе),
2) Отъ Марка святое Евангеліе (или: благовѣствованіе),
3) Отъ Луки святое Евангеліе (или: благовѣствованіе),
4) Отъ Іоанна святое Евангеліе (или: благовѣствованіе),
5) Дѣянія святыхъ Апостолъ,
6) Соборное посланіе св. Апостола Іакова,
7) Первое соборное посланіе св. Апостола Петра,
8) Второе соборное посланіе св. Апостола Петра,
9) Первое соборное посланіе св. Апостола Іоанна Богослва,
10) Второе соборное посланіе св. Апостола Іоанна Богослова,
11) Третье соборное посланіе св. Апостола Іоанна Богослова,
12) Соборное посланіе св. Апостола Іуды,
13) Посланіе къ Римлянамъ св. Апостола Павла,
14) Первое посланіе къ Коринѳянамъ св. Апостола Павла,

15) Второе посланіе къ Кориноянамъ св. Апостола Павла,
16) Посланіе къ Галатамъ св. Апостола Павла,
17) Посланіе къ Ефесянамъ св. Апостола Павла,
18) Посланіе къ Филиппійцамъ св. Апостола Павла,
19) Посланіе къ Колоссянамъ св. Апостола Павла,
20) Первое посланіе къ Солунянамъ (или: Өессалоникійцамъ) св. Апостола Павла,
21) Второе посланіе къ Солунянамъ (или: Өессалоникійцамъ) св. Апостола Павла,
22) Первое посланіе къ Тимоөею св. Апостола Павла,
23) Второе посланіе къ Тимоөею св. Апостола Павла,
24) Посланіе къ Титу св. Апостола Павла,
25) Посланіе къ Филимону св. Апостола Павла,
26) Посланіе къ Евреямъ св. Апостола Павла,
27) Апокалипсисъ, или Откровеніе св. Іоанна Богослова.

СОДЕРЖАНІЕ РАЗЛИЧНЫХЪ НАИМЕНОВАНІЙ СВЯЩЕННЫХЪ КНИГЪ НОВАГО ЗАВѢТА.

Собраніе всѣхъ священныхъ книгъ Новаго Завѣта именуется обычно просто «НОВЫМЪ ЗАВѢТОМЪ», какъ бы въ противопоставленіе Ветхому Завѣту, ибо въ этихъ священныхъ книгахъ изложены новыя заповѣди и новыя обѣтованія Божіи людямъ — изложенъ новый «завѣтъ», или «союзъ» Бога съ человѣкомъ, основанный на Крови пришедшаго на землю и пострадавшаго за насъ единаго Ходатая Бога и человѣковъ — Іисуса Христа (см. Луки 22: 20; I Тим. 2: 5; Евр. 9: 14-15).

Новозавѣтныя священныя книги дѣлятся на «Евангеліе» и «Апостолъ». Первыя четыре книги называются «ЧЕТВЕРОЕВАНГЕЛІЕМЪ» или просто «ЕВАНГЕЛІЕМЪ», потому что въ нихъ содержится «благая вѣсть» (слово «ЕВАНГЕЛІЕ» по-гречески значитъ: «благая» или «добрая вѣсть», почему и переведено на русскій языкъ словомъ: «благовѣствованіе») о приходѣ въ міръ обѣщаннаго Богомъ прародителямъ Божественнаго Искупителя и о совершенномъ Имъ великомъ дѣлѣ спасенія человѣчества.

Всѣ остальныя книги Новаго Завѣта часто объединяются подъ названіемъ «АПОСТОЛА», потому что содержатъ въ себѣ повѣствованіе о дѣяніяхъ св. Апостоловъ и изложеніе ихъ наставленій первымъ христіанамъ.

РАЗДѢЛЕНІЕ НОВОЗАВѢТНЫХЪ СВЯЩЕННЫХЪ КНИГЪ ПО ИХЪ СОДЕРЖАНІЮ.

По своему содержанію новозавѣтныя священныя книги раздѣляются обычно на слѣдующіе четыре отдѣла:

1) книги ЗАКОНОПОЛОЖИТЕЛЬНЫЯ, къ каковымъ относятся четыре Евангелія отъ Матөея, Марка, Луки и Іоанна, какъ

составляющія самое существо новозавѣтнаго Божія з а к о н а людямъ, ибо они излагаютъ событія спасительной для насъ земной жизни Господа Іисуса Христа и Его Божественное ученіе;

2) книгу ИСТОРИЧЕСКУЮ, каковой является книга Дѣяній св. Апостоловъ, какъ излагающая намъ и с т о р і ю утвержденія и первоначальнаго распространенія Церкви Христовой на землѣ черезъ проповѣдь св. Апостоловъ;

3) книги УЧИТЕЛЬНЫЯ, къ каковымъ относятся 7 соборныхъ посланій: одно св. Апостола Іакова, два св. Апостола Петра, три св. Апостола Іоанна Богослова и одно св. Апостола Іуды, а также 14 посланій св. Апостола Павла (перечислены выше), какъ содержащія у ч е н і е св. Апостоловъ или вѣрнѣе — истолкованіе Христова ученія св. Апостолами примѣнительно къ разнымъ случаямъ жизни;

4) книгу ПРОРОЧЕСКУЮ, каковой является Апокалипсисъ, или Откровеніе св. Іоанна Богослова, какъ содержащая въ таинственныхъ видѣніяхъ и образахъ п р о р о ч е с т в а о будущихъ судьбахъ Церкви Христовой, міра и человѣчества.

ИСТОРІЯ КАНОНА СВЯЩЕННЫХЪ КНИГЪ НОВАГО ЗАВѢТА.

Новозавѣтныя священныя книги всѣ являются к а н о н и ч е с к и м и . Каноническое достоинство эти книги пріобрѣли сразу послѣ своего появленія въ свѣтъ, ибо всѣмъ извѣстны были высокоавторитетныя имена ихъ авторовъ. Замѣчательно въ этомъ отношеніи свидѣтельство св. Ап. Петра въ его 2-мъ соб. посланіи (3: 16), гдѣ онъ говоритъ, какъ уже объ извѣстныхъ ему, «всѣхъ посланіяхъ» св. Апостола Павла. Написавъ посланіе для Колоссянъ, св. Апостолъ Павелъ даетъ распоряженіе, чтобы оно было прочитано и въ Лаодикійской церкви (Кол. 4: 16). Мы имѣемъ множество доказательствъ того, что Церковь всегда и съ самаго начала признавала каноническое достоинство извѣстныхъ намъ въ настоящее время новозавѣтныхъ священныхъ книгъ. Если же и существовали сомнѣнія относительно нѣкоторыхъ изъ книгъ, на что любитъ ссылаться такъ наз. «отрицательная критика», то эти сомнѣнія принадлежали частнымъ лицамъ и не раздѣлялись всею Церковью.

Уже въ писаніяхъ «мужей апостольскихъ» мы находимъ отдѣльныя изреченія изъ всѣхъ почти извѣстныхъ намъ новозавѣтныхъ книгъ, а о нѣсколькихъ отдѣльныхъ книгахъ мужи апостольскіе даютъ прямое и ясное свидѣтельство, какъ о книгахъ, несомнѣнно имѣющихъ апостольское происхожденіе. Такъ напр., отдѣльныя мѣста изъ новозавѣтныхъ книгъ встрѣчаются у св. ВАРНАВЫ, спутника и сотрудника св. Апостола Павла, въ его посланіи, у св. КЛИМЕНТА РИМСКАГО въ его посланіяхъ къ Коринѳянамъ, у священномученика ИГНАТІЯ БОГОНОСЦА, Епископа Антіохійскаго, бывшаго ученикомъ св. Апостола Іоанна Богослова, въ его 7 посланіяхъ, изъ коихъ ясно видно, что ему хорошо были извѣстны всѣ четыре Евангелія; у священномученика ПОЛИКАРПА, Епископа Смирнскаго, также ученика св. Іоанна Богослова, въ его посланіи къ Филиппійцамъ, и у ПАПІЯ, Епископа Іерапольскаго, тоже ученика св. Іоанна Богослова, въ его книгахъ, отрывки изъ которыхъ приведены Евсевіемъ въ его Исторіи Церкви.

Всѣ эти мужи апостольскіе жили во второй половинѣ п е р в а г о и началѣ второго вѣка.

Множество ссылокъ на новозавѣтныя священныя книги и выписокъ изъ нихъ мы находимъ и у нѣсколько болѣе позднихъ по времени церковныхъ писателей — а п о л о г е т о в ъ, жившихъ в о в т о р о м ъ вѣкѣ. Такъ, напр., св. мученикъ ІУСТИНЪ-ФИЛОСОФЪ въ своей апологіи, «Разговоръ съ Трифономъ-іудеемъ» и прочихъ сочиненіяхъ приводитъ до 127-ми евангельскихъ текстовъ; священномученикъ ИРИНЕЙ, Епископъ Ліонскій, въ своемъ сочиненіи: «Пять книгъ противъ ересей» свидѣтельствуетъ о достовѣрности всѣхъ четырехъ нашихъ Евангелій и приводитъ огромное количество дословныхъ изъ нихъ выписокъ; ТАЦІАНЪ въ своей книгѣ: «Рѣчь противъ эллиновъ», обличая безуміе язычества, доказываетъ божественность Священнаго Писанія, приводя тексты изъ Евангелія; ему же принадлежитъ п е р в а я попытка составленія с в о д а всѣхъ четырехъ Евангелій, извѣстнаго подъ названіемъ: «ДІАТЕССАРОНА». Знаменитый учитель и глава Александрійскаго училища КЛИМЕНТЪ АЛЕКСАНДРІЙСКІЙ во всѣхъ дошедшихъ до насъ своихъ сочиненіяхъ, какъ напр., «Педагогъ», «Смѣсь, или Строматы» и др. приводитъ многочисленныя мѣста изъ новозавѣтныхъ священныхъ книгъ, какъ изъ такихъ подлинность которыхъ не подлежитъ никакому сомнѣнію. Языческій философъ АѲИНАГОРЪ, приступившій къ чтенію Священнаго Писанія съ намѣреніемъ писать противъ христіанства, но сдѣлавшійся вмѣсто этого блестящимъ апологетомъ Христовой вѣры, въ своей апологіи приводитъ цѣлый рядъ подлинныхъ изреченій Евангелія, поясняя при этомъ, что «ТАКЪ ГОВОРИТЪ ПИСАНІЕ». Св. ѲЕОФИЛЪ, Епископъ Антіохійскій, въ дошедшихъ до насъ «Трехъ книгахъ къ Автолику» дѣлаетъ много дословныхъ ссылокъ на Евангеліе, а, по свидѣтельству блаженнаго Іеронима, имъ былъ составленъ сводъ всѣхъ четырехъ Евангелій и написанъ «Комментарій на Евангеліе».

Отъ ученнѣйшаго церковнаго писателя ОРИГЕНА, жившаго въ концѣ в т о р о г о и началѣ т р е т ь я г о вѣка до насъ дошелъ цѣлый рядъ сочиненій, въ которыхъ онъ приводитъ громадное количество текстовъ изъ новозавѣтныхъ священныхъ книгъ и даетъ намъ свидѣтельство, что несомнѣнно апостольскими и божественными писаніями во всей поднебесной Церкви признавались, какъ четыре Евангелія, такъ и книги Дѣяній Апостольскихъ, Апокалипсисъ и 14 посланій св. Апостола Павла.

Чрезвычайно цѣнны также и свидѣтельства отъ «внѣшнихъ» — еретиковъ и язычниковъ. Въ сочиненіяхъ еретиковъ ВАСИЛИДА, КАРПОКРАТА, ВАЛЕНТИНА, ПТОЛОМЕЯ, ГЕРАКЛІОНА и МАРКІОНА мы находимъ много мѣстъ, изъ которыхъ ясно видно, что имъ хорошо были извѣстны наши новозавѣтныя священныя книги. Всѣ они жили во в т о р о м ъ вѣкѣ. Особенно важно появившееся въ половинѣ того же второго вѣка полное ненависти ко Христу сочиненіе языческаго философа ЦЕЛЬСА подъ названіемъ «ИСТИННОЕ СЛОВО», въ которомъ весь матеріалъ для нападеній на христіанство заимствованъ изъ всѣхъ четырехъ нашихъ Евангелій, причемъ нерѣдко встрѣчаются даже дословныя выписки изъ нихъ.

Правда, не во всѣхъ древнихъ спискахъ священныхъ книгъ Новаго Завѣта, дошедшихъ до насъ, перечисляются всегда полностью всѣ принимаемыя Церковью 27 книгъ. Въ такъ наз. «Мураторіевомъ канонѣ», относящемся, какъ полагаютъ, ко 2-ой половинѣ второго вѣка и найденномъ въ прошломъ столѣтіи профессоромъ Мураторіемъ, перечисляются на латинскомъ языкѣ только 4 Евангелія, книга Дѣяній св. Апостоловъ, 13 посланій св. Апостола Павла (безъ посланія къ Евреямъ), посланіе св. Апостола Іуды, посланія и Апокалипсисъ св. Іоанна Богослова. Нѣтъ, однако, никакихъ основаній считать этотъ «канонъ» оффиціальнымъ церковнымъ документомъ. Въ этомъ же второмъ вѣкѣ появился переводъ священныхъ книгъ Новаго Завѣта на сирскій языкъ, получившій названіе «ПЕШИТО». Въ немъ имѣются не указанныя въ спискѣ Мураторія посланіе къ Евреямъ и посланіе св. Апостола Іакова, но зато отсутствуютъ посланіе св. Апостола Іуды, 2-ое посланіе св. Ап. Петра, 2-ое и 3-ье посланія св. Апостола Іоанна и Апокалипсисъ.

Для всѣхъ этихъ пропусковъ могли быть причины частнаго характера, точно также, какъ и сомнѣнія отдѣльныхъ ч а с т н ы х ъ лицъ, высказывавшіяся относительно подлинности той или другой книги, не имѣютъ серьезнаго значенія, ибо тоже имѣютъ частный характеръ, иногда съ явной тенденціозностью. Извѣстно, напр., что основатель протестантизма Мартинъ Лютеръ пытался заподазривать подлинность посланія св. Ап. Іакова потому, что въ немъ рѣшительно подчеркивается недостаточность для спасенія одной вѣры безъ добрыхъ дѣлъ (2: 26 — «вѣра безъ дѣлъ мертва есть»; см. также 2: 14, 17, 20 и др.), въ то время какъ провозглашенный имъ основной догматъ протестантскаго вѣроученія утверждаетъ какъ разъ обратное, что «человѣкъ оправдывается одною вѣрою безъ добрыхъ дѣлъ». Столь же тенденціозны, конечно, и всѣ остальныя подобныя же попытки опорочить нашъ новозавѣтный канонъ.

Что же касается в с е й Церкви въ цѣломъ, то она всегда съ самаго начала принимала всѣ признаваемыя у насъ въ настоящее время новозавѣтныя священныя книги, что и было засвидѣтельствовано въ 360 году на помѣстномъ ЛАОДИКІЙСКОМЪ соборѣ, издавшемъ опредѣленіе, въ которомъ перечисляются поименно всѣ 27 нашихъ новозавѣтныхъ священныхъ книгъ (60 прав.). Это опредѣленіе было потомъ торжественно подтверждено и получило такимъ образомъ вселенскій характеръ на VI Вселенскомъ соборѣ.

ЯЗЫКЪ НОВОЗАВѢТНЫХЪ СВЯЩЕННЫХЪ КНИГЪ И ИСТОРІЯ ИХЪ ТЕКСТА.

Всѣ новозавѣтныя священныя книги написаны на г р е ч е с к о м ъ языкѣ, но не на классическомъ греческомъ языкѣ, а на народномъ александрійскомъ нарѣчіи греческаго языка, такъ называемомъ «КИНИ», на которомъ говорили или который, во всякомъ случаѣ, понимали всѣ культурные обитатели не только Восточной, но и Западной половины тогдашней Римской Имперіи. Это былъ языкъ всѣхъ образованныхъ людей того времени. Апостолы потому и писали на этомъ языкѣ, чтобы сдѣлать новозавѣтныя священныя книги доступными для чтенія и пониманія всѣхъ образованныхъ гражданъ.

Писались онѣ авторами или собственноручно (Галат. 6: 22), или переписчиками, которымъ авторы диктовали (Римл. 16: 22), на папирусѣ, приготовлявшемся изъ египетскаго тростника, тростью и чернилами (3 Іоан. 13). Сравнительно рѣже употреблялся для этой цѣли и пергаментъ, приготовлявшійся изъ кожи животныхъ и цѣнившійся очень дорого.

Характернымъ является то, что для письма употреблялись только б о л ь ш і я буквы греческаго алфавита, безъ знаковъ препинанія и даже безъ отдѣленія одного слова отъ другого. Малыя буквы стали употребляться только съ IX-го вѣка, какъ равно и словораздѣленія. Знаки же препинанія введены только по изобрѣтеніи книгопечатанія — Алдусомъ Мануціемъ въ XVI-омъ вѣкѣ. Нынѣшнее раздѣленіе на главы было произведено на западѣ кардиналомъ ГУГОМЪ въ XIII вѣкѣ, а раздѣленіе на стихи — парижскимъ типографщикомъ РОБЕРТОМЪ СТЕФАНОМЪ въ XVI вѣкѣ.

Въ лицѣ своихъ ученыхъ епископовъ и пресвитеровъ Церковь всегда заботилась объ охраненіи текста священныхъ книгъ отъ всякихъ искаженій, всегда возможныхъ, особенно до изобрѣтенія книгопечатанія, когда книги переписывались отъ руки. Есть свѣдѣнія, что надъ исправленіемъ текста въ неисправныхъ спискахъ много трудились такіе ученые мужи христіанской древности, какъ ОРИГЕНЪ, ИСИХІЙ, Епископъ ЕГИПЕТСКІЙ и ЛУКІАНЪ, Пресвитеръ АНТІОХІЙСКІЙ. Съ изобрѣтеніемъ книгопечатанія стали слѣдить за тѣмъ, чтобы новозавѣтныя священныя книги печатались только по лучшимъ древнѣйшимъ рукописямъ. Въ первой четверти XVI вѣка появилось почти одновременно два печатныхъ изданія новозавѣтнаго греческаго текста: такъ наз. КОМПЛЮТЕНСКАЯ ПОЛИГЛОТТА въ Испаніи и изданіе ЭРАЗМА РОТТЕРДАМСКАГО въ Базелѣ. Въ прошломъ столѣтіи необходимо отмѣтить, какъ образцовые, труды ТИШЕНДОРФА — изданіе, явившееся въ результатѣ сравненія до 900 рукописей Новаго Завѣта.

Какъ эти добросовѣстные критическіе труды, такъ, въ особенности, конечно, неусыпное блюденіе Церкви, въ которой живетъ и которой руководитъ Духъ Святый, служатъ намъ вполнѣ достаточной порукой за то, что мы обладаемъ въ настоящее время чистымъ неповрежденнымъ греческимъ текстомъ новозавѣтныхъ священныхъ книгъ.

Во второй половинѣ IX-го столѣтія новозавѣтныя священныя книги были переведены просвѣтителями славянъ равноапостольными братіями КИРИЛЛОМЪ и МЕѲОДІЕМЪ на «языкъ словѣньскъ», до нѣкоторой степени общій и болѣе или менѣе понятный для всѣхъ славянскихъ племенъ, какъ полагаютъ, БОЛГАРО-МАКЕДОНСКІЙ діалектъ, на которомъ говорили въ окрестностяхъ г. СОЛУНИ, родины св. братьевъ. Древнѣйшій памятникъ этого славянскаго перевода сохранился у насъ въ Россіи подъ названіемъ «ОСТРОМИРОВА ЕВАНГЕЛІЯ», называемаго такъ потому, что оно было написано для новгородскаго посадника Остромира діакономъ Григоріемъ въ 1056-57 г. г. Это Евангеліе «АПРАКОСНОЕ» (что значитъ: «недѣльное»), то-есть матеріалъ въ немъ расположенъ не по главамъ, а по такъ наз. «ЗАЧАЛАМЪ», начиная отъ 1-го зачала Евангелія отъ Іоанна («Искони бѣ слово»), которое читается у насъ за богослуженіемъ на литургіи въ первый день Пасхи, и дальше слѣдуетъ порядку богослужебнаго употребленія, по недѣлямъ. Въ богослужебномъ употребленіи нашей Православной Церкви принято вообще раздѣленіе новозавѣтнаго священнаго текста не на главы, а на ЗАЧАЛА, то-есть отдѣльные отрывки, заключающіе въ себѣ болѣе или менѣе законченное повѣствованіе или законченную мысль. Въ каждомъ Евангеліи ведется ОСОБЫЙ счетъ зачалъ, въ Апостолѣ же, включающемъ въ себѣ книгу Дѣяній и всѣ посланія, одинъ ОБЩІЙ счетъ. Апокалипсисъ, какъ книга не читающаяся при богослуженіи, на зачала не раздѣлена. Дѣленіе Евангелія и Апостола на зачала не совпадаетъ съ дѣленіемъ на главы и, сравнительно съ нимъ, является болѣе дробнымъ.

Съ теченіемъ времени первоначальный славянскій текстъ подвергался у насъ нѣкоторой, незначительной впрочемъ, руссификакаціи — сближенію съ разговорнымъ русскимъ языкомъ. Современный русскій переводъ сдѣланный въ первой половинѣ XIX вѣка на русскій литературный языкъ, во многихъ отношеніяхъ является не удовлетворительнымъ, почему славянскій переводъ слѣдуетъ предпочитать ему.

ВРЕМЯ НАПИСАНІЯ НОВОЗАВѢТНЫХЪ СВЯЩЕННЫХЪ КНИГЪ.

Время написанія каждой изъ священныхъ книгъ Новаго Завѣта не можетъ быть опредѣлено съ безусловной точностью, но совершенно несомнѣнно, что всѣ они были написаны во второй половинѣ п е р в а г о вѣка. Это ясно видно уже изъ того, что цѣлый рядъ писателей второго вѣка, какъ св. мученикъ ІУСТИНЪ-ФИЛОСОФЪ въ своей апологіи, написанной около 150 г., языческій писатель ЦЕЛЬСЪ въ своемъ сочиненіи, написанномъ тоже въ серединѣ второго вѣка, и особенно священномученикъ ИГНАТІЙ-БОГОНОСЕЦЪ въ своихъ посланіяхъ, относящихся къ 107-му году, — всѣ дѣлаютъ уже множество ссылокъ на новозавѣтныя священныя книги и приводятъ изъ нихъ дословныя выдержки.

Первыми новозавѣтными книгами были, по времени ихъ появленія, несомнѣнно ПОСЛАНІЯ свв. Апостоловъ, вызванныя необходимостью утвержденія въ вѣрѣ новооснованныхъ христіанскихъ общинъ; но скоро, конечно, явилась потребность и въ систематическомъ изложеніи земной жизни Господа Іисуса Христа и Его ученія. Какъ ни пыталась такъ наз. «отрицательная критика» подорвать вѣру въ историческую достовѣрность и подлинность нашихъ Евангелій и прочихъ новозавѣтныхъ священныхъ книгъ, относя ихъ появленіе въ свѣтъ къ значительно болѣе позднему времени (напр., Бауръ и его школа) новѣйшія открытія въ области патристической литературы со всей убѣдительностью свидѣтельствуютъ, что всѣ онѣ написаны въ первомъ вѣкѣ.

Въ началѣ нашего богослужебнаго Евангелія, въ особомъ предисловіи къ каждому изъ четырехъ Евангелистовъ указано, на основаніи свидѣтельства церковнаго историка Евсевія, которому слѣдуетъ и извѣстный толкователь Евангелія блаженный ѲЕОФИЛАКТЪ, Архіепископъ Болгарскій, что Евангеліе отъ Матѳея написано въ в о с ь м о й годъ по Вознесеніи Господнемъ, Евангеліе отъ Марка — въ д е с я т ы й, Евангеліе отъ Луки — въ п я т н а д ц а т ы й, Евангеліе отъ Іоанна — въ т р и д ц а т ь в т о р о й. Во всякомъ случаѣ, по цѣлому ряду соображеній можно заключить, что Евангеліе отъ Матѳея несомнѣнно написано раньше всѣхъ и никакъ не позже 50-60 г. г. по Р. Хр. Евангелія отъ Марка и Луки написаны нѣсколько позже, но во всякомъ случаѣ ранѣе разрушенія Іерусалима, то-есть до 70 года по Р. Хр., а св. Іоаннъ Богословъ написалъ свое Евангеліе позже всѣхъ, въ концѣ перваго вѣка, будучи уже въ глубокой старости, какъ нѣкоторые предполагаютъ, около 96 года. Нѣсколько раньше былъ написанъ имъ Апокалипсисъ. Книга Дѣяній Апостольскихъ написана вскорѣ послѣ третьяго Евангелія, ибо, какъ видно изъ предисловія къ ней, она служитъ какъ бы его продолженіемъ.

Часть первая.

ЧЕТВЕРОЕВАНГЕЛІЕ

ЗНАЧЕНІЕ ЧЕТВЕРИЧНАГО ЧИСЛА ЕВАНГЕЛІЙ.

Всѣ четыре Евангелія согласно повѣствуютъ о жизни и ученіи Христа Спасителя, о Его чудесахъ, крестныхъ страданіяхъ, смерти и погребеніи, Его преславномъ воскресеніи изъ мертвыхъ и вознесеніи на небо. Взаимно дополняя и разъясняя другъ друга, они представляютъ собою единую цѣлую книгу, не имѣющую никакихъ противорѣчій и несогласій въ самомъ главномъ и основномъ — въ ученіи О СПАСЕНІИ, которое совершено воплотившимся Сыномъ Божіимъ — совершеннымъ Богомъ и совершеннымъ человѣкомъ. Древніе христіанскіе писатели сравнивали Четвероевангеліе съ рѣкой, которая, выходя изъ Эдема для орошенія насажденнаго Богомъ рая, раздѣлялась на четыре рѣки, протекавшія по странамъ, изобиловавшимъ всякими драгоцѣнностями. Еще болѣе обычнымъ символомъ для четырехъ Евангелій служила таинственная колесница которую видѣлъ пророкъ Іезекіиль при рѣкѣ Ховаръ (1: 1-28) и которая состояла изъ четырехъ существъ, напоминавшихъ собою лицами — человѣка, льва, тельца и орла. Эти существа, взятыя въ отдѣльности, сдѣлались эмблемами для евангелистовъ. Христіанское искусство, начиная съ V-го вѣка, изображаетъ св. Матѳея съ человѣкомъ или ангеломъ, св. Марка со львомъ, св. Луку съ тельцомъ, св. Іоанна съ орломъ. Св. Евангелисту Матѳею стали усваивать символъ человѣка потому, что онъ въ своемъ Евангеліи особенно подчеркиваетъ человѣческое происхожденіе Господа Іисуса Христа отъ Давида и Авраама; св. Марку — льва, ибо онъ выводитъ въ особенности царственное всемогущество Господа; св. Лукѣ — тельца (телецъ, какъ жертвенное животное), ибо онъ по преимуществу говоритъ о Христѣ, какъ о великомъ Первосвященникѣ, принесшемъ Самаго Себя въ жертву за грѣхи всего міра; св. Іоанну — орла, такъ какъ онъ особой возвышенностью своихъ мыслей и даже самой величественностью своего слога, какъ орелъ, высоко паритъ въ небѣ «надъ облаками человѣческой немощности», по выраженію блаженнаго Августина.

Кромѣ нашихъ четырехъ Евангелій, въ первые вѣка извѣстно было много (до 50-ти) другихъ писаній, называвшихъ себя также «евангеліями» и приписывавшихъ себѣ апостольское происхожденіе. Церковь, однако, скоро ихъ отвергла, отнеся ихъ къ числу такъ наз. «апокрифовъ». Уже священномуч. ИРИНЕЙ, Епископъ Ліонскій, бывшій ученикомъ св. Поликарпа Смирнскаго, который въ свою очередь былъ ученикомъ св. Іоанна Богослова, въ своей книгѣ «Противъ ересей» (III, 2, 8) свидѣтельствуетъ, что ЕВАНГЕЛІЙ ТОЛЬКО ЧЕТЫРЕ и что ихъ не должно быть ни больше ни меньше, потому что «четыре страны міра», «четыре вѣтра во вселенной».

Замѣчательно разсуждаетъ великій отецъ Церкви св. Іоаннъ Златоустъ, отвѣчая на вопросъ, почему Церковь приняла 4 Евангелія, а не ограничилась только однимъ:

«Развѣ одинъ Евангелистъ не могъ написать всего? Конечно могъ, но, когда писали четверо, писали не въ одно и то же время, не въ одномъ и томъ же мѣстѣ, не сносясь и не сговариваясь между собой, и, однако, написали такъ, какъ будто все произнесено одними устами, то это служитъ величайшимъ доказательствомъ истины».

Прекрасно отвѣчаетъ онъ и на возраженіе, что Евангелисты не во всемъ вполнѣ согласны между собой, что въ нѣкоторыхъ частностяхъ встрѣчаются даже будто бы противорѣчія:

«Если бы они были до точности согласны во всемъ — и касательно времени, и касательно мѣста, и самыхъ словъ, то изъ враговъ никто бы не повѣрилъ, что они написали Евангеліе, не сошедшись между собой и не по обычному соглашенію, и что такое согласіе было слѣдствіемъ ихъ искренности. Теперь же представляющееся въ мелочахъ разногласіе освобождаетъ ихъ отъ всякаго подозрѣнія и блистательно говоритъ въ пользу писавшихъ».

Подобно этому разсуждаетъ и другой толкователь Евангелія блаж. Ѳеофилактъ, Архіепископъ Болгарскій: «Не говори мнѣ, что они несогласны во всемъ, но посмотри въ чемъ они несогласны. Развѣ сказалъ одинъ изъ нихъ, что Христосъ родился, а другой, что нѣтъ, или одинъ — что Христосъ воскресъ, а другой — нѣтъ? Да не будетъ! Въ болѣе необходимомъ и болѣе важномъ они согласны. Итакъ, если въ болѣе важномъ они не разногласятъ, то чему удивляешься, если кажется, что они разногласятъ въ неважномъ? Ихъ истинность болѣе всего и сказывается въ томъ, что они не во всемъ согласны. Въ противномъ случаѣ о нихъ подумали бы, что они писали, видясь другъ съ другомъ и совѣтуясь. Теперь же то, что одинъ опустилъ, написалъ другой, поэтому и кажется, что они иногда противорѣчатъ».

Изъ вышеприведенныхъ соображеній ясно, что нѣкоторыя небольшія разности въ повѣствованіяхъ 4-хъ Евангелистовъ не только не говорятъ противъ подлинности Евангелій, а напротивъ ярко о ней свидѣтельствуютъ.

СМЫСЛЪ ВЫРАЖЕНІЙ: «ЕВАНГЕЛІЕ ОТЪ МАТѲЕЯ», «ОТЪ МАРКА» И Т. Д.

Слово «Евангеліе», какъ мы уже видѣли, въ переводѣ на русскій языкъ, значитъ: «благая вѣсть», «благовѣствованіе», каковое наименованіе и употребляется обычно въ заголовкахъ каждаго отдѣльнаго Евангелія: «Отъ Матѳея святое благовѣствованіе», «Отъ Марка святое благовѣствованіе» и т. д. Надо знать, однако, что эти выраженія лишь относительны. Все Четвероевангеліе есть собственно БЛАГОВѢСТВОВАНІЕ ГОСПОДА НАШЕГО ІИСУСА ХРИСТА — Онъ Самъ благовѣствуетъ намъ, черезъ посредство Евангелистовъ, радостную или благую вѣсть о нашемъ спасеніи. Евангелисты же только посредники въ передачѣ этого благовѣствованія. Вотъ почему правильнѣе и точнѣе заголовки, которые приняты въ переводахъ Евангелій на другіе языки: «Св. благовѣствованіе согласно Матѳею», или: «Св. благовѣствованіе ПО Матѳею», «— по Марку», — «по Лукѣ», — «по Іоанну».

ВЗАИМООТНОШЕНІЕ ЧЕТЫРЕХЪ ЕВАНГЕЛІЙ ПО ИХЪ СОДЕРЖАНІЮ.

Изъ четырехъ Евангелій содержаніе первыхъ трехъ — отъ Матѳея, Марка и Луки — во многомъ совпадаетъ, близко другъ другу, какъ по самому повѣствовательному матеріалу, такъ и по формѣ изложенія; четвертое же Евангеліе отъ Іоанна въ этомъ отношеніи стоитъ особнякомъ, значительно отличаясь отъ первыхъ трехъ, какъ излагаемымъ въ немъ матеріаломъ, такъ и самымъ стилемъ, формой изложенія.

Въ связи съ этимъ первые три Евангелія принято называть «СИНОПТИЧЕСКИМИ» отъ греч. слова «синопсисъ», что значитъ: «изложеніе въ одномъ общемъ образѣ» (то же, что латинское: «conspectus»). Но хотя первые три Евангелія весьма близки между собой и по плану и по содержанію, которое легко можетъ быть расположено въ соотвѣтствующихъ параллельныхъ таблицахъ, въ каждомъ изъ нихъ есть, однако, и свои особенности. Такъ, если все содержаніе отдѣльныхъ Евангелій опредѣлить числомъ 100, то у Матѳея оказывается 58% сходнаго съ другими содержанія и 42% отличнаго отъ другихъ; у Марка 93% сходнаго и 7% отличнаго; у Луки 41% сходнаго и 59% отличнаго; у Іоанна — 8% сходнаго и цѣлыхъ 92% отличнаго. Сходства замѣчаются, главнымъ образомъ, въ передачѣ изреченій Христа Спасителя, разности же — въ повѣствовательной части. Когда Матѳей и Лука въ своихъ Евангеліяхъ буквально сходятся между собой, съ ними всегда согласуется и Маркъ; сходство между Лукой и Маркомъ гораздо ближе, чѣмъ между Лукой и Матѳеемъ; когда у Марка имѣются дополнительныя черты, онѣ обыкновенно бываютъ и у Луки, чего нельзя сказать о чертахъ, встрѣчающихся только у Матѳея, и, наконецъ, въ тѣхъ случаяхъ, гдѣ ничего не сообщаетъ Маркъ, Евангелистъ Лука часто отличается отъ Матѳея.

Синоптическія Евангелія повѣствуютъ почти исключительно о дѣятельности Господа Іисуса Христа въ Галилеѣ, св. Іоаннъ — въ Іудеѣ. Синоптики разсказываютъ, гл. обр., о чудесахъ, притчахъ и внѣшнихъ событіяхъ въ жизни Господа, св. Іоаннъ ведетъ разсужденіе о глубочайшемъ ея смыслѣ, приводитъ рѣчи Господа о возвышеннѣйшихъ предметахъ вѣры.

При всемъ различіи между Евангеліями, они чужды внутреннихъ противорѣчій; при внимательномъ чтеніи легко найти ясные признаки согласія между синоптиками и св. Іоанномъ. Такъ, св. Іоаннъ мало разсказываетъ о галилейскомъ служеніи Господа, но онъ несомнѣнно знаетъ о неоднократномъ продолжительномъ пребываніи Его въ Галилеѣ; синоптики ничего не передаютъ о ранней дѣятельности Господа въ Іудеѣ и самомъ Іерусалимѣ, но намеки на эту дѣятельность часто у нихъ встрѣчаются. Такъ, и по ихъ свидѣтельству, у Господа были въ Іерусалимѣ друзья, ученики и приверженцы, какъ напр., владѣтель горницы, гдѣ происходила Тайная Вечеря, и Іосифъ Аримаѳейскій. Особенно важны въ этомъ отношеніи слова, приводимыя синоптиками: «Іерусалимъ! Іерусалимъ! Какъ часто хотѣлъ я собрать твоихъ дѣтей»..., — выраженіе явно предполагающее многократное пребываніе Господа въ Іерусалимѣ. Синоптики не передаютъ, правда, о чудѣ воскрешенія Лазаря, но Лука хорошо знаетъ его сестеръ въ Виѳаніи, и такъ ярко очерченный имъ въ немногихъ словахъ характеръ каждой изъ нихъ, вполнѣ совпадаетъ съ характеристикой ихъ, которую даетъ Іоаннъ.

Основная разница между синоптиками и св. Іоанномъ въ передаваемыхъ ими бесѣдахъ Господа. У синоптиковъ эти бесѣды весьма просты, легко доступны пониманію, популярны; у Іоанна — онѣ глубоки, таинственны, часто трудны для пониманія, какъ будто предназначены не для толпы, а для какого-то болѣе тѣснаго круга слушателей. Но это такъ и есть: синоптики приводятъ рѣчи Господа, обращенныя къ галилеянамъ, людямъ простымъ и невѣжественнымъ; Іоаннъ передаетъ, главнымъ образомъ, рѣчи Господа, обращенныя къ іудеямъ, книжникамъ и фарисеямъ, людямъ, искушеннымъ въ знаніи Моисеева закона, болѣе-менѣе высоко стоявшимъ на ступеняхъ тогдашней образованности. Кромѣ того, у Іоанна, какъ мы увидимъ дальше, особая цѣль — возможно полнѣе и глубже раскрыть ученіе объ Іисусѣ Христѣ, какъ о Сынѣ Божіемъ, а это тема, конечно, гораздо болѣе трудная для пониманія, чѣмъ столь понятныя, легко доступныя пониманію каждаго притчи синоптиковъ. Но и тутъ нѣтъ между синоптиками и Іоанномъ большого расхожденія. Если синоптики выставляютъ болѣе человѣческую сторону во Христѣ, а Іоаннъ, по преимуществу божественную, то это еще не значитъ, что у синоптиковъ совсѣмъ отсутствуетъ божественная сторона или у Іоанна — человѣческая. Сынъ Человѣческій у синоптиковъ есть также и Сынъ Божій, которому дана всякая власть на небѣ и на землѣ. Равнымъ образомъ, Сынъ Божій у Іоанна есть также и истинный человѣкъ, который принимаетъ приглашеніе на брачный пиръ, дружески бесѣдуетъ съ Марѳой и Маріей и плачетъ надъ гробомъ друга Своего Лазаря.

Нисколько не противорѣча другъ другу, синоптики и св. Іоаннъ взаимно другъ друга дополняютъ и только въ своей совокупности даютъ прекраснѣйшій совершеннѣйшій образъ Христа, какимъ Онъ воспринятъ и проповѣдуется св. Церковью.

ХАРАКТЕРЪ И ОСОБЕННОСТИ КАЖДАГО ИЗЪ ЧЕТЫРЕХЪ ЕВАНГЕЛІЙ.

Православное ученіе о богодухновенности книгъ Священнаго Писанія всегда держалось того взгляда, что, вдохновляя священныхъ писателей, сообщая имъ и мысль и слово, Духъ Святый не стѣснялъ ихъ собственнаго ума и характера. Наитіе Св. Духа не подавляло собой духа человѣческаго, а только очищало и возвышало надъ своими обыкновенными границами. Поэтому, представляя собой единое цѣлое въ изложеніи Божественной истины, всѣ четыре Евангелія различаются между собой, въ зависимости отъ личныхъ свойствъ характера каждаго изъ Евангелистовъ, различаются построеніемъ рѣчи, слогомъ, нѣкоторыми особенными выраженіями; различаются они между собой и вслѣдствіе обстоятельствъ и условій, при которыхъ были написаны и въ зависимости отъ ц е л и , которую ставилъ себѣ каждый изъ четырехъ Евангелистовъ.

Поэтому для лучшаго истолкованія и пониманія Евангелія, намъ необходимо ближе познакомиться съ личностью, характеромъ и жизнью каждаго изъ четырехъ Евангелистовъ и съ обстоятельствами, при которыхъ каждое изъ 4-хъ Евангелій было написано.

1. Евангеліе отъ Матѳея.

Писателемъ перваго Евангелія былъ св. Матѳей, носившій также имя Левія, сынъ Алфея, — одинъ изъ 12-ти Христовыхъ Апостоловъ. До призванія своего къ апостольскому служенію онъ былъ м ы т а р е м ъ, то-есть сборщикомъ податей, и, какъ таковой, конечно, былъ нелюбимъ своими соотечественниками-евреями, презиравшими и ненавидѣвшими мытарей за то, что они служили иновѣрнымъ поработителямъ ихъ народа и притѣсняли свой народъ взиманіемъ податей, причемъ въ своихъ стремленіяхъ къ наживѣ, часто брали много больше, чѣмъ слѣдуетъ.

О своемъ призваніи св. Матѳей разсказываетъ самъ въ 9 гл. 9 ст. своего Евангелія, называя себя именемъ «Матѳея», въ то время какъ Евангелисты Маркъ и Лука, повѣствуя о томъ же, именуютъ его «Левіемъ». У евреевъ было въ обычаѣ имѣть нѣсколько именъ, а поэтому, нѣтъ основаній думать, что здѣсь идетъ рѣчь о разныхъ лицахъ, тѣмъ болѣе, что послѣдовавшее за тѣмъ приглашеніе Господа и учениковъ Его въ домъ Матѳея всѣ три Евангелиста описываютъ совершенно одинаково, да и въ спискѣ 12-ти учениковъ Господа и Маркъ и Лука называютъ призваннаго также уже «Матѳеемъ (сравни Марк. 3: 18 и Луки 6: 15).

Тронутый до глубины души милостью Господа, не возгнушавшагося имъ, несмотря на общее презрѣніе къ нему евреевъ и особенно духовныхъ вождей еврейскаго народа книжниковъ и фарисеевъ, Матѳей всѣмъ сердцемъ воспринялъ ученіе Христово и особенно глубоко уразумѣлъ его превосходство надъ преданіями и воззрѣніями фарисейскими, носившими печать внѣшней праведности, самомнѣнія и презрѣнія къ грѣшникамъ. Вотъ почему онъ одинъ приводитъ такъ подробно сильную обличительную рѣчь Господа противъ книжниковъ и фарисеевъ — лицемѣровъ, которую мы находимъ въ 23 главѣ его Евангелія. Надо полагать, что, по этой же причинѣ, онъ особенно близко принялъ къ сердцу дѣло спасенія ИМЕННО СВОЕГО роднаго еврейскаго народа, столь пропитавшагося къ тому времени ложными, губительными понятіями и взглядами фарисейскими, а потому ЕГО ЕВАНГЕЛІЕ НАПИСАНО ПРЕИМУЩЕСТВЕННО ДЛЯ ЕВРЕЕВЪ. Какъ есть основанія предполагать, оно первоначально и написано было на еврейскомъ языкѣ и только нѣсколько позже неизвѣстно кѣмъ, можетъ быть, самимъ же Матѳеемъ, переведено на греческій языкъ. Объ этомъ свидѣтельствуетъ св. Папій Іерапольскій: «Матѳей на еврейскомъ языкѣ бесѣды Господа изложилъ, а переводилъ ихъ каждый, какъ могъ» (Церк Ист. Евсевія III, 39). Возможно, что самъ же Матѳей перевелъ потомъ свое Евангеліе на греческій языкъ, чтобы сдѣлать его доступнымъ пониманію болѣе широкаго круга читателей. Во всякомъ случаѣ Церковь приняла въ канонъ только греческій текстъ Евангелія отъ Матѳея, потому что еврейскій скоро былъ злонамѣренно искаженъ еретиками «іудействующими».

Написавъ свое Евангеліе для евреевъ, св. Матѳей ставитъ своей главной цѣлью доказать евреямъ, что Іисусъ Христосъ и есть именно тотъ МЕССІЯ, о Которомъ предсказывали ветхозавѣтные пророки, что Онъ есть «исполненіе закона и пророковъ», что ветхозавѣтное откровеніе, затемненное книжниками и фарисеями, только въ христіанствѣ уясняется и воспринимаетъ свой совершеннѣйшій смыслъ. Поэтому онъ и начинаетъ свое Евангеліе РОДОСЛОВІЕМЪ ІИСУСА ХРИСТА, желая показать евреямъ Его происхожденіе ОТЪ ДАВИДА и АВРААМА, и дѣлаетъ громадное количество ССЫЛОКЪ НА ВЕТХІЙ ЗАВѢТЪ, чтобы доказать исполненіе на Немъ ветхозавѣтныхъ пророчествъ. Всѣхъ такихъ ссылокъ на Ветхій Завѣтъ у Св. Матѳея не менѣе 66-ти, причемъ въ 43 случаяхъ дѣлается буквальная выписка. Назначеніе перваго Евангелія для евреевъ видно изъ того, что св. Матѳей, упоминая объ іудейскихъ обычаяхъ, не считаетъ нужнымъ объяснить ихъ смыслъ и значеніе, какъ это дѣлаютъ другіе Евангелисты; равнымъ образомъ оставляетъ безъ объясненія и нѣкоторыя арамейскія слова, употреблявшіяся въ Палестинѣ (сравни, напр., 15: 1-3 и у Марка 7: 3-4; 16-17 и у Марка 10: 46).

Время написанія Евангелія отъ Матѳея церк. историкъ Евсевій (III, 24) относитъ къ 8 году по Вознесеніи Господнемъ, но св. Ириней Ліонскій полагаетъ, что св. Матѳей написалъ свое Евангеліе тогда, «когда Петръ и Павелъ благовѣствовали въ Римѣ», т. е. въ шестидесятыхъ годахъ перваго столѣтія.

Написавъ свое Евангеліе для своихъ соотечественниковъ-евреевъ, св. Матѳей долгое время и проповѣдывалъ для нихъ въ Палестинѣ, но потомъ удалился для проповѣди въ другія страны и окончилъ свою жизнь мученической смертью въ Эѳіопіи.

Евангеліе отъ Матѳея содержитъ въ себѣ 28 главъ или 116 церковныхъ зачалъ. Начинается оно родословіемъ Господа Іисуса Христа отъ Авраама и заканчивается прощальнымъ наставленіемъ Господа ученикамъ передъ Его вознесеніемъ. Такъ какъ св. Матѳей говоритъ, главнымъ образомъ о происхожденіи Іисуса Христа по Его человѣчеству, то ему усвояется эмблема человѣка.

Содержаніе Евангелія отъ Матѳея по главамъ таково:

Глава 1-ая: Родословіе Іисуса Христа. Рождество Христово.

Глава 2-ая: Поклоненіе волхвовъ. Бѣгство св. семейства въ Египетъ. Избіеніе младенцевъ. Возвращеніе св. семейства изъ Египта и поселеніе его въ Назаретѣ.

Глава 3-ья: Проповѣдь Іоанна Крестителя. Крещеніе отъ него Господа Іисуса Христа.
Глава 4-ая: Искушеніе Господа Іисуса Христа отъ діавола. Начало Его проповѣди въ Галилеѣ. Призваніе первыхъ Апостоловъ. Проповѣдь Христова и исцѣленіе болящихъ.
Глава 5-ая: Нагорная проповѣдь: ученіе о блаженствахъ, апостолы — соль земли и свѣтъ міра; «Я пришелъ не нарушить законъ, но исполнить»; новое пониманіе заповѣдей: «не убій», «не прелюбы сотвори», ученіе о разводѣ, о клятвѣ, о любви къ врагамъ.
Глава 6-ая: Продолженіе нагорной проповѣди: ученіе о милостынѣ, о молитвѣ: «Отче нашъ»; о постѣ; о собираніи сокровищъ на небѣ, а не на землѣ; о невозможности служенія Богу и мамонѣ; объ отложеніи попеченій о тѣлѣ и его нуждахъ, объ исканіи Царствія Божія и правды его.
Глава 7-ая: Продолженіе нагорной проповѣди: о неосужденіи ближнихъ; о томъ, чтобы не давать святыни псамъ; о постоянствѣ въ молитвѣ; о тѣсныхъ и широкихъ вратахъ; о лжепророкахъ; о необходимости добродѣланія; притча о домѣ, построенномъ на камнѣ и на пескѣ.
Глава 8-ая: Исцѣленіе прокаженнаго. Исцѣленіе слуги капернаумскаго сотника. Исцѣленіе тещи Петровой и многихъ бѣсноватыхъ и болящихъ. «Сынъ Человѣческій не имѣетъ, гдѣ главы подклонить». «Предоставь мертвымъ погребать своихъ мертвецовъ». Укрощеніе бури на морѣ. Исцѣленіе двухъ бѣсноватыхъ въ странѣ Гергесинской и гибель стада свиней.
Глава 9-ая: Исцѣленіе разслабленнаго. Призваніе мытаря Матѳея. «Я пришелъ призвать не праведниковъ, но грѣшниковъ къ покаянію». О постѣ учениковъ Христовыхъ. Воскрешеніе дочери нѣкоего начальника и исцѣленіе кровоточивой женщины. Исцѣленіе двухъ слѣпыхъ и нѣмого бѣсноватаго. «Жатвы много, а дѣлателей мало».
Глава 10-ая: Избраніе 12 Апостоловъ и отправленіе ихъ на проповѣдь. Предсказаніе имъ преслѣдованій отъ людей. Значеніе исповѣданія Христа предъ людьми и губительность отреченія отъ Него. О необходимости всецѣлой любви къ Господу болѣе, нежели къ родственникамъ и къ самому себѣ.
Глава 11-ая: Посольство Іоанна Крестителя къ Іисусу Христу и свидѣтельство Христово объ Іоаннѣ. Горе Хоразину,

	Виѳсаидѣ и Капернауму. Призваніе къ Себѣ Господомъ всѣхъ труждающихся и обремененныхъ.
Глава 12-ая:	Срываніе учениками Господа колосьевъ въ субботу. Исцѣленіе сухорукаго. Исполненіе пророчества Исаіи о Христѣ. Исцѣленіе бѣсноватаго и обвиненіе Господа фарисеями въ томъ, что Онъ изгоняетъ бѣсовъ силою Веельзевула. Іисусъ обличаетъ фарисеевъ въ непростительномъ грѣхѣ хулы на Духа Святаго. Исканіе фарисеями знаменія отъ Іисуса. Притча о нечистомъ духѣ, вышедшемъ изъ человѣка и вновь возвратившемся. «Кто матерь Моя и кто братія Мои?»
Глава 13-ая:	Притча о сѣятелѣ. Почему Христосъ Спаситель говорилъ притчами? Изъясненіе притчи о сѣятелѣ. Притча о пшеницѣ и плевелахъ. Притча о горчичномъ зернѣ, о закваскѣ; изъясненіе притчи о пшеницѣ и плевелахъ. Притча о сокровищѣ, сокрытомъ въ полѣ, о драгоцѣнной жемчужинѣ, о неводѣ, закинутомъ въ море. «Не бываетъ пророкъ безъ чести» ...
Глава 14-ая:	Усѣкновеніе главы Іоанна Крестителя. Насыщеніе 5000 народа. Хожденіе по водамъ. Исцѣленіе болящихъ чрезъ одно прикосновеніе къ краю одежды Іисуса.
Глава 15-ая:	Обличеніе Господомъ фарисеевъ, что они предпочитаютъ преданія старцевъ Слову Божію. О нечистомъ сердцѣ, какъ объ оскверняющемъ человѣка источникѣ зла. Исцѣленіе бѣсноватой дочери хананеянки. Исцѣленіе многихъ недужныхъ и насыщеніе 4000 народа.
Глава 16-ая:	Знаменіе Іоны пророка. Предостереженіе отъ закваски фарисейской и саддукейской. Апостолъ Петръ исповѣдуетъ Іисуса отъ лица всѣхъ Апостоловъ Сыномъ Бога Живаго. Предреченіе Іисуса о предстоящихъ Ему страданіяхъ и прекословіе Петра. Ученіе о самоотверженіи, взятіи креста и слѣдованіи за Христомъ.
Глава 17-ая:	Преображеніе Господне. Исцѣленіе бѣсноватаго отрока. Чудесная уплата подати на храмъ.
Глава 18-ая:	О необходимости уподобленія дѣтямъ для наслѣдованія Царства Небеснаго. О соблазнахъ. Притча о заблудшей овцѣ. Объ обличеніи согрѣшающаго брата и о высочайшемъ авторитетѣ Церкви. О прощеніи обидъ. Притча о немилосердномъ должникѣ.
Глава 19-ая:	Ученіе о предосудительности развода и о дѣвствѣ. Благословеніе дѣтей. О богатомъ юношѣ и о богат-

ствѣ, какъ препятствіи къ наслѣдованію жизни вѣчной.

Глава 20-ая: Притча о работникахъ, нанятыхъ въ виноградникъ. Предреченіе Іисусомъ Своей смерти и воскресенія. Просьба матери сыновъ Зеведеевыхъ и наставленіе Господа ученикамъ о смиреніи. Исцѣленіе двухъ Іерихонскихъ слѣпцовъ.

Глава 21-ая: Входъ Господень во Іерусалимъ и изгнаніе торгующихъ изъ храма. Изсохшая смоковница и сила вѣры. Вопросъ первосвященниковъ о власти Іисусовой. Притча о двухъ сыновьяхъ. О камнѣ, ставшемъ главою угла.

Глава 22-ая: Притча о брачномъ пирѣ царева сына. О подати кесарю. Бесѣда съ саддукеями о воскресеніи мертвыхъ. О двухъ главнѣйшихъ заповѣдяхъ — любви къ Богу и любви къ ближнимъ и о Богосыновствѣ Христовомъ.

Глава 23-ая: Обличительная рѣчь Господа къ книжникамъ и фарисеямъ. Предреченіе кары Божіей Іерусалиму.

Глава 24-ая: Предсказаніе Господомъ разрушенія іерусалимскаго храма, войнъ, гоненія на Его послѣдователей, кончины міра и Его второго пришествія.

Глава 25-ая: Притча о десяти дѣвахъ. Притча о талантахъ. Страшный судъ.

Глава 26-ая: Совѣщаніе первосвященниковъ съ книжниками о преданіи Господа смерти. Помазаніе Господа мѵромъ въ Виѳаніи. Предательство Іуды. Тайная Вечеря. Предсказаніе отреченія Петрова. Молитва въ Геѳсиманскомъ саду. Взятіе Господа слугами первосвященника. Судъ у Каіафы. Отреченіе Петра.

Глава 27-ая: Судъ у Пилата. Раскаяніе Іуды и его погибель. Испрошеніе народомъ Вараввы вмѣсто Христа. Надругательство воиновъ. Распятіе. Насмѣшки надъ Распятымъ. Тьма по всей землѣ. Смерть Господа. Погребеніе Его и запечатаніе гроба.

Глава 28-ая: Приходъ женъ-мѵроносицъ ко гробу. Великое землетрясеніе и сошествіе Ангела, отвалившаго камень отъ гроба. Благовѣстіе Ангела женамъ-мѵроносицамъ о воскресеніи Христовомъ. Явленіе мѵроносицамъ Самого воскресшаго Господа. Подкупъ стражи для оклеветанія воскресенія Христова. Явленіе Господа 11-ти ученикамъ въ Галилеѣ и послѣднія наставленія имъ о проповѣди евангельскаго ученія всѣмъ народамъ.

2. Евангеліе отъ Марка.

Второе Евангеліе написано св. Маркомъ, который носилъ еще имя Іоанна, былъ по происхожденію іудеемъ, но не состоялъ въ числѣ 12-ти Апостоловъ Господа. Поэтому онъ и не могъ быть такимъ постояннымъ спутникомъ и слушателемъ Господа, какимъ былъ св. Матѳей. Свое Евангеліе онъ написалъ со словъ и подъ руководствомъ св. Апостола Петра. Самъ онъ, по всей вѣроятности, былъ очевидцемъ лишь послѣднихъ дней земной жизни Господа. Только въ одномъ Евангеліи отъ Марка разсказывается о нѣкоемъ юношѣ, который, когда Господь былъ взятъ подъ стражу въ саду Геѳсиманскомъ, слѣдовалъ за Нимъ, «завернувшись по нагому тѣлу въ покрывало, и воины схватили его, но онъ, оставивъ покрывало, нагой убѣжалъ отъ нихъ (Марк. 14: 51-52).» Въ этомъ юношѣ древнее преданіе видитъ самаго автора второго Евангелія — св. Марка. Мать его Марія упоминается въ книгѣ Дѣяній (12:12), какъ одна изъ женъ, наиболѣе преданныхъ вѣрѣ Христовой: въ ея домѣ въ Іерусалимѣ вѣрующіе собирались для молитвы. Маркъ участвуетъ впослѣдствіи въ первомъ путешествіи св. Апостола Павла вмѣстѣ съ другимъ его спутникомъ Варнавой, которому онъ приходился племянникомъ по матери (Колос. 4: 10).

Какъ повѣствуетъ книга Дѣяній, по прибытіи ихъ въ г. Пергію, Маркъ отдѣлился и возвратился въ Іерусалимъ (13:13). Поэтому во второе свое путешествіе св. Апостолъ Павелъ не захотѣлъ брать съ собой Марка, а такъ какъ Варнава не пожелалъ съ Маркомъ разлучаться, то «произошло огорченіе» между ними, «такъ что они разлучились другъ съ другомъ»; «Варнава, взявъ Марка, отплылъ въ Кипръ», а Павелъ продолжалъ свое путешествіе уже съ Силою (Дѣян. 15: 37-40). Это охлажденіе отношеній, видимо, не продолжалось долго, такъ какъ мы находимъ затѣмъ Марка вмѣстѣ съ Павломъ въ Римѣ, откуда написано посланіе къ Колоссянамъ и которыхъ св. Павелъ привѣтствуетъ, между прочимъ, и отъ лица Марка и которыхъ предупреждаетъ о возможности его прихода (4:10). Далѣе, какъ видно, св. Маркъ сталъ спутникомъ и сотрудникомъ св. Апостола Петра, что особенно подчеркиваетъ Преданіе и что подтверждается словами самого Апостола Петра въ его первомъ соборномъ посланіи, гдѣ онъ пишетъ: «Привѣтствуетъ васъ избранная, подобно вамъ, церковь въ Вавилонѣ И МАРКЪ, СЫНЪ МОЙ (I Петр. 5: 13). Передъ своимъ отшествіемъ (2 Тим. 4: 6) его вновь призываетъ къ себѣ св. Ап. Павелъ, который пишетъ Тимоѳею: «Марка возьми съ собою, ибо онъ мнѣ нуженъ для служенія (2 Тим.

4: 11)». По преданію св. Апостолъ Петръ поставилъ св. Марка первымъ епископомъ Александрійской церкви, и св. Маркъ окончилъ свою жизнь въ Александріи мученической кончиной.

По свидѣтельству св. Папія, епископа Іерапольскаго, а также св. Іустина-философа и св. Иринея Ліонскаго, св. Маркъ написалъ свое Евангеліе со словъ св. Апостола Петра. Св. Іустинъ называетъ его даже прямо «памятными записями Петра». Климентъ Александрійскій утверждаетъ, что Евангеліе отъ Марка представляетъ собою въ сущности запись устной проповѣди св. Апостола Петра, которую св. Маркъ сдѣлалъ ПО ПРОСЬБѢ ХРИСТІАНЪ, ЖИВШИХЪ ВЪ РИМѢ. Это удостовѣряется и многими другими церковными писателями, и самое содержаніе Евангелія отъ Марка ясно свидѣтельтвуетъ о томъ, что оно предназначено ДЛЯ ХРИСТІАНЪ ИЗЪ ЯЗЫЧНИКОВЪ. Въ немъ очень мало говорится объ отношеніи ученія Господа Іисуса Христа къ Ветхому Завѣту и совсѣмъ немного приводится ссылокъ на ветхозавѣтныя священныя книги. Вмѣстѣ съ тѣмъ мы встрѣчаемъ въ немъ латинскія слова, какъ напр., «speculator» (6: 27), «centurio» (15: 89, 44, 45), «лепта» объясняется, какъ кодрантъ (отъ лат. «quadrans» — четверть асса, 1242). Даже нагорная проповѣдь, какъ объясняющая превосходство новозавѣтнаго закона передъ ветхозавѣтнымъ, опускается.

Зато главное вниманіе св. Маркъ обращаетъ на то,, чтобы дать въ своемъ Евангеліи сильное яркое повѣствованіе о чудесахъ Христовыхъ, подчеркивая этимъ ЦАРСКОЕ ВЕЛИЧІЕ и ВСЕМОГУЩЕСТВО Господа. Въ его Евангеліи Іисусъ не «сынъ Давидовъ», какъ у Матѳея, а СЫНЪ БОЖІЙ, Владыка и Повелитель, Царь вселенной (сравни первыя строки одного и другого Евангелія: Матѳ. 1: 1 и Марк. 1: 1). Поэтому и эмблемой Марка является левъ — царственное животное, символъ мощи и силы.

Въ основномъ содержаніе Евангелія отъ Марка весьма близко содержанію Евангелія отъ Матѳея, но отличается, по сравненію съ нимъ, большей краткостью, сжатостью. Въ немъ всего 16 главъ или 71 церковное зачало. Начинается оно явленіемъ Іоанна Крестителя, а оканчивается отправленіемъ св. Апостоловъ на проповѣдь послѣ Вознесенія Господня.

Время написанія Евангелія отъ Марка церк. историкъ Евсевій относитъ къ 10 году по Вознесеніи Господнемъ. Во всякомъ случаѣ оно несомнѣнно написано до разрушенія Іерусалима, то-есть раньше 70 г. по Р. Хр.

Содержаніе Евангелія отъ Марка по главамъ таково:

Глава 1-ая: Проповѣдь Іоанна Крестителя. Крещеніе Господне. Искушеніе въ пустынѣ. Начало проповѣди въ Галилеѣ. Призваніе первыхъ Апостоловъ. Проповѣдь и чудеса исцѣленій въ Капернаумѣ. Исцѣленіе прокаженныхъ.

Глава 2-ая: Исцѣленіе разслабленнаго, спущеннаго на одрѣ сквозь кровлю дома. Призваніе Левія. О постѣ учениковъ Христовыхъ. Срываніе колосьевъ въ субботу.

Глава 3-ья: Исцѣленіе сухорукаго въ субботу. Совѣщаніе фарисеевъ о погубленіи Іисуса. Множество народа, слѣдующаго за Господомъ, и чудеса исцѣленій. Поставленіе 12-ти Апостоловъ. Обвиненіе Господа въ томъ, что Онъ изгоняетъ бѣсовъ силою Веельзевула: непростительный грѣхъ хулы на Духа Святаго. «Кто матерь Моя и братія Мои?»

Глава 4-ая: Притча о сѣятелѣ. Притча о растущемъ сѣмени, о горчичномъ зернѣ. Укрощеніе бури на морѣ.

Глава 5-ая: Изгнаніе легіона бѣсовъ изъ бѣсноватаго въ странѣ Гадаринской и гибель стада свиней. Воскрешеніе дочери Іаира и исцѣленіе кровоточивой женщины.

Глава 6-ая: «Не бываетъ пророкъ безъ чести»... Отправленіе 12-ти Апостоловъ на проповѣдь. Усѣкновеніе главы Іоанна Крестителя. Чудесное насыщеніе 5.000 народа. Хожденіе по водамъ. Чудесныя исцѣленія чрезъ прикосновеніе къ краю одежды Іисусовой.

Глава 7-ая: Обвиненіе фарисеями учениковъ Господа въ нарушеніи преданій старцевъ. Неправильно устранять Слово Божіе преданіемъ. Не то, что входитъ въ человѣка, оскверняетъ его, но то, что исходитъ изъ его нечистаго сердца. Исцѣленіе бѣсноватой дочери сирофиникіянки. Исцѣленіе глухонѣмого.

Глава 8-ая: Чудесное насыщеніе 4000 народа. Исканіе фарисеями знаменія отъ Іисуса. Предостереженіе отъ закваски фарисейской и Иродовой. Исцѣленіе слѣпого въ Виѳсаидѣ. Исповѣданіе Іисуса Христомъ со стороны Петра отъ имени всѣхъ Апостоловъ. Предреченіе Господомъ Своей смерти и воскресенія и прекословіе Петра. Ученіе о самоотверженіи, взятіи креста своего и слѣдованіе за Христомъ.

Глава 9-ая: Преображеніе Господне. Исцѣленіе одержимаго духомъ нѣмымъ. Новое предреченіе Господа о Своей смерти и воскресеніи. Споры Апостоловъ о первенствѣ и наставленіе Господа о смиреніи. О человѣкѣ, изгоняющемъ бѣсовъ Именемъ Христовымъ. О соблазнахъ. О соли и о взаимномъ мирѣ.

Глава 10-ая: О недопустимости развода въ бракѣ. Благословеніе дѣтей. О трудности имѣющимъ богатство войти въ

Царствіе Божіе. О наградѣ оставившихъ все ради Господа. Новое предсказаніе Господа о предстоящихъ Ему страданіяхъ, смерти и воскресеніи. Просьба сыновъ Зеведеевыхъ о первенствѣ и наставленіе Господа ученикамъ о необходимости смиренія. Исцѣленіе слѣпого Вартимея.

Глава 11-ая: Входъ Господень во Іерусалимъ. Проклятіе безплодной смоковницы. Вопросъ первосвященниковъ о власти Іисусовой.

Глава 12-ая: Притча о злыхъ виноградаряхъ. О позволительности давать подать кесарю. Отвѣтъ саддукеямъ о воскресеніи мертвыхъ. О двухъ главнѣйшихъ заповѣдяхъ — любви къ Богу и любви къ ближнимъ и о Богосыновствѣ Христовомъ. Предостереженіе отъ книжниковъ. Двѣ лепты вдовицы.

Глава 13-ая: Предсказаніе о разрушеніи храма и Іерусалима, о послѣднихъ временахъ, о кончинѣ міра и о второмъ пришествіи Христовомъ.

Глава 14-ая: Помазаніе Іисуса мѵромъ въ Виѳаніи. Предательство Іуды. Тайная Вечеря. Предсказаніе объ отреченіи Петра. Молитва Господа въ саду Геѳсиманскомъ и взятіе Его слугами первосвященниковъ. Бѣгство учениковъ. О юношѣ въ покрывалѣ, слѣдовавшемъ за Господомъ. Судъ у первосвященника. Отреченіе Петра.

Глава 15-ая Судъ у Пилата. Освобожденіе Вараввы и осужденіе Господа. Бичеваніе Господа и насмѣшки воиновъ надъ Нимъ. Распятіе, смерть на крестѣ и погребеніе.

Глава 16-ая: Приходъ женъ-мѵроносицъ ко гробу и благовѣствованіе юноши въ бѣлой одеждѣ о воскресеніи Христовомъ. Явленіе воскресшаго Господа Маріи Магдалинѣ, двумъ ученикамъ на пути и одиннадцати ученикамъ на вечери. Наставленіе имъ о проповѣди Евангелія всей твари. Вознесеніе Господа на небо и отправленіе учениковъ на проповѣдь.

3. Евангеліе отъ Луки.

Кто былъ, по своему происхожденію, писатель третьяго Евангелія св. Лука, въ точности неизвѣстно. Евсевій Кесарійскій говоритъ, что онъ происходилъ изъ Антіохіи, и потому принято считать, что св. Лука былъ, по своему происхожденію, язычникъ или такъ называемый «п р о з е л и т ъ», то-есть язычникъ, принявшій іудейство. По роду своихъ занятій, онъ былъ в р а ч е м ъ, что видно изъ посланія св. Апостола Павла къ Колоссянамъ (4: 14); церковное преданіе присовокупляетъ къ этому и то, что онъ былъ также живописцемъ. Изъ того, что въ его Евангеліи содержатся наставленія Господа только 70-ти ученикамъ, со всей подробностью изложенныя, дѣлаютъ заключеніе, что онъ принадлежалъ къ числу 70-ти учениковъ Христовыхъ. Необыкновенная живость его повѣствованія о явленіи воскресшаго Господа двумъ ученикамъ на пути въ Еммаусъ, причемъ по имени называется только одинъ изъ нихъ Клеопа, а также и древнее преданіе, свидѣтельствуютъ, что онъ былъ однимъ изъ этихъ двухъ учениковъ, удостоившихся явленія Господа (Луки 24: 13-33). Затѣмъ изъ книги Дѣяній Апостольскихъ видно, что, начиная со второго путешествія св. Апостола Павла, Лука дѣлается его постояннымъ сотрудникомъ и почти неразлучнымъ спутникомъ. Онъ былъ при Ап. Павлѣ, какъ во время первыхъ его узъ, изъ которыхъ написано посланіе къ Колоссянамъ и Филипійцамъ, такъ и во время вторыхъ его узъ, когда написано 2-ое посланіе къ Тимоѳею и которые закончились его мученической смертью. Есть свѣдѣнія, что послѣ смерти Ап. Павла св. Лука проповѣдывалъ и умеръ мученической смертью въ Ахаіи. Св. мощи его при Императорѣ Констанціи были перенесены оттуда въ Константинополь вмѣстѣ съ мощами св. Апостола Андрея.

Какъ видно изъ самаго предисловія третьяго Евангелія, Св. Лука написалъ его по просьбѣ нѣкоего знатнаго мужа, «державнаго», или, какъ по-русски переведено, «достопочтеннаго» Ѳеофила, жившаго въ Антіохіи, для котораго онъ написалъ затѣмъ и книгу Дѣяній Апостольскихъ, служащую какъ бы продолженіемъ Евангельскаго повѣствованія (См. Луки 1: 1-4 и Дѣяній 1: 1-2). При этомъ онъ пользовался не только повѣствованіями очевидцевъ служенія Господа, но и нѣкоторыми, уже существовавшими тогда письменными записями о жизни и ученіи Господа. По его собственнымъ словамъ, эти повѣствованія и письменныя записи были подвергнуты имъ самому тщательному изслѣдованію, а потому и Евангеліе его отличается особенной точностью въ опредѣленіи времени и мѣста событій и строгой хронологической послѣдовательностью.

«Державный Ѳеофилъ», для котораго написано третье Евангеліе, несомнѣнно не былъ жителемъ Палестины и не бывалъ въ Іерусалимѣ: иначе ненужно было бы св. Лукѣ дѣлать ему разныя географическія поясненія, въ родѣ, напр., того, что Елеонъ находится близь Іерусалима въ разстояніи субботняго пути и т. п. (см. Луки 1: 26; 4: 31; 24: 13 и Дѣян. 1: 12). Съ другой стороны, ему, видимо, извѣстнѣе были Сиракузы, Ригія и Путеолъ въ Италіи, Аппіева площадь и Три Гостинницы въ Римѣ, упоминая о коихъ въ кн. Дѣяній, св. Лука не дѣлаетъ никакихъ поясненій. Однако, по утвержденію Климента Александрійскаго, Ѳеофилъ былъ не римлянинъ, какъ можно было бы думать, а антіохіецъ, былъ богатъ и знатенъ, исповѣдывалъ вѣру Христову, и домъ его служилъ храмомъ для антіохійскихъ христіанъ.

На Евангеліи отъ Луки явно сказалось вліяніе Св. Апостола Павла, котораго св. Лука былъ спутникомъ и сотрудникомъ. Какъ «Апостолъ языковъ» св. Павелъ старался болѣе всего раскрывать ту великую истину, что Мессія — Христосъ пришелъ на землю не для іудеевъ только, но и для язычниковъ, и есть СПАСИТЕЛЬ ВСЕГО МІРА, ВСѢХЪ ЛЮДЕЙ. Въ связи съ этой основной мыслью, которую явно проводитъ на протяженіи всего своего повѣствованія третье Евангеліе, родословіе Іисуса Христа доведено въ немъ до родоначальника всего человѣчества Адама и до Самого Бога, чтобы подчеркнуть Его значеніе ДЛЯ ВСЕГО ЧЕЛОВѢЧЕСКАГО РОДА (Луки 3: 23-38). Такія мѣста, какъ посольство пророка Иліи къ вдовѣ въ Сарепту Сидонскую, исцѣленіе отъ проказы пророкомъ Елисеемъ Неемана-Сиріанина (4: 26-27), притчи о блудномъ сынѣ (15: 11-32), о мытарѣ и фарисеѣ (18: 10-14) находятся въ тѣсной внутренней связи съ обстоятельно развиваемымъ ученіемъ св. Апостола Павла о СПАСЕНІИ не однихъ іудеевъ, но и язычниковъ, и объ оправданіи человѣка предъ Богомъ не дѣлами закона, а благодатью Божіею, даруемою туне, единственно по безпредѣльному милосердію и человѣколюбію Божію. Никто такъ ярко не изобразилъ любви Божіей къ кающимся грѣшникамъ, какъ это сдѣлалъ св. Лука, приведшій въ своемъ Евангеліи цѣлый рядъ притчъ и дѣйствительныхъ событій на эту тему. Достаточно вспомнить, кромѣ упомянутыхъ уже притчъ о блудномъ сынѣ и о мытарѣ и фарисеѣ, еще притчу о заблудшей овцѣ, о потерянной драхмѣ, о милосердномъ самарянинѣ, повѣсть о покаяніи начальника мытарей Закхея (Луки 15: 1-7; 15: 8-10; 19: 1-10) и др. мѣста, какъ и знаменательныя слова его о томъ, что «радость бывает предъ ангелы Божіими о единѣмъ грѣшницѣ кающемся» причемъ эта радость больше радости «о девятидесятихъ и девяти праведникахъ, иже не требуютъ покаянія (Луки 15: 10 и 15: 7)».

Усматривая изъ всего этого несомнѣнное вліяніе св. Апостола Павла на автора третьяго Евангелія, можно считать достовѣрнымъ утвержденіе Оригена, что «Евангеліе отъ Луки было одобрено Павломъ».

Время и мѣсто написанія Евангелія отъ Луки можно опредѣлить, руководствуясь соображеніемъ, что оно написано РАНѢЕ книги Дѣяній Апостольскихъ, составляющей какъ бы его продолженіе (см. Дѣянія 1: 1). Книга же Дѣяній оканчивается описаніемъ двухлѣтняго пребыванія св. Апостола Павла въ Римѣ (28: 30). Это были 62 и 63 года по Р. Хр. Слѣдовательно, Евангеліе отъ Луки не могло быть написано ПОЗЖЕ этого времени и, надо полагать, въ Римѣ же, хотя историкъ Евсевій и считаетъ, что оно появилось въ свѣтъ много раньше, уже на 15 году по Вознесеніи Господнемъ.

Въ виду того, что св. Лука говоритъ о Господѣ Іисусѣ Христѣ преимущественно, какъ о Великомъ Первосвященникѣ, принесшемъ Самого Себя въ жертву за грѣхи ВСЕГО человѣчества, эмблемой его является телецъ, какъ обычно употреблявшееся при жертвоприношеніяхъ жертвенное животное.

Евангеліе отъ Луки содержитъ въ себѣ 24 главы или 114 церковныхъ зачалъ. Начинается оно повѣствованіемъ о явленіи ангела священнику Захаріи, отцу св. Іоанна Предтечи, а кончается повѣствованіемъ о вознесеніи Господа Іисуса Христа на небо.

Содержаніе Евангелія отъ Луки по главамъ таково:

Глава 1-ая: Вступленіе, обращенное къ Ѳеофилу. Явленіе ангела, предрекшаго священнику Захаріи рожденіе отъ него сына Іоанна. Благовѣщеніе ангела Пресвятой Дѣвѣ Маріи. Посѣщеніе Пресвятой Дѣвой Маріей Елисаветы. Рождество св. Іоанна Крестителя.

Глава 2-ая: Рождество Христово, явленіе ангела виѳлеемскимъ пастырямъ и поклоненіе ихъ Рожденному Богомладенцу. Обрѣзаніе Господне. Срѣтеніе Господне. Отрокъ Іисусъ въ Іерусалимскомъ храмѣ въ бесѣдѣ посреди учителей.

Глава 3-ья: Проповѣдь св. Іоанна Крестителя. Крещеніе Господне. Родословіе Господа Іисуса Христа.

Глава 4-ая: Искушеніе отъ діавола. Проповѣдь Господа въ Галилеѣ, въ Назаретской синагогѣ. Исцѣленіе бѣсноватаго въ капернаумской синагогѣ. Исцѣленіе тещи

	Симоновой и многихъ другихъ болящихъ и бѣсноватыхъ. Проповѣдь въ синагогахъ галилейскихъ.
Глава 5-ая:	Чудесная ловитва рыбы на Генисаретскомъ озерѣ и призваніе Апостоловъ. Исцѣленіе прокаженнаго. Исцѣленіе разслабленнаго, принесеннаго на одрѣ и спущеннаго сквозь кровлю дома. Призваніе мытаря Левія. О постѣ учениковъ Господа: притча о ветхой одеждѣ и о молодомъ винѣ.
Глава 6-ая:	Срываніе колосьевъ въ субботу. Исцѣленіе сухорукаго въ субботу. Избраніе 12-ти Апостоловъ. Проповѣдь Господа о томъ, кто «блаженны» и кому «горе». О любви къ врагамъ. О неосужденіи. О необходимости творить добрыя дѣла.
Глава 7-ая:	Исцѣленіе слуги капернаумскаго сотника. Воскрешеніе сына Наинской вдовы. Посольство Іоанна Крестителя ко Іисусу Христу и свидѣтельство Господа объ Іоаннѣ. Помазаніе мѵромъ Господа женой-грѣшницей.
Глава 8-ая:	Проповѣдь Господа Іисуса Христа по городамъ и селеніямъ въ сопровожденіи 12-ти и женъ, служившихъ Ему отъ имѣній своихъ. Притча о сѣятелѣ. Свѣтильникъ на свѣщницѣ. «Кто матерь Моя и кто братія Мои?» Укрощеніе бури на морѣ. Изгнаніе легіона бѣсовъ изъ бѣсноватаго и гибель стада свиней. Воскрешеніе дочери Іаира и исцѣленіе кровоточивой жены.
Глава 9-ая:	Посольство 12-ти Апостоловъ на проповѣдь. Недоумѣніе Ирода о личности Іисуса Христа. Чудесное насыщеніе 5000 народа. Петръ исповѣдуетъ Іисуса Христомъ. Предсказаніе Господа о своей смерти и воскресеніи. Ученіе о самоотверженіи и взятіи креста своего. Преображеніе Господне. Исцѣленіе бѣсноватаго отрока. Мысли Апостоловъ о первенствѣ и наставленіе Господа о смиреніи. Объ изгоняющемъ бѣсовъ именемъ Іисуса. О непринятіи Господа въ самарянскомъ селеніи. О слѣдованіи за Христомъ.
Глава 10-ая:	Посольство 70-ти учениковъ на проповѣдь. Возвращеніе ихъ съ радостью о томъ, что бѣсы имъ повинуются. Наставленіе Господа: «Радуйтеся тому, что имена ваши написаны на небесахъ». Іисусъ прославляетъ Отца Небеснаго за то, что Онъ «утаилъ сіе отъ мудрыхъ и разумныхъ и открылъ младенцамъ». Притча о милосердномъ самарянинѣ. Господь у Марѳы и Маріи.

Глава 11-ая:	«Отче нашъ» и ученіе о постоянствѣ въ молитвѣ. Клевета іудеевъ на Господа, будто Онъ изгоняетъ бѣсовъ силою Веельзевула. Притча о нечистомъ духѣ и выметенномъ и убранномъ домѣ. «Блаженны слышащіе Слово Божіе и соблюдающіе его!» Знаменіе Іоны-пророка. Свѣтильникъ тѣла — око. Обличеніе фарисеевъ.
Глава 12-ая:	Предостереженіе отъ закваски фарисейской. Объ исповѣданіи Іисуса Христа передъ человѣками и небоязни мученій. О непростительности хулы на Духа Святаго. Предостереженіе отъ любостяжанія и притча о богачѣ и богатомъ урожаѣ. О неотягощеніи себя заботами и объ исканіи Царства Божія. О милостынѣ. О томъ, чтобы всегда бодрствовать и быть готовыми ко второму пришествію Христову: притча о вѣрномъ домоправителѣ. Раздѣленіе въ мірѣ изъ-за Христа-Спасителя и о приготовленіи себя къ суду Божію.
Глава 13-ая:	«Если не покаетесь, всѣ также погибнете». Притча о безплодной смоковницѣ. Исцѣленіе скорченной женщины въ субботу. Притчи о горчичномъ зернѣ и о заквасѣ «Мало ли спасающихся? — «подобаетъ входить тѣсными вратами». Отвѣтъ Господа Ироду. Упрекъ Господа Іерусалиму.
Глава 14-ая:	Исцѣленіе въ субботу. Порицаніе ищущимъ первенства. О приглашеніи на пиръ нищихъ. Притча о званныхъ на вечерю. Ученіе о самоотверженіи, взятіи креста своего и слѣдованіи за Христомъ.
Глава 15-ая:	Притчи о заблудшей овцѣ и о потерянной драхмѣ. Притча о блудномъ сынѣ.
Глава 16-ая:	Притча о неправедномъ управителѣ. О предосудительности развода. Притча о богатомъ и Лазарѣ.
Глава 17-ая:	О соблазнахъ, о прощеніи брату, о силѣ вѣры, объ исполненіи всего повелѣннаго. Исцѣленіе 10-ти прокаженныхъ. «Царство Божіе внутри васъ». О второмъ пришествіи Христовомъ.
Глава 18-ая:	Притча о неправедномъ судьѣ. Притча о мытарѣ и фарисеѣ. Благословеніе дѣтей. О трудности для имѣющаго богатство войти въ Царствіе Божіе. О наградѣ для оставившихъ все ради Христа. Предреченіе Господа о предстоящихъ Ему страданіяхъ, смерти и воскресеніи. Исцѣленіе іерихонскаго слѣпца.

Глава 19-ая: Покаяніе начальника мытарей Закхея. Притча о минахъ. Входъ Господень въ Іерусалимъ. Изгнаніе торгующихъ изъ храма.

Глава 20-ая: Вопросъ первосвященниковъ и старѣйшинъ о власти Іисусовой. Притча о злыхъ виноградаряхъ. О подати кесарю. Отвѣтъ саддукеямъ о воскресеніи мертвыхъ. О Богосыновствѣ Христовомъ. Предостереженіе отъ книжниковъ.

Глава 21-ая: Двѣ лепты вдовицы. Предсказаніе о разрушеніи Іерусалима, о кончинѣ міра и о второмъ пришествіи Христовомъ. Призывъ къ бодрствованію.

Глава 22-ая: Предательство Іуды. Тайная вечеря. Предсказаніе объ отреченіи Петра. О двухъ мечахъ. Молитва Господа въ Геѳсиманскомъ саду. Взятіе Господа подъ стражу. Отреченіе Петра. Судъ передъ синедріономъ.

Глава 23-ья: Судъ у Пилата. Господь у Ирода. Попытка Пилата освободить Іисуса. Требованіе народомъ Его осужденія. Освобожденіе Вараввы и осужденіе Господа. Симонъ Киринейскій. Плачъ женщинъ и слова къ нимъ Господа. Распятіе Господа. Покаяніе благоразумнаго разбойника. Смерть Господа и погребеніе. Приготовленіе благовоній женщинами, пришедшими изъ Галилеи.

Глава 24-ая: Явленіе ангеловъ женамъ-мѵроносицамъ. Петръ у гроба. Явленіе воскресшаго Господа двумъ ученикамъ на пути въ Эммаусъ. Явленіе Господа 11-ти ученикамъ и Его наставленія имъ. Вознесеніе Господне.

4. Евангеліе отъ Іоанна.

Четвертое Евангеліе написано возлюбленнымъ ученикомъ Христовымъ св. Іоанномъ Богословомъ. Св. Іоаннъ былъ сыномъ галилейскаго рыбака Зеведея (Матѳ. 4: 21) и Саломіи (Матѳ. 27: 56 и Марк. 15: 40). Зеведей былъ человѣкомъ, повидимому, состоятельнымъ, ибо имѣлъ работниковъ (Марк. 1: 20), былъ, видимо также, не малозначительнымъ членомъ іудейскаго общества, ибо сынъ его Іоаннъ имѣлъ знакомство съ первосвященникомъ (Іоан. 18: 15). Мать его Саломія упоминается въ числѣ женъ, служившихъ Господу отъ имѣній своихъ: она сопутствовала Господу въ Галилеѣ, послѣдовала за Нимъ въ Іерусалимъ на послѣднюю Пасху и участвовала въ пріобрѣтеніи ароматовъ для помазанія тѣла Его вмѣстѣ съ другими женами-мѵроносицами (Марк. 15: 40-41, 16: 1). Преданіе считаетъ ее дочерью Іосифа-обручника.

Іоаннъ былъ сначала ученикомъ св. Іоанна Крестителя. Услышавъ его свидѣтельство о Христѣ, какъ объ Агнцѣ Божіемъ, вземлющемъ грѣхи міра, онъ тотчасъ же, вмѣстѣ съ Андреемъ послѣдовалъ за Христомъ (Іоан. 1: 37, 40). Постояннымъ ученикомъ Господа онъ сдѣлался, однако, нѣсколько позже, послѣ чудесной ловитвы рыбъ на Геннисаретскомъ озерѣ, когда Господь Самъ призвалъ его вмѣстѣ съ братомъ его Іаковомъ. (Лук. 5: 10). Вмѣстѣ съ Петромъ и братомъ своимъ Іаковомъ онъ удостоился особенной близости къ Господу, находясь при Немъ въ самыя важныя и торжественныя минуты Его земной жизни. Такъ, онъ удостоился присутствовать при воскрешеніи дочери Іаира (Марк. 5: 37), видѣть Преображеніе Господа на горѣ (Матѳ. 17: 1), слышать бесѣду о знаменіяхъ Его второго пришествія (Марк. 13: 3), быть свидѣтелемъ Его геѳсиманской молитвы (Матѳ. 26: 37). А на Тайной вечери онъ былъ такъ близокъ къ Господу, что, по его собственнымъ словамъ, какъ бы «возлежалъ у Него на персѣхъ (Іоан. 13: 23-25)», откуда и произошло его наименованіе «наперсника», ставшее потомъ нарицательнымъ для обозначенія человѣка, особенно кому-либо близкаго. По смиренію, не называя себя по имени, онъ тѣмъ не менѣе, говоря о себѣ въ своемъ Евангеліи, именуетъ себя ученикомъ, «егоже любляше Іисусъ» (13: 23). Эта любовь Господа къ нему сказалась и въ томъ, что Господь, вися на крестѣ, поручилъ ему Свою Пречистую Матерь, сказавъ ему: «Се мати твоя (Іоан. 19: 27)».

Пламенно любя Господа, Іоаннъ былъ полонъ негодованія противъ тѣхъ, кто враждебенъ Господу или чуждался Его. Поэтому онъ возбранялъ человѣку, не ходящему со Христомъ, изгонять бѣсовъ Именемъ Христа (Марк. 9: 38) и просилъ у Господа позволенія низвести огонь на жителей одного самарянскаго селенія за то, что они не приняли Его, когда Онъ путешествовалъ въ Іерусалимъ черезъ Самарію (Луки 9: 54). За это онъ и его братъ Іаковъ получили отъ Господа прозваніе «ВОАНЕРГЕС», что значитъ: «сыны громовы». Чувствуя любовь Христову къ себѣ, но еще не просвѣщенный благодатью Св. Духа, онъ дерзаетъ просить себѣ вмѣстѣ съ братомъ Іаковомъ ближайшаго мѣста къ Господу въ Его грядущемъ Царствіи, въ отвѣтъ на что получаетъ предсказаніе объ ожидающей ихъ обоихъ чашѣ страданій (Матѳ. 20: 20).

Послѣ Вознесенія Господня мы часто видимъ св. Іоанна вмѣстѣ со св. Апостоломъ Петромъ (Дѣян. 3: 1; 4: 13; 8: 14). Наряду съ нимъ онъ считается столпомъ Церкви и имѣетъ свое пребываніе въ Іерусалимѣ (Гал. 2: 9). Со времени разрушенія Іерусалима мѣстомъ жизни и дѣятельности Св. Іоанна дѣлается г. Ефесъ въ Малой Азіи. Въ царствованіе Императора Домиціана (а по нѣкоторымъ преданіямъ, Нерона или Траяна, что маловѣроятно) онъ былъ отправленъ въ ссылку на островъ Патмосъ, гдѣ имъ былъ написанъ Апокалипсисъ (1: 9-19). Возвращенный изъ этой ссылки въ Ефесъ онъ написалъ тамъ свое Евангеліе, и скончался своею смертью (единственный изъ Апостоловъ), по преданію, весьма загадочной, въ глубокой старости, по однимъ свѣдѣніямъ 105, по другимъ 120 лѣтъ, въ царствованіе императора Траяна.

Какъ гласитъ преданіе, четвертое Евангеліе написано Іоанномъ по просьбѣ ефесскихъ христіанъ или даже малоазійскихъ епископовъ. Они принесли ему три первыхъ Евангелія и просили его дополнить ихъ рѣчами Господа, которыя они отъ него слышали. Св. Іоаннъ подтвердилъ истинность всего написаннаго въ этихъ трехъ Евангеліяхъ, но нашелъ, что многое необходимо добавить къ ихъ повѣствованію, и, въ особенности, изложить пространнѣе и ярче ученіе О БОЖЕСТВѢ Господа Іисуса Христа, чтобы люди съ теченіемъ времени не стали о Немъ думать, только какъ о «Сынѣ человѣческомъ». Это тѣмъ болѣе было необходимо, что къ этому времени уже стали появляться ереси, отрицавшія Божество Христово — евіониты, ересь Керинѳа и гностики. По свидѣтельству священномученика Иринея Ліонскаго, а также и другихъ древнихъ отцевъ и писателей церковныхъ, св. Іоаннъ написалъ свое Евангеліе, побуждаемый къ этому именно просьбами малоазійскихъ епископовъ, обезпокоенныхъ появленіемъ этихъ ересей.

Изъ всего сказаннаго ясно, что цѣлью написанія четвертаго Евангелія было желаніе ДОПОЛНИТЬ повѣствованіе первыхъ трехъ Евангелистовъ. Что это такъ, объ этомъ свидѣтельствуетъ самое содержаніе Іоаннова Евангелія. Въ то время какъ первые три Евангелиста часто повѣствуютъ ОБЪ ОДНИХЪ И ТѢХЪ ЖЕ СОБЫТІЯХЪ и приводятъ ОДНИ И ТѢ ЖЕ СЛОВА ГОСПОДА, почему ихъ Евангелія и получили названіе «СИНОПТИЧЕСКИХЪ», Іоанново Евангеліе сильно РАЗНИТСЯ отъ нихъ своимъ содержаніемъ, заключая въ себѣ повѣствованія о событіяхъ и приводя рѣчи Господа, о которыхъ часто нѣтъ даже никакого упоминанія въ первыхъ трехъ Евангеліяхъ.

Характерная отличительная черта Евангелія отъ Іоанна ярко выражена въ томъ наименованіи, которое давалось ему въ древности. Въ отличіе отъ первыхъ трехъ Евангелій, оно, по преимуществу, именовалось «Евангеліемъ ДУХОВНЫМЪ (по-гречески: «ПНЕВМАТИКОН»)». Это потому, что, въ то время какъ синоптическія Евангелія повѣствуютъ, главнымъ образомъ, о событіяхъ земной жизни Господа, Евангеліе отъ Іоанна и начинается изложеніемъ ученія о Его Божествѣ, и далѣе содержитъ въ себѣ цѣлый рядъ самыхъ возвышенныхъ рѣчей Господа, въ которыхъ раскрывается Его Божественное достоинство и глубочайшія таинства вѣры, каковы, напр., бесѣда съ Никодимомъ о рожденіи свыше водою и духомъ и о таинствѣ искупленія, бесѣда съ самарянкой о водѣ живой и о поклоненіи Богу духомъ и истиною, бесѣда о хлѣбѣ, сшедшемъ съ небесе и о таинствѣ причащенія, бесѣда о пастырѣ добромъ и особенно замѣчательная по своему содержанію прощальная бесѣда съ учениками на Тайной вечери съ заключительной дивной, такъ наз. «первосвященнической молитвой» Господа. Тутъ мы находимъ и цѣлый рядъ собственныхъ свидѣтельствъ Господа о Себѣ Самомъ, какъ о Сынѣ Божіемъ. За ученіе о Богѣ Словѣ и за раскрытіе всѣхъ этихъ глубочайшихъ и возвышеннѣйшихъ истинъ и таинъ нашей вѣры св. Іоаннъ и получилъ почетное наименованіе «Богослова».

Чистый сердцемъ дѣвственникъ, всецѣло всей душой предавшій себя Господу и любимый Имъ за это особой любовью, Св. Іоаннъ глубоко проникъ и въ возвышенную тайну христіанской любви и никто, какъ онъ не раскрылъ такъ полно, глубоко и убѣдительно, какъ въ своемъ Евангеліи, такъ особенно въ трехъ своихъ соборныхъ посланіяхъ, христіанское ученіе о двухъ основныхъ заповѣдяхъ Закона Божія — о любви къ Богу и о любви къ ближнему, — почему его еще называютъ «АПОСТОЛОМЪ ЛЮБВИ».

Важной особенностью Іоаннова Евангелія является еще то, что въ то время какъ первые три Евангелиста повѣствуютъ, главнымъ образомъ о проповѣди Господа Іисуса Христа въ Галилеѣ, Св. Іоаннъ излагаетъ событія и рѣчи, имѣвшія мѣсто въ Іудеѣ. Благодаря этому мы можемъ разсчитать, какова была продолжительность общественнаго служенія Господа и вмѣстѣ съ тѣмъ продолжительность Его земной жизни. Проповѣдуя большей частью въ Галилеѣ, Господь путешествовалъ въ Іерусалимъ, то-есть въ Іудею, на всѣ главнѣйшіе праздники. Именно изъ этихъ путешествій св. Іоаннъ и беретъ, главнымъ образомъ, повѣствуемыя имъ событія и излагаемыя имъ рѣчи Господа. Такихъ путешествій въ Іерусалимъ на праздникъ Пасхи, какъ видно изъ Евангелія отъ Іоанна, было ВСЕГО Т Р И , а ПЕРЕДЪ ЧЕТВЕРТОЙ ПАСХОЙ Своего общественнаго служенія Господь ПРИНЯЛЪ КРЕСТНУЮ СМЕРТЬ. Изъ этого слѣдуетъ, что общественное служеніе Господа продолжалось ОКОЛО ТРЕХЪ СЪ ПОЛОВИНОЮ ЛѢТЪ, а прожилъ Онъ на землѣ всего ТРИДЦАТЬ ТРИ СЪ ПОЛОВИНОЮ ГОДА (ибо вышелъ на общественное служеніе, какъ свидѣтельствуетъ св. Лука въ 3: 23, 30-ти лѣтъ отроду.).

Евангеліе отъ Іоанна содержитъ 21 главу или 67 церковныхъ зачалъ. Начинается оно ученіемъ о — «Словѣ», которое «было въ началѣ», а заканчивается явленіемъ Воскресшаго Господа ученикамъ при морѣ Геннисаретскомъ, возстановленіемъ Ап. Петра въ его апостольскомъ достоинствѣ и утвержденіемъ автора, что «свидѣтельство его истинно» и, что, если бы обо всемъ, что сотворилъ Іисусъ, писать подробно, то «самому міру не вмѣстить написанныхъ книгъ».

Содержаніе Евангелія отъ Іоанна по главамъ таково:

Глава 1-ая: Ученіе о Богѣ-Словѣ. Свидѣтельство Іоанна Крестителя объ Іисусѣ Христѣ. Послѣдованіе двухъ учениковъ Іоанновыхъ за Господомъ Іисусомъ. Приходъ къ Господу первыхъ учениковъ: Андрея, Симона Петра, Филимона и Наѳанаила. Бесѣда Господа съ Наѳанаиломъ.

Глава 2-ая: Первое чудо въ Канѣ Галилейской. Изгнаніе торгующихъ изъ храма. Предреченіе Господа о разрушеніи храма тѣла Его и о Его воскресеніи изъ мертвыхъ въ третій день. Чудеса, совершенные Господомъ въ Іерусалимѣ и увѣровавшіе въ Него.

Глава 3-ья: Бесѣда Господа Іисуса Христа съ начальникомъ іудейскимъ Никодимомъ. Новое свидѣтельство Іоанна Крестителя объ Іисусѣ Христѣ.

Глава 4-ая: Бесѣда Господа Іисуса Христа съ самарянкой у колодца Іакова. Вѣра самарянъ. Возвращеніе Господа въ Галилею. Исцѣленіе сына царедворца въ Капернаумѣ.

Глава 5-ая: Исцѣленіе въ субботу разслабленнаго при Овчей ку-

	пели. Свидѣтельство Господа Іисуса Христа о Себѣ, какъ о Сынѣ Божіемъ, имѣющимъ власть воскрешать мертвыхъ, и о Своихъ взаимоотношеніяхъ съ Богомъ Отцемъ.
Глава 6-ая:	Чудесное насыщеніе 5000 народа. Хожденіе по водамъ. Бесѣда о хлѣбѣ, сходящемъ съ небесъ и дающемъ жизнь міру. О необходимости причащенія Тѣла и Крови Христовыхъ для наслѣдованія жизни вѣчной. Петръ исповѣдуетъ Іисуса Христомъ, Сыномъ Бога Живаго. Предсказаніе Господа о Своемъ предателѣ.
Глава 7-ая:	Іисусъ Христосъ отвергаетъ предложеніе братьевъ. Іисусъ Христосъ учитъ іудеевъ въ храмѣ на праздникъ. Ученіе Его о Духѣ Святомъ, какъ о водѣ живой. Распря о Немъ среди іудеевъ.
Глава 8-ая:	Прощеніе Господомъ грѣшницы, взятой въ прелюбодѣяніи. Бесѣда Господа съ іудеями о Себѣ, какъ о Свѣтѣ міра и какъ отъ начала Сущемъ. Обличеніе невѣровавшихъ въ Него іудеевъ, какъ желающихъ исполнять похоти отца своего — діавола, человѣкоубійцы искони.
Глава 9-ая:	Исцѣленіе слѣпого отъ рожденія.
Глава 10-ая:	Бесѣда Господа о Себѣ, какъ о «пастырѣ добромъ». Іисусъ Христосъ въ Іерусалимскомъ храмѣ на праздникѣ обновленія. Бесѣда Его о Своемъ единствѣ съ Отцомъ. Попытка іудеевъ побить Его камнями.
Глава 11-ая:	Воскрешеніе Лазаря. Рѣшеніе первосвященниковъ и фарисеевъ предать Господа смерти.
Глава 12-ая:	Помазаніе Господа мѵромъ Маріею въ Виѳаніи. Входъ Господень въ Іерусалимъ. Эллины хотятъ видѣть Іисуса. Молитва Іисуса Богу Отцу о прославленіи Его. Увѣщаніе Господа ходить во свѣтѣ, пока есть свѣтъ. Невѣріе іудеевъ по пророчеству Исаіи.
Глава 13-ая:	Тайная вечеря. Омовеніе ногъ. Предреченіе Господа о предательствѣ Іуды. Начало прощальной бесѣды Господа съ учениками: наставленіе о взаимной любви. Предсказаніе отреченія Петра.
Глава 14-ая:	Продолженіе прощальной бесѣды: о многихъ обителяхъ въ домѣ Отца. Христосъ — путь, истина и жизнь. О силѣ вѣры. Обѣтованіе о ниспосланіи Святаго Духа.
Глава 15-ая:	Продолженіе прощальной бесѣды: Ученіе Господа о Себѣ, какъ о виноградной лозѣ. Увѣщаніе о взаимной любви. Предреченіе гоненій

Глава 16-ая: Продолженіе прощальной бесѣды: Новое обѣтованіе о ниспосланіи Духа-Утѣшителя.
Глава 17-ая: Первосвященническая молитва Господа объ ученикахъ Его и о всѣхъ вѣрующихъ.
Глава 18-ая: Взятіе Господа въ Геѳсиманскомъ саду. Судъ у Анны. Отреченіе Петра. У Каіафы. На судѣ у Пилата.
Глава 19-ая: Бичеваніе Господа. Допросъ Пилата. Распятіе. Бросаніе жребія воинами объ одеждѣ Іисуса. Іисусъ ввѣряетъ Свою Матерь Іоанну. Смерть и погребеніе Господа.
Глава 20-ая: Марія Магдалина у гроба съ отваленнымъ камнемъ. Петръ и другой ученикъ находятъ гробъ пустымъ съ лежащими въ немъ пеленами. Явленіе воскресшаго Господа Маріи Магдалинѣ. Явленіе воскресшаго Господа всѣмъ ученикамъ вмѣстѣ. Невѣріе Ѳомы и вторичное явленіе Господа всѣмъ ученикамъ съ Ѳомою вмѣстѣ. Цѣль написанія Евангелія.
Глава 21-ая: Явленіе Господа ученикамъ при морѣ Тиверіадскомъ, троекратное вопрошеніе Господа Петру: «любиши ли Меня», и порученіе пасти овецъ Его. Предреченіе Петру мученической смерти. Вопросъ Петра объ Іоаннѣ. Утвержденіе объ истинности написаннаго въ Евангеліи.

Послѣдовательный обзоръ содержанія всего четвероевангелія съ изъясненіемъ важнѣйшихъ мѣстъ.

ВСТУПЛЕНІЕ.

Какъ мы уже говорили, не всѣ Евангелисты повѣствуютъ о жизни Господа Іисуса Христа **одно и то же съ одинаковыми подробностями**: у однихъ есть то, чего нѣтъ у другихъ; одни говорятъ болѣе подробно и обстоятельно о томъ, о чемъ другіе упоминаютъ лишь въ немногихъ словахъ, какъ бы вскользь; да и въ самой передачѣ событій и рѣчей Господа встрѣчаются иногда разности, въ нѣкоторыхъ случаяхъ даже какъ-будто несогласія и противорѣчія, которыя особенно любитъ находить и подчеркивать такъ наз. «отрицательная критика».

Вотъ почему уже съ самыхъ первыхъ временъ христіанства стали дѣлаться попытки с в е с т и содержаніе всѣхъ четырехъ Евангелій в о е д и н о , то-есть дать с в о д ъ всего матеріала, заключающагося въ четырехъ Евангеліяхъ, въ одной общей связной послѣдовательности, установивъ болѣе вѣроятный хронологическій порядокъ евангельскихъ событій, такъ, какъ еслибы Евангеліе было о д н о .

Первая извѣстная намъ попытка подобнаго рода была предпринята апологетомъ **Таціаномъ,** ученикомъ св. Іустина-философа, составившимъ въ серединѣ второго вѣка по Р. Хр. такой сводъ всѣхъ четырехъ Евангелій, получившій широкое распространеніе подъ названіемъ «діатессарона». Второй трудъ такого же рода принадлежалъ, по свидѣтельству блаж. Іеронима, **Ѳеофилу,** Епископу **Антіохійскому,** жившему во второй половинѣ того же второго вѣка, который написалъ и «Коментарій на Евангеліе», то-есть опытъ письменнаго его истолкованія.

Такія попытки свести повѣствованія 4-хъ Евангелій воедино продолжались и дальше, вплоть до самаго нашего времени. Въ наше время извѣстенъ, напр., трудъ Б. И. Гладкова, составившаго и «Толкованіе Евангелія». Лучшимъ сводомъ всѣхъ 4-хъ Евангелій признается трудъ Епископа Ѳеофана (Вышенскаго Затворника) подъ названіемъ: **«Евангельская исторія о Богѣ-Сынѣ, воплотившемся нашего ради спасенія, въ послѣдовательномъ порядкѣ изложенная словами Св. Евангелистовъ».**

Значеніе подобныхъ трудовъ состоитъ въ томъ, что они даютъ намъ полную, связную, цѣльную картину в с е г о теченія земной жизни нашего Господа и Спасителя.

Мы и будемъ вести послѣдовательный обзоръ всего евангельскаго повѣствованія, по руководству этихъ трудовъ, устанавливая, насколько возможно хронологическую послѣдовательность событій, останавливаясь на разностяхъ въ изложеніи у каждаго изъ 4-хъ Евангелистовъ и изъясняя важнѣйшія мѣста въ согласіи съ авторитетными толкованіями святыхъ отцевъ Церкви.

Вся Евангельская исторія естественно распадается на три главныхъ отдѣла:

I. Пришествіе въ міръ Господа Іисуса Христа.

II. Общественное служеніе Господа Іисуса Христа.

III. Послѣдніе дни земной жизни Господа Іисуса Христа.

Часть первая.

Пришествіе въ міръ Господа Іисуса Христа

1. ПРЕДИСЛОВІЕ ЕВАНГЕЛІЯ: ЕГО ДОСТОВѢРНОСТЬ И ЦѢЛЬ.
(Луки 1: 1-4; Іоанна 20: 31).

Предисловіемъ ко всему Четвероевангелію можно считать 1-4 стихи I-ой главы Евангелія отъ Луки, въ которыхъ св. Евангелистъ говоритъ о «тщательномъ изслѣдованіи имъ всего» сообщаемаго имъ и указываетъ ц ѣ л ь написанія Евангелія: **знать твердое основаніе христіанскаго ученія.** Къ этой цѣли св. Іоаннъ Богословъ въ 31 ст. 20-ой главы своего Евангелія еще добавляетъ: «дабы вы увѣровали, что **Іисусъ есть Христосъ, Сынъ Божій, и, вѣруя, имѣли жизнь во имя Его».**

Какъ видно изъ этого предисловія св. Луки, онъ взялся за написаніе своего Евангелія потому, что появилось уже много сочиненій подобнаго рода, не достаточно авторитетныхъ и удовлетворительныхъ по своему содержанію, и онъ счелъ своимъ долгомъ для утвержденія въ вѣрѣ нѣкоего «державнаго Ѳеофила», а заодно съ нимъ, конечно, и всѣхъ вообще христіанъ, написать повѣствованіе о жизни Господа Іисуса Христа, тщательно провѣряя всѣ данныя со словъ «очевидцевъ и служителей Слова». Такъ какъ самъ онъ былъ, повидимому, лишь однимъ изъ 70-ти учениковъ Христовыхъ, и потому не могъ быть очевидцемъ **всѣхъ** событій, а тѣмъ болѣе не могъ быть очевидцемъ такихъ событій, какъ Рождество Іоанна Крестителя, Благовѣщеніе, Рождество Христово, Срѣтеніе, то онъ несомнѣнно значительную часть содержанія своего Евангелія сообщаетъ со словъ очевидцевъ, то-есть на основаніи п р е д а н і я (вотъ гдѣ выступаетъ вся важность преданія, столь рѣшительно отвергаемаго протестантами и сектантами!). При этомъ совершенно несомнѣннымъ представляется, что первой и главной очевидицей наиболѣе раннихъ событій евангельской исторіи была **Пресвятая Дѣва Марія,** о которой св. Лука недаромъ дважды замѣчаетъ, что Она хранила воспоминанія обо всѣхъ этихъ событіяхъ, слагая ихъ въ сердцѣ Своемъ (см. Луки 2: 19 и 2: 51).

Не можетъ быть сомнѣній, что преимущество Евангелія отъ Луки передъ всѣми существовавшими до него многими другими записями, указываемое имъ въ томъ, что онъ писалъ только послѣ тщательной провѣрки фактовъ и въ строгой послѣдовательности («по порядку») принадлежитъ и тремъ другимъ нашимъ Евангеліямъ, ибо два изъ нихъ—отъ Матѳея и отъ Іоанна—написаны самими очевидцами и служителями Слова — ближайшими учениками Господа изъ числа 12-ти, а третье — отъ Марка — написано со словъ тоже ближайшаго ученика Господа и несомнѣннаго очевидца и близкаго участника евангельскихъ событій св. Апостола Петра.

Цѣль, указанная св. Іоанномъ, особенно ясно проглядываетъ въ его Евангеліи, которое полно торжественныхъ свидѣтельствъ о Божествѣ Господа Іисуса Христа, но и остальныя три Евангелія, конечно, имѣютъ ту же цѣль.

2. ПРЕДВѢЧНОЕ РОЖДЕНІЕ И ВОПЛОЩЕНІЕ СЫНА БОЖІЯ.
(Іоанна 1: 1-14)

Въ то время какъ Евангелисты Матѳей и Лука повѣствуютъ о земномъ рожденіи Господа Іисуса Христа, св. Іоаннъ начинаетъ свое Евангеліе изложеніемъ ученія о Его предвѣчномъ рожденіи и воплощеніи, какъ Единороднаго Сына Божія. Первые три Евангелиста начинаютъ свое повѣствованіе съ событій, благодаря которымъ Царство Божіе получило свое начало **во времени и пространствѣ,** — Св. Іоаннъ, подобно орлу, возносится къ **предвѣчной** основѣ этого Царства, созерцаетъ **вѣчное** бытіе Того, кто лишь «въ послѣдокъ дней (Евр. 1: 1)» сталъ человѣкомъ.

Второе лицо Пресвятой Троицы — Сына Божія — онъ именуетъ **«Словомъ».** Тутъ важно знать и помнить, что это «Слово» по-гречески **«логос»** означаетъ не только слово, уже произнесенное, какъ въ русскомъ языкѣ, но и **мысль, разумъ, мудрость,** выражаемую словомъ. Поэтому наименованіе Сына Божія «Словомъ» значитъ то же, что наименованіе Его «Премудрость» (см. Луки 11: 49 и ср. съ Матѳ. 23: 34). Св. Ап. Павелъ въ I Кор. 1: 24 такъ и называетъ Христа **«Божіей Премудростью».** Ученіе о Премудрости Божіей несомнѣнно въ этомъ же смыслѣ изложено въ книгѣ Притчей (см. особенно замѣчательно мѣсто Прит. 8: 22-30). Послѣ этого странно утверждать, какъ дѣлаютъ нѣкоторые, что св. Іоаннъ заимствовалъ свое ученіе о Логосѣ изъ философіи Платона и его послѣдователей (Филона). Св. Іоаннъ писалъ о томъ, что извѣстно было ему еще изъ свящ. книгъ Ветхаго Завѣта, чему онъ научился, какъ возлюбленный ученикъ, отъ Самого Своего Божественнаго Учителя и что было открыто ему Духомъ Святымъ.

«Въ началѣ Бѣ Слово» означаетъ, что Слово **совѣчно** Богу, причемъ дальше св. Іоаннъ поясняетъ, что это Слово не отдѣляется отъ Бога въ отношеніи Своего бытія, что Оно, слѣдовательно, единосущно Богу, и, наконецъ, прямо называетъ Слово Богомъ: «и Богъ бѣ Слово» (по-русски: «и Слово было Богъ»). Здѣсь слово «Богъ» по-гречески употреблено безъ члена, и это давало поводъ аріанамъ и Оригену утверждать, что «Слово» не такой же Богъ, какъ Богъ Отецъ. Это, однако, недоразумѣніе. На самомъ дѣлѣ тутъ скрывается лишь глубочайшая мысль о несліянности лицъ Пресвятой Троицы. Членъ по-гречески указываетъ, что рѣчь идетъ о томъ же предметѣ, о которомъ только что говорилось. Поэтому, еслибы, говоря о томъ, что «Слово было Богъ», Евангелистъ употребилъ бы здѣсь также членъ — по-греч. «о Ѳеос» — то получилась бы невѣрная мысль, что «Слово» есть тотъ же самый Богъ Отецъ, о Которомъ говорилось выше. Поэтому, говоря о Словѣ, Евангелистъ называетъ Его просто «Ѳеос», указывая этимъ на Его Божественное достоинство, но подчеркивая вмѣстѣ съ тѣмъ, что Слово имѣетъ самостоятельное ипостасное бытіе, а не тождественно съ ипостасью Бога Отца.

Какъ отмѣчаетъ блаж. Ѳеофилактъ, св. Іоаннъ, раскрывая намъ ученіе о Сынѣ Божіемъ, называетъ Его «Словомъ», а не «Сыномъ», «дабы мы, услышавъ о Сынѣ, не помыслили о страстномъ и плотскомъ рожденіи. Для того назвалъ Его «Словомъ», чтобы ты зналъ, что какъ слово раждается отъ ума безстрастно, такъ и Онъ раждается отъ Отца безстрастно».

«Вся тѣмъ быша» не значитъ, что Слово было только орудіемъ при сотвореніи міра, но что міръ произошелъ отъ Первопричины и Первовиновника всего бытія (въ томъ числѣ и Самого Слова) Бога Отца **чрезъ Сына,** Который Самъ по Себѣ есть источникъ бытія для всего, **что начало быть** («еже бысть»), но только не для Самого Себя и не для остальныхъ лицъ Божества.

«Въ томъ животъ бѣ» — здѣсь разумѣется не «жизнь» въ обычномъ смыслѣ слова, но жизнь **духовная,** побуждающая разумныя существа устремляться къ Виновнику ихъ бытія Богу. Эта духовная жизнь дается только путемъ общенія, единенія съ ипостаснымъ Словомъ Божіимъ.

Слово есть, слѣд., источникъ подлинной духовной жизни для разумной твари.

«И животъ бѣ свѣтъ человѣкомъ» — эта духовная жизнь, происходящая отъ Слова Божія, просвѣщаетъ человѣка полнымъ, совершеннымъ вѣдѣніемъ.

«И свѣтъ во тьмѣ свѣтится» — Слово, подающее людямъ свѣтъ истиннаго вѣдѣнія, не перестаетъ руководить людьми и среди тьмы грѣховной, но тьма эта не воспріяла свѣта: люди, упорствующіе во грѣхѣ, предпочли оставаться во тьмѣ духовнаго ослѣпленія — «тьма его необъятъ».

Тогда Слово предприняло чрезвычайныя средства, чтобы пріобщить людей, пребывающихъ въ грѣховной тьмѣ, Своему Божественному свѣту — посланъ Іоаннъ Креститель и, наконецъ, само Слово стало плотью.

«Бысть человѣкъ — имя ему Іоаннъ» — «бысть» по-гречески сказано **«эгенето»,** а не **«ин»** какъ сказано о Словѣ, то-есть

Іоаннъ «произошелъ», родился во времени, а не былъ вѣчно, какъ Слово.

«Не бѣ той свѣтъ» — онъ не былъ самобытнымъ свѣтомъ, но свѣтилъ лишь отраженнымъ свѣтомъ того Единаго Истиннаго Свѣта, который одинъ только самъ Собой «просвѣщаетъ всякаго человѣка, приходящаго въ міръ».

Міръ не позналъ Слова, хотя Ему обязанъ самымъ своимъ бытіемъ. «Во своя пріиде», то-есть къ избранному своему народу Израилю, «и свои Его не пріяша», то-есть отвергли Его, хотя и не всѣ, конечно.

«Елицы же пріяша Его» вѣрою и любовію, «даде имъ область чадомъ Божіимъ быти», даровалъ имъ возможность усыновленія Богу, то-есть начала новой духовной жизни, которая, какъ и плотская, тоже начинается черезъ рожденіе, но черезъ рожденіе не отъ плотской похоти, а **отъ Бога, силою свыше.**

«И Слово плоть бысть» — подъ плотью здѣсь понимается не только одно человѣческое тѣло, но полный человѣкъ, въ каковомъ смыслѣ слово «плоть» часто употребляется въ Свящ. Писаніи (напр., Матѳ. 24: 22), то-есть Слово стало полнымъ и совершеннымъ человѣкомъ, не переставая, однако, быть Богомъ. «И вселися въ ны» — и обитало съ нами, «исполнь благодати и истины». Подъ «благодатью» разумѣется, какъ благость Божія, такъ и дары благости Божіей, открывающіе людямъ доступъ къ новой духовной жизни, то-есть дары Св. Духа. Слово, обитая съ нами, было исполнено также и истины, то-есть совершеннаго вѣдѣнія всего, что касается духовнаго міра и духовной жизни.

«И видѣхомъ славу Его, славу, яко единороднаго отъ Отца» — Апостолы дѣйствительно видѣли славу Его въ преображеніи, воскресеніи и вознесеніи на небо, славу въ Его ученіи, чудесахъ, дѣлахъ любви и самоуничиженія добровольнаго. «Единороднаго отъ Отца», ибо только Онъ одинъ Сынъ Божій по существу, по Своей Божественной природѣ; этими словами указывается на Его безмѣрное превосходство надъ сынами или чадами Божіими по благодати, о которыхъ сказано выше.

3. ЗАЧАТІЕ ПРЕДТЕЧИ ХРИСТОВА ІОАННА. (Луки 1: 1-25).

Здѣсь разсказывается о явленіи Ангела Господня священнику Захаріи во время служенія въ храмѣ предрекшаго ему рожденіе отъ него сына Іоанна, который будетъ великъ предъ Господомъ, о наказаніи Захаріи нѣмотой за невѣріе и о зачатіи его жены Елисаветы.

Царь Иродъ, который здѣсь упоминается, былъ родомъ идумей, сынъ Антипатра, который при Гирканѣ, послѣднемъ изъ рода Маккавеевъ, завладѣлъ дѣлами Іудеи. Отъ Рима онъ получилъ царскій титулъ. Хотя онъ и былъ прозелитъ, но іудеи не считали его своимъ, и царствованіе его было тѣмъ именно «отъятіемъ скипетра отъ Іуды», послѣ котораго долженъ былъ явиться Мессія (см. пророчество Быт. 49: 10).

Священники были раздѣлены Давидомъ на 24 чреды, причемъ во главѣ одной изъ нихъ былъ поставленъ Авія. Къ этой чредѣ причислялся Захарія. Жена его Елисаветъ происходила также изъ священническаго рода. Хотя оба они отличались истинной праведностью, но были бездѣтны, а это считалось у Іудеевъ Божіимъ наказаніемъ за грѣхи. Каждая чреда проходила свое служеніе въ храмѣ дважды въ годъ по одной седмицѣ, причемъ священники жребіемъ распредѣляли между собой обязанности. Захаріи выпалъ жребій совершитъ кажденіе, для чего онъ вошелъ во вторую часть Іерусалимскаго храма, называемую **Святое** или **Святилище,** гдѣ находился жертвенникъ кадильный, въ то время какъ весь народъ молился въ предназначенной для него открытой части храма — **«Дворѣ».** Войдя во святилище, Захарія увидѣлъ Ангела, и на него напалъ страхъ, м. б. и потому, что по іудейскимъ понятіямъ, явленіе Ангела предвѣщало близкую смерть. Ангелъ успокоилъ его, сказавъ, что молитва его услышана, и жена его родитъ ему сына, который будетъ «великъ предъ Господомъ». Трудно предположить, что Захарія, будучи съ женой столь старымъ, да еще въ такой торжественный моментъ богослуженія, при своей праведности, молился бы о дарованіи ему сына. Очевидно онъ, какъ одинъ изъ немногихъ лучшихъ людей того времени, усиленно молилъ Бога о скоромъ наступленіи Царства Мессіи, и именно объ этой его молитвѣ Ангелъ сказалъ, что она услышана. И вотъ молитва его получила высокую награду: не только разрѣшено его скорбное неплодство, но сынъ его будетъ Предтечею Мессіи, прихода котораго онъ такъ напряженно ожидалъ. Сынъ его всѣхъ превзойдетъ своимъ необыкновенно строгимъ воздержаніемъ и будетъ отъ рожденія исполненъ особыхъ благодатныхъ даровъ Св. Духа. Ему предстоитъ приготовить народъ іудейскій къ пришествію Мессіи, что онъ сдѣлаетъ проповѣдью о покаяніи и исправленіи жизни, обративъ къ Богу многихъ изъ сыновъ Израилевыхъ, только формально почитавшихъ Іегову, но сердцемъ и жизнью далеко отстоявшихъ отъ Него. Для этого ему будетъ данъ духъ и сила пророка Иліи, на котораго онъ и будетъ похожъ своей пламенной ревностью, строгой подвижнической жизнью, проповѣдью покаянія и обличеніемъ нечестія. Онъ долженъ будетъ воззвать Іудеевъ изъ бездны ихъ нравственнаго паденія, возвративъ сердцамъ родителей любовь къ дѣтямъ, а противящихся десницѣ Господней утвердить въ образѣ мыслей праведниковъ. Захарія не повѣрилъ Ангелу, такъ какъ былъ слишкомъ старъ, чтобы могъ надѣяться на потомство, какъ и жена его, и попросилъ отъ Ангела знаменія, какъ доказательства истинности его словъ. Чтобы разсѣять сомнѣнія Захаріи, Ангелъ называетъ свое имя. Онъ — **Гавріилъ,** что значитъ: **«сила Божія»,** тотъ самый, который благовѣстилъ и пророку Даніилу о времени пришествія Мессіи, указавъ сроки въ «седминахъ» (Дан. 9: 21-27). За невѣріе Захарія наказывается нѣмотой, а, видимо, одновременно и глухотой, такъ какъ съ нимъ потомъ объяснялись знаками. Обычно кажденіе продолжалось недолго и народъ удивлялся замедленію Захаріи во святилищѣ, но понялъ, что ему было видѣніе, когда онъ сталъ объясняться знаками. Замѣчательно, что нѣмой Захарія не оставилъ своей чреды, но продолжалъ служеніе до конца. Жена его Елисавета, послѣ возвращенія его домой, дѣйствительно зачала, но пять мѣсяцевъ скрывала это, боясь, что люди могутъ не повѣрить этому и осмѣять ее, а сама въ душѣ радовалась и благодарила Бога за снятіе съ нея поношенія. Зачатіе св. Іоанна Крестителя празднуется у насъ 23 сентября.

4. БЛАГОВѢЩЕНІЕ ПРЕСВЯТОЙ ДѢВѢ МАРІИ О ВОПЛОЩЕНІИ ОТЪ НЕЯ СЫНА БОЖІЯ. (Луки 1: 26-38).

Въ шестой мѣсяцъ послѣ зачатія св. Іоанна Крестителя Ангелъ Гавріилъ былъ посланъ въ маленькій городокъ Назаретъ, находившійся въ колѣнѣ Завулоновомъ въ южной части Галилеѣ къ Дѣвѣ, обрученной мужу, именемъ Іосифу, по имени Марія. Евангелистъ не говоритъ: «къ дѣвѣ, вышедшей замужъ», но къ «обрученной мужу». Это значитъ, что Пресв. Дѣва Марія формально, въ очахъ всѣхъ и съ точки зрѣнія закона, считалась женой Іосифа, хотя и не была его женой въ дѣйствительности. Рано лишившись родителей, Пресвятая Дѣва Марія, отданная ими на служеніе при храмѣ, не могла вернуться къ нимъ, когда ей исполнилось 14 лѣтъ, и когда по закону Она не могла уже больше оставаться тамъ и должна была бы, слѣдуя обычаю, выйти замужъ. Первосвященникъ и священники, узнавъ, что Она дала обѣтъ всегдашняго дѣвства и не желая, чтобы Она оставалась одна безъ покровительства, формально обручили Ее ея же родственнику, извѣстному своей праведной жизнью восьмидесятилѣтнему старцу Іосифу, который отъ перваго брака имѣлъ уже многочисленное семейство (Матѳ. 13: 55-56) и былъ, по занятію, плотникомъ. Войдя къ Дѣвѣ Ангелъ назвалъ Ее «благодатной», или обрѣтшей благодать у Бога (см. 30 ст.), то-есть особую любовь и благоволеніе Божіе, помощь Божію, необходимую для святыхъ и великихъ дѣлъ. Слова Ангела смутили Марію своей необычайностью, и Она стала размышлять о значеніи ихъ. Успокоивъ Ее, Ангелъ предрекаетъ Ей рожденіе отъ Нея Сына, Который будетъ великъ, но не такъ какъ Іоаннъ, а много больше, ибо не просто будетъ исполненъ благодатныхъ даровъ Божіихъ, какъ тотъ, а Самъ будетъ «**Сыномъ Всевышняго**». Почему Ангелъ говоритъ, что Господь дастъ Ему престолъ Давида, отца Его, и что Онъ воцарится въ домѣ Іакова? Потому, что царство еврейское въ Ветхомъ Завѣтѣ имѣло своимъ предназначеніемъ приготовленіе людей къ духовному вѣчному Царству Христову, въ него постепенно преобразоваться. Слѣдовательно царство Давида, какъ такое, въ которомъ Самъ Богъ поставлялъ царей, которое управлялось по законамъ Божіимъ и всѣ формы гражданской жизни котораго были проникнуты идеей служенія Богу, находилось въ неразрывной связи съ Царствомъ Божіимъ новозавѣтнымъ.

Вопросъ Пресвятой Дѣвы Маріи: «Како будетъ сіе, идѣже мужа не знаю?» былъ бы совершенно непонятенъ и не имѣлъ бы смысла, если бы Она не дала обѣтъ Богу **навсегда** остаться дѣвою. Ангелъ объяснилъ Ей, что Ея обѣтъ не будетъ нарушенъ, такъ какъ Она родитъ Сына сверхъестественнымъ образомъ, безъ мужа. Безсѣменное зачатіе произведетъ Духъ Святый, «**сила Вышняго**», то-есть Самъ Сынъ Божій (см. I Кор. 1: 24) осѣнитъ **Ее,** сойдетъ въ Нее, подобно облаку, осѣнявшему нѣкогда скинію, «во облацѣ легцѣ», по выраженію священной пѣсни (Исаіи 19: 1). Пресвятая Дѣва не требовала отъ Ангела никакихъ доказательствъ, но онъ самъ, въ подтвержденіе истинности своихъ словъ указалъ Ей на Елисавету, зачавшую сына въ глубокой старости, по изволенію Божію, для котораго нѣтъ ничего невозможнаго. Хотя Пресвятая Дѣва знала изъ пророческихъ книгъ, что Ее съ Божественнымъ Сыномъ ожидаетъ не одна слава, но и горе, однако, во всемъ покорная волѣ Божіей, отвѣчаетъ: «Се раба Господня: буди Мнѣ по глаголу твоему». Благовѣщеніе празднуется 25 марта. Принявъ благовѣстіе, Пресвятая Дѣва ничего не сказала объ этомъ Іосифу, какъ объясняетъ св. Златоустъ, справедливо опасаясь, что онъ можетъ не повѣрить Ей, а подумаетъ, что Она желаетъ предупрежденіемъ его скрыть содѣянное Ею преступленіе.

5. СВИДАНІЕ ПРЕСВЯТОЙ ДѢВЫ МАРІИ СЪ ЕЛИСАВЕТОЙ.
(Луки 1: 39-56).

Пресвятая Дѣва спѣшитъ подѣлиться Свою радостью со Своей сродницей Елисаветой, жившей въ Іудеѣ, какъ полагаютъ, въ городѣ Іуттѣ близъ священническаго города Хеврона. Елисавета встрѣчаетъ Ее тѣмъ же необычайнымъ привѣтствіемъ, съ которымъ обратился къ Ней Ангелъ: «Благословенна Ты въ женахъ» и притомъ добавила: «и благословенъ плодъ чрева Твоего», хотя, **какъ родственница, вѣроятно знала о данномъ Маріею обѣтѣ дѣв-**

ства, а затѣмъ радостно воскликнула: «**И откуду мнѣ сіе, да пріиде Мати Господа моего ко мнѣ?**» пояснивъ, что все это она говоритъ потому, что когда голосъ привѣтствія Маріина дошелъ до слуха ея, младенецъ, носимый ею, радостно взыгрался во чревѣ ея. Младенецъ Елисаветы, не иначе, конечно, какъ подъ наитіемъ Св. Духа, возчувствовалъ близость иного Младенца, къ явленію Котораго въ міръ онъ долженъ будетъ приготовить человѣчество, и произвелъ необычайное движеніе въ утробѣ матери. Дѣйствіе Св. Духа, съ младенца носимаго во утробѣ, перешло и на мать, которая мгновенно, по благодатному прозрѣнію, узнала, какую радостную вѣсть принесла Марія, и прославила Ее, какъ Богоматерь, словами архангела Гавріила. Она ублажаетъ Ее за вѣру, съ которой Она приняла ангельское благовѣстіе, какъ бы противопоставляя эту вѣру невѣрію ея мужу Захаріи.

Изъ всего этого Пресвятой Дѣвѣ Маріи стало ясно, что Ея тайна открыта Елисаветѣ Самимъ Богомъ. Въ чувствѣ восторга и умиленія при мысли, что время пришествія долгожданнаго Мессіи и избавленія Израиля уже наступило, Пресвятая Дѣва прославила Бога дивной вдохновенной пѣсныю, которая постоянно воспѣвается теперь у насъ въ честь Ея за утреннимъ богослуженіемъ: **Величитъ душа Моя Господа и возрадовася духъ Мой о Бозѣ Спасѣ Моемъ**...Здѣсь Она, отклоняя отъ Себя всякую мысль о своихъ личныхъ достоинствахъ, славитъ Бога за то, что Онъ призрѣлъ на Ея смиреніе, и въ пророческомъ предвидѣніи предрекаетъ, что Ее за эту милость къ Ней Господа будутъ прославлять всѣ роды и что эта милость Божія будетъ простираться на всѣхъ боящихся Господа. Далѣе Она славитъ Бога за то, что обѣщаніе данное отцамъ и Аврааму исполнилось, и Царство Мессіи, столь ожидаемое Израилемъ, наступило, что смиренные и презираемые міромъ послѣдователи Его восторжествуютъ, будутъ вознесены и исполнены благъ, а гордые и сильные будутъ низложены и посрамлены. Видимо, не дождавшись рожденія Предтечи, Пресвятая Дѣва возвратилась домой.

6. РОЖДЕСТВО СВ ІОАННА КРЕСТИТЕЛЯ. (Луки 1: 57-80).

Когда Елисаветѣ исполнилось время родить сына, сосѣди и родственники ея сорадовались ея радости и въ восьмой день собрались къ ней, чтобы совершить установленный еще при Авраамѣ (Быт. 17: 11-14) и требуемый закономъ Моисея (Лев. 12: 3) обрядъ обрѣзанія. Чрезъ обрѣзаніе новорожденный вступалъ въ общество избраннаго народа Божія, и потому день обрѣзанія считался радостнымъ семейнымъ праздникомъ. При обрѣзаніи новорожденному давалось имя, обыкновенно въ честь кого-либо изъ старшихъ сродниковъ. Поэтому не могло не вызвать общее недоумѣніе желаніе матери назвать его Іоанномъ. Евангелистъ подчеркиваетъ намъ это обстоятельство очевидно потому, что и оно чудесно: желаніе Елисаветы назвать младенца Іоанномъ было плодомъ внушенія Св. Духа. За рѣшеніемъ обратились къ отцу. Онъ, испросивъ дщицу, намазанную воскомъ, написалъ на ней палочкой, для этого употреблявшейся: «Іоаннъ будетъ имя ему», и всѣ удивились необычайности совпаденія желанія матери и глухонѣмого отца назвать сына именемъ, которaго не было въ родствѣ ихъ. И тотчасъ, по предсказанію Ангела, разрѣшились уста Захаріи, и онъ въ пророческомъ вдохновеніи, какъ бы предвидя уже наступленіе царства Мессіи, сталъ прославлять Бога, посѣтившаго народъ Свой и сотворившаго избавленіе ему, Который «воздвигъ рогъ спасенія въ домѣ Давида». Подобно тому, какъ преступники, преслѣдуемые мстителями, убѣгали въ Ветхомъ Завѣтѣ къ жертвеннику всесожженія и, ухватившись за его рогъ считались неприкосновенными (3 Цар. 2: 28), такъ и весь человѣческій родъ, угнетаемый грѣхами и преслѣдуемый за это Божественнымъ правосудіемъ, находитъ себѣ спасеніе во Христѣ Іисусѣ. Это спасеніе не есть только избавленіе Израиля отъ политическихъ враговъ его, какъ думало въ то время большинство евреевъ, особенно книжники и фарисеи, а исполненіе завѣта Божія, даннаго ветхозавѣтнымъ праотцамъ, которое дастъ возможность всѣмъ вѣрнымъ израильтянамъ служить Богу «преподобіемъ и правдою». Подъ «правдою» разумѣется здѣсь оправданіе Божественными средствами, чрезъ вмѣненіе человѣку искупительныхъ заслугъ Христовыхъ; подъ «преподобіемъ» — внутреннее исправленіе человѣка, достигаемое при содѣйствіи благодати усиліемъ самого человѣка. Далѣе Захарія предрекаетъ своему сыну будущее, предсказанное Ангеломъ, говоря, что онъ наречется пророкомъ Вышняго и будетъ предтечею Божественнаго Мессіи, указываетъ и цѣль служенія Предтечи въ томъ, чтобы приготовить людей къ пришествію Его, дать уразумѣть народу израильскому, что спасеніе его состоитъ не въ чемъ иномъ, какъ именно въ **прощеніи грѣховъ.** Поэтому Израиль долженъ искать не мірскаго величія, о чемъ мечтали тогдашніе духовные вожди его, а праведности и прощенія грѣховъ. Прощеніе же грѣховъ придетъ «отъ благоутробнаго милосердія Бога нашего, вслѣдствіе котораго приходитъ къ намъ **Востокъ** свыше», то-есть Мессія-Искупитель, каковымъ именемъ Его называли еще пророки Іеремія (25: 5) и Захарія (3: 8 и 6: 12).

По преданію слухъ о рожденіи Іоанна Предтечи дошелъ до подозрительнаго царя Ирода и когда пришли въ Іерусалимъ волхвы съ вопросомъ, гдѣ находится родившійся Царь Іудейскій,

Иродъ вспомнилъ о сынѣ Захаріи и, издавъ приказъ объ избіеніи младенцевъ, послалъ убійцъ и въ Іутту. Захарія въ то время совершалъ служеніе въ храмѣ, а Елисавета скрылась съ сыномъ въ пустынѣ. Разсерженный ненахожденіемъ младенца Іоанна Иродъ послалъ къ Захаріи въ храмъ, спросить, гдѣ скрылъ онъ своего сына. Захарія отвѣтилъ, что онъ служитъ теперь Господу Богу Израилеву и не знаетъ, гдѣ его сынъ. Послѣ угрозъ лишить его жизни, онъ повторилъ, что не знаетъ, гдѣ его сынъ, и палъ подъ мечами убійцъ между храмомъ и жертвенникомъ, о чемъ вспоминаетъ Господь въ Своей обличительной рѣчи къ фарисеямъ (Матѳ. 23: 35). Рождество Іоанна Крестителя празднуется у насъ 24 іюня.

7. РОДОСЛОВІЕ ГОСПОДА ІИСУСА ХРИСТА ПО ПЛОТИ.
(Матѳ. 1: 1-17 и Луки 3: 23-38).

Въ двухъ Евангеліяхъ отъ Матѳея и отъ Луки мы находимъ родословіе Господа Іисуса Христа по плоти. Оба они одинаково свидѣтельствуютъ о происхожденіи Господа Іисуса Христа отъ Давида и Авраама, но имена въ одномъ и другомъ не всегда совпадаютъ. Такъ какъ св. Матѳей писалъ свое Евангеліе для евреевъ, то ему важно было доказать, что Господь Іисусъ Христосъ происходитъ, какъ это надлежало Мессіи, согласно ветхозавѣтнымъ пророчествамъ, отъ Авраама и Давида. Онъ и начинаетъ свое Евангеліе прямо съ родословія Господа, причемъ ведетъ его только отъ Авраама и доводитъ до «Іосифа, мужа Маріина, изъ неяже родися Іисусъ, глаголемый Христосъ». Возникаетъ вопросъ, почему Евангелистъ даетъ родословіе Іосифа, а не Пресвятой Дѣвы Маріи? Это потому, что у евреевъ не было принято производить чей-либо родъ отъ предковъ матери, а такъ какъ Пресвятая Дѣва несомнѣнно была единственнымъ дѣтищемъ у своихъ родителей Іоакима и Анны, то, согласно требованію закона Моисея, она должна была быть выдана замужъ только за родича изъ того же колѣна, племени и рода, и, слѣд., разъ старецъ Іосифъ былъ изъ рода царя Давида, то и она должна была быть изъ **того** же рода.

Св. Лука, какъ поставившій себѣ задачей показать, что Господь Іисусъ Христосъ принадлежитъ всему человѣчеству и есть Спаситель **всѣхъ** людей, возводитъ родословіе Господа до Адама и до самого Бога. Въ его родословіи, однако, мы находимъ какъ бы нѣкоторыя разногласія съ родословіемъ св. Матѳея. Такъ, Іосифъ, мнимый отецъ Господа, по св. Матѳею, сынъ Іакова, а по св. Лукѣ, сынъ Иліи. Также и Салафіилъ, упоминаемый у обоихъ Евангелистовъ, какъ отецъ Зоровавеля, по св. Матѳею, сынъ Іехоніи, а по св. Лукѣ, сынъ Ниріи. Древнѣйшій христіанскій ученый Юлій

Африканъ прекрасно объясняетъ это закономъ ужичества, по которому, если одинъ изъ двухъ братьевъ умиралъ бездѣтнымъ, то другой братъ долженъ былъ взять за себя его жену и «возставить сѣмя брату своему (Второзак. 25: 5-6)»: первенецъ отъ этого брака долженъ былъ считаться сыномъ умершаго, чтобы «умершему бездѣтнымъ не остаться безъ потомства и чтобы имя его не изгладилось во Израилѣ». Этотъ законъ имѣлъ силу въ отношеніи братьевъ не только родныхъ, но и происходившихъ отъ разныхъ отцевъ и отъ одной матери. Такими братьями были Іаковъ, отецъ Іосифа по св. Матѳею, и Илій, отецъ Іосифа по св. Лукѣ. Они родились отъ разныхъ отцевъ, но отъ одной матери, которая была замужемъ сначала за отцемъ Іакова, потомъ за отцемъ Илія. Имя ея было Эста. Такимъ образомъ, когда одинъ изъ сыновей Эсты Илій умеръ бездѣтнымъ, то другой Іаковъ, взявъ за себя его жену, возставилъ сѣмя брата своего, родивъ Іосифа. Отсюда и получилось, что св. Лука ведетъ родъ Іосифа черезъ Рисая, сына Зоровавеля, и Илія, отца Іосифа, а св. Матѳей — отъ Зоровавеля, чрезъ Авіуда, другого сына Зоровавеля, и Іакова, другаго отца Іосифа.

Введеніе св. Матѳеемъ въ родословіе Господа женщинъ, бывшихъ или язычницами или грѣшницами, сдѣлано съ цѣлью назиданія: Богъ, не возгнушавшійся причислить къ избранному роду такихъ женщинъ, не гнушается призывать язычниковъ и грѣшниковъ въ Свое царство — не заслугами своими спасается человѣкъ, но силою всеочищающей благодати Божіей.

8. РОЖДЕСТВО ХРИСТОВО.

О рождествѣ Христовомъ и о событіяхъ, связанныхъ съ нимъ, повѣствуютъ намъ только два Евангелиста: св. Матѳей и св. Лука. Св. Матѳей сообщаетъ объ откровеніи тайны воплощенія праведному Іосифу, о поклоненіи волхвовъ, о бѣгствѣ св. семейства въ Египетъ и избіеніи виѳлеемскихъ младенцевъ, а св. Лука болѣе подробно описываетъ обстоятельства, при которыхъ родился Христосъ Спаситель въ Виѳлеемѣ и поклоненіе пастырей.

ОТКРОВЕНІЕ ТАЙНЫ ВОПЛОЩЕНІЯ ПРАВЕДНОМУ ІОСИФУ. (Матѳ. 1: 18-25).

Св. Матѳей сообщаетъ о томъ, что вскорѣ послѣ обрученія Пресвятой Дѣвы Маріи старцу Іосифу, «прежде даже не снитися има», то-есть прежде заключенія полнаго настоящаго брака между ними, Іосифу стало яснымъ состояніе зачатія во чревѣ, въ которомъ находилась обрученная ему Марія. Будучи праведнымъ, то-есть, съ одной стороны, справедливымъ, а, съ другой, и милосерднымъ, Іосифъ не захотѣлъ обличить Ея мнимаго преступленія передъ всѣми, чтобы не подвергнуть ее позорной и мучительной смерти, согласно закону Моисееву (Втор. 22: 23-24), а намѣревался тайно отпустить ее отъ себя, не оглашая причины этого. Когда онъ помыслилъ это, ему явился Ангелъ Господень, который объяснилъ, что Родившееся въ подозрѣваемой имъ обручницѣ, «Отъ Духа есть Свята», а не есть плодъ грѣха, какъ онъ ошибочно думаетъ. «Родитъ же Сына», продолжалъ Ангелъ: «и наречеши имя Ему Іисусъ: Той бо спасетъ люди Своя отъ грѣхъ ихъ». Имя «Іисусъ» по-еврейски «Іегошуа» и значитъ: **«Спаситель».** Чтобы Іосифъ не сомнѣвался въ истинѣ его словъ, Ангелъ ссылается на древнее пророчество Исаіи, которое свидѣтельствуетъ о томъ, что это великое чудо безсѣменнаго зачатія и рожденія отъ Дѣвы Спасителя міра было предопредѣлено въ предвѣчномъ совѣтѣ Божіемъ: «Се Дѣва во чревѣ пріиметъ и родитъ Сына (Исаія 7: 14)»... Не слѣдуетъ думать, что пророчество не исполнилось, если пророкъ говоритъ, что «нарекутъ имя Ему Еммануилъ», а Рожденнаго отъ Дѣвы Маріи назвали Іисусомъ. Имя «Еммануилъ» не есть имя собственное, а лишь символическое. «Еммануилъ» значитъ «Съ нами Богъ», то-есть, когда совершится это чудесное рожденіе Младенца отъ Дѣвы, то люди будутъ говорить: **«Съ нами Богъ»,** ибо въ Его лицѣ Богъ сошелъ на землю и сталъ жить съ людьми — это всего лишь пророческое указаніе на Божество Христово, указаніе на то, что этотъ чудесно рожденный Младенецъ будетъ не простымъ человѣкомъ, а Богомъ. Убѣжденный словами Ангела Іосифъ «пріятъ жену свою», то-есть отказался отъ намѣренія отослать ее отъ себя, оставилъ ее жить у себя въ домѣ, какъ жену. «И не знаяше Ея, дондеже роди Сына Своего первенца» — «дондеже», то-есть «пока» — не значитъ, что послѣ рожденія Іисуса онъ «позналъ Ее», сталъ жить съ Ней, какъ съ женой. Справедливо замѣчаетъ Златоустъ, что просто невѣроятно допустить, чтобы такой праведникъ, какъ Іосифъ рѣшился бы познать святую Дѣву, послѣ того какъ Она такъ чудесно сдѣлалась матерью. Въ данномъ случаѣ слово **«дондеже»** — «пока», въ греческомъ текстѣ **«эос»** никакъ нельзя понимать такъ, какъ хотятъ понимать не чтущіе Пресвятой Дѣвы протестанты и сектанты, будто бы Іосифъ до рожденія Іисуса не зналъ Ея, а послѣ позналъ, но что онъ совершенно **никогда** не позналъ Ея. Въ Свящ. Писаніи это слово **«эос»** употребляется, напр., во фразѣ при повѣствованіи объ окончаніи потопа: «не возвратился вранъ въ ковчегъ, **«доколѣ»** («эос») не изсякла вода отъ земли» (Быт. 8: 6), но онъ и послѣ **не** возвратился. Или, напр., слова Господа: «Се Азъ съ вами есмь во вся дни **до («эос»)** скончанія вѣка» (Мат. 28: 20); вѣдь не значитъ же это, справедливо замѣчаетъ блаж. Ѳеофилактъ, что послѣ скончанія вѣка Христосъ уже не будетъ съ нами? Нѣтъ! тогда-то именно тѣмъ болѣе будетъ.

«Первенцемъ» Іисусъ называется здѣсь также не потому, что Пресвятая Дѣва имѣла послѣ Него другихъ дѣтей, а потому только, что Онъ первымъ родился и притомъ единственнымъ. Въ Ветхомъ Завѣтѣ Богъ повелѣваетъ освятить Себѣ «всякаго **первенца**», независимо отъ того, будутъ ли послѣ него другія дѣти, или нѣтъ. Если же въ Евангеліяхъ упоминаются «братія Іисуса Христа» (Матѳ. 12: 46; Іоан. 2: 12 и др.), то это совсѣмъ не значитъ, что это были Его родные братія. Это были, какъ свидѣтельствуетъ преданіе, вѣрнѣе всего, дѣти Іосифа-обручника отъ его перваго брака.

ОБСТОЯТЕЛЬСТВА И ВРЕМЯ РОЖДЕСТВА ХРИСТОВА (Луки 2: 1-20).

Подробнѣе всѣхъ объ обстоятельствахъ Рождества Христова и о времени, когда оно произошло, говоритъ св. Евангелистъ Лука. Событія Рождества Христова онъ пріурочиваетъ къ переписи всѣхъ жителей Римской имперіи, которая была произведена по повелѣнію «кесаря Августа», то-есть римскаго императора **Октавіана,** получившаго отъ римскаго сената титулъ Августа («священнаго»). Къ сожалѣнію, точной даты этой переписи не сохранилось, но время правленія Октавіана Августа, личности хорошо извѣстной въ исторіи, даетъ намъ возможность хотя бы приблизительно, а при помощи другихъ данныхъ, о которыхъ будетъ рѣчь дальше, съ точностью до нѣсколькихъ лѣтъ, опредѣлить **годъ** Рождества Христова. Принятое у насъ теперь исчисленіе **«отъ Рождества Христова»** введено въ VI-омъ вѣкѣ римскимъ монахомъ **Діонисіемъ,** по прозванію, **Малымъ,** который за основаніе этого лѣтоисчисленія поставилъ свой разсчетъ, что Господь Іисусъ Христосъ родился въ 754-омъ году отъ основанія Рима. Этотъ разсчетъ, какъ показали потомъ тщательныя разслѣдованія, оказался ошибочнымъ: Діонисій ошибся, по крайней мѣрѣ, на 5 лѣтъ, указавъ годъ Рождества Христова **позже,** чѣмъ онъ былъ въ дѣйствительности. Эта Діонисіанская эра, назначавшаяся сначала для церковнаго употребленія, съ X-го вѣка сдѣлалась общераспространенной въ христіанскихъ странахъ и принята въ гражданскомъ лѣтоисчисленіи, хотя всѣми хронологами признается теперь ошибочной. Дѣйствительный годъ Рождества Христова можно опредѣлить болѣе точно на основаніи слѣдующихъ данныхъ Евангелія:

1) Время царствованія Ирода Великаго. Изъ Матѳ. 2: 1-18 и Луки 1: 5 совершенно ясно, что Христосъ родился еще во время

царствованія этого Ирода. Иродъ же царствовалъ съ 714 по 750 г. г. отъ основанія Рима. Въ 750 г. онъ умеръ за восемь дней передъ Пасхою, вскорѣ послѣ луннаго затменія. Но такъ какъ, по вычисленію астрономовъ, это затменіе происходило въ ночь съ 13 на 14 марта 750 года и іудейская Пасха въ этомъ году приходилась 12 апрѣля, то, слѣдовательно, Иродъ умеръ въ началѣ апрѣля 750 г, отъ основанія Рима, то-есть, по крайней мѣрѣ, **на четыре года раньше** нашей эры.

2) Народная перепись, упоминаемая у Луки 2: 1-5, начата эдиктомъ Августа въ 746 г., для Іудеи началась въ послѣдніе годы царствованія Ирода, потомъ была пріостановлена вслѣдствіе смерти Ирода, продолжалась и закончилась, когда Сиріею управлялъ Квиринъ, упоминаемый въ Ев. Луки 2: 2. Вслѣдствіе этой переписи въ Палестинѣ произошло народное возстаніе. Иродъ подвергъ зачинщика его Ѳевду сожженію 12 марта 750 г. Ясно, что перепись эта началась нѣсколько раньше этого времени.

3) Правленіе Тиверія Кесаря, въ пятнадцатый годъ котораго, по свидѣтельству Ев. Луки 3: 1, св. Іоаннъ Креститель выступилъ на проповѣдь, а Господу Іисусу Христу было тридцать лѣтъ (Луки 3: 23). Августъ принялъ Тиверія въ соправители за два года до своей смерти въ январѣ 765 г. и слѣд., 15-ый годъ царствованія Тиверія начинался въ январѣ 779 г. Такъ какъ по выраженію Евангелиста Луки, Господу Іисусу было въ это время «лѣтъ тридесять», то слѣдовательно, родился Онъ въ 749 году.

4) Астрономическія вычисленія показываютъ, что годомъ крестной смерти Христа Спасителя (а она, по даннымъ Евангелія произошла въ тотъ годъ, когда еврейская Пасха наступала вечеромъ въ пятницу) могъ быть только въ 783 году, а такъ какъ Господу Іисусу Христу въ это время шелъ тридцать четвертый годъ отъ рожденія, то, слѣд., Онъ родился въ 749 г. отъ основанія Рима.

Такимъ образомъ, всѣ вышеприведенныя данныя, съ большой долей вѣроятія, единогласно свидѣтельствуютъ, что годомъ Рождества Христова необходимо признать 749-ый годъ отъ основанія Рима.

По недостатку данныхъ въ Четвероевангеліи, нельзя точно опредѣлить и **день** Рождества Христова. Восточная Церковь первоначально праздновала этотъ праздникъ въ одинъ день съ Богоявленіемъ подъ общимъ названіемъ **«Епифанія»** — «Явленіе Бога въ мірѣ» — 6 января. Въ Западной же Церкви Рождество Христово издавна праздновалось 25 декабря. Съ конца IV вѣка и Восточная Церковь начала праздновать этотъ день также 25 декабря. День этотъ выбранъ для празднованія Рождества Христова по слѣдующимъ соображеніямъ. Есть предположеніе, что Захарія былъ первосвященникъ и что явленіе Ангела ему было за завѣсой во Святомъ-Святыхъ, куда первосвященникъ входилъ лишь однажды въ годъ въ день очищенія. Этотъ день приходится по нашему календарю 23 сентября, каковой день и стали считать днемъ зачатія Предтечи. Въ шестой мѣсяцъ послѣ этого было Благовѣщеніе Пресв. Дѣвы Маріи, которое и стали праздновать 25 марта, а черезъ девять мѣсяцевъ, то-есть 25 декабря родился Господь Іисусъ Христосъ. Нѣтъ, однако, данныхъ за то, что Захарія былъ первосвященникомъ. Поэтому вѣроятнѣе другое символическое объясненіе для выбора дня празднованія Рождества Христова. Древніе считали, что Христосъ, какъ в т о р о й Адамъ зачался отъ отъ Пресв. Дѣвы во время весенняго равноденствія 25 марта, когда, по древнѣйшему преданію, созданъ и п е р в ы й Адамъ. Родился же Христосъ-**свѣтъ** міру, **солнце** правды черезъ 9 мѣсяцевъ во время зимняго солнечнаго поворота, когда день начинаетъ увеличиваться, а ночь уменьшаться. Въ соотвѣтствіи съ этимъ, зачатіе Іоанна Крестителя, который на 6 мѣсяцевъ былъ старше Господа, положено праздновать 23 сентября, во время осенняго равноденствія, а рожденіе его — 24 іюня — время солнечнаго поворота, когда дни начинаютъ сокращаться. Еще св. Аѳанасій указывалъ при этомъ на слова Іоанна Крестителя въ Іоан. 3: 30 «Ему подобаетъ расти, мнѣ же малитися».

Вызываетъ смущеніе у нѣкоторыхъ замѣчаніе Евангелиста Луки, что перепись, во время которой родился Христосъ, была «первою» въ то время, когда Сиріею управлялъ Квириній, такъ какъ, по историческимъ даннымъ, Квириній былъ правителемъ Сиріи только 10 лѣтъ спустя Рождество Христово. Самое вѣроятное объясненіе этого недоразумѣнія то, что правильно слѣдуетъ читать не «с і я» перепись, а «с а м а я» перепись (для этого есть сильныя основанія въ греческомъ текстѣ). Указъ о переписи былъ изданъ Августомъ еще до Рождества Христова, но затѣмъ изъ-за начавшихся народныхъ волненій и смерти Ирода, перепись была пріостановлена и окончена лишь черезъ 10 лѣтъ въ правленіе Квиринія. Есть данныя, что Квириній дважды былъ назначаемъ правителемъ Сиріи, и перепись, начатая въ первое его правленіе, была закончена во второе его правленіе, почему Евангелистъ и называетъ перепись, бывшую во время Рождества Христова, «первою».

«Каждый» долженъ былъ идти записаться «въ своемъ городѣ», такъ какъ римская политика всегда примѣнялась къ обычаямъ побѣжденныхъ, а еврейскіе обычаи требовали, чтобы запись велась по колѣнамъ, по родамъ и племенамъ, для чего каждому надлежало отправиться съ цѣлью переписи въ тотъ городъ, гдѣ жилъ нѣкогда глава его рода. Такъ какъ Іосифъ былъ изъ рода царя Давида, то онъ и долженъ былъ отправиться въ **Виѳлеемъ** — городъ, въ которомъ родился Давидъ. Въ этомъ виденъ замѣчательный промыселъ Божій: Мессіи надлежало родиться въ этомъ городѣ, согласно древнему предсказанію св. пророка Михея 5: 2. По римскимъ законамъ и женщины, наравнѣ съ мужчинами подлежали въ покоренныхъ странахъ поголовной переписи. Во всякомъ случаѣ, нѣтъ ничего удивительнаго въ томъ, что Пресв. Дѣва Марія въ Ея положеніи сопутствовала хранителю Своего дѣвства старцу Іосифу, тѣмъ болѣе, что Она, несомнѣнно знавшая пророчество св. Михея, не могла не усмотрѣть въ изданіи указа о переписи промыслительнаго дѣйствія Божія, направляющаго Ее въ Виѳлеемъ.

«И роди Сына Своего первенца и повитъ (спеленала) Его и положи Его въ яслехъ, зане не бѣ имъ мѣста во обители (въ гостинницѣ)». Евангелистъ подчеркиваетъ, что Пресв. Дѣва сама спеленала Своего новорожденнаго Младенца, то-есть рожденіе было безболѣзненнымъ. «Первенцемъ» Сынъ Ея называется не потому, что бы послѣ были у Нея другія дѣти, а потому, что, по закону Моисея, первенцемъ назывался всякій младенецъ мужескаго пола, «разверзающій ложесна», то-есть всякій **перворожденный,** хотя бы онъ былъ и единственнымъ. Изъ-за множества путешественниковъ, пріѣхавшихъ раньше и изъ-за своей бѣдности, св. семейство должно было помѣститься въ одной изъ пещеръ или гротовъ, какими богата была Палестина, и куда пастухи загоняли скотъ въ ненастную погоду. Здѣсь-то и родился Божественный Мессія, положенный вмѣсто дѣтской колыбели, въ ясли, отъ самаго рожденія принявшій на Себя крестъ уничиженія и страданія для искупленія человѣчества, и самымъ Своимъ рожденіемъ давшій намъ урокъ смиренія, этой высочайшей добродѣтели, которой Онъ потомъ постоянно училъ Своихъ послѣдователей. По древнему преданію, во время рожденія Спасителя, около яслей стояли волъ и оселъ, дабы показать, что «волъ позна стяжавшаго его и оселъ ясли господина своего, Израиль же не позна своего Спасителя и людіе Его не уразумѣша (Исаіи 1: 3)».

Но не одно уничиженіе сопровождало рожденіе и всю земную жизнь Спасителя, а и отблески Его Божественной славы. Пастухамъ, можетъ быть, тѣмъ самымъ, которымъ принадлежала пещера, и которые, благодаря хорошей погодѣ, ночевали въ полѣ, явился Ангелъ Господень, осіянный Божественной славой, и возвѣстилъ имъ «великую радость» о рожденіи во градѣ Давидовѣ Спасителя, «Который есть Христосъ Господь». Здѣсь важно отмѣтить слова Ангела, что эта «великая радость» будетъ «всѣмъ людямъ», со-есть, что Мессія пришелъ не для однихъ евреевъ, но для всего человѣческаго рода. Ангелъ далъ при этомъ пастухамъ и «знаменіе», то-есть знакъ, по которому они могутъ узнать Его: «обрящете Младенца повита, лежаща въ яслехъ». И сейчасъ же, какъ бы въ подтвержденіе истины словъ Ангела, явилось множество «вой небесныхъ», то-есть цѣлый сонмъ Ангеловъ, воспѣвшихъ дивную хвалу новорожденному Богомладенцу — Мессіи: «Слава въ вышнихъ Богу, и на земли миръ, въ человѣцѣхъ благоволеніе!» Ангелы славятъ Бога, пославшаго въ міръ Спасителя; они воспѣваютъ миръ, который водворится въ душахъ людей, увѣровавшихъ въ Спасителя, они радуются за людей, которымъ возвращено Божіе благоволеніе. Вышнія силы, то-есть безгрѣшные вѣчные духи, непрестанно славословятъ въ небесахъ своего Творца и Господа, но въ особенности прославляютъ они Его за чрезвычайныя проявленія Его Божественной благости, каково великое дѣло домостроительства Божія. «Миръ», принесенный на землю воплотившимся Сыномъ Божіимъ, нельзя смѣшивать съ обыкновеннымъ внѣшнимъ человѣческимъ спокойствіемъ и благосостояніемъ; это есть **миръ совѣсти** души человѣка-грѣшника, искупленнаго Христомъ Спасителемъ, миръ совѣсти, примиренной съ Богомъ, съ людьми и самимъ собою. И лишь поскольку этотъ миръ Божій, превосходящій всякъ умъ (Фил. 4: 7), водворяется въ душахъ людей, увѣровавшихъ во Христа, постольку и внѣшній миръ становится достояніемъ человѣческой жизни. Искупленіе проявило всю величество Божія благоволенія, Божіей любви къ людямъ. Поэтому смыслъ славословія Ангеловъ таковъ: «Достойно славятъ Бога небесные духи, ибо на землѣ водворяется миръ и спасеніе, такъ какъ люди сподобились особеннаго благоволенія Божія».

Пастухи, какъ люди, видимо, благочестивые, тотчасъ поспѣшили туда, куда указалъ имъ Ангелъ, и первые удостоились поклониться новорожденному Младенцу-Христу. О радостномъ событіи явленія имъ Ангеловъ и о слышанномъ ими небесномъ славословіи они разглашали повсюду, гдѣ могли, и всѣ слышавшіе ихъ дивились. Пресвятая Дѣва Марія въ чувствѣ глубокаго смиренія только запоминала все это, «слагая въ сердцѣ Своемъ».

Обрѣзаніе и Срѣтеніе Господне (Луки 2: 21-39).

По прошествіи 8-ми дней надъ новорожденнымъ Богомладенцемъ былъ совершенъ, согласно требованію закона Моисеева (Лев. 12: 3), обрядъ обрѣзанія, причемъ наречено Ему имя **Іисусъ,** что значитъ «Спаситель», нареченное Ангеломъ, прежде зачатія Его во чревѣ.

По закону Моисееву, женщина, родившая младенца мужескаго пола, считалась нечистой въ теченіе 40 дней (а если родилась дѣвочка, то въ теченіе 80 дней). На 40-ой день она должна была принести въ храмѣ жертву всесожженія — годовалаго ягненка — и жертву за грѣхъ — молодого голубя или горлицу, въ случаѣ же бѣдности — двухъ горлицъ или голубей, для каждой жертвы по одному. Исполняя законъ Моисеевъ объ очищеніи, Пресв. Дѣва и Іосифъ принесли также и Младенца во Іерусалимъ, чтобы и съ Нимъ сотворить по обычаю законному, внеся за Него выкупъ въ пять сиклей. Въ силу этого закона, въ память того, что въ ночь передъ исходомъ евреевъ изъ Египта Ангелъ Господень истребилъ всѣхъ первенцевъ египетскихъ, всѣ первенцы еврейскіе должны были быть посвящены на служеніе Богу при храмѣ. Современемъ же, когда для этого служенія было выдѣлено одно только колѣно Левіино, первенцы стали освобождаться отъ этого служенія за особый выкупъ въ пять сиклей серебра (Числ. 18: 16). Изъ евангельскаго повѣствованія видно, что Пресвятая Дѣва и обручникъ Ея принесли жертву бѣдныхъ людей — двухъ голубей.

Для чего нужно было Господу, зачатіе Котораго и рожденіе было непричастно грѣху, подвергаться обрѣзанію, а Его Пречистой Матери — закону объ очищеніи?

Во-первыхъ, для того, чтобы «исполнить этимъ всякую правду» (Матѳ. 3: 15)» и показать примѣръ совершеннаго подчиненія закону Божію; во-вторыхъ, это необходимо было для будущаго служенія Мессіи въ глазахъ Его народа: необрѣзанный не могъ быть въ обществѣ народа Божія, онъ не могъ входить ни въ храмъ ни въ синагогу; необрѣзанный, Онъ не могъ бы имѣть вліянія на народъ, ни быть признанъ Мессіею. Равно и Святая Матерь Его, не очистившись въ глазахъ священниковъ и народа, не могла бы быть истой Израильтянкой. Тайна непорочнаго зачатія и рожденія не была еще никому тогда извѣстна, кромѣ Самой Дѣвы Маріи и Іосифа, а потому все, требуемое закономъ, должно было быть исполнено въ точности.

Въ храмѣ при принесеніи Богоматерью выкупа и жертвы находился праведный и благочестивый старецъ Симеонъ, ждавшій «утѣхи Израилевой», то-есть обѣщаннаго Богомъ Мессіи, явленіе Котораго должно было принести утѣшеніе Израилю (см. Исаіи 40: 1). Евангелистъ не сообщаетъ о немъ больше никакихъ данныхъ, кромѣ того, что ему было предсказано Духомъ Святымъ, что онъ не увидитъ смерти, доколѣ не сподобится узрѣть ожидаемой имъ «утѣхи», то-есть Христа Господня. Однако, древнее преданіе говоритъ, что Симеонъ былъ однимъ изъ семидесяти двухъ старцевъ, которые, по порученію египетскаго царя Птоломея, переводили священныя книги Ветхаго Завѣта съ древне-еврейскаго языка на греческій. Ему пришлось переводить книгу пророка Исаіи, и онъ усумнился въ пророчествѣ о рожденіи Еммануила отъ

Дѣвы (7: 14); тогда явился ему Ангелъ и предсказалъ, что онъ не умретъ до тѣхъ поръ, пока не увидитъ своими глазами исполненіе этого пророчества. По внушенію Духа Божія, онъ пришелъ въ храмъ, очевидно туда, гдѣ былъ жертвенникъ всесожженія, и узналъ въ принесенномъ Пресвятою Дѣвою Младенцѣ Мессію-Христа. Онъ взялъ Его въ объятія свои, и изъ устъ его излилась вдохновенная молитва — благодарность Богу за то, что Онъ сподобилъ его узрѣть въ лицѣ этого Младенца спасеніе, уготованное для человѣчества. «Нынѣ отпущаеши раба Твоего, Владыко», говорилъ онъ: теперь, съ этой минуты, порвалась связь, привязывавшая меня къ жизни, и Ты, Владыко, отпускаешь меня изъ этой жизни въ другую новую жизнь, «по глаголу Твоему», по предсказанію, данному мнѣ отъ Тебя Святымъ Твоимъ Духомъ, «съ миромъ», съ полнымъ духовнымъ спокойствіемъ, «яко видѣстѣ очи мои спасеніе Твое», спасеніе, обѣщанное Тобою міру чрезъ Искупителя-Мессію, котораго я имѣю теперь великое счастіе видѣть передъ собой, «еже еси уготовалъ предъ лицемъ всѣхъ людей», не только для евреевъ, но и для всѣхъ народовъ. Это спасеніе есть «Свѣтъ къ просвѣщенію язычниковъ» и «слава народа Божія Израиля», какъ вышедшая изъ его среды. Іосифъ и Матерь Божественнаго Младенца дивились, вѣроятно, тому, что вездѣ находились люди, которымъ Богъ открывалъ тайну о семъ Младенцѣ.

Возвращая Младенца Матери и благословивъ Ее и Іосифа, по праву глубокаго старца, на которомъ очевидно почивалъ Духъ Святый, Симеонъ въ пророческомъ вдохновеніи предрекаетъ, что Младенецъ сей будетъ предметомъ споровъ и пререканій между послѣдователями Его и врагами, «яко да откроются отъ многихъ сердецъ помышленія», то-есть въ зависимости отъ разнаго отношенія людей къ этому Младенцу обнаружатся ихъ сердечныя расположенія, настроенія души. Кто любитъ истину и стремится творить волю Божію, тотъ увѣруетъ во Христа, а кто любитъ зло и творитъ дѣла тьмы, тотъ возненавидитъ Христа и будетъ, для оправданія своей злобы противъ Него, всячески клеветать на Него, что и исполнилось уже на примѣрѣ книжниковъ и фарисеевъ, исполняется и до сего времени на всѣхъ безбожникахъ и христоненавистникахъ. Для увѣровавшихъ въ Него Онъ «лежитъ на востаніе», то-есть на вѣчное спасеніе, для неувѣровавшихся, ожесточившихся противъ Него, Онъ «лежитъ на паденіе», то-есть на вѣчное ихъ осужденіе, на вѣчную погибель. Симеонъ прозрѣваетъ духомъ и тѣ страданія, которыя придется претерпѣть Его Пречистой Матери, въ результатѣ этихъ человѣческихъ пререканій о Ея Божественномъ Сынѣ: «И Тебѣ же Самой душу пройдетъ оружіе».

Присутствовала при этомъ и Анна, дщи Фануилева, которую

Евангелистъ называетъ пророчицей, по особенному дѣйствію Духа Божія въ ней и по дару вдохновенной рѣчи, которымъ она обладала. Евангелистъ очевидно похваляетъ ее, какъ честную вдовицу, посвятившую себя Богу, послѣ того, какъ она прожила съ мужемъ всего 7 лѣтъ, и дожила до 84-лѣтняго возраста, не отходя отъ храма, «постомъ и молитвами служаще день и нощь». И она, подобно Симеону, славила Господа и говорила, видимо, въ пророческомъ вдохновеніи о Младенцѣ нѣчто подобное тому, что и Симеонъ, всѣмъ, ожидающимъ избавленія во Іерусалимѣ, то-есть ждавшимъ пришествія Мессіи.

Евангелистъ говоритъ далѣе, что, исполнивъ все по закону, они возвратились въ Галилею, «во градъ свой Назаретъ». Здѣсь онъ опускаетъ все то, что послѣдовало за Срѣтеніемъ, и несомнѣнно потому, что объ этомъ подробно повѣствуетъ св. Матѳей: поклоненіе волхвовъ въ Виѳлеемѣ, бѣгство св. семейства въ Египетъ, избіеніе младенцевъ Иродомъ и возвращеніе св. семейства изъ Египта, послѣ его смерти. Подобный способъ сокращеній въ повѣствованіи мы часто находимъ у писателей священныхъ книгъ.

ПОКЛОНЕНІЕ ВОЛХВОВЪ.
(Матѳея 2: 1-12).

Когда родился Іисусъ «въ Виѳлеемѣ Іудейстѣмъ», пришли въ Іерусалимъ волхвы съ востока. Виѳлеемъ называется здѣсь «Іудейскимъ» въ отличіе отъ другого Виѳлеема, находившагося въ Галилеѣ, въ колѣнѣ Завулоновомъ. Пришедшіе поклониться новорожденному Христу волхвы не были то, что обычно подразумѣвается подъ этимъ именемъ, то-есть кудесники, или волшебники, творящіе ложныя чудеса, вызывающіе духовъ, вопрошающіе мертвыхъ (Исх. 7: 11 или Втор. 18: 11), которыхъ осуждаетъ Слово Божіе. Это были люди ученые, тайновѣдцы, обладавшіе большими знаніями, подобные тѣмъ, надъ которыми начальствовалъ Даніилъ въ странѣ Вавилонской (Дан. 2: 48). Они по теченію звѣздъ судили о будущемъ, изучали тайныя силы природы. Такіе волхвы въ Вавилонѣ и Персіи пользовались большимъ уваженіемъ, бывали жрецами и совѣтниками царей. Евангелистъ говоритъ, что они пришли «съ востока», не называя страны. По однимъ предположеніямъ, страной, откуда они пришли, была Аравія, по другимъ — Персія, по третьимъ — Халдея. Слово «МАГОСЪ», употребленное Евангелистомъ, — персидское. Поэтому наиболѣе вѣроятно, что они пришли изъ Персіи или же изъ страны, составлявшей прежде Вавилонское царство, такъ какъ тамъ, во время семидесятилѣтняго плѣненія іудеевъ, предки этихъ волхвовъ, могли слышать отъ іудеевъ, что они ждутъ Великаго Царя, Избавителя, Который покоритъ весь міръ; тамъ же жилъ пророкъ

Даніилъ, предсказывавшій о времени пришествія этого Великаго Царя; тамъ же могло сохраняться и преданіе о пророчествѣ волхва Валаама (см. Числа 24: 17), предсказавшаго восхожденіе звѣзды отъ Іакова.

Изученіе звѣзднаго неба было однимъ изъ главныхъ занятій персидскихъ мудрецовъ. Господь и призвалъ ихъ къ поклоненію Родившемуся Спасителю міра чрезъ явленіе необыкновенной звѣзды. На Востокѣ въ это время было широко распространено убѣжденіе, что въ Іудеѣ долженъ явиться Владыка міра, которому подобаетъ поклоненіе отъ всѣхъ народовъ міра. Поэтому, придя въ Іерусалимъ, волхвы такъ увѣренно спрашиваютъ: «Гдѣ есть рождейся Царь Іудейскій?»

Это вызвало тревогу Ирода, такъ какъ онъ не имѣлъ законныхъ правъ на іудейскій престолъ, былъ Идумеяниномъ и, будучи тираномъ, вызывалъ къ себѣ ненависть своихъ подданныхъ. Съ нимъ встревожился и весь Іерусалимъ, быть можетъ, опасаясь разныхъ репрессій со стороны встревоженнаго необычайнымъ извѣстіемъ Ирода. Кровожадный Иродъ, рѣшившійся уничтожить своего новорожденнаго, какъ онъ думалъ, соперника, созываетъ первосвященниковъ и книжниковъ и прямо задаетъ имъ вопросъ о мѣстѣ рожденія Царя Іудейскаго, какъ Мессіи: «Гдѣ Христосъ раждается?» Книжники тотчасъ же указали Ироду на всѣмъ извѣстное пророчество Михея 5: 2, приводя его не буквально, но сходно съ подлинникомъ по смыслу, о томъ, что Мессія долженъ родиться въ Виѳлеемѣ. «Виѳлеемъ» значитъ «домъ хлѣба», а «Ефраѳа» — «плодоносное поле»; названія, характеризующія особенное плодородіе земли. Замѣчательно въ подлинномъ пророчествѣ Михея указаніе, что Мессія только «произойдетъ изъ Виѳлеема, а не будетъ жить въ немъ, и что дѣйствительное происхожденіе Его «изъ начала», «отъ дней вѣчныхъ.» Ироду для вѣрнаго исполненія его кроваваго замысла хотѣлось знать еще время рожденія Царя Іудейскаго, и онъ призываетъ къ себѣ волхвовъ, чтобы тайно допросить ихъ о времени явленія звѣзды, а затѣмъ посылаетъ ихъ въ Виѳлеемъ, съ тѣмъ, чтобы они, вернувшись къ нему, разсказали все, что узнаютъ о Новорожденномъ. Когда волхвы отправились въ Виѳлеемъ, то звѣзда, которую они видѣли на Востокѣ, шла передъ ними, указывая имъ путь, пока не остановилась надъ мѣстомъ, гдѣ находился новорожденный Младенецъ.

Что это была за звѣзда? На этотъ счетъ существуютъ разныя мнѣнія. Св. Златоустъ и блаж. Ѳеофилактъ думали, что это была нѣкая Божественная и Ангельская сила, являвшаяся вверху въ видѣ звѣзды. Что касается той звѣзды, которую они прежде видѣли на Востокѣ, многіе полагаютъ, что то была настояшая звѣзда, ибо великія событія въ мірѣ нравственномъ часто предварялись знаменіями и въ видимой природѣ. Интересно, что согласно вычисленію знаменитаго астронома Кеплера въ годъ рожденія Христа Спасителя было необыкновенно рѣдкое совпаденіе какъ бы въ одной точкѣ трехъ наиболѣе яркихъ планетъ Юпитера, Марса и Сатурна, давшее впечатлѣніе необычайно-яркой звѣзды. Это небесное явленіе, извѣстное въ астрономіи подъ названіемъ «соединенія планетъ» совпало съ великимъ событіемъ рожденія на землѣ Сына Божія — Мессіи, и въ этомъ, конечно, его чудесность, проявленіе промысла Божія — призвавшаго такимъ путемъ на поклоненіе родившемуся Мессіи ученыхъ язычниковъ. Замѣчательный же смыслъ этого прихода волхвовъ изъ далекой страны прекрасно объясняетъ св. Златоустъ: «Такъ какъ іудеи, непрестанно слыша Пророковъ, возвѣщавшихъ о пришествіи Христовомъ, не обращали на то особеннаго вниманія, то **Господь внушилъ варварамъ** придти изъ отдаленной страны, разспрашивать о Царѣ, родившемся у Іудеевъ, и они отъ персовъ первыхъ узнаютъ то, чему не хотѣли научиться у пророковъ.»

Но, конечно, та звѣзда, которая указывала путь волхвамъ отъ Іерусалима до Виѳлеема и затѣмъ «пришедши ста верху, идѣже бѣ отроча», уже не была ни настоящей звѣздой ни планетой, а совершенно особымъ чудеснымъ явленіемъ. Увидя эту звѣзду, волхвы «возрадовашеся радостью веліею зѣло» несомнѣнно потому, что въ этомъ явленіи звѣзды нашли новое подкрѣпленіе своей вѣры въ дѣйствительность рожденія необыкновеннаго Младенца. Далѣе сказано о волхвахъ, что они пришли «въ храмину», то-есть въ домъ и тамъ, «падше поклонишася» Новорожденному. Слѣдовательно, это уже не была та пещера, въ которой Христосъ родился, то-есть Младенецъ съ Матерью могли уже переселиться въ обыкновенный домъ. «Отверзши сокровища своя», волхвы принесли Новорожденному дары: **золото,** какъ Царю, **ладанъ,** какъ Богу, и **смѵрну,** какъ имѣющему вкусить смерть, человѣку. Получивъ откровеніе во снѣ не возвращаться къ Ироду, который замыслилъ умертвить Богомладенца, они инымъ путемъ, то-есть не черезъ Іерусалимъ, отошли въ страну свою; вѣроятно на югъ отъ Виѳлеема.

БѢГСТВО ВЪ ЕГИПЕТЪ. ИЗБІЕНІЕ МЛАДЕНЦЕВЪ. ВОЗВРАЩЕНІЕ ВЪ НАЗАРЕТЪ. (Матѳея 2: 13-23).

Послѣ ухода волхвовъ, Ангелъ Господень, явившись во снѣ Іосифу, повелѣлъ ему, взявъ младенца и Матерь Его, бѣжать въ Египетъ, что онъ и исполнилъ, отправившись туда ночью. Египетъ находился на юго-западъ отъ Іудеи, и до границы его надо было идти около 100 верстъ. Онъ тоже тогда былъ римской провинціей, въ немъ жило много Іудеевъ, они имѣли тамъ свои синагоги, но туда не простиралась власть Ирода, и св. семейство, остановившись тамъ у своихъ соотечественниковъ, могло чувствовать себя въ безопасности. На вопросъ, почему Христосъ не спасъ Себя Самъ отъ Иродовыхъ убійцъ, св. Златоустъ отвѣчаетъ: «Еслибы Господь съ перваго Своего возраста началъ творить чудеса, то Его не стали бы признавать Человѣкомъ» (Бес. на Матѳ. VII). О путешествіи св. семейства въ Египетъ сохранилось множество замѣчательныхъ преданій. Изъ нихъ одно гласитъ, что, когда Іосифъ съ Богомладенцемъ и Его Матерью вошли въ идольскій храмъ, гдѣ было 365 идоловъ, то всѣ идолы пали на землю и сокрушились, и исполнилось надъ ними слово пророческое: «Се, Господь сидитъ на облацѣ легцѣ», — на рукахъ Пречистой Дѣвы-Маріи, — «и пріидетъ во Египетъ, и потрясутся рукотворенная Египетская отъ лица Его (Исаіи XIX, 1). Въ томъ, что Младенецъ Іисусъ долженъ былъ бѣжать именно въ Египетъ и затѣмъ вернуться изъ Египта, Св. Евангелистъ видитъ исполненіе пророчества Осіи: «Отъ Египта воззвахъ Сына Моего» (11: 1). Слова эти, по связи рѣчи у пророка, относятся собственно къ исходу еврейскаго народа изъ Египта, но такъ какъ избранный Богомъ народъ еврейскій прообразовалъ собою истиннаго первороднаго и единственнаго Сына Божія Іисуса Христа, то изведеніе еврейскаго народа изъ Египта было прообразомъ воззванія Іисуса Христа изъ Египта. Какъ отмѣчаетъ св. Златоустъ, въ событіяхъ Ветхаго Завѣта все имѣло прообразовательное значеніе, все было прообразомъ событій новозавѣтныхъ.

Иродъ разгнѣвался, когда волхвы не вернулись въ Іерусалимъ, счелъ себя «поруганнымъ», осмѣяннымъ ими, хотя они и не имѣли въ мысли насмѣяться надъ нимъ, и это привело его въ еще большую ярость. Вывѣдавъ отъ волхвовъ, что звѣзда явилась имъ около года назадъ, онъ заключилъ, что Младенецъ теперь, если и старше года, то моложе двухъ лѣтъ, а потому и издалъ жестокій приказъ избить въ Виѳлеемѣ и его окрестностяхъ всѣхъ младенцевъ «отъ двухъ лѣтъ и ниже», въ разсчетѣ, что въ числѣ ихъ окажется и Христосъ. По преданію, убито было 14.000 младенцевъ, память которыхъ, какъ мучениковъ за Христа, св. Церковь празднуетъ ежегодно 29 декабря. Такая жестокость была совершенно въ характерѣ Ирода, о которомъ, по свидѣтельству іудейскаго историка Іосифа Флавія, извѣстно, что онъ, изъ пустой подозрительности, велѣлъ задушить свою жену и умертвить трехъ своихъ сыновей. Когда объ этомъ доложили Августу, то онъ сказалъ: «У Ирода лучше быть животнымъ, чѣмъ сыномъ». Еще и сейчасъ въ окрестностяхъ Виѳлеема показываютъ гроты, въ которыхъ скрывались матери съ младенцами на рукахъ, пытаясь спасти ихъ жизнь отъ воиновъ Ирода, и гдѣ они были умерщвлены вмѣстѣ съ своими дѣтьми, которыхъ держали въ рукахъ. Въ избіеніи младенцевъ св. Евангелистъ видитъ исполненіе пророчества Іереміи 31: 15: «Гласъ въ Рамѣ слышанъ, плачъ и рыданіе и вопль многъ»... Въ этихъ словахъ пророкъ Іеремія описывалъ бѣдствія и скорбь народа іудейскаго, отводимаго въ Вавилонскій плѣнъ и собраннаго предварительно въ Рамѣ, небольшомъ городкѣ колѣна Веніаминова на сѣверъ отъ Іерусалима. Очевидецъ этого событія пророкъ Іеремія изображаетъ его, какъ плачъ праматери Рахили о чадахъ своихъ, какъ бы отводимыхъ на смерть. Св. Матѳей видитъ въ этомъ прообразъ дѣйствительной гибели чадъ Рахили, погребенной вблизи Виѳлеема.

Нѣтъ точныхъ данныхъ о томъ, сколько времени св. семейство прожило въ Египтѣ, ибо неизвѣстенъ съ полной точностью годъ Рождества Христова. Но указано ясно и опредѣленно, что св. семейство вернулось въ землю Израилеву вскорѣ же по смерти Ирода, а дата смерти Ирода можетъ считаться болѣе-менѣе точно установленной. Иродъ умеръ, какъ свидѣтельствуетъ Іосифъ Флавій, въ страшныхъ мученіяхъ въ мартѣ или началѣ апрѣля 750 года отъ основанія Рима. Если Христосъ родился 25 декабря 749 года, то св. семейство пробыло въ Египтѣ всего около двухъ мѣсяцевъ. Если же считать, что Христосъ родился, какъ нѣкоторые думаютъ, годомъ раньше, въ 748 г., то можно полагать, что оно провело тамъ больше года, и что Богомладенцу было при возвращеніи изъ Египта около двухъ лѣтъ. Во всякомъ случаѣ Онъ былъ еще младенцемъ, какъ называетъ Его Ангелъ, повелѣвшій Іосифу возвратиться въ землю Израилеву. Дойдя до земли Израилевой, Іосифъ, видимо, собирался поселиться въ Виѳлеемѣ, гдѣ какъ ему естественно казалось, долженъ былъ воспитываться сынъ Давидовъ — будущій Мессія-Христосъ. Но когда онъ услышалъ, что въ Іудеѣ воцарился самый худшій изъ сыновей Ирода кровожадный и жестокій, подобно своему отцу, Архелай, то «убояся тамо идти» и, получивъ во снѣ новое откровеніе, направился въ предѣлы Галилейскіе, гдѣ и поселился въ городѣ Назаретѣ, въ которомъ онъ жилъ и прежде, занимаясь ремесломъ плотника.

Въ этомъ св. Евангелистъ видитъ исполненіе пророчества о томъ, что Господь Іисусъ Христосъ **назорей наречется**. Такого пророчества въ Ветхомъ Завѣтѣ мы, однако, не находимъ. Высказывалось предположеніе, что это пророчество находилось въ книгѣ, потерянной евреями. Другіе думаютъ, что Евангелистъ не указываетъ здѣсь на одно какое-нибудь пророчество въ частности, но имѣетъ въ виду общій характеръ **всѣхъ** пророчествъ объ **уничиженномъ** состояніи Христа-Спасителя во время Его земной жизни. Выйти изъ Назарета это значило быть въ пренебреженіи, въ презрѣніи, быть униженнымъ, отверженнымъ. Съ другой стороны, «назореями» въ Ветхомъ завѣтѣ назывались люди, посвятившіе себя Богу; быть можетъ, и это было причиной наименованія Іисуса Христа назореемъ, какъ высшаго носителя назорейскихъ обѣтовъ — полнаго посвященія Себя на служеніе Богу.

ОТРОЧЕСТВО ГОСПОДА ІИСУСА ХРИСТА. (Луки 2: 40-52).

До выхода Своего на общественное служеніе человѣческому роду, Господь Іисусъ Христосъ пребывалъ въ безвѣстности. Единственный фактъ изъ Его жизни за этотъ періодъ времени приводитъ Евангелистъ Лука. Такъ какъ онъ писалъ свое Евангеліе, «по тщательномъ изслѣдованіи всего сначала», то надо полагать, что другихъ такихъ выдающихся фактовъ въ жизни Господа за этотъ ранній періодъ не было. Общую характеристику этого періода св. Лука даетъ въ словахъ: **«Отроча же растяше и крѣпляшеся Духомъ, исполняяся премудрости: и благодать Божія бѣ на Немъ».** Это понятно, ибо отрокъ Іисусъ былъ не только Богомъ, но и человѣкомъ, и, какъ человѣкъ, подлежалъ обычнымъ законамъ человѣческаго развитія. Только по мѣрѣ развитія своего человѣческая мудрость отражала или вмѣщала въ себѣ всю глубину и полноту Божественнаго вѣдѣнія, которой обладалъ отрокъ Іисусъ, какъ Сынъ Божій.

И вотъ, когда отроку Іисусу исполнилось 12 лѣтъ, эта Божественная мудрость впервые ярко проявила себя. По закону Моисея (Втор. 16: 16), всѣ евреи мужескаго пола обязаны были три раза въ годъ являться въ Іерусалимъ на праздникъ Пасхи, Пятидесятницы и Кущей; исключеніе дѣлалось только для дѣтей и больныхъ. Особенно строго требовалось посѣщеніе Іерусалима на праздникъ Пасхи. Отрокъ, достигшій 12-ти лѣтъ, становился «чадомъ закона»: съ этого времени онъ долженъ былъ изучать всѣ требованія закона и исполнять его предписанія, въ частности — ходить въ Іерусалимъ на праздники. Св. Лука говоритъ, что «родители» Іисуса каждый годъ ходили въ Іерусалимъ. Тайна рожденія Богомладенца оставалась сокровенною, Пресвятая Дѣва Марія и старецъ Іосифъ не считали нужнымъ и полезнымъ открывать ее, и въ глазахъ жителей Назарета Іосифъ былъ мужемъ Маріи, и отцомъ Іисуса. Евангелистъ и употребляетъ это выраженіе примѣнительно къ общему мнѣнію. Въ другомъ же мѣстѣ (Луки 3: 23) онъ прямо говоритъ, что Іосифа только считали отцомъ Іисуса, и, слѣд., на самомъ дѣлѣ онъ таковымъ **не** былъ.

Празднованіе Пасхи продолжалось 8 дней, послѣ чего богомольцы возвращались по домамъ обыкновенно группами. Іосифъ и Марія не замѣтили, какъ отрокъ Іисусъ остался въ Іерусалимѣ, думая, что Онъ идетъ гдѣ-нибудь по близости отъ нихъ въ другой группѣ, съ родственниками и знакомыми. Видя же, что Онъ долго не присоединяется къ нимъ, начали Его искать и, не нашедши, въ тревогѣ возвратились въ Іерусалимъ, гдѣ только черезъ три дня, надо полагать, со дня выхода своего изъ Іерусалима, нашли Его въ храмѣ, сидящаго среди учителей, слушающаго ихъ и вопрошающаго ихъ. Это происходило, вѣроятно, въ одномъ изъ притворовъ храма, гдѣ раввины собирались, разсуждая другъ съ другомъ и съ народомъ, поучая въ законѣ желавшихъ слушать ихъ. Въ этой бесѣдѣ отрокъ Іисусъ уже проявилъ Свою Божественную мудрость, почему всѣ слушавшіе удивлялись разуму и отвѣтамъ Его. Богоматерь, высказавъ Ему ихъ тревогу за Него, называетъ Іосифа отцомъ Его, ибо иначе и не могла его назвать, такъ какъ въ глазахъ всѣхъ Іосифъ и былъ отцомъ Іисуса. На эти слова Матери отрокъ Іисусъ впервые открываетъ Свое назначеніе — исполнить волю Пославшаго Его и какъ бы поправляетъ Свою Матерь, указывая, что не Іосифъ Его отецъ, но Богъ. «Вы должны были знать», какъ бы такъ говорилъ Онъ имъ: «гдѣ Я, ибо, какъ Сынъ Божій, Я и долженъ пребывать въ дому Божіемъ», то-есть во храмѣ. Они, однако, не поняли этихъ словъ, ибо и имъ еще не была вполнѣ открыта тайна Христова дѣла на землѣ. Однако, «Матерь Его сохраняла всѣ слова сіи въ сердцѣ Своемъ» — это былъ особенно памятный для Нея день, когда Сынъ Ея впервые далъ знать о Своемъ высокомъ предназначеніи. Такъ какъ еще не настало время общественнаго служенія Іисуса, то Онъ послушно пошелъ съ ними въ Назаретъ и, какъ особенно отмѣчаетъ это Евангелистъ, «былъ въ повиновеніи у Своихъ земныхъ родителей», вѣроятно раздѣляя труды Своего мнимаго отца Іосифа, который былъ плотникомъ. Съ укрѣпленіемъ въ возрастѣ Онъ преуспѣвалъ въ премудрости, и для внимательныхъ все яснѣе становилась особая любовь Божія къ Нему, что привлекало и любовь людей къ Нему.

Часть вторая.

Общественное служеніе Господа Іисуса Христа.

А. ВЫХОДЪ ГОСПОДА ІИСУСА ХРИСТА НА ОБЩЕСТВЕННОЕ СЛУЖЕНІЕ И СОБЫТІЯ ЕГО ЖИЗНИ ДО ПЕРВОЙ ПАСХИ.

1. ІОАННЪ КРЕСТИТЕЛЬ И ЕГО СВИДѢТЕЛЬСТВО О ГОСПОДѢ ІИСУСѢ ХРИСТѢ.
(Матѳея 3: 1-12; Марка 1: 1-8; Луки 3: 1-18; Іоанна 1: 15-31).

О выходѣ на проповѣдь Іоанна Крестителя и объ его свидѣтельствѣ о Господѣ Іисусѣ Христѣ согласно повѣствуютъ, почти съ одинаковыми подробностями, всѣ четыре Евангелиста: Матѳей, Маркъ, Лука и Іоаннъ. Лишь послѣдній изъ нихъ опускаетъ кое-что изъ сказаннаго первыми тремя, подчеркивая только Божество Христово.

О времени выхода на проповѣдь Іоанна Крестителя, а вмѣстѣ съ тѣмъ и о времени выхода на общественное служеніе Самого Господа, даетъ важныя свѣдѣнія св. Евангелистъ Лука. Онъ говоритъ, что это произошло «въ пятнадцатый годъ правленія Тиверія кесаря, когда Понтій Пилатъ начальствовалъ въ Іудеѣ, Иродъ былъ четвертовластникомъ въ Галилеѣ, Филиппъ, братъ его, четвертовластникомъ въ Итуреѣ и Трахонитской области, а Лисаній четвертовластникомъ въ Авилинеѣ, при первосвященникахъ Аннѣ и Каіафѣ». (Луки 3: 1-2).

Начиная свое повѣствованіе о выходѣ Іоанна Крестителя на проповѣдь, св. Лука хочетъ сказать, что въ то время Палестина входила въ составъ Римской имперіи, и ею управляли именемъ императора Тиверія, сына и преемника Октавіана Августа, при которомъ родился Христосъ, тетрархи, или четвертовластники; въ Іудеѣ, вмѣсто Архелая, управлялъ римскій прокураторъ Понтій Пилатъ, въ Галилеѣ Иродъ-Антипа, сынъ Ирода Великаго, избившаго младенцевъ въ Виѳлеемѣ, другой его сынъ Филиппъ управлялъ Итуреей, страною по восточную сторону Іордана, и Трахонитидою, расположенной на сѣверо-востокъ отъ Іордана; въ четвертой области Авилинеѣ, примыкавшей съ сѣверо-востока къ Галилеѣ, при подошвѣ Антиливана, управлялъ Лисаній. Первосвященниками въ это время были Анна и Каіафа, что надо понимать такъ: первосвященникомъ былъ, собственно Каіафа, а его тесть Анна, или

Ананъ, отставленный гражданскими властями отъ должности, но пользовавшійся у народа авторитетомъ и уваженіемъ, фактически раздѣлялъ съ нимъ власть.

Тиверій вступилъ на престолъ послѣ смерти Августа въ 767 г., но еще за два года въ 765 г. онъ сталъ его соправителемъ и, слѣд., 15-ый годъ его правленія начинался въ 779 г., въ каковомъ году, по наиболѣе вѣроятному предположенію, Господу и исполнилось какъ разъ 30 лѣтъ, о чемъ говоритъ дальше св. Лука, указывая возрастъ, въ которомъ Господь Іисусъ Христосъ принялъ крещеніе отъ Іоанна и вышелъ на общественное служеніе.

Св. Лука свидѣтельствуетъ, что ко Іоанну «бысть глаголъ Божій», то-есть особое призваніе, или откровеніе Божіе, которымъ онъ былъ вызванъ начать свое служеніе. Мѣсто, гдѣ онъ началъ свое служеніе, св. Матѳей называетъ «пустыней Іудейской». Такъ называлось западное побережье Іордана и Мертваго моря, благодаря своей слабой населенности. Послѣ Божія призванія, Іоаннъ сталъ являться въ болѣе населенныхъ мѣстахъ этой области и ближе къ водѣ, нужной для крещенія, какъ напр., въ Виѳаварѣ на Іорданѣ (Іоан. 1: 28) и въ Енонѣ близъ Салима (3: 23).

Евангелисты Матѳей (3: 3), Маркъ (1: 3) и Лука (3: 4) называютъ Іоанна «гласомъ вопіющаго въ пустыни: уготовайте путь Господень и правы творите стези Его». Точно также называетъ себя и самъ Іоаннъ въ Евангеліи отъ Іоанна (1: 23). Слова эти взяты изъ рѣчи пророка Исаіи, гдѣ онъ утѣшаетъ Іерусалимъ, говоря, что кончилось время его уничиженія и скоро явится слава Господня и «узритъ всякая плоть спасеніе Божіе (40: 3).

Это пророчество исполнилось, когда послѣ семидесятилѣтняго вавилонскаго плѣненія 42.000 Іудеевъ, съ разрѣшенія персидскаго царя Кира, возвратились въ свое отечество. Это возвращеніе пророкъ изображаетъ, какъ радостное шествіе, предводительствуемое Самимъ Богомъ и предшествуемое вѣстникомъ. Этотъ вѣстникъ возглашаетъ, чтобы въ пустынѣ, по которой предстоитъ идти Господу со Своимъ народомъ, приготовили Ему путь прямой и ровный — углубленія наполнили насыпями, а горы и холмы срыли и т. п. Это пророчество и Евангелисты и самъ Іоаннъ Креститель (Іоан. 1: 23) изъясняютъ въ прообразовательномъ смыслѣ (ибо такой смыслъ имѣли всѣ ветхозавѣтныя событія, предзнаменуя собою событія Новаго Завѣта): подъ Господомъ, шествующимъ во-главѣ Своего народа, возвращающагося изъ плѣна, они разумѣютъ Мессію, а подъ вѣстникомъ — Его Предтечу — Іоанна. Пустыней въ этомъ духовномъ смыслѣ является самъ народъ Израильскій, а ея неровности, которыя надо устранить, какъ препятствія къ приходу Мессіи, это грѣхи человѣческіе, почему сущность всей проповѣди Предтечи и сводилась къ одному, собственно, призыву: «**покайтеся!**» Это прообразовательное пророчество Исаіи послѣдній изъ ветхозавѣтныхъ пророковъ Малахія высказываетъ прямо, называя Предтечу приготовляющаго путь Мессіи, «Ангеломъ Господнимъ», каковой цитатой св. Маркъ и начинаетъ свое евангельское повѣствованіе (1: 2). Проповѣдь свою о покаяніи Іоаннъ Креститель обуславливалъ приближеніемъ Царства небеснаго, то-есть Царства Мессіи (Матѳ. 3: 2). Подъ этимъ царствомъ Слово Божіе понимаетъ освобожденіе человѣка отъ власти грѣха и воцареніе праведности во внутреннемъ его существѣ (Луки 17: 21 ср. Рим. 14: 17), объединеніе всѣхъ людей, сподобившихся этого, во единый организмъ — Церковь (Матѳ. 13: 24-43; 47-49) и вѣчная небесная слава ихъ въ будущей жизни (Луки 23: 42-43).

Приготовляя людей ко вступленіе въ это имѣющее вскорѣ открыться съ приходомъ Мессіи Царство, Іоаннъ призываетъ ихъ къ покаянію и откликавшихся на его призывъ крестилъ «**крещеніемъ покаянія**» во оставленіе грѣховъ (Матѳ. 3: 11 и Луки 3: 3). Это не было благодатное христіанское крещеніе, а лишь погруженіе въ водѣ, какъ выраженіе того, что погружающійся желаетъ очищенія отъ своихъ грѣховъ, подобно тому, какъ вода очищаетъ его отъ тѣлесной нечистоты.

Строгій подвижникъ, носившій самую грубую одежду изъ верблюжьяго волоса и питавшійся акридами (родъ саранчи) и дикимъ медомъ, Іоаннъ представлялъ собой рѣзкую противоположность современнымъ ему наставникамъ іудейскаго народа, а проповѣдь его о приближеніи царства Мессіи, наступленія котораго столь многіе въ это время напряженно ожидали, не могла не привлечь къ себѣ всеобщаго вниманія. Даже Іудейскій историкъ Іосифъ Флавій свидѣтельствуетъ, что «народъ, восхищенный ученіемъ Іоанна, стекался къ нему въ великомъ множествѣ»... и что власть этого мужа была такъ велика надъ іудеями, что они готовы были сдѣлать по его совѣту все, и что самъ Иродъ царь боялся этой власти великаго учителя. Даже фарисеи и саддукеи не могли смотрѣть спокойно на то, какъ народъ массами идетъ къ Іоанну, и они сами пошли къ нему въ пустыню, едва ли всѣ, по крайней мѣрѣ, съ искренними чувствами. Неудивительно поэтому, что Іоаннъ встрѣчаетъ ихъ строгой обличительной рѣчью: «Рожденія ехиднова, кто сказа вамъ бѣжати отъ будущаго гнѣва?» Фарисеи искусно прикрывали свои пороки точнымъ соблюденіемъ чисто-внѣшнихъ предписаній Моисеева закона, а саддукеи, предаваясь плотскимъ удовольствіямъ, отвергали то, что противорѣчило ихъ эпикурейскому образу жизни — духовную жизнь и загробное воздаяніе. Іоаннъ обличаетъ ихъ надменность, ихъ увѣренность въ своей праведности и внушаетъ имъ, что ихъ надежда на происхожденіе отъ Авраама не принесетъ имъ пользы, если они не сотворятъ плодовъ, достойныхъ покаянія, ибо «дерево», не приносящее добраго плода, срубаютъ и бросаютъ въ огонь», какъ ни на что негодное. Истинныя чада Авраама не тѣ, которыя происходятъ отъ него по плоти, но тѣ, которые будутъ жить въ духѣ его вѣры и преданности Богу. Если вы не раскаетесь, то Богъ васъ отвергнетъ и призоветъ на ваше мѣсто новыхъ чадъ Авраама **по духу** (Матѳ. 3: 9, также Луки 3: 8).

По Евангелисту Лукѣ эта строгая рѣчь Іоанна была обращена къ народу. Въ этомъ нельзя видѣть противорѣчія, ибо народъ въ значительной своей части былъ зараженъ лжеученіями фарисейства. Смущенный строгостью рѣчи пророка народъ спрашиваетъ: «что же намъ дѣлать?» (Луки 3: 10). Въ отвѣтъ Іоаннъ указываетъ на необходимость творить дѣла любви и милосердія и воздерживаться отъ всякаго зла. Это и есть «плоды, достойныя покаянія».

Тогда было время всеобщаго ожиданія Мессіи, причемъ іудеи вѣрили, что Мессія, когда придетъ, будетъ крестить (Іоан. 1: 25). Неудивительно, что многіе стали задаваться вопросомъ, не Христосъ ли Іоаннъ. На эти мысли Іоаннъ отвѣчалъ, что онъ креститъ водою въ покаяніе (Матѳ. 3: 11), то-есть въ знакъ покаянія, но за нимъ идетъ **Сильнѣйшій** его, Которому онъ недостоинъ развязать (Луки 3: 16, Марка 1: 7) или понести (Матѳ. 3: 11) обуви, какъ дѣлаютъ это рабы своему господину. «**Той вы креститъ Духомъ Святымъ и огнемъ**» — въ крещеніи Его будетъ дѣйствовать благодать Св. Духа, попаляющая какъ огонь, всякую грѣховную скверну. «**Ему же лопата въ руку Его**»... — Христосъ очиститъ народъ Свой, какъ хозяинъ очищаетъ свое гумно отъ плевелъ и сора, **пшеницу** же, то-есть увѣровавшихъ въ Него, соберетъ въ Свою Церковь, какъ бы въ житницу, а всѣхъ отвергающихъ Его предастъ вѣчнымъ мученіямъ.

КРЕЩЕНІЕ ГОСПОДА ІИСУСА ХРИСТА.
(Матѳ. 3: 13-17; Марк. 1: 9-11; Лук. 3: 21-22; Іоан. 1: 32-34).

О крещеніи Господа Іисуса Христа повѣствуютъ всѣ четыре Евангелиста. Подробнѣе всѣхъ изображаетъ это событіе св. Матѳей.

«**Тогда приходитъ Іисусъ отъ Галилеи**» — св. Маркъ дополняетъ, что именно изъ Назарета Галилейскаго. Это было, повидимому, въ тотъ же 15-ый годъ правленія Тиверія Кесаря, когда по Св. Лукѣ Іисусу исполнилось 30 лѣтъ — возрастъ требуемый отъ учителя вѣры. По св. Матѳею, Іоаннъ отказывался крестить

Іисуса, говоря: **«Азъ требую Тобою креститися,** а по Евангелію отъ Іоанна, Креститель не зналъ Іисуса до крещенія (Іоан. 1: 33), пока не увидѣлъ Духа Божія, сходящаго на Него въ видѣ голубя. Противорѣчія здѣсь видѣть нельзя. Іоаннъ не зналъ Іисуса до крещенія, какъ Мессію, но, когда Іисусъ пришелъ къ нему просить крещенія, онъ, какъ пророкъ, проникавшій въ сердца людей, сразу почувствовалъ Его святость и безгрѣшность и Его безконечное превосходство надъ собой, почему не могъ не воскликнуть: **«Азъ требую Тобою креститися, и Ты ли грядеши ко мнѣ?»** Когда же онъ увидѣлъ Духа Божія, сходящаго на Іисуса, тогда уже окончательно удостовѣрился, что передъ нимъ Мессія-Христосъ.

«Тако подобаетъ намъ исполнити всяку правду» — это значитъ, что Господь Іисусъ Христосъ, какъ Человѣкъ и родоначальникъ новаго возрожденнаго Имъ человѣчества, долженъ былъ собственнымъ примѣромъ показать людямъ необходимость соблюденія всѣхъ Божественныхъ установленій. Но крестившись, **«Іисусъ взыде а б і е отъ воды»,** потому что, какъ безгрѣшному, Ему не было надобности исповѣдывать свои грѣхи, какъ дѣлали это всѣ остальные крещающіеся, стоя при этомъ въ водѣ. Св. Лука передаетъ, что **«Іисусъ, крестившись, молился»** несомнѣнно о томъ, чтобы Отецъ Небесный благословилъ начало Его служенія.

«И се отверзошася Ему небеса», то-есть отверзлись надъ Нимъ, ради Него, **«и видѣ Духа Божія, сходяща, яко голубя и грядуща на Него».** Такъ какъ по-гречески, «на Него» выражено мѣстоименіемъ 3-го лица, а не возвратнымъ, то тутъ нужно понимать, что **«видѣ»** Духа Божія Іоаннъ, хотя, конечно, видѣлъ и Самъ Крещаемый и народъ, бывшій при этомъ, ибо цѣль этого чуда — **явить людямъ Сына Божія** въ пребывавшемъ дотолѣ въ неизвѣстности Іисусѣ, почему Церковь и поетъ въ день праздника Крещенія Господня, называемаго также Богоявленіемъ: **«явился еси днесь вселеннѣй»** (Кондакъ). По словамъ Іоанна, Духъ Божій не только сошелъ на Іисуса, но и **«пребысть на Немъ** (Іоан. 1: 32-33).

Голосъ Бога Отца: **«Сей есть»,** по Матѳею, или **«Ты еси»,** по Марку и Лукѣ **«Сынъ Мой возлюбленный, о Немже благоволихъ»** былъ указаніемъ Іоанну и присутствовавшему народу на Божественное достоинство Крещаемаго, какъ Сына Божія, въ собственномъ смыслѣ, Единороднаго, на Которомъ вѣчно пребываетъ благоволеніе Бога Отца, и вмѣстѣ съ тѣмъ какъ бы отвѣтомъ Отца Небеснаго Своему Божественному Сыну на Его молитву о благословеніи на великій подвигъ служенія для спасенія человѣчества.

Крещеніе Господне наша св. Церковь празднуетъ издревле 6 января, именуя этотъ праздникъ также Богоявленіемъ, ибо въ событіи этомъ явила Себя людямъ вся Св. Троица: Богъ Отец голосомъ съ неба, Богъ Сынъ крещеніемъ отъ Іоанна во Іорданѣ, Богъ Духъ Святый снизшествіемъ въ видѣ голубя.

3. СОРОКОДНЕВНЫЙ ПОСТЪ И ИСКУШЕНІЕ ОТЪ ДІАВОЛА.
(Матѳ. 4: 1-11; Марк. 1: 12-13; Лук. 4: 1-13).

Повѣствованіе о сорокадневномъ постѣ Господа Іисуса Христа и о послѣдовавшемъ за тѣмъ искушеніи его въ пустынѣ отъ діавола имѣется у трехъ первыхъ Евангелистовъ, причемъ подробно разсказываютъ объ этомъ Св. Матѳей и св. Лука, а св. Маркъ лишь упоминаетъ объ этомъ кратко, не приводя подробностей.

По крещеніи **«Іисусъ возведенъ бысть Духомъ въ пустыню»**, находящуюся между Іерихономъ и Мертвымъ моремъ. Одна изъ горъ этой пустыни доселѣ носитъ названіе **Сорокадневной,** по сорокадневному посту на ней Господа. Первымъ дѣломъ почившаго на Іисусѣ при крещеніи Духа Божія было водительство Его въ пустыню, дабы тамъ Онъ постомъ и молитвою могъ приготовиться къ великому служенію спасенія человѣчества. Тамъ Онъ постился 40 дней и 40 ночей, то-есть, какъ по всему видно, все это время совсѣмъ ничего не ѣлъ и **«послѣди взалка»**, то-есть пришелъ въ крайнюю степень голода и изнуренія силъ. **«И приступль къ Нему искуситель»**, это былъ завершительный приступъ искусителя, ибо по Лукѣ діаволъ не переставалъ искушать Господа въ теченіе 40 дней (4: 2).

Какой смыслъ въ этомъ искушеніи Господа отъ діавола?

Пришедши на землю для того, чтобы разрушить дѣла діавола, Господь могъ бы, конечно, уничтожить ихъ сразу однимъ дыханіемъ устъ Своимъ, но надо знать и помнить, что дѣла діавола коренились въ **заблужденіяхъ с в о б о д н о й человѣческой души,** которую Господь явился спасти, **не лишая свободы,** этого величайшаго дара Божія человѣку, созданному не пѣшкой, не бездушнымъ автоматомъ и не животнымъ, руководимымъ безсознательнымъ инстинктомъ, но **свободной разумной личностью.** Въ отношеніи къ Божеству Іисуса Христа это искушеніе было борьбой духа зла съ Сыномъ Божіимъ, пришедшимъ спасти человѣка, за сохраненіе своей власти надъ людьми съ помощью призраковъ знанія и счастія. Это искушеніе было подобно тому искушенію Іеговы, которое позволили себѣ израильтяне въ Рефидимѣ (Исх. 17: 1-7), ропща за недостатокъ воды: «Есть ли Господь среди насъ или нѣтъ?» Такъ и діаволъ начинаетъ свое искушеніе словами: «Если Ты Сынъ Божій». И какъ о сынахъ Израиля Псалмопѣвецъ говоритъ, что они искушали Господа въ пустынѣ, такъ и діаволъ искушалъ Сына Божія съ намѣреніемъ раздражить Его, прогнѣвить, укорить и оскорбить (Псал. 77: 40-41). Главнымъ же образомъ искушеніе направлялось противъ человѣческой природы Іисуса, на которую діаволъ надѣялся простереть свое вліяніе, совратить ея волю на **ложный путь**. Христосъ пришелъ на землю для того, чтобы основать среди людей Свое царство — Царство Божіе. Два пути могло вести къ этой цѣли: одинъ, о которомъ какъ разъ мечтали тогдашніе іудеи, — путь скораго и блистательнаго воцаренія Мессіи, какъ земного царя, другой — путь медленный и тернистый, путь добровольнаго нравственнаго перерожденія людей, сопряженный съ многими страданіями не только для послѣдователей Мессіи, но и для Него Самаго. Діаволъ и хотѣлъ отклонить Господа отъ второго пути, попытавшись прельстить Его, по человѣчеству, конечно, легкостью перваго, сулившаго не страданія, а только славу.

Прежде всего, пользуясь голодомъ, который мучилъ Іисуса, какъ человѣка, діаволъ попытался убѣдить Его использовать Свою Божественную силу для того, чтобы избавиться отъ этого тягостнаго для каждаго человѣка чувство голода. Указывая на камни, которые въ этой мѣстности и понынѣ напоминаютъ своей формой хлѣбы, онъ говоритъ: **«Аще Сынъ еси Божій, рцы да каменіе сіе хлѣбы будутъ»**. Діаволъ надѣялся, что, соблазнившись этимъ однажды, Іисусъ будетъ и впредь поступать также: оградитъ себя легіонами ангеловъ отъ толпы враговъ, снидетъ со креста или призоветъ Илію спасти Его (Матѳ. 26: 53; 27: 40, 49), и тогда дѣло спасенія человѣчества крестными страданіями Сына Божія не осуществилось бы. Богочеловѣкъ, для другихъ претворявшій воду въ вино и чудесно умножавшій хлѣбы, отвергъ этотъ лукавый совѣтъ словами Моисея, — сказанными относительно манны, которой 40 лѣтъ Богъ питалъ народъ Свой въ пустынѣ: **«Не о хлѣбѣ единомъ живъ будетъ человѣкъ, но о всякомъ глаголѣ, исходящемъ изо устъ Божіихъ** (Второз. 8: 3)». Подъ «глаголомъ» здѣсь надо понимать благую волю Божію, промышляющую о человѣкѣ. Господь творилъ чудеса для удовлетворенія нуждъ другихъ, а не Своихъ собственныхъ: еслибы Онъ при всѣхъ Своихъ страданіяхъ, вмѣсто того, чтобы терпѣть ихъ, прибѣгалъ къ Своей Божественной власти, Онъ не могъ бы быть примѣромъ для насъ. Повторяя часто это чудо, Онъ могъ бы увлечь за Собой всѣхъ людей, требовавшихъ тогда «хлѣба и зрѣлищъ», но эти люди не были бы надежны для основываемаго Имъ свободнаго Царства Божія: цѣль Его была та, чтобы люди свободно шли за Нимъ по слову Его, но не какъ рабы, увлекаемые легкостью обладанія земными благами.

Потерпѣвъ пораженіе на первомъ искушеніи, діаволъ приступилъ ко второму: повелъ Господа во Іерусалимъ и, поставивъ на крылѣ храма, предложилъ: «**Аще Сынъ еси Божій, верзися низу: писано бо есть, яко Ангеломъ Своимъ заповѣсть о Тебѣ сохранити Тя, и на рукахъ возьмутъ Тя**»... Опять предложеніе поразить воображеніе людей, напряженно ожидающихъ прихода Мессіи, чудомъ, чтобы такимъ образомъ легко увлечь ихъ за собой: и это, конечно, было бы безплодно для нравственной жизни людей, и Господь отвергъ и это предложеніе словами: «**Не искушай Господа Бога твоего**», сказанными въ свое время Моисеемъ народу Израильскому (Втор. 6: 16), то-есть: «не слѣдуетъ безъ необходимости подвергать себя опасности, испытывая чудодѣйственную силу всемогущества Божія.»

Тогда діаволъ приступаетъ къ третьему искушенію: показываетъ Іисусу съ высокой горы «**вся царствія міра и славу ихъ**» и говоритъ: «**сія вся Тебѣ дамъ, аще падъ поклониши ми ся**». Св. Лука добавляетъ при этомъ, что діаволъ показалъ Іисусу всѣ царства вселенной «во мгновеніе времени» и сказалъ при этомъ: «**Тебѣ дамъ власть сію всю и славу ихъ: яко м н ѣ предана есть, и емуже аще хощу, дамъ ю (4: 6-7)**». Діаволъ развернулъ передъ взоромъ Іисуса картину всѣхъ царствъ земли, надъ которыми дѣйствительно господствовалъ онъ, какъ духъ злобы, показалъ Ему, какими силами и средствами располагаетъ онъ въ мірѣ семъ для борьбы съ Богомъ, пришедшимъ на землю спасти человѣка отъ его власти. Онъ надѣялся, очевидно, что эта картина смутитъ человѣческій духъ Іисуса страхомъ и сомнѣніемъ въ возможности осуществить Его великое дѣло спасенія человѣчества. И дѣйствительно: что можетъ быть страшнѣе картины міра, предавшагося добровольно во власть діавола? Діаволъ какъ бы такъ говорилъ Господу: «Ты видишь мою власть надъ людьми; не мѣшай же мнѣ господствовать надъ ними и впредь, а за это я готовъ подѣлиться съ Тобой моей властью надъ ними; для этого Тебѣ нужно только вступить въ союзъ со мною. Только поклонись мнѣ, и Ты будешь тѣмъ Мессіей, какого ждутъ евреи». Конечно, діаволъ обѣщалъ въ этихъ словахъ Іисусу чисто-внѣшнюю власть надъ людьми, внѣшнее господство надъ ними, сохранивъ за собой господство внутреннее, духовное. Это какъ разъ того, чего именно и не хотѣлъ Господь, учившій, что Онъ пришелъ не для внѣшняго господства, не для того, чтобы Ему служили, какъ земнымъ владыкамъ (Матѳ. 20: 28) и что «Царство Его нѣсть отъ міра сего (Іоан. 18: 36), а Царство это — чисто-духовное. Поэтому Господь словами Второзаконія (6: 13), «**Господу Богу твоему поклонишися и Тому единому послужиши**» отгоняетъ отъ Себя діавола, говоря: «**Иди за Мною, сатано!**» указывая тѣмъ, что Онъ не признаетъ власти сатаны надъ міромъ, потому что вселенная принадлежитъ Господу Богу, и Ему единому подобаетъ поклоненіе на ней.

«Тогда остави Его діаволъ», согласно Евангелисту Лукѣ: «Отъиде отъ Него до времене», потому что вскорѣ опять началъ искушать Его черезъ людей, воздвигая всевозможныя козни (Луки 4: 13).

Важно указаніе одного лишь Ев. Марка, что въ пустыни Господь «бѣ со звѣрьми» (Марк. 1: 13). Какъ Новому Адаму, дикіе звѣри не смѣли вредить Ему, признавая въ Немъ своего Повелителя.

4. ПЕРВЫЕ УЧЕНИКИ ХРИСТОВЫ. (Іоан. 1: 35-51).

Послѣ искушенія отъ діавола, Господь Іисусъ Христосъ вновь направился на Іорданъ ко Іоанну. Между тѣмъ, наканунѣ Его прихода Іоаннъ далъ новое торжественное свидѣтельство о Немъ передъ фарисеями, уже не какъ о грядущемъ только, но какъ о пришедшемъ Мессіи. Объ этомъ разсказываетъ одинъ лишь Евангелистъ Іоаннъ въ 1 гл. ст. 19-34. Іудеи прислали изъ Іерусалима ко Іоанну священниковъ и левитовъ спросить, кто онъ, не Христосъ ли, ибо, по ихъ представленіямъ, крестить могъ только Мессія-Христосъ. «И исповѣда и не отвержеся: и исповѣда, яко нѣсмь азъ Христосъ». На вопросъ, кто же онъ тогда, не пророкъ ли, онъ самъ называетъ себя «гласомъ вопіющаго въ пустынѣ» и подчеркиваетъ что крещеніе его водою, какъ и все служеніе его только подготовительное, и чтобы отстранить отъ себя всѣ вопросы, въ заключеніе своего отвѣта торжественно объявляетъ: «посредѣ васъ стоитъ Нѣкто, Егоже вы не вѣсте (ст. 26)», Онъ выступаетъ на служеніе Свое послѣ меня, но имѣетъ вѣчное бытіе и Божественное достоинство, а я недостоинъ быть даже Его рабомъ». Это свидѣтельство было дано въ Виѳаварѣ — тамъ, гдѣ стекался къ Іоанну многочисленный народъ (ст. 27-28).

На другой день послѣ этого, когда Іисусъ, послѣ искушенія отъ діавола, вновь пришелъ на Іорданъ, Іоаннъ произноситъ о Немъ торжественное свидѣтельство, называя Его «Агнцемъ Божіимъ, вземлющимъ грѣхи міра» и удостовѣряя, что это и есть Тотъ, о приходѣ Кого онъ и проповѣдывалъ, и что онъ убѣдился въ томъ, что это и есть Крестящій Духомъ Святымъ Сынъ Божій, такъ какъ онъ видѣлъ Духа, сходящаго съ неба, какъ голубя и пребывающаго на Немъ (Іоан. 1: 29-34).

На другой день послѣ этого уже личнаго свидѣтельства о пришедшемъ Мессіи, Сынѣ Божіемъ, вземлющемъ грѣхи міра, Іоаннъ вновь стоялъ съ двумя изъ своихъ учениковъ на берегу Іордана. Также и Іисусъ опять проходилъ вдоль берега Іордана. Увидѣвъ Господа, Іоаннъ снова повторяетъ о Немъ свое вчерашнее свидѣтельство: «Се Агнецъ Божій» (Іоан. 1: 36). Называя Христа Агнцемъ,

Іоаннъ относитъ къ Нему замѣчательное пророчество Исаіи въ 53 гл., гдѣ Мессія представленъ въ видѣ овчати, ведомаго на закланіе, агнца, безгласнаго предъ стригущимъ его (ст. 7). Слѣдовательно, основная мысль этого свидѣтельства Іоаннова есть та, что Христосъ есть **жертва,** приносимая Богомъ за грѣхи людей. Но въ словахъ: «вземляй грѣхи міра» эта великая живая Жертва представляется и Первосвященникомъ, который Самъ Себя священнодѣйствуетъ: беретъ на Себя грѣхи міра и приноситъ Себя въ жертву за міръ.

Услышавъ это свидѣтельство Іоанна, двое изъ его учениковъ на этотъ разъ послѣдовали за Іисусомъ туда, гдѣ Онъ жилъ, и провели съ Нимъ время съ десятаго часа (по-нашему съ четвертаго пополудни) до поздняго вечера въ слушаніи бесѣды Его, вселявшей въ нихъ непоколебимое убѣжденіе, что Онъ есть Мессія (38-41). Одинъ изъ этихъ учениковъ былъ Андрей, а другой — самъ Евангелистъ Іоаннъ, никогда не называющій себя при повѣствованіи о тѣхъ событіяхъ, въ которыхъ онъ участвовалъ. Возвратившись домой, послѣ бесѣды съ Господомъ, Андрей первый возвѣстилъ своему брату Симону, что онъ съ Іоанномъ нашли Мессію (ст. 41). Такимъ образомъ, Андрей былъ не только **Первозваннымъ** ученикомъ Христа, какимъ его и принято называть, но онъ и первый изъ Апостоловъ проповѣдалъ Его, обратилъ и привелъ ко Христу будущаго первоверховнаго Апостола. Когда Андрей привелъ ко Христу своего брата, то, воззрѣвъ на него Своимъ испытующимъ взоромъ, Господь нарекъ его «Кифою», что значитъ, какъ объясняетъ самъ Евангелистъ, «камень», по-гречески, **«Петросъ».** На другой день послѣ прихода Андрея и Іоанна Христосъ восхотѣлъ идти въ Галилею и призвалъ къ слѣдованію за Собой Филиппа, а Филиппъ, найдя своего друга Наѳанаила, пожелалъ и его привлечь къ слѣдованію за Христомъ, сказавъ ему: **«Егоже писа Моисей въ законѣ и пророцы, обрѣтохомъ Іисуса сына Іосифова, иже отъ Назарета»** (ст. 45). Наѳанаилъ, однако, возразилъ ему: **«Отъ Назарета можетъ ли что добро быти?»** Повидимому, Наѳанаилъ раздѣлялъ общій многимъ тогдашнимъ іудеямъ предразсудокъ, что Христосъ, какъ царь съ земнымъ величіемъ, придетъ и явится во славѣ среди высшаго іерусалимскаго общества; между тѣмъ Галилея пользовалась весьма дурной славой среди іудеевъ, и Назаретъ, этотъ маленькій городокъ, который даже ни разу нигдѣ не упоминается въ священномъ писаніи Ветхаго Завѣта, казалось, никоимъ образомъ не могъ быть мѣстомъ рожденія и явленія обѣщаннаго пророками Мессіи. Вѣрующая душа Филиппа, однако, не нашла нужнымъ опровергать этотъ предразсудокъ друга. Филиппъ предоставилъ ему самому убѣдиться въ истинѣ его словъ. **«Пріиди и виждь!»** сказалъ онъ ему. Наѳанаилъ, какъ человѣкъ откровенный и искренній, желая изслѣдовать, насколько вѣрно то, о чемъ говоритъ ему другъ, сейчасъ же пошелъ ко Іисусу. И Господь засвидѣтельствовалъ простоту и безхитростность его души, сказавъ ему: **Се воистину израильтянинъ, въ немже льсти нѣсть».** Наѳанаилъ выразилъ удивленіе, откуда Господь можетъ знать его, видя его въ первый разъ. И тогда Господь, чтобы окончательно разсѣять его сомнѣнія и привлечь его къ Себѣ, являетъ ему Свое Божественное всевѣдѣніе, намекнувъ ему на одно таинственное обстоятельство, смыслъ котораго никому не былъ извѣстенъ, кромѣ самого Наѳанаила: **«суща подъ смоковницею видѣхъ тя».** Что было съ Наѳанаиломъ подъ смоковницею, — это отъ насъ сокрыто и, какъ по всему видно, это было такой тайной, о которой, кромѣ самого Наѳанаила, могъ знать только Богъ. И это такъ поразило Наѳанаила, что всѣ сомнѣнія его въ Іисусѣ мгновенно разсѣялись: онъ понялъ, что передъ нимъ не простой человѣкъ, но **Нѣкто,** одаренный Божественнымъ всевѣдѣніемъ, и онъ тотчасъ же увѣровалъ во Іисуса, какъ въ Божественнаго Посланника-Мессію, выразивъ это восклицаніемъ, полнымъ горячей вѣры: **«Равви** (что значитъ: «учитель»), **Ты еси Сынъ Божій, Ты еси Царь Израилевъ (ст. 49)!»** Предполагаютъ, что Наѳанаилъ имѣлъ обычай совершать установленную молитву подъ смоковницею, и, вѣроятно, какъ-то разъ испыталъ во время такой молитвы особенныя переживанія, которыя ему навсегда ярко запомнились и о которыхъ никто изъ людей не могъ знать. Вотъ почему слова Господа и пробудили въ немъ сразу такую горячую вѣру въ Него, какъ въ Сына Божія, которому открыты сокровенныя состоянія человѣческой души.

На это восклицаніе Наѳанаила, Господь, обращаясь уже не къ одному ему лично, а и ко всѣмъ Своимъ послѣдователямъ, предрекъ: **«Аминь, аминь глаголю вамъ: отселѣ узрите небо отверсто, и Ангелы Божія, восходящія и нисходящія надъ Сына Человѣческаго».** Этими словами Господь хотѣлъ сказать Своимъ ученикамъ, что они духовными очами узрятъ Его славу, что исполнилось древнее пророчество о соединеніи неба съ землей таинственной лѣстницей, которую видѣлъ во снѣ ветхозавѣтный патріархъ Іаковъ (Быт. 28: 11-17) черезъ воплощеніе Сына Божія, ставшаго теперь **«Сыномъ Человѣческимъ».** Этимъ именемъ Господь и сталъ называть Себя часто. Въ Евангеліи мы насчитываемъ около 80 случаевъ, когда Господь называетъ Себя такъ. Этимъ Христосъ положительно и неопровержимо утверждаетъ свое **человѣчество** и вмѣстѣ съ тѣмъ подчеркиваетъ, что Онъ — Человѣкъ въ самомъ высокомъ смыслѣ этого слова, идеальный, универсальный, абсолютный человѣкъ, **Второй Адамъ,** родоначальникъ новаго обновляемаго Имъ чрезъ Свои крестныя страданія человѣчества. Такимъ образомъ это названіе отнюдь не выражаетъ только уничиженіе Христа, но скорѣе вмѣстѣ съ этимъ выражаетъ и

Его возвышеніе надъ общимъ уровнемъ, указывая въ Немъ осуществленный идеалъ человѣческой природы, человѣка такого, какимъ ему надлежитъ быть, по мысли **Творца** и Создателя его Бога.

5. ПЕРВОЕ ЧУДО НА БРАКѢ ВЪ КАНѢ ГАЛИЛЕЙСКОЙ.
(Іоан. 2: 1-12).

О первомъ чудѣ, которое совершилъ Господь Іисусъ Христосъ, — претвореніи воды въ вино въ Канѣ Галилейской — повѣствуетъ намъ только одинъ Евангелистъ Іоаннъ. Чудо это произошло на третій день послѣ призванія Филиппа и Наѳанаила. Іисусъ Христосъ былъ позванъ на брачный пиръ въ Канѣ Галилейской, маленькомъ городкѣ, находившемся въ 2-3 часахъ ходьбы къ сѣверу отъ Назарета. Это была родина только что призваннаго Господомъ Наѳанаила; называлась Галилейской въ отличіе отъ другой Каны, находившейся близь г. Тира. Іисусъ былъ приглашенъ, какъ обыкновенный человѣкъ, какъ знакомый, по обычаю гостепріимства. Матерь Іисуса была тамъ, то-есть, видимо, прибыла въ Кану еще раньше. Семья, вѣроятно, была изъ небогатыхъ, почему во время пира и обнаружился недостатокъ вина. Пресвятая Дѣва приняла живое участіе въ этомъ обстоятельствѣ, могшемъ испортить чистое удовольствіе семейнаго торжества. Ея душа, полная благости, явила теперь первый примѣръ ходатайства и заступничества за людей передъ Ея Божественнымъ Сыномъ. **«Вина не имутъ»**, говоритъ Она Ему, несомнѣнно разсчитывая, что Онъ окажетъ этимъ людямъ Свою чудесную помощь. **«Что Мнѣ и Тебѣ, Жено?»** отвѣчалъ Ей Господь. Напрасно видѣть здѣсь въ словѣ **«Жено»** хотя бы тѣнь непочтительности. Это обычное выраженіе на Востокѣ; въ самыя тяжкія минуты Своихъ страданій на крестѣ, Господь съ этимъ же названіемъ обращается къ Своей Матери, поручая Ее возлюбленному ученику (Іоан. 19: 26). **«Не у пріиде часъ Мой»** — еще не наступилъ моментъ для чудотворенія, можетъ быть, потому, что вино еще не все полностью вышло. Во всякомъ случаѣ, изъ дальнѣйшихъ словъ Пресвятой Дѣвы, обращенныхъ къ слугамъ: **«Еже аще глаголетъ вамъ, сотворите»**, никакъ невидно, что бы Она поняла отвѣтъ Господа, какъ отказъ въ Ея ходатайствѣ. Тамъ находилось шесть каменныхъ водоносовъ, служившихъ для установленныхъ закономъ іудейскимъ частыхъ омовеній, въ особенности рукъ, предъ вкушеніемъ и послѣ вкушенія пищи. Вмѣстимость ихъ была огромна, ибо «мѣра», или «батъ», равнялась нашимъ полутора ведрамъ, то-есть тамъ могло быть до 25 ведеръ и тѣмъ разительнѣе было чудо, совершенное Господомъ. Іисусъ велѣлъ служителямъ наполнить эти водоносы водой до верха, чтобы сдѣлать ихъ свидѣтелями чуда. **«Почерпите** и принесите архитриклинови», то-есть начальнику пира для того, чтобы онъ самъ убѣдился въ истинѣ совершившагося чуда. Чудо совершено Господомъ, какъ видимъ, даже безъ прикосновенія, на разстояніи, что особенно ярко свидѣтельствуетъ о проявленіи всемогущей божественной силы Его. «Дабы показать», говоритъ св. Златоустъ, «что Онъ Самъ Тотъ, кто прелагаетъ воду въ виноградѣ и обращаетъ въ вино дождь чрезъ корень винограда — что въ растеніи совершается черезъ долгое время — въ одно мгновеніе Онъ дѣлаетъ то на бракѣ». Не знавшій откуда это новое вино архитриклинъ зоветъ жениха, словами своими свидѣтельствуя объ истинности совершившагося чуда и даже подчеркивая, что чудесно претворившееся изъ воды вино было лучшаго качества. Изъ словъ его **«егда упіются»** совсѣмъ нельзя дѣлать выводъ, что на этомъ бракѣ всѣ были пьяны: говорится объ общемъ обычаѣ, а не въ примѣненіи къ данному случаю. Извѣстно, что евреи отличались умѣренностью въ употребленіи вина, которое въ Палестинѣ, было обычнымъ напиткомъ и разбавлялось водой; напиваться допьяна считалось непристойнымъ. Конечно, Господь Іисусъ Христосъ не принялъ бы участія въ такомъ пиршествѣ, гдѣ были или могли быть пьяные. Цѣль чуда — доставить радость бѣднымъ людямъ, справлявшимъ свое семейное торжество, въ чемъ сказалась благость Господа. По свидѣтельству Евангелиста, это было первое чудо, которое сотворилъ Господь, вступивъ въ дѣло Своего общественнаго служенія, съ цѣлью явить славу Свою, какъ Сына Божія, и утвердить въ вѣрѣ въ Себя Своихъ учениковъ. Послѣ этого чуда все святое семейство, побывъ въ Назаретѣ, направилось въ Капернаумъ, для того чтобы оттуда предпринять путешествіе въ Іерусалимъ на праздникъ Пасхи.

Б. ПЕРВАЯ ПАСХА ОБЩЕСТВЕННАГО СЛУЖЕНІЯ ГОСПОДА ІИСУСА ХРИСТА.

1. ИЗГНАНІЕ ТОРГУЮЩИХЪ ИЗЪ ХРАМА. (Іоан. 2: 13-25).

Первые три Евангелиста не совсѣмъ ясно говорятъ о пребываніи Господа въ Іерусалимѣ; подробно повѣствуютъ они только о пребываніи Его тамъ во время Пасхи, передъ которой Онъ пострадалъ. Только св. Іоаннъ повѣствуетъ намъ съ достаточными подробностями о каждомъ посѣщеніи Господомъ Іерусалима на праздникъ Пасхи въ продолженіе трехъ лѣтъ Его общественнаго служенія, а также и о посѣщеніи Имъ Іерусалима на нѣкоторые другіе праздники. И естественно было Господу бывать въ Іерусалимѣ на всѣ большіе праздники, ибо тамъ было средоточіе всей духовной жизни іудейскаго народа, туда собиралось въ эти дни множество народа со всей Палестины и изъ другихъ странъ и тамъ именно важно было Господу явить Себя, какъ Мессію.

Описываемое св. Іоанномъ въ началѣ его Евангелія изгнаніе Господомъ торгующихъ изъ храма отличается отъ подобнаго же событія, о которомъ повѣствуютъ первые три Евангелиста. Первое было въ началѣ общественнаго служенія Господа — передъ первой Пасхой, а послѣднее — въ самомъ концѣ Его общественнаго служенія — передъ четвертой Пасхой.

Изъ Капернаума Господь, какъ видно дальше, въ сопровожденіи Своихъ учениковъ пошелъ въ Іерусалимъ на праздникъ Пасхи, но уже не просто по обязанности, а для того, чтобы творить волю Пославшаго Его, чтобы продолжать начатое въ Галилеѣ дѣло Мессіанскаго служенія. На праздникъ Пасхи собиралось въ Іерусалимѣ не менѣе двухъ милліоновъ евреевъ, которые обязаны были закалать пасхальныхъ агнцевъ и приносить въ храмѣ жертвы Богу. По свидѣтельству Іосифа Флавія, въ 63 г. по Р. Хр., въ день еврейской Пасхи было заклано во храмѣ священниками 256.500 пасхальныхъ агнцевъ, не считая мелкаго скота и птицъ для жертвоприношеній. Съ цѣлью большаго удобства продажи всего этого множества животныхъ, евреи обратили такъ называемый «дворъ язычниковъ» при храмѣ въ базарную площадь: согнали сюда жертвенный скотъ, поставили клѣтки съ птицами, устроили лавки для продажи всего необходимаго при жертвоприношеніяхъ и открыли размѣнныя кассы. Въ то время въ обращеніи были римскія монеты, а законъ требовалъ, чтобы подать на храмъ уплачивалась еврейскими священными **сиклями**. Приходившіе на Пасху евреи должны были мѣнять свои деньги, и размѣнъ этотъ давалъ большой доходъ мѣновщикамъ. Стремясь къ наживѣ, евреи торговали на храмовомъ дворѣ и другими предметами, не имѣвшими отношенія къ жертвоприношеніямъ, напр., волами. Сами первосвященники занимались разведеніемъ голубей для продажи по высокимъ цѣнамъ.

Господь, сдѣлавъ бичъ изъ веревокъ, которыми, быть можетъ, привязывали животныхъ, выгналъ изъ храма овецъ и воловъ, деньги у мѣновщиковъ разсыпалъ и столы ихъ опрокинулъ и, подойдя къ продавщикамъ голубей, сказалъ: **«Возьмите сія отсюду, и домъ Отца Моего не дѣлайте домомъ торговли»**. Такимъ образомъ, называя Бога Своимъ Отцомъ, Іисусъ впервые всенародно провозгласилъ Себя Сыномъ Божіимъ. Никто не осмѣлился сопротивляться Божественной власти, съ которой Онъ творилъ это, ибо очевидно свидѣтельство Іоанна о Немъ, какъ о Мессіи, уже дошло до Іерусалима да и совѣсть у продавцовъ говорила. Только когда Онъ дошелъ до голубей, затронувъ этимъ торговые интересы самихъ первосвященниковъ, Ему замѣтили: **«какимъ знаменіемъ докажешь Ты намъ, что имѣешь власть такъ поступать?»** На это Господь имъ отвѣчалъ: **«Разорите Церковь сію и треми деньми воздвигну ю»**, причемъ, какъ поясняетъ далѣе Евангелистъ, Онъ имѣлъ въ виду **«церковь тѣла Своего»**, то-есть какъ бы такъ хотѣлъ сказать іудеямъ: «Вы просите знаменія — оно будетъ дано вамъ, но не теперь: когда вы разрушите храмъ тѣла Моего, Я въ три дня воздвигну его и это послужитъ вамъ знаменіемъ той власти, которой Я творю это».

Іудеи не поняли, что Іисусъ этими словами предсказывалъ Свою смерть, разрушеніе тѣла Своего и воскресеніе Свое въ третій день. Они поняли слова Его буквально, отнеся ихъ къ іерусалимскому храму, и старались возстановить противъ Него народъ. Между тѣмъ, греческій глаголъ «эгэро», переведенный славянскимъ «воздвигну», означаетъ собственно: «разбужу», что мало идетъ къ разрушенному зданію, а гораздо больше идетъ къ тѣлу, погруженному въ сонъ. Естественно было Господу говорить о Своемъ Тѣлѣ, какъ о храмѣ, ибо въ Немъ вмѣстилось чрезъ вочеловѣченіе Его Божество. Находясь во храмѣ, Господу Іисусу Христу особенно естественно было говорить и о Своемъ тѣлѣ, какъ о храмѣ. И каждый разъ, когда фарисеи требовали отъ Него знаменія, Онъ отвѣчалъ, что не будетъ имъ другого знаменія, кромѣ того, которое Онъ называлъ знаменіемъ Іоны-пророка — тридневнаго погребенія Его и возстанія. Въ виду этого, слова Господа къ іудеямъ можно понять такъ: «не довольно съ васъ осквернять рукотворенный домъ Отца Моего, дѣлая его домомъ торговли; ваша злоба ведетъ васъ къ тому, чтобы распять и умертвить тѣло Мое. Совершайте же это, и тогда вы увидите знаменіе, которое поразитъ ужасомъ враговъ Моихъ: умерщвленное и погребенное тѣло Мое Я въ три дня воздвигну ».

Іудеи, однако, ухватились за буквальный смыслъ словъ Христовыхъ, чтобы выдать ихъ за нелѣпыя и неисполнимыя. Они указываютъ на то, что этотъ храмъ, гордость іудеевъ, строился 46 лѣтъ; какъ же можно возстановить его въ три дня? Рѣчь здѣсь идетъ о томъ возобновленіи храма Иродомъ, которое было начато въ 734 году отъ основанія Рима, то-есть за 15 лѣтъ до Рождества Христова. 46-ой годъ приходится на 780 годъ отъ основанія Рима, который именно и есть годъ первой евангельской Пасхи. И сами ученики поняли смыслъ этихъ словъ Господа лишь тогда, когда Господь воскресъ изъ мертвыхъ и «отверзъ имъ умъ разумѣти писанія».

Далѣе Евангелистъ говоритъ, что въ продолженіе праздника Пасхи Господь сотворилъ въ Іерусалимѣ чудеса, видя которыя, многіе увѣровали въ Него, но **«Іисусъ не вдаяше Себе въ вѣру ихъ»**, то-есть не полагался на нихъ, ибо вѣра, основанная лишь на однихъ чудесахъ, не согрѣтая любовью ко Христу, не можетъ считаться истинной, прочной вѣрой. Господь зналъ всѣхъ, зналъ, что сокрыто въ глубинѣ души каждаго человѣка, какъ всевѣдущій Богъ, а потому не довѣрялъ однимъ словамъ тѣхъ, кои, видя Его чудеса, исповѣдывали Ему свою вѣру.

2. БЕСѢДА ГОСПОДА ІИСУСА ХРИСТА СЪ НИКОДИМОМЪ.
(Іоан. 3: 1-21).

Изгнаніе торгующихъ изъ храма и чудеса, совершенные Господомъ въ Іерусалимѣ, такъ сильно подѣйствовали на іудеевъ, что даже одинъ изъ «князей», или начальниковъ іудейскихъ, членъ синедріона (см. Іоан. 7: 50) **Никодимъ** пришелъ ко Іисусу ночью, очевидно желая слышать Его ученіе, но опасаясь навлечь на себя злобу своихъ сотоварищей, враждебно настроенныхъ по отношенію къ Господу. Придя къ Господу, Никодимъ называетъ Его: «Равви», то-есть «учителемъ», тѣмъ самымъ признавая за Нимъ право учительства, котораго, по воззрѣнію книжниковъ и фарисеевъ, Іисусъ, какъ не окончившій раввинской школы, не могъ имѣть. Это уже доказываетъ расположеніе Никодима къ Господу. Затѣмъ онъ называетъ Его «учителемъ, пришедшимъ отъ Бога», признавая, что Онъ творитъ чудеса соприсущею Ему Божіею силою. Говоритъ это не только лично отъ своего имени, но и отъ имени всѣхъ увѣровавшихъ въ Господа іудеевъ, можетъ быть, даже кое-кого изъ фарисейской секты и изъ членовъ синедріона, хотя въ основной массѣ своей эти люди несомнѣнно были враждебно настроены къ Господу. Вся дальнѣйшая бесѣда замѣчательна тѣмъ, что она направлена на пораженіе ложныхъ фантастическихъ воззрѣній фарисейства на Царство Божіе и условія вступленія человѣка въ это Царство. Бесѣда эта распадается на три части: 1) Духовное возрожденіе, какъ основное требованіе для входа въ Царство Божіе, 2) Искупленіе человѣчества крестными страданіями Сына Божія, безъ котораго невозможно было бы наслѣдованія людьми Царства Божія, и 3) Сущность Суда надъ людьми, неувѣровавшими въ Сына Божія.

Типъ фарисея въ то время былъ олицетвореніемъ самаго узкаго и фанатическаго національнаго партикуляризма: **«нѣсмь, якоже прочіе человѣцы».** Фарисей считалъ, что онъ уже по одному тому, что онъ іудей, а тѣмъ болѣе и фарисей, тѣмъ самымъ есть непремѣнный и достойнѣйшій членъ славнаго Царства Мессіи. Самъ Мессія, по воззрѣніямъ фарисеевъ, будетъ подобнымъ имъ Іудеемъ, который освободитъ Іудеевъ отъ чужеземнаго ига и оснуетъ всемірное царство, въ которомъ Іудеи займутъ господствующее положеніе. Никодимъ, очевидно, раздѣлявшій эти общія для фарисеевъ воззрѣнія, хотя, можетъ быть, въ глубинѣ души и чувствовавшій ложность ихъ, пришелъ къ мысли, не есть ли въ самомъ дѣлѣ Іисусъ, о замѣчательной личности Котораго распространилось такъ много слуховъ, ожидаемый Мессія. И онъ рѣшилъ самъ пойти къ Нему, чтобы удостовѣриться въ этомъ. Господь и начинаетъ Свою бесѣду съ нимъ съ того, что сразу же разбиваетъ это ложное фарисейское воззрѣніе.

«Аминь, аминь глаголю тебѣ», говоритъ Онъ ему: **«аще кто не родится свыше, не можетъ видѣти Царствія Божія»,** то-есть недостаточно быть по рожденію іудеемъ: нужно полное нравственное перерожденіе, которое дается человѣку **свыше,** отъ Бога, надо какъ бы **заново** родиться, стать **новою тварью** (въ чемъ и состоитъ сущность христіанства). Такъ какъ фарисеи представляли себѣ Царство Мессіи царствомъ чувственнымъ, земнымъ, то нѣтъ ничего удивительнаго, что Никодимъ понялъ эти слова Господа тоже въ чувственномъ смыслѣ, то-есть что для входа въ Царство Мессіи необходимо вторичное плотское рожденіе и высказалъ свое недоумѣніе, подчеркивая нелѣпость этого требованія: **«Како можетъ человѣкъ родитися, старъ сый? Еда можетъ второе внити во утробу матери своея и родитися?»** Тогда Іисусъ разъясняетъ ему, что Онъ говоритъ не о плотскомъ рожденіи, а объ особомъ духовномъ рожденіи, которое отличается, какъ причинами, такъ и плодами, отъ рожденія плотскаго. Это — **рожденіе водою и Духомъ.** Вода является тутъ средствомъ или орудіемъ, а Святый Духъ — Силою, производящій новое рожденіе, какъ Виновникъ новаго бытія: **«Аще кто не родится водою и Духомъ, не можетъ внити во Царствіе Божіе».** Это новое рожденіе отличается отъ плотскаго и по своимъ плодамъ. **«Рожденное отъ плоти плоть есть»** — когда человѣкъ рождается отъ плотскихъ родителей, то наслѣдуетъ отъ нихъ первородный грѣхъ Адамовъ, гнѣздящійся во плоти, мыслитъ самъ плотское и угождаетъ плотскимъ страстямъ и похотямъ. Эти недостатки плотскаго рожденія, и исправляются рожденіемъ духовнымъ: — «**Рожденное отъ Духа духъ есть**». Кто принялъ возрожденіе отъ Духа, тотъ самъ вступаетъ въ жизнь духовную, возвышающуюся надъ всѣмъ плотскимъ и чувственнымъ. Видя, что Никодимъ все же этого не понимаетъ, Господь начинаетъ объяснять ему, въ чемъ состоитъ это рожденіе отъ Духа, сравнивая способъ этого рожденія съ вѣтромъ. «**Духъ**, въ данномъ случаѣ «духомъ» Господь здѣсь называетъ вѣтеръ, **идѣже хощетъ дышетъ, и гласъ его слышиши, но не вѣси, откуду приходитъ и камо идетъ: тако есть всякъ человѣкъ рожденный отъ Духа**». Иными словами, въ духовномъ возрожденіи человѣка наблюденію доступна только та перемѣна, которая происходитъ въ самомъ человѣкѣ, а возрождающая сила, пути, коими она приходитъ, способъ, которымъ она дѣйствуетъ, — все это для человѣка таинственное и неуловимо. Это подобно тому, какъ мы чувствуемъ на себѣ дѣйствіе вѣтра, слышимъ «**гласъ его**», то-есть шумъ, но откуда приходитъ онъ и куда несется, столь свободный въ своемъ стремленіи и столь мало зависящій отъ нашей воли, — мы не видимъ и не знаемъ. Точно также и дѣйствіе Духа Божія, насъ возрождающаго, очевидно и ощутительно, но таинственно и неизъяснимо. Никодимъ продолжаетъ непонимать, причемъ въ его вопросѣ: «**како могутъ сія быти?**» выражается и недовѣріе къ словамъ Іисуса и его фарисейская гордость съ претензіей все понять и объяснить. Это фарисейское высокомудрствованіе и поражаетъ въ своемъ отвѣтѣ Господь со всей силою, такъ что Никодимъ не смѣетъ уже потомъ ничего больше возражать, и въ своемъ нравственномъ самоуниженіи мало-по-малу подготовляетъ въ своемъ сердцѣ ту почву, на которой Господь сѣетъ потомъ сѣмена Своего спасительнаго ученія: «**Ты еси учитель Израилевъ, и сихъ ли не вѣси?**» Этими словами Господь обличаетъ не столько самого Никодима, сколько все высокомѣрное фарисейское учительство, которое, взявъ ключъ разумѣнія таинъ Царствія Божія, ни само не входило въ него, ни другихъ не допускало войти. Какъ было фарисеямъ не знать ученія о необходимости духовнаго возрожденія, когда и въ Ветхомъ Завѣтѣ такъ часто встрѣчалась мысль о необходимости обновленія человѣка, о дарованіи ему отъ Бога сердца плотянаго вмѣсто каменнаго (Іезек. 36: 26). Вѣдь и царь Давидъ молился: «**Сердце чисто созижди во мнѣ, Боже, и духъ правъ обнови во утробѣ моей** (Пс. 50: 12).

Переходя затѣмъ къ откровенію высшихъ таинъ о Себѣ и о Своемъ Царствѣ, Господь, какъ бы въ видѣ вступительнаго замѣчанія, говоритъ Никодиму, что въ противоположность **фарисей-**

скому учительству, Онъ Самъ и ученики Его возвѣщаютъ новое ученіе, которое основывается на непосредственномъ знаніи и созерцаніи истины: «Еже вѣмы, глаголемъ, и еже видѣхомъ, свидѣтельствуемъ, и свидѣтельства нашего не пріемлете», то-есть вы—фарисеи, мнимые учители Израилевы.

Далѣе въ словахъ: «Аще земная рекохъ вамъ, и не вѣруете, како, аще реку вамъ небесная, увѣруете?» Господь подъ «земнымъ» разумѣетъ ученіе о необходимости возрожденія, такъ какъ и потребность возрожденія и его послѣдствія бываютъ въ человѣкѣ и познаются его внутреннимъ опытомъ, а подъ «небеснымъ» возвышенныя тайны Божества, которыя выше всякаго человѣческаго наблюденія и познанія: какъ о предвѣчномъ совѣтѣ Троичнаго Бога, о принятіи на Себя Сыномъ Божіимъ искупительнаго подвига для спасенія людей, о сочетаніи въ этомъ подвигѣ Божественной любви съ Божественнымъ правосудіемъ. Что совершается съ человѣкомъ и въ человѣкѣ, объ этомъ можетъ отчасти знать самъ человѣкъ. Но кто изъ людей можетъ взойти на небо и проникнуть въ таинственную область Божественной жизни? Никто, кромѣ Сына Человѣческаго, Который и сошедши на землю, не оставилъ небесъ: «Никтоже взыде на небо, токмо сшедый съ небесе, Сынъ Человѣческій, сый на небеси». Этими словами Господь открываетъ Никодиму тайну Своего воплощенія; убѣждаетъ его въ томъ, что Онъ больше, чѣмъ обыкновенный посланникъ Божій, подобный ветхозавѣтнымъ пророкамъ, какимъ считаетъ Его Никодимъ, что Его явленіе на землѣ въ образѣ Сына Человѣческаго есть низшествіе изъ высшаго состоянія въ низшее, уничиженное, потому что Его вѣчное, всегдашнее бытіе не на землѣ, а на небѣ.

Затѣмъ Господь открываетъ Никодиму тайну Своего искупительнаго подвига. «И якоже Моисей вознесе змію въ пустыни, тако подобаетъ вознестися Сыну Человѣческому». Почему Сынъ Человѣческій для спасенія людей долженъ быть вознесенъ на крестъ? Это именно и есть то «небесное», чего нельзя постигнуть земной мыслью. Какъ на прообразъ Своего крестнаго подвига, Господь указываетъ на мѣднаго змія, вознесеннаго Моисеемъ въ пустыни. Моисей воздвигъ передъ израильтянами мѣднаго змія, чтобы они, поражаемые **змѣями** получали исцѣленіе, взирая на **змѣя**. Такъ и весь родъ человѣческій, пораженный язвой грѣха, живущаго во **плоти**, получаетъ исцѣленіе, съ вѣрою взирая на Христа, пришедшаго **въ подобіи плоти грѣха** (Рим. 8: 3). Въ основаніи крестнаго подвига Сына Божія лежитъ **любовь Божія къ людямъ**: «Тако бо возлюби Богъ міръ, яко и Сына Своего единороднаго далъ есть, да всякъ вѣруяй въ Онь не погибнетъ, но имать животъ вѣчный». Вѣчная жизнь устрояется въ человѣкѣ благодатью Св. Духа, а доступъ къ престолу благодати (Евр. 4: 16) люди получаютъ чрезъ искупительную смерть Іисуса Христа.

Фарисеи думали, что дѣло Христа будетъ состоять въ судѣ надъ иновѣрными народами. Господь поясняетъ, что Онъ посланъ теперь не для суда, но для спасенія міра. Невѣрующіе же сами себя осудятъ, ибо въ этомъ невѣріи обнаружится ихъ любовь къ тьмѣ и ненависть къ свѣту, происходящая отъ ихъ любви къ злымъ дѣламъ. Творящіе же истину, души честныя, нравственныя, сами идутъ къ свѣту, не боясь обличенія своихъ дѣлъ.

3. ПОСЛѢДНЕЕ СВИДѢТЕЛЬСТВО СВ. ІОАННА КРЕСТИТЕЛЯ ОБЪ ІИСУСѢ ХРИСТѢ (Іоан. 3: 22-36).

Послѣ бесѣды съ Никодимомъ, происходившей въ Іерусалимѣ во дни праздника Пасхи, Господь оставилъ Іерусалимъ и **«пріиде въ жидовскую землю и ту живяше съ ними и крещаше»**. Здѣсь мы имѣемъ важное указаніе св. Евангелиста Іоанна на довольно длительное пребываніе Господа Іисуса Христа въ самой южной части Палестины — области, носившей названіе Іудеи, о чемъ умалчиваютъ первые три Евангелиста. Какъ долго продолжалось это пребываніе Господа въ Іудеѣ, можно заключить изъ того, что, говоря объ остановкѣ Господа въ Самаріи, по пути изъ Іудеи въ Галилею, св. Іоаннъ передаетъ слѣдующія слова Господа, обращенныя къ его ученикамъ: **«Не говорите ли вы, что еще четыре мѣсяца, и наступитъ жатва»?** Изъ этихъ словъ надо заключить, что Господь возвращался въ Галилею за 4 мѣсяца до жатвы, а такъ какъ жатва бываетъ въ Палестинѣ въ апрѣлѣ мѣсяцѣ, то Господь оставилъ Палестину не ранѣе ноября, и, слѣдовательно, пробылъ въ Іудеѣ не менѣе восьми мѣсяцевъ, съ апрѣля до ноября. Первые три Евангелиста ничего не говорятъ обо всемъ этомъ первомъ періодѣ общественнаго служенія Господа Іисуса Христа: разсказавъ объ Его крещеніи и искушеніи въ пустынѣ, они прямо переходятъ къ описанію Его дѣятельности въ Галилеѣ. Св. Матѳей, какъ призванный Господомъ много позже, не былъ свидѣтелемъ всего совершившагося въ это время въ Іудеѣ; вѣроятно не былъ въ Іудеѣ съ Господомъ и св. Петръ, со словъ котораго писалъ свое Евангеліе св. Маркъ; повидимому и св. Лука не имѣлъ достаточно свѣдѣній объ этомъ періодѣ служенія Господа отъ очевидцевъ. Св. Іоаннъ поэтому считалъ своимъ долгомъ дополнить пропущенное, очевидцемъ чего онъ къ тому же былъ. Нѣтъ указанія, что бы Господь жилъ въ Іудеѣ все время въ одномъ опредѣленномъ мѣстѣ: надо полагать, что Онъ проходилъ со своею проповѣдью всю эту священную землю.

«И крещаше» — далѣе въ гл. 4 ст. 2 Евангелистъ говоритъ, что Іисусъ не самъ крестилъ, а ученики Его. Это крещеніе ничѣмъ не отличалось отъ крещенія Іоаннова: оно было воднымъ, а не благодатнымъ, ибо сами они еще не имѣли Духа Святаго: «**Не у бо бѣ Духъ Святый, яко Іисусъ не у бѣ прославленъ** (7: 39). Крестить благодатнымъ христіанскимъ крещеніемъ во Имя Отца и Сына и Святаго Духа они получили повелѣніе отъ Господа только послѣ Воскресенія Господа изъ мертвыхъ (Матѳ. 28: 19).

Въ это время и св. Іоаннъ Креститель еще продолжалъ крестить въ Енонѣ близъ Салима, въ мѣстности, которую трудно опредѣлить, но, повидимому, не прилегавшей къ Іордану, ибо тогда незачѣмъ было бы добавлять въ поясненіе: «**Яко воды многи бяху ту**». Ученики св. Іоанна скоро замѣтили, что къ ихъ учителю приходитъ меньше слушателей, чѣмъ прежде, и въ своей слѣпой, неразумной привязанности къ нему, стали досадовать и завидовать Тому, Кого считали Виновникомъ этого, Кто имѣлъ большій успѣхъ у народа, то-есть Господу Іисусу Христу. Несомнѣнно, что эти недобрыя чувства намѣренно старались разжигать въ нихъ фарисеи, вызвавшіе споры объ очищеніи, что привело къ преніямъ о сравнительномъ достоинствѣ крещенія Іоаннова и крещенія, которое совершали ученики Іисуса. Желая сообщить и своему учителю свою зависть и досаду на Христа, ученики Іоанновы приходятъ къ Іоанну и говорятъ: «**Равви, Иже бѣ съ тобою объ онъ полъ Іордана, Ему же ты свидѣтельствовалъ еси, се Сей крещаетъ** (не съ тобою, а отдѣльно и независимо отъ тебя), **и вси грядутъ къ Нему** («вси» сказано съ преувеличеніемъ, которое внушается завистью и желаніемъ возбудить зависть)».

Далекій, конечно, отъ всякаго чувства зависти ко Христу, Креститель въ своемъ отвѣтѣ прямо начинаетъ раскрывать величіе Христово, сравнительно съ собой и даетъ новое, уже послѣднее, торжественное свидѣтельство о **Божественномъ** достоинствѣ Христовомъ. Защищая право Христа совершать крещеніе, Іоаннъ говоритъ, что между Божественными посланниками ни одинъ не можетъ принять на себя что-либо такое, что не дано ему съ неба, а потому, если Іисусъ креститъ, то имѣетъ на это власть отъ Бога. Іоаннъ напоминаетъ, какъ онъ говорилъ съ самаго начала, что онъ не Христосъ, а только посланъ предъ Нимъ. Вмѣсто досады и зависти, Іоаннъ выражаетъ свою радость по поводу успѣховъ дѣла Христова, называя Христа «женихомъ», а себя «другомъ жениха», который не завидуетъ преимуществу жениха, но стоитъ предъ нимъ, какъ бы его слуга и «радостью радуется», слыша голосъ его. Союзъ Бога съ вѣрующими, въ Ветхомъ Завѣтѣ, какъ и союзъ Христа съ Церковью, въ Новомъ Завѣтѣ, нерѣдко представляется въ Священномъ Писаніи подъ образомъ брака (Ис. 54: 5-6; Ис. 62: 5; Ефес. 5: 23-27). Христосъ есть Женихъ Церкви, а Іоаннъ — другъ Его, близкое довѣренное лицо, которое можетъ только радоваться успѣху Жениха. Значеніе друга жениха у евреевъ было велико во время, предшествующее браку, а какъ только бракъ состоялся, и женихъ вступалъ въ права мужа, роль друга жениха оканчивалась. Такъ и Іоаннъ: онъ былъ главнымъ дѣйствующимъ лицомъ въ приготовленіи народа къ принятію Христа; когда же Христосъ вступилъ въ дѣло Своего общественнаго служенія, роль Іоанна окончилась. Вотъ почему онъ и говоритъ: **«Оному,** то-есть, Христу, **подобаетъ расти, мнѣ же малитися»,** какъ блескъ утренней звѣзды постепенно меркнетъ, по мѣрѣ того, какъ восходитъ солнце.

Исповѣдуя превосходство надъ собою Христа, Іоаннъ говоритъ, что Христосъ есть **«грядый свыше»** и потому **«надъ всѣми есть»** — превосходитъ всѣхъ другихъ людей и даже посланниковъ Божіихъ, каковъ онъ; что онъ, Іоаннъ, имѣющій земное происхожденіе, возвѣщалъ Божественную истину лишь настолько, насколько можетъ возвѣщать ее сущій отъ земли, а приходящій съ неба Христосъ свидѣтельствуетъ о небесномъ и Божественномъ, какъ о такомъ, что Онъ Самъ непосредственно видѣлъ и слышалъ, и никто изъ земныхъ, безъ благодати Божіей, не въ состояніи принять свидѣтельства Его (Матѳ. 16: 17; Іоан. 6: 44).

Съ грустью замѣчая въ своихъ ученикахъ недобрыя чувства, Іоаннъ восхваляетъ тѣхъ, кто принимаетъ свидѣтельство Христово, ибо Христосъ возвѣщаетъ людямъ слова Самого Бога: кто признаетъ истинными Его слова, тотъ признаетъ истинными слова Бога Отца. Богъ Отецъ въ изобиліи даровалъ Своему Сыну Іисусу Христу дары Святаго Духа, выше всякой мѣры, ибо Онъ любитъ Сына и все предалъ въ руки Его. Поэтому, кто вѣруетъ въ Сына Его Господа Іисуса Христа, тотъ имѣетъ жизнь вѣчную, а кто не вѣруетъ въ Него, тотъ не увидитъ жизни вѣчной, **«но гнѣвъ Божій пребываетъ на немъ».**

Такъ, оканчивая свое служеніе, Іоаннъ въ послѣдній разъ торжественно засвидѣтельствовалъ Божество Христово, убѣждая всѣхъ слѣдовать за Христомъ. Эти слова его надлежитъ разсматривать, какъ завѣщаніе величайшаго изъ пророковъ.

4: ЗАКЛЮЧЕНІЕ СВ. ІОАННА ВЪ ТЕМНИЦУ
(Матѳ. 14: 3-5; Марк. 6: 17-20; Лук. 3: 19-20).

Вскорѣ послѣ этого Іоаннъ былъ схваченъ и заключенъ въ темницу за то, что обличалъ незаконное сожительство царя Ирода Антипы съ Иродіадой, женой своего брата Филиппа. Объ этомъ повѣствуютъ намъ только первые три Евангелиста. Иродъ Антипа, сынъ Ирода Великаго, совершившаго избіеніе Виѳлеемскихъ младенцевъ, управлялъ Галилеей и Переей. Будучи женатъ на дочери аравійскаго царя Ареты, онъ вступилъ въ любовную связь съ Иродіадой, недовольной своимъ бракомъ съ Филиппомъ, которая открыто перешла жить въ его дворецъ, удаливъ оттуда законную жену Ирода. Оскорбленный за свою дочь Арета началъ войну противъ Ирода. Иродъ самъ долженъ былъ отправиться въ крѣпость Махеру къ востоку отъ Мертваго моря, гдѣ принялъ начальствованіе надъ войсками. Тамъ онъ услышалъ объ Іоаннѣ, какъ о пророкѣ, привлекающемъ къ себѣ множество народа и, разсчитывая найти въ немъ поддержку для себя, послалъ за нимъ. Но вмѣсто поддержки, онъ услышалъ отъ Іоанна непріятное для себя обличеніе: «не подобаетъ тебѣ имѣть жену Филиппа, брата твоего». Эти слова въ особенности раздражили противъ него Иродіаду, которая употребляла все свое вліяніе, чтобы побудить Ирода убить Іоанна. Но Иродъ, опасаясь народа, не рѣшился умертвить Іоанна, а только заключилъ его въ крѣпость Махеру. По свидѣтельству Евангелиста Марка, Иродъ даже уважалъ Іоанна, какъ мужа праведнаго и святаго, многое дѣлалъ, слушаясь его. Видимо, какъ всѣ слабохарактерные люди, онъ входилъ въ сдѣлки со своей совѣстью, надѣясь нѣкоторыми добрыми дѣлами, предпринимаемыми по совѣту Іоанна, загладить свой главный грѣхъ, противъ котораго особенно вооружался Іоаннъ. Онъ даже съ удовольствіемъ слушалъ Іоанна, но отъ грѣха своего не отставалъ, и въ концѣ концовъ, въ угоду злой Иродіадѣ, лишилъ его свободы. Такъ скончилось служеніе Іоанна, послѣдняго изъ ветхозавѣтныхъ пророковъ.

5. ОТШЕСТВІЕ ГОСПОДА ВЪ ГАЛИЛЕЮ И БЕСѢДА ЕГО СЪ САМАРЯНКОЙ. (Матѳ. 4: 12; Маркъ 1: 14; Лук. 4: 14; Іоан. 4: 1-42).

Есѣ четыре Евангелиста говорятъ объ отшествіи Господа въ Галилею. Свв. Матѳей и Маркъ отмѣчаютъ, что это произошло послѣ того, какъ Іоаннъ былъ посаженъ въ темницу, а св. Іоаннъ добавляетъ, что причиной этого былъ слухъ, что Іисусъ болѣе пріобрѣтаетъ учениковъ и креститъ, нежели Іоаннъ Креститель, хотя, какъ поясняетъ онъ, Самъ Іисусъ не крестилъ, а ученики Его. Послѣ всажденія Іоанна въ темницу, вся вражда фарисеевъ устремилась на Іисуса, который сталъ казаться имъ опаснѣе самого Іоанна, и поэтому Іисусъ, такъ какъ не пришелъ еще часъ Его страданій, чтобы уклониться отъ преслѣдованій своихъ завистливыхъ враговъ, оставляетъ Іудею и идетъ въ Галилею. О имѣвшей мѣсто по пути въ Галилею бесѣдѣ Господа съ самарянкой повѣствуетъ только одинъ Евангелистъ Іоаннъ.

Путь Господа лежалъ черезъ Самарію — область, находившуюся къ сѣверу отъ Іудеи и принадлежавшую прежде тремъ колѣнамъ израильскимъ: Данову, Ефремову и Манассіину. Въ этой области находился г. Самарія, бывшая столица царства Израильскаго. Ассирійскій царь Салманассаръ покорилъ это царство, отвелъ израильтянъ въ плѣнъ, а на мѣсто ихъ поселилъ язычниковъ изъ Вавилона и др. мѣстъ. Отъ смѣшенія этихъ переселенцевъ съ оставшимися евреями произошли **самаряне**. Самаряне приняли Пятокнижіе Моисеево, поклонялись Іеговѣ, но не оставляли служенія и своимъ богамъ. Когда іудеи возвратились изъ плѣна вавилонскаго и начали возстанавливать іерусалимскій храмъ, самаряне хотѣли принять въ томъ участіе, но не были допущены іудеями и поэтому выстроили себѣ отдѣльный храмъ на горѣ Гаризимъ. Принявъ книги Моисея, самаряне отвергли писанія пророковъ и всѣ преданія: за это іудеи считали ихъ хуже язычниковъ и всячески избѣгали имѣть съ ними какое бы то ни было общеніе, гнушаясь ими и презирая ихъ.

Проходя черезъ Самарію, Господь съ учениками Своими остановился для отдыха около колодца, который, по преданію, былъ выкопанъ Іаковомъ, близъ города Сихема, названнаго Евангелистомъ Сихарь. Быть можетъ, это вошедшее въ употребленіе насмѣшливое названіе отъ «шикар» — «поилъ виномъ» или «шекеръ» — «ложь». Евангелистъ указываетъ, что это былъ «часъ шестый», по нашему полдень, время наибольшаго зноя, что и вызвало необходимость отдыха. **«Пріиде жена отъ Самаріи»**, то-есть самарянка, почерпать воду. Ученики Іисуса отлучились въ городъ за покупкой пищи, и Онъ обратился къ самарянкѣ съ просьбой: **«Даждь Ми пити»**. Узнавъ по рѣчи или по одеждѣ, что обращающійся къ ней съ такой просьбой іудей, самарянка выразила удивленіе, какъ это Іисусъ, будучи іудеемъ, проситъ пить у нея, самарянки, имѣя въ виду ту ненависть и презрѣніе, которое питали іудеи къ самарянамъ. Но Іисусъ, пришедшій въ міръ спасти всѣхъ, а не только іудеевъ, объясняетъ самарянкѣ, что она не стала бы возбуждать такого вопроса, еслибы знала, Кто говоритъ съ ней и какое счастье (**даръ Божій**) Богъ послалъ ей въ этой встрѣчѣ. Еслибы она знала, Кто говоритъ ей: «Дай Мнѣ пить», то сама попросила бы Его утолить ея жажду духовную, открыть ей ту истину, къ познанію которой стремятся всѣ люди, и Онъ бы далъ ей эту «воду живую», подъ которой надо понимать **благодать Святаго Духа** (См. Іоан. 7: 38-39). Самарянка не поняла Господа: подъ живой водой она понимала ключевую воду, которая находится на днѣ колодца, а потому и спрашиваетъ Іисуса, откуда Онъ можетъ имѣть живую воду, если Ему и почерпнуть нечѣмъ, а колодецъ глубокъ. «Неужели Ты больше отца нашего Іакова, который далъ намъ этотъ колодецъ, и самъ изъ него пилъ и дѣти его и скотъ его», съ гордостью и съ любовію вспоминаетъ она патріарха Іакова, который оставилъ въ пользованіе потомкамъ своимъ этотъ колодецъ. Тогда Господь возводитъ ее къ высшему разумѣнію Его рѣчи: **«Всякъ, піяй отъ воды сея, вжаждется паки, а иже піетъ отъ воды, юже Азъ дамъ ему, не вжаждется во вѣки: но вода, юже**

Азъ дамъ ему, будетъ въ немъ источникъ воды, текущія въ животъ вѣчный». Въ жизни духовной благодатная вода имѣетъ иное дѣйствіе, нежели чувственная вода въ жизни тѣлесной. Кто напоенъ благодатью Св. Духа, тотъ уже никогда не почувствуетъ духовной жажды, ибо всѣ его духовныя потребности полностью удовлетворены; между тѣмъ, какъ пьющій чувственную воду, а равно и удовлетворяющій всякія свои земныя потребности, утоляетъ свою жажду только на время и вскорѣ **«вжаждется паки».** Мало того: благодатная вода будетъ пребывать въ человѣкѣ, образовавъ въ немъ самомъ источникъ, бьющій (буквально съ греческаго: «скачущій») въ жизнь вѣчную, то-есть дѣлающій человѣка причастникомъ жизни вѣчной. Продолжая не понимать Господа и думая, что Онъ говоритъ объ обыкновенной водѣ, но только какой-то особенной, навсегда утоляющей жажду, она проситъ Господа дать ей эту воду, чтобы избавить ее отъ необходимости приходить за водой къ колодцу. Желая дать понять самарянкѣ, что она разговариваетъ не съ обыкновеннымъ человѣкомъ, Господь сначала приказываетъ ей позвать своего мужа, а затѣмъ прямо обличаетъ ее въ томъ, что она, имѣвъ пять мужей, живетъ теперь въ прелюбодѣйной связи. Видя, что говорящій съ нею — пророкъ, который вѣдаетъ сокровенное, она обращается къ Нему за разрѣшеніемъ вопроса, наиболѣе въ то время мучившаго самарянъ въ ихъ взаимоотношеніяхъ съ іудеями: кто правъ въ спорѣ о мѣстѣ поклоненія Богу, самаряне ли, которые, слѣдуя своимъ отцамъ, построившимъ храмъ на горѣ Гаризимъ, приносили поклоненіе Богу на этой горѣ, или іудеи, которые утверждали, что поклоняться Богу можно только въ Іерусалимѣ. Избравъ для поклоненія Богу гору Гаризимъ, самаряне основывались на повелѣніи Моисея во Втор. 11: 29 произнести благословеніе на этой горѣ. И хотя ихъ храмъ, воздвигнутый на этой горѣ, былъ разрушенъ Іоанномъ Гирканомъ еще въ 130 г. до Р. Хр., они продолжали совершать тамъ жертвоприношенія. Господь отвѣчаетъ на спорный вопросъ увѣреніемъ, что ошибочно думать, будто Богу можно поклоняться только на какомъ-нибудь одномъ опредѣленномъ мѣстѣ. Спорный вопросъ между іудеями и самарянами скоро самъ собой потеряетъ свое значеніе, ибо и іудейское и самарянское богослуженія прекратятся въ недалекомъ будущемъ. Это и исполнилось, когда самаряне, истребляемые войнами, разубѣдились въ значеніи своей горы, а Іерусалимъ въ 70 г. по Р. Хр. былъ разрушенъ римлянами и храмъ сожженъ. Тѣмъ не менѣе Господь отдаетъ предпочтеніе іудейскому богопоклоненію, имѣя, конечно, въ виду, что самаряне, принимая лишь Пятокнижіе Моисеево, отвергали пророческія писанія, въ которыхъ было подробно изложено ученіе о лицѣ и царствѣ Мессіи. Да и само **«спасеніе отъ іудей есть»,** ибо Искупитель человѣчества произойдетъ изъ среды іудейскаго народа. Далѣе Господь, развивая уже высказанную Имъ мысль, указываетъ, что настанетъ (и даже **настало уже,** поскольку Мессія явился) время новаго высшаго богопоклоненія, которое не будетъ ограничено какимъ-либо однимъ мѣстомъ, а будетъ **повсемѣстное,** ибо будетъ совершаться въ **духѣ и истинѣ.** Только такое поклоненіе истинно, ибо оно соотвѣтствуетъ природѣ Самого Бога, Который есть **Духъ.** Поклоняться Богу духомъ и истиною значитъ стремиться угождать Богу не однимъ лишь внѣшнимъ образомъ, путемъ принесенія Ему жертвъ, какъ дѣлали это іудеи и самаряне, думавшіе, что все Богопочтеніе къ этому одному и сводится, а путемъ истиннаго и чистосердечнаго устремленія къ Богу, какъ къ Духу, всѣми силами своего духовнаго существа, познавать Бога и любить Бога, непритворно и нелицемѣрно желая угождать Ему исполненіемъ Его заповѣдей. Поклоненіе Богу «духомъ и истиною» отнюдь не исключаетъ внѣшней, обрядовой стороны богопочтенія, какъ пытаются утверждать нѣкоторые лжеучители и сектанты, но только требуютъ отдавать этой сторонѣ богопочтенія первое мѣсто. Въ самомъ же внѣшнемъ, обрядовомъ богопочтеніи нельзя видѣть ничего предосудительнаго: оно и необходимо и неизбѣжно, поскольку человѣкъ состоитъ не изъ одной души, но и изъ тѣла. Самъ Іисусъ Христосъ поклонялся Богу Отцу тѣломъ, совершая колѣнопреклоненія и падая лицомъ на землю, не отвергалъ подобнаго же поклоненія Себѣ отъ другихъ лицъ во время Своей земной жизни (см. Матѳ. 2: 11; 14: 33; 15: 22; Іоан. 11: 21 и 12: 3 и многія другія мѣста).

Начиная какъ-будто понимать значеніе словъ Іисуса, самарянка въ раздумьи говоритъ: «Знаю, что придетъ Мессія, то-есть Христосъ; когда Онъ придетъ, то возвѣститъ намъ все». Самаряне также ожидали Мессію, называя Его Гашшагебъ, и основывая это ожиданіе на словахъ Пятокнижія Быт. 49: 10, Числ. 24 гл. и особенно на словахъ Моисея во Втор. 18: 18. Понятія самарянъ о Мессіи не были такъ испорчены, какъ у іудеевъ: самаряне въ лицѣ Мессіи ждали пророка, а іудеи — политическаго вождя. Поэтому Іисусъ, долго не называвшій Себя передъ іудеями Мессіей, этой простодушной самарянкѣ прямо говоритъ, что Онъ и есть обѣщанный Моисеемъ Мессія-Христосъ: **«Азъ есмь, глаголяй съ тобою».** Въ восторгѣ отъ счастія видѣть Мессію, самарянка бросаетъ у колодца свой водоносъ и спѣшитъ въ городъ возвѣстить всѣмъ о пришествіи Мессіи, Который, какъ Сердцевѣдецъ, сказалъ ей все, что «она сдѣлала». Пришедшіе въ это время изъ города ученики удивились тому, что ихъ Учитель бесѣдуетъ съ женщиной, ибо это осуждалось правилами іудейскихъ раввиновъ, наставлявшими: «не разговаривай долго съ женщиной», «никто не долженъ на дорогѣ разговаривать съ женщиной, даже съ своей законной женой», «лучше сжечь слова закона, чѣмъ научать имъ женщину». Однако, благоговѣя передъ своимъ Учителемъ, ученики никакимъ вопросомъ не выразили Ему своего удивленія и только попросили Его ѣсть принесенную ими изъ города пищу. Но естественный голодъ заглушается въ Немъ радостью объ обращеніи къ Нему жителей самарянскаго города и заботою объ ихъ спасеніи. Онъ радовался, что брошенное Имъ сѣмя уже начало давать свой плодъ, а потому, на предложеніе учениковъ утолить Свой голодъ, отвѣтилъ имъ, что истинную пищу для Него составляетъ исполненіе дѣла спасенія людей, возложенное на Него Богомъ-Отцемъ. Самарянскіе жители, идущіе къ Нему, являются для Него нивой, созрѣвшей для жатвы, тогда какъ на поляхъ жатва будетъ только черезъ четыре мѣсяца. При посѣвѣ зерна въ землю обычно бываетъ, что жнетъ тотъ же, кто и сѣялъ для себя; при посѣвѣ же слова духовная жатва чаще достается другимъ, но и сѣявшій при этомъ радуется вмѣстѣ со жнущимъ, ибо сѣялъ онъ не для себя, а для прочихъ. Христосъ и говоритъ поэтому, что Онъ посылаетъ Апостоловъ собирать жатву на духовной нивѣ, которая была первоначально воздѣлана и засѣяна не ими, а другими — ветхозавѣтными пророками и Имъ Самимъ. Во время этого разговора подошли къ Господу самаряне. Многіе увѣровали въ Него **по слову женщины,** но еще большее число ихъ увѣровало **по Его слову,** когда, по ихъ приглашенію, Онъ пробылъ у нихъ въ городѣ два дня. Слыша ученіе Господа, они, по собственному признанію, убѣдились, что Онъ **воистину Спасъ міру, Христосъ.**

6. ПРИБЫТІЕ ХРИСТА СПАСИСЕЛЯ ВЪ ГАЛИЛЕЮ И НАЧАЛО ЕГО ПРОПОВѢДИ. (Матѳ. 4: 13-17; Марк. 1: 15; Лук. 4: 14-15; Іоанна 4: 43-45).

О приходѣ Господа въ Галилею и началѣ Его проповѣди тамъ говорятъ всѣ четыре Евангелиста. Придя въ Галилею, Онъ оставилъ Свой отечественный городъ Назаретъ, свидѣтельствуя, что пророкъ не имѣетъ чести въ своемъ отечествѣ, и поселился въ Капернаумѣ приморскомъ, находившемся на территоріи колѣнъ Завулонова и Нефѳалимова, въ чемъ св. Матѳей видитъ исполненіе древняго пророчества Исаіна 9: 1-2. Галилеяне хорошо приняли Его, ибо и они ходили на праздникъ въ Іерасалимъ и видѣли, все, что Іисусъ тамъ сдѣлалъ. Скоро молва о Немъ разнеслась по всей странѣ, и Онъ всюду училъ въ синагогахъ ихъ, начавъ Свою проповѣдь словами: **«Покайтеся, приближися бо Царство Небесное!»** Замѣчательно, что это были тѣ же самыя слова, которыми началъ свою проповѣдь и Іоаннъ Креститель. Новое Царствіе, новые порядки, какіе пришелъ водворить въ людяхъ Господь Іисусъ Христосъ, такъ отличны отъ прежней ихъ грѣховной жизни, что людямъ дѣйствительно было необходимо оставить все прежнее и какъ бы снова родиться черезъ покаяніе, то-есть черезъ полное внутреннее измѣненіе. Покаяніе и есть такая полная перемѣна мыслей, чувствъ и желаній.

Съ тѣхъ поръ какъ Господь возвратился изъ Іудеи въ Галилею, Галилея стала обыкновеннымъ мѣстомъ Его дѣйствій. Это была страна, небольшая по территоріи, но очень многолюдная по населенію, въ составъ которой входили не только іудеи, но и финикіяне, и аравійцы и даже египтяне. Отличное плодородіе этой страны всегда привлекало въ нее многочисленныхъ переселенцевъ, которые составили одинъ народъ съ мѣстнымъ населеніемъ. Господствующая вѣра была іудейская, хотя много было въ ней и язычниковъ, почему она и называлась «Галилеей языкъ». Все это было причиной, съ одной стороны, большого религіознаго невѣжества галилеянъ, съ другой стороны, и большей ихъ свободы отъ религіозныхъ предразсудковъ іудеевъ, въ частности, относительно лица Мессіи. Ученики Спасителя всѣ были изъ Галилеи, а другимъ Его послѣдователямъ легко было повсюду ходить за Нимъ по этой необширной плодородной странѣ. Этими соображеніями и можно объяснить причины, почему Господь избралъ Галилею преимущественнымъ мѣстомъ Своего служенія. И мы видимъ, что галилеяне дѣйствительно сказались болѣе воспріимчивыми къ Его проповѣди, нежели гордые іудеи.

7. ИСЦѢЛЕНІЕ ВЪ КАНѢ СЫНА ЦАРЕДВОРЦА. (Іоан. 4: 46-54).

По дорогѣ въ Капернаумъ, Господь зашелъ въ Кану, гдѣ совершилъ Свое первое чудо претворенія воды въ вино. Узнавъ объ этомъ, одинъ изъ жителей Капернаума, бывшій царедворцемъ Ирода, поспѣшилъ въ Кану, чтобы просить Іисуса придти въ Капернаумъ и исцѣлить его сына, находившагося при смерти. **«Рече Іисусъ къ нему: аще знаменій и чудесъ не видите, не имате вѣровати».** Вѣру, основанную на созерцаніи чудесъ, Господь ставилъ ниже вѣры, основанной на пониманіи чистоты и высоты Его Божественнаго ученія. Вѣра, порожденная чудесами, требуетъ для своего поддержанія все новыхъ и новыхъ чудесъ, такъ какъ прежнія дѣлаются привычными и перестаютъ быть удивительными. Вмѣстѣ съ тѣмъ, человѣкъ признавшій лишь то ученіе, которое сопровождается чудесами, можетъ легко впасть въ заблужденіе, принявъ за истину ложь, ибо чудеса могутъ быть и мнимыми и сатанинскими. Поэтому Слово Божіе предупреждаетъ насъ съ осторожностью относиться къ чудесамъ (Втор. 13: 1-5). О неразборчивости галилеянъ въ этомъ отношеніи и говоритъ съ нѣкоторой скорбью Господь. На этотъ упрекъ царедворецъ отвѣчаетъ съ настойчивостью, показывающей усиленіе его вѣры. Іисусъ, однако, не идетъ, а исцѣляетъ сына его заочно, говоря: «**Иди, сынъ твой живъ есть**». Въ это самое время горячка оставила его сына, и слуги царедворца, пораженные чудомъ мгновеннаго исцѣленія умирающаго, поспѣшили къ своему господину, чтобы сообщить ему эту радостную вѣсть. Отецъ, повѣрившій слову Господа, но все же думавшій, что исцѣленіе шло постепенно, спросилъ, въ которомъ часу стало больному легче, и узналъ, что это былъ тотъ самый часъ, въ который Іисусъ сказалъ ему: «сынъ твой здоровъ». «**И увѣрова самъ и весь домъ его.** Можетъ быть, это и былъ Хуза, жена котораго Іоанна слѣдовала потомъ за Господомъ, служа Ему. Это было второе чудо Господа въ Галилеѣ.

8. ПРИЗВАНІЕ КЪ АПОСТОЛЬСКОМУ СЛУЖЕНІЮ РЫБАРЕЙ: ПЕТРА, АНДРЕЯ, ІАКОВА И ІОАННА. (Матѳ. 4: 18-22; Марк. 1: 16-20 и Луки 5: 1-11).

О призваніи первыхъ Апостоловъ разсказываютъ намъ три Евангелиста: Матѳей, Маркъ и Лука, причемъ первые два кратко, какъ бы констатируя лишь самый фактъ призванія, а св. Лука подробно, описывая предшествовавшій этому призванію чудесный уловъ рыбы. Какъ повѣствуетъ намъ св. Евангелитъ Іоаннъ, еще на Іорданѣ послѣдовали за Господомъ намѣченные Имъ первые ученики Его Андрей и Іоаннъ, затѣмъ пришли къ Господу Симонъ, Филиппъ и Наѳанаилъ. Но возвратившись съ Іисусомъ въ Галилею, они мало-по-малу обратились къ своимъ прежнимъ занятіямъ — къ рыбной ловлѣ. Теперь Господь призываетъ ихъ къ постоянному слѣдованію за Собой, повелѣвая имъ оставить рыбную ловлю и посвятить себя иному труду — уловляя людей для Царствія Божія.

Слухъ о пришествіи Мессіи быстро распространился по Галилеѣ, и толпы людей стекались послушать Его ученіе. Всѣ тѣснились вокругъ Него, и вотъ, однажды, когда Онъ былъ на берегу Геннисаретскаго озера, называвшагося также моремъ (вѣроятно, благодаря бывшимъ на немъ сильнымъ бурямъ), Ему пришлось сѣсть въ лодку, чтобы отплыть нѣсколько и учить изъ нея народъ. Окончивъ поученіе, Господь велѣлъ Симону, которому принадлежала лодка, отплыть на глубину и закинуть сѣти. Опытный рыбакъ, трутившійся всю ночь неудачно, былъ увѣренъ, что и новый ловъ не будетъ успѣшенъ, но произошелъ столь чудесный уловъ, что даже сѣть прорывалась. Петръ и Андрей должны были позвать на помощь своихъ товарищей, находившихся въ другой лодкѣ, Іакова и Іоанна, чтобы тѣ помогли имъ вытащить пойманную рыбу. Рыбы оказалось столько, что наполненныя ею обѣ лодки начали **тонуть.** Объятый благоговѣйнымъ ужасомъ Петръ припалъ къ ногамъ Іисусовымъ, говоря: «выйди отъ меня, Господи! потому что я человѣкъ грѣшный». Въ этихъ словахъ онъ хотѣлъ выразить сознаніе своего недостоинства передъ величіемъ и могуществомъ Чудотворца. Словомъ кротости Господь успокаиваетъ Петра и предрекаетъ ему его будущее высокое предназначеніе. По свидѣтельству Евангелистовъ Матѳея и Марка, Господь сказалъ обоимъ братьямъ Петру и Андрею: «Идите за Мною, и Я сдѣлаю васъ ловцами человѣковъ!», а затѣмъ призвалъ къ такому же слѣдованію за Собой другихъ двухъ братьевъ Іакова и Іоанна Зеведеевыхъ. Оставивъ свои сѣти, а послѣдніе два и отца своего, они послѣдовали за Іисусомъ.

9. СИЛА ПРОПОВѢДИ ХРИСТОВОЙ И ИСЦѢЛЕНІЕ БѢСНОВАТАГО ВЪ КАПЕРНАУМСКОЙ СИНАГОГѢ (Марк. 1: 21-28 и Луки 4: 31-37).

Главнымъ мѣстомъ пребыванія Господа Іисуса Христа въ Галилеѣ сдѣлался Капернаумъ, настолько, что онъ сталъ «Его городомъ» и тамъ даже просили съ Него подать, какъ съ прочихъ обитателей (Матѳ. 17: 24; 9: 1). Капернаумъ находился на границѣ двухъ владѣній: Галилеи и Итуреи, отличался благотворнымъ климатомъ, матеріальнымъ изобиліемъ и имѣлъ всѣ данныя для того, чтобы туда могъ во множествѣ собираться народъ, желавшій слушать Іисуса. Живя въ Капернаумѣ, Господь училъ по субботамъ въ синагогахъ. Синагогами назывались дома для молитвенныхъ собраній евреевъ. Богослуженія и жертвоприношенія могли совершаться только въ Іерусалимскомъ храмѣ. Однако, во время вавилонскаго плѣна евреи почувствовали крайнюю необходимость въ молитвенныхъ собраніяхъ для совмѣстнаго чтенія книгъ Закона и общей молитвы. Такими мѣстами и стали синагоги. По возвращеніи изъ плѣна они сдѣлались необходимой принадлежностью всякаго еврейскаго поселенія, какъ въ самой Палестинѣ, такъ и во всѣхъ мѣстахъ еврейскаго разсѣянія. Въ синагогѣ былъ ковчегъ, въ которомъ хранились книги закона, каѳедра, съ которой читали законъ и пророковъ, и мѣста для сидѣнія. Читать и толковать законъ и пророковъ могъ всякій, признающій себя способнымъ на то. Читающій обыкновенно стоялъ во время чтенія, а когда начиналъ объяснять прочитанное, то садился. Слушая постоянно мертвое слово своихъ учителей-книжниковъ и фарисеевъ, галилеяне были поражены, услышавъ **живое** слово Господа: тѣ говорили, какъ рабы закона, а Іисусъ, **какъ власть имѣющій.** Книжники и фарисеи, не понимая сами закона, искажали его смыслъ и потому говорили неубѣжденно и неубѣдительно; Іисусъ же говорилъ **Свое,** то, что Онъ слышалъ отъ Отца Своего, а потому говорилъ **властно,** убѣжденно и убѣдительно, что и производило сильное впечатлѣніе на слушающихъ. Въ то время, какъ Господь училъ въ капернаумской синагогѣ, тамъ находился человѣкъ, одержимый нечистымъ духомъ. Неожиданно для всѣхъ онъ громкимъ голосомъ закричалъ: «Оставь, что Тебѣ до насъ, Іисусъ Назарянинъ? Ты пришелъ погубить насъ; знаю Тебя, Кто Ты, Святый Божій». Это невольное исповѣданіе истины, исторгнутое присутствіемъ Сына Божія, было воплемъ низкаго раболѣпнаго страха, притворно, и льстиво намѣревающагося отвратить отъ себя судъ, воплемъ невольника, воображенію котораго при неожиданной встрѣчѣ съ господиномъ чудятся истязанія и муки, которыя его неминуемо ожидаютъ. Этимъ исповѣдываніемъ Іисуса Христа врагъ, быть можетъ, надѣялся подорвать довѣріе къ Нему въ людяхъ и мы видимъ, что Господь дѣйствительно запретилъ ему свидѣтельствовать о Немъ, сказавъ: **«Замолчи и выйди изъ него!»** Бѣсноватый упалъ среди синагоги и всталъ совершенно здоровымъ, ибо бѣсъ, повинуясь повелѣнію Іисуса, вышелъ изъ него. Оба Евангелиста подчеркиваютъ то чрезвычайно сильное впечатлѣніе, которое произвело на всѣхъ это исцѣленіе бѣсноватаго.

10. ИСЦѢЛЕНІЕ ТЕЩИ ПЕТРОВОЙ И МНОГИХЪ ДРУГИХЪ
(Матѳ. 8: 14-17; Марк. 1: 29-34; Лук. 4: 38-41).

Это чудо Евангелисты Маркъ и Лука ставятъ въ непосредственную связь съ предыдущимъ. Выйдя изъ синагоги, Господь вошелъ въ домъ Симона Петра, вѣроятно, чтобы вкусить хлѣба. Теща Петрова оказалась тяжко больной, причемъ Евангелистъ Лука поясняетъ, какъ врачъ, что то была «сильная горячка». По одному слову Іисусову, горячка мгновенно оставила ее, и даже силы къ ней вернулись настолько, что «она встала и служила имъ». Изгнаніе въ синагогѣ злого духа изъ бѣсноватаго, а затѣмъ чудесное исцѣленіе тещи Симона произвели такое сильное впечатлѣніе, что къ дверямъ дома Симона, по захожденіи солнца (вѣроятно, потому, что это была суббота) стали приносить больныхъ и бѣсноватыхъ, такъ что весь городъ собрался туда, и Господь исцѣлилъ многихъ, страдавшихъ разными болѣзнями и изгналъ многихъ бѣсовъ. Евангелистъ Матѳей, доказывая своимъ Евангеліемъ, что Іисусъ есть Тотъ Избавитель, о Которомъ предвозвѣщали пророки, поясняетъ, что въ этомъ массовомъ исцѣленіи больныхъ сбылось пророчество Исаіи, сказавшаго: «Онъ взялъ на Себя наши немощи и понесъ болѣзни». Взять немощи значитъ снять ихъ съ немоществующихъ, уничтожить ихъ; понести болѣзни — значитъ облегчить ихъ. Не желая принимать свидѣтельства отъ злыхъ духовъ, Господь запрещалъ бѣсамъ устами бѣсноватыхъ говорить, что Онъ — Христосъ, Сынъ Божій.

11. ПРОПОВѢДЬ И ДѢЛА ГОСПОДА ВЪ ГАЛИЛЕѢ
(Матѳ. 4: 23-25; Марк. 1: 35-39; Лук. 4: 42-44).

Какъ человѣкъ, Христосъ Спаситель Самъ страдалъ отъ изнуренія силъ, вслѣдствіе столькихъ трудовъ, и въ этомъ также смыслѣ можно сказать, что Онъ взялъ на Себя наши немощи и понесъ болѣзни. И вотъ на другой день, рано утромъ, чтобы отдохнуть и подкрѣпить Свои силы уединенной молитвой, Онъ удалился отъ людей въ уединенное мѣсто. Но народъ толпился опять у дома Симона, и, узнавъ, что Іисуса тамъ нѣтъ, сталъ искать Его. Видя это, Симонъ и бывшіе съ нимъ, то-есть Андрей, Іаковъ и Іоаннъ, тоже пошли искать Іисуса и, найдя Его, звали Его въ городъ, гдѣ всѣ ждутъ и ищутъ Его. Господь сказалъ имъ, однако, что Ему надо идти и въ другіе города и селенія проповѣдывать, ибо **Я для того и пришелъ, на то Я посланъ,** то-есть, чтобы благовѣствовать **всѣмъ.** Выйдя изъ Капернаума, Іисусъ ходилъ по всей Галилеѣ, проповѣдуя и совершая чудеса. Слухъ о Немъ прошелъ далеко за предѣлы Галилеи, по всей Сиріи: къ Нему приводили больныхъ издалека — изъ Десятиградія, изъ Іудеи и Іерусалима и изъ-за Іордана, и Онъ исцѣлялъ ихъ. Множество народа, слѣдуя за Нимъ, слушало Его ученіе.

12. ПРОПОВѢДЬ ІИСУСА ХРИСТА ВЪ НАЗАРЕТСКОЙ СИНАГОГѢ. (Лук. 4: 16-30).

Это событіе у св. Евангелиста Луки значится въ самомъ началѣ проповѣди Господа, но передъ этимъ говорится кратко: **«И разнеслась молва о Немъ по всей окрестной странѣ. Онъ училъ въ синагогахъ ихъ, и отъ всѣхъ былъ прославляемъ».** Въ виду этого, а также и изъ самаго повѣствованія объ этомъ событіи видно, что Господь пришелъ въ Назаретъ далеко не въ самомъ началѣ Своего общественнаго служенія, какъ можно было бы подумать, а много позже, уже послѣ многихъ чудесъ, совершенныхъ Имъ въ Капернаумѣ, о которыхъ мы говорили выше. Съ другой стороны, Евангелисты Матѳей и Маркъ какъ-будто бы относятъ это событіе къ значительно болѣе позднему времени, но такіе авторитетные толкователи Евангелія, какъ напр., Еп. Ѳеофанъ Затворникъ, считаютъ, что посѣщеніе Господомъ Назарета, о которомъ говоритъ св.

Матѳей въ гл. 13: 53-58 и св. Маркъ въ гл. 6: 1-6 отлично отъ посѣщенія, о которомъ повѣствуетъ св. Лука. И дѣйствительно, при всемъ сходствѣ, видны въ этихъ повѣствованіяхъ и очень существенныя различія. Вообще надо сказать, что вполнѣ точную безспорную хронологическую послѣдовательность евангельскихъ событій установить почти невозможно, ибо у каждаго Евангелиста своя система изложенія, въ согласіи съ поставленной цѣлью, и точная хронологія не была предметомъ ихъ главной заботы.

Войдя въ Назаретскую синагогу, Господь сталъ читать то мѣсто книги пророка Исаіи, гдѣ пророкъ отъ лица имѣющаго придти Мессіи, говоритъ образно о цѣли Его пришествія. Устами пророка Мессія говоритъ, что Онъ посланъ Богомъ возвѣстить всѣмъ нищимъ, бѣднымъ, несчастнымъ, что для нихъ наступаетъ Царствіе Божіе — Царство любви и милосердія. Евреи не сомнѣвались, что пророчество это относится къ Мессіи, а потому, когда Господь Іисусъ Христосъ сказалъ, что **«нынѣ исполнилось писаніе сіе, слышанное вами»**, имъ ничего не оставалось, какъ признать Его Мессіей. И многіе дѣйствительно готовы были принять Его, какъ Мессію, зная о совершенныхъ Имъ дивныхъ чудесахъ. Но среди находившихся въ синагогѣ несомнѣнно были и враждебно настроенные къ Господу книжники и фарисеи, имѣвшіе превратное представленіе о грядущемъ Мессіи, какъ о земномъ царѣ, національномъ вождѣ еврейскаго народа, который покоритъ подъ власть евреевъ всѣ народы земли, а книжниковъ и фарисеевъ, какъ своихъ приближенныхъ поставитъ во главѣ управленія. Ученіе Господа о царствѣ нищихъ и сокрушенныхъ сердцемъ было для нихъ совершенно непріемлемо. Къ тому же и всѣ остальные, хотя и услаждались благодатной рѣчью, изливавшейся изъ устъ Господа, но зная Его съ дѣтства, какъ сына бѣднаго плотника, не рѣшались признать Его Мессіей, а только удивлялись Его премудрости и совершеннымъ Имъ чудесамъ. **И соблазнились о Немъ,** вмѣсто того, чтобы увѣровать въ Него. Тогда Господь не желая передъ невѣрующими прибѣгать къ доказательству Своего Божественнаго посланничества чудесами, привелъ имъ два примѣра изъ ветхозавѣтной исторіи о пророкахъ Иліи и Елисеѣ, наглядно пояснившихъ имъ, что они недостойны тѣхъ чудесныхъ знаменій, на которыя они разсчитываютъ. Услышавъ такую горькую истину и понявъ изъ словъ Іисуса, Котораго они привыкли считать не выше самихъ себя, что Онъ ихъ, горделивыхъ евреевъ, ставитъ ниже язычниковъ, они **исполнились ярости,** выгнали Его изъ города и пытались сейчасъ же предать Его смерти, сбросивъ Его съ горы, на которой стоялъ ихъ городъ, но таинственная сила Божія чудесно удержала ихъ отъ этого преступленія.

13. ИСЦѢЛЕНІЕ ПРОКАЖЕННАГО (Марк. 1: 40-45 и Лук. 5: 12-16).

Объ исцѣленіи прокаженнаго повѣствуетъ также Евангелистъ Матѳей въ 8: 1-4, но такіе авторитетные толкователи, какъ Еп Ѳеофанъ, находятъ, что это особое чудо, совершенное Господомъ значительно позже, именно послѣ нагорной проповѣди, въ то время, какъ св. Лука говоритъ, что это было въ городѣ. Изъ всѣхъ болѣзней на востокѣ, о которыхъ упоминается въ Библіи, проказа — самая отвратительная и страшная болѣзнь. Обнаруживается она на тѣлѣ пятнами, подобными пятнамъ лишайнымъ, сначала на лицѣ, около носа и глазъ, а потомъ постепенно распространяется по всему тѣлу — все тѣло покрывается струпьями. Лицо при этомъ распухаетъ, носъ высыхаетъ и заостряется, обоняніе пропадаетъ, глаза дѣлаются слезоточивыми, тускнѣютъ, голосъ сипнетъ, волосы выпадаютъ, кожа дѣлается бугроватой, растрескивается, образуются злокачественныя язвы, издающія смрадъ, изъ обезображеннаго распухшаго рта течетъ зловонная слюна, составы рукъ и ногъ нѣмѣютъ, все тѣло дряхлѣетъ, затѣмъ отпадаютъ ногти, пальцы, отдѣльные суставы, пока не наступитъ, наконецъ, смерть, прекращающая муки страдальца. Прокаженные отъ рожденія, впрочемъ, иногда по 30-40 и даже 50 лѣтъ влачатъ свою бѣдственную жизнь. Моисей въ кн. Левитъ гл. 13 далъ подробныя наставленія относительно больныхъ проказой. Священникъ долженъ былъ изслѣдовать болѣзнь, и въ избѣжаніе заразы больные удалялись изъ человѣческаго общежитія.

Прокаженный, видимо, съ глубокой вѣрой, смѣло нарушаетъ законъ, запрещающій ему подходить къ здоровымъ, чувствуя, что здѣсь находится Самъ Господь закона. Просьба его объ исцѣленіи полна глубокаго смиренія, столь же, какъ и вѣры въ чудодѣйственную силу Господа. Исцѣляя, Господь коснулся его, показывая этимъ, что Онъ не связанъ закономъ, запрещающимъ прикосновеніе къ прокаженному, что для Чистаго нѣтъ ничего нечистаго и выражая этимъ жестомъ чувство глубокаго состраданія несчастному. Сказанное Имъ: **«Хощу, очистися!»** указываетъ на Его Божественную власть. Онъ велитъ исцѣленному пойти показаться священнику, во исполненіе требованія закона Моисеева, и никому не разглашать о совершившемся чудѣ. Главную причину того, что Господь запрещалъ разглашать о совершенныхъ Имъ чудесахъ, можно видѣть въ смиреніи, по которому Сынъ Божій, умаливъ Себя и принявъ образъ раба для нашего спасенія, не хотѣлъ идти на землѣ путемъ славы (см. Іоан. 5: 41), тѣмъ болѣе, что эта слава Его, какъ чудотворца, могла способствовать усиленію въ народѣ недолжныхъ мечтательныхъ представленій о царствѣ Мессіи, съ которыми Господь боролся. Господь повелѣваетъ исцѣленному показаться священнику **«во свидѣтельство имъ»** въ томъ смыслѣ, что священникъ долженъ былъ по закону засвидѣтельствовать фактъ исцѣленія отъ проказы, а также и то, что Господь не разрушаетъ закона, но исполняетъ его.

14. ИСЦѢЛЕНІЕ РАЗСЛАБЛЕННАГО ВЪ КАПЕРНАУМѢ
(Матѳ. 9: 2-8; Марк. 2: 1-12 и Лук. 5: 17-26).

Три Евангелиста Матѳей, Маркъ и Лука согласно повѣствуютъ объ этомъ чудѣ, причемъ Маркъ мѣстомъ его совершенія прямо называетъ Капернаумъ, а Матѳей говоритъ, что Господь совершилъ это чудо, придя **«во Свой градъ»,** каковымъ именемъ удостоился называться, какъ мы видѣли уже выше, именно Капернаумъ, о чемъ свидѣтельствуетъ св. Златоустъ: «Родился Онъ въ Виѳлеемѣ, воспитанъ въ Назаретѣ, а жилъ въ Капернаумѣ». Разслабленный былъ принесенъ ко Господу на одрѣ и, слѣдовательно, не былъ въ состояніи самъ двигаться. Судя по описанію и самому названію больныхъ такого рода въ Евангеліи, онъ страдалъ недугомъ, носящимъ въ настоящее время названіе паралича. Свв. Маркъ и Лука добавляютъ, что за множествомъ народа, окружавшаго Іисуса въ домѣ, принесшіе разслабленнаго не смогли его внести въ домъ и спустили его на одрѣ сквозь кровлю, надо полагать, сквозь временную кровлю, которая устраивалась изъ досокъ или кожи или полотна въ жаркое время года надъ внутреннимъ дворомъ дома, окруженнымъ со всѣхъ четырехъ сторонъ постройками съ плоскими крышами, на которыя легко было подниматься по лѣстницамъ. Только сильная вѣра могла подвигнуть принесшихъ разслабленнаго на такой смѣлый поступокъ. Видя эту вѣру, а также и вѣру самого разслабленнаго, позволившаго себя спустить такимъ образомъ къ ногамъ Іисуса, Господь говоритъ разслабленному: **«Дерзай, чадо! отпущаются ти грѣси твои»,** указывая этимъ самымъ на связь, существующую между его болѣзнью и грѣховностью. По ученію Слова Божія, болѣзни и являются слѣдствіемъ грѣховъ (Іоан. 9: 2, Іак. 5: 14, 15) и посылаются иногда Богомъ въ наказаніе за грѣхи (I Кор. 5: 3-5, 11: 30). Часто между болѣзнью и грѣхомъ есть очевидная связь, каковы, напр., болѣзни отъ пьянства и распутства. Поэтому, чтобы исцѣлить болѣзнь, нужно сначала снять грѣхъ, простить его. Видимо, разслабленный самъ сознавалъ себя великимъ грѣшникомъ настолько, что едва могъ надѣяться на прощеніе, почему Спаситель и ободрилъ его словами: «дерзай, чадо!» Присутствовавшіе при этомъ книжники и фарисеи начали мысленно осуждать Господа за богохульство, видя въ словахъ Его незаконное присвоеніе Себѣ власти, принадлежащей Единому Богу. Господь, зная помышленія ихъ, далъ имъ понять, что Ему извѣстны ихъ мысли, сказавъ: «что легче? сказать ли разслабленному: прощаются тебѣ грѣхи? или сказать: встань, возьми свою постель и ходи!» Для того и другого очевидно нужна одинаковая Божественная власть. **«Но чтобы вы знали, что Сынъ Человѣческій имѣетъ власть на землѣ прощать грѣхи: (тогда говоритъ разслабленному:) встань, возьми одръ твой, и иди въ домъ твой».** Какъ прекрасно толкуетъ эту связь рѣчи св. Златоустъ: «поелику исцѣленія души нельзя видѣть, а исцѣленіе тѣла очевидно: то Я присоединяю къ первому и послѣднее, которое хотя ниже, но очевиднѣе, дабы посредствомъ онаго увѣрить въ высшемъ невидимомъ». Послѣдовавшее за сими словами Господа чудо исцѣленія подтвердило, что облеченный Божественной силой Христосъ не напрасно сказалъ разслабленному: прощаются тебѣ грѣхи твои. Впрочемъ, нельзя, конечно, думать, что Господь совершилъ чудо только изъ-за желанія убѣдить фарисеевъ въ Своемъ Божественномъ всемогуществѣ. И это чудо, какъ и всѣ другія, было прежде всего дѣломъ Его Божественной благости и милосердія. Свое полное выздоровленіе разслабленный засвидѣтельствовалъ тѣмъ, что понесъ на себѣ свою постель, на которой его принесли прежде. Результатомъ чуда было то, что народъ пришелъ въ ужасъ и прославилъ Бога, давшаго такую власть человѣкамъ, то-есть не только фарисеи, но, видимо, и народъ не увѣровалъ въ Іисуса, какъ Сына Божія, считая Его лишь человѣкомъ.

15. ПРИЗВАНІЕ МАТѲЕЯ (Мѳ. 9: 9-17; Марк. 2: 13-22; Лук. 5: 27-39).

Объ этомъ повѣствуетъ, какъ самъ Матѳей, такъ и другіе два Евангелиста Маркъ и Лука, причемъ только Матѳей называетъ себя этимъ именемъ, а другіе два называютъ его Левіемъ. Выйдя изъ дома послѣ совершеннаго Имъ чуда исцѣленія разслабленнаго, Господь увидѣлъ человѣка, сѣдящаго на мытницѣ, то-есть у сбора пошлинъ или податей, по имени Матѳея, или Левія, и сказалъ ему: **«По Мнѣ гряди!»** И тотъ тотчасъ всталъ и послѣдовалъ за Іисусомъ. Надо знать, что мытари, или сборщики податей, къ числу которыхъ принадлежалъ Матѳей, считались у евреевъ самыми грѣшными и презрѣнными людьми, ибо взимали съ народа подати въ пользу ненавистнаго римскаго правительства. Къ тому же это взиманіе податей они брали у правительства на откупъ, и въ своихъ стремленіяхъ къ наживѣ, брали съ народа много больше, чѣмъ слѣдовало, почему и заслужили къ себѣ общую ненависть. Такова сила слова Господа, что мытарь — человѣкъ зажиточный — бросилъ все и послѣдовалъ за Господомъ, не имѣвшимъ, гдѣ главу подклонить. Но это доказываетъ, вмѣстѣ съ тѣмъ, что грѣшники, сознающіе свою грѣховность и готовые искренно раскаяться, ближе къ Царству Небесному, чѣмъ превозносящіеся своей мнимой праведностью фарисеи. Обрадованный призывомъ Господа Матѳей пригласилъ къ себѣ въ домъ Іисуса и учениковъ Его и устроилъ имъ угощеніе. По восточному обычаю приглашенные на обѣдъ или ужинъ не сидѣли за столомъ, а «возлежали» вокругъ невысокаго стола на особыхъ приставныхъ скамьяхъ или диванахъ, облокачиваясь лѣвой рукой на подушку. Туда же пришли, видимо, товарищи Матѳея по сбору податей, другіе мытари и грѣшники, по понятіямъ фарисеевъ, и возлегли со Іисусомъ и учениками Его за однимъ столомъ. Это и дало поводъ фарисеямъ осудить Господа за такое сближеніе съ грѣшниками. «Для чего Учитель вашъ ѣстъ и пьетъ съ мытарями и грѣшниками?» сказали они ученикамъ Его. «Клевещутъ предъ учениками на Учителя», поясняетъ эти слова св. Златоустъ: «съ худымъ намѣреніемъ, желая отвлечь учениковъ отъ Учителя», ибо набрасываютъ этимъ подозрѣніе на Господа, какъ на ищущаго будто дурного сообщества. **«Не требуютъ здравіи врача, но болящіи»**, отвѣчалъ на это обвиненіе Самъ Христосъ. Смыслъ этихъ словъ: «Не чувствуютъ нужды въ Спасителѣ мнимые праведники, каковы фарисеи, но чувствуютъ эту нужду грѣшники. «Мѣсто врача при постели больныхъ», какъ бы такъ говоритъ Господь, «а мѣсто Мое подлѣ тѣхъ, кто болитъ сознаніемъ своихъ духовныхъ немощей, и Я съ ними, съ мытарями и грѣшниками, какъ врачъ съ больными». **«Шедше же научитеся, что есть: милости хощу, а не жертвы»** — фарисеи считаютъ, что праведность заключается въ принесеніи установленныхъ закономъ жертвъ, но они забываютъ при этомъ слова Божіи, сказанныя устами пророка Осіи: **«Я милости хочу, а не жертвы, и боговѣдѣнія болѣе, нежели всесожженій (Осіи 6: 6)»**. «Поймите же», какъ бы такъ говоритъ Христосъ, «что ваши жертвоприношенія, все ваше внѣшнее формальное благочестіе ничего не стоитъ въ очахъ Божіихъ безъ любви къ ближнимъ, безъ дѣлъ милосердія». **«Не пріидохъ бо призвати праведники, но грѣшники на покаяніе»** — то есть: «Я для того и пришелъ, чтобы грѣшники покаялись и исправились. Я пришелъ призвать къ покаянію не тѣхъ, которые считаютъ себя праведниками и воображаютъ, что имъ не въ чемъ каяться, но тѣхъ, которые смиренно сознаютъ себя грѣшниками и просятъ у Бога милости». Правда, Господь пришелъ призвать и спасти всѣхъ, въ томъ числѣ и самомечтательныхъ праведниковъ, но пока они не оставятъ самомечтанія о своей праведности и не сознаютъ себя грѣшниками, призваніе ихъ будетъ безплодно и спасеніе для нихъ невозможно.

Потерпѣвъ въ этомъ пораженіе, фарисеи переносятъ свои

обвиненія на учениковъ Господа, и въ этомъ къ нимъ присоединяются ученики Іоанна Крестителя, которые, какъ мы уже говорили, считали своего учителя выше Іисуса и относились съ завистью ко все возраставшей славѣ Господа. Св. Іоаннъ Креститель былъ строгій постникъ и, конечно, пріучилъ и учениковъ своихъ къ такому же строгому постничеству. Вѣроятно, въ это время онъ уже былъ посаженъ въ темницу, и ученики его еще усилили, по этому случаю, свой постъ. Фарисеи же обратили ихъ вниманіе на то, что ученики Христовы не соблюдаютъ столь строго установленныхъ постовъ, и вотъ они спрашиваютъ Господа: «Почему мы и фарисеи постимся много, а Твои ученики не постятся?». На это Господь отвѣчаетъ имъ словами ихъ учителя: «Могутъ ли сыны чертога брачнаго печалиться, пока съ ними Женихъ? Но придутъ дни, когда отнимется у нихъ Женихъ, и тогда будутъ поститься». Это значитъ: «Вѣдь вашъ учитель назвалъ Меня Женихомъ, а себя другомъ Жениха, которому надлежитъ радоваться. Поэтому и Мои ученики, какъ друзья Жениха, какъ сыны чертога брачнаго, радуются, пока Я съ ними, и съ этой радостью несовмѣстимъ слишкомъ строгій постъ, какъ выраженіе скорби, печали. Когда наступятъ эти дни, и они останутся одни въ мірѣ, тогда и будутъ поститься». Въ память этихъ словъ Господа, наша св. Церковь и установила постъ Страстной седмицы, примыкающій къ посту св. Четыредесятницы, и постъ по средамъ и пятницамъ, именно въ тѣ дни, когда отнялся отъ насъ Женихъ — дни предательства Его, страданій и крестной смерти. Говоря, что для учениковъ Его еще не настало время поститься, Господь развиваетъ дальше эту мысль словами: «Никто къ ветхой одеждѣ не приставляетъ заплаты изъ небѣленной ткани; ибо вновь пришитое отдеретъ отъ стараго, и дыра будетъ еще хуже. Не вливаютъ также вина молодого въ мѣхи ветхіе, а иначе прорываются мѣхи, и вино, вытекаетъ, и мѣхи пропадаютъ. Но вино молодое вливаютъ въ новые мѣхи, и сберегается то и другое». По толкованію св. Златоуста, новая заплата и новое вино это строгій постъ, строгія требованія вообще, а старая одежда и старые мѣхи это немощность, слабость учениковъ, еще неподготовленныхъ къ несенію большихъ подвиговъ. «Я нахожу неблаговременнымъ», какъ бы такъ отвѣчаетъ Господь, «налагать на Моихъ учениковъ, еще слабыхъ, пока они не обновлены, не возрождены благодатью Св. Духа, бремя строгой жизни и тяжкихъ заповѣдей». Здѣсь Господь защищаетъ Своихъ учениковъ отъ нареканій съ истинно-отеческой любовью и снисхожденіемъ къ нимъ.

В. ВТОРАЯ ПАСХА ОБЩЕСТВЕННАГО СЛУЖЕНІЯ ГОСПОДА ІИСУСА ХРИСТА.

1. ИСЦѢЛЕНІЕ РАЗСЛАБЛЕННАГО ПРИ ОВЧЕЙ КУПЕЛИ
(Іоанна 5: 1-16).

Объ этомъ событіи повѣствуетъ только Ев. Іоаннъ, сообщающій въ своемъ Евангеліи о каждомъ приходѣ Господа въ Іерусалимъ на праздникъ. Въ данномъ случаѣ неясно, на какой именно праздникъ пришелъ Іисусъ въ Іерусалимъ, но всего достовѣрнѣе, что это былъ праздникъ Пасхи или Пятидесятницы. Только въ этомъ случаѣ выходитъ, что общественное служеніе Господа продолжалось три съ половиною года, какъ издревле принимала это св. Церковь, руководствуясь именно хронологіей четвертаго Евангелія. Около полугода прошло отъ крещенія Господа до **первой Пасхи,** упоминаемой во 2-ой главѣ, затѣмъ одинъ годъ до **второй Пасхи,** упоминаемой въ 5-ой главѣ, второй годъ до **третьей Пасхи,** упоминаемой въ 6-ой главѣ (4 ст.), и третій годъ до **четвертой Пасхи,** той, передъ которой пострадалъ Господь.

У Овечьихъ воротъ, называвшихся такъ потому, что черезъ нихъ прогонялись къ храму жертвенныя животныя, или потому, что около нихъ находился рынокъ для продажи этихъ животныхъ, на сѣверо-восточной сторонѣ городской стѣны на пути черезъ Кедрскій потокъ въ Геѳсиманію и на Елеонскую гору, находилась купальня, называвшаяся по-еврейски **Виѳезда,** что значитъ: «домъ милосердія» или милости Божіей, такъ какъ вода въ купальнѣ была изъ цѣлительнаго источника. По свидѣтельству Евсевія, еще въ 5-омъ вѣкѣ показывали пять портиковъ этой купальни. Цѣлебный источникъ этотъ привлекалъ къ себѣ множество больныхъ всякаго рода. Источникъ этотъ не былъ обыкновеннымъ цѣлебнымъ источникомъ: цѣлительную силу онъ проявлялъ лишь по временамъ, когда въ него сходилъ Ангелъ Господень, возмущавшій воду, и только тотъ исцѣлялся, кто первый сходилъ въ купель сразу же по возмущеніи воды, то-есть, повидимому, вода только короткое время по возмущеніи оказывала свое цѣлебное свойство, а затѣмъ теряла его. Тутъ находился разслабленный, уже 38 лѣтъ страдавшій въ своемъ недугѣ и почти потерявшій надежду на исцѣленіе, тѣмъ болѣе, что, какъ онъ объяснилъ Господу, онъ, не имѣя при себѣ человѣка, не былъ въ состояніи даже использовать цѣлебную силу чудеснаго источника, не будучи въ силахъ самъ достаточно быстро передвигаться, чтобы сразу по возмущеніи воды погрузиться въ купель. Умилосердившись надъ нимъ, Господь мгновенно исцѣляетъ его однимъ Своимъ словомъ: **«Востани, возьми одръ твой, и ходи».** Этимъ Онъ показалъ превосходство Своей спасающей благодати предъ средствами спасенія въ Ветхомъ Завѣтѣ. Но такъ какъ была суббота, то іудеи, подъ какимъ наименованіемъ Евангелистъ Іоаннъ обыкновенно подразумѣваетъ фарисеевъ, саддукеевъ и старѣйшинъ іудейскихъ, враждебно относившихся къ Господу Іисусу Христу, вмѣсто того, чтобы порадоваться или удивиться выздоровленію разслабленнаго, страдавшаго столько времени, возмутились, какъ онъ посмѣлъ нарушить заповѣдь о субботнемъ покоѣ, нося постель, и сдѣлали ему замѣчаніе. Исцѣленный, однако, не безъ тона нѣкоторой дерзости въ отношеніи къ нимъ, оправдывается приказаніемъ Того, Кто исцѣлилъ его, и Кто въ глазахъ его имѣлъ достаточную власть освободить его отъ соблюденія слишкомъ мелочныхъ постановленій о субботѣ. Съ оттѣнкомъ презрительности іудеи спрашивали его, Кто Тотъ Человѣкъ, Который осмѣлился разрѣшить ему нести постель въ субботу. Прекрасно замѣчаетъ по этому поводу блаж. Ѳеофилактъ: «вотъ смыслъ злобы! Не спрашиваютъ, Кто исцѣлилъ тебя, но Кто повелѣлъ нести одръ твой. Спрашиваютъ не о томъ, что приводило въ удивленіе, но о томъ, что порицали». Хотя они и не знали навѣрное, но догадывались, что Исцѣлителемъ долженъ быть ненавистный имъ Іисусъ изъ Назарета, а потому не хотѣли даже говорить о чудѣ. Исцѣленный не могъ дать имъ отвѣта, ибо не зналъ Іисуса. Вѣроятно исцѣленный вскорѣ же пошелъ въ храмъ, чтобы принести Богу благодарность за свое исцѣленіе. Тутъ встрѣтилъ его Іисусъ со знаменательными словами: **«Се здравъ еси: ктому не согрѣшай, да не горше ти что будетъ»**. Изъ этихъ словъ особенно ясно видно, что болѣзнь постигаетъ человѣка въ наказаніе за грѣхи, и Господь предостерегаетъ исцѣленнаго отъ повторенія грѣховъ, чтобы не постигло его еще большее наказаніе. Узнавъ своего Исцѣлителя, бывшій разслабленный пошелъ и объявилъ о Немъ врагамъ, конечно, не со злымъ намѣреніемъ, а чтобы показать авторитетъ, подъ вліяніемъ котораго онъ дѣйствовалъ. Это вызвало новый приступъ злобы іудеевъ, противъ Іисуса, и они «искали убить Его за то, что Онъ дѣлалъ такія дѣла въ субботу».

2. УЧЕНІЕ ГОСПОДА ІИСУСА О СВОЕМЪ РАВЕНСТВѢ БОГУ ОТЦУ И О ВСЕОБЩЕМЪ ВОСКРЕСЕНІИ И СУДѢ
(Іоанна 5: 17-47).

На замыслы іудеевъ убить Его за нарушеніе субботы, **«Іисусъ отвѣщаваше имъ: Отецъ Мой доселѣ дѣлаетъ, и Азъ дѣлаю»**. Въ этихъ словахъ содержится свидѣтельство Іисуса о Себѣ, какъ о единосущномъ Сынѣ Божіемъ. Всѣ дальнѣйшія слова есть только развитіе этой основной мысли отвѣта Господа іудеямъ.

Какъ Сыну Божію, Ему естественно слѣдовать не заповѣди, данной Адаму и его потомкамъ, но примѣру Бога Отца. А Богъ Отецъ, хотя и почилъ въ седьмый день отъ дѣлъ творенія, но не почилъ отъ дѣлъ промышленія. Правильно понявъ изъ словъ Господа, что Онъ учитъ о Своемъ равенствѣ съ Богомъ Отцемъ, іудеи теперь стали видѣть въ Немъ уже двойную вину, достойную, по ихъ мнѣнію, смерти: нарушеніе субботы и богохульство. Въ ст. 19-20 раскрывается ученіе о единствѣ дѣйствій Отца и Сына, примѣнительно къ обычнымъ представленіямъ о сынѣ, подражающемъ отцу, и объ отцѣ, любящемъ сына и научающемъ его своимъ дѣламъ. Въ словахъ: «Сынъ ничего не можетъ творить Самъ отъ Себя» нельзя видѣть оправданіе аріанства, но только то, что, какъ говоритъ св. Златоустъ, «Сынъ не дѣлаетъ ничего противнаго Отцу, ничего чуждаго Ему, ничего несообразнаго», противнаго волѣ Отца. **«И больша сихъ покажетъ дѣла»**, то-есть не только разслабленнаго можетъ возставить отъ одра, но и умершихъ воскресить. Ст. 21. Здѣсь идетъ рѣчь сначала о духовномъ воскресеніи, духовномъ пробужденіи духовно-мертвыхъ къ истинной, святой жизни въ Богѣ, а затѣмъ и о всеобщемъ тѣлесномъ воскресеніи, которые находятся между собой во внутренней связи. Воспріятіе человѣкомъ истинной жизни, жизни духовной, есть уже начало торжества его надъ смертью. Какъ грѣховное разстройство служитъ причиной смерти, такъ и истинная жизнь духа ведетъ къ жизни вѣчной, побѣждающей смерть. Ст. 22-23. Съ духовнымъ воскресеніемъ Господь соединяетъ другое великое Свое дѣло — **судъ**. Здѣсь разумѣется прежде всего судъ нравственный въ настоящей жизни, который приведетъ въ неизбѣжномъ итогѣ своемъ къ послѣднему всеобщему Страшному Суду. Христосъ явился въ духовно-мертвомъ и погруженномъ въ духовную тьму мірѣ, какъ Жизнь и Свѣтъ. Тѣ, кто увѣровали въ Него, воскресли къ новой жизни и сами содѣлались свѣтомъ; тѣ же, кто отвергли Его, остались въ грѣховной тьмѣ, въ духовной смерти. Вотъ почему всю жизнь продолжается судъ Сына Божія надъ людьми, который завершится въ концѣ вѣковъ послѣднимъ окончательнымъ уже Страшнымъ Судомъ. Такъ какъ вѣчная участь людей находится, такимъ образомъ, во всецѣлой власти Сына, то Его и надлежитъ поэтому чтить такъ же, какъ Отца: «Кто не чтитъ Сына, тотъ не чтитъ и Отца, Пославшаго Его». Стихи 24-29 содержатъ дальнѣйшее изображеніе животворящей дѣятельности Сына Божія. Повиновеніе словамъ Спасителя и вѣра въ Его посланничество есть главное условіе для воспріятія истинной жизни, въ которой залогъ и тѣлеснаго блаженнаго безсмертія. **«На судъ не пріидетъ»** — значитъ: «не будетъ подвергнутъ осужденію. Въ ст. 25 **«Грядетъ часъ и нынѣ есть, егда мертвіи услышатъ гласъ Сына Божія, и услышавше оживутъ»** — рѣчь здѣсь опять идетъ о духовномъ оживленіи въ результатѣ проповѣди Христовой, ибо Сынъ есть источникъ жизни, заимствуемой Имъ отъ Отца. (Ст. 26). Сыну принадлежитъ и власть суда, потому что для этого Онъ и сталъ человѣкомъ, будучи по естеству Сыномъ Божіимъ (ст. 27). Эта власть Сына Божія, какъ Судіи, завершится въ концѣ вѣковъ всеобщимъ воскресеніемъ мертвыхъ и праведнымъ возмездіемъ (ст. 28-29). Это будетъ судъ праведный, ибо онъ будетъ результатомъ полнаго согласія воли Судящаго съ волею Отца Небеснаго (ст. 30). Въ стихахъ 31-39 Христосъ со всею рѣшительностью свидѣтельствуетъ о Своемъ Божественномъ достоинствѣ. Онъ ссылается при этомъ на свидѣтельство о Немъ Іоанна Крестителя, котораго высоко уважали іудеи, но говоритъ при этомъ, что у Него есть еще большее свидѣтельство, чѣмъ Іоанново: это свидѣтельство Бога Отца, свидѣтельствующаго о Своемъ Сынѣ знаменіями и чудесами, которыя Сынъ совершаетъ, какъ бы по порученію Отца, ибо они входятъ въ планъ спасенія людей, преданный Ему Отцемъ для исполненія. Богъ Отецъ засвидѣтельствовалъ о Сынѣ Своемъ и въ моментъ Его крещенія, но еще больше свидѣтельствъ о Немъ, какъ о Мессіи, далъ Онъ черезъ пророковъ въ ветхозавѣтномъ Священномъ Писаніи, а іудеи не внемлютъ этому Писанію, потому что Слово Божіе не укоренилось и не пребываетъ въ нихъ: они не слышатъ голоса Божія въ Его Писаніи, не видятъ и лица Божія въ Его самооткровеніи тамъ же. **«Изслѣдуйте Писанія»** и вы увидите, **что они свидѣтельствуютъ о Мнѣ»**. Дальше въ ст. 40-47 Христосъ упрекаетъ іудеевъ за ихъ невѣріе, говоря при этомъ, что Онъ не нуждается въ славѣ отъ нихъ, ибо не ищетъ славы отъ людей, но скорбитъ за нихъ потому, что, не вѣруя въ Него, какъ въ Божія Посланника, они обнаруживаютъ отсутствіе въ нихъ любви къ Богу Отцу, Пославшему Его. Такъ какъ они не любятъ Бога, то и не принимаютъ Христа, пришедшаго съ Его повелѣніями, но когда придетъ другой, лжеименный Мессія, придетъ съ самоизмышленнымъ ученіемъ, они примутъ его даже безъ всякихъ знаменій. Со временъ Христа насчитываютъ у евреевъ такихъ ложныхъ мессій болѣе 60, а послѣдній изъ нихъ будетъ антихристъ, котораго евреи также примутъ за своего Мессію. Причина невѣрія іудеевъ въ томъ, что они ищутъ человѣческой славы, и для нихъ пріятенъ не тотъ, кто ихъ обличаетъ, хотя бы то право, а тотъ, кто ихъ прославляетъ, хотя бы то неправо. Въ заключеніе Своей рѣчи Господь лишаетъ іудеевъ послѣдней почвы и основанія, на которомъ они строили свои надежды. Онъ говоритъ имъ, что никто другой, какъ Моисей, на котораго они уповаютъ, будетъ ихъ обличителемъ на судѣ Божіемъ. Онъ ихъ обвинитъ въ невѣріи во Христа, ибо онъ писалъ о Немъ. Здѣсь разумѣются, какъ прямыя пророчества и обѣтованія о Христѣ въ книгахъ Моисеевыхъ (Быт. 3: 15, 12: 3, 49: 10, Втор. 18: 15, такъ и весь вообще законъ, который былъ сѣнью грядущихъ въ Царствіи Христовомъ благъ (Евр. 10: 1) и пѣстуномъ во Христа (Гал. 3: 24).

3. СРЫВАНІЕ КОЛОСЬЕВЪ ВЪ СУББОТУ (Матѳ. 12:1-8; Марк. 2: 23-28; Луки 6: 1-5).

После этого Іисусъ ушелъ изъ Іудеи въ Галилею. На обратномъ пути въ Галилею, въ одну изъ субботъ, которую св. Лука называетъ **субботою второпервою,** или первой субботой послѣ втораго дня Пасхи, Онъ проходилъ съ Своими учениками черезъ засѣянныя поля. Ученики Его, чувствуя голодъ, начали срывать колосья, и растирая ихъ руками, ѣли зерна. Это было дозволено закономъ Моисеевымъ, который не разрѣшалъ только заносить серпа на чужую ниву (Втор. 23: 25). Но фарисеи почли это нарушеніемъ субботняго покоя, не опустивъ случая упрекнуть Господа за то, что Онъ дозволяетъ ученикамъ это дѣлать. Чтобы защитить учениковъ отъ нареканія, Господь указываетъ фарисеямъ на случай съ Давидомъ, передаваемый въ I кн. Царствъ 21 гл., какъ Давидъ, убѣгая отъ Саула, пришелъ въ священническій городъ Номву и просилъ священника Авимелеха дать ему хлѣбовъ пять или что найдется, а тотъ далъ ему прежніе хлѣбы предложенія, которые, по закону, могли съѣдаться только священниками. Сила примѣра въ томъ, что, если никто не осудилъ Давида за то, что онъ, мучимый голодомъ, ѣлъ эти хлѣбы, то и ученики Господа не заслуживаютъ осужденія за то, что они, служившіе Господу и не имѣвшіе иногда даже времени, чтобы вкусить пищи, застигнутые голодомъ въ субботу, нарушили заповѣдь о субботнемъ покоѣ въ столь незначительной степени, срывая колосья и растирая ихъ руками. Оправдавъ поступокъ Своихъ учениковъ, Господь открываетъ затѣмъ источникъ, изъ котораго проистекло несправедливое осужденіе учениковъ. Это — ложное пониманіе требованій закона Божія. Еслибы фарисеи понимали, что сострадательная любовь къ голодному выше преданій и обычаевъ обрядословныхъ, то не осудили бы невинныхъ, ради утоленія голода срывающихъ колосья. Не человѣкъ созданъ для соблюденія субботы, а суббота дана для человѣка, для его пользы, а потому человѣкъ, сохраненіе его отъ смерти и истощенія силъ, важнѣе, чѣмъ законъ о субботѣ. А что законъ о субботѣ не есть полное запрещеніе что-либо дѣлать вообще, это видно изъ того, что священники въ храмѣ по субботамъ закалаютъ жертвенныхъ животныхъ, снимаютъ съ нихъ кожу, приготовляютъ ихъ къ принесенію въ жертву и сожигаютъ ихъ, и, однако, невиновны въ нарушеніи субботняго покоя. Если служители храма невиновны въ томъ, что нарушаютъ покой субботняго дня, то тѣмъ болѣе невиновны служители Того, **Кто больше** храма и **Кто Самъ есть Господинъ и субботы,** властный отмѣнить субботу, какъ Онъ и установилъ ее.

4. ИСЦѢЛЕНІЕ СУХОРУКАГО ВЪ СУББОТУ (Матѳ. 12: 9-14; Марка 3: 1-6; Луки 6: 6-11).

Этимъ исцѣленіемъ Господь вновь возбудилъ противъ Себя негодованіе книжниковъ и фарисеевъ, видимо, повсюду сопровождавшихъ Его съ цѣлью обличать Его въ нарушеніи Моисеева закона. Поставивъ фарисеямъ вопросъ: «кто изъ васъ, имѣя одну овцу, если она въ субботу упадетъ въ яму, не возьметъ ее и не вытащитъ?» Господь показалъ, что въ Его очахъ дѣла милосердія важнѣе соблюденія закона о субботнемъ покоѣ, и, что вообще, ради дѣлъ благотворенія, этотъ покой прерывать дозволительно.

5. БОЛЬШОЕ СТЕЧЕНІЕ НАРОДА ВОКРУГЪ ГОСПОДА И ОБИЛЬНЫЯ ИСЦѢЛЕНІЯ. ГОСПОДЬ ИЗБѢГАЕТЪ ИЗВѢСТНОСТИ И ПРОРОЧЕСТВО О СЕМЪ. (Мѳ. 12: 15-21; Марк. 3: 7-12).

По удаленіи Господа изъ синагоги, въ которой Онъ исцѣлилъ сухорукаго, за Нимъ послѣдовало множество народа изъ Галилеи, Іудеи и даже изъ заіорданскихъ и языческихъ странъ, и Онъ совершилъ весьма много чудесныхъ исцѣленій, запрещая, однако, разглашать о Немъ. Въ этомъ св. Матѳей видитъ исполненіе пророчества Исаіи гл. 42 ст. 1-4 о Возлюбленномъ Отрокѣ Божіемъ. Въ этомъ пророчествѣ, несомнѣнно относящемся къ Мессіи, пророкъ прославляетъ кротость и смиреніе Христовы. Приводя это пророчество, св. Матѳей хочетъ показать евреямъ, что ихъ представленія о Мессіи, какъ о земномъ царѣ-завоевателѣ, который возвеличитъ еврейское царство и будетъ съ внѣшнимъ блескомъ и славою царствовать на престолѣ Давидовомъ, ложны, что ветхозавѣтные пророки возвѣщали о Мессіи кроткомъ и смиренномъ, Царство котораго будетъ не отъ міра сего, но Который тѣмъ не менѣе даруетъ законъ всѣмъ язычникамъ и на Имя Котораго будутъ уповать народы.

6. ИЗБРАНІЕ ДВѢНАДЦАТИ АПОСТОЛОВЪ (Матѳ. 10: 2-4; Марк. 3: 13-19 и Луки 6: 12-16).

Пробывъ всю ночь въ молитвѣ, несомнѣнно объ утвержденіи основываемой Имъ Церкви, на горѣ, по мнѣнію древнихъ, на

Өаворѣ, Господь призвалъ учениковъ Своихъ и избралъ изъ нихъ 12, чтобы они постоянно были при Немъ и могли потомъ свидѣтельствовать о Немъ. Это были какъ бы начальники новыхъ будущихъ 12 колѣнъ Новаго Израиля. Число 12 имѣетъ въ Священномъ Писаніи знаменательное значеніе, какъ произведеніе 3 и 4: Три — вѣчное несозданное Существо Божіе, четыре — число міра — 4 страны свѣта. Число 12 обозначаетъ проникновеніе человѣческаго и мірового Божественнымъ. Три первыхъ Евангелиста и кн. Дѣяній даютъ намъ списокъ именъ 12 Апостоловъ. Въ этомъ спискѣ замѣчательно то, что Апостолы раздѣлены вездѣ на три группы по 4 человѣка въ каждой, причемъ во главѣ каждой группы стоятъ одни и тѣ же имена и въ составѣ каждой группы одни и тѣ же лица. Имена Апостоловъ слѣдующія: 1) Симонъ-Петръ, 2) Андрей, 3) Іаковъ, 4) Іоаннъ, 5) Филиппъ, 6) Варѳоломей, 7) Ѳома, 8) Матѳей, 9) Іаковъ Алфеевъ, 10) Леввей или Ѳаддей, какъ называли Іуду Іаковлева, 11) Симонъ Кананитъ или Зилотъ и 12) Іуда Искаріотскій. Варѳоломей это тотъ же, кого Ев. Іоаннъ называетъ Наѳанаиломъ: Кананитъ это переводъ на евр. яз. греческаго слова «Зилотъ», что значитъ: «ревнитель». Такъ называлась еврейская партія, ревновавшая о независимости еврейскаго государства. Слово «Искаріотъ» считаютъ составленнымъ изъ двухъ словъ: «Ишъ» — мужъ и «Каріотъ» — названіе города. Самое слово «Апостолъ» въ переводѣ съ греческаго значитъ «посланникъ», что соотвѣтствовало назначенію избранныхъ — быть посланными на проповѣдь. Для большаго успѣха ихъ проповѣди Господь облекъ ихъ властью исцѣлять болѣзни и изгонять бѣсовъ.

7. НАГОРНАЯ ПРОПОВѢДЬ (Матѳ. 5, 6 и 7 главы, Луки 6: 12-49).

Полностью Нагорная проповѣдь изложена только у Ев. Матѳея. Въ сокращенномъ видѣ ее излагаетъ Ев. Лука, у котораго отдѣльныя части Нагорной проповѣди встрѣчаются даже въ разныхъ мѣстахъ его Евангелія. Нагорная проповѣдь замѣчательна тѣмъ, что содержитъ всю сущность евангельскаго ученія. Недалеко отъ Геннисаретскаго озера между Капернаумомъ и Тиверіадой доселѣ показываютъ «гору блаженствъ», съ которой была произнесена Господомъ ради удобства многочисленнаго слушающаго народа Нагорная проповѣдь. Гордый своимъ избранничествомъ и не могшій примириться съ потерей своей самостоятельности еврейскій народъ началъ мечтать о приходѣ такого Мессіи, который освободитъ ихъ отъ чужеземнаго владычества, отомститъ всѣмъ врагамъ, воцарится надъ евреями и поработитъ имъ всѣ народы земли, причемъ дастъ имъ чисто сказочное благополучіе: повелитъ морю выбрасывать жемчугъ и всѣ свои сокровища, одѣнетъ народъ свой въ багряницу, украшенную драгоцѣнными камнями и будетъ питать его манною, еще болѣе сладкою, чѣмъ та, какая посылалась имъ въ пустыни. Съ такими ложными мечтами о земномъ блаженствѣ, которое даруетъ имъ Мессія, они окружили Іисуса, ожидая, что вотъ-вотъ Онъ провозгласитъ Себя Царемъ Израилевымъ и наступитъ этотъ блаженный вѣкъ. Они думали, что наступаетъ конецъ ихъ страданіямъ и униженіямъ, и они будутъ отнынѣ счастливы, блаженны.

И въ отвѣтъ на эти ихъ мысли и чувства, Господь раскрываетъ имъ Свое евангельское ученіе о блаженствахъ, въ корнѣ разбивая ихъ заблужденія. Онъ учитъ здѣсь о томъ же, о чемъ говорилъ Никодиму: о томъ, что намъ необходимо духовно переродиться, чтобы создать на землѣ Царство Божіе, этотъ потерянный людьми рай, и тѣмъ приготовить себѣ блаженство вѣчной жизни въ Царствѣ Небесномъ. Первый шагъ къ этому — сознать свою духовную нищету, свою грѣховность и ничтожество, **смириться.** Вотъ почему «**Блажени нищіи духомъ, яко тѣхъ есть Царствіе Небесное**». Блаженны тѣ, которые, видя и сознавая свои грѣхи, препятствующіе имъ вступить въ это Царствіе, **плачутъ** о нихъ, ибо они примирятся съ своей совѣстью и **утѣшатся.** Оплакивающіе свои грѣхи доходятъ до такого внутренняго спокойствія, что уже становятся неспособными на кого-либо гнѣваться, дѣлаются **кроткими.** Кроткіе христіане дѣйствительно унаслѣдовали землю, которой прежде владѣли язычники, но они наслѣдуютъ землю и въ будущей жизни, новую землю, которая откроется по разрушеніи этого тлѣннаго міра, «**землю живыхъ**» (Исх. 26: 13; Апок. 21: 1). «**Блажени алчущіи и жаждущіи правды**», то-есть исполненія во всемъ воли Божіей, **ибо они насытятся,** достигнутъ той праведности и оправданія Божія, которыя даетъ искреннее стремленіе исполнять во всемъ волю Божію. Милостивый Богъ требуетъ и отъ людей милосердія, добродѣтели, которой достигаютъ стремящіеся жить по волѣ Божіей. Поэтому «**Блажени милостивіи, яко тіи помиловани будутъ**» Богомъ, какъ и наоборотъ: «**Судъ безъ милости не сотворшимъ милости** (Іаков. 2: 13)». Искреннія дѣла милосердія очищаютъ человѣческое сердце отъ всякой грѣховной нечистоты, а **чистіи сердцемъ блажени,** потому что они своимъ сердцемъ, какъ духовнымъ окомъ, **узрятъ Бога.** Зрящіе Бога стремятся подражать Ему, уподобляться Сыну Его, примирившему человѣка съ Богомъ, принесшаго миръ человѣческой душѣ, они ненавидятъ вражду и потому становятся **миротворцами,** стремясь всюду водворять миръ. Поэтому и они блаженны, ибо нарекутся «**сынами Божіими**». Достигшіе такой духовной высоты должны быть готовы къ тому, что этотъ грѣховный міръ, «во злѣ лежащій» (I Іоан. 5: 19), возненавидитъ ихъ за ту правду Божію, носителями которой они являются и начнетъ гнать ихъ, поносить ихъ, злословить и всячески преслѣдовать за ихъ преданность Господу Іисусу Христу и Его Божественному ученію. Таковыхъ, которые много терпятъ здѣсь за Христа, ожидаетъ великая **награда на небесахъ.**

Эти девять новозавѣтныхъ заповѣдей, носящихъ названіе **Заповѣдей блаженства,** представляютъ собою въ сокращенномъ видѣ какъ бы **все Евангеліе.** Характерно ихъ отличіе отъ 10 ветхозавѣтныхъ заповѣдей. Тамъ говорится преимущественно о **внѣшнихъ** поступкахъ человѣка и налагаются строгія прещенія въ категорической формѣ. Здѣсь говорится преимущественно о **внутренней** настроенности человѣческой души и излагаются не **требованія** въ категорической формѣ, а лишь **условія,** при соблюденіи которыхъ достижимо для человѣка вѣчное блаженство.

Евангелистъ Лука дополняетъ ученіе св. Матѳея о блаженствѣ. Онъ приводитъ слова Господа Іисуса Христа, содержащія предостереженіе тѣмъ людямъ, которые видятъ блаженство лишь въ упоеніи земными благами .«Горе вамъ, богатые!» говоритъ Господь, противопоставляя этихъ богатыхъ нищимъ духомъ. Здѣсь имѣются въ виду не просто обладающіе земнымъ богатствомъ, конечно, а уповающіе на него, гордые, превозносящіеся, надменно относящіеся къ другимъ люди. «**Горе вамъ, пресыщенные нынѣ: ибо взалчете**» — въ противоположность «алчущимъ и жаждущимъ правды» это люди не ищущіе правды Божіей, но довольные своей лже-правдой. «**Горе вамъ, смѣющіеся нынѣ: ибо восплачете и возрыдаете**» — таковые несомнѣнно противополагаются плачущимъ, это люди безпечные, легкомысленно относящіеся къ провождаемой ими грѣховной жизни. Міръ, во злѣ лежащій, любитъ тѣхъ, кто потворствуетъ ему, кто живетъ по его грѣховнымъ обычаямъ; поэтому, «**горе вамъ, когда всѣ люди будутъ говорить о васъ хорошо**», это признакъ неблагополучія вашего нравственнаго состоянія.

Далѣе Господь говоритъ, что всѣ Его послѣдователи, исполняющіе эти Его наставленія, будутъ **солью земли.** Соль предохраняетъ пищу отъ порчи и дѣлаетъ ее здоровой, пріятной на вкусъ — такъ и христіане должны предохранять міръ отъ нравственной порчи и способствовать его оздоровленію. Соль сообщаетъ свою соленость всѣмъ веществамъ, съ которыми близко соприкасается, такъ и христіане должны сообщать духъ Христовъ всѣмъ остальнымъ людямъ, еще не ставшимъ христіанами. Соль не измѣняетъ сущности и внѣшняго вида веществъ, въ которыхъ растворяется, а только даетъ имъ свой вкусъ. Такъ и христіанство не производитъ какой-либо внѣшней ломки въ человѣкѣ и человѣческомъ обществѣ, но лишь облагораживаетъ душу человѣка и черезъ это преображаетъ всю человѣческую жизнь, придавая ей особый христіанскій характеръ. «**Аще же соль обуяетъ, чимъ осолится**» — на востокѣ дѣйствительно есть видъ соли, которая подъ дѣйствіемъ дождя, солнца и воздуха, теряетъ свой соленый вкусъ. Такую соль уже ничѣмъ не исправишь. Такъ и тѣ люди, которые, однажды вкусивъ благодатнаго общенія со Св. Духомъ, впали въ непростительный грѣхъ противленія Ему, уже неспособны безъ чрезвычайной помощи Божіей, обновиться духовно.

Свѣтомъ міра является собственно Господь Іисусъ Христосъ, но поскольку вѣрующіе воспринимаютъ этотъ свѣтъ и отражаютъ его въ міръ, они также являются «свѣтомъ міра». Таковы въ особенности Апостолы и ихъ преемники, назначеніе которыхъ въ томъ и состоитъ, чтобы свѣтить свѣтомъ Христовымъ, — пастыри Церкви. Они должны такъ жить, чтобы, видя ихъ добрыя дѣла, люди прославляли Бога.

Намѣреваясь показать отношеніе Своего новаго закона къ ветхому, Господь предварительно успокаиваетъ ревность іудеевъ по законѣ, подчеркивая, что Онъ пришелъ не нарушить законъ, но **исполнить**. Христосъ дѣйствительно пришелъ на землю для того, чтобы на Немъ исполнилось все ветхозавѣтное Слово Божіе, чтобы раскрыть, осуществить и утвердить всю силу закона и пророковъ — показать истинный смыслъ и духъ всего Ветхаго Завѣта. «Какъ Онъ исполнилъ законъ?» спрашиваетъ блаж. Ѳеофилактъ: «во-первыхъ тѣмъ, что совершилъ все, предсказанное о Немъ пророками. Онъ исполнилъ и всѣ заповѣди закона, ибо не сотворилъ беззаконія и не было лести во устахъ Его. Онъ исполнилъ законъ и тѣмъ, что **восполнилъ** его, ибо въ совершенствѣ начерталъ то, чего законъ представлялъ одну тѣнь», далъ болѣе глубокое и духовное пониманіе всѣхъ ветхозавѣтныхъ заповѣдей, уча о недостаточности одного внѣшняго, формальнаго ихъ исполненія. **Іота** — самая малая по начертанію буква еврейскаго алфавита. Говоря, что **«іота едина, или едина черта не прейдетъ отъ закона»,** Господь подчеркиваетъ, что и самое малое въ законѣ Божіемъ не останется безъ исполненія. Фарисеи раздѣляли заповѣди на большія и малыя и не считали грѣхомъ нарушеніе «малыхъ» заповѣдей закона, относя къ нимъ, между прочимъ заповѣди о любви, милостынѣ и правосудіи. **«Малѣйшимъ наречется въ Царствіи Небесномъ»,** по свойству греческаго выраженія, значитъ: будетъ отверженъ, не войдетъ въ Царствіе небесное. Праведность книжниковъ и фарисеевъ характеризовалась лишь внѣшнимъ исполненіемъ правилъ и предписаній закона, притомъ, главнымъ образомъ, мелочныхъ; она уживалась поэтому въ ихъ сердцахъ съ самомнѣніемъ, надменностью, безъ духа смиренія и кроткой любви, и была наружной и лицемѣрной, подъ личиной ея могли гнѣздиться гнусные пороки и страсти, въ чемъ Христосъ Спаситель неоднократно съ силою обличалъ ихъ. Отъ такой внѣшней, показной праведности Господь и предостерегаетъ Своихъ послѣдователей.

Далѣе на протяженіи всей 5-ой главы, начиная съ 21 ст., Господь показываетъ, въ чемъ именно пришелъ Онъ восполнить ветхозавѣтный законъ: Онъ учитъ здѣсь болѣе глубокому и духовному пониманію и исполненію ветхозавѣтныхъ заповѣдей. Мало только не убивать человѣка физически, нельзя убивать его и морально, гнѣваясь на него напрасно. «Всякій, гнѣвающійся на брата своего напрасно, подлежитъ суду; кто же скажетъ брату своему «рака», подлежитъ синедріону; а кто скажетъ «безумный», подлежитъ гееннѣ огненной.» Здѣсь примѣнительно къ еврейскимъ представленіямъ указывается различная степень грѣховъ гнѣва противъ ближняго. Обычный городской судъ вѣдалъ меньшими преступленіями; большія преступленія подлежали великому **Синедріону, или сонмищу,** высшему судилищу, находившемуся въ Іерусалимѣ и состоявшему изъ 72 членовъ подъ предсѣдательствомъ первосвященника. «Рака» значитъ «пустой человѣкъ» и выражаетъ собою презрѣніе. «Уроде», или «безумный» выражаетъ собою крайнюю степень презрѣнія или пренебреженія къ ближнему: такъ называли не только глупаго, но и нечестиваго, безсовѣстнаго человѣка. Наказаніе за эту высшую степень гнѣва — «**геенна огненная**». Такъ называлась долина Энномова, находившаяся къ юго-западу отъ Іерусалима, въ которой при нечестивыхъ царяхъ совершалось отвратительное служеніе Молоху (4 Цар. 16: 3 и 2 Парал. 28: 3), гдѣ проводили юношей черезъ огонь и приносили въ жертву младенцевъ. Эта долина, послѣ прекращенія идолопоклонства, сдѣлалась предметомъ ужаса и отвращенія. Туда стали свозить изъ Іерусалима нечистоты и трупы остающихся безъ погребенія; тамъ же совершались иногда и смертныя казни; воздухъ въ этой долинѣ былъ такъ зараженъ, что для очищенія его тамъ постоянно горѣлъ огонь; поэтому мѣсто это стало страшнымъ и отвратительнымъ, прозвано долиной огненной и стало служить образомъ вѣчныхъ мученій грѣшниковъ. Кротость и любовь христіанина къ ближнимъ должна простираться до того, чтобы не только самому не гнѣваться ни на кого, но и ничѣмъ не вызывать гнѣва противъ себя со стороны ближняго, разумѣется, съ недобрымъ чувствомъ. Это препятствуетъ съ чистой совѣстью приносить молитвы Богу, а потому надо поспѣшить примириться съ братомъ. Примѣнительно къ римскому судопроизводству, согласно которому заимодавецъ могъ силою вести своего должника къ судьѣ, обиженный нами братъ называется нашимъ **«соперникомъ»**, съ которымъ мы должны примириться, еще находясь «на пути» этой земной жизни, чтобы онъ не отдалъ насъ Судьѣ — Богу, и мы не понесли бы заслуженнаго возмездія. И св. ап. Павелъ торопилъ обидчика мириться съ обиженнымъ, говоря: «Солнце да не зайдетъ во гнѣвѣ вашемъ» (Ефес. 4: 26).

Точно также недостаточно однимъ **внѣшнимъ** образомъ исполнять 7-ую заповѣдь закона Божія: **«Не прелюбы сотвори»**, ограждая себя отъ грубаго нарушенія ея впаденіемъ въ грѣхъ самымъ дѣломъ. Возвышая эту заповѣдь, Господь учитъ, что не только внѣшнее дѣйствіе прелюбодѣянія есть преступленіе, но и внутреннее вожделѣніе, взглядъ на женщину съ вожделѣніемъ. «Любодѣйствуетъ съ женою въ сердцѣ», говоритъ св. Аѳанасій Вел.: «тотъ, кто согласенъ на дѣло, но препятствуютъ ему въ томъ или мѣсто или время или страхъ гражданскихъ законовъ». Не всякій взглядъ на женщину грѣхъ, но взглядъ, соединенный съ внутреннимъ пожеланіемъ совершить съ нею грѣхъ прелюбодѣянія. Въ случаяхъ соблазна на грѣхъ нужно проявлять такую рѣшимость къ пресѣченію соблазна, чтобы не пожалѣть ничего самаго дорогого, каковыми являются для человѣка собственные члены — члены его тѣла, глазъ или рука. Въ данномъ случаѣ глазъ или рука указываются здѣсь, какъ символы всего драгоцѣннаго для насъ, которымъ мы должны пожертвовать ради того, чтобы искоренить страсть и избѣжать впаденія въ грѣхъ.

Въ связи съ этимъ Господь запрещаетъ мужу разводиться съ своей женой, **«развѣ словесе любодѣйнаго»**, то-есть, «кромѣ вины любодѣянія». Ветхозавѣтный законъ Моисеевъ (Втор. 24: 1-2) разрѣшаетъ мужу развестись съ своей женой, давъ ей разводное письмо, письменное свидѣтельство, что она была его женой и что онъ отпускаетъ ее отъ себя по такой или такой причинѣ. Положеніе женщины при произволѣ мужа было тогда весьма тяжелымъ.

Господь въ другомъ мѣстѣ (Марк. 10: 2-12) говоритъ, что разрѣшеніе разводиться съ женой дано Моисеемъ евреямъ, **«по ихъ жестокосердію»**, но что изначала не было такъ, что, бракъ установленъ Богомъ, какъ союзъ **нерасторжимый**. Онъ расторгается самъ собою только въ случаѣ прелюбодѣянія одного изъ супруговъ. Если же мужъ безъ этой причины разводится съ своей женой, то онъ толкаетъ ее на прелюбодѣяніе, какъ равно является виновникомъ прелюбодѣянія того, кто возьметъ ее.

Ветхозавѣтный законъ запрещалъ употреблять клятву именемъ Божіимъ въ дѣлахъ пустыхъ, тѣмъ болѣе во лжи. Третья заповѣдь закона Божія, запрещаетъ употребленіе имени Божія всуе, запрещаетъ всякаго рода легкомысленное отношеніе къ клятвѣ именемъ Божіимъ. Современные Господу Іисусу Христу іудеи, желая по буквѣ исполнить это запрещеніе злоупотреблять именемъ Божіимъ, вмѣсто этого, клялись небомъ или землей, Іерусалимомъ, своей головой и, такимъ образомъ, безъ употребленія имени Божія, все же клялись и всуе и во лжу. Эти клятвы и запрещаетъ Господь Іисусъ Христосъ, ибо все сотворено Богомъ: клясться какимъ-либо Его твореніемъ значитъ клясться Сотворившимъ, и клясться Имъ во лжи значитъ оскорблять святость клятвы. Христіанинъ долженъ быть настолько честнымъ и правдивымъ, что ему должны вѣрить по одному слову: «ей, ей: ни, ни» безъ всякой божбы. Но въ важныхъ случаяхъ этимъ отнюдь не запрещается законная клятва или присяга. Самъ Господь Іисусъ Христосъ утвердилъ клятву на судѣ, когда на слова Первосвященника: «Заклинаю Тебя Богомъ Живымъ», отвѣчалъ: «Ты сказалъ», ибо такова именно была у евреевъ форма судебной присяги (Матѳ. 26: 63-64). И ап. Павелъ клянется, призывая Бога во свидѣтельство истины своихъ словъ (Римл. 1: 9, 9: 1, 2 Кор. 1: 23, 2: 17, Гал. 1: 20 и др.). Запрещается клятва пустая, легкомысленная.

Въ древности месть была настолько распространена, что важно было хотя бы нѣсколько умѣрить ея проявленія, что и дѣлалъ ветхозавѣтный законъ. Законъ Христовъ совсѣмъ отмѣняетъ месть, проповѣдуя любовь къ своимъ врагамъ. Но изреченіе: «не противитися злу» никакъ нельзя понимать въ смыслѣ «непротивленія злу вообще», какъ это дѣлаетъ Левъ Толстой и подобные ему лже-учители. Господь воспрещаетъ намъ возставать съ отвѣтной злобой противъ человѣка, причинившаго намъ зло, но ко всякому злу, какъ къ таковому, христіанинъ долженъ быть совершенно непримиримымъ и долженъ бороться со зломъ всѣми доступными ему мѣрами, не допуская только зла въ свое собственное сердце. Не слѣдуетъ понимать буквально слова: **«Но аще кто ударитъ тя въ десную твою ланиту, обрати ему и другую»**, ибо мы знаемъ, что Самъ Христосъ поступилъ иначе, когда служитель на допросѣ у первосвященника Анны ударилъ Его по щекѣ (Іоан. 18: 22-23). Не только творящихъ зло вообще, но и нашихъ личныхъ обидчиковъ мы должны стараться исправлять, о чемъ есть прямая заповѣдь Господа въ Ев. Матѳея 18: 15-18. Запрещается злое чувство мстительности, но не борьба со зломъ. Запрещается также сутяжничество, а наоборотъ предписывается удовлетвореніе нуждъ ближняго: **«просящему у тебѣ дай!»** Это, конечно, не исключаетъ тѣхъ случаевъ, когда давать просящему не только не полезно, но и вредно: истинная христіанская любовь къ ближнему не допустить, напр., дать ножъ просящему его убійцѣ или ядъ, желающему лишить себя жизни.

Въ Ветхомъ Завѣтѣ мы не находимъ заповѣди: **«возненавидиши врага твоего»**, но, повидимому, іудеи сами извлекли себѣ такую заповѣдь изъ заповѣди о любви къ ближнему, ибо «ближними» они считали только людей, близкихъ по вѣрѣ, по происхожденію или по взаимнымъ услугамъ. Остальные, то-есть иновѣрцы, иноплеменники и люди, выказавшіе злобу, считались «врагами», любовь къ которымъ казалась неумѣстной. Христосъ же заповѣдалъ, чтобы, какъ Отецъ нашъ Небесный, чуждый гнѣва и ненависти, любитъ всѣхъ людей, даже злыхъ и неправедныхъ, какъ дѣтей Своихъ, такъ и мы, желающіе быть достойными сынами Отца Небеснаго, любили бы всѣхъ, даже враговъ своихъ. Господь желаетъ, чтобы Его послѣдователи въ нравственномъ отношеніи были выше іудеевъ и язычниковъ, любовь которыхъ къ другимъ людямъ основана въ сущности на **себялюбіи**. Любовь ради Бога, ради заповѣди Божіей, достойна награды, но любовь по естественной склонности или ради своей житейской выгоды, награды не заслуживаетъ. Такъ, восходя постепенно все выше и выше по лѣствицѣ христіанскаго совершенства, христіанинъ дойдетъ, наконецъ, до высочайшей и труднѣйшей для естественнаго и невозрожденнаго человѣка заповѣди о любви къ врагамъ, которой заключаетъ Господь первую часть Своей нагорной проповѣди. И какъ бы желая показать, насколько исполненіе этой заповѣди уподобляетъ слабаго и несовершеннаго человѣка Богу, Онъ и подтверждаетъ, что **идеалъ христіанскаго совершенства** и состоитъ именно въ **Богоуподобленіи**: «**Будите убо вы совершени, якоже Отецъ вашъ Небесный совершенъ есть**». Это вполнѣ согласно съ Божественнымъ планомъ, выраженнымъ еще при сотвореніи человѣка: «**Сотворимъ человѣка по образу Нашему и по подобію** (Бытія гл. 1 ст. 26). Божественная святость для насъ недостижима, а потому здѣсь не равенство между нами и Богомъ имѣется въ виду, но нѣкое внутреннее уподобленіе, приближеніе постепенное безсмертной человѣческой души къ ея Первообразу при помощи благодати.

Вторая часть Нагорной проповѣди, составляющая содержаніе 6-ой главы, излагаетъ ученіе Господа о **милостынѣ, о молитвѣ, о постѣ** и увѣщаніе стремиться къ главной цѣли человѣческой жизни — **Царствію Божію**. Сказавъ ученикамъ Своимъ, **чего** они не должны и **что** должны дѣлать, чтобы достигнуть блаженства, Господь перешелъ затѣмъ къ вопросу о томъ, **какъ** надо дѣлать то, что Онъ заповѣдалъ. Ни дѣлъ милосердія, ни дѣлъ Богопочтенія, каковы молитва и постъ, мы не должны дѣлать на показъ, ради людской славы, ибо въ такомъ случаѣ людская похвала и будетъ нашей единственной наградой. Тщеславіе, какъ моль, съѣдаетъ всѣ добрыя дѣла, а потому лучше творить все доброе **въ тайнѣ**, чтобы не лишиться награды отъ Отца нашего Небеснаго. Здѣсь не запрещается, конечно, подавать милостыню и явно, но запрещается дѣлать это съ цѣлью обратить на себя вниманіе и снискать похвалу отъ людей. Не запрещается также молиться въ храмахъ, но запрещается молиться намѣренно **на показъ**. Можно, по мысли св. Златоуста, и въ закрытой комнатѣ молиться **по тщеславію**, и тогда «затворенныя двери не принесутъ никакой пользы». Подъ **многословіемъ** въ молитвѣ понимается мнѣніе язычниковъ о молитвѣ, какъ о заклинаніи, которое чѣмъ чаще его повторять, тѣмъ можетъ быть дѣйственнѣе. Мы молимся не потому, что бы Богъ не зналъ нашихъ нуждъ, а лишь для того, чтобы черезъ молитву очистить сердце и сдѣлаться достойными

Божіихъ милостей, вступивъ духомъ своимъ во внутреннее общеніе съ Богомъ. Это Богообщеніе и есть цѣль молитвы, достиженіе которой не зависитъ отъ **количества** произносимыхъ словъ. Порицая многословіе, Господь въ то же время многократно заповѣдуетъ неустанныя молитвы, научая, что должно **всегда** молиться и не унывать (Луки 18: 1) и Самъ ночи проводя въ молитвѣ. Молитва должна быть разумной: мы должны обращаться къ Богу съ такими просьбами, которыя достойны Его и исполненіе которыхъ спасительно для насъ. Для наученія насъ такой молитвѣ Господь и даетъ, въ качествѣ **образца,** молитву **«Отче нашъ»,** получившую поэтому названіе **молитвы Господней.** Какъ образецъ, эта молитва отнюдь не исключаетъ собою другихъ молитвъ: Самъ Господь молился, произнося другія молитвы (Іоан. 17). Называя Бога нашимъ Отцомъ, мы сознаемъ себя Его дѣтьми, а въ отношеніи другъ ко другу — братьями, и молимся не только отъ себя и за себя, но отъ лица всѣхъ и **за всѣхъ.** Говоря: «Иже еси на небесѣхъ», отрѣшаемся отъ всего земного и возносимся умомъ и сердцемъ въ горній міръ. «Да святится Имя Твое» — да будетъ Имя Твое свято для всѣхъ людей, да прославляютъ всѣ люди и словами и дѣлами своими Имя Божіе. «Да пріидетъ Царствіе Твое» — царство Мессіи Христа, о чемъ мечтали всѣ іудеи, неправильно только представляя себѣ это царство въ чувственномъ видѣ — здѣсь мы молимся о томъ, чтобы Господь воцарился въ душахъ всѣхъ людей и, послѣ этой временной земной жизни, сподобилъ бы насъ вѣчной блаженной жизни въ общеніи съ Нимъ. «Да будетъ воля Твоя, яко на небеси и на земли» — пусть все въ мірѣ совершается по всеблагой и премудрой волѣ Божіей и пусть мы, люди, такъ же охотно исполняемъ волю Божію на землѣ, какъ исполняютъ ее ангелы на небѣ. «Хлѣбъ нашъ насущный даждь намъ днесь» — дай намъ на сегодня все, что необходимо для нашей тѣлесной пищи; что будетъ съ нами завтра, мы не знаемъ: мы нуждаемся только въ «насущномъ» хлѣбѣ, то-есть ежедневномъ, необходимомъ для поддержанія нашего существованія. «И остави намъ долги наша, якоже и мы оставляемъ должникомъ нашимъ»: эти слова поясняются св. Лукою, который приводитъ эти слова такъ: «И остави намъ грѣхи наша (Лук. 11: 4)» — грѣхи это наши долги, потому что грѣша, мы не исполняемъ **должнаго** и остаемся **должниками** передъ Богомъ и передъ людьми. Это прошеніе съ особой силой внушаетъ намъ необходимость прощать нашимъ ближнимъ всѣ обиды: не прощая другимъ, мы не смѣемъ просить о прощеніи Богомъ нашихъ грѣховъ, не смѣемъ молиться словами Молитвы Господней. «И не введи насъ въ напасть, или въ искушеніе» — испытаніе нашихъ нравственныхъ силъ путемъ склоненія къ какому-либо ненравственному дѣйствію. Мы просимъ тутъ Бога оградить насъ отъ паденія, если такое испытаніе нашихъ нравственныхъ силъ неизбѣжно и необходимо. «Но избави насъ отъ лукаваго» — отъ всякаго зла и отъ виновника его — діавола. Молитва заканчивается увѣренностью въ исполненіи просимаго, ибо Богу принадлежитъ въ семъ мірѣ вѣчное царство, безконечное могущество и слава. Слово: «Аминь» съ еврейскаго означаетъ: «Такъ», «дѣйствительно», «истинно», «да будетъ». Оно произносилось въ синагогахъ молящимися въ подтвержденіе молитвы, произнесенной старшимъ.

Ученіе Господа о постѣ, который также долженъ быть для Бога, а не для полученія похвалы людской, ясно свидѣтельствуетъ о томъ, сколь неправы тѣ, которые говорятъ, будто Господь не предписывалъ Своимъ послѣдователямъ поститься. Постясь, не слѣдуетъ такъ измѣнять своего наружнаго вида, чтобы этимъ привлекать вниманіе къ себѣ, но являться передъ людьми такимъ, какъ всегда: на Востокѣ было принято, совершивъ омовеніе тѣла, умащаться масломъ, особенно помазывать имъ голову; фарисеи же въ дни поста не умывались, не расчесывали волосъ и не мазали ихъ масломъ, привлекая къ себѣ общее вниманіе своимъ необычнымъ видомъ, что и порицаетъ Господь.

Далѣе съ 19 стиха 6-ой главы Господь учитъ насъ искать прежде всего Царствія Божія и не отвлекаться отъ этого исканія никакой иной заботой: не заботиться о пріобрѣтеніи и накопленіи земныхъ сокровищъ, которые недолговѣчны и легко подвергаются порчѣ и уничтоженію. Гдѣ у кого собрано сокровище, тамъ онъ и пребываетъ постоянно своими мыслями, чувствами и желаніями. Поэтому христіанинъ, который долженъ быть сердцемъ своимъ на небѣ, не долженъ увлекаться земными стяжаніями, но долженъ стремиться къ пріобрѣтенію небесныхъ сокровищъ, каковыми являются **добродѣтели.** Для этого нужно **хранить сердце свое, какъ око.** Мы должны оберегать свое сердце отъ земныхъ желаній и страстей, чтобы оно не перестало для насъ быть проводникомъ **духовнаго, небеснаго свѣта,** какъ тѣлесное око является для насъ проводникомъ вещественнаго свѣта. Кто думаетъ одновременно служить Богу и **Маммонѣ** (Маммона — сирское божество, которое почитали, какъ бога — покровителя земныхъ сокровищъ или благъ, или вообще богатства, какъ Плутосъ у грековъ) тотъ подобенъ желающему угодить двумъ господамъ, имѣющимъ разный характеръ и предъявляющимъ разныя требованія, что очевидно невозможно. Господь влечетъ насъ къ небесному и вѣчному, а богатство къ земному и тлѣнному. Поэтому, чтобы избѣжать такой двойственности, мѣшающей дѣлу вѣчнаго спасенія, надо отказаться отъ чрезмѣрныхъ, излишнихъ, безпокойныхъ, томительныхъ заботъ о пищѣ, питьѣ и одеждѣ, — такихъ заботъ, которыя поглощаютъ все наше время и вниманіе и отвлекаютъ насъ отъ заботъ о спасеніи души. Если Богъ такъ заботится о неразумной твари, давая пищу птицамъ и роскошно одѣвая полевые цвѣты, то тѣмъ болѣе не оставитъ Онъ безъ всего необходимаго для земной жизни человѣка, созданнаго по образу Божію и призваннаго быть наслѣдникомъ Царствія Божія. Вся наша жизнь — въ волѣ Божіей и не зависитъ отъ нашихъ попеченій: развѣ можемъ мы сами, заботясь, прибавить себѣ росту хоть на одинъ локоть? Все это, однако, не значитъ, что христіанинъ долженъ отказаться отъ трудовъ и предаться праздности, какъ пробовали нѣкоторые еретики истолковывать это мѣсто Нагорной проповѣди. Трудъ заповѣданъ человѣку Богомъ еще въ раю, до грѣхопаденія (Быт. 2: 15), что подтверждено вновь при изгнаніи Адама изъ рая (3: 19). Тутъ осуждается не трудъ, а чрезмѣрная гнетущая забота о будущемъ, о завтрашнемъ днѣ, который не въ нашей власти и до котораго намъ еще надо дожить. Здѣсь лишь указывается іерархія цѣнностей: **«Ищите прежде Царствія Божія и правды Его:** въ награду за это Господь Самъ позаботится о васъ, чтобы вы имѣли все необходимое для земной жизни, и мысль объ этомъ не должна васъ мучить и угнетать, какъ невѣрующихъ въ промыселъ Божій язычниковъ». Эта часть Нагорной проповѣди 6: 25-34 представляетъ намъ замѣчательную картину **Промысла Божія**, пекущагося о Своей твари. **«Не пецытеся убо на утрей, утренній бо собою печется»** — неразумно заботиться о завтрашнемъ днѣ, потому что завтрашній день внѣ нашей власти, и мы не знаемъ, что принесетъ онъ съ собой: завтрашній день можетъ принести съ собой заботы, о которыхъ мы и не думаемъ.

Третья часть Нагорной проповѣди, заключающаяся въ 7-ой главѣ, учитъ насъ не осуждать ближнихъ, охранять святыню отъ поруганія, о постоянствѣ въ молитвѣ, о широкомъ и тѣсномъ пути, о лже-пророкахъ, объ истинной и ложной мудрости.

«Не судите, да не судими будете» — эти слова св. Лука передаетъ такъ: **«Не осуждайте, да не осуждени будете»** (6: 37). Здѣсь запрещается слѣдовательно не «сужденіе» о ближнемъ, а «осужденіе» его, въ смыслѣ пересудовъ, происходящихъ, по большей части, изъ какихъ-либо самолюбивыхъ и нечистыхъ побужденій, изъ тщеславія, гордости, запрещается злословіе, злоязычіе, злобное порицаніе чужихъ недостатковъ, проистекающее изъ чувства нелюбви, недоброжелательства къ ближнему. Еслибы здѣсь запрещалось вообще всякое **сужденіе** о ближнемъ и его поступкахъ, тогда не могъ бы Господь сказать дальше: **«Не дадите святая псомъ: ни пометайте бисеръ вашихъ передъ свиніями»** и не могли бы христіане исполнять своей обязанности — обличать и вразумлять согрѣшающихъ, что предписывается Самимъ же Господомъ дальше въ гл. 18 ст. 15-17. Запрещается злое чувство, злорадство, но не сама по себѣ оцѣнка поступковъ ближняго, ибо не замѣчая зла, мы легко могли бы начать относиться безразлично ко злу и добру, потеряли бы чувство различенія добра и зла. Вотъ какъ говоритъ объ этомъ св. Златоустъ: «Если кто прелюбодѣйствуетъ, неужели я не долженъ сказать, что прелюбодѣяніе есть зло, и неужели не долженъ исправить распутника? Исправь, но не какъ непріятель, не какъ врагъ, подвергая его наказанію, но **какъ врачъ,** прилагающій лекарство. Надо не порицать, не поносить, но вразумлять; не обвинять, но совѣтовать; не съ гордостью нападать, но съ любовью исправлять (Б. 23)». Здѣсь Христосъ запрещаетъ съ недобрымъ чувствомъ порицать людей за ихъ недостатки, не замѣчая своихъ собственныхъ, можетъ быть, еще большихъ недостатковъ, но тутъ нѣтъ рѣчи о гражданскомъ судѣ, какъ это хотятъ видѣть нѣкоторые лжеучители, какъ нѣтъ рѣчи и объ оцѣнкѣ поступковъ человѣка вообще. Эти слова Господа имѣли въ виду гордыхъ самомнительныхъ фарисеевъ, которые съ немилосерднымъ осужденіемъ относились къ другимъ людямъ, себя однихъ считая праведниками. Тутъ же послѣ этого Господь предостерегаетъ Своихъ учениковъ отъ проповѣди Своего Божественнаго ученія — этого подлиннаго бисера — тѣмъ людямъ, которые, подобно псамъ и свиніямъ, неспособны оцѣнить его, по своему крайнему закоснѣнію во злѣ, и которые, погрязши глубоко въ развратѣ, порокахъ и злодѣяніяхъ, съ ожесточенной злобой относятся ко всякому добру.

Далѣе въ наставленіи: **«Просите и дастся вамъ»** Господь учитъ постоянству, терпѣнію и усердію въ молитвѣ. Истинный христіанинъ, помнящій наставленіе Господа: «Ищите прежде Царствія Божія и правды его» не станетъ въ своей молитвѣ домогаться полученія чего-либо суетнаго, вреднаго для спасенія души, а потому можетъ быть увѣренъ, что по молитвѣ его **«дастся»** ему и **«отверзется»** ему, какъ обѣщаетъ Господь тому, кто усердно молится. Ев. Матѳей говоритъ: **«Отецъ вашъ Небесный дастъ блага просящимъ у Него»,** а св. Лука словами: **«Дастъ Духа Святаго просящимъ у Него»** разъясняетъ, какія это блага, о которыхъ стоитъ и нужно просить. Отецъ не дастъ сыну вреднаго, а потому и Господь даетъ человѣку только то, что является подлиннымъ **благомъ** для человѣка.

Въ заключеніе наставленій объ отношеніи нашемъ къ другимъ людямъ, Господь изрекаетъ правило, которое называютъ «золотымъ»: **«во всемъ, какъ хотите, чтобы съ вами поступали люди, такъ поступайте и вы съ ними».** Въ этомъ — «законъ и пророки», ибо любовь къ людямъ есть отраженіе любви къ Богу, какъ любовь къ братіямъ есть отраженіе любви къ родителямъ.

Христосъ предупреждаетъ, что послѣдованіе Его заповѣдямъ не такъ легко: это **«путь тѣсный»** и **«врата узкая»,** но зато они вводятъ въ вѣчную блаженную жизнь, въ то время какъ путь широкій и пространный, привлекательный для тѣхъ, кто не любитъ бороться со своими грѣховными страстями, ведетъ въ погибель.

Тутъ же Господь и предостерегаетъ Своихъ послѣдователей отъ разныхъ лжеучителей и лжепророковъ, которые могутъ совратить съ этого единственнаго спасительнаго пути, каковы въ настоящее время многочисленные сектанты, такъ заманчиво проповѣдующіе о легкости спасенія, минуя эти узкія врата и тѣсный путь. Эти лжеучители имѣютъ наружный видъ кроткихъ овецъ, но внутри они, подобны хищнымъ волчамъ, губящимъ довѣрчивыхъ овецъ. Этихъ лжеучителей можно распознать по «плодамъ ихъ», то-есть по жизни и по дѣламъ ихъ. Какъ бы противъ современныхъ сектантовъ, учащихъ объ оправданіи человѣка одною вѣрою, безъ добрыхъ дѣлъ, направлены и дальнѣйшія слова Господа: **«Не всякій, говорящій Мнѣ: Господи! Господи! войдетъ въ Царство Небесное, но исполняющій волю Отца Моего Небеснаго».** Здѣсь ясно видно, что мало только вѣры въ Господа Іисуса Христа, но нужна и жизнь, отвѣчающая этой вѣрѣ, то-есть исполненіе заповѣдей Христовыхъ, добрыя дѣла. Въ началѣ проповѣди христіанства многіе дѣйствительно творили чудеса Именемъ Христовымъ, даже и Іуда, получившій эту власть, наравнѣ съ другими 12 Апостолами, но это не спасаетъ, поскольку такіе люди не заботились объ исполненіи заповѣдей Божіихъ.

Ту же мысль Господь повторяетъ и въ заключеніе всей Своей Нагорной проповѣди: кто только слушаетъ слова Христовы, но не исполняетъ ихъ, то-есть не творитъ добрыхъ дѣлъ, тотъ подобенъ человѣку, создавшему свой домъ на пескѣ, и только исполняющій на дѣлѣ завѣты Христова ученія подобенъ построившему свой домъ на камнѣ. Это сравненіе особенно близко и понятно было іудеямъ, ибо въ Палестинѣ бывало частымъ явленіемъ, какъ сильные проливные дожди, сопровождаемые бурями, сносили дома, построенные на песчаномъ грунтѣ. Только исполняющій заповѣди Христовы **на дѣлѣ** можетъ устоять въ часъ нашедшихъ на него, подобно бурѣ, тяжкихъ искушеній. Не исполняющій заповѣдей Христовыхъ легко впадаетъ въ отчаяніе и погибаетъ, отрекаясь отъ Христа. Поэтому Церковь наша въ своихъ пѣснопѣніяхъ и проситъ Христа утвердить насъ «на камени заповѣдей Его».

Св. Матѳей заканчиваетъ свое повѣствованіе о Нагорной проповѣди свидѣтельствомъ, что народъ дивился ученію Христову, ибо Христосъ училъ ихъ, какъ власть имѣющій, а не какъ книжники и фарисеи. Ученіе фарисеевъ состояло, большей частью, въ мелочахъ, въ безполезныхъ словоизвитіяхъ и словопреніяхъ — ученіе Іисуса Христа было просто и возвышенно, ибо Онъ говорилъ, какъ Сынъ Божій, какъ никто до того не говорилъ, говорилъ при этомъ **лично отъ Себя: «А Я говорю вамъ»** — въ словахъ Его ясно чувствовалась Божественная власть и сила.

8. ИСЦѢЛЕНІЕ ПРОКАЖЕННАГО (Матѳея 8: 1 - 4).

Когда Господь Іисусъ Христосъ сошелъ послѣ Своей Нагорной проповѣди съ горы, за Нимъ послѣдовало множество слушавшаго Его и несомнѣнно глубоко потрясеннаго Его проповѣдью народа. И вотъ къ Нему вновь, какъ это было уже однажды, о чемъ повѣствуютъ Евангелисты Маркъ и Лука (Мрк. 1: 40-45 и Лк. 5: 12-16), подошелъ прокаженный, прося объ исцѣленіи его ужасной болѣзни. Конечно, это далеко не было единичнымъ случаемъ исцѣленія прокаженныхъ, принимая во вниманіе то множество чудесъ всевозможныхъ исцѣленій, которое вообще совершилъ Господь за время Своего общественнаго служенія людямъ. Неудивительно, что этотъ случай описывается сходно съ первымъ; неудивительно, что и этому прокаженному Господь приказалъ явиться къ священнику для того, чтобы тотъ, согласно предписанію закона Моисеева, засвидѣтельствовалъ бы оффиціально фактъ исцѣленія, безъ чего бывшій прокаженный даже не могъ возвратиться опять въ общество здоровыхъ людей: всѣ бы его боялись, зная его, какъ больного страшной болѣзнью проказой, и сторонились бы его. Господь приказалъ исцѣленному молчать объ исцѣленіи, но немедленно идти показаться священнику. Нѣкоторые толкователи полагаютъ, что еслибы исцѣленный не пошелъ сразу же во Іерусалимъ къ священнику, а сталъ бы разглашать о совершившемся надъ нимъ чудѣ исцѣленія, то молва объ исцѣленіи могла бы дойти до Іерусалима раньше его прихода, и тогда священники, враждебные Господу, стали бы утверждать, что исцѣленный вовсе и не былъ боленъ проказой.

9. ИСЦѢЛЕНІЕ СЛУГИ КАПЕРНАУМСКАГО СОТНИКА (Матѳея 8: 5-13; Луки 7: 1-10).

Вслѣдъ затѣмъ Господь вошелъ въ Капернаумъ, гдѣ совершилъ чудо заочнаго исцѣленія слуги римскаго сотника, повидимому стоявшаго во главѣ римскаго гарнизона изъ сотни воиновъ, каковые гарнизоны стояли тогда стражей въ нѣкоторыхъ городахъ Палестины, подвластной римлянамъ. Этотъ сотникъ былъ язычникомъ по рожденію, но расположеннымъ къ іудейской религіи, доказательствомъ чего служитъ построеніе имъ синагоги. Слуга его, по св. Матѳею, жестоко страдалъ, находясь въ разслабленіи, а, по св. Лукѣ, находился даже при смерти. Св. Лука разсказываетъ болѣе подробно, что сотникъ послалъ сначала ко Іисусу іудейскихъ старѣйшинъ съ просьбой придти исцѣлить слугу его, а затѣмъ послалъ друзей своихъ, послѣ чего, видимо, какъ передаетъ св. Матѳей, и самъ вышелъ навстрѣчу подходившему къ его дому

Господу. Въ его словахъ, сказанныхъ Господу: «**Не трудись, Господи! ибо я недостоинъ, чтобы Ты вошелъ подъ кровъ мой. Потому и себя самого не почелъ я достойнымъ придти къ Тебѣ; но скажи только слово, и выздоровѣетъ слуга мой**» звучала столь необыкновенная для язычника **вѣра** и **смиреніе,** что Господь, какъ передаютъ оба Евангелиста «**удивился**» и счелъ нужнымъ отмѣтить эту вѣру передъ всѣми окружающими, подчеркнувъ, что такой вѣры онъ не нашелъ и у самихъ представителей избраннаго народа Божія Израиля. Далѣе, какъ передаетъ уже только одинъ св. Матѳей, Господь, въ опроверженіе ложнаго мнѣнія евреевъ, будто только они одни могутъ быть членами грядущаго Царства Мессіи, предрекъ, что многіе изъ язычниковъ «**съ востока и запада**» окажутся достойными, вмѣстѣ съ ветхозавѣтными праотцами, наслѣдовать это Царство, въ то время какъ «**сыны** Царства», то-есть евреи, за свое невѣріе въ пришедшаго Мессію, будутъ извержены во тьму кромѣшную, гдѣ будетъ плачъ и скрежетъ зубовъ. Въ этихъ словахъ Господа Царство Небесное, какъ и во многихъ другихъ Его рѣчахъ и притчахъ, представляется подъ образомъ **вечери** или **пира,** за которымъ на Востокѣ не сидѣли, а «возлежали». Гостей, чѣмъ-либо провинившихся, выводили вонъ изъ комнаты, гдѣ происходила, вечеря, во внѣшнюю (кромѣшнюю) тьму на холодъ, которые противополагаются свѣтлой и теплой комнатѣ: выгнанные гости скрежетали зубами отъ холода и досады — образъ этотъ, всѣмъ понятный, берется для того, чтобы нагляднѣе представить вѣчныя мученія грѣшниковъ во адѣ. Вѣра и смиреніе сотника были сразу же вознаграждены: слуга его выздоровѣлъ въ тотъ же часъ, какъ только Господь произнесъ: «**Иди, и якоже вѣровалъ еси, буди тебѣ!**»

10. ВОСКРЕШЕНІЕ СЫНА НАИНСКОЙ ВДОВЫ (Луки 7: 11-17).

Объ этомъ событіи повѣствуетъ только одинъ Ев. Лука, поставляя его въ связь съ послѣдовавшимъ затѣмъ посольствомъ Іоанна Крестителя къ Іисусу Христу. Изъ Капернаума Господь пошелъ въ г. Наинъ, находившійся близъ южной границы Галилеи, на сѣверномъ склонѣ горы Малый Ермонъ, въ быв. колѣнѣ Иссахаровомъ. Свое имя Наинъ, что значитъ «пріятный», онъ получилъ, вѣроятно, отъ красиваго мѣстоположенія въ великолѣпной и богатой пастбищами долинѣ Есдрелонской. Господа сопровождали ученики Его и множество народа. Въ древности многіе города окружались сплошными стѣнами для защиты отъ враговъ, такъ что входить въ нихъ и выходить можно было только черезъ ворота. И вотъ у городскихъ воротъ Господь встрѣтился съ похороннымъ шествіемъ: изъ города выносили для погребенія умершаго юношу, единственнаго сына матери-вдовы. Увидя удрученную горемъ вдову, Господь сжалился надъ ней и сказалъ: «**Не плачи**», а затѣмъ прикоснулся къ одру, на которомъ несли умершаго, давая тѣмъ знакъ остановиться. Воззвавъ къ умершему: «**Юноше, тебѣ глаголю, востани!**» Господь мгновенно воскресилъ его, отдавъ его матери. Всѣхъ объялъ страхъ, но свидѣтели чуда все же не признали великаго Чудотворца Мессіею, а лишь, «великимъ пророкомъ», каковое мнѣніе распространили о немъ по всей Іудеѣ и окрестностямъ.

11. ПОСОЛЬСТВО ОТЪ ІОАННА ПРЕДТЕЧИ КЪ ГОСПОДУ ІИСУСУ ХРИСТУ И СВИДѢТЕЛЬСТВО ГОСПОДА ОБЪ ІОАННѢ. (Матѳея 11: 2-19 и Луки 7: 18-35).

Св. Іоаннъ Креститель не могъ сомнѣваться въ Божественномъ достоинствѣ Господа Іисуса Христа (см. Іоан. 1: 32-34). Тѣмъ не менѣе онъ посылаетъ двухъ учениковъ своихъ, находясь уже въ темницѣ, ко Іисусу Христу съ вопросомъ: «**Ты ли еси грядый или иного чаемъ?**» Отвѣтъ на этот вопросъ нуженъ былъ не Іоанну Крестителю, а ученикамъ его, которые, слышавъ многое о чудесахъ Господа, недоумѣвали, почему же Онъ не провозглашаетъ Себя открыто Мессіею, если Онъ дѣйствительно Мессія. Но Господь не даетъ на этот вопросъ прямого отвѣта, ибо съ именемъ Мессіи у евреевъ были связаны надежды на земную славу и величіе. Только тотъ, въ комъ душа была очищена отъ всего земного ученіемъ Христовымъ, могъ и достоинъ былъ слышать и знать, что Іисусъ воистину есть Мессія-Христосъ. Поэтому, вмѣсто отвѣта, Онъ, какъ бы ссылаясь на пророчество Исаіи (35: 2-6), обращаетъ ихъ вниманіе на совершаемыя Имъ чудеса, какъ на доказательство Своего Божественнаго посланничества и прибавляетъ: «**Блаженъ, кто не соблазнится о Мнѣ**», то-есть не усумнится въ томъ, что Я — Мессія, видя Мой уничиженный видъ. Дабы кто-либо не подумалъ, что самъ Іоаннъ сомнѣвался о Іисусѣ, Господь, по отшествіи учениковъ его, сталъ говорить народу о высокомъ достоинствѣ и служеніи Іоанна, какъ величайшаго изъ всѣхъ пророковъ «**Мній же во Царствіи Небеснѣмъ болій его есть**» — слова указывающія на превосходство христіанства надъ высочайшей ветхозавѣтной праведностью. «**Отъ дней Іоанна Крестителя доселѣ Царствіе Небесное нудится, и нуждницы восхищаютъ е. Вси бо пророцы и законъ до Іоанна прорекоша**». Здѣсь «закону и пророкамъ», то-есть ветхозавѣтной Церкви противопоставляется Церковь Христова новозавѣтная. Съ Іоанномъ, стоявшимъ на рубежѣ двухъ завѣтовъ, закончился имѣвшій лишь временное предуготовительное значеніе Ветхій Завѣтъ, и открылось Царство Христово, куда входятъ всѣ, употребляющіе для этого усиліе. Основываясь на пророчествѣ Малахіи 4: 5, относящемся несомнѣнно ко второму пришествію Христову, евреи ждали передъ приходомъ Мессіи пророка Илію. Но про Іоанна Малахія пророчествовалъ лишь какъ про Ангела, который приготовитъ путь Господу (3: 1). Ангелъ же, предрекшій Захаріи рожденіе Іоанна, сказалъ, что онъ **«предъ идетъ предъ Господомъ духомъ и силою Иліиною»,** но не будетъ самимъ Иліею. Самъ Іоаннъ на вопросъ іудеевъ: **«Илія ли еси ты?»** отвѣчалъ: **«Нѣсмь».** Смыслъ словъ Христовыхъ: **«И аще хощете пріяти, той есть Илія хотяй пріити»** таковъ: «если вы понимаете буквально пророчество Малахіи о пришествіи Иліи передъ пришествіемъ Мессіи, то знайте, что тотъ, кому должно придти передъ Мессіей, уже пришелъ: это — Іоаннъ. Отнеситесь съ особымъ вниманіемъ къ этому моему свидѣтельству объ Іоаннѣ: **«Имѣяй уши слышати, да слышитъ». «Кому уподоблю родъ сей»,** то-есть книжниковъ и фарисеевъ? Они подобны капризнымъ своенравнымъ дѣтямъ, которымъ никакъ не могутъ угодить ихъ товарищи. Фарисеямъ и книжникамъ, ждавшимъ Мессію, какъ великаго Царя-Завоевателя, не могъ угодить, призывавшій ихъ къ печали и сокрушенію о своихъ грѣхахъ, великій постникъ Іоаннъ; но не могъ имъ угодить и Іисусъ Христосъ, Который въ противоположность Іоанну, чтобы спасти грѣшниковъ, не отказывался раздѣлять съ ними трапезу. **«И оправдися премудрость отъ чадъ своихъ».** Эти слова такъ объясняетъ бл. Ѳеофилактъ: «Когда уже, говоритъ Христосъ, ни Іоаннова, ни Моя жизнь не нравится вамъ, и вы отвергаете всѣ пути спасенія, то **Я — Премудрость Божія —** оказываюсь правымъ не предъ фарисеями, а предъ чадами Своими». Эти «чада премудрости» — простой іудейскій народъ, кающіеся мытари и грѣшницы, увѣровавшіе во Христа и всѣмъ сердцемъ принявшіе Его Божественное ученіе: они «оправдали» Бога и премудрость Его, то-есть показали на себѣ, что Господь вѣрно и премудро устроялъ спасеніе людей. Имъ открылась премудрость Божія, недоступная гордымъ фарисеямъ.

12. ОБЛИЧЕНІЕ НЕЧЕСТИВЫХЪ ГОРОДОВЪ, ПРОСЛАВЛЕНІЕ БОГА ЗА ОТКРЫТІЕ ИСТИНЫ МЛАДЕНЦАМЪ И ПРИЗЫВЪ КЪ СЕБѢ ТРУЖДАЮЩИХСЯ И ОБРЕМЕНЕННЫХЪ. (Матѳ. 11: 20-30 и Луки 10: 13-16 и 21-22).

Съ сердечной скорбью изрекаетъ Христосъ **«горе»** городамъ **Хоразину,** находившемуся на сѣверъ отъ Капернаума, и **Виѳсаидѣ,** находившейся на югъ отъ него, за то, что они не покаялись, хотя много видѣли чудесъ Христовыхъ. Господь сравниваетъ эти города съ языческими городами **Тиромъ и Сидономъ** въ сосѣдней Финикіи и говоритъ, что положеніе послѣднихъ будетъ на страшномъ судѣ лучше положенія евреевъ, которымъ предоставлена была возможность спастись, но они не захотѣли покаяться, какъ покаялась въ свое время во вретищѣ (грубой власяницѣ, причиняющей боль тѣлу) и пеплѣ (посыпавъ пепломъ главу и сѣвши на пепелъ въ знакъ глубокаго сокрушенія) Ниневія, въ результатѣ проповѣди Іоны. Предрекаетъ Господь гибель и **Капернауму** за его крайнюю степень превозношенія, вслѣдствіе внѣшняго благосостоянія. Онъ сравниваетъ его по нечестію съ городами Содомомъ и Гоморрою, которые были наказаны Богомъ чрезъ истребленіе ихъ сѣрнымъ дождемъ и огнемъ. Всѣ эти города дѣйствительно скоро постигла кара Божія: они были совершенно разрушены римлянами въ ту же войну, когда былъ разрушенъ и Іерусалимъ. Гордые своею мнимою мудростью и знаніемъ Св. Писанія книжники и фарисеи не поняли Господа Іисуса Христа и Его ученіе. Оно, по ихъ духовной слѣпотѣ, оказалось сокрытымъ отъ нихъ, и вотъ Господь славитъ Своего Отца небеснаго, что истина Его ученія, сокрытая отъ этихъ «мудрыхъ и разумныхъ», оказалась открытой «младенцамъ» — людямъ простымъ и безхитростнымъ, каковы были Апостолы и Его ближайшіе ученики и послѣдователи, не умомъ, но сердцемъ, почувствовавшіе, что Іисусъ есть подлинно Мессія-Христосъ. «**Вся Мнѣ предана суть Отцемъ Моимъ**» — все отдано подъ власть Мою, и міръ тѣлесный, видимый, и міръ духовный, невидимый, отдано не какъ Сыну Божію, Которому всегда была свойственна такая власть, но какъ Богочеловѣку и Спасителю людей, чтобы все Имъ могло быть обращено ко спасенію человѣчества. «**И никтоже вѣсть, кто есть Сынъ, токмо Отецъ, и кто есть Отецъ, токмо Сынъ, и емуже аще хощетъ Сынъ открыти**» — все величіе и благость Сына никто изъ людей не въ состояніи постигнуть, такъ же, какъ величія и благости Отца. Только Сынъ въ Себѣ Самомъ открываетъ Отца для тѣхъ, кто приходитъ къ Нему. А Онъ всѣхъ призываетъ къ Себѣ: «**Пріидите ко Мнѣ вси труждающіися и обремененніи**», то-есть изнемогающіе отъ суетнаго и безплоднаго труда подъ гнетомъ грѣховныхъ страстей, проистекающихъ отъ гордости и самолюбія, «**и Азъ упокою вы**», дамъ вамъ миръ отъ страстей. «**Возмите иго Мое на себе**», иго евангельскаго закона, научитесь отъ Христа кротости и смиренію, и найдете миръ для души. Это иго евангельскаго закона, по сравненію съ игомъ страстей, «**благое**» и «**легкое**», ибо Господь Самъ даетъ силы для его несенія въ видѣ благодати Св. Духа и Собственнымъ примѣромъ воодушевляетъ насъ на несеніе этого ига.

13. ПРОЩЕНІЕ ГРѢШНИЦЫ ВЪ ДОМѢ СИМОНА-ФАРИСЕЯ (Луки 7: 36-50).

Нѣкій фарисей, по имени Симонъ, видимо, питавшій любовь къ Господу, но не имѣвшій твердой вѣры въ Него, пригласилъ Господа къ себѣ на трапезу, можетъ быть, для того, чтобы, войдя съ Нимъ въ болѣе близкое общеніе, вникнуть въ Его рѣчи и дѣйствія. Неожиданно вошедшая жена — извѣстная въ городѣ, какъ грѣшница, смиренно ставши позади Господа, наклонилась къ ногамъ Его и, видя, что они еще не омыты отъ дорожной пыли, источила на нихъ цѣлые потоки слезъ, омывая ихъ такимъ образомъ, вмѣсто воды, своими слезами и отирая ихъ затѣмъ своими волосами. Затѣмъ, лобызая ноги Его, она стала мазать ихъ принесеннымъ ею драгоцѣннымъ муромъ. По понятіямъ фарисейскимъ, прикосновеніе грѣшницы оскверняло человѣка, а потому фарисей, нисколько не тронувшись нравственнымъ переворотомъ, который очевидно совершился въ душѣ этой блудницы, только осуждалъ Господа за принятіе этихъ лобзаній, думая про себя, что Онъ — не пророкъ, ибо, еслибы былъ пророкомъ, то былъ бы и прозорливцемъ, а тогда зналъ бы, «кто и какова жена прикасается Ему» и отвергъ бы ее. Отвѣчая на тайныя мысли фарисея, Господь въ обличеніе его сказалъ ему притчу о двухъ должникахъ, изъ которыхъ одинъ долженъ былъ заимодавцу 500 динаріевъ, (около 125 рублей), а другой — 50. Такъ какъ они не имѣли, чѣмъ заплатить, то заимодавецъ простилъ имъ обоимъ. Легко было отвѣтить на вопросъ Господа, который изъ нихъ болѣе возлюбитъ его: «Которому болѣе простилъ». Подтвердивъ правильность отвѣта, Господь присовокупилъ: «А ему же мало оставляется, меньше любитъ». Эти послѣднія слова, судя по контексту рѣчи, были направлены противъ Симона, бѣднаго любовью ко Христу и скуднаго въ дѣлахъ любви. Изъ этой притчи Симонъ долженъ былъ понять, что Господь ставитъ эту покаявшуюся жену-грѣшницу въ нравственномъ отношеніи выше его, ибо она показала болѣе любви къ Господу, чѣмъ Симонъ, и за эту любовь ея «отпущаются грѣси ея мнози». «А емуже мало оставляется, меньше любитъ» — прикровенное указаніе на самого Симона, для его вразумленія, что, такъ какъ онъ не оказалъ обычныхъ знаковъ пріязни и любви ко Христу (омовеніе ногъ и лобзаніе), хотя и принялъ его въ домъ, то ему меньше прощается, хотя все же прощается за нѣкоторое расположеніе его ко Господу. Возлежавшіе съ Симономъ гости, вѣроятно, тоже фарисеи, однако, не вразумились и съ ропотомъ отнеслись къ изреченному Господомъ прощенію грѣховъ женѣ, почему Онъ и отослалъ ее, сказавъ: «Иди въ мирѣ».

14. ИСЦѢЛЕНІЕ БѢСНОВАТАГО И ОБЛИЧЕНІЕ ФАРИСЕЕВЪ ЗА ХУЛУ НА ДУХА СВЯТАГО (Матѳ. 12:22-37; Марка 3: 20-30 и Луки 11: 14-23).

Господь исцѣляетъ бѣсноватаго, въ которомъ обитаніе нечистаго духа сопровождалось слѣпотой и нѣмотой, и весь народъ дивился этому чуду. Фарисеи, желая предотвратить въ народѣ толки объ Іисусѣ, какъ о Христѣ, стали говорить, что Онъ изгоняетъ бѣсовъ силою Веельзевула, князя бѣсовскаго, говорили, что Онъ имѣетъ въ Себѣ духа нечистаго (Марк. 3: 30) и даже Самого Его называли Веельзевуломъ (Матѳ. 10: 25). На это Господь отвѣтилъ возраженіемъ, имѣющимъ такой смыслъ: «можно ли думать, чтобы сатана самъ сталъ разрушать свое царство?» Въ связи съ этимъ находится мысль: «**Иже нѣсть со Мною, на Мя есть**» — въ Царствѣ Христовомъ, кто не со Христомъ, тотъ уже враждебенъ Ему, ибо онъ вноситъ раздѣленіе въ единомъ Царствѣ подъ единой властью, гдѣ не должно быть мѣсто раздѣленію. Другое дѣло, когда человѣкъ находится еще внѣ Царства Христова, еще не призывался въ него: лишь бы онъ только не былъ противъ Христа, за одно съ враждебнымъ Христу міромъ: такой отчасти уже Христовъ и вскорѣ сдѣлается за одно съ Христомъ чрезъ вступленіе въ Его Царство. На этомъ примѣрѣ Своего Царства, Господь уясняетъ, что и въ царствѣ діавола должно существовать единство власти и дѣйствія, почему сатана и не можетъ дѣйствовать противъ сатаны. «**Сынове ваши о комъ изгонятъ?**» здѣсь можно понимать и Апостоловъ, получившихъ отъ Господа власть изгонять бѣсовъ, и учениковъ фарисейскихъ, упражнявшихся въ заклинаніяхъ злыхъ духовъ и того человѣка, о которомъ Апостолы говорили Христу, что онъ изгоняетъ бѣсовъ именемъ Христа, но со Христомъ не ходитъ (Марк. 9: 38 и Лук. 9: 49). «**Тіи вамъ будутъ судіи**», то-есть на страшномъ судѣ изобличатъ васъ въ злонамѣренномъ извращеніи истины. «**Аще ли же Азъ о Дусѣ Божіи изгоню бѣсы, убо постиже на васъ Царствіе Божіе**», то-есть пришло къ вамъ Царство Божіе на мѣсто царства сатаны, который потому и бѣжитъ изъ міра, гонимый Христомъ. Изгоняя отдѣльныхъ бѣсовъ, Господь доказываетъ тѣмъ, что Онъ «**связалъ**» самого «**сильнаго**», то-есть сатану. «Кто не со Мной въ этой Моей борьбѣ съ сатаной за собираніе всѣхъ людей въ Царствіе Божіе, тотъ противъ Меня», ибо кто изъ знающихъ и слышащихъ ученіе Христово не становится на сторону Его,, тотъ уже врагъ Его; тѣмъ болѣе врагъ, кто противодѣйствуетъ Ему. Выводъ изъ всего этого: «**Всякъ грѣхъ и хула отпустится человѣкомъ: а яже на Духа хула, не отпустится человѣкомъ**». Милосердіе Божіе безконечно, и нѣтъ грѣха, который побѣждалъ бы его. Но кто упорно отвергаетъ самое это милосердіе, кто упорно противится самой спасающей благодати Божіей, для того **нѣтъ милосердія,** грѣхъ такого остается **непрощеннымъ,** и такой человѣкъ погибаетъ. Это намѣренное противленіе спасающей благодати Божіей, которая есть **благодать Святаго Духа**, Господь назвалъ **хулой противъ Святаго Духа**. Противленіе ей фарисеевъ ясно выразилось въ томъ, что дѣла всемогущества Божія они осмѣлились назвать дѣлами діавола. Почему этотъ грѣхъ **не простится ни въ сей вѣкъ ни въ будущій?** Потому что, если человѣкъ отвергнетъ очевидныя дѣйствія спасающей благодати Св. Духа, то неоткуда взяться у него и **покаянію,** безъ котораго нѣтъ спасенія: онъ не можетъ покаяться. Кто похулитъ Христа, видя Его уничиженіе, тому это простится, ибо это грѣхъ заблужденія, легко омываемый покаяніемъ; не таково упрямое противленіе очевиднымъ дѣйствіямъ спасающей силы Божіей, которое было у фарисеевъ и которое далеко отстояло отъ покаянія. Клевету фарисеевъ на Свои дѣла Господь объясняетъ ихъ злымъ сердцемъ, **«Ибо отъ избытка сердца говорятъ уста»** и грозитъ имъ, что за всякое слово праздное они должны будутъ отвѣтить въ день страшнаго суда, ибо лживыя и нечестивыя слова указываютъ на наличіе злого сердца.

15. ОТВѢТЪ ГОСПОДА ИСКАВШИМЪ ОТЪ НЕГО ЗНАМЕНІЯ (Мѳ. 12: 38-45; Лк. 11: 29-32; 24-26.).

Іудеевъ соблазняло во Іисусѣ Христѣ Его уничиженіе, и они потребовали отъ Него такого знаменія, которое ясно обнаружило бы Его Божественное достоинство, какъ Мессіи. Они не довольствовались чудесами, которыя творилъ Христосъ по любви Своей къ страждущимъ людямъ, по мольбѣ отдѣльныхъ лицъ; они желали видѣть особенное **«знаменіе съ неба»** (Матѳ. 16: 1). Они лицемѣрно, какъ враги просятъ отъ Него знаменія, а потому Онъ называетъ ихъ «родомъ **лукавымъ»,** а **«прелюбодѣйнымъ»** называетъ ихъ въ смыслѣ ихъ невѣрности Богу, на которую указывали еще пророки, представляя идолослуженіе іудеевъ подъ образомъ измѣны Богу, какъ бы супружеской, — прелюбодѣянія. (См. Ис. 57: 3, Іезек. 16: 15, 23: 27). Господь говоритъ, что такого чуда имъ дано не будетъ и указываетъ только на величайшее знаменіе въ прошедшемъ, прообразовавшее величайшее чудо, которое имѣетъ совершиться на Немъ въ будущемъ, именно: чудо сохраненія пророка Іоны во чревѣ морской рыбы въ продолженіе трехъ сутокъ, прообразовавшее чудо **Воскресенія Христова,** послѣ трехдневной тѣлесной смерти. Христосъ былъ во гробѣ собственно одинъ день и двѣ ночи но на Востокѣ при исчисленіи времени всегда было принято считать часть дня или ночи за цѣлый день или ночь (примѣры этому въ Библіи: 1 Цар. 30: 12, Быт. 42: 17-18, 2 Пар. 10: 5-12 и др.). «Ниневитяне» — жители города Ниневіи, столицы Ассирійскаго царства на берегу г. Тигра, къ сѣверу отъ Вавилона, покаявшіеся въ результатѣ проповѣди пророка Іоны, осудятъ евреевъ на страшномъ судѣ за то, что евреи не вняли проповѣди своего Мессіи и не захотѣли покаяться въ своемъ упорствѣ. Царица южская — царица Савская, приходившая къ Соломону (3 Цар. 10) изъ Аравіи, также осудитъ евреевъ, ибо она приходила издалека, чтобы послушать мудрость Соломона, а іудеи не хотѣли слушать Самую Воплотившуюся Премудрость Божію, Которая «больше Соломона». Далѣе Господь показываетъ іудеямъ наглядной притчей о нечистомъ духѣ, вышедшемъ изъ человѣка, а затѣмъ вновь возвратившемся съ семью другими, злѣйшими себя, что хотя бы Онъ и заставилъ ихъ увѣровать въ Себя какимъ-нибудь поразительнымъ чудомъ, но нравственная испорченность ихъ настолько сильна, что по прошествіи нѣкотораго времени ихъ невѣріе возникло бы съ еще большей силой и упорствомъ, и они сдѣлались бы еще хуже. Невѣріе и испорченность въ нихъ, какъ злой духъ въ бѣсноватомъ. Если человѣкъ остается нерадивымъ, празднымъ и невнимательнымъ къ себѣ, то злой духъ и страсти, однажды изгнанныя изъ него, возвращаются къ нему съ большей силой.

16. ЖЕНЩИНА ПРОСЛАВЛЯЕТЪ МАТЕРЬ ХРИСТОВУ, И ХРИСТОСЪ ОТВѢЧАЕТЪ ЕЙ (Луки 11: 27-28). ДУХОВНОЕ РОДСТВО СЪ ГОСПОДОМЪ (Матѳ. 12: 46-50; Марка 3: 31-35; Луки 8: 19-21).

Бесѣда Господа такъ поразила одну женщину, по преданію Маркелу, прислужницу Марѳы (Лук. 10: 38, почему этотъ евангельскій отрывокъ на праздники Богородицы всегда присоединяется къ Евангелію о посѣщеніи Господомъ Марѳы и Маріи и читается, какъ одно Евангеліе), что она не могла удержать своего восторга и всенародно прославила Господа и Его Пречистую Матерь, Которая вмѣстѣ съ названными братіями Его находилась тутъ же, только внѣ дома (см. Матѳ. 12: 46). «**Блаженно чрево**» и т. д., то-есть блаженна та, Которая родила и воспитала такого великаго Учителя. Здѣсь мы видимъ начало прославленія Богоматери, въ исполненіе Ея собственнаго предреченія: «**отнынѣ ублажатъ Мя вси роди**». На это Христосъ отвѣтилъ, что блаженны и всѣ слышащіе Слово Божіе и соблюдающіе его. Св. Матѳей указываетъ, что именно въ это самое время Матерь Господа и мнимые братія Его стояли внѣ дома и послали сказать о нихъ Господу, не будучи въ состояніи протолпиться къ Нему изъ-за множества окружавшихъ Его. Господь всегда питалъ нѣжное чувство къ Своей Матери, и, даже вися уже на крестѣ, поручилъ Ее заботамъ Своего возлюбленнаго ученика. Но тутъ, когда во время произносимаго Имъ поученія къ народу, Его хотѣли оторвать отъ этого, Онъ показалъ всѣмъ, что исполненіе воли Отца Небеснаго для Него выше родственныхъ чувствъ: «**Кто будетъ исполнять волю Отца Моего Небеснаго, тотъ Мнѣ братъ и сестра и матерь**».

Упоминаемые здѣсь «братія Іисуса» въ нѣкоторыхъ мѣстахъ Евангелія называются по именамъ, а именно: **Іаковъ, Іосія, Симонъ и Іуда** (Матѳ. 13: 54-56), причемъ изъ сопоставленія повѣствованія всѣхъ четырехъ Евангелій о женщинахъ, стоявшихъ на Голгоѳѣ при крестѣ Іисусовомъ и затѣмъ шедшихъ ко гробу въ день Воскресенія Христова, ясно, что матерью этихъ «братьевъ Іисуса» была **Марія Клеопова,** которую Ев. Іоаннъ называетъ **«сестрой Матери Его»** (Іоан. 19: 25). Повидимому, Марія Клеопова была двоюродной сестрой Матери Господа, такъ какъ Она была единственной дочерью Своихъ родителей Іоакима и Анны. По преданію, эта Марія была женой Клеопы, который и былъ отцомъ «братій Іисуса». По другому преданію, эти «братія Іисуса» были дѣтьми Іосифа — обручника отъ его перваго брака, а, очень возможно, что приводитъ въ полную согласованность оба эти преданія, «братія Іисуса» были дѣтьми Іосифа и жены умершаго бездѣтнымъ (по закону ужичества) брата его или близкаго родственника Клеопы — Маріи Клеоповой. Во всякомъ случаѣ, «братіями» у евреевъ назывались **не только родные** братія, но и двоюродные и троюродные и вообще близкіе родственники.

17. УЧЕНІЕ ГОСПОДА ІИСУСА ХРИСТА О ЦАРСТВІИ БОЖІЕМЪ ВЪ ПРИТЧАХЪ: ПРИТЧА О СѢЯТЕЛѢ (Матѳ. 13: 1-23; Марка 4: 1-20; Луки 8: 4-15).

Слово «притча» представляетъ собой переводъ греческихъ словъ: **«параволи»** и **«паримія»**. **«Паримія»** — въ точномъ смыслѣ означаетъ краткое изреченіе, выражающее правило жизни (таковы, напр. «Притчи Соломоновы»); **«параволи»** есть цѣлый разсказъ, имѣющій прикровенный смыслъ и въ образахъ, взятыхъ изъ повседневнаго быта людей, выражающій высшія духовныя истины. Евангельская притча собственно есть **«параволи»**. Притчи, изложенныя въ 13 главѣ Ев. отъ Матѳея и въ параллельныхъ мѣстахъ у двухъ другихъ синоптиковъ Марка и Луки, были произнесены при стеченіи столь многочисленнаго народа, что Господь Іисусъ Христосъ, желая устраниться отъ тѣснившей Его толпы, вошелъ въ лодку и изъ лодки говорилъ къ народу, стоявшему на берегу Генисаретскаго озера (моря).

Какъ поясняетъ св. Златоустъ, **«Господь говорилъ притчами для того, чтобы сдѣлать слово Свое болѣе выразительнымъ, глубже напечатлѣть его въ памяти и самыя дѣла представить глазамъ».** «Притчи Господа — это иносказательныя поученія, образы и примѣры для коихъ заимствовались изъ обыденной жизни народа и изъ окружавшей его природы. Въ Своей притчѣ о **Сѣятелѣ,** подъ Которымъ Онъ разумѣлъ Самого Себя, подъ сѣменемъ проповѣдуемое Имъ Слово Божіе, а подъ почвой, на которую падаетъ сѣмя, сердца слушателей, Господь живо напомнилъ имъ ихъ родныя поля, черезъ которыя мѣстами проходитъ дорога, мѣстами заросшія колючимъ кустарникомъ — терніемъ, мѣстами же каменистыя, покрытыя лишь тонкимъ слоемъ земли. Сѣяніе — прекрасный образъ проповѣданія Слова Божія, которое, падая на сердце, смотря по состоянію онаго, остается безплоднымъ или приноситъ плодъ большій или меньшій.

На вопросъ учениковъ: **«Почто притчами глаголеши имъ?»** Господь отвѣчалъ: **«Вамъ дано есть разумѣти тайны Царствія Небеснаго, онѣмъ же не дано есть».** Ученикамъ Господа, какъ будущимъ провозвѣстникамъ Евангелія, черезъ особое благодатное просвѣщеніе ума ихъ, дано было знаніе Божественныхъ истинъ, хотя и не въ полномъ совершенствѣ до сошествія Св. Духа, а всѣ остальные не были способны къ принятію и пониманію этихъ истинъ, причиной чего было ихъ нравственное огрубѣніе и ложныя представленія о Мессіи и Его царствѣ, распространяемыя книжниками и фарисеями, о чемъ пророчествовалъ еще Исаія (6: 9-10). Если показать такимъ нравственно испорченнымъ, духовно-огрубѣвшимъ людямъ истину, какъ она есть, не облекая ее никакими покровами, то они и, видя, не увидятъ ее и, слыша, не услышатъ ее. Только облеченная въ приточный покровъ, соединенная съ представленіями о предметахъ хорошо знакомыхъ, истина становится доступной воспріятію и пониманію: ненасильственно, сама собой загрубѣлая мысль возносилась отъ видимаго къ **невидимому,** отъ внѣшней стороны къ **высшему духовному смыслу.**

«Кто имѣетъ, тому дано будетъ, и пріумножится; а кто не имѣетъ, у того отнимется и то, что имѣетъ» — присловіе неоднократно повторяемое Господомъ въ разныхъ мѣстахъ Евангелія (Матѳ. 25: 29; Луки 19: 26). Смыслъ его тотъ, что богатый при усердіи болѣе и болѣе богатѣетъ, а бѣдный при лѣности и послѣднее теряетъ. Въ духовномъ смыслѣ это значитъ: вы, Апостолы, съ дарованнымъ вамъ уже познаніемъ таинъ Царствія Божія, можете проникать все глубже и глубже въ эти тайны, понимать ихъ все совершеннѣе; народъ потерялъ бы и то скудное знаніе сихъ таинъ, какое еще осталось у него, еслибы при откровеніи сихъ таинъ не дать ему въ помощь приточной рѣчи, болѣе для него пригодной. Св. Златоустъ разъясняетъ это такъ: **«Кто самъ желаетъ и старается пріобрѣсти дары благодати, тому и Богъ даруетъ все; а въ комъ нѣтъ этого желанія и старанія, тому не принесетъ пользы и то, что, какъ ему кажется, онъ имѣетъ».**

У кого умъ такъ омраченъ, а сердце огрубѣло во грѣхѣ, что онъ не понимаетъ Слова Божія, у того оно ложится такъ сказать на поверхности ума и сердца, не пустивъ корней внутрь, какъ сѣмя на дорогѣ, открытое для всѣхъ проходящихъ, и лукавый — сатана или демонъ — легко его похищаетъ, дѣлаетъ безплоднымъ слышаніе; каменистую почву представляютъ собой тѣ люди, которые увлекаются проповѣдью Евангелія, какъ пріятной новостью, иногда даже искренно и чистосердечно, находятъ удовольствіе въ слушаніи его, но сердце ихъ холодно, неподвижно, твердо какъ камень: они не въ силахъ, ради требованій евангельскаго ученія, измѣнить свой привычный образъ жизни, отстать отъ своихъ излюбленныхъ, вошедшихъ въ привычку грѣховъ, вести борьбу съ искушеніями, претерпѣвать за истину евангельскую какія-либо скорби и лишенія — въ борьбѣ съ искушеніями **они соблазняются,** падаютъ духомъ и измѣняютъ своей вѣрѣ и Евангелію; подъ тернистой почвой разумѣются сердца людей, опутанныхъ страстями — пристрастіями къ богатству, къ наслажденіямъ, вообще ко благамъ міра сего; подъ доброй землей разумѣются люди съ добрыми чистыми сердцами, которыя, услышавъ Слово Божіе, твердо рѣшились сдѣлать его руководствомъ всей своей жизни и творить плоды добродѣтели». «Виды добродѣтелей различны, различны и преуспѣвающіе въ духовной мудрости» (Блаж. Ѳеофилактъ).

ПРИТЧА О ПЛЕВЕЛАХЪ (Матѳея 13: 24-39 и 13: 36-43).

«Царство Небесное», то-есть земная церковь, основанная небеснымъ Учредителемъ и приводящая людей къ небу, «подобна человѣку, посѣявшему доброе сѣмя на полѣ своемъ». «Спящимъ же человѣкомъ», то-есть ночью, когда дѣла могутъ быть невидимы никѣмъ — здѣсь указывается на хитрость врага — «пріиде врагъ его и всѣя плевелы», то-есть сорныя травы, которыя, пока малы, всходами своими очень похожи на пшеницу, а когда выростутъ и начинаютъ уже отличаться отъ пшеницы, то выдергиваніе ихъ сопряжено съ опасностью для корней пшеницы. Ученіе Христово сѣется по всему міру, но и діаволъ своими соблазнами сѣетъ зло среди людей. На обширной нивѣ міра живутъ поэтому вмѣстѣ съ достойными сынами Отца небеснаго (пшеницею) и сыны лукаваго (плевелы). Господь терпитъ ихъ, оставляя ихъ до «жатвы», то-есть до Страшнаго суда, когда жатели, то-есть Ангелы Божіи, соберутъ плевелы, то-есть всѣхъ дѣлающихъ беззаконіе, и ввергнутъ ихъ въ печь огненную, на вѣчныя адскія муки; пшеницу же, то-есть праведниковъ, Господь повелитъ собрать въ житницу Свою, то-есть въ Царствіе Свое небесное, гдѣ праведники возсіяютъ, какъ солнце.

ПРИТЧА О НЕВИДИМО РАСТУЩЕМЪ СѢМЕНИ (Марка 4: 26-29).

Царство Небесное подобно сѣмени, которое, бывъ однажды брошено въ землю, непримѣтно растетъ само собой. Внутренній процессъ этого произростанія необъяснимъ и неуловимъ. Какъ вырастаетъ изъ сѣмени цѣлое растеніе, никто не знаетъ. Точно также неуловимо и необъяснимо религіозное преображеніе души человѣка, совершаемое силою благодати Божіей.

ПРИТЧА О ЗЕРНѢ ГОРЧИЧНОМЪ (Мѳ. 13: 31-32; Мр. 4: 30-32; Луки 13: 18-19).

На Востокѣ горчичное растеніе достигаетъ величины громадныхъ размѣровъ, хотя зерно его чрезвычайно мало, такъ что у евреевъ того времени была даже поговорка: «малъ, какъ горчичное сѣмячко». Смыслъ притчи тотъ, что, хотя начало Царства Божія повидимому мало и неславно, но сила, въ немъ сокрытая, побѣждаетъ всѣ препятствія и преобразуетъ его въ царство великое и всемірное. «Сею притчею», говоритъ св. Златоустъ, «Господь хотѣлъ показать образъ распространенія проповѣди евангельской. Хотя ученики Его были всѣхъ безсильнѣе, всѣхъ уничиженнѣе, впрочемъ какъ сила въ нихъ сокровенная была велика, то она (проповѣдь) распространилась на всю вселенную». Церковь Христова, въ началѣ малая, для міра непримѣтная, распространилась на землѣ такъ, что множество народовъ, какъ птицы небесныя въ вѣтвяхъ горчичнаго дерева, укрываются подъ сѣнью ея. Точно также бываетъ и въ душѣ каждаго человѣка: вѣяніе благодати Божіей, въ началѣ едва примѣтное, все болѣе и болѣе охватываетъ душу, которая и дѣлается потомъ вмѣстилищемъ разнообразныхъ добродѣтелей.

ПРИТЧА О ЗАКВАСКѢ (Мѳ. 13: 33-35; Мр. 4: 33-34; Лк. 13: 20-21).

Точно такой же смыслъ имѣетъ притча о заквасѣ. «Какъ закваска», говоритъ св. Златоустъ: «надъ большимъ количествомъ муки производитъ то, что мукѣ усвояется сила закваски, такъ и вы (Апостолы) преобразите цѣлый міръ». Точно также и въ душѣ каждаго отдѣльнаго члена Царства Христова: сила благодати невидимо, но дѣйствительно объемлетъ постепенно всѣ силы его духа и преображаетъ ихъ, освящая ихъ. Подъ тремя мѣрами нѣкоторые разумѣютъ три силы души: умъ, чувство и волю.

ПРИТЧА О СОКРОВИЩѢ, СКРЫТОМЪ ВЪ ПОЛѢ (Матѳея 13: 44).

Человѣкъ узналъ о кладѣ, который находится въ непринадлежащемъ ему полѣ. Чтобы имъ воспользоваться, онъ прикрываетъ кладъ землей, продаетъ все, что имѣетъ, покупаетъ это поле и тогда вступаетъ въ обладаніе этимъ кладомъ. Подобную драгоцѣнность представляетъ для мудраго и Царство Божіе, понимаемое въ смыслѣ внутренняго освященія и духовныхъ даровъ. Затаивъ у себя эту драгоцѣнность, послѣдователь Христовъ всѣмъ жертвуетъ и отъ всего отрекается, чтобы ею обладать.

ПРИТЧА О ДРАГОЦѢННОЙ ЖЕМЧУЖИНѢ (Матѳея 13: 45-46).

Смыслъ притчи тотъ же, что и предшествующей: для пріобрѣтенія Царства Небеснаго, какъ высочайшей драгоцѣнности для человѣка, надо жертвовать всѣмъ, всѣми своими благами, какими только обладаешь.

ПРИТЧА О НЕВОДѢ, ЗАКИНУТОМЪ ВЪ МОРЕ (Мѳ. 13: 47-50).

Эта притча имѣетъ тотъ же смыслъ, что и притча о пшеницѣ и плевелахъ. Море — міръ, неводъ — ученіе вѣры, рыбари — Апостолы и ихъ преемники. Этотъ-то неводъ собралъ отъ всякаго рода — варваровъ, эллиновъ, іудеевъ, блудниковъ, мытарей, разбойниковъ. Подъ образомъ берега и разбора рыбы разумѣется кончина вѣка и страшный судъ, когда праведники будутъ отдѣлены отъ грѣшниковъ, какъ хорошая рыба въ неводѣ отдѣляется отъ худой. Надо обратить вниманіе на то, что Христосъ Спаситель часто пользуется случаями — указать на различіе въ будущей жизни праведниковъ и грѣшниковъ. Поэтому нельзя согласиться съ мнѣніемъ тѣхъ, которые, какъ напр. Оригенъ, думаютъ, что всѣ спасутся, даже и діаволъ.

Толкуя притчи Господни, надо всегда имѣть въ виду, что, поучая притчами, Господь всегда бралъ примѣры не вымышленные, а изъ повседневной жизни Своихъ слушателей, и поступалъ такъ, по объясненію св. Іоанна Златоуста, для того, чтобы сдѣлать слова Свои болѣе выразительными, облечь истину въ живой образъ, глубже запечатлѣть ее въ памяти. Поэтому въ притчахъ надо искать сходства, подобія, только **въ общемъ, а не въ частностяхъ,** не въ каждомъ словѣ, въ отдѣльности взятомъ. Кромѣ того, конечно, каждую притчу надо понимать въ связи съ другими, однородными и съ общимъ духомъ ученія Христова.

Важно отмѣтить, что въ Своихъ проповѣдяхъ и притчахъ Господь Іисусъ Христосъ весьма точно разграничиваетъ понятіе Царства Небеснаго отъ понятія Царства Божія. **Царствомъ Небеснымъ** Онъ называетъ то вѣчное блаженное состояніе праведниковъ, которое откроется для нихъ **въ будущей жизни,** послѣ послѣдняго Страшнаго суда. **Царствомъ Божіимъ** Онъ называетъ основанное Имъ на землѣ царство вѣрующихъ въ Него и стремящихся творить волю Отца Небеснаго. Это Царство Божіе, открывшееся съ приходомъ Христа Спасителя на землю, непримѣтно вселяется въ души людей и подготовляетъ ихъ на землѣ къ наслѣдованію имѣющаго открыться по кончинѣ вѣка Царства Небеснаго. Раскрытію этихъ понятій и посвящены вышеуказанныя притчи.

Въ томъ, что Господь говорилъ притчами, св. Матѳей видитъ исполненіе пророчества Асафа въ 77 псалмѣ ст. 1-2: **«Отверзу въ притчахъ уста моя».** Хотя Асафъ говорилъ это о себѣ, но, какъ пророкъ, онъ служилъ прообразомъ Мессіи, что видно и изъ того, что слѣдующія слова: **«Изреку сокровенное отъ созданія міра»** приличествуютъ только Мессіи **Всевѣдущему,** а не смертному человѣку: сокровенныя тайны царствія Божія вѣдомы, конечно, только ипостасной Премудрости Божіей.

Когда на вопросъ ученикамъ, поняли ли они все сказанное, ученики отвѣтили Господу утвердительно, Онъ назвалъ ихъ «книжниками», но не тѣми книжниками-іудеями, враждебными Ему, которые знали только «старое ветхозавѣтное, да и то искажали, извращали, понимая и толкуя превратно, а книжниками, **наученными Царству Небесному,** способными быть проповѣдниками этого Царства Небеснаго. Наученные Господомъ Іисусомъ Христомъ, они знаютъ теперь и **«старое»** пророчество и **«новое»** ученіе Христово о Царствѣ Небесномъ и смогутъ въ дѣлѣ предстоящей имъ проповѣди, какъ домовитый хозяинъ, выносящій изъ сокровищницы своей старое и новое, пользоваться, по мѣрѣ надобности, тѣмъ или другимъ. Такъ и всѣ преемникки Апостоловъ въ дѣлѣ своей проповѣди должны пользоваться и Ветхимъ и Новымъ Завѣтомъ, ибо истины и того и другого Богооткровенны.

18. ОТВѢТЫ ГОСПОДА КОЛЕБЛЮЩИМСЯ СЛѢДОВАТЬ ЗА НИМЪ (Матѳея 8: 18-22; Луки 9: 57-62).

Народъ такъ окружалъ и тѣснилъ Господа, что негдѣ было уединиться (Лук. 4: 42) для молитвы и бесѣды съ Апостолами, не было даже времени хлѣба вкусить (Марк. 3: 20), и вотъ Господь велѣлъ однажды ученикамъ переправиться на другую сторону Тиверіадскаго озера. Когда они собирались уже сѣсть въ лодку, къ Господу подошелъ книжникъ, выразившій желаніе слѣдовать за Господомъ, куда бы Онъ не пошелъ. Желая предупредить его, что онъ беретъ на себя бремя, которое можетъ оказаться для него непосильнымъ, Господь указалъ ему образно на Свой страннический образъ жизни: **«Лиси язвины имутъ»,** т. е. **норы, «и птицы небесныя гнѣзда, Сынъ же Человѣческій не имать, гдѣ главы подклонити»,** т. е. мѣста, гдѣ Онъ могъ бы укрыться и почить отъ трудовъ Своихъ. Именуя Себя **«Сыномъ Человѣческимъ»,** Господь смиренно подчеркиваетъ Свое человѣчество, но вмѣстѣ съ тѣмъ для знающаго пророчество Даніила 7: 13-14, этимъ наименованіемъ прикровенно указываетъ на Свое мессіанское достоинство. Этотъ отвѣтъ произвелъ, повидимому, сильное впечатлѣніе на тѣхъ спутниковъ Господа, которые уже состояли въ числѣ учениковъ Его. Желая испытать силу готовности ихъ слѣдовать за Нимъ съ полнымъ самоотверженіемъ, Господь сказалъ одному изъ нихъ: **«Ходи вслѣдъ Мене»**, показывая тѣмъ самымъ, что Онъ хочетъ ввести его въ тѣснѣйшее общеніе съ Собой и поручить ему благовѣствованіе Царствія Божія людямъ (60). Но тотъ сталъ уклоняться отъ немедленнаго слѣдованія за Господомъ, ссылаясь на то, что ему нужно идти прежде похоронить отца своего. На это Господь отвѣчалъ ему: **«Гряди по Мнѣ, и остави мертвыхъ погребсти своя мертвецы»**! Два раза употребленное здѣсь слово «мертвый» имѣетъ два разныхъ значенія; на первомъ мѣстѣ оно означаетъ мертвыхъ д у х о в н о, на второмъ — мертвыхъ въ собственномъ смыслѣ — тѣлесно-умершихъ. Смыслъ этихъ словъ Господа тотъ, что ради великаго дѣла благовѣствованія Царства Божія надо все оставлять. «Оставь мертвыхъ, которые глухи къ Моему слову, къ Моему дѣлу», какъ бы такъ говоритъ Господь: «предоставь имъ, всецѣло привязаннымъ къ этой земной жизни, хоронить своихъ мертвецовъ, а ты, внявшій слову жизни, Мною проповѣданному, иди за Мной». Этимъ невполнѣ понятнымъ запрещеніемъ отдать послѣдній долгъ умершему отцу Господь, повидимому, хотѣлъ или испытать характеръ и преданность Себѣ этого ученика, или предостеречь его отъ родныхъ, которые, можетъ быть, пожелали бы отвлечь его отъ слѣдованія за Христомъ. Другой ученикъ, не дожидаясь призыва, самъ сказалъ Господу, что хочетъ идти за Нимъ, но проситъ только позволенія пойти прежде проститься съ домашними своими. Но ему на это Господь сказалъ, что **«Никто возложившій руку свою на плугъ, и озирающійся назадъ, неблагонадеженъ для Царствія Божія»**, то-есть, кто рѣшился слѣдовать за Христомъ, не долженъ оглядываться назадъ на міръ съ его родственными связями и мірскими пристрастіями, ибо всякаго рода привязанность къ міру мѣшаетъ всецѣло отдаться Христу.

19. УКРОЩЕНІЕ БУРИ НА МОРѢ (Матѳея 8: 23-27; Марка 4: 35-41 и Луки 8: 22-25).

Когда они отплыли, утомленный дневными трудами Іисусъ заснулъ на кормѣ. Поднялась страшная буря, какія нерѣдко бывали на Геннисаретскомъ озерѣ, окруженномъ горами съ оврагами, которое недаромъ поэтому окрестные жители называли моремъ. Ученики, почти всѣ рыбаки этого озера, привыкшіе бороться съ его бурями, выбились изъ силъ, и въ отчаяніи начали будить своего Учителя: «**Спаси насъ, погибаемъ!**» Съ одной стороны, это выраженіе страха за свою жизнь, но съ другой — и надежды на могущество Господа. По ев. Марку, ученики даже позволили себѣ укорить Господа: «Учитель! неужели Тебѣ нужды нѣтъ, что мы погибаемъ?» На это и Господь упрекнулъ ихъ въ маловѣріи, а затѣмъ властными словами: «**Умолкни! Перестань!**» мгновенно прекратилъ бурю. И ученики и «люди», вѣроятно плывшіе на сосѣднихъ лодкахъ, съ изумленіемъ говорили: «**кто это, что и вѣтры и море повинуются Ему?**»

20. ИЗГНАНІЕ ЛЕГІОНА БѢСОВЪ ВЪ СТРАНѢ ГАДАРИНСКОЙ
(Матѳея 8: 28-34; Марка 5: 1-20; Луки 8: 26-40).

Переплывъ озеро, Іисусъ съ учениками Его прибыли въ страну, лежавшую на восточномъ берегу его, которую Евангелисты Маркъ и Лука называютъ Гадаринской по имени находившагося въ ней города Гадары, а Ев. Матѳей — Гергесинской по имени другого города Гергесы: оба эти города были въ числѣ городовъ «Десятиградія». На берегу ихъ встрѣтилъ бѣсноватый, одержимый нечистымъ духомъ. Евангелисты Маркъ и Лука говорятъ объ одномъ бѣсноватомъ, а Ев. Матѳей — о двухъ. Вѣроятно, это потому, что одинъ бѣсноватый былъ человѣкомъ всѣмъ извѣстнымъ, жителемъ г. Гадары, и находился въ особенно ужасномъ состояніи бѣснованія, а другой, по сравненію съ нимъ, оставался едва замѣченнымъ. Сущность бѣснованія въ томъ, что бѣсы, лишая человѣка личнаго сознанія и подавляя его собственный разумъ, распоряжаются его тѣломъ и силами его души, причиняя ему невѣроятныя мученія его же собственными дѣйствіями. Величіе и всемогущество Сына Божія, сокрытое для человѣческихъ глазъ, — для нечистыхъ духовъ, владѣвшихъ болѣе совершеннымъ духовнымъ зрѣніемъ, были очевидны и приводили ихъ въ ужасъ и трепетъ. И вотъ бѣсноватые начинаютъ кричать, исповѣдуя Іисуса Сыномъ Божіимъ и умоляя Его не причинять тѣхъ нестерпимыхъ мученій, которыя причиняла имъ Его близость. По Ев. Марку и Лукѣ, болѣе свирѣпый изъ нихъ на вопросъ Іисуса, какъ его имя, отвѣчалъ: «**Легіонъ**», указывая этимъ на обитаніе въ немъ громаднаго количества нечистыхъ духовъ. Бѣсы просили Іисуса дозволенія не идти имъ въ бездну и не покидать «страны той», но войти въ пасшееся неподалеку при горѣ большое стадо свиней. Мы не настолько знаемъ природу злыхъ духовъ, чтобы понять, почему имъ необходимо было обитать именно въ живыхъ существахъ, но характерно, что изъ всѣхъ живыхъ существъ они сами выбрали для своего обитанія самое нечистое, самое презрѣнное въ глазахъ іудеевъ животное, лишь бы Господь не изгонялъ ихъ изъ той страны и не лишалъ тѣмъ ихъ возможности дѣйствовать въ ней. Господь разрѣшилъ имъ войти въ свиней, и стадо, взбѣсившись, бросилось съ крутизны въ море и утонуло. Допустивъ это, Господь, очевидно, желалъ вразумить гадаринцевъ, которые, вопреки запрещенію закона Моисеева, разводили свиней, да еще въ такомъ громадномъ количествѣ, по св. Марку, около 2.000. Вмѣстѣ съ тѣмъ это обстоятельство привлекло къ Господу Іисусу особое вниманіе жителей этой страны, которые увидѣли извѣстнаго имъ страшнаго бѣсноватаго здоровымъ и сидящимъ у ногъ Іисусовыхъ. Но происшедшее, видимо, ихъ не вразумило: на нихъ напалъ лишь безотчетный ужасъ и, по всей вѣроятности, опасеніе, какъ бы дальнѣйшее пребываніе у нихъ Господа не принесло имъ новыхъ убытковъ. Жалость къ погибшимъ свиньямъ одержала у нихъ верхъ надъ естественнымъ, казалось бы, чувствомъ благодарности Господу за чудесное избавленіе ихъ страны отъ страшнаго бѣсноватаго, и они просили Господа уйти отъ нихъ. Каково неразуміе этихъ людей, которые не желаютъ имѣть въ своихъ предѣлахъ Того, Кто явился разрушить дѣла діавола! Вопреки обычному запрещенію Господа разглашать о совершаемыхъ Имъ чудесахъ, на этотъ разъ Господь наоборотъ велитъ исцѣленному бѣсноватому возвратиться въ свой домъ и «разсказать, что сотворилъ ему Богъ». Надо полагать, это потому, что Господь не имѣлъ въ этой странѣ тѣхъ опасеній, какія у Него были въ Галилеѣ и Іудеѣ, гдѣ были превратныя представленія о Мессіи, какъ о земномъ вождѣ Израиля, и Господь не хотѣлъ, чтобы Его Имя связывали съ политическими вожделѣніями іудейскихъ патріотовъ, мечтавшихъ о сверженіи римскаго владычества. Кромѣ того, какъ по всему видно, гадаринцы отличались особеннымъ религіозно-нравственнымъ огрубѣніемъ и одичаніемъ, и Господь хотѣлъ пробудить ихъ сердца черезъ проповѣдь о Немъ и о Его дѣлахъ самого облагодѣтельствованнаго Имъ исцѣленнаго бѣсноватаго, который дѣйствительно, какъ передаетъ св. Маркъ, началъ проповѣдывать о Немъ по всему Десятиградію, и этимъ подготовилъ эту страну къ послѣдующей апостольской проповѣди и обращенію ко Христу.

21. ИСЦѢЛЕНІЕ КРОВОТОЧИВОЙ И ВОСКРЕШЕНІЕ ДОЧЕРИ ІАИРА. (Матѳея 9: 18-26; Марка 5: 21-43; Луки 8: 41-56).

Войдя въ лодку съ учениками, Господь Іисусъ Христосъ поплылъ обратно и присталъ къ противоположному западному берегу Геннисаретскаго озера, гдѣ былъ Капернаумъ. Тутъ уже ожидали Его толпы народа, и въ числѣ прочихъ одинъ изъ начальниковъ синагоги Іаиръ, единственная двѣнадцатилѣтняя дочь котораго была при смерти. Хотя начальники синагогъ принадлежали къ враждебной Іисусу партіи (Іоан. 7: 47-48), но этотъ начальникъ, слышавшій о многихъ чудесахъ, совершенныхъ Господомъ въ Галилеѣ, и, можетъ быть, бывшій самъ свидѣтелемъ чуда исцѣленія слуги капернаумскаго сотника, возгорѣлся надеждой, не исцѣлитъ ли Іисусъ и его дочь. Не имѣя такой вѣры, которую похвалилъ Господь въ сотникѣ, онъ просилъ Господа придти и возложить на нее руки, чтобы она выздоровѣла. Видя это, народъ съ особеннымъ любопытствомъ устремился вслѣдъ за Господомъ къ дому Іаира и, такъ какъ каждому хотѣлось быть ближе къ Великому Чудотворцу, то всѣ «тѣснили Его». Во время этого шествія, женщина, двѣнадцать лѣтъ страдавшая кровотеченіемъ и потерявшая надежду вылѣчиться, протѣснилась сзади ко Іисусу и незамѣтно прикоснулась къ одеждѣ Его. По закону Моисееву, женщина страдавшая такой болѣзнью, считалась нечистою, должна была оставаться дома и не смѣла ни къ кому прикасаться (Левит. 15: 25-28), но эта несчастная женщина имѣла такую горячую вѣру въ Господа Іисуса Христа, что рѣшилась тайно прикоснуться къ одеждѣ Его, въ увѣренности, что одно прикосновеніе дастъ ей желанное исцѣленіе. И вѣра ея была оправдана: она тотчасъ выздоровѣла, ощутивъ, что «изсякъ у нея источникъ крови». Подробнѣе всѣхъ разсказывающій объ этомъ событіи Ев. Маркъ передаетъ, что Іисусъ, почувствовавшій, что вышла изъ Него сила, **спросилъ**, обращаясь къ народу: **«Кто прикоснулся къ Моей одеждѣ?»** Конечно, Онъ зналъ, кто прикоснулся, но спросилъ это для того, чтобы обнаружить передъ всѣми въ назиданіе вѣру этой женщины и совершившееся по вѣрѣ ея чудо. Женщина, понимая, что не можетъ утаиться, пала предъ Нимъ и открыла передъ всѣми «всю истину». По понятіямъ евреевъ, она совершила преступленіе тѣмъ, что вошла въ толпу народа и сдѣлала нечистыми всѣхъ тѣхъ людей, съ которыми, по необходимости, должна была соприкоснуться, а потому въ страхѣ и трепетѣ ожидала осужденія за свой поступокъ, но Господь успокоилъ ее словами: **«Дерзай, дщерь! вѣра твоя спасла тебя: иди съ миромъ и будь здорова отъ болѣзни твоей!»** Въ это время умерла дочь Іаира, и кто-то изъ дома его пришелъ сказать, чтобы онъ не утруждалъ Учителя. Видя отчаяніе удрученнаго горемъ отца, Господь успокоилъ его: **«Не бойся, только вѣруй и спасена будетъ!»** Придя въ домъ, они застали тамъ «свирѣльщиковъ», которыхъ по восточному обычаю приглашали для оплакиванія умершихъ. Это оплакиваніе, продолжавшееся восемь дней для простого умершаго, и мѣсяцъ для лицъ знатныхъ, сопровождалось заунывной игрой на свирѣляхъ или флейтахъ. **«Не плачьте»**, сказалъ имъ Іисусъ: **«она не умерла, но спитъ»**. Эти слова, конечно, нельзя понимать буквально, ибо и про Лазаря, лежавшаго четыре дня во гробѣ и уже разлагавшагося, Господь сказалъ, что онъ «уснулъ» (Іоан. 11: 11-14) и лишь потомъ сказалъ прямо: «Лазарь умеръ». Дѣйствительная смерть дѣвицы была такъ очевидна для окружающихъ, что они стали даже смѣяться надъ Іисусомъ. Свидѣтелями великаго чуда воскрешенія умершей могли быть только люди достойные, способные оцѣнить эту великую тайну Божественнаго всемогущества, а потому Господь повелѣлъ всѣмъ выйти вонъ, оставивъ лишь трехъ Апостоловъ Своихъ Петра, Іакова и Іоанна и родителей умершей. Подойдя къ умершей, Господь взялъ ее за руку и двумя властными словами: **«Талиѳа куми»,** что значитъ: **«дѣвица встань!»** мгновенно воскресилъ ее, причемъ тѣло ея настолько укрѣпилось, что послѣдствія тяжкой болѣзни не помѣшали ей сразу же ходить, какъ вполнѣ здоровой. Всѣ изумились, а Господь повелѣлъ дать воскрешенной ѣсть, дабы убѣдить родителей, что передъ ними настоящая дочь ихъ, а не призракъ умершей. По обычаю, Господь запретилъ разглашать о чудѣ.

22. ИСЦѢЛЕНІЕ ДВУХЪ СЛѢПЦОВЪ И БѢСНОВАТАГО НѢМОГО
(Матѳея 9: 27-34).

Когда Іисусъ вышелъ изъ дома Іаира, за нимъ двинулась толпа народа, изъ которой двое слѣпцовъ кричали: **«Помилуй насъ, Іисусе, Сыне Давидовъ!»** Господь продолжалъ идти, какъ бы не обращая вниманія на эти крики, повидимому, съ цѣлью испытать вѣру кричавшихъ, называвшихъ Его притомъ «Сыномъ Давидовымъ», то-есть Мессіею. Когда же пришелъ Онъ въ домъ, неизвѣстно какой, и слѣпцы приступили къ Нему тамъ съ просьбой объ исцѣленіи, Іисусъ спросилъ ихъ, вѣруютъ ли они, что Онъ можетъ исцѣлить ихъ. Получивъ утвердительный отвѣтъ, Господь коснулся очей ихъ, дабы они почувствовали самый моментъ исцѣленія, и очи ихъ отверзлись. Іисусъ строго запретилъ имъ, какъ и всегда въ такихъ случаяхъ, разсказывать объ исцѣленіи, но они отъ радости и по чувству благодарности къ своему Исцѣлителю не могли удержаться и «разгласили о Немъ по всей землѣ той».

Не успѣли они выйти, какъ ко Іисусу привели нѣмого бѣсноватаго. Самъ по себѣ онъ не могъ просить объ исцѣленіи, потому что демонъ связалъ ему языкъ. Поэтому Господь не спрашиваетъ его о вѣрѣ, какъ другихъ въ подобныхъ случаяхъ, а повелѣваетъ бѣсу выйти, и нѣмому возвращается способность говорить. Народъ, удивляясь говорилъ, что никогда не бывало ничего подобнаго среди израильскаго народа, а фарисеи, желая ослабить впечатлѣніе, произведенное этимъ чудомъ, говорили, что Іисусъ изгоняетъ бѣсовъ силою князя бѣсовскаго, то-есть діавола.

23. ВТОРИЧНОЕ ПОСѢЩЕНІЕ НАЗАРЕТА (Матѳея 13: 53-58 и Марка 6: 1-6).

Затѣмъ Іисусъ вновь пришелъ **«во отечествіе Свое»,** то-есть г. Назаретъ, какъ отечество Матери Его и мнимаго отца Его Іосифа, и какъ мѣсто, гдѣ Онъ былъ воспитанъ. Тамъ Онъ училъ соотечественниковъ Своихъ въ синагогѣ ихъ, «такъ что они изумлялись, и говорили: «откуда у Него такая премудрость и сила?» Это было не то удивленіе, какимъ удивлялись въ другихъ мѣстахъ, а удивленіе, соединенное съ презрѣніемъ: «не плотниковъ ли Онъ сынъ?» и т. д. Назаретяне или не знали или же не вѣрили чудесному воплощенію и рожденію Іисуса Христа, считая Его просто сыномъ Іосифа и Маріи. Но это нельзя считать извинительнымъ, ибо и въ прежнія времена много было случаевъ, когда у незнатныхъ родителей рождались ставшіе потомъ славными и знаменитыми дѣти. Таковы были Давидъ, Амосъ, Моисей и др. Они скорѣе должны были именно за это и благоговѣть передъ Христомъ, что Онъ, имѣя простыхъ родителей, обнаруживалъ такую премудрость, которая ясно показывала, что она не отъ человѣческаго обученія, а отъ Божественной благодати. Это было, конечно, отъ обычной свойственной людямъ зависти, которая всегда лукава. Люди часто съ завистью и ненавистью смотрятъ на тѣхъ, кто, вышедъ изъ среды ихъ, обнаруживаетъ необыкновенныя дарованія и становится выше ихъ. Его, можетъ быть, товарищи по дѣламъ житейскимъ и сверстники, съ которыми Онъ постоянно обращался, не хотѣли потому признать въ Немъ необыкновеннаго человѣка. **«Нѣсть пророкъ безъ чести, токмо во отечествіи своемъ»** — не такъ должно быть, но такъ бываетъ, ибо люди часто обращаютъ болѣе вниманія не на то, **что** имъ проповѣдуется, а на то, **кто** проповѣдуетъ, и если того, кто удостоился Божественнаго избранія и призванія, они привыкли видѣть среди себя обыкновеннымъ человѣкомъ, то они и продолжаютъ смотрѣть на него по прежнему, не давая вѣры его словамъ, какъ пророка. Господь прибавляетъ къ этому, по всей вѣроятности, народному присловію, **«и въ дому своемъ»,** имѣя въ виду то, что, какъ говоритъ Ев. Іоаннъ въ гл. 7: 5, и братія Его не вѣровали въ Него». Нигдѣ Христосъ не находилъ столько противленія Себѣ и Своему ученію, какъ въ этомъ отечественномъ своемъ городѣ, гдѣ даже пытались умертвить Его (Лук. 4: 28-29). **«И не совершилъ тамъ многихъ чудесъ по невѣрію ихъ»,** ибо совершеніе чудесъ зависитъ не только отъ силы Божіей чудотворящей, но и отъ вѣры людей, надъ которыми чудеса совершаются.

24. ХОЖДЕНІЕ ГОСПОДА ІИСУСА ХРИСТА ПО ГАЛИЛЕѢ СЪ УЧЕНИКАМИ И НѢКОТОРЫМИ ЖЕНЩИНАМИ. — СКОРБЬ ЕГО О НЕДОСТАТКѢ ДѢЛАТЕЛЕЙ НА ЖАТВѢ. (Матѳея 9: 35-38; Марка 6: 6; Луки 8: 1-3).

Толпы народа, которыя Господь видѣлъ, обходя города и селенія, Онъ сравниваетъ со стадомъ овецъ, блуждающихъ безъ пастыря. Образъ — особенно понятный въ Палестинѣ — странѣ пастушеской. Духовные учители этого народа — не истинные пастыри и учители; они сами слѣпцы и не только не просвѣщаютъ народъ истиннымъ ученіемъ, но еще больше развращаютъ его. **«Жатвы много, а дѣлателей мало»** — величественный и также всѣмъ понятный образъ. Поле, покрытое спѣлой жатвой, надо выжать, но жнецовъ мало. Смыслъ рѣчи таковъ: велико число народа, желающаго вступить въ Царство Мессіи и готоваго для этого, но мало приготовленныхъ для этого великаго дѣла учителей народа. **«Молите Господина жатвы»** — т. е. Бога, чтобы Онъ способствовалъ образованію новыхъ, не въ духѣ фарисейскомъ, приготовленныхъ дѣятелей для дѣла проповѣди о наступающемъ Царствѣ Мессіи. Во время этого шествія Господа съ проповѣдью по Галилеѣ, Его сопровождали и нѣкоторые женщины, такъ или иначе облагодѣтельствованныя Имъ, которыя изъ чувства благодарности служили Ему отъ имѣній своихъ. Они послѣдовали потомъ за Господомъ на Голгоѳу и составили тотъ ликъ женъ-мѵроносицъ, которыхъ прославляетъ св. Церковь.

25. ХРИСТОСЪ ПОСЫЛАЕТЪ ДВѢНАДЦАТЬ АПОСТОЛОВЪ НА ПРОПОВѢДЬ. (Мѳ. 10: 1-42; Мр. 6: 7-13; Лк. 9: 1-6; 12: 11-12).

Сожалѣя всѣ эти массы народа, не имѣющаго пастырей и не имѣя возможности всѣхъ всегда водить за Собой, Господь посылаетъ на проповѣдь имъ Своихъ учениковъ. Это посланіе отличается отъ того, которое послѣдуетъ по воскресеніи Христовомъ. Тогда Господь пошлетъ Апостоловъ во весь міръ, проповѣдывать Евангеліе **«всей твари»** и, научая всѣ народы вѣрѣ во Христа, вводить ихъ въ Его Царство чрезъ таинство крещенія. Теперь Господь посылаетъ ихъ только къ **«погибшимъ овцамъ дома Израилева»**, то-есть къ однимъ евреямъ. Онъ повелѣваетъ Апостоламъ при этомъ проповѣдывать лишь **«приближеніе Царства Небеснаго»**, но еще **не** вводить въ это Царство. Это — проповѣдь предуготовительная, ибо Апостолы еще не облеклись **«силою Свыше»**, данной имъ впослѣдствіи черезъ сошествіе Утѣшителя — Духа Святаго. **Господь посылаетъ Апостоловъ по два,** какъ для того, чтобы они могли поддерживать другъ друга, такъ и для того, чтобы евреи больше вѣрили ихъ свидѣтельству, ибо законъ Моисеевъ гласилъ, что свидѣтельство **двухъ есть истинно** (Іоан. 8: 17; Втор. 19: 15). Зная, что отъ Апостоловъ будутъ требовать знаменій, какъ доказательствъ истинности ихъ проповѣди, Господь далъ имъ власть надъ нечистыми духами и силу творить чудеса исцѣленій и воскрешенія мертвыхъ. Ради успѣха проповѣди предостерегаетъ ихъ отъ сребролюбія и отъ всякой заботы о пищѣ, одеждѣ и жилищѣ, говоря, что **«дѣлатель достоинъ мзды своея»**, и, слѣдовательно, Богъ не допуститъ, чтобы служители Его, отрекшіеся отъ всякой заботы о себѣ, ради ввѣреннаго имъ служенія, были лишены необходимаго для жизни. Въ каждомъ городѣ или селеніи они должны останавливаться лишь въ такомъ домѣ, пребываніе въ коемъ не могло бы вызвать на нихъ нареканій, чтобы, какъ говоритъ бл. Іеронимъ, **«недоброю славою принявшихъ Апостоловъ не посрамить достоинства самой проповѣди»**, и не переходить изъ дома въ домъ, какъ свойственно людямъ легкомысленнымъ. **«Входя въ домъ, привѣтствуйте его, говоря: миръ дому сему!»** Это было обычное у евреевъ привѣтствіе, но желать мира это еще не значитъ — дать миръ. Поэтому Господь поясняетъ, что ихъ желаніе мира дѣйствительно принесетъ миръ тому дому или тому городу, гдѣ примутъ ихъ радостно и съ чистымъ сердцемъ; въ противномъ случаѣ это привѣтствіе останется безъ плода, **«и миръ вашъ къ вамъ возвратится»**.

А если кто откажетъ Апостоламъ въ гостепріимствѣ, они должны отрясти прахъ отъ ногъ своихъ. Евреи думали, что самая земля и пыль, по которой ходятъ язычники, нечиста и ее надо отрясать. Давая такое повелѣніе, Христосъ хотѣлъ сказать, что такіе евреи подобны язычникамъ; что «отраднѣе будетъ землѣ Содомской и Гоморрской», этимъ городамъ, наказаннымъ за свое крайнее нечестіе и развратъ, «въ день суда, нежели городу тому» — что отвергшіе проповѣдь о Христѣ, какъ положительный законъ Божій, преступнѣе тѣхъ, которые, не получивъ положительнаго закона Божія, отвергли лишь требованія естественнаго закона совѣсти, не столь яснаго и категоричнаго.

Господь посылаетъ Своихъ Апостоловъ первоначально только къ евреямъ потому, что евреи были избраннымъ народомъ Божіимъ, которому былъ обѣщанъ Мессія еще ветхозавѣтными пророками, и среди котораго Онъ и явился. Далѣе слѣдуютъ наставленія, относящіяся къ Апостольскому служенію вообще. Господь предупреждаетъ Апостоловъ о тѣхъ опасностяхъ, которымъ имъ придется подвергаться: говоритъ, что они будутъ чувствовать себя столь же беззащитными, какъ овцы, окруженныя кровожадными волками. **«Будите убо мудри, яко змія»**, то-есть будьте осторожны, не подвергайте, безъ крайней необходимости, жизнь свою опасности, распознавайте, гдѣ надлежитъ сѣять слово Божіе, а гдѣ воздержаться отъ этого, по заповѣди: «не давайте святыни псамъ», сами же **«будите цѣли, яко голубіе»**, то-есть таковы, чтобы никто не могъ васъ упрекнуть въ чемъ-либо предосудительномъ. Господь предрекаетъ, что Апостоламъ придется свидѣтельствовать о Немъ и передъ владыками и царями, имѣя въ виду не это ихъ временное посольство, а будущую ихъ всемірную уже апостольскую дѣятельность, и подвергнуться многимъ преслѣдованіямъ со стороны невѣрующихъ. Не слѣдуетъ тревожиться и предаваться раздумью, что и какъ говорить на судѣ въ такихъ случаяхъ, ибо Св. Духъ самъ будетъ внушать необходимыя слова. Ненависть къ евангельской проповѣди и къ проповѣдникамъ и исповѣдникамъ ея будетъ столь сильна въ людяхъ міра сего, названныхъ выше волками, что передъ ней не устоятъ самыя крѣпкія и священныя для человѣка узы родства. Все это точно исполнилось въ эпоху гоненій на христіанъ, когда дѣйствительно братъ брата предавалъ на смерть, и когда всѣ истинные послѣдователи Христовы испытали на себѣ самую лютую и безчеловѣчную ненависть враговъ христіанства. Выдержавшій до конца, то-есть до смерти, всѣ эти гоненія и не отрекшійся отъ Христа **«спасется»**, то-есть достигнетъ вѣчнаго блаженства въ Царствіи Небесномъ. Апостолы не должны сами неосмотрительно жертвовать своею жизнью, нужною для спасенія столь многихъ, а потому, если ихъ гонятъ въ одномъ городѣ, имъ не возбраняется бѣжать въ другой. **«Не имате скончати грады Израилевы, дондеже пріидетъ Сынъ Человѣческій»** — въ параллельномъ этому мѣстѣ добавлено: **«во Царствіи Своемъ»**; здѣсь рѣчь идетъ не о второмъ славномъ пришествіи Христовомъ на судъ при кончинѣ міра. Пришествіе Іисуса Христа во Царствіи Своемъ есть то же, что открытіе этого Царства, а открытіе Царства Христова совершилось Его воскресеніемъ и ниспосланіемъ Св. Духа на Апостоловъ, послѣ чего они пошли уже во весь міръ съ проповѣдью объ открытіи этого Царства. Слѣдовательно это изреченіе Господа имѣетъ такой смыслъ: «Вы не успѣете обойти съ проповѣдью о приближеніи Моего Царства всю Палестину, какъ уже наступитъ часъ открытія Моего Царствія черезъ Мои страданія, воскресеніе изъ мертвыхъ и ниспосланіе Духа Святаго». Отправляя Апостоловъ на эту предварительную проповѣдь, которая могла быть полезна и имъ самимъ, какъ «нѣкоторое училище ратоборства, въ которомъ они приготовили бы себя къ подвигамъ евангельской проповѣди въ цѣломъ мірѣ», по выраженію св. Златоуста (Толк. на Матѳ. 32), Господь указываетъ имъ на краткость времени, находящемся въ ихъ распоряженіи, ибо уже приближается часъ Его крестныхъ страданій и отхода изъ этого міра. За свой трудъ Апостолы не должны ожидать почестей, а наоборотъ должны быть готовы къ оскорбленіямъ, ибо, если евреи Самого Господа грубо поносятъ, называя Его Веельзевуломъ, то тѣмъ болѣе будутъ поносить Его учениковъ — «**Нѣсть ученикъ надъ учителя своего, ниже рабъ надъ господина своего**». «**Не убойтесь убо ихъ**», то-есть, когда они будутъ клеветать на васъ, «**ничтоже бо есть покровено, еже не открыется**», то-есть ихъ вѣра и невинность со временемъ откроются ясно. «**Еже глаголю вамъ во тьмѣ, рцыте во свѣтѣ, и еже во ушы слышите, проповѣдите на кровѣхъ**» — то, о чемъ Я бесѣдовалъ съ вами наединѣ и въ небольшомъ углу Палестины, вы должны будете проповѣдывать по всему свѣту, всенародно, съ кровель домовъ. Апостолы не должны бояться «**убивающихъ тѣло, души же не могущихъ убить**», ибо безъ воли Божіей ничего съ ними не случится, такъ какъ промыселъ Божій простирается на все — даже на малыхъ птицъ и на волосы на головѣ человѣка. «**Не двѣ ли птицы цѣнятся единымъ ассаріемъ**» — указаніе на малоцѣнность, какъ бы ничтожность этихъ птицъ, ибо «**ассарій**» — 1/10 часть динарія, или около 2 копеекъ. Кто не взирая на клевету и гоненія, будетъ твердо исповѣдывать Христа передъ людьми, Того и Христосъ исповѣдуетъ, какъ Своего вѣрнаго раба, на судѣ Отца Небеснаго, а кто отвержется Христа, отъ того и Онъ тогда отречется. «**Не пріидохъ воврещи миръ, но мечъ**» — надо понимать, конечно, не буквально, а въ томъ смыслѣ, что несогласія и вражда между людьми явятся необходимымъ слѣдствіемъ пришествія Господа на землю, такъ какъ злоба людей подниметъ ожесточенную вражду противъ Царства Божія, его проповѣдниковъ и послѣдователей. «**Иже любитъ отца или матерь паче Мене, нѣсть Мене достоинъ**» и т. д. сзначитъ, что для служенія Христу надо жертвовать всѣми земными привязанностями, даже семейной любовью. «**И иже не пріиметъ креста своего, и вслѣдъ Мене грядетъ, нѣсть Мене достоинъ**» — образъ взятъ отъ римскаго обычая, по которому осужденные на распятіе сами должны были нести свой крестъ до мѣста казни — это значитъ, что мы, сдѣлавшись учениками Христовыми, должны во Имя Его переносить всякія испытанія и страданія, даже самыя тяжкія и унизительныя, если и такія угодно будетъ Богу послать намъ. «**Обрѣтый душу свою, погубитъ ю: а иже погубитъ душу свою Мене ради, обрящетъ ю**» — кто блага земной жизни предпочитаетъ благамъ Царства Небеснаго, кто жертвуетъ будущими благами ради благъ земныхъ, кто идетъ даже на отреченіе отъ Христа, чтобы только сберечь свою земную жизнь, тотъ погубитъ свою душу для жизни вѣчной; а кто жертвуетъ ради Христа всѣмъ, вплоть до самой жизни своей, тотъ сбережетъ свою душу для жизни вѣчной.

Наставляя и утѣшая Апостоловъ, Господь Іисусъ Христосъ упомянулъ и о той наградѣ, какая ожидаетъ всѣхъ, которые примутъ ихъ во Имя Его: **«Иже васъ пріемлетъ Мене пріемлетъ: а иже пріемлетъ Мене, пріемлетъ Пославшаго Мя».** Дальнѣйшія слова значатъ, что кто приметъ Апостоловъ, какъ пророковъ или какъ праведниковъ, тотъ получитъ награду, какую получатъ пророкъ или праведникъ; кто даже напоитъ учениковъ Христовыхъ, томимыхъ жаждою, хотя бы чашей холодной воды, и тотъ не останется безъ награды.

Окончивъ наставленія 12-ти Апостоламъ, Іисусъ пошелъ проповѣдывать по городамъ Галилеи, а Апостолы, раздѣлившись по два, пошли по селеніямъ, «проповѣдуя покаяніе. Они изгоняли многихъ бѣсовъ, и многихъ больныхъ мазали масломъ и исцѣляли». Изъ отвѣта ихъ на вопросъ Господа, заданный имъ уже на Тайной вечери (Луки 22: 35), видно, что они во время этой проповѣди своей не имѣли нужды ни въ чемъ необходимомъ. Повидимому, они собрались вновь всѣ къ Господу, когда Онъ узналъ о смерти Іоанна Крестителя.

26. УСѢКНОВЕНІЕ ГЛАВЫ ІОАННА КРЕСТИТЕЛЯ (Мѳ. 14: 1-12); Марка 6: 14-29; Луки 9: 7-9).

Поводомъ къ повѣствованію объ этомъ событіи послужило то, что четвертовластникъ Иродъ-Антипа возымѣлъ объ Іисусѣ Христѣ такое мнѣніе, будто это — Іоаннъ Креститель, возставшій изъ мертвыхъ. Какъ поясняетъ Ев. Лука, не передающій намъ всего этого повѣствованія, мысль эта въ первый разъ возникла не у Ирода, и онъ потомъ только, подъ впечатлѣніемъ окружающихъ разговоровъ, склонился къ ней (Луки 9: 7-9).

У евреевъ не было въ обычаѣ праздновать день своего рожденія, но, подражая восточнымъ царямъ, Иродъ сдѣлалъ однажды, по случаю дня своего рожденія, большой пиръ вельможамъ, тысяченачальникамъ и старѣйшинамъ галилейскимъ. По обычаямъ востока, женщины не смѣли присутствовать на пиршествахъ мужчинъ; во время подобныхъ пировъ дозволялось плясать только рабынямъ. Но Саломія, достойная дочь своей развратной матери Иродіады, съ которой незаконно сожительствовалъ Иродъ, обличаемый за это Іоанномъ Крестителемъ, пренебрегая обычаями, вошла къ пирующимъ въ легкой одеждѣ танцовщицы и начала плясать. Своею сладострастною пляскою она такъ воспламенила опьяненнаго уже виномъ Ирода, что онъ съ клятвою обѣщалъ дать ей все, что она попроситъ. Саломія вышла и спросила у своей матери, не участвовавшей въ пиршествѣ, чего просить. Та ни минуты не поколебалась въ отвѣтѣ: самымъ драгоцѣннымъ для нея подаркомъ была бы смерть ненавистнаго ей обличителя ея преступной связи — Іоанна Крестителя. И она отвѣтила: **«Главы Іоан-**

на Крестителя». Но боясь, что обѣщаніе Ирода казнить Іоанна не будетъ исполнено, такъ какъ Иродъ, съ одной стороны, боялся народа, а, съ другой, — самъ уважалъ Іоанна, какъ **«мужа праведнаго и святаго»** и даже **«многое дѣлалъ, слушаясь его, и съ удовольствіемъ слушалъ его»,** (Марк. 6: 20), она внушила дочери, чтобы та потребовала немедленной смерти пророка, и даже дала ей блюдо, на которомъ должны были принести ей голову убитаго. Та въ точности исполнила это желаніе матери: **«съ поспѣшностью»** вошла она опять къ пирующимъ и, обращаясь къ царю, сказала: **«Хочу, чтобы ты далъ мнѣ теперь же на блюдѣ главу Іоанна Крестителя».** Оба Евангелиста свидѣтельствуютъ, что **«царь опечалился»** этимъ требованіемъ, не желая, слѣдовательно, казнить Іоанна, но не желая нарушить и клятвы, изъ самолюбія и ложнаго стыда передъ гостями, послалъ **«спекулатора»,** то-есть своего тѣлохранителя-оруженосца, который отсѣкъ Іоанну голову и принесъ ее на блюдѣ царю. Надо полагать, что пиръ этотъ происходилъ не въ Тиверіадѣ, обычной резиденціи Ирода, а въ его заіорданской резиденціи Юліи, откуда недалеко было до крѣпости Махера, въ которой содержался Іоаннъ, а, можетъ быть, пиръ происходилъ и въ самой крѣпости. Преданіе гласитъ, что Иродіада долго издѣвалась надъ головой Іоанна, колола иглой его языкъ, обличавшій ее въ распутствѣ и затѣмъ велѣла выбросить его тѣло въ одинъ изъ окружающихъ Махеру овраговъ. Ученики Іоанновы взяли его обезглавленное тѣло, и, какъ свидѣтельствуетъ св. Маркъ, положили его во гробѣ. По преданію, это была пещера, въ которой были погребены пророки Авдій и Елисей, близъ г. Севасты, построеннаго на мѣстѣ прежней Самаріи. Печальное событіе усѣкновенія главы Іоанна Крестителя св. Церковь празднуетъ ежегодно 29 августа, установивъ въ этотъ день строгій постъ. Иродъ понесъ достойное возмездіе: на войнѣ онъ потерпѣлъ полное пораженіе, а отправившись въ Римъ, былъ лишенъ всѣхъ преимуществъ и именія и заточенъ въ Галлію, гдѣ погибъ вмѣстѣ съ нечестивой Иродіадой въ темницѣ. Саломія же вышла однажды зимой на рѣку, ледъ подломился подъ ея ногами, она погрузилась въ воду до самой головы, которая была оттерта льдинами.

Совершивъ погребеніе своего учителя, ученики Іоанна возвѣстили о происшедшемъ Господу Іисусу Христу, ища, вѣроятно, съ одной стороны, утѣшенія въ постигшей ихъ скорби, а, съ другой стороны, желая предупредить Господа о возможной и для Него опасности пострадать отъ Ирода, въ области котораго Онъ проповѣдывалъ. Ев. Маркъ передаетъ, что въ это же время и Апостолы собрались ко Іисусу, разсказавъ Ему обо всемъ, что они сдѣлали и чему научили.

Услышавъ о насильственной смерти Крестителя, Господь удалился, какъ то видно изъ сопоставленія свидѣтельствъ всѣхъ первыхъ трехъ Евангелистовъ, въ пустынное мѣсто со Своими Апостолами. Повидимому, при полученіи этого извѣстія Онъ находился гдѣ-то близъ Геннисаретскаго озера, ибо удалился на лодкѣ. Пустынное мѣсто это, то-есть мѣсто, мало обитаемое, находилось, по свидѣтельству св. Луки, близъ г. Виѳсаиды. Св. Лука добавляетъ, что Иродъ, подъ вліяніемъ разговоровъ, что Іисусъ Христосъ — это Іоаннъ, воскресшій изъ мертвыхъ, «искалъ видѣть Его».

27. ЧУДЕСНОЕ НАСЫЩЕНІЕ ПЯТИ ТЫСЯЧЪ НАРОДА ПЯТЬЮ ХЛѢБАМИ. (Мѳ. 14: 14-21; Мр. 6: 32-44; Лк. 9: 10-17; Ін. 6: 1-15).

Объ этомъ чудесномъ событіи разсказываютъ всѣ четыре Евангелиста, причемъ Евангелистъ Іоаннъ указываетъ на это событіе, какъ на поводъ для Господа раскрыть передъ іудеями Свое ученіе о хлѣбѣ небесномъ и о таинствѣ причащенія Тѣла и Крови Его, причемъ даетъ и важное хронологическое указаніе, что все это произошло, когда **«приближалась Пасха, праздникъ іудейскій» (Третья Пасха служенія Христова).**

По полученіи извѣстія о смерти Іоанна Крестителя Господь Іисусъ Христосъ удалился изъ Галилеи, вмѣстѣ съ только что возвратившимися изъ своего проповѣдническаго путешествія Апостолами, на лодкѣ на восточную сторону Тиверіадскаго озера, въ пустынное мѣсто близъ г. Виѳсаиды. Такъ какъ одна Виѳсаида находилась на западномъ берегу около Капернаума, то здѣсь, надо полагать, разумѣется другая, находившаяся на востокъ отъ впаденія Іордана въ Геннисаретское озеро, и называвшаяся Виѳсаида-Юлія. По разсказу Ев. Марка, народъ увидѣлъ какъ они туда отправлялись, и многіе бѣжали туда пѣшіе изъ всѣхъ городовъ и предупредили ихъ прибытіемъ на ту сторону, и тамъ въ пустынномъ мѣстѣ снова собрались ко Іисусу Христу. Увидѣвъ множество народа, Господь сжалился надъ ними, **«потому что они были, какъ овцы, не имѣющія пастыря»,** и началъ учить ихъ много (Марк. 6: 34), говорить имъ Царствіи Божіемъ (Лук. 9: 11) и исцѣлять больныхъ ихъ (Матѳ. 14: 14). По нѣкоторомъ времени, Онъ, согласно повѣствованію св. Іоанна, взошелъ на гору, тамъ сидѣлъ съ учениками Своими и увидѣлъ, что множество народа идетъ къ Нему. День же началъ склоняться къ вечеру. Тогда всѣ Апостолы, приступивъ къ Нему, стали говорить: **«Мѣсто здѣсь пустынное и время позднее; отпусти народъ, чтобы они пошли въ окрестныя деревни и селенія и тамъ купили себѣ хлѣба, ибо имъ нечего ѣсть—.** Но Господь не восхотѣлъ **отослать отъ Себя** народъ и сказалъ ученикамъ: **«Дадите вы имъ ясти!»** Испытывая вѣру Ап. Филиппа, Господь спросилъ его: **«Гдѣ бы намъ купить хлѣба, чтобы ихъ накормить?»** на что Филиппъ отвѣчалъ: **«на двѣсти динаріевъ не довольно будетъ хлѣба, чтобы каждому изъ нихъ досталось хотя понемногу». Подобное говорили и прочіе ученики. Тогда Господь говоритъ имъ: «Сколько у васъ хлѣбовъ? пойдите посмотрите». Они узнали, и Андрей сказалъ Ему: «Здѣсь есть у одного мальчика (вѣроятно, торговца съѣстными припасами, сопровождавшаго всю эту толпу) пять хлѣбовъ ячменныхъ и двѣ рыбки: но что это для такого множества». Тогда Іисусъ сказалъ: «Принесите сюда хлѣбы и рыбы», «велите народу возлечь». И повелѣлъ посадить народъ «на споды, на споды», то-есть отдѣленіями по пятидесяти. И народъ сѣлъ на зеленой травѣ по сту, въ одномъ направленіи, и по пятидесяти, въ другомъ, поперечномъ первому («На лѣхи, на лѣхи по сту и по пятьдесятъ» — Марк. ст. 40), чтобы такимъ образомъ сосчитать всѣхъ. Оказалось около 5.000, кромѣ женщинъ и дѣтей. И взявъ пять хлѣбовъ и двѣ рыбы, Господь воззрѣлъ на небо, воздалъ благодареніе (Іоан. ст. 14), благословилъ ихъ (Лук. ст. 16), преломилъ, далъ ученикамъ, чтобы ученики раздавали народу; также и двѣ рыбы раздѣлилъ на всѣхъ (Марк.), сколько кто хотѣлъ (Іоан.). «И ѣли всѣ и насытились». И когда насытились, то Господь велѣлъ ученикамъ собрать оставшіеся куски, чтобы ничто не пропало. Кусковъ ѣхлѣба и рыбы было собрано двѣнадцать полныхъ коробовъ. «Тогда люди, видѣвшіе чудо, сотворенное Іисусомъ, сказали: это истинно Тотъ Пророкъ, Которому должно пріити въ міръ. Іисусъ же узнавъ, что хотятъ пріити, нечаянно взять Его и сдѣлать царемъ, опять удалился въ гору одинъ (Іоан. 14-15)». Вѣроятно, народъ хотѣлъ воспользоваться скорымъ наступленіемъ праздника Пасхи, чтобы увлекши съ собой Христа въ Іерусалимъ, тамъ и провозгласить Его всенародно царемъ. Но Господь, конечно, не хотѣлъ потакать этимъ ложнымъ представленіямъ о Мессіи, какъ о земномъ царѣ. Онъ повелѣлъ ученикамъ отправиться впередъ на западную сторону озера, а Самъ, успокоивъ взволнованный чудомъ народъ, отпустилъ его, и взошелъ на гору помолиться.

28. ХОЖДЕНІЕ ГОСПОДА ПО ВОДАМЪ И ИСЦѢЛЕНІЕ МНОГИХЪ БОЛЬНЫХЪ. (Матѳ. 14: 22-36; Марк. 6: 45-56; Іоан. 6: 16-21).

Понуждаемые Господомъ отправиться на западную сторону Геннисаретскаго озера, ученики вошли въ лодку и отплыли. Наступила тьма (Іоан. ст. 17), дулъ противный вѣтеръ, лодка была посреди озера, ее било волнами (Матѳ. ст. 24), и ученики Христовы находились въ большой тревогѣ (Марка ст. 48), а Господа не было съ ними. Онъ остался одинъ на землѣ, но увидѣлъ ихъ бѣдствіе (Марк. ст. 48). Они были на разстояніи двадцати пяти или тридцати стадій отъ восточнаго берега (Іоан. ст. 19). Было время около четвертой стражи, то-есть уже около утренняго разсвѣта. И вдругъ они увидѣли Іисуса, идущаго по направленію къ нимъ по морю, но, однако, какъ-будто желающаго миновать ихъ (Марк.). Увидавъ Его идущимъ по водѣ, они подумали, что это призракъ, и отъ страха закричали, но Господь успокоилъ ихъ словами: **«Дерзайте, Азъ есмь: не бойтеся!»** Обладавшій пылкимъ темпераментомъ Ап. Петръ возгорѣлся желаніемъ пойти навстрѣчу Господу и просилъ повелѣнія на это, на что Господь отвѣчалъ ему: Иди!» Петръ вышелъ изъ лодки, и сила вѣры его совершила чудо: **онъ пошелъ по водѣ.** Но продолжавшій бушевать вѣтеръ и сильныя волны отвлекли вниманіе Петра отъ Іисуса, къ Которому онъ шелъ, подъ вліяніемъ охватившаго его страха вѣра его заколебалась, и онъ сталъ тонуть, и въ отчаяніи возопилъ: **«Господи, спаси мя!»** Господь тотчасъ же простеръ руку, чтобы поддержать его, и сказалъ: **«Маловѣре, почто усумнился еси?»** Объ этомъ хожденіи Ап. Петра по водѣ передаетъ только одинъ Ев. Матѳей (ст. 28-31). Какъ только они вошли въ лодку, вѣтеръ мгновенно утихъ, и лодка быстро пристала къ берегу, куда плыли. Всѣ бывшіе въ лодкѣ подошли тогда, поклонились Ему и сказали: **«Воистину Божій Сынъ еси!»** Какъ только Іисусъ вышелъ на берегъ, сейчасъ же былъ окруженъ жителями того мѣста: они узнали Его, поспѣшили оповѣстить объ этомъ во всѣхъ окрестныхъ селеніяхъ и принесли къ Нему всѣхъ больныхъ. Вѣра въ чудесную силу, исхождавшую отъ Него, была столь сильна, что жители того мѣста, гдѣ Онъ высадился, просили лишь позволенія больнымъ прикоснуться къ Его одеждѣ, и **«которые прикасались, исцѣлялись».**

29. БЕСѢДА О ХЛѢБѢ НЕБЕСНОМЪ — О ТАИНСТВѢ ПРИЧАЩЕНІЯ. (Іоанна 6: 22-71).

Чудесный переходъ Господа Іисуса Христа черезъ Геннисаретское озеро вызвалъ удивленіе народа, ѣвшаго чудесно умноженные хлѣбы. Объ этомъ повѣствуетъ одинъ Ев. Іоаннъ, который вслѣдъ затѣмъ передаетъ и замѣчательную бесѣду Господа о Себѣ, какъ о **хлѣбѣ, сшедшемъ съ небесе,** раскрывъ въ этой бесѣдѣ **ученіе о необходимости для спасенія таинства причащенія Тѣла и Крови Его.** Народъ искалъ Господа по пустынѣ, зная, что Онъ не поѣхалъ въ лодкѣ съ учениками, и нашедши Его уже на другой сторонѣ озера, учащимъ въ Капернаумской синагогѣ, съ удивленіемъ спрашивалъ Его, когда Онъ успѣлъ придти сюда. Оставивъ этотъ вопросъ безъ отвѣта, Господь сдѣлалъ его поводомъ къ пространной бесѣдѣ о **Себѣ,** какъ о **Хлѣбѣ Жизни.** Началъ Онъ эту бесѣду съ того, что въ отвѣтъ на вышеупомянутый вопросъ упрекнулъ іудеевъ за то, что они во всемъ — даже въ слѣдованіи за Нимъ остаются рабами своей чувственности. Они ищутъ Христа не потому, что въ совершенныхъ Имъ чудесахъ уразумѣли благость Божію, подающую имъ вѣчныя нетлѣнныя блага, а потому, что чудомъ, наканунѣ совершеннымъ, былъ удовлетворенъ ихъ голодъ, какъ остальными чудесами прекращались другія страданія тѣла. Но никто изъ нихъ не заботится объ удовлетвореніи потребностей духа, ради чего, собственно, Христосъ и пришелъ на землю. «**Ищете Мене — яко яли есте хлѣбы, и насытистеся**» — этотъ упрекъ Господа направленъ вообще и противъ всѣхъ тѣхъ, кто считаетъ христіанство цѣннымъ лишь постольку, поскольку оно полезно для благоустройства временной нашей земной жизни. «**Старайтесь не о пищѣ тлѣнной**», погибающей вмѣстѣ съ тѣломъ, «**но о пищѣ, возводящей въ жизнь вѣчную,** то-есть о такой пищѣ, которая пребываетъ вѣчно, и вамъ послужитъ къ жизни вѣчной. Эту пищу «**дастъ вамъ Сынъ Человѣческій**», говоритъ дальше Господь: «**сего бо Отецъ знамена Богъ**» — Богъ Отецъ положилъ Свою печать на Сынѣ Человѣческомъ, удостовѣряя людей въ томъ, что это ихъ Жизнодавецъ, могущій даровать имъ эту пищу. Подъ этой «**печатью**» надобно понимать тѣ знаменія и чудеса, которыя творилъ Христосъ по волѣ Отца. Возбуждаемые упрекомъ іудеи сказали Ему: «**Что сотворимъ, да дѣлаемъ дѣла Божіи?**» понявъ, что въ словахъ Господа содержится требованіе нравственныхъ дѣйствій съ ихъ стороны, но не понятно какихъ. На это Господь, вмѣсто множества дѣлъ, какія они считали необходимыми творить, ради Богоугожденія, съ точки зрѣнія закона Моисеева, указываетъ имъ на о д н о только дѣло: «**Се есть дѣло Божіе — да вѣруете въ Того, Егоже посла Онъ**». Это — главное Богоугодное дѣло, безъ котораго невозможна вообще Богоугодная жизнь, ибо въ немъ, какъ въ сѣмени, содержатся всѣ дѣла, благоугодныя Богу. Понявъ, что Іисусъ «Посланникомъ Божіимъ» называетъ Себя, іудеи отвѣчаютъ, что для такой вѣры въ Него, какую имѣли израильтяне въ Бога и въ Моисея, пророка Его, мало тѣхъ знаменій, какія Онъ творитъ. Вотъ доказательство того, насколько ненадежна вѣра, основывающаяся только на чудесахъ: она требуетъ все большихъ и большихъ чудесъ. И вотъ іудеи не довольствуются тѣмъ, что Господь Іисусъ напиталъ пять тысячъ людей пятью хлѣбами, а требуютъ, чтобы Онъ показалъ имъ большее чудо, въ родѣ, напр., манны, которой Моисей питалъ ихъ во время сорокалѣтняго странствованія въ пустынѣ. На это Господь отвѣчаетъ, что это чудо, совершенное Богомъ черезъ Моисея, маловажнѣе того, которое теперь совершаетъ Богъ черезъ Него-Мессію, давая имъ уже не призрачный хлѣбъ, какимъ была манна, а «**хлѣбъ истинный съ небесе**». Этотъ хлѣбъ «даетъ жизнь міру». Понявъ слова Господа такъ, что Онъ говоритъ имъ о хлѣбѣ, хотя особенномъ и чудесномъ, но чувственномъ, іудеи выражаютъ желаніе всегда получать отъ Него такой хлѣбъ. Въ этомъ сказывается совершенно плотское направленіе ихъ духа, вполнѣ чувственное представленіе о Мессіи. Тогда Господь прямо и рѣшительно раскрываетъ имъ ученіе о Себѣ, какъ о «хлѣбѣ жизни», говоря, что этотъ **Хлѣбъ, сходящій съ небесъ и дающій жизнь міру, — Онъ Самъ**, что приходящій къ Нему не будетъ алкать и вѣрующій въ Него не будетъ жаждать никогда. Со скорбью отмѣчаетъ Господь, что іудеи не вѣруютъ въ Него, но это не помѣшаетъ осуществленію воли Отца Небеснаго черезъ Него: всѣ ищущіе спасенія черезъ Него, «приходящіе къ Нему», станутъ наслѣдниками основываемаго Имъ Царства Мессіи, всѣ они будутъ воскрешены Имъ въ послѣдній день и сподобятся жизни вѣчной. Іудеи недоумѣваютъ на это и съ ропотомъ пересуживаютъ между собой, какъ Іисусъ можетъ говорить, что Онъ сошелъ съ неба, когда они знаютъ Его земное происхожденіе. Господь объясняетъ имъ ихъ ропотъ тѣмъ, что они не находятся въ числѣ тѣхъ избранниковъ Божіихъ, которыхъ Богъ Отецъ благодатною силою Своею привлекаетъ къ Себѣ. Безъ этого благодатнаго призванія нельзя увѣровать въ посланнаго Имъ на землю для спасенія людей Сына Его — Мессію. Этою мыслью не уничтожается идея свободы воли у человѣка: «Отецъ привлекаетъ тѣхъ, которые имѣютъ способность, **по ихъ произволенію,** а тѣхъ, которые **сами себя сдѣлали неспособными,** не привлекаетъ къ вѣрѣ. Какъ магнитъ привлекаетъ не все, къ чему приближается, а одно только желѣзо, такъ и Богъ ко всѣмъ приближается, но привлекаетъ только тѣхъ, которые способны и обнаруживаютъ нѣкоторое сродство съ Нимъ (Ѳеофилактъ Болг.)» «Ропщите не на Меня, а на себя», какъ бы такъ говоритъ Христосъ: «за то, что вы неспособны увѣровать въ Меня, какъ въ Мессію», ибо всѣ ветхозавѣтныя книги свидѣтельствуютъ о пришествіи Христа, и кто сознательно изучаетъ ихъ, тотъ не можетъ не быть наученъ Богомъ и не принять посланнаго Имъ Мессію-Христа. Наученіе отъ Бога это не есть лицезрѣніе Бога, ибо видѣлъ Бога Отца только Тотъ, Кто Самъ отъ Бога, то-есть Онъ — Христосъ. Научается какъ бы Самимъ Богомъ непосредственно всякій тотъ, кто внимательно, съ вѣрою изучаетъ Писаніе, ибо главный предметъ Писанія — Христосъ. **«Азъ есмь хлѣбъ животный»,** говоритъ о Себѣ дальше Христосъ, «хлѣбъ жизни», хлѣбъ живой, а не бездушный, какой была манна. Манна питала только тѣло, а потому тѣ, кто ее ѣли, умерли; хлѣбъ же, сходящій съ небесъ дѣйствительнымъ образомъ, а не только видимымъ, какъ манна, таковъ, что кто будетъ ѣсть Его, **«не умретъ»,** но **«живъ будетъ во вѣки».** Этотъ хлѣбъ, сшедшій съ небесъ, Самъ Господь Іисусъ Христосъ. Еще болѣе ясно и опредѣленно говоритъ Господь дальше, что этотъ хлѣбъ есть **Плоть Его,** Которую Онъ отдаетъ за жизнь міра, имѣя въ виду предстоящую Ему крестную смерть на

Голгоѳѣ во искупленіе грѣховъ всего человѣчества. Здѣсь, въ связи съ приближающимся праздникомъ Пасхи, Господь учитъ о Себѣ, какъ объ истинномъ Агнцѣ пасхальномъ, вземлющемъ на Себя грѣхи всего міра. Агнецъ пасхальный былъ только прообразомъ этого Агнца-Христа. Господь давалъ понять теперь своимъ слушателямъ, что время прообразовъ проходитъ, ибо явилась Сама Истина въ Его лицѣ: вкушеніе пасхальнаго агнца замѣнится въ Новомъ Завѣтѣ вкушеніемъ Тѣла Христова, принесеннаго въ жертву за грѣхи всего міра. Іудеи, понявъ правильно слова Господа, пришли въ недоумѣніе и начали спорить между собой по поводу этихъ словъ Господа: **«Како можетъ Сей намъ дати Плоть Свою ясти?»** Поняли очевидно эти слова именно буквально, а не иносказательно, какъ хотятъ понимать ихъ современные сектанты, отрицающіе Таинство Причащенія, въ качествѣ таинства, подающаго благодатное соединеніе со Христомъ. И вотъ Христосъ, чтобы пресѣчь ихъ споръ, повторяетъ рѣшительно и категорично: **«Аминь, аминь глаголю вамъ, аще не снѣсте Плоти Сына Человѣческаго, ни піете Крове Его, живота не имате въ себѣ. Ядый Мою Плоть, и піяй Мою Кровь, имать животъ вѣчный, и Азъ воскрешу его въ послѣдній день»** и т. д. Здѣсь Господь уже во всей полнотѣ и ясности раскрываетъ Свое ученіе о необходимости для вѣчнаго спасенія причащенія Его Тѣла и Крови. При исходѣ евреевъ изъ Египта кровью закланнаго тогда агнца помазывались косяки и пороги жилищъ еврейскихъ въ знаменіе спасеніе первенцевъ ихъ отъ руки Ангела-истребителя (Исх. 12: 7-13), а при закланіи агнца пасхальнаго при храмѣ кровью его окроплялись роги алтаря, напоминавшіе косяки и пороги еврейскихъ жилищъ. На пасхальной вечери эта кровь агнца символически замѣнялась виномъ. Такъ какъ агнецъ пасхальный прообразовалъ Христа, какъ и избавленіе евреевъ изъ Египта было прообразомъ искупленія міра, то въ словахъ Христовыхъ о необходимости для вѣчной жизни **«ѣсть Плоть Его и пить Крови Его»** надо видѣть замѣну ветхозавѣтнаго пасхальнаго агнца плотью Христовою и символическаго вина при пасхальной вечери — кровью Христовою. Это — **Новая Пасха,** которую Господь пророчески предъизображаетъ въ этой бесѣдѣ. Смыслъ этихъ словъ Христовыхъ, слѣдовательно, тотъ, что кто хочетъ усвоить себѣ искупленіе, совершаемое Христомъ въ крестной смерти Его, тотъ долженъ вкушать Его плоть и пить Его кровь: иначе онъ не будетъ участникомъ этого искупленія, не будетъ имѣть въ себѣ жизни вѣчной, то-есть пребудетъ въ отчужденіи отъ Бога, что есть вѣчная смерть. Тѣло и кровь Господа, по Его словамъ, есть **истинная пища** и **истинное питіе,** ибо только они сообщаютъ человѣку **жизнь вѣчную.** Это потому, что они даютъ вкушающему и піющему самое тѣсное внутреннее общеніе со Христомъ, таинственное соединеніе съ Нимъ (ст. 56). Черезъ это таинство падшему грѣхомъ человѣку дается, такимъ образомъ, **прививка** новой жизни. Какъ садовникъ, чтобы сдѣлать дерево плодовымъ, прививаетъ ему отрасль другого плодоваго дерева, такъ и Христосъ, желая сдѣлать насъ причастниками Божественной жизни, Самъ входитъ тѣлесно въ оскверненное грѣхомъ тѣло наше и полагаетъ начало внутреннему преображенію и освященію, дѣлая насъ **новой тварью.** Недостаточно для спасенія только вѣровать во Христа: надо слиться съ Нимъ воедино, пребывать въ Немъ, дабы и Онъ пребывалъ въ насъ, а это и достигается черезъ великое Таинство причащенія Тѣла и Крови Его. Эти слова Господа были, однако, столь необычайны для слуха, что на этотъ разъ не только враги Господа, но и нѣсколько изъ учениковъ Его соблазнились, говоря: «какія странныя слова! кто можетъ это слушать!» Господь прочелъ ихъ мысли и чувства и сказалъ: **«Это ли соблазняетъ васъ? чтожъ, если увидите Сына Человѣческаго, восходящаго туда, гдѣ былъ прежде?»** Здѣсь Господь имѣетъ въ виду то, какъ соблазнятся они, когда увидятъ Его распинаемымъ на крестѣ. Дальше Господь поясняетъ, какъ надо правильно понимать Его слова: **«Духъ есть, иже оживляетъ, плоть не пользуетъ ничтоже. Глаголы, яже Азъ глаголахъ вамъ, духъ суть и животъ суть».** Это значитъ, что слова Христовы нужно понимать духовно, а не грубо чувственно, то-есть такъ какъ будто Онъ предлагаетъ для вкушенія Свою плоть, подобно мясу животныхъ, снѣдаемому для утоленія чувственнаго голода. «Мое ученіе», какъ бы такъ говоритъ Господь, «не о мясахъ, не о яствахъ, питающихъ тѣлесную жизнь, но о Божественномъ Духѣ, о благодати и о вѣчной жизни, которая устрояется въ людяхъ благодатными средствами». **«Плоть не пользуетъ ни мало»** — это сказалъ Онъ не о Своей плоти, — отнюдь нѣтъ, — но о тѣхъ, которые Его слова понимаютъ чувственно. Что значитъ понимать чувственно? Смотрѣть на предметы просто и не представлять ничего больше, вотъ что значитъ понимать чувственно. Но не такъ должно судить о видимомъ, а надобно внутренними очами прозирать во всѣ его тайны. Вотъ это значитъ понимать духовно (Златоустъ)». Плоть Христова, разобщенная съ Его духомъ, не могла бы животворить, но понятно, конечно, что въ словахъ Христовыхъ идетъ рѣчь не о бездушной, безжизненной Его плоти, а о плоти, неразлучно соединенной съ Его Божественнымъ Духомъ. **«Но суть отъ васъ нѣцыи, иже не вѣруютъ»** — конечно, трудно безъ содѣйствія благодати Божіей вѣровать въ Божество самоуничиженное. Какъ видно дальше, въ этихъ словахъ Господа заключается и первое Его указаніе на Іуду-предателя. Ученіе о св. Евхаристіи было и будетъ всегда пробнымъ камнемъ вѣры во Христа. Много есть людей, восторгающихся нравственнымъ закономъ Христа, но не понимающихъ необходимости единенія со Христомъ въ этомъ великомъ таинствѣ. Между тѣмъ, безъ таинственнаго соединенія со Христомъ, безъ привитія Ему, невозможно въ жизни своей слѣдовать и Его нравственному закону, ибо это выше естественныхъ человѣческихъ силъ. Вотъ почему многіе, какъ говоритъ Евангеліе, послѣ этой бесѣды отошли отъ Христа, тѣмъ болѣе, что эта бесѣда совершенно шла вразрѣзъ съ чувственными представленіями іудеевъ о Мессіи. Тогда Господь, испытывая вѣру въ Себя своихъ ближайшихъ учениковъ — двѣнадцати — спросилъ ихъ, не хотятъ ли и они отойти отъ Него. Но въ отвѣтъ Симонъ Петръ, отъ лица, конечно, всѣхъ остальныхъ Апостоловъ, произнесъ великое исповѣданіе вѣры въ Него, какъ **«Христа, Сына Бога Живаго»** — исповѣданіе, которое мы всегда произносимъ теперь, читая молитву предъ причащеніемъ: **«Вѣрую, Господи, и исповѣдую, яко Ты еси Христосъ, Сынъ Бога Живаго»**... Въ отвѣтъ на это исповѣданіе Господь сказалъ, однако, что не всѣ 12 такъ вѣруютъ, что одинъ изъ нихъ — **діаволъ**, не въ собственномъ смыслѣ, а, какъ врагъ Христа и Его дѣла. Этимъ Господь сдѣлалъ предостереженіе самому Іудѣ, зная, какъ Сердцевѣдецъ, что тотъ замышлялъ предать Его. На праздникъ Пасхи Господь не пошелъ въ этотъ разъ въ Іерусалимъ, такъ какъ іудеи искали убить Его (Іоанн. 7: 1), а между тѣмъ часъ крестныхъ страданій Его еще не наступилъ.

Г. ТРЕТЬЯ ПАСХА ОБЩЕСТВЕННАГО СЛУЖЕНІЯ ГОСПОДА ІИСУСА ХРИСТА.

1. ОБЛИЧЕНІЕ ФАРИСЕЙСКИХЪ ПРЕДАНІЙ (Матѳ. 15: 1-20; Марка 7: 1-23).

На третьей Пасхѣ Господь Іисусъ Христосъ въ Іерусалимѣ не былъ, но фарисеи іерусалимскіе никогда не оставляли своего наблюденія за Нимъ и поэтому, не найдя Его въ Іерусалимѣ, пришли въ Галилею. Встрѣтивъ здѣсь Его вмѣстѣ съ учениками, они возобновили прежнее осужденіе учениковъ Его за несоблюденіе преданій старцевъ. Поводомъ къ этому было то, что ученики Господа принимались за пищу, не умывъ рукъ. По правиламъ фарисейскаго благочестія, передъ принятіемъ пищи и послѣ нея непремѣнно должно было мыть руки, причемъ въ Талмудѣ точно опредѣлено, какой мѣры воды для этого достаточно, какъ мыть, когда именно, въ какомъ порядкѣ, если число присутствующихъ превышаетъ пять или не превышаетъ его. Этимъ правиламъ приписывалась такая важность, что за несоблюденіе ихъ синедріонъ подвергалъ отлученію. Іудеи почему-то вѣрили, что Моисей на Синаѣ получилъ два закона: одинъ, записанный имъ въ книгахъ, а другой незаписанный, который переходилъ изъ устъ въ уста отъ родителей къ дѣтямъ и послѣ уже записанъ въ Талмудѣ. Этотъ законъ назывался **«преданіемъ старцевъ»**, то-есть древнихъ мужей, древнихъ раввиновъ. Предписанія этого неписаннаго закона отличались большой мелочностью. Такъ, обычай умовенія рукъ, внушенный въ началѣ чистоплотностью, самъ по себѣ полезный, сталъ предразсудкомъ, который наряду съ другими, подобными же, заслоняя собой гораздо болѣе важное въ требованіяхъ закона Божія, становился пустымъ и вреднымъ. Такъ, ученики, вмѣстѣ съ своимъ Божественнымъ Учителемъ, трудились для великаго дѣла созиданія Царствія Божія на землѣ и не имѣли иногда времени и хлѣба вкусить (Марк. 3: 20), а фарисеи требовали отъ нихъ строгаго соблюденія всѣхъ этихъ мелочныхъ преданій. На обвиненіе фарисеевъ Господь и Самъ отвѣчаетъ обвиненіемъ: **«почто и вы преступаете заповѣдь Божію за преданіе ваше?»** «показывая, что согрѣшающій въ великихъ дѣлахъ не долженъ съ такою заботливостью подмѣчать въ другихъ маловажные проступки. (Злат.)». Господь указываетъ, что фарисеи, во имя своего преданія, нарушаютъ прямую и категорическую заповѣдь о почитаніи родителей. Преданіе это разрѣшало дѣтямъ отказывать въ матеріальной поддержкѣ своимъ родителямъ, если они свое имущество объявляли **«корваномъ»**, то-есть посвященнымъ Богу. А посвятить въ даръ Богу можно было все: и домъ, и поле, и чистыхъ и нечистыхъ животныхъ, причемъ самъ посвящавшій могъ продолжать и дальше пользоваться своимъ имуществомъ, уплачивая небольшой выкупъ въ сокровищницу храма, но зато онъ считалъ себя свободнымъ отъ всякихъ общественныхъ повинностей, даже отъ обязанности заботиться о своихъ родителяхъ, отказывая имъ и въ необходимомъ для нихъ пропитаніи. Называя за это фарисеевъ **«лицемѣрами»**, Господь относитъ къ нимъ пророчество Исаіи 29: 13, утверждая, что они чтутъ Бога только наружно, а сердцемъ они далеки отъ Бога: напрасно поэтому они думаютъ такимъ путемъ угодить Богу, напрасно учатъ тому же и другихъ. Обратившись затѣмъ ко всему народу, Господь въ обличеніе фарисеевъ сказалъ: **«Слушайте и разумѣйте! не то, что входитъ въ уста, оскверняетъ человѣка, но то, что исходитъ изъ устъ, оскверняетъ человѣка».** Фарисеи не понимали различія между чистотой нравственной и чистотой тѣлесной и думали, что пища нечистая или только взятая нечистыми руками производитъ нечистоту нравственную, дѣлая человѣка нечистымъ, виновнымъ въ очахъ Божіихъ. Обличая несправедливость этой мысли, Господь указываетъ, что нравственно-нечистымъ дѣлаетъ человѣка только то, что исходитъ изъ нечистаго сердца. Совершенно неосновательно сектанты и всѣ противники соблюденія постовъ считаютъ, что эти слова Господа направлены противъ необходимости соблюдать посты, установленные Церковью. Входящее въ уста не оскверняетъ человѣка, конечно, само по себѣ, но только въ томъ случаѣ, если не соединяется съ невоздержностью, непокорностью и другими грѣховными расположеніями сердца. Постимся мы не потому, что боимся оскверниться скоромной пищей, а ради того, чтобы легче было бороться со своими грѣховными страстями, побороть свою чувственность, пріучить себя отсѣкать свою волю черезъ послушаніе установленіямъ Церкви. Признавая, напр., пьянство зломъ, мы вѣдь не утверждаемъ, что пьянство зло потому, что питіе вина оскверняетъ человѣка: фарисеи соблазнились тѣмъ, что Господь ни во что вмѣняетъ преданіе старцевъ и даже, повидимому, самый законъ Моисеевъ, установившій строгое различіе между разными родами пищи. Господь успокоилъ Своихъ учениковъ, сказавъ имъ, что фарисеи **«слѣпые вожди слѣпыхъ»** и поэтому не нужно слѣдовать измышленному ими ученію, что всякое подобное ученіе, какъ не происходящее отъ Бога, искоренится. Далѣе Господь разъясняетъ Апостоламъ, что пища, входящая въ уста, минуетъ душу человѣка и извергается вонъ, не оставляя слѣда грѣха въ его душѣ, но грѣхи, исходящіе извнутри человѣка, изъ устъ его и изъ сердца, оскверняютъ его.

2. ИСЦѢЛЕНІЕ ДОЧЕРИ ХАНАНЕЯНКИ (Матѳея 15: 21-28 и Марка 7: 24-30).

Вышедши изъ Галилеи, Господь удалился **«во страны Тирскія и Сидонскія»**, то-есть въ языческую страну Финикію на сѣверо-западъ отъ Галилеи съ главными городами Тиромъ и Сидономъ, находившимися неподалеку одинъ отъ другого. Такъ какъ, по словамъ Ев. Марка, Господь, пришедъ въ эти страны, **«никого же хотяше, дабы его чулъ (7: 24)»**, можно предположить, что цѣлью отшествія Господа въ среду иновѣрнаго и иноплеменнаго населенія было временное уединеніе, отдохновеніе отъ постоянно сопровождавшей его въ Галилеѣ несмѣтной толпы, а, можетъ быть, и отъ непримиримой злобы фарисеевъ. **«И не може»**, однако, **«утаитися»**, ибо услышала о Немъ нѣкая жена, которую св. Матѳей называетъ **«хананеянкой»**, а св. Маркъ — **«сирофиникіянкой»**. У этой жены, которую св. Маркъ называетъ также **«еллинска»**, то-есть язычница по вѣрѣ (еллинами въ Св. Писаніи называются всѣ неіудеи, Рим. 1: 16 или 1 Кор. 1: 22), дочь была одержима нечистымъ духомъ, и она начала просить Господа, чтобы Онъ изгналъ бѣса изъ ея дочери, причемъ, зная отъ іудеевъ о грядущемъ Мессіи, она называла Господа **«Сыномъ Давидовымъ»**, исповѣдуя этимъ свою вѣру въ Его мессіанское достоинство. Испытывая ея вѣру, Господь **«не отвѣща ей словесе»**, такъ что даже ученики Его стали просить Господа за нее, указывая на неотступность ея и настойчивость ея мольбы. **«Онъ же отвѣщавъ рече: нѣсмь посланъ, токмо ко овцамъ погибшимъ дому Израилева»**, ибо евреи были избраннымъ народомъ Божіимъ, имъ былъ обѣщанъ Божественный Искупитель, и къ нимъ именно Онъ и долженъ былъ въ первую очередь придти, ихъ спасать и среди нихъ чудотворить. Быть можетъ, Господь говорилъ это, примѣняясь къ образу воззрѣній іудеевъ на язычниковъ, желая обнаружить всю силу вѣры этой язычницы передъ Своими Апостолами имъ въ назиданіе. Постепенно приближаясь все ближе и ближе ко Іисусу, хананеянка, по словамъ св. Марка, наконецъ припала къ ногамъ Его, умоляя, чтобы Онъ изгналъ бѣса изъ ея дочери. Зная, конечно, силу вѣры ея и продолжая ее испытывать, Господь отказываетъ ей въ словахъ, которыя могли бы показаться крайне жестокими, еслибы не были произнесены преисполненнымъ любви къ страждущему человѣчеству Господомъ: **«Не хорошо взять хлѣбъ у дѣтей и бросить псамъ»**. Смыслъ этихъ словъ таковъ: «Я не затѣмъ удалился изъ предѣловъ избраннаго народа Божія, этихъ **«сыновъ Царствія** (Матѳ. 8: 12)»**, отнявъ отъ нихъ Свою благодѣющую чудотворную силу, чтобы расточать ее въ странѣ языческой». Конечно, и эти слова были произнесены Господомъ только для того, чтобы обнаружить передъ всѣми силу вѣры этой женщины и воочію показать, что и язычники, поскольку они вѣруютъ, достойны милостей Божіихъ, вопреки тому презрѣнію, которое питали къ нимъ іудеи. И хананеянка дѣйствительно показала всю высоту своей вѣры и вмѣстѣ съ тѣмъ необычайную глубину смиренія, принявъ это обидное наименованіе пса и даже найдя въ немъ поводъ къ усиленному продолженію своей мольбы: **«И псы ѣдятъ крохи, которыя падаютъ со стола господъ ихъ»**. Эта величайшая вѣра и глубочайшее смиреніе были тотчасъ же вознаграждены. **«О, жено, велія вѣра твоя»**, сказалъ ей Господь: **«буди тебѣ, якоже хощеши!»** И дочь ея въ тотъ часъ мгновенно исцѣлилась. Особенность этого чуда въ томъ, что оно совершено издали, заочно, какъ исцѣленіе слуги Капернаумскаго сотника (Мѳ. 8:13), тоже язычника, вѣра котораго также удостоилась особенной похвалы Господа.

3. ИСЦѢЛЕНІЕ ГЛУХОГО КОСНОЯЗЫЧНАГО И МНОГИХЪ БОЛЬНЫХЪ.
(Марк. 7: 31-37; Мѳ. 15: 29-31).

Изъ Финикіи Господь черезъ предѣлы Десятиградія пришелъ къ Галилейскому озеру. Эта страна, представлявшая собою союзъ 10 городовъ, лежала почти вся, кромѣ г. Скиѳополя, на востокъ отъ Галилейскаго озера, и со времени ассирійскаго плѣна евреевъ, была населена по преимуществу язычниками. Здѣсь, еще по пути, Господь исцѣлилъ глухого косноязычнаго, о каковомъ чудѣ повѣствуетъ одинъ только Еванг. Маркъ. Обычно Господь исцѣлялъ однимъ словомъ Своимъ, а тутъ Онъ отвелъ больного въ сторону, повидимому, для того, чтобы отклонить праздное любопытство полуязыческой толпы, вложилъ въ уши больного Свои пальцы, и, плюнувъ, коснулся языка его, вѣроятно, для того, чтобы этими дѣйствіями возбудить вѣру больного—необходимое условіе исцѣленія, ибо говорить съ нимъ, какъ съ глухимъ, не было возможности. Затѣмъ, воззрѣвъ на небо, Господь молитвенно воздохнулъ для того, чтобы окружающимъ было ясно, что Онъ совершаетъ исцѣленіе силою Божіею, а отнюдь не силою бѣсовскою, какъ распускали о Немъ всюду клеветы фарисеи, и исцѣлилъ больного, произнеся властно по-сирски **«Еффаѳа»**, что значитъ: **«отверзись».** Окружающимъ, какъ обычно, запретилъ разглашать о чудѣ, можетъ быть, для того, чтобы избѣгнуть излишняго возбужденія толпы и преждевременно не вооружать еще больше противъ Себя фарисеевъ. Но они, удивляясь чуду, сколько Онъ ни запрещалъ имъ, еще больше разглашали. Пройдя Десятиградіе, Господь, по словамъ св. Матѳея, подошелъ къ Галилейскому озеру, вѣроятно съ востока или сѣв.-востока, и здѣсь, какъ и всегда, толпы народа слѣдовали за Нимъ, толпы встрѣчали Его и, гдѣ бы Онъ ни остановился, вокругъ Него сейчасъ же собиралось множество народа. Къ Нему привели хромыхъ, слѣпыхъ, нѣмыхъ, увѣчныхъ и страждущихъ всякими другими болѣзнями. Вѣра у этихъ людей въ чудотворную силу Іисусову была столь велика, что они даже не просили Его ни о чемъ, а просто молча повергали больныхъ къ ногамъ Его, **«и Онъ исцѣлялъ ихъ»**. Они же, видя совершаемыя Имъ чудеса, прославляли «Бога Израилева», считая, какъ избранный народъ Божій, Бога своимъ Богомъ.

4. ЧУДЕСНОЕ НАСЫЩЕНІЕ ЧЕТЫРЕХЪ ТЫСЯЧЪ НАРОДА. (Мѳ. 15: 32-39; МР. 8: 1-9).

Три дня продолжалось пребываніе Господа съ народомъ на пустынномъ берегу Генисаретскаго озера. Запасы хлѣба истощились, купить его было негдѣ, и Господь вновь совершилъ чудо насыщенія народа — на этотъ разъ четырехъ тысячъ, семью хлѣбами, причемъ собрано остатковъ семь корзинъ. Накормивъ народъ, Господь отпустилъ его, а Самъ съ Апостолами на лодкѣ отправился къ западному берегу въ предѣлы Магдалинскіе, или, какъ говоритъ Маркъ, въ предѣлы Далмануѳскіе. Далмануѳа — это небольшая деревня около г. Магдалы на зап. берегу Галилейскаго озера.

5. ОБЛИЧЕНІЕ ФАРИСЕЕВЪ, ПРОСИВШИХЪ ЗНАМЕНІЯ И ПРЕДОСТЕРЕЖЕНІЕ ОТЪ ЗАКВАСКИ ФАРИСЕЙСКОЙ И САДДУКЕЙСКОЙ (Мѳ. 16: 1-12 и Марк. 8: 11-21).

Какъ только Іисусъ вышелъ на берегъ, къ Нему тотчасъ приступили, очевидно ожидавшіе Его тутъ нарочно фарисеи и саддукеи. Эти двѣ секты разнаго направленія (фарисеи — консерваторы, а саддукеи — либералы-вольнодумцы), между собой враждовавшіе, въ отношеніи къ Господу дѣйствовали враждебно съ полнымъ единодушіемъ. Искушая Его, то-есть лицемѣрно, неискренно они стали просить, чтобы Онъ показалъ имъ знаменіе съ неба, то-есть такое чудесное явленіе, которое моглобы быть и для нихъ и для всего народа яснымъ доказательствомъ Его достоинства, какъ Мессіи. Будучи увѣрены, что и на этотъ разъ Господь имъ въ этомъ откажетъ, они хотѣли имѣть въ этомъ новый поводъ разглашать въ народѣ, что Іисусъ, не могущій дать знаменія съ неба, не можетъ быть Мессіей. Въ отвѣтъ на это Господь рѣзко укорилъ фарисеевъ, назвавъ ихъ лицемѣрами, за то, что они, умѣющіе судить по извѣстнымъ признакамъ о предстоящей погодѣ, не хотятъ замѣчать явныхъ знаменій, свидѣтельствующихъ объ Его мессіанскомъ достоинствѣ, и вновь сказалъ, что знаменія не будетъ имъ дано, **«кромѣ знаменія Іоны пророка»** (см. Мѳ. 12:

38-45). Не желая продолжать разговоръ съ лицемѣрами, Господь, только что прибывшій на эту сторону озера, опять сѣлъ съ Апостолами въ лодку и отправился на другую сторону. Эта поспѣшность не дала возможности Апостоламъ запастись хлѣбами. Между тѣмъ, Христосъ, скорбя о духовной слѣпотѣ фарисеевъ и саддукеевъ, и желая предостеречь Своихъ учениковъ отъ впаденія въ подобное же пагубное состояніе, сказалъ имъ: «Смотрите, берегитесь закваски фарисейской и саддукейской»! Св. Маркъ, вмѣсто саддукейской, говоритъ «иродовой», смыслъ чего одинъ и тотъ же, ибо Иродъ-Антипа принадлежалъ къ сектѣ саддукеевъ, Апостолы не поняли этого предостереженія, рѣшивъ, что этими словами Господь упрекаетъ ихъ за то, что они не взяли съ собой хлѣба. Тогда Господь дѣйствительно упрекнулъ ихъ за маловѣріе, непонятливость и забывчивость, напомнивъ имъ о недавномъ двукратномъ чудесномъ насыщеніи нѣсколькихъ тысячъ народа немногими хлѣбами. Только послѣ этого вразумленія, ученики поняли, что Іисусъ этимъ иносказаніемъ предостерегаетъ ихъ отъ ученія фарисейскаго и саддукейскаго.

6. ИСЦѢЛЕНІЕ СЛѢПАГО ВЪ ВИѲСАИДѢ (Марка 8: 22-26).

Это чудо, о которомъ повѣствуетъ только одинъ Ев. Маркъ, совершено Господомъ, послѣ того, какъ Онъ переправился со Своими учениками на восточный берегъ Генисаретскаго озера, по дорогѣ въ Кесарію Филиппову въ г. Виѳсаидѣ, называвшемся еще Юліей, каковое наименованіе далъ этому селенію тетрархъ Филиппъ въ честь дочери Августа Юліи. Къ Господу привели слѣпаго и просили, чтобы Онъ прикосновеніемъ рукъ Своихъ исцѣлилъ его. Повидимому, это не былъ слѣпорожденный, такъ какъ, послѣ перваго возложенія на него рукъ Спасителя, онъ сказалъ, что видитъ людей, какъ деревья, то-есть онъ видалъ, слѣдовательно, прежде и людей и деревья. Господь, исцѣляя его, поступилъ также, какъ при исцѣленіи глухого косноязычнаго: вывелъ его изъ селенія, плюнулъ ему на глаза и возвратилъ зрѣніе ему не сразу, а постепенно, путемъ двукратнаго возложенія рукъ, очевидно возбуждая въ немъ такимъ образомъ вѣру, необходимую для совершенія чуда, а затѣмъ также послалъ его домой, веля не заходить въ селеніе и не разсказывать тамъ никому о совершенномъ надъ нимъ чудѣ.

7. АПОСТОЛЪ ПЕТРЪ ИСПОВѢДУЕТЪ ОТЪ ЛИЦА ВСѢХЪ АПОСТОЛОВЪ ІИСУСА ХРИСТА СЫНОМЪ БОЖІИМЪ (Матѳ. 16: 13-20; Маркъ. 8: 27-30 и Лук. 9: 18-21).

Изъ Виѳсаиды Юліи Господь направился со Своими учениками въ предѣлы Кесаріи Филипповой. Этотъ городъ, называвшійся прежде Панеей и находившійся на сѣверной границѣ колѣна Нефѳалимова, у истоковъ Іордана, при подошвѣ горы Ливана, былъ расширенъ и украшенъ четвертовластникомъ Филиппомъ и названъ имъ Кесаріею, въ честь Римскаго Кесаря (Тиверія). Въ отличіе отъ другой Кесаріи Палестинской, находившейся на берегу Средиземнаго моря, эта Кесарія называлась Филипповой. Время земной жизни Господа приближалось къ концу, а избранные Имъ проповѣдники Его ученія далеко еще не были подготовлены къ своей высокой миссіи. Поэтому Господь все чаще сталъ искать возможности оставаться съ ними наединѣ, чтобы въ бесѣдахъ съ ними пріучать ихъ къ мысли, что Мессія не тотъ земной царь, который поработитъ евреямъ все народы земли, о чемъ они мечтали, а Царь, царство Котораго не отъ міра сего, Который Самъ пострадаетъ за этотъ міръ, будетъ распятъ и воскреснетъ. Такъ и во время этого отдаленнаго путешествія, оставаясь наединѣ съ Апостолами, Господь спросилъ ихъ, желая вызвать ихъ на такой разговоръ о Себѣ: «**Кого Мя глаголютъ человѣцы быти?**» Апостолы отвѣтили, что въ народѣ различныя мнѣнія о Немъ: при дворѣ Ирода-Антипы Его считали за воскресшаго Іоанна Крестителя, народъ же считаетъ Его за одного изъ великихъ ветхозавѣтныхъ пророковъ: за Илію или Іеремію или кого-либо другого изъ пророковъ. Въ народѣ было мнѣніе, что пришествіе Мессіи будетъ предварено явленіемъ одного изъ ветхозавѣтныхъ пророковъ, и не считая Самого Іисуса Мессіей, многіе думали, что Онъ только предтеча Мессіи. На вопросъ же: «**Вы же кого Мя глаголете быти?**», отъ лица всѣхъ Апостоловъ отвѣчалъ «всегда пламенный Петръ», этотъ «уста Апостоловъ», по выраженію Св. Златоуста: «**Ты еси Христосъ, Сынъ Бога Живаго!**» Евангелисты Маркъ и Лука этимъ только и ограничиваются, добавляя, что Господь запретилъ имъ кому-либо говорить о Немъ, но св. Матѳей добавляетъ къ этому, что Господь похвалилъ Петра, сказавъ ему: «**Блаженъ еси, Симоне, варъ Іона, яко плоть и кровь не яви тебѣ, но Отецъ Мой, иже на небесѣхъ**», то-есть: «не думай, что твоя вѣра есть плодъ наблюденій твоего ума, а смотри на твою вѣру, какъ на драгоцѣнный даръ Божій». «**И Азъ же тебѣ глаголю**»... имѣетъ такой смыслъ: «Ты Мнѣ высказалъ, и Я тебѣ выскажу: «**Яко ты еси Петръ, и на семъ камени созижду Церковь Мою, и врата адова не одолѣютъ ей**» — еще при первой встрѣчѣ Господь нарекъ Симону это имя: «Петръ» по-гречески, или «Кифа» по сиро-халдейски, что значитъ «**камень**» (Іоан. 1: 42), а теперь какъ бы свидѣтельствуетъ, что Симонъ дѣйствительно оправдываетъ имя, данное ему прежде, что онъ, по твердости вѣры, дѣйствительно камень. Можно ли понимать эти слова Господа такъ, какъ будто Онъ обѣщаетъ основать Свою **Церковь на личности Петра, какъ это дѣлаютъ римо-католики,** въ цѣляхъ оправдать свое ложное ученіе о главенствѣ папы римскаго, какъ преемника ап. Петра, надъ всей христіанской Церковью? Конечно, нѣтъ! Еслибы въ этихъ словахъ Господа самъ Петръ изображался, какъ основаніе Церкви, тогда было бы сказано: «Ты еси Петръ, и **на тебѣ Я созижду Церковь Мою**» или хотя бы такъ: «Ты еси Петръ, и на семъ Петрѣ Я созижду Церковь Мою», — но сказано совсѣмъ иначе, что особенно ясно видно въ греческомъ текстѣ Евангелія, къ которому всегда необходимо обращаться въ недоумѣнныхъ случаяхъ: слово «**Петросъ**» не повторено, хотя и это слово означаетъ «камень», а употреблено другое слово «**петра**», что знанитъ: «**скала**». Отсюда ясно, что въ этихъ словахъ Господа, обращенныхъ къ Петру, Господь обѣщаетъ основать Свою Церковь не на Петрѣ, но на исповѣданіи вѣры, которое произнесъ Петръ, то-есть на такой великой истинѣ, что «**Христосъ есть Сынъ Бога Живаго**». Такъ понимали это мѣсто св. Іоаннъ Златоустъ и др. великіе отцы Церкви, разумѣя подъ «камнемъ» **исповѣданіе вѣры во Іисуса Христа, какъ Мессіи, Сына Божія,** или даже просто **Самого Іисуса Христа,** Который въ Священномъ Писаніи нерѣдко называется камнемъ, какъ напр., въ Ис. 28: 16, Дѣян. 4: 11, Рим. 9: 33, 1 Кор. 10: 4. Достопримѣчательно, что и самъ Ап. Петръ въ своемъ 1 соб. посланіи называетъ камнемъ отнюдь не себя, а Самого Іисуса Христа, внушая вѣрующимъ, чтобы они приступали къ Господу, какъ къ «**Камню Живому, человѣками отверженному, но Богомъ избранному, драгоцѣнному**» и сами уподоблялись бы живымъ камнямъ, созидаясь въ домъ духовный; здѣсь Петръ очевидно научаетъ вѣрующихъ идти тѣмъ же путемъ, которымъ шелъ онъ самъ, ставшій «**Петросъ**» послѣ исповѣданія имъ **Камня-Христа.**

Такимъ образомъ, смыслъ этого замѣчательнаго и глубокаго изреченія Христова таковъ: «Блаженъ ты Симонъ, сынъ Іонинъ, потому, что не человѣческими средствами узналъ ты это, но тебѣ открылъ это Отецъ Мой небесный. И Я тебѣ скажу: Я не напрасно нарекъ тебя Петромъ: утвердившись на томъ, что ты исповѣдалъ, какъ на скалѣ, и ты пребудешь воистину камнемъ, и Церковь Моя устроится непоколебимой, такъ что никакія враждебныя силы ада не смогутъ одолѣть ее». Выраженіе «**врата ада**» характерно для восточныхъ обычаевъ того времени: у воротъ города или крѣпости, всегда особенно сильно укрѣпленныхъ на случай нападенія враговъ, собирались начальственныя лица для различныхъ совѣщаній, суда и расправы надъ виновными и для всякихъ общественныхъ дѣлъ.

Дальнѣйшее обѣтованіе, данное, повидимому, одному Петру: «**И дамъ ти ключи Царства Небеснаго: и еже аще свяжеши на земли, будетъ связано на небесѣхъ: и еже аще разрѣшиши на земли, будетъ** разрѣшено на небесѣхъ» немного позднѣе дано всѣмъ Апостоламъ (Матѳ. 18: 18) и состоитъ въ правѣ **всѣхъ** Апостоловъ и ихъ преемниковъ — епископовъ — подвергать отвѣтственности, судить и наказывать согрѣшающихъ, вплоть до отлученія отъ Церкви. Власть разрѣшать есть власть отпускать грѣхи, принимать въ Церковь черезъ крещеніе и покаяніе. Эту благодать **всѣ** Апостолы **равно** получили отъ Господа по Его воскресеніи (Іоан. 20: 22-23). Господь запретилъ ученикамъ говорить о Себѣ, какъ о Христѣ, чтобы не возжигать въ народѣ страстей при его ложныхъ понятіяхъ.

8. ГОСПОДЬ ПРЕДРЕКАЕТЪ О СВОЕЙ СМЕРТИ И ВОСКРЕСЕНІИ И УЧИТЪ О НЕСЕНІИ КРЕСТА (Матѳ. 16: 21-28; Марка 8: 31-38 и 9: 1; Лук. 9: 22-27).

Вызвавъ учениковъ на исповѣданіе Его Мессіей и Сыномъ Божіимъ, Господь возвѣщаетъ имъ о страданіяхъ, ожидающихъ Его въ Іерусалимѣ, чтобы приготовить ихъ къ мысли о земной судьбѣ Мессіи, опровергнуть чувственныя представленія іудеевъ о Мессіи и посвятить учениковъ въ великую тайну Своего искупительнаго подвига. Глубоко преданный Господу, но еще не освободившійся отъ чувственныхъ іудейскихъ представленій о Мессіи, какъ о земномъ царѣ, пламенный и рѣшительный Петръ не могъ вынести этихъ словъ горячо любимаго Учителя и, не рѣшаясь при всѣхъ противорѣчить Ему, отозвалъ Его въ сторону и сказалъ Ему: **«Милосердъ Ты, Господи: не имать быти Тебѣ сіе»**, что значитъ собственно: «Сохрани Богъ! не можетъ быть, чтобы это случилось съ Тобою» — слова, выражающія мысль, что страданія и смерть несовмѣстимы съ достоинствомъ Господа Іисуса Христа, какъ Мессіи, Сына Божія. **«Отойди отъ Меня, сатана!»** съ негодованіемъ отвѣчалъ на эти возраженія Господь, ясно почувствовавшій, что не Петръ говоритъ это, пытаясь отклонить Его отъ предстоящихъ Ему страданій, но самъ искуситель-сатана, воспользовавшійся только чистыми чувствами Петра для того, чтобы произвести въ человѣческой природѣ Христа колебанія передъ подвигомъ искупленія человѣческаго рода. Замѣчательно, что Господь, только что назвавшій Петра «камнемъ» спустя столь короткій промежутокъ времени называетъ его «сатаной», чѣмъ особенно ярко и сильно опровергается ложное ученіе римо-католиковъ о томъ, что Церковь Христова основана Господомъ на человѣческой личности Петра. Можетъ ли быть основаніе Христовой Церкви, которую не одолѣютъ адовы врата, столь измѣнчиво, непостоянно и неустойчиво? И если понимать всѣ слова Господа буквально, какъ это дѣлаютъ въ первомъ случаѣ католики, то изъ послѣднихъ словъ Господа пришлось бы сдѣлать совершенно нелѣпый и невозможный, однако, строго логичный, съ точки зрѣнія католиковъ, выводъ, что Церковь Христова основана на сатанѣ! **«Ты Мнѣ соблазнъ,** говоритъ Господь далѣе Петру, то-есть «противодѣйствуя Моей волѣ, ты служишь для Меня препятствіемъ» (Евѳ. Зигабенъ), если желаешь, чтобы не исполнилось то, для чего Я и пришелъ и на что есть вѣчное опредѣленіе Божіе». **«Ты думаешь не о томъ, что Божіе, но что человѣческое»,** то-есть не о томъ, что угодно Богу, что Онъ опредѣлилъ относительно страданій и смерти Мессіи, но о томъ, что хотѣлось іудеямъ, по человѣческимъ разсчетамъ, то-есть, чтобы Мессія былъ ихъ могущественнымъ земнымъ царемъ-завоевателемъ. Человѣку свойственно беречь свою жизнь, избѣгать страданій и стремиться къ благополучію, къ жизненнымъ удовольствіямъ и наслажденіямъ. Это путь, на который пытается увлечь людей діаволъ, желающій ихъ погибели. Но не таковъ путь Христа и Его истинныхъ послѣдователей. **«Аще кто хощетъ по Мнѣ ити»,** то-есть быть истиннымъ послѣдователемъ Моимъ, говоритъ Христосъ, **да отвержется себе»,** пусть отречется отъ себя, откажется отъ своей естественной воли и стремленій, **«и возьметъ крестъ свой»,** то-есть настроитъ себя такъ, чтобы, ради Христа, быть готовымъ на всѣ лишенія, страданія и даже смерть, **«и по Мнѣ грядетъ»,** подражаетъ Христу въ Его подвигѣ самоотреченія, самоотверженія. **«Иже бо аще хощетъ душу свою спасти»** въ смыслѣ устроенія своего жизненнаго благополучія, **«погубитъ ю»: «и иже аще погубитъ душу свою Мене ради»,** кто не жалѣетъ себя ради Христа, **«обрящетъ ю»** — только тотъ сохранитъ свою душу для вѣчной жизни. **«Кая бо польза человѣку, аще міръ весь пріобрящетъ»,** то-есть достигнетъ всѣхъ почестей и наслажденій міра, пріобрѣтетъ всѣ его тлѣнныя сокровища въ свое распоряженіе, **«душу же свою отщетитъ?»** Душа человѣка драгоцѣннѣе всѣхъ сокровищъ міра и погубленную душу уже ничѣмъ нельзя выкупить, никакими земными богатствами — **«что дастъ человѣкъ измѣну за душу свою?»**

Съ мыслью о вѣчной гибели людей, старающихся сохранить себя лишь для этого міра, Господь соединяетъ мысль о второмъ и страшномъ пришествіи Своемъ, когда каждый получитъ воздаяніе за «дѣла свои». Мысль важная, опровергающая утвержденія протестантовъ и сектантовъ, отрицающихъ значеніе добрыхъ дѣлъ для спасенія. Евангелисты Маркъ и Лука передаютъ въ связи съ этимъ еще другія важныя слова Господа: **«иже бо аще постыдится Мене и Моихъ словесъ въ родѣ семъ прелюбодѣйномъ и грѣшномъ»,** то-есть сочтетъ для себя постыднымъ находиться въ числѣ Моихъ учениковъ и, въ частности, исполнять заповѣдь о несеніи креста своего, — то **«и Сынъ Человѣческій постыдится его, егда** пріидетъ во славѣ Отца Своего со Ангелы святыми», то-есть откажется признать его Своимъ послѣдователемъ на Страшномъ судѣ.

Закончилъ Господь эту бесѣду знаменательными словами: **«Суть нѣціи отъ здѣ стоящихъ, иже не имутъ вкусити смерти, дондеже видятъ Сына Человѣческаго, грядуща во Царствіи Своемъ».** Эти слова давали и даютъ поводъ нѣкоторымъ видѣть въ нихъ указаніе на близость второго пришествія Христова и соблазняться тѣмъ, что они не исполнились. Два другіе Евангелиста Маркъ и Лука разъясняютъ, какъ надо правильно понимать эти слова: св. Лука послѣднія слова Господа передаетъ такъ: **«Дондеже видятъ Царствіе Божіе»**, а св. Маркъ ихъ дополняетъ: **«дондеже видятъ Царствіе Божіе, пришедшее въ силѣ».** Изъ этихъ словъ видно, что рѣчь тутъ не о второмъ пришествіи Христовомъ, а объ открытіи Царствія Божія, то-есть благодатной силы его на землѣ среди вѣрующихъ, или объ учрежденіи Церкви Христовой: «Царствіе Божіе, пришедшее въ силѣ» это есть Церковь, основанная Господомъ, распространеніе которой по всему лицу земли сподобились видѣть многіе изъ учениковъ и современниковъ Господа.

9. ПРЕОБРАЖЕНІЕ ГОСПОДНЕ (Мѳ. 17: 1-13; Марк. 9: 2-13; Лук. 9: 28-36).

Объ этомъ событіи повѣствуютъ всѣ три синоптика, причемъ достойно примѣчанія, что всѣ они связываютъ его съ имѣвшей мѣсто за шесть (по счету св. Луки, за восемь) дней передъ тѣмъ рѣчью Господа о предстоящихъ Ему страданіяхъ, о несеніи креста Его послѣдователями и о скоромъ открытіи Царствія Божія, пришедшаго въ силѣ. Господь взялъ ближайшихъ и довѣреннѣйшихъ учениковъ Своихъ, которые были всегда съ Нимъ въ наиболѣе торжественные и важнѣйшіе моменты Его земной жизни, Петра, Іакова и Іоанна, и возвелъ ихъ **«на гору высоку едины».** Хотя Евангелисты не называютъ этой горы по имени, но древнее христіанское преданіе единогласно свидѣтельствуетъ, что это была гора Ѳаворъ въ Галилеѣ, на югъ отъ Назарета, въ прекрасной равнинѣ Іезреельской. Величественная гора эта высотой почти въ 3000 футовъ покрыта снизу и до середины прекрасной растительностью и съ вершины ея открываются прекрасные виды на весьма далекое разстояніе.

«И преобразися предъ ними» — явился передъ учениками въ Своей небесной славѣ, отчего лицо Его просіяло, какъ солнце, и одежды побѣлѣли: сдѣлались, по св. Матѳею, «какъ свѣтъ», по св. Марку, «какъ снѣгъ», по св. Лукѣ — «блистающими». Еванг. Лука дѣлаетъ важное дополненіе, указывая, что цѣлью восхожденія на гору была молитва, и что Господь преобразился именно во время молитвы: **«и бысть, егда моляшеся, видѣніе лица Его ино, и одѣ-**

яніе Его бѣло блистаяся», причемъ Апостолы во время молитвы Его были отягчены сномъ, и только проснувшись, увидѣли славу преобразившагося Господа и явившихся Моисея и Илію, которые съ Нимъ бесѣдовали, какъ поясняетъ Лука, объ исходѣ Его, который надлежало Ему совершить во Іерусалимѣ. Какъ разъясняетъ св. Златоустъ, Моисей и Илія явились потому, что одни изъ народа почитали Господа Іисуса Христа за Илію или за единаго изъ пророковъ: потому «и являются главные пророки, чтобы видно было различіе рабовъ отъ Господа». Моисей явился, дабы показать, что Іисусъ не былъ нарушителемъ его закона, какимъ старались представить Его книжники и фарисеи. Ни Моисей, черезъ котораго былъ данъ законъ Божій, ни Илія, этотъ великій ревнитель славы Божіей, не предстали бы и не повиновались бы Тому, Кто не былъ бы на самомъ дѣлѣ Сыномъ Божіимъ. Явленіе Моисея, уже умершаго, и Иліи, не видѣвшаго смерти, но взятаго живымъ на небо, означало владычество Господа Іисуса Христа надъ жизнью и смертью, надъ небомъ и землею. Особое дивное благодатное состояніе, охватившее при этомъ души Апостоловъ, выразилъ св. Петръ своимъ восклицаніемъ: «**Господи, добро есть здѣ намъ быти**» и предложеніемъ построить три кущи. Лучше не возвращаться въ дольній міръ злобы и коварства, угрожающій Тебѣ страданіями и смертью, какъ бы такъ хотѣлъ онъ сказать. Ев. Маркъ, несомнѣнно со словъ самого Петра свидѣтельствуетъ, что охватившее его чувство радости было столь велико, что онъ «не зналъ, что сказать». Чудесное облако, несомнѣнно, какъ символъ особеннаго присутствія Божія, объяло ихъ (таковое облако, называемое «шехина» постоянно было во святомъ святыхъ — 3 Царствъ 8:10-11), и изъ облака послышался голосъ Бога Отца: «**Сей есть Сынъ Мой Возлюбленный, о Немже благоволихъ: Того послушайте!**» — тѣ же слова, которыя были слышны при крещеніи Господнемъ, но съ добавленіемъ: «**Того послушайте!**», что должно было напоминать пророчество Моисея о Христѣ (Втор. 18:15) и исполненіе этого пророчества на Іисусѣ. Господь запретилъ Апостоламъ разсказывать кому бы то ни было о видѣніи, пока Онъ не воскреснетъ изъ мертвыхъ, чтобы не будить чувственныхъ представленій іудеевъ о Мессіи. Св. Маркъ добавляетъ при этомъ подробность, конечно, со словъ самого Петра, что ученики «удержали это слово», недоумѣвая для чего Господу нужно умереть, чтобы потомъ воскреснуть. Убѣжденные теперь уже вполнѣ, что ихъ Учитель Іисусъ есть дѣйствительно Мессія, они спрашиваютъ: «**како глаголютъ книжницы, яко Иліи подобаетъ пріити прежде?**» Господь подтверждаетъ, что Иліи дѣйствительно надлежитъ придти прежде «**и устроить все**», по-гречески, собственно «**возстановить**» — «**апокатастиси**», то-есть, какъ предсказывалъ пророкъ Малахія (4:

5-6): «обратить сердца отцовъ къ дѣтямъ и сердца дѣтей къ отцамъ ихъ», или возстановить въ душахъ людей первоначальныя добрыя и чистыя чувства, безъ чего дѣло Мессіи не могло бы быть успѣшнымъ, ибо не нашло бы благопріятной почвы въ сердцахъ людей, заскорузлыхъ и окаменѣвшихъ отъ продолжительной порочной жизни. **«Глаголю же вамъ»**, говоритъ далѣе Господь, **«яко Илія уже пріиде, и не познаша его»**, то-есть Илія уже пришелъ въ лицѣ Іоанна Крестителя, который былъ облеченъ отъ Бога силою Иліиною и духомъ, подобнымъ ему, но его не узнали, ввергли его въ темницу и умертвили его: **«тако и Сынъ Человѣческій имать пострадати отъ нихъ»**, то-есть, какъ не узнали Илію и умертвили его, такъ не узнаютъ и Мессію, и также умертвятъ Его.

10. ИСЦѢЛЕНІЕ БѢСНОВАТАГО ОТРОКА: О ВАЖНОСТИ ВѢРЫ, МОЛИТВЫ И ПОСТА.
(Матѳ. 17:14-23; Марка 9:14-32 и Луки 9: 37-45).

Объ этомъ исцѣленіи повѣствуютъ всѣ три синоптика, указывая, что оно совершено Господомъ сразу послѣ схожденія съ горы Преображенія. Въ это время множество народа собралось около учениковъ Христовыхъ, ожидавшихъ Его у подножья горы. По св. Марку ученики имѣли споръ съ книжниками. Тотъ же Маркъ свидѣтельствуетъ, что **«весь народъ»** увидѣвъ Христа, сошедшаго съ горы, **«ужасеся»**, вѣроятно потому, что на лицѣ Его и на всей наружности сохранился еще нѣкій отблескъ той славы, которой Господь просіялъ на Ѳаворѣ. Нѣкій человѣкъ обратился къ Господу съ просьбой исцѣлить его сына, который въ новолунія бѣснуется и тяжко страдаетъ, бросаясь то въ огонь, то въ воду. Онъ добавилъ при этомъ, что приводилъ его уже къ ученикамъ Христовымъ, но тѣ не могли исцѣлить его. Услышавъ, что ученики Его не могли исцѣлить страждущаго, хотя Онъ и далъ имъ власть надъ нечистыми духами, Господь воскликнулъ: **«О роде невѣрный,** (не имѣющій вѣры) **и развращенный** (не въ смыслѣ развратный, а въ смыслѣ: превратно чувствующій), **доколѣ буду съ вами, доколѣ терплю вамъ?»** Одни толкователи относятъ этотъ упрекъ Господа къ ученикамъ Его, по недостатку вѣры своей не бывшихъ въ состояніи исцѣлить бѣсноватаго, другіе — ко всему народу іудейскому. Св. Матѳей повѣствуетъ затѣмъ, что Господь повелѣлъ привести къ себѣ отрока и «запретилъ духу нечистому», и «бѣсъ вышелъ изъ него». Евангелисты Маркъ и Лука приводятъ нѣкоторыя подробности. Когда отрокъ былъ приведенъ, съ нимъ случился страшный припадокъ бѣшенства. На вопросъ Господа, какъ давно это приключилось съ отрокомъ, отецъ отвѣчалъ, что съ младенчества и прибавилъ: **«Аще что можеши, помози намъ, милосердовавъ о насъ».** На это Господь отвѣчалъ: **«Еже аще что можеши вѣровати,**

вся возможна вѣрующему». Отецъ несчастнаго отрока со слезами возопилъ: **«Вѣрую, Господи, помози моему невѣрію»,** то-есть со смиреніемъ призналъ, что вѣра его несовершенна, недостаточна. Это смиренное исповѣданіе было вознаграждено: чудо исцѣленія отрока совершилось.

На вопросъ учениковъ, почему они не смогли изгнать бѣса, Господь отвѣтилъ: **«За невѣрствіе ваше».** Можетъ быть, узнавъ отъ отца бѣсноватаго силу, продолжительность и упорство бѣснованія, они **усомнились** на этотъ разъ въ своей силѣ изгнать бѣса и потому **не могли** изгнать его, какъ началъ тонуть Петръ, уже пошедшій по водѣ навстрѣчу Господа, но потомъ при видѣ сильнаго вѣтра и волнъ, усумнившійся въ возможности дойти до Господа. При этомъ Господь добавилъ: **«Аще имате вѣру, яко зерно горушно, речете горѣ сей: прейди отсюду тамо, и прейдетъ: и ничтоже невозможно будетъ вамъ»,** то-есть самая малая вѣра, если только она есть, уже способна творить великія чудеса, такъ какъ въ ней сокрыта великая сила, подобная силѣ, сокрытой въ ничтожномъ по виду горчичномъ зернѣ, разрастающемся потомъ въ громадное дерево. Но не слѣдуетъ думать, будто вѣра имѣетъ какъ бы собственную силу: она является лишь необходимымъ условіемъ, при которомъ дѣйствуетъ всемогущество Божіе. Богъ же можетъ совершать чудеса и при недостаточной вѣрѣ, какъ исцѣлилъ онъ бѣсноватаго юношу, несмотря на маловѣріе его отца. **«Вся возможна вѣрующему»** значитъ, что Господь все готовъ сдѣлать для человѣка при условіи его вѣры. Вѣра это какъ бы пріемникъ благодати Божіей, которая и творитъ чудеса. Въ заключеніе Господь произнесъ весьма знаменательныя слова: **«Сей же родъ»,** то-есть родъ бѣсовскій, **«не исходитъ, токмо молитвою и постомъ».** Это потому, что истинной вѣры не можетъ быть безъ подвиговъ молитвы и поста. Истинная вѣра пораждаетъ молитву и постъ, которые въ свою очередь содѣйствуютъ еще большему укрѣпленію вѣры. Поэтому наши богослужебныя пѣснопѣнія восхваляютъ молитву и постъ, какъ обоюдуострое оружіе противъ бѣсовъ и страстей. «Постника и молитвенника издали чуютъ бѣсы», говоритъ Еп. Ѳеофанъ, Вышенскій Затворникъ, «и бѣжатъ отъ него далеко, чтобы не получить болѣзненнаго удара. Можно ли думать, что гдѣ нѣтъ поста и молитвы, тамъ уже и бѣсъ? Можно».

Во время этого пребыванія Господа съ учениками въ Галилеѣ Онъ опять «училъ учениковъ Своихъ и говорилъ имъ, что Сынъ Человѣческій преданъ будетъ въ руки человѣческія, и убьютъ Его, и по убіеніи въ третій день воскреснетъ. Но они не разумѣли сихъ словъ, а спросить Его боялись» (Марк. 9: 31-32). Господь видѣлъ, что теперь ученикамъ Его особенно нужно знать о близости Его страданій, смерти и воскресенія, а потому неоднократно повторяетъ имъ это, чтобы лучше запечатлѣть это въ ихъ памяти и подготовить ихъ къ этому. Но имъ, все еще не отрѣшившимся отъ обычныхъ іудейскихъ представленій о Мессіи, все это казалось чѣмъ-то непонятнымъ.

11. ЧУДЕСНАЯ УПЛАТА ЦЕРКОВНОЙ ПОДАТИ.
(Матѳ. 17:24-27).

Съ Господа Іисуса Христа требовали подать на храмъ Божій, какъ бы для Бога. Конечно, какъ Сынъ Божій, Онъ долженъ былъ бы быть свободенъ отъ платежа, но чтобы не подавать новаго повода къ обвиненіямъ въ нарушеніи закона, Онъ, не имѣя Самъ при Себѣ денегъ, указалъ Ап. Петру, гдѣ и какъ найти статиръ, то-есть четыре драхмы для уплаты подати за двоихъ. Это чудо, по словамъ толкователя Евангелія Еп. Михаила, ярко свидѣтельствуетъ о Божествѣ Господа Іисуса: «Если Онъ зналъ, что во рту у рыбы, которая первая попадется Петру, есть проглоченный ею статиръ, то Онъ всевѣдущъ. Если создалъ Онъ статиръ во рту рыбы, то Онъ всемогущъ».

12. БЕСѢДА О ТОМЪ, КТО БОЛЬШЕ ВЪ ЦАРСТВѢ НЕБЕСНОМЪ — ГОСПОДЬ СТАВИТЪ ДИТЯ ВЪ ПРИМѢРЪ УЧЕНИКАМЪ.
(Мѳ. 18:1-5; Мрк. 9.:33-37; Лук. 9:46-48).

Послѣ чудесной уплаты пошлины въ Капернаумѣ, ученики, спорившіе между собою о томъ, кто изъ нихъ больше, то-есть кто изъ нихъ будетъ первенствовать по власти и чести въ томъ царствѣ Мессіи, открытія котораго они скоро ожидали, приступили ко Іисусу, **«глаголюще: кто убо болій есть въ Царствіи Небеснѣмъ?»** Отвѣтъ Господа прямо и рѣшительно направленъ противъ всякаго стремленія среди учениковъ Его къ первенству: **«Аще кто хощетъ старѣй быти, да будетъ всѣхъ меншій, и всѣмъ слуга».** «Не стремитесь къ первенству въ Моей Церкви», какъ бы такъ говоритъ имъ Господь: «ибо съ первенствомъ соединены будутъ и наибольшіе труды и наибольшее самоотреченніе, а отнюдь не покой и слава, какъ вы думаете». Призвавъ затѣмъ дитя, которое по свидѣтельству Никифора, стало впослѣдствіи священномученикомъ Игнатіемъ Богоносцемъ, Епископомъ Антіохійскимъ, Господь поставилъ его посреди учениковъ и указывая на него сказалъ: **«Аще не обратитеся и будете яко дѣти, не внидете въ Царство Небесное»,** то-есть если вы не оставите своихъ ложныхъ мнѣній о царствѣ Мессіи и не оставите вашихъ тщеславныхъ надеждъ на полученіе первыхъ мѣстъ въ этомъ царствѣ, то не войдете въ него. Дѣти простосердечны, у нихъ нѣтъ предвзятыхъ мыслей о возвышеніи или пріобрѣтеніи, они робки и смиренны, у нихъ нѣтъ еще зависти и тщеславія и желанія первенствовать — этимъ качествамъ ихъ и надо подражать тѣмъ, кто хочетъ войти въ Царствіе Небесное. **«Иже убо смирится, яко отроча сіе, той есть болій во Царствіи Небеснѣмъ»** — кто смиритъ себя, сознаетъ себя недостойнымъ Царства Небеснаго, будетъ считать себя ниже другихъ, тотъ только и окажется большимъ. Итакъ, кто отрѣшится отъ своего воображаемаго величія, кто обратится отъ честолюбія и гордости къ смиренномудрію и кротости и станетъ такимъ же малымъ, какъ это малое дитя, тотъ и будетъ имѣть больше значенія въ Царствіи Небесномъ.

Одновременно Господь преподалъ ученикамъ Своимъ и урокъ о взаимоотношеніяхъ между членами Царства Христова: **«Иже аще пріиметъ отроча таково во имя Мое, Мене пріемлетъ»**, то-есть всякій кто съ любовью будетъ относиться къ такимъ малымъ дѣтямъ или вообще людямъ кроткимъ и смиреннымъ, похожимъ на дѣтей, во Имя Христово, то-есть во исполненіе Моей заповѣди о любви ко всѣмъ слабымъ и униженнымъ, тотъ сдѣлаетъ это, какъ бы Мнѣ Самому. Здѣсь рѣчь Господа, излагаемая Ев. Матѳеемъ безъ перерыва, по Ев. Марку и Лукѣ, была прервана словами Ап. Іоанна о человѣкѣ, изгонявшемъ бѣсовъ именемъ Христовымъ.

13. ИМЕНЕМЪ ХРИСТОВЫМЪ ТВОРИЛИСЬ ЧУДЕСА И ТѢМИ, КТО СЪ НИМЪ НЕ ХОДИЛЪ.
(Марка 9:38-41 и Луки 9:49-50).

Слова Господа о томъ, что пріемлющій всякаго слабаго, робкаго и смиреннаго пріемлетъ Самого Христа, напомнили Апостолу Іоанну видѣннаго ими человѣка, который Именемъ Іисуса изгонялъ бѣсовъ, но такъ какъ не ходилъ съ ними, то они возбранили ему дѣлать это. Своимъ нѣжнымъ чуткимъ сердцемъ Ап. Іоаннъ очевидно почувствовалъ, что въ данномъ случаѣ Апостолы поступили вопреки ученію Христову. Изъ того, что они, все оставивъ, послѣдовали за Христомъ и были избраны Имъ въ число 12-ти ближайшихъ и довѣреннѣйшихъ учениковъ Его и даже пріяли благодать исцѣленій, они сдѣлали поводъ къ превозношенію и считали себя въ правѣ запрещать дѣйствовать именемъ Христовымъ человѣку, который не принадлежалъ къ ихъ числу. Между тѣмъ, во время открытой вражды вождей еврейскаго народа, небезопасно было быть явнымъ ученикомъ Христа и повсюду слѣдовать за Нимъ. Поэтому у Господа было много тайныхъ учениковъ, къ числу которыхъ, какъ извѣстно, принадлежалъ, напр., Іосифъ Аримаѳейскій. Вѣроятно, одного изъ такихъ тайныхъ учениковъ Христовыхъ, не рѣшавшихся открыто слѣдовать за Нимъ, и встрѣтили Апостолы, когда онъ именемъ Христовымъ изгонялъ бѣсовъ.

Апостолы не захотѣли признать его своимъ и запретили продолжать ему свою дѣятельность, мотивируя свое запрещеніе тѣмъ, что онъ не ходитъ съ ними. Господь Іисусъ Христосъ не одобрилъ ихъ поступка. **«Не браните»**, сказалъ Онъ имъ, не запрещайте, ибо творящій чудо именемъ Моимъ несомнѣнно вѣруетъ въ Меня: вѣрующій же въ Меня не можетъ быть врагомъ Моимъ, по крайней мѣрѣ въ настоящемъ и ближайшемъ будущемъ. **«Иже бо нѣсть на вы, по васъ есть»** — **«кто не противъ васъ, тотъ за васъ»**; поэтому не запрещайте творить добрыя дѣла во Имя Мое тѣмъ, кто почему-либо не рѣшаются открыто объявить себя Моими учениками: напротивъ, содѣйствуйте имъ и знайте, что кто окажетъ какую-либо услугу Моимъ послѣдователямъ **во Имя Мое,** хотя бы лишь напоитъ только чашею холодной воды, **«не потеряетъ награды своей»**. Совсѣмъ другое говорилъ Господь о людяхъ, которые похожи на ниву, много обрабатываемую, много орошаемую и однако безплодную: если такіе люди **не за Христа,** если они ни холодны ни горячи, то это уже значитъ, что внутреннимъ своимъ существомъ они **противъ Него** (см. Матѳ. 12:30).

14. УЧЕНІЕ О БОРЬБѢ СЪ СОБЛАЗНАМИ.
(Мѳ. 18:6-10; Мрк. 9:42-50; Лк. 17:1-2).

Споръ Апостоловъ о первенствѣ, дитя, принятое Господомъ во объятія, извѣстіе о нѣкоемъ человѣкѣ, изгонявшемъ бѣсовъ именемъ Христовымъ, направили бесѣду Господа на защиту всѣхъ малыхъ и слабыхъ отъ соблазновъ, которымъ ихъ могутъ подвергнуть сильные міра сего. **«Аще кто соблазнитъ единаго малыхъ сихъ... уне есть ему, да обѣсится жерновъ осельскій на выи его»**... кто соблазнитъ одного изъ послѣдователей Христовымъ, тому лучше было бы умереть, ибо соблазномъ онъ можетъ погубить душу человѣка, за котораго умеръ Христосъ и, слѣдовательно, такой совершаетъ величайшее преступленіе, достойное самаго строгаго наказанія. Подъ «жерновомъ осельскимъ» здѣсь разумѣется верхній большой жерновъ на мельницѣ, который приводился въ движеніе осломъ. Со скорбью говоритъ далѣе Господь: **«Горе міру отъ соблазнъ: нужда бо есть пріити соблазномъ»,** ибо нельзя міру миновать соблазновъ, такъ какъ онъ весь лежитъ во злѣ (I Іоан. 5:19), люди находятся въ состояніи грѣховнаго поврежденія, діаволъ непрестанно ищетъ среди людей для себя добычи. Однако, это не значитъ, что соблазнять позволительно. Напротивъ: **«Горе человѣку тому, имже соблазнъ приходитъ»** — горе тому, кто сознательно, или по презрѣнію, по небреженію къ ближнему, вовлекаетъ его въ грѣхъ. Чтобы показать, какое страшное зло причиняетъ человѣку тотъ, кто соблазняетъ его, Господь вновь напоминаетъ выраженія Своей нагорной проповѣди о соблазняющей рукѣ или ногѣ. Выраженія, что нужно отсѣчь и бросить отъ себя соблазняющую руку или ногу или вырвать соблазняющій глазъ, значатъ, что нѣтъ для человѣка зла хуже грѣха, и поэтому для того, чтобы избѣжать впаденія въ грѣхъ, слѣдуетъ, въ случаѣ необходимости, пожертвовать самымъ близкимъ и дорогимъ, лишь бы оградить себя отъ грѣховнаго влеченія, не допустить себя до грѣховнаго паденія. Выраженіе св. Марка: **«идѣже червь ихъ не умираетъ»** представляетъ намъ грѣшниковъ въ образѣ труповъ, пожираемыхъ червями. Червь здѣсь — символъ совѣсти, постоянно терзающей человѣка воспоминаніемъ о совершенномъ грѣхѣ (Исаіи 66: 24). **«Всякъ бо огнемъ осолится»** — всякій человѣкъ долженъ подвергнуться страданіямъ: поэтому, кто въ земной жизни не страдалъ, умерщвляя тѣло свое и порабощая (1 Кор. 9:27), тотъ будетъ страдать въ огнѣ вѣчныхъ мученій. Какъ солью должна была осоляться всякая жертва, приносимая Богу по закону Моисееву (Лев. 2:13), такъ огнемъ бѣдствій, испытаній, борьбы должны быть приготовлены Апостолы и всѣ послѣдователи Христовы въ жертву пріятную Богу.

«Имѣйте въ себѣ соль», то-есть тѣ высшія нравственныя начала и правила которыя очищаютъ душу и предохраняютъ ее отъ нравственной порчи, имѣйте въ себѣ соль истинной мудрости и здраваго ученія (ср. Кол. 4:6). **«И миръ имѣйте между собою»**, миръ, какъ плодъ любви, какъ выраженіе совершенства, достигаемаго самоотреченіемъ. Не о томъ надлежитъ думать, кто больше въ Царствѣ небесномъ, ибо это можетъ повести къ раздѣленіямъ, неудовольствіямъ и враждѣ, а о томъ, чтобы быть «солью» и находиться въ мирѣ и единеніи любви между собой.

15. ПРИТЧА О ЗАБЛУДШЕЙ ОВЦѢ, О ВРАЗУМЛЕНІИ ЗАБЛУЖДАЮЩИХСЯ И О ЗНАЧЕНІИ СУДА ЦЕРКВИ. (Матѳ. 18:10-20 и Луки 15:3-7).

Въ этой притчѣ рисуется картина безпредѣльной любви и милосердія Божія къ падшему человѣку. **«Блюдите, да не презрите единаго отъ малыхъ сихъ»** — не презирайте, почти то же, что «не соблазняйте, то-есть не считайте ихъ настолько ничтожными, чтобы соблазнить ихъ ничего не значило, **«малыхъ сихъ»**, то-есть тѣхъ, которые сами себя умалили, Царствія ради Небеснаго, — истинныхъ христіанъ. Каждый изъ таковыхъ имѣетъ отъ Бога своего Ангела-хранителя; поэтому, если Самъ Богъ такъ о нихъ печется, то вправѣ ли люди презирать ихъ? **«Пріиде бо Сынъ Человѣческій взыскати и спасти погибшее»** — это новое побужденіе не презирать малыхъ сихъ, ибо Самъ Господь пришелъ на землю для ихъ спасенія. Чтобы нагляднѣе показать, какъ дорого въ очахъ Божіихъ спасеніе человѣка, Господь сравниваетъ Себя съ пастыремъ, который, оставивъ цѣлое стадо, то-есть безчисленные сонмы Ангеловъ, пошелъ искать одну заблудшую овцу, то-есть падшаго человѣка. Смыслъ притчи, какъ объясняетъ бл. Ѳеофилактъ, въ томъ, «что Богъ печется объ обращеніи грѣшниковъ, и радуется о нихъ болѣе, нежели объ утвердившихся въ добродѣтели». Далѣе слѣдуетъ наставленіе Господа, какъ должно исправлять ближняго, имѣющее тѣсную связь съ запрещеніемъ соблазнять его. Если противно любви соблазнять ближняго, вовлекая его въ грѣхъ, то не менѣе противно любви оставлять его во грѣхѣ, не заботиться объ его исправленіи, когда онъ грѣшитъ. Но это надо дѣлать осторожно, съ братской любовью: сначала надо обличить его наединѣ, и если онъ сознается въ своемъ грѣхѣ и осудитъ себя, то **«пріобрѣлъ еси брата твоего»**, пріобрѣлъ вновь того, кто отпалъ было черезъ грѣхъ, переставъ быть членомъ Царствія Христова. Если же онъ не послушаетъ твоего братскаго обличенія и увѣщанія, упорствуя во грѣхѣ, то нужно взять съ собой еще одного или двухъ, которые могли бы быть свидѣтелями поведенія брата, упорствующаго въ своемъ грѣхѣ и могли бы сильнѣе повліять на него и побудить его раскаяться (закономъ Моисеевымъ требовалось во всякомъ судебномъ дѣлѣ наличіе двухъ или трехъ свидѣтелей — Втор. 19:15). Если же и ихъ не послушаетъ, **«повѣждь Церкви»**. Здѣсь подъ «Церковью» разумѣется, конечно, не все общество вѣрующихъ, а тѣ, кто поставлены во-главѣ Церкви, ея священноначаліе, ея пастыри, которымъ дана власть вязать и рѣшить. **«Аще же и Церковь преслушаетъ, буди тебѣ, якоже язычникъ и мытарь»**, то-есть, если онъ настолько закоснѣлъ во грѣхѣ, что не считается съ авторитетомъ пастырей Церкви, то пусть онъ будетъ отлученъ отъ общенія съ тобой, какъ язычники и мытари отъ общенія съ іудеями, считавшими ихъ людьми крайне развращенными. Смыслъ изреченія таковъ: человѣка, не признающаго авторитета Церкви, не считай болѣе своимъ братомъ, прекрати съ нимъ христіански-братское общеніе, чтобы не заразиться его болѣзнью. Таковые упорные грѣшники, отвергающіе авторитетъ церковнаго священноначалія, совершенно извергаются изъ Церкви, примѣръ чему даетъ намъ св. ап. Павелъ въ 1 Кориѳ. 5 гл. На этихъ словахъ Господа и основывается съ апостольскихъ временъ практикуемое Церковью отлученіе, называемое **«анаѳемой»**, въ полномъ согласіи съ I Кориѳ. 16:22.

Анаѳема» не есть «проклятіе», какъ многіе думаютъ въ наше время, осуждая за это Церковь, какъ якобы допускающую этимъ актъ, противный христіанской любви. «Анаѳема» это крайняя вразумительная мѣра для упорныхъ грѣшниковъ, не поддающихся исправленію и для предостереженія отъ слѣдованія имъ другихъ. Право на это дано церковному священноначалію Самимъ Господомъ, сказавшимъ: **«Аминь бо глаголю вамъ: елика аще свяжете на** земли, будутъ связана на небеси: и елика аще разрѣшите на земли, будутъ разрѣшена на небеси». То, что обѣщано было прежде Петру (16:19), теперь обѣщается всѣмъ Апостоламъ. Апостолы же передали эту власть вязать и рѣшить грѣхи своимъ преемникамъ — пастырямъ Церкви, ими поставленнымъ для продолженія ихъ дѣла на землѣ. Но и во всякомъ другомъ случаѣ, когда Апостолы Христовы соединятся въ единодушной молитвѣ по поводу какой бы то ни было нужды, Господь обѣщаетъ исполнять ихъ желанія, ибо **«идѣже еста два или тріе собрани во Имя Мое, ту есмь посредѣ ихъ».**

16. О ПРОЩЕНІИ ОБИДЪ И ПРИТЧА О НЕМИЛОСЕРДНОМЪ ДОЛЖНИКѢ.
(Матѳ. 18:21-35 и Луки 17:3-4).

Наставленіе Господа о прощеніи согрѣшившаго и покаявшагося брата вызвало вопросъ Петра, сколько разъ прощать брату. Вопросъ этотъ объясняется тѣмъ, что, по ученію іудейскихъ книжниковъ, прощать можно только три раза. Желая превзойти ветхозавѣтную праведность и думая показаться великодушнымъ, Петръ спрашиваетъ, достаточно ли будетъ прощать **до семи разъ.** На это Христосъ отвѣтилъ, что прощать нужно до **седмижды семидесяти разъ,** то-есть прощать нужно всегда, неограниченное число разъ. Въ поясненіе этой необходимости всегдашняго, безпредѣльнаго всепрощенія Господь разсказалъ затѣмъ притчу о милостивомъ царѣ и немилосердномъ должникѣ. Въ этой притчѣ Богъ представляется подъ образомъ царя, которому его рабы должны извѣстныя суммы денегъ. Такъ и человѣкъ является должникомъ передъ Богомъ, потому что не творитъ добрыхъ дѣлъ, которыя обязанъ творить, а вмѣсто того, согрѣшаетъ. «Сосчитаться» значитъ требовать уплаты долга, что изображаетъ собою въ притчѣ требованіе Богомъ отчета отъ каждаго человѣка на Страшномъ судѣ, а отчасти и на частномъ судѣ по смерти каждаго человѣка. Должникъ, который имѣлъ долгъ **«тмою талантъ»,** то-есть десять тысячъ талантовъ, обозначаетъ каждаго человѣка грѣшника, который передъ лицомъ правды Божіей является неоплатнымъ должникомъ. 10.000 талантовъ — громадная сумма: еврейскій талантъ равнялся 3000 священныхъ сиклей, а сикль соотвѣтствовалъ нашимъ 80 коп. серебромъ, слѣд., талантъ равнялся нашимъ около 2.400 рублей серебромъ. Число опредѣленное поставлено здѣсь, конечно, вмѣсто неопредѣленнаго. Сообразно съ законами Моисеевыми — Лев.

25:39,47, царь приказалъ продать этого неоплатнаго должника; но умилостивившись надъ нимъ, послѣ его усердной мольбы, весь долгъ простилъ ему. Это — прекрасный образъ милосердія Божія къ кающимся грѣшникамъ. Прощеный, найдя своего клеврета, который долженъ былъ ему ничтожную, по сравненію съ первой, сумму въ 100 динаріевъ (динарій около 20 коп.), сталъ душить его (по римскимъ законамъ, заимодавецъ могъ истязывать должника своего, доколѣ онъ не возвратитъ свой долгъ), требуя возвращенія этого ничтожнаго долга. Онъ не сжалился надъ нимъ, несмотря на его мольбу потерпѣть, и посадилъ его въ темницу. Товарищи его, видѣвшіе это и огорченные, обо всемъ этомъ разсказали царю. Царь прогнѣвавшись на злого раба, призвалъ его къ себѣ и, сдѣлавъ ему строгій выговоръ, за то, что онъ не послѣдовалъ его примѣру въ великодушіи къ своему должнику, отдалъ его истязателямъ, пока онъ не отдастъ ему своего долга, то-есть навсегда, ибо онъ никогда не будетъ въ состояніи заплатить столь большой суммы (грѣшникъ спасается единственно милосердіемъ Божіимъ, самъ же онъ никогда своими собственными силами не въ состояніи удовлетворить правосудію Божію, какъ должникъ неоплатный). Смыслъ притчи кратко выраженъ въ послѣднемъ 35 стихѣ: **«тако и Отецъ Мой Небесный сотворитъ вамъ, аще не отпустите кійждо брату своему отъ сердецъ вашихъ прегрѣшенія ихъ».** Этою притчею Господь желаетъ намъ внушить, что всѣ мы такъ много согрѣшаемъ, что являемся предъ Богомъ неоплатными должниками; грѣхи нашихъ ближнихъ противъ насъ столь же незначительны, сколь незначительна сумма въ 100 динаріевъ, по сравненію съ громадной суммой въ десять тысячъ талантовъ; однако, Господь, по безграничному милосердію Своему, прощаетъ намъ всѣ наши грѣхи, если мы, въ свою очередь, обнаруживаемъ милосердное отношеніе къ ближнимъ и прощаемъ имъ ихъ грѣхи противъ насъ; если же мы оказываемся жестокими и немилосердными къ нашимъ ближнимъ и не прощаемъ ихъ, то и Господь не проститъ насъ, а осудитъ на вѣчныя мученія. Эта притча является прекраснымъ нагляднымъ разъясненіемъ прошенія молитвы Господней: **«и остави намъ долги наша, якоже и мы оставляемъ должникомъ нашимъ».**

17. ХРИСТОСЪ ОТКАЗЫВАЕТСЯ ИДТИ НА ПРАЗДНИКЪ КУЩЕЙ ВЪ ІЕРУСАЛИМЪ ВМѢСТѢ СЪ БРАТІЯМИ.

(Іоан. 7: 1-9).

Евангелистъ Іоаннъ, описавъ въ 6 главѣ бесѣду Господа съ іудеями о Себѣ, какъ о «хлѣбѣ жизни», говоритъ затѣмъ, что «послѣ сего» Господь ходилъ лишь по Галилеѣ. Это долгое пребываніе Господа въ Галилеѣ и дѣйствованіе Его тамъ подробно изображено у первыхъ трехъ Евангелистовъ, какъ мы видѣли выше. Въ Іудею Господь не хотѣлъ идти, такъ какъ «Іудеи искали убить Его», а часъ страданій Его еще не пришелъ. **«Бѣ же близъ праздникъ іудейскій, потченіе сѣни»**, то-есть праздникъ поставленія кущей. Этотъ праздникъ былъ однимъ изъ трехъ главнѣйшихъ іудейскихъ праздниковъ (Пасха, Пятидесятница и Кущи) и праздновался семь дней съ 15 дня седьмаго мѣсяца Тисри, по нашему въ концѣ сентября и началѣ октября. Установленъ онъ былъ въ память 40-лѣтняго странствованія евреевъ по пустынѣ. На всѣ семь дней праздника народъ изъ домовъ своихъ переселялся въ нарочито устроявшіяся палатки (кущи). Такъ какъ праздникъ приходился вскорѣ послѣ собиранія плодовъ, то праздновался очень весело, съ винопитіемъ, что давало поводъ Плутарху сравнивать его съ языческимъ праздникомъ въ честь Бахуса. До наступленія этого праздника Христосъ не былъ въ Іерусалимѣ уже около полутора лѣтъ (отъ второй до третьей, и отъ третьей до праздника кущей около полугода), и братія Его побуждали Его идти въ Іерусалимъ на праздникъ. Имъ хотѣлось, чтобы Господь вошелъ въ Іерусалимъ торжественно, какъ Мессія, въ полномъ чудесномъ проявленіи Своего могущества. Отверженіе Господомъ человѣческой славы было имъ непонятно и соблазняло ихъ. **«Ни братія бо Его вѣроваху въ Него»**, замѣчаетъ Евангелистъ: они недоумѣвали относительно своего названнаго Брата и желали скорѣе выйти изъ этого недоумѣнія; съ одной стороны, они не могли отвергать необыкновенныхъ дѣлъ Его, свидѣтелями коихъ были сами они, съ другой не рѣшались признать Мессіею человѣка, съ которымъ они съ дѣтства находились въ обычныхъ житейскихъ отношеніяхъ. Въ такомъ настроеніи духа они и предлагали Ему выйти изъ того, неопредѣленнаго, по ихъ мнѣнію, положенія, въ какомъ держался Іисусъ и другихъ держалъ. Если Онъ дѣйствительно Мессія, думали они, чего же Онъ боится явиться передъ всѣмъ міромъ въ Іерусалимѣ, какъ Мессія? Онъ долженъ туда явиться въ величіи и славѣ Своей (Толк. Евангеліе Еп. Михаила). Въ отвѣтъ на это Господь объясняетъ братіямъ, что отправленіе въ Іерусалимъ для Него имѣетъ не то значеніе, какое для всѣхъ и въ томъ числѣ для братьевъ Его. Братія Его не будутъ встрѣчены тамъ съ ненавистью, потому что міръ не можетъ питать къ нимъ ненависти, какъ къ своимъ. Христосъ же будетъ встрѣченъ тамъ съ ненавистью, какъ обличитель злыхъ дѣлъ міра. Поэтому они всегда могутъ идти туда, а Онъ не всегда, а лишь тогда, когда наступитъ опредѣленный свыше часъ Его страданій за міръ. Отпустивъ братьевъ, Господь остался въ Галилеѣ, имѣя въ виду придти на праздникъ тайно, въ сопровожденіи лишь довѣреннѣйшихъ Своихъ учениковъ.

18. ХРИСТОСЪ ИДЕТЪ ВЪ IЕРУСАЛИМЪ СЪ УЧЕНИКАМИ: САМАРЯНСКОЕ СЕЛЕНIЕ ОТКАЗЫВАЕТСЯ ПРИНЯТЬ ЕГО.
(Луки 9: 51-56).

Господь уже извѣстенъ былъ въ Самаріи, но такова вражда была между Іудеями и Самарянами, что Онъ не надѣялся на ласковый пріемъ и послалъ передъ собой нѣсколькихъ учениковъ Своихъ, чтобы предрасположить Самарянъ. Неизвѣстно, въ какое изъ селеній самарянскихъ пришли посланные Господомъ вѣстники, но можно полагать, что вѣроятно на сѣверѣ Самаріи, ближе къ Галилеѣ, въ разстояніи дневнаго пути отъ нея, гдѣ естественно предполагался ночлегъ. Такъ какъ Господь «имѣлъ видъ путешествующаго въ Іерусалимъ», то самаряне не приняли Его, очевидно, по глубокой ненависти ихъ къ іудеямъ, Іаковъ и Іоаннъ, которыхъ Господь наименовалъ «сынами громовыми» (Марк. 3: 17), по ихъ духовной силѣ и энергіи и по стремительнымъ и сильнымъ порывамъ духовнымъ, воспылали ревностью за оскорбленную честь своего Учителя. Вспомнивъ, какъ поступилъ Илія пророкъ съ посланными взять его, поразивъ ихъ огнемъ съ неба (4 Цар. 1:9-12), они спросили своего Учителя, не хочетъ ли Онъ, чтобы по ихъ слову огонь съ неба истребилъ и этихъ Самарянъ? Они совершали уже по повелѣнію Господа, многія чудеса, когда ходили съ проповѣдью по Іудеѣ, а потому не считали для себя невозможнымъ сотворить и это чудо, если угодно будетъ ихъ всемогущему Учителю. На это Господь сказалъ имъ, что они не знаютъ, какого они духа: духъ Новаго Завѣта не таковъ, какъ духъ закона ветхаго — тамъ духъ строгости и кары, здѣсь духъ любви и милости, такъ какъ и цѣль пришествія Сына Человѣческаго не погублять, но спасать (ср. Матѳ. 18:11). Кромѣ того, Господь очевидно хотѣлъ указать на то, что въ данномъ случаѣ въ Апостолахъ дѣйствуетъ не столько любовь къ Нему, сколько непріязнь къ Самарянамъ, а этотъ старый духъ непріязни къ людямъ служителямъ Новаго Завѣта необходимо оставить. Встрѣтивъ такой пріемъ, Господь вѣроятно возвратился въ Галилею и пошелъ во Іудею другимъ путемъ, которымъ обычно ходили евреи, черезъ заіорданскую область Перею. Изъ послѣдующихъ описаній св. Луки видно, что Господь былъ еще въ Галилеѣ и въ Переѣ и только значительно позже пошелъ въ Іудею.

19. ХРИСТОСЪ ПОСЫЛАЕТЪ НА ПРОПОВѢДЬ СЕМЬДЕСЯТЪ УЧЕНИКОВЪ. (Луки 10: 1-16).

Около этого времени, то-есть когда Господь рѣшилъ отправиться въ Іудею съ тѣмъ, чтобы навсегда уже оставить Галилею, такъ какъ приблизился часъ Его крестныхъ страданій, Онъ избралъ и другихъ 70 учениковъ, сверхъ избранныхъ Имъ прежде 12-ти, и послалъ ихъ по два, чтобы въ глазахъ людей сильнѣе было ихъ свидѣтельство о Христѣ, во всѣ тѣ мѣста, куда Онъ Самъ предполагалъ идти, чтобы они приготовили людей къ Его приходу. Число 70 было въ почетѣ у іудеевъ, какъ и числа 40 и 7. Синедріонъ состоялъ изъ 70 членовъ. Имена всѣхъ этихъ 70-ти учениковъ съ точностью неизвѣстны. **«Жатва многа, дѣлателей же мало»** — Самарія и Іудея еще мало оглашались проповѣдью Христовою, а между тѣмъ тамъ много было душъ, созрѣвшихъ, подобно спѣлымъ колосьямъ для житницы Христа, для Его Церкви. Наставленія 70-ти ученикамъ напоминаютъ далѣе во многомъ наставленія, данныя прежде 12-ти Апостоламъ, о коихъ повѣствуетъ св. Матѳей въ 10-ой главѣ своего Евангелія. Повторяется запрещеніе привѣтствовать встрѣчающихся на пути. Это запрещеніе объясняется тѣмъ, что у восточныхъ народовъ привѣтствіе не выражалось, какъ у насъ, лишь легкимъ поклономъ или пожатіемъ руки, но поклонами земными, объятіями, цѣлованіемъ и выраженіемъ при этомъ ряда разныхъ благожеланій, что все требовало довольно много времени. Этимъ запрещеніемъ Господь хотѣлъ внушить ученикамъ Своимъ, съ какой поспѣшностью должны они обходить города и веси. Точно такое же наставленіе далъ въ свое время пророкъ Елисей ученику своему Гіезію, когда посылалъ его съ жезломъ своимъ воскресить сына вдовицы (4 Цар. 4: 29). Подъ **«сыномъ мира»** разумѣется мирный человѣкъ, готовый въ сердцѣ своемъ принять тотъ миръ, которымъ будутъ привѣтствовать его вѣстники мира ученики Господни. Повелѣвая питаться тѣмъ, что предлагаютъ, Господь предписываетъ ученикамъ приличествующую имъ нетребовательность и невзыскательность, а также отстраняетъ ту брезгливость, съ какой іудеи относились къ Самарянамъ, недостойную проповѣдниковъ царства мира и любви. Заканчиваетъ Свои наставленія Господь угрозами кары Божіей городамъ, въ которыхъ были явлены силы Его, но которые не покаялись, и указываетъ, какое большое значеніе для всѣхъ должна имѣть проповѣдь Его учениковъ: отвергающійся ихъ отвергается Его Самого, а отвергающійся Его отвергается Пославшаго Его, то-есть Бога-Отца.

20. ГОСПОДЬ ВЪ ІЕРУСАЛИМѢ НА ПРАЗДНИКѢ КУЩЕЙ. (Іоан. 7: 10-53).

Отпустивъ братьевъ въ Іерусалимъ на праздникъ Кущей, Господь нѣсколько позже и Самъ пришелъ туда, но «какъ бы тайно», то-есть не торжественно, какъ передъ послѣдней Пасхой, когда Онъ шелъ на Свои страданія, не сопровождаемый толпами народа, обыкновенно слѣдовавшими за Нимъ, а тихо и незамѣтно. «Какая печальная постепенность въ явленіяхъ Господа въ Іерусалимъ», отмѣчаетъ толкователь Евангелія Еп. Михаилъ, «вынужденная, конечно, не Его дѣйствіями, а болѣе и болѣе усиливающейся враждою враговъ Его. Въ первую Пасху Онъ торжественно является въ храмѣ, какъ Сынъ Божій Мессія, со властію (Іоан. 2 гл.); на второй (гл. 5) Онъ является, какъ путешественникъ, но Его дѣйствія и рѣчи возбуждаютъ злобу противъ Него и намѣреніе довести Его до смерти, вслѣдствіе чего Онъ на слѣдующій праздникъ Пасхи вовсе не идетъ въ Іерусалимъ и держится вдали отъ него года полтора, и послѣ этого вынужденъ придти туда т а й н о!» Стихи 11-13 даютъ наглядное представленіе о томъ, что дѣлалось въ это время въ Іерусалимѣ. Тамъ всѣ говорили о Христѣ. Видно, что враги Его имѣли бдительное наблюденіе за Нимъ, слѣдили за Нимъ и Его дѣйствіями, на что указываетъ вопросъ: «**Гдѣ Онъ?**» Среди народа было много толковъ о Немъ самого противоположнаго характера, но всѣ говорили тайкомъ, «боясь Іудеевъ», подъ которыми Еванг. Іоаннъ подразумѣваетъ обыкновенно враждебную Господу партію іудейскихъ начальниковъ съ членами синедріона и фарисеями во-главѣ. Св. Златоустъ и бл. Ѳеофилактъ полагаютъ, что доброе о Христѣ говорилъ вообще народъ, а враждебное — начальники: «Начальники говорили, что Онъ обольщаетъ народъ, а народъ говорилъ, что Онъ добръ». Это видно изъ того, что начальники выдѣляютъ себя изъ народа, говоря, что «Онъ обольщаетъ народъ». Уже въ половинѣ праздника, то-есть, видимо, на четвертый день его, Господь вошелъ въ храмъ и училъ, то-есть, вѣроятно, изъяснялъ Писанія, какъ то было въ обычаѣ у евреевъ. Зная, что Господь не учился ни у кого изъ болѣе или менѣе знаменитыхъ раввиновъ въ школѣ, іудеи удивлялись знанію Писаній, которое Онъ обнаруживалъ. Характерно, что они глухи были къ содержанію Его ученія, а обратили вниманіе только на то, что Онъ не учился. Это указываетъ на ихъ презрѣніе и враждебность къ Господу. Іисусъ тотчасъ разъяснилъ ихъ недоумѣніе: «**Мое ученіе нѣсть Мое, но пославшаго Мя**». Этимъ Господь какъ бы сказалъ имъ: «Я не прошелъ школы вашихъ раввиновъ, но у Меня есть Учитель совершеннѣйшій, это — Отецъ Небесный, пославшій Меня». Средство удостовѣриться въ божественномъ происхожденіи этого ученія это — рѣшеніе человѣка **творить волю Божію.** Кто рѣшится творить волю Божію, тотъ по внутреннему чувству удостовѣрится, что это ученіе отъ Бога. Подъ «волею Божіею» здѣсь надо понимать весь нравственный законъ Божій: какъ законъ совѣсти, такъ, конечно, и письменный ветхозавѣтный законъ. Кто захочетъ идти путемъ нравственнаго совершенства, исполняя этотъ законъ, тотъ внутреннимъ чувствомъ пойметъ, что ученіе Христово есть ученіе Божественное. Господь и подчеркиваетъ это, говоря, что Онъ проповѣдуетъ, ища славы Пославшаго

Его, а не ищетъ славы для себя, какъ проповѣдующій свое собственное ученіе. Имѣя въ виду іудейскихъ начальниковъ, Господь говоритъ далѣе, что они ищутъ убить Его за нарушеніе закона, котораго сами не соблюдаютъ. Народъ, не знавшій еще о замыслахъ своихъ начальниковъ на жизнь Іисуса, и принимая послѣднія слова на свой счетъ, обидѣлся, и изъ среды его послышались голоса: **«Кто ищетъ убить Тебя?** не злой ли духъ внушаетъ Тебѣ такія мысли? **Не бѣсъ ли въ Тебѣ?»** Изъ дальнѣйшей рѣчи Господа видно, что исцѣленіе разслабленнаго, совершенное Имъ въ субботу, все еще продолжало быть предметомъ толковъ и притомъ именно вслѣдствіе несогласія его съ преувеличеннымъ почитаніемъ субботы. Господь и указываетъ на то, что добрыя дѣла можно дѣлать въ субботу, такъ какъ, напр., и обрѣзаніе зачастую совершается въ субботу, чтобы не нарушать законъ Моисеевъ объ обрѣзаніи младенцевъ въ 8-ый день по рожденіи. Послѣ этого не слѣдуетъ удивляться, что Онъ всего человѣка сдѣлалъ здоровымъ въ субботу. Закончилъ Господь Свою рѣчь призывомъ судить о законѣ не по буквѣ его, не по внѣшности, но по духу его, дабы судъ могъ считаться праведнымъ. **«Моисея, нарушающаго субботу обрѣзаніемъ, вы освобождаете отъ порицанія, а Меня, нарушившаго субботу черезъ благодѣяніе человѣку, вы осуждаете»** такъ прекрасно поясняетъ это бл. Ѳеофилактъ. «Если бы вы судили о Моемъ дѣйствіи исцѣленія не съ формальной точки зрѣнія, а съ нравственной, то вы не осудили бы Меня; тогда вашъ судъ былъ бы праведный, а не лицепріятный», какъ бы такъ возражаетъ іудеямъ Христосъ» (Еп. Михаилъ).

Эта сильная рѣчь Господа произвела особенное впечатлѣніе на Іерусалимлянъ, знавшихъ о замыслахъ враговъ Господа; поэтому имъ кажется страннымъ, что ищущіе смерти Его позволяютъ Ему такъ свободно говорить, не оспаривая Его. Не зная, какъ объяснить это, они высказываютъ мысль, не удостовѣрились ли ихъ начальники, что **«Онъ подлинно Христосъ».** Но тотчасъ же они высказали и сомнѣнія. По ученію раввиновъ, Мессія долженъ былъ родиться въ Виѳлеемѣ, потомъ незамѣтно долженъ былъ исчезнуть и затѣмъ внезапно вновь появиться, но такъ, что никто не будетъ знать, откуда и какъ. На толки іерусалимлянъ, что Онъ не можетъ быть Мессіей-Христомъ, такъ какъ они знаютъ, откуда Онъ, Господь, возвысивъ голосъ, съ особой торжественностью отвѣтилъ, что, хотя они и говорятъ, что знаютъ Его, но это знаніе ихъ неправильное. «Предполагая, что знаете Меня, вы говорите, что Я пришелъ Самъ отъ Себя, то-есть самозванный мессія; но Я пришелъ не Самъ отъ Себя, а являюсь истиннымъ посланникомъ Того, Кого вы не знаете, Бога». Эти слова показались особенно обидными гордымъ фарисеямъ, и **«они искали схватить Его»**, но такъ какъ «еще не пришелъ часъ Его», то-есть часъ предстоящихъ Ему страданій, то эта попытка не удалась: «**никто не наложилъ на Него руки**», вѣроятно потому, что враги Его боялись еще народа, расположеннаго ко Христу, а отчасти, можетъ быть, и потому, что совѣсть ихъ не дошла еще до крайняго омраченія, какъ впослѣдствіи. Многіе же изъ народа увѣровали въ Него, какъ въ Мессію, причемъ справедливо разсуждали, какъ бы возражая врагамъ Господа: «**Когда придетъ Христосъ, неужели сотворитъ больше знаменій, нежели сколько Сей сотворилъ**», то-есть иными словами хотѣли сказать, что знаменія, или чудеса, совершенныя Іисусомъ, достаточно сильно свидѣтельствуютъ о Немъ, какъ о Мессіи. Услышавъ такіе толки въ народѣ, фарисеи, устроивъ совѣщаніе съ первосвященниками, рѣшили не откладывать осуществленіе своихъ замысловъ и послали служителей схватить Господа. Отвѣтствуя на этотъ замыселъ фарисеевъ схватить и убить Его, Іисусъ сказалъ: «**Еще мало время съ вами есмь и иду къ Пославшему Мя**» — это возбудило въ Немъ мысль о скоро предстоящей Ему смерти, и Онъ увѣщеваетъ Іудеевъ пользоваться временемъ Его пребыванія съ ними, чтобы учиться у Него. Дальнѣйшія слова Господа имѣютъ такой смыслъ: «Теперь вы гоните и преслѣдуете Меня, но настанетъ время, когда вы будете искать Меня, какъ всесильнаго чудотворца, могущаго избавить васъ отъ бѣдъ, но будетъ уже поздно». Но жестоковыйные іудеи не вразумились этими словами Господа, а еще стали насмѣхаться: «Куда это Онъ хочетъ идти? Не къ іудеямъ ли, живущимъ въ языческихъ странахъ («разсѣяніе Еллинское»), чтобы проповѣдывать тамъ и язычникамъ (подъ «Еллинами» обычно подразумѣвались всѣ вообще язычники)». Здѣсь невольное пророчество о будущемъ наученіи язычниковъ Христовой вѣрѣ.

«**Въ послѣдній же день великій праздника**», то-есть въ осьмый день, который причислялся, на основаніи Лев. 23:36, къ семидневному празднику Кущей и праздновался съ особенно большой торжественностью, «**стояше Іисусъ и зваше, глаголя: аще кто жаждетъ, да пріидетъ ко Мнѣ и піетъ**». Въ этихъ словахъ и дальнѣйшихъ Господь воспользовался обрядами, совершавшимися въ дни праздника Кущей: по окончаніи утренней жертвы въ храмѣ, народъ съ очереднымъ священникомъ шелъ къ священному колодцу Силоамскому, гдѣ священникъ наполнялъ золотой сосудъ водой; при радостныхъ кликахъ народа и подъ звуки трубъ и кимваловъ онъ несъ его въ храмъ и здѣсь выливалъ изъ сосуда воду на жертвенникъ всесожженія, совершая такимъ образомъ «жертву возліянія», которая должна была напоминать изведеніе Моисеемъ воды изъ скалы во время странствованія евреевъ по пустынѣ. Въ это время народъ пѣлъ подъ музыку слова пр. Исаіи 12:3, относящіяся къ

Мессіи. Господь Іисусъ Христосъ сравниваетъ Себя со скалой, источившей воду въ пустыни для жаждущаго народа, указывая на Себя, какъ на Источникъ благости, прообразомъ которой была та скала. При этомъ Онъ указываетъ, что вѣрующій въ Него самъ станетъ источникомъ благодати, которая будетъ утолять духовную жажду всѣхъ, ищущихъ спасенія. Евангелистъ отъ себя поясняетъ, что Господь имѣлъ здѣсь въ виду благодать Святаго Духа, которая должна была быть ниспослана людямъ послѣ прославленія, то-есть послѣ воскресенія и вознесенія Христова.

Эта рѣчь Господа взволновала толпу: многіе изъ народа рѣшительно стали на сторону Господа, признавая въ немъ «пророка», а нѣкоторые даже прямо говорили: **«Сей есть Христосъ».** Фарисеи же начали внушать народу, не знавшему о рожденіи Господа Іисуса Христа въ Виѳлеемѣ, что Онъ не можетъ быть Мессіей: **«Еда отъ Галилеи Христосъ приходитъ?»** и вызвали распрю о Немъ. Желая исполнить приказаніе начальства, служители синедріона пытались схватить Іисуса, но каждый разъ руки у нихъ опускались: они не осмѣливались этого сдѣлать: совѣсть, повидимому, подсказывала имъ, что грѣхъ тронуть такого Человѣка. Въ такомъ настроеніи они и возвратились къ пославшимъ ихъ, и исповѣдали передъ ними, что сила слова Господа была столь могуча и неотразима, что они не смогли исполнить даннаго имъ порученія. Отвѣтъ служителей произвелъ на членовъ синедріона самое раздражающее впечатлѣніе: **«Еда и вы прельщени есте?»** Служителямъ, происходившимъ изъ простого народа, они противопоставляютъ то, что никто изъ «начальниковъ» или «фарисеевъ» не увѣровалъ во Христа, **«но народъ сей, иже не вѣсть закона, прокляти суть»**, — это выраженіе безумной ярости іудейскихъ начальниковъ противъ простыхъ людей, увѣровавшихъ во Христа. Эту вѣру они пытаются дискредитировать, объясняя ее «невѣдѣніемъ закона». Но тутъ выступилъ Никодимъ, самъ фарисей и членъ синедріона, рѣшившійся мужественно указать имъ, что они сами забываютъ законъ: **«Еда законъ нашъ судитъ человѣку, аще не слышитъ отъ него прежде, и разумѣетъ, что творитъ?»** Законъ въ кн. Исх. 23: 1 и Вт. 1: 16 требуетъ не принимать пустыхъ слуховъ, а изслѣдовать дѣло того, кто обвиняется. Это вызвало лишь раздраженіе: **«Еда и ты отъ Галилеи еси?** то-есть только Галилеянинъ можетъ разсуждать такъ. Они и не замѣтили, что лгутъ на исторію, ибо, напр. пророкъ Іона былъ изъ Галилеи.

21. СУДЪ ХРИСТА НАДЪ ГРѢШНИЦЕЙ, ПРИВЕДЕННОЙ КЪ НЕМУ ФАРИСЕЯМИ. (Іоан. 8: 1-11).

Объ этомъ повѣствуетъ только одинъ св. Евангелистъ Іоаннъ. Проведя ночь въ молитвѣ на горѣ Елеонской, находившейся къ востоку отъ Іерусалима, за потокомъ Кедронскимъ, куда Господь часто удалялся на ночь при Своихъ посѣщеніяхъ Іерусалима, утромъ Онъ опять пришелъ въ храмъ и училъ народъ. Книжники и фарисеи, желая найти поводъ **«къ обвиненію Его»**, привели къ Нему женщину, застигнутую въ грѣхѣ прелюбодѣянія, и **«искушающе Его»**, сказали Ему: **«Учителю, сія жена ята есть нынѣ въ прелюбодѣяніи. Въ законѣ же намъ Моисей повелѣ таковыя каменіемъ побивати: Ты же что глаголеши?»** Еслибы Господь сказалъ: «побейте ее камнями», то они обвинили бы Его передъ римскими властями, ибо, отъ синедріона отнято было право произносить смертные приговоры, а тѣмъ болѣе — приводить ихъ въ исполненіе. Еслибы Господь сказалъ: «отпустите ее», они обвинили бы Его передъ народомъ, какъ нарушителя закона Моисеева. Наклонившись низко, Господь писалъ перстомъ на землѣ, «не обращая на нихъ вниманія». Что Онъ писалъ, Евангелистъ не говоритъ и напрасны были бы всякія догадки объ этомъ. Самая распространенная изъ такихъ догадокъ та, что Господь писалъ отвѣтъ, данный спрашивавшимъ, и названія грѣховъ, въ которыхъ они были сами повинны. Такъ какъ они продолжали настойчиво добиваться отвѣта, то Господь, поднявъ голову, сказалъ имъ: **«Кто изъ васъ безъ грѣха, первый брось въ нее камень».** Слова Господа произвели потрясающее дѣйствіе на не совсѣмъ еще уснувшую совѣсть фарисеевъ. Вспомнивъ каждый свои собственные грѣхи, повидимому, однородные съ грѣхомъ этой женщины, они, обличаемые совѣстью, стали уходить одинъ за другимъ, пока Іисусъ не остался наединѣ съ женщиной. Такимъ образомъ, Господь, какъ мы видимъ, въ отвѣтъ на коварство фарисеевъ, премудро перенесъ вопросъ осужденія этой женщины изъ области отвлеченно-юридической въ область нравственную, и тѣмъ поставилъ самихъ обвинителей въ положеніе обвиняемыхъ передъ ихъ совѣстью. Такъ поступилъ Господь потому, что фарисеи, приведшіе женщину, не составляли собой законнаго суда, могшаго приговорить ее къ какому-либо наказанію за ея преступленіе. Они привели грѣшницу ко Іисусу съ недобрыми чувствами, выставивъ ее на позоръ, злословя и осуждая ее, съ забвеніемъ при этомъ своихъ собственныхъ грѣховъ, въ чемъ и обличилъ ихъ Господь. Характерно то, что женщина не ушла, воспользовавшись благопріятной возможностью поскорѣе скрыться. Очевидно и въ ней заговорила совѣсть и покаянныя чувства. Этимъ и можно объяснить то, что сказалъ ей Господь: **«И Я не осуждаю тебя: иди, и впредь не грѣши».** Въ этихъ словахъ, конечно, нельзя видѣть неосужденіе грѣха. Господь пришелъ не осуждать, но взыскать и спасти погибшихъ (Мат. 18:11; Лук. 7:48; Іоан. 3:17; 12:47): Онъ осуждаетъ поэтому грѣхъ, но не грѣшниковъ, желая расположить ихъ къ покаянію. **Поэтому слова Его,** обращенныя къ грѣшницѣ, имѣютъ такой смыслъ: «И Я **не наказываю тебя за твой грѣхъ, но хочу, чтобы ты покаялась: иди, и впредь не грѣши**» — вся сила въ этихъ послѣднихъ словахъ. Это евангельское мѣсто учитъ насъ избѣгать грѣха осужденія ближнихъ, предлагая намъ вмѣсто того, осуждать самихъ себя за свои собственные грѣхи и каяться въ нихъ.

22. БЕСѢДА ГОСПОДА ІИСУСА ХРИСТА СЪ ІУДЕЯМИ ВЪ ХРАМѢ.
(Іоан. 8: 12-59).

Въ этой бесѣдѣ, происходившей, видимо, также на другой день послѣ окончанія праздника Кущей, Господь примѣнилъ къ Себѣ другой образъ изъ исторіи странствованія евреевъ по пустынѣ — образъ огненнаго столпа, чудесно освѣщавшаго путь евреямъ ночью. Въ этомъ столпѣ былъ Ангелъ Іеговы, въ которомъ св. отцы видятъ второе лицо Пресвятой Троицы. Господь и начинаетъ эту бесѣду словами: «**Азъ есмь свѣтъ міру**». Какъ въ Ветхомъ завѣтѣ огненный столпъ указывалъ евреямъ путь изъ Египта къ лучшей жизни въ землѣ Обѣтованной, такъ Христосъ въ Новомъ завѣтѣ указываетъ уже не однимъ евреямъ, а всему человѣчеству путь изъ области грѣха къ вѣчной блаженной жизни. Фарисеи, опираясь на общепринятое правило, по которому никто не можетъ быть свидѣтелемъ въ своемъ собственномъ дѣлѣ, возразили Ему, что такое Его свидѣтельство о Себѣ Самомъ не можетъ быть признано истиннымъ. На это Господь съ особою силою сказалъ, что это человѣческое сужденіе не можетъ быть къ Нему примѣнимо, что о Немъ нельзя «судить по плоти», какъ это дѣлаютъ фарисеи, считающіе Его простымъ человѣкомъ. «**Яко вѣмъ, откуда пріидохъ, и камо иду**» — эти слова, по толкованію св. Златоуста, значатъ тоже, что: «**Я знаю, что я — Сынъ Божій и не простой человѣкъ**». Въ этомъ сознаніи Господомъ Своего происхожденія отъ Бога Отца полное обезпеченіе достовѣрности Его самосвидѣтельства, а вмѣстѣ съ тѣмъ и невозможности самообмана». Къ тому же, добавляетъ Господь. «свидѣтельство Мое истинно и съ формальной стороны, потому что не только Я Самъ свидѣтельствую о Себѣ, «**свидѣтельствуетъ о Мнѣ пославый Мя Отецъ**». Слыша уже много разъ рѣчь Господа Іисуса Христа объ Отцѣ, пославшемъ Его, они, притворяясь непонимающими, насмѣшливо-кощунственно задаютъ Ему вопросъ: «**Гдѣ есть Отецъ Твой?**» На это Господь отвѣчаетъ имъ, что они не знаютъ Отца потому, что не хотятъ знать Сына. Здѣсь прикровенное указаніе на единосущіе Бога Сына съ Богомъ Отцомъ, на то, что Отецъ открылъ Себя людямъ въ Сынѣ. Евангелистъ отмѣчаетъ, что это сказано было Господомъ «у сокровищницы», которая находилась, какъ извѣстно, вблизи залы засѣданій синедріона, враждебнаго Господу, и хотя Онъ, такъ сказать, передъ глазами и ушами синедріона засвидѣтельствовалъ Свое мессіанское достоинство, **«никтоже ятъ Его»**, ибо не наступилъ еще часъ Его страданій: иными словами, люди не имѣли сами надъ Нимъ власти. Враждебное настроеніе слушателей вновь привело Господа къ мысли о скоро предстоящихъ Ему страданіяхъ, и Онъ вновь повторяетъ имъ о безвыходномъ положеніи, въ какомъ они окажутся, послѣ Его ухода, если не увѣруютъ въ Него, какъ въ Мессію (ст. 21): **«Куда Я иду, туда вы не можете придти»**. Эти слова снова раздражили ихъ и вызвали насмѣшку: **«Еда Ся Самъ убіетъ»**, то-есть: не замышляетъ ли Онъ самоубійства? Не отвѣчая на грубую насмѣшку, Господь указываетъ имъ на ихъ нравственный характеръ, побуждаемые которымъ они доходятъ до подобнаго глумленія надъ Нимъ: **«Вы отъ нижнихъ есте»**..., то-есть вы потеряли способность понимать Божественное, небесное; обо всемъ судите по человѣчеству, руководясь своими земными грѣховными понятіями, а поэтому, если не увѣруете въ Меня (**«Яко Азъ есмь»** — подразумѣвается — **Мессія**), **«умрете во грѣсѣхъ вашихъ»**. Господь ни разу не назвалъ Себя Мессіей, но Онъ такъ прозрачно, такъ понятно высказывалъ это другими словами, что фарисеи, конечно, должны были понять это. Они, однако, притворялись непонимающими, такъ какъ имъ хотѣлось слышать отъ Него это имя, и потому спрашиваютъ Его: **«Ты Кто еси?»** Но и на этотъ вопросъ Господь не далъ имъ ожидаемаго ими прямого отвѣта. Отвѣтъ Господа на церк.-славянскій языкъ переведенъ слишкомъ буквально (**«ТИН АРХИН»** — **«Начатокъ»**) — въ чемъ вообще особенность церковно-славянскаго перевода изъ-за боязни погрѣшить неточностью передачи греческаго текста, — вслѣдствіе чего не отвѣчаетъ заключающейся въ немъ мысли; русскій переводъ — **«отъ начала Сущій»** — вовсе неправиленъ. Смыслъ отвѣта Господа, какъ его понимали еще древніе толкователи, таковъ: **«Я То, что вамъ говорилъ о Себѣ изъ начала»** или: **«Съ самаго начала не называю ли Я Себя Сыномъ Божіимъ? Таковъ Я и есмь»**. Продолжая дальше Свою рѣчь о печальномъ нравственномъ состояніи еврейскаго народа, Господь объясняетъ, что Онъ долженъ это дѣлать, поскольку Пославшій Его есть самая истина, и Онъ долженъ свидѣтельствовать истину, слышанную отъ Него. Слушатели опять не поняли, что Онъ говорилъ имъ объ Отцѣ. Посему далѣе Господь говоритъ имъ о томъ времени, когда они вынужденно узнаютъ истину Его ученія о Самомъ Себѣ и о Пославшемъ Его Отцѣ: это будетъ тогда, когда они вознесутъ Его на крестъ, ибо крестная смерть послужила началомъ прославленія Сына Божія и привлекла къ Нему всѣхъ: послѣдовавшія затѣмъ событія, какъ воскресеніе Христово, вознесеніе Его на небо, ниспосланіе Св. Духа Апостоламъ — все это засвидѣтельствовало истину Христова ученія и Его Божественное посланничество. Слова эти произвели сильное впечатлѣніе на слушателей, такъ что **«многіе увѣровали въ Него»,** видимо, даже изъ числа враждебно настроенныхъ къ Нему іудеевъ. Къ этимъ увѣровавшимъ въ Него іудеямъ Господь и обратилъ Свою дальнѣйшую рѣчь. Онъ научаетъ ихъ, какъ имъ сдѣлаться и пребыть истинными учениками Его. Для этого они должны **«пребыть въ словѣ Его»:** тогда только они познаютъ истину, а истина дастъ имъ свободу отъ грѣха, въ чемъ только и заключается истинная свобода. Среди слушателей заговорила тогда національная гордость. **«Мы — сѣмя Авраамово»,** а потомству Авраама обѣщано было Богомъ господство надъ міромъ и благословеніе черезъ него міра (Быт. 12:7; 22:17), **«и не были рабами никому никогда».** При этомъ страстномъ болѣзненномъ крикѣ обостреннаго національнаго самолюбія, они какъ бы забыли о своемъ Египетскомъ рабствѣ, о Вавилонскомъ и настоящемъ Римскомъ. Господь отвѣчаетъ на это, что Онъ говоритъ здѣсь о другомъ видѣ рабства — о рабствѣ духовномъ, въ которомъ находится каждый, кто творитъ грѣхъ: **«Всякъ творяй грѣхъ, рабъ есть грѣха».** Преданный же грѣху не можетъ оставаться въ Царствѣ Мессіи, гдѣ должна быть полная духовная свобода и гдѣ всѣ должны сознавать себя только дѣтьми своего Небеснаго Отца. **«Рабъ не пребываетъ въ домѣ вѣчно»,** ибо господинъ недовольный имъ можетъ продать его или отослать отъ себя: это положеніе раба противоположно положенію сына, который, какъ наслѣдникъ всего дома, не можетъ быть проданъ или изгнанъ, а остается сыномъ навсегда. «Какъ творящіе грѣхъ вы — рабы грѣха, и можете получить истинную свободу и стать сынами Божіими только въ томъ случаѣ, если увѣруете въ Единороднаго Сына Божія, пребудете въ словѣ Его, и Онъ освободитъ Васъ отъ рабства грѣху. Далѣе Господь говоритъ имъ, что Онъ не отрицаетъ ихъ происхожденія отъ Авраама, но не признаетъ ихъ истинными чадами Авраама по духу, ибо они ищутъ убить Его только потому, что **«слово Его не вмѣщается въ нихъ»,** не нашло въ ихъ сердцахъ благопріятной для возрастанія почвы. Такъ какъ Авраамъ ничего подобнаго не дѣлалъ, то ихъ отецъ не Авраамъ и не Богъ, какъ они утверждаютъ, а діаволъ, который былъ **«человѣкоубійцей искони»,** ибо внесъ въ природу человѣка смертельную заразу грѣха. Говоря о діаволѣ, Господь поставлялъ въ неразрывную связь то, что онъ исконный человѣкоубійца, съ тѣмъ, что онъ — врагъ истины и «отецъ лжи». Соотвѣтственно съ этимъ, говоря о Себѣ, Господь поставляетъ въ такую же тѣсную связь то, что Онъ безгрѣшенъ и учитъ истинѣ. Если іудеи не признаютъ истиннымъ Его ученіе, то пусть докажутъ грѣховность Его жизни: **«кто отъ васъ обличаетъ Мя о грѣсѣ?»** Если же никто не можетъ обличить Господа въ грѣховной жизни, то надо вслѣдъ за святостью жизни признать, какъ неразлучную съ ней, и истину проповѣдуемаго Имъ ученія. Своимъ невѣріемъ, по словамъ Господа, іудеи ясно доказываютъ, что они «не отъ Бога». Это вызвало у нихъ яростное негодованіе: **«Неправду ли мы говоримъ, что Ты самарянинъ, и что бѣсъ въ Тебѣ»,** ибо отрицать наше происхожденіе отъ Авраама могутъ только ненавидящіе насъ, іудеевъ, самаряне или одержимые бѣсомъ. Господь спокойно отклоняетъ это оскорбленіе и говоритъ, что подобными рѣчами, которыя представляются имъ рѣчами бѣсноватаго, Онъ только воздаетъ честь Отцу Своему Небесному: Я говорю съ вами такъ, потому что **«чту Отца Моего»,** а вы безчестите Того, КТО говоритъ вамъ истину отъ имени Отца. «Я не ищу Моей славы: есть Ищущій и Судящій» — это — Отецъ Небесный, Который подвергнетъ осужденію тѣхъ, которые отвергаютъ Сына Его. Обращаясь далѣе къ увѣровавшимъ въ Него, Господь говоритъ: **«Аще кто слово Мое соблюдетъ, смерти не имать видѣти во вѣки»,** въ смыслѣ, конечно, — «получитъ жизнь вѣчную». Невѣрующіе представились понявшими эти слова Господа въ буквальномъ смыслѣ — о естественной, тѣлесной смерти — и въ этомъ нашли поводъ вновь обвинить Его въ томъ, что Онъ бѣсноватый: **«Неужели Ты больше отца нашего Авраама? Чѣмъ Ты Себя дѣлаешь?»** На это Господь отвѣчаетъ, что Онъ не Самъ Себя прославляетъ, но прославляется Отцомъ, Котораго знаетъ и слово Котораго соблюдаетъ, и далѣе показываетъ превосходство Свое надъ Авраамомъ. «Да», какъ бы такъ отвѣчаетъ Господь іудеямъ: «Я — болѣе отца вашего Авраама, ибо Я былъ предметомъ чаяній его при земной его жизни, и предметомъ радости его по смерти его — въ раю»: **«и видѣ и возрадовася».** Относя сказанное Господомъ объ Авраамѣ къ земной его жизни, іудеи и тутъ находятъ несообразность съ цѣлью нанести новый укоръ Господу: **«Тебѣ нѣтъ еще пятидесяти лѣтъ, и ты видѣлъ Авраама?»** На этотъ укоръ Господь даетъ рѣшительный отвѣтъ, смыслъ котораго не могъ уже быть непонятымъ даже и слѣпыми въ своей злобѣ фарисеями: **«Аминь, аминь глаголю вамъ: прежде даже Авраамъ не бысть, Азъ есмь»,** то-есть: «Я древнѣе самого Авраама, ибо Я — Вѣчный Богъ». Такъ ясно учитъ здѣсь Господь о Своемъ Божествѣ. Это правильно поняли фарисеи, но, вмѣсто того, чтобы увѣровать въ Него, озлобились, увидѣвъ въ Его словахъ лишь богохульство, и взяли камни, чтобы побить Его. Но Іисусъ, торжественно закончивъ Свое свидѣтельство о Себѣ, окруженный Своими учениками и народомъ, скрылся отъ нихъ въ массѣ народа, наполнявшей дворъ храма, и **«прошедши среди нихъ пошелъ далѣе».**

23. ИСЦѢЛЕНІЕ СЛѢПОРОЖДЕННАГО.
(Іоан. 9: 1-41).

Объ этомъ великомъ чудѣ, совершенномъ, повидимому, тутъ же во храмѣ, сразу послѣ бесѣды Господа съ іудеями о Своемъ Божественномъ происхожденіи и достоинствѣ, повѣствуетъ, и притомъ весьма обстоятельно, только одинъ Евангелистъ Іоаннъ. Увидѣвъ слѣпого, просившаго милостыню, о которомъ извѣстно было, что онъ — слѣпой отъ рожденія, ученики спросили Господа: **«Кто согрѣшилъ, онъ или родители его, что родился слѣпымъ?»** Евреи вѣрили, что всѣ важнѣйшія несчастія случаются съ людьми не иначе, какъ въ наказаніе за ихъ собственные грѣхи или грѣхи ихъ родителей, дѣдовъ и прадѣдовъ. Это вѣрованіе основывалось на законѣ Моисеевомъ, гласившемъ, что Богъ наказываетъ дѣтей за вину отцовъ до третьяго и четвертаго рода (Исх. 20:5), и на ученіи раввиновъ, утверждавшихъ, что ребенокъ можетъ согрѣшить еще во утробѣ матери, поскольку съ самаго зачатія своего онъ уже имѣетъ ощущенія добрыя или злыя. Отвѣчая на вопросъ учениковъ, Господь показываетъ вмѣсто причины ц ѣ л ь, для которой этотъ человѣкъ родился слѣпымъ: **«Ни сей согрѣши, ни родителя его»**, хотя, конечно, какъ люди, они не безгрѣшны вообще, **«но да явятся дѣла Божія на немъ»**, то-есть, чтобы черезъ его исцѣленіе открылось, что Христосъ есть **Свѣтъ міра**, что Онъ пришелъ въ міръ для просвѣщенія человѣчества, пребывающаго въ слѣпотѣ духовной, образомъ которой является слѣпота тѣлесная. **«Мнѣ должно дѣлать дѣла Пославшаго Меня, доколѣ есть день»**, то-есть пока Я еще нахожусь видимымъ для всѣхъ образомъ на землѣ, **«ибо приходитъ ночь»**, то-есть время Моего отшествія отъ міра, когда дѣйствіе въ мірѣ Христа Спасителя, какъ чудотворца, не будетъ такъ очевидно для всѣхъ, какъ теперь. **«Егда въ мірѣ есмь, свѣтъ есмь міру»** — хотя Христосъ всегда и былъ и будетъ Свѣтомъ міру, но видимое Его дѣйствіе на землѣ продолжается лишь въ теченіе Его земной жизни, которая уже подходитъ къ своему концу. Много чудесъ, совершалъ Господь однимъ словомъ Своимъ, но иногда прибѣгалъ при этомъ къ особеннымъ предварительнымъ дѣйствіямъ. Такъ и въ этотъ разъ **«Онъ плюнулъ на землю, сдѣлалъ бреніе изъ плюновенія, и помазалъ бреніемъ глаза слѣпому. И сказалъ ему: пойди и умыйся въ купели Силоамской»**. Можно полагать, что все это нужно было для возбужденія вѣры въ исцѣляемомъ: дать ему понять, что сейчасъ надъ нимъ будетъ совершено чудо. Силоамская купель была устроена на Силоамскомъ источникѣ, вытекавшемъ изъ-подъ священной горы Сіонской, какъ мѣста особеннаго присутствія Божія въ Іерусалимѣ и храмѣ, и потому какъ бы нарочито былъ дарованъ, или п о с л а н ъ Богомъ Своему народу, какъ особенное благодѣяніе, почему и считался священнымъ источникомъ, имѣющимъ символическое значеніе. Евангелистъ и поясняетъ, что «Силоамъ» значитъ «посланный». Не хотѣлъ ли этимъ Господь Іисусъ Христосъ выразить, что Онъ есть истинный Посланникъ Божій, осуществленіе всѣхъ Божественныхъ благословеній, прообразомъ и символомъ которыхъ былъ для евреевъ Силоамскій источникъ? Омывшись въ водахъ Силоама, слѣпорожденный прозрѣлъ. Это чудо произвело сильное впечатлѣніе на сосѣдей и знавшихъ его, такъ что нѣкоторые даже сомнѣвались, тотъ ли это слѣпецъ, котораго они постоянно видѣли просящимъ милостыню. Но прозрѣвшій подтвердилъ, что это онъ и разсказалъ, какъ совершилось чудо. Выслушавшіе разсказъ бывшаго слѣпца повели его къ фарисеямъ, дабы разслѣдовать все это столь необычайное дѣло и узнать ихъ мнѣніе, какъ смотрѣть на это, ибо чудо было совершено въ субботу, когда, по толкованію фарисейскаго закона о субботнемъ покоѣ, не слѣдовало даже врачевать болящихъ. Исцѣленный разсказалъ и фарисеямъ то, что зналъ самъ о своемъ исцѣленіи. По поводу этого разсказа между фарисеями произошла распря. Одни, и надо полагать, что это было огромное большинство, говорили: «Нѣсть Сей отъ Бога человѣкъ, яко субботу не хранитъ». Другіе же справедливо разсуждали: «Како можетъ человѣкъ грѣшенъ сицева знаменія творити?» Невѣрующіе въ Господа фарисеи обращаются тогда къ исцѣленному съ вопросомъ, что онъ самъ можетъ сказать о своемъ Исцѣлителѣ. Очевидно они надѣялись найти въ его словахъ что-либо такое, къ чему можно было бы привязаться, чтобы заподозрить дѣйствительность чуда или перетолковать его. Но исцѣленный сказалъ рѣшительно: «Это — пророкъ». Не найдя поддержки въ самомъ слѣпомъ, злобные іудеи вызвали родителей его, чтобы и ихъ допросить. Боясь отлученія отъ синагоги, родители дали уклончивый отвѣтъ: они подтвердили, что это ихъ сынъ, родившійся слѣпымъ, но почему онъ теперь видитъ, — отозвались незнаніемъ, предложивъ спросить объ этомъ его самого, какъ уже взрослаго и могущаго отвѣтить самъ за себя. Вызвавъ исцѣленнаго вторично, іудеи стараются ему теперь внушить, что они произвели тщательное разслѣдованіе о томъ Человѣкѣ и пришли къ несомнѣнному убѣжденію въ томъ, что «Человѣкъ тотъ грѣшникъ». «Даждь славу Богу» это значитъ: признай Его съ своей стороны грѣшникомъ, нарушающимъ заповѣдь о субботнемъ покоѣ — это обычная у тогдашнихъ іудеевъ формула заклинанія — говорить подъ клятвой истину. На это исцѣленный даетъ исполненный правды и глубокой ироніи надъ фарисеями отвѣтъ: «Аще грѣшенъ есть, не вѣмъ: едино вѣмъ, яко слѣпъ бѣхъ, нынѣ же вижу». Не достигшіе во всѣхъ этихъ разслѣдованіямъ желанной цѣли фарисеи снова просятъ его разсказать о своемъ исцѣленіи, можетъ быть, въ надеждѣ найти какую-нибудь новую черту, которая дала бы имъ возможность осудить Іисуса. Но исцѣленный отъ этого уже приходитъ въ раздраженіе: «**Я уже сказалъ вамъ, и вы не слушали: что еще хотите слышать? Или и вы хотите сдѣлаться Его учениками?**» Эта смѣлая насмѣшка надъ ними вызвала съ ихъ стороны укоризну столь смѣлому исповѣднику истины: «**Ты ученикъ еси Того: мы же Моисеевы есмы ученицы. Мы вѣмы, яко Моисеови глагола Богъ: Сего же не вѣмы, откуду есть**». Руководители еврейскаго народа должны были разузнать, откуда явился Человѣкъ, за Которымъ постоянно ходятъ толпы народа, но они лгутъ, говоря, что не знаютъ его. Эта ложь еще больше возмущаетъ бывшаго слѣпого и придаетъ ему смѣлости въ защитѣ истины. «**Это удивительно, что вы не знаете, откуда Онъ**», говоритъ онъ фарисеямъ, а должны были бы знать, откуда Человѣкъ, сотворившій такое неслыханное чудо: грѣшники творить такихъ чудесъ не могутъ — ясно поэтому, что это святой Человѣкъ, Посланный Богомъ. Пораженные такой неумолимой логикой безхитростнаго простого человѣка, фарисеи были не въ силахъ продолжать дальше споръ и, укоривъ его въ томъ, что онъ «во грѣхахъ весь родился», выгнали его вонъ. Узнавъ объ этомъ, Господь, желавшій просвѣтить и душевныя его очи, нашелъ его и, открывшись ему, какъ его Исцѣлитель, привелъ его къ вѣрѣ въ Себя, какъ Сына Божія. Все происшедшее дало поводъ Господу высказать мысль о томъ, что Его приходъ въ міръ, какъ необходимое слѣдствіе, вызвалъ рѣзкое раздѣленіе между людьми на вѣрующихъ и невѣрующихъ: «**На судъ Азъ въ міръ сей пріидохъ, да невидящіи видятъ, и видящіи слѣпи будутъ**». «Невидящіи» — это смиренные, нищіе духомъ, которые увѣровали во Христа; «видящіи» это — тѣ, которые сами себя считали видящими и разумными и поэтому не чувствовали потребности въ вѣрѣ во Христа, мнимые мудрецы, каковыми были фарисеи, отвергшіе Христа: Господь называетъ ихъ «слѣпыми» потому, что они какъ бы духовно ослѣпли, не видя Божественной истины, которую принесъ Онъ на землю. На это фарисеи сказали: «**Еда и мы слѣпи есмы?**» Но Господь далъ имъ отвѣтъ, котораго они не ожидали: «**Еслибы вы были слѣпы, то не имѣли бы на себѣ грѣха, но какъ вы говорите, что видите; то грѣхъ остается на васъ**». Смыслъ этихъ словъ таковъ: еслибы вы были тѣми невидящими, о которыхъ Я говорю, то вы не имѣли бы грѣха, ибо ваше невѣріе было бы простительнымъ грѣхомъ невѣдѣнія и слабости; но такъ какъ вы говорите, что видите, считаете себя знатоками и толкователями Божественнаго Откровенія, у васъ подъ рукой законъ и пророки, въ коихъ вы можете видѣть истину, то вашъ грѣхъ есть ничто иное, какъ грѣхъ упорства и ожесточеннаго противленія Божественной истинѣ, а такой грѣхъ непростителенъ, ибо это грѣхъ хулы на Духа Святаго (Матѳ. 12:31-32).

24. БЕСѢДА О ДОБРОМЪ ПАСТЫРѢ.
(Іоанна 10: 1-21).

Эта бесѣда является продолженіемъ обличительныхъ словъ Господа, обращенныхъ къ фарисеямъ въ связи съ исцѣленіемъ слѣпорожденнаго. Объяснивъ имъ отвѣтственность ихъ за то, что они «видя не видятъ», Господь въ иносказательной формѣ раскрываетъ имъ, что они не истинные, какъ мечтали они, руководители религіозной жизни народа, не «добрые пастыри», ибо думаютъ больше о своихъ личныхъ выгодахъ, нежели о благѣ народа, и ведутъ поэтому народъ не ко спасенію, а къ погибели. Эта прекрасная иносказательная рѣчь, смыслъ которой фарисеи поняли только въ самомъ концѣ ея, заимствована изъ пастушеской жизни въ Палестинѣ. Господь сравниваетъ народъ со стадомъ овецъ, а руководителей народа съ пастырями этого стада. Стада овецъ загоняли на ночь, для охраненія отъ воровъ и волковъ, въ пещеры или нарочно устроенныя для того дворы. Въ одинъ дворъ нерѣдко загоняли стада, принадлежавшія разнымъ хозяевамъ. Утромъ привратники открывали пастухамъ двери двора, пастухи входили въ нихъ, и каждый отдѣлялъ свое стадо, называя своихъ овецъ по именамъ: овцы узнавали своихъ пастуховъ по голосу (что мы и теперь еще наблюдаемъ въ Палестинѣ), слушались ихъ и выходили за ними на пастбище. Воры же и разбойники, конечно, не смѣли войти въ охраняемыя вооруженнымъ привратникомъ двери, а перелѣзали тайно чрезъ ограду. Беря этотъ хорошо извѣстный изъ жизни примѣръ, Господь подъ «дворомъ овчимъ» подразумѣваетъ богоизбранный народъ еврейскій, или Церковь Божію ветхозавѣтную, изъ которой образовалась потомъ и Церковь новозавѣтная; подъ «пастыремъ» — всякаго истиннаго руководителя религіозно-нравственной жизни; подъ «ворами» и «разбойниками» — всѣхъ ложныхъ, самозванныхъ пророковъ, лжеучителей, еретиковъ, мнимыхъ руководителей религіозной жизни народа, думающихъ только о себѣ и своихъ интересахъ, каковы были обличаемые Господомъ фарисеи. Себя Господь называетъ и «дверью» и «пастыремъ добрымъ», который «душу свою полагаетъ за овецъ», защищая ихъ отъ волковъ. Господь называетъ Себя «дверью» въ томъ смыслѣ, что Онъ — единственный истинный посредникъ между Богомъ и народомъ, единственный путь и для пастырей и для пасомыхъ: въ основанное Имъ Царство Божіе, представляемое подъ видомъ «двора овчаго», нельзя войти иначе, какъ только черезъ Него. Всѣ же, кто минуютъ Его, **прелазятъ инудѣ**, суть «воры и разбойники», то-есть не истинные пастыри, а самозванцы, преслѣдующіе личные выгоды, а не благо пасомыхъ. «Овчій дворъ» — это земная Церковь, а «пажить» — это Церковь небесная. Первой половины притчи фарисеи не поняли. Тогда во второй половинѣ Онъ уже вполнѣ ясно раскрылъ ученіе о Себѣ, какъ о «добромъ пастырѣ». Здѣсь подъ «наемникомъ» надо разумѣть тѣхъ недостойныхъ пастырей, которые, по выраженію св. прор. Іезекіиля, **«пасутъ самихъ себя»** (34:3) и бросаютъ своихъ пасомыхъ на произволъ судьбы, какъ только имъ угрожаетъ опасность. Подъ «волкомъ» разумѣется «діаволъ», а также его служители, губящіе «овецъ». Какъ главное отличительное свойство истиннаго пастыря, Господь указываетъ: 1) Самоотверженіе даже до смерти, ради спасенія овецъ, 2) Знаніе своихъ овецъ. Это знаніе въ высшей степени принадлежитъ Ему: это взаимное знаніе другъ друга пастыря и овецъ должно быть подобно взаимному знанію Бога Отца и Бога Сына: **«Якоже знаетъ Мя Отецъ, и Азъ знаю Отца»**. Подъ «иными овцами», **«иже не суть отъ двора сего»**, но которыхъ тоже **«Ми подобаетъ привести»**, Господь разумѣетъ, конечно, язычниковъ, также призываемыхъ въ Царство Христово. Притчу заканчиваетъ Господь словами, что «душу Свою за овецъ Онъ полагаетъ» добровольно: **«никтоже возьметъ ю отъ Мене: но Азъ полагаю ю о Себѣ»**, ибо Онъ имѣетъ власть «положить ее» и **«паки пріяти ю»** — выраженіе полной свободы, то-есть смерть Христова есть Имъ Самимъ избранное и добровольно осуществляемое средство спасенія овецъ Его. Эти слова опять вызвали среди іудеевъ распрю, вслѣдствіе того, что одни сочувственно принимали слова Господа, а другіе продолжали провозглашать Его бѣснующимся.

25. БЕСѢДА ВЪ ПРАЗДНИКЪ ОБНОВЛЕНІЯ.
(Іоан. 10: 22-42).

Праздникъ этотъ установленъ Іудой Маккавеемъ за 160 л. до-Р. Хр., въ память возобновленія, очищенія и освященія іерусалимскаго храма, оскверненнаго Антіохомъ Епифаномъ. Праздникъ этотъ совершался ежегодно въ продолженіе восьми дней отъ 25 числа мѣсяца Кислева (около половины декабря). Было холодно, а потому Господь ходилъ въ притворѣ Соломоновомъ, представлявшемъ собою крытую галлерею. Тутъ его обступили іудеи и говорили Ему: «Долго ли Тебѣ держать насъ въ недоумѣніи? Если Ты Христосъ, скажи намъ прямо». Сказать имъ это «прямо» Господь не могъ потому, что они со словомъ «Мессія» соединяли ложное представленіе о земномъ народномъ вождѣ, который долженъ освободить ихъ страну отъ римскаго владычества. Господь мудро отвѣчаетъ на этотъ вопросъ: Онъ указываетъ на Свои прежнія свидѣтельства о Себѣ, на дѣла Свои и на Свои отношенія къ Отцу Своему Небесному. Изъ всего этого они сами должны были бы давно понять, что Онъ Мессія, хотя и не въ томъ смыслѣ, какъ они себѣ это неправильно представляютъ. Причина, почему они этого не понимаютъ, та, что они «не отъ овецъ Его» и «не слушаютъ голоса Его». Вспомнивъ объ овцахъ Своихъ, Господь изрекаетъ имъ обѣтованія о дарованіи жизни вѣчной: никто не сможетъ похитить ихъ изъ руки Его, потому что **«Азъ и Отецъ едино есма».** Болѣе яснаго свидѣтельства о Божественномъ достоинствѣ Христовомъ, чѣмъ эти слова, не могло бы и быть. Іудеи поняли ихъ правильно, и схватили камни, чтобы побить Господа, какъ богохульника, но Господь обезоружилъ ихъ кроткимъ вопросомъ: **«Много добрыхъ дѣлъ показалъ Я вамъ отъ Отца Моего: за которое изъ нихъ хотите побить Меня камнями?»** Неожиданность вопроса смутила іудеевъ и противъ ихъ воли показала, что они признаютъ про себя величіе чудесъ Господа, почему они опустили камни и стали оправдываться, что хотятъ побить Его не за добрыя дѣла, а за «богохульство». Въ отвѣтъ Господь дѣлаетъ ссылку на 81 псаломъ, гдѣ люди, призванные творить судъ и защищать слабыхъ отъ посягательствъ сильныхъ, названы **«богами»,** конечно, не въ собственномъ смыслѣ. Приводя выдержку изъ этого псалма, Господь какъ бы такъ говоритъ іудеямъ: «вы не можете обвинять псалмопѣвца въ богохульствѣ; поэтому, если онъ назвалъ богами достойныхъ носителей Божественной власти, то какъ же вы можете обвинять въ богохульствѣ Меня, назвавшаго Себя Сыномъ Божіимъ и творящаго дѣла, какія можетъ творить только одинъ Богъ?» **«Вы могли бы не вѣрить Мнѣ»,** продолжаетъ дальше Господь, «еслибы Я не творилъ дѣлъ, свойственныхъ одному Богу, но разъ Я творю такія дѣла, вы должны понять, что Я и Отецъ — одно, **«что Отецъ во Мнѣ и Я въ Немъ».** Іудеи снова хотѣли схватить Господа, но Онъ «уклонился отъ рукъ ихъ», ушелъ такъ, что никто не осмѣлился дотронуться до Него и направился за Іорданъ въ Перею. Тамъ многіе, слышавшіе проповѣдь о Немъ отъ Іоанна, и убѣдившіеся въ истинности этой проповѣди, увѣровали въ Него.

26. ВОЗВРАЩЕНІЕ СЕМИДЕСЯТИ УЧЕНИКОВЪ.
(Луки 10: 17-24).

Евангелистъ Лука говоритъ о возвращеніи 70-ти учениковъ непосредственно вслѣдъ за ихъ посланіемъ, хотя, несомнѣнно, между посланіемъ и возвращеніемъ былъ болѣе или менѣе значительный промежутокъ времени. Нѣкоторые предполагаютъ, что встрѣча Господа съ учениками произошла въ Переѣ, гдѣ Онъ Самъ еще не проповѣдывалъ, а другіе находятъ, что они возвратились туда же, откуда были посланы, то-есть въ Галилею. Увидя Господа, они прежде всего высказали Ему свою радость по поводу того, что бѣсы повинуются имъ **«о имени Іисусовѣ».** Въ послѣднихъ словахъ выразилось ихъ смиреніе. На это Господь какъ бы сказалъ: «Не удивляйтесь, что бѣсы вамъ повинуются, ибо начальникъ ихъ уже давно низверженъ: **«Видѣхъ сатану, яко молнію съ небесе спадша».** Сіяніе молніи здѣсь представляется образомъ внезапности и быстроты. Иными словами, Господь возвѣщаетъ Апостоламъ, что Онъ видѣлъ князя бѣсовскаго побѣжденнымъ и павшимъ быстро, какъ молнія, а, если князь ихъ побѣжденъ, то значитъ и полчище его побѣждено. Господь, какъ побѣдитель вражьей силы, даетъ эту возможность побѣды надъ ней и Своимъ ученикамъ, иносказательно называя злыхъ духовъ «змѣями» и «скорпіонами». Главное не это, а то, что вы удостоились спасенія и блаженства на небесахъ. Въ Писаніи Богъ иногда образно представляется съ книгой, въ которую записываются имена и дѣла Его вѣрныхъ рабовъ. Быть написаннымъ на небесахъ значитъ поэтому быть гражданиномъ небеснаго царства. Это должно радовать болѣе, чѣмъ всякое земное дѣяніе, хотя бы даже необыкновенное, какъ изгнаніе злыхъ духовъ. Дальнѣйшее славословіе Господомъ Бога Отца въ ст. 21, изреченіе о познаніи Отца и Сына (ст. 22) и ублаженіе учениковъ (ст. 23-24) мы находимъ и у Ев. Матѳея, но произнесенными въ другихъ случаяхъ и при другихъ обстоятельствахъ (см. Матѳ. 11:25-27 и 13:16-17). Возможно, что Господь повторялъ эти изреченія неоднократно. Но у Луки хронологическая связь несомнѣнна, на что указываютъ слова: **«въ тотъ часъ»** и самыя движенія Господа: **«обратившись къ ученикамъ, сказалъ».** Подъ «мудрыми» и «разумными» здѣсь разумѣются тѣ, которые сами себя считаютъ таковыми. Вѣроятно въ данномъ случаѣ Господь имѣлъ въ виду книжниковъ и фарисеевъ, гордыхъ своимъ знаніемъ Моисеева закона. Подъ «младенцами» разумѣются люди простые, не учившіеся человѣческой мудрости въ школахъ, не посѣщавшіе книжническихъ школъ іудейскихъ. Въ данномъ случаѣ Господь имѣлъ въ виду Своихъ Апостоловъ, которымъ открыты были тайны Царствія Божія. Конечно, о Богѣ, что Онъ **«утаилъ»** говорится не въ прямомъ смыслѣ, а такъ, какъ, напр., въ Рим. 1:28. Слово **«утаилъ»,** говоритъ св. Златоустъ, не означаетъ того, чтобы Богъ былъ причиной этого утаенія, но въ томъ же смыслѣ, въ какомъ говоритъ Павелъ: «предалъ ихъ Богъ превратному уму» и: «усиливаясь поставить собственную праведность, они не покорились праведности Божіей» (Рим. 10:3). Какъ говоритъ бл. Ѳеофилактъ, «Богъ скрылъ великія тайны отъ признающихъ себя умными потому, что они сдѣлались недостойными, считая себя умными». **«Вся мнѣ предана быша отъ Отца Моего»** — управленіе міромъ принадлежитъ Христу, какъ Ходатаю, какъ Посреднику въ искупленіи человѣческаго рода. Природа Божества недоступна для постиженія никому изъ смертныхъ, но Богъ открывается человѣку въ **Сынѣ** (Іоан. 14:8-9) и чрезъ **Сына** (Евр. 1:1), насколько человѣкъ вѣрою и любовью оказывается самъ способенъ принять такое откровеніе. Далѣе Господь ублажаетъ Апостоловъ за то, что они сподобились видѣть Его, воплощеннаго Сына Божія, чего не удостоились жившіе прежде многіе пророки и праведники, созерцавшіе Его только вѣрою, но не тѣлесными очами, какъ Апостолы.

27. ПРИТЧА О МИЛОСЕРДНОМЪ САМАРЯНИНѢ.
(Луки 10: 25-37).

Притчу эту передаетъ только одинъ св. Лука, какъ отвѣтъ Господа на вопросъ искушавшаго, то-есть желавшаго уловить Его въ словѣ, книжника: **«что сотворивъ, животъ вѣчный наслѣдую?»** Господь заставляетъ лукаваго законника самого дать отвѣтъ словами Второзаконія 6:5 и кн. Левитъ 19:18 о любви къ Богу и ближнимъ. Указавъ законнику на требованія закона, Господь хотѣлъ тѣмъ заставить его глубже вникнуть въ силу и значеніе этихъ требованій и понять, какъ далеко законникъ отстоитъ отъ исполненія ихъ. Законникъ, видимо, почувствовалъ это, почему и сказано, что онъ, **«желая оправдать себя»**, спросилъ: **«А кто мой ближній?»** то-есть хотѣлъ показать, что, если онъ и не исполняетъ требованій закона, какъ должно, то — по неопредѣленности этихъ требованій, такъ какъ неясно, напр., кого слѣдуетъ понимать подъ **«ближнимъ»**. Въ отвѣтъ Господь разсказалъ чудную притчу о человѣкѣ, «впавшемъ въ разбойники», мимо котораго прошли и священникъ и левитъ, и котораго пожалѣлъ только самарянинъ — человѣкъ, ненавистный для іудеевъ и презираемый ими. Этотъ самарянинъ лучше священника и левита понималъ, что для исполненія заповѣди о милосердіи нѣтъ различія между людьми: всѣ люди въ этомъ отношеніи для насъ равны, всѣ — ближніе намъ. Какъ мы видимъ, притча эта неполнѣ соотвѣтствуетъ вопросу законника. Законникъ спрашивалъ: **«Кто есть мой ближній?»** а притча изображаетъ, какъ и кто изъ всѣхъ троихъ, видѣвшихъ несчастнаго, сдѣлался ближнимъ для него. Притча, слѣд., учитъ не тому, кого надо считать ближнимъ, а **какъ самому дѣлаться ближнимъ для каждаго человѣка**, нуждающагося въ милосердіи. Различіе между вопросомъ книжника и отвѣтомъ Господа имѣетъ большое значеніе потому, что въ Ветхомъ Завѣтѣ, ради огражденія избраннаго народа Божія отъ дурныхъ вліяній, устанавливались различія между окружающими людьми, и «ближними» для еврея считались только его соотечественники и единовѣрцы. Новозавѣтный нравственный законъ отмѣняетъ всѣ эти различія и учитъ уже всеобъемлющей евангельской любви ко всѣмъ людямъ. Законникъ спрашивалъ: кто мой ближній, какъ бы опасаясь возлюбить людей, которыхъ онъ не долженъ любить. Господь же поучаетъ его, что онъ долженъ самъ сдѣлаться ближнимъ тому, кто въ немъ нуждается, а не спрашивать, ближній онъ ему или нѣтъ: не на людей должно смотрѣть, а на свое собственное сердце, чтобы не было въ немъ холодности жреца и левита, а было милосердіе Самарянина. Если будешь разсудкомъ различать между ближними и неближними, то не избѣжишь жестокой холодности къ людямъ и будешь проходить мимо несчастныхъ, нуждающихся въ твоей помощи, какъ прошелъ мимо «впадшаго въ разбойники» и священникъ и левитъ, хотя онъ, какъ іудей, былъ имъ ближній. Милосердіе — условіе наслѣдованія жизни вѣчной.

28. ГОСПОДЬ ІИСУСЪ ХРИСТОСЪ ВЪ ДОМѢ МАРѲЫ И МАРІИ.
(Луки 10: 38-42).

«**Нѣкая весь**», въ которую вошелъ Іисусъ, повидимому, Виѳанія — селеніе расположенное на одномъ изъ склоновъ горы Елеонской, вблизи Іерусалима. Въ Марѳѣ и Маріи, которыя приняли Господа, легко узнать сестеръ любимаго Господомъ Лазаря, о воскрешеніи коего повѣствуетъ св. Еванг. Іоаннъ въ 11 гл. Обѣ онѣ являются здѣсь съ тѣми же качествами, какія описаны у св. Іоанна: Марѳа отличалась живымъ подвижнымъ характеромъ, Марія — тихой глубокой чувствительностью. Принявъ Господа, Марѳа начала суетиться съ приготовленіемъ угощенія; Марія же сѣла у ногъ Іисуса и слушала Его. Видя, что ей трудно справиться одной, Марѳа обратилась къ Господу какъ-будто съ упрекомъ, изъ котораго ясно видны дружескія отношенія Господа къ ея семьѣ: «**Господи, или Тебѣ нужды нѣтъ, что сестра моя одну меня оставила служить? Скажи ей, чтобы помогла мнѣ**». Оправдывая Марію, Господь отвѣтилъ Марѳѣ съ такимъ же дружескимъ упрекомъ: «**Марѳа, Марѳа, ты заботишься и суетишься о многомъ; а одно только нужно. Марія же избрала благую часть, которая не отнимется у нея**». Смыслъ этого упрека тотъ, что усердіе Марѳы направлено на скоропреходящую суету, безъ которой можно обойтись, а Марія избрала то, **что единственно нужно** для человѣка — вниманіе Божественному ученію Христову и послѣдованіе ему. То, что Марія пріобрѣтаетъ, слушая Господа, никогда не отымется отъ нея. Этотъ евангельскій отрывокъ всегда читается на литургіи почти во всѣ дни Богородичныхъ праздниковъ, такъ какъ образъ этой Маріи является какъ бы символомъ Пресвятой Дѣвы Маріи, также избравшей «**благую часть**». Къ этому отрывку присоединяются еще стихи 11:27-28, гдѣ прямо прославляется Матерь Божія и вновь ублажаются **«слышащіи слово Божіе и хранящіе е»**.

29. ПРИТЧА О НЕОТСТУПНОЙ ПРОСЬБѢ.
(Луки 11: 5-8).

Подобно св. Еванг. Матѳею, и св. Еванг. Лука въ 11:1-4 излагаетъ текстъ молитвы Господней, начинающейся словами **«Отче нашъ»,** а затѣмъ съ ст. 5 — приточное ученіе Господа о неотступности въ молитвѣ. По неизъяснимымъ цѣлямъ Своимъ, Богъ не всегда сразу подаетъ просимое, хотя бы это и было сообразно съ волей Его. Разсказомъ о другѣ, просящемъ хлѣба, и получающемъ его въ результатѣ своей настойчивости, Господь желаетъ внушить необходимость постоянства въ молитвѣ.

30. ОБЛИЧЕНІЕ КНИЖНИКОВЪ И ФАРИСЕЕВЪ.
(Матѳ. 23: 1-39 и Луки 11: 37-54).

Двѣ очень сходныя по содержанію и по выраженіямъ обличительныя рѣчи книжникамъ и фарисеямъ приводятъ два Евангелиста Матѳей и Лука, но съ той разницей, что обличеніе, приводимое св. Лукою, было произнесено Господомъ на обѣдѣ у нѣкоего фарисея, пригласившаго Его къ себѣ, по поводу умовенія рукъ, а обличительная рѣчь, излагаемая св. Матѳеемъ, произнесена Господомъ въ Іерусалимскомъ храмѣ, незадолго до Его крестныхъ страданій. Надо полагать, что Господь неоднократно произносилъ подобныя обличенія въ сходныхъ же выраженіяхъ. Весьма вѣроятно, что св. Лука, не передающій грозной рѣчи Господа, помѣщенной у св. Матѳея, заимствовалъ изъ нея нѣкоторыя изреченія, вложивъ ихъ въ уста Господа, при обличеніи Имъ фарисеевъ за обѣдомъ, о которомъ онъ одинъ повѣствуетъ. Въ обѣихъ рѣчахъ фарисеи обличаются за то, что слишкомъ много заботятся о **внѣшней** чистотѣ, пренебрегая чистотой **внутренней,** очищеніемъ своей души отъ грѣховныхъ страстей и пороковъ. Въ обѣихъ рѣчахъ Господь сравниваетъ фарисеевъ съ гробами, «которые снаружи кажутся красивыми, а внутри полны костей мертвыхъ и всякой нечистоты». Въ обѣихъ рѣчахъ Господь осуждаетъ фарисеевъ за то, что они любятъ почести, что налагаютъ на людей «бремена неудобоносимыя», а сами и однимъ перстомъ своимъ не дотрагиваются до нихъ, за то, что они формально и пунктуально исполняютъ внѣшнія требованія закона о «десятинѣ», а оставляютъ вящшая закона»: **судъ** и **милость** и **вѣру,** то-есть вѣрность Богу и Его нравственному закону. Осуждаетъ Господь законниковъ и за то, что они **«взяли ключъ разумѣнія»,** то-есть взяли какъ-бы въ свое всецѣлое обладаніе ветхозавѣтный законъ, который долженъ былъ приводить людей ко Христу, и, овладѣвъ этимъ ключомъ, ни сами не входятъ въ Царство Христово, ни другихъ не допускаютъ, превратно толкуя законъ. Обвиняетъ Господь фарисеевъ и въ избіеніи пророковъ Божіихъ, посланныхъ **«Премудростію Божіею»**, то-есть Имъ Самимъ, ибо Онъ есть Ипостасная Премудрость Божія, изображенная подъ такимъ именемъ въ 8 гл. кн. Притчей. Въ заключеніе Господь призываетъ на нихъ кровь всѣхъ праведниковъ, начиная отъ Авеля, убитаго своимъ братомъ Каиномъ, до крови Захаріи, сына Варахіина, убитаго между жертвенникомъ и алтаремъ. Этотъ Захарія, повидимому, тотъ, который былъ побитъ камнями во дворѣ дома Господня, по повелѣнію царя Іоаса (2 Пар. 24: 20). Нѣкоторые же полагаютъ, что здѣсь идетъ рѣчь о Захаріи, отцѣ св. Іоанна Предтечи.

31. ПРИТЧА О БЕЗРАЗСУДНОМЪ БОГАЧѢ.
(Луки 12: 13-21).

Нѣкто, видя, сколь велико вліяніе Господа, обратился къ Нему съ просьбой, чтобы Господь повелѣлъ брату его раздѣлить съ нимъ наслѣдство. Господь отказалъ ему въ этомъ, ибо Онъ пришелъ на землю не для того, чтобы разбирать мелочныя тяжбы, основанныя на человѣческихъ страстяхъ. Притомъ Онъ проповѣдывалъ отреченіе отъ имѣній, а, кромѣ того, то или иное рѣшеніе Его могло вызвать въ той или другой тяжущейся сторонѣ неудовольствіе и даже столкновеніе и судебное слѣдствіе, чего Господь, конечно, не желалъ допустить. Не въ томъ, однако, причина, что Господу чужды людскіе интересы вообще, а въ томъ, что задача Господа не внѣшнія мѣры водворенія порядка, а перевоспитаніе сердца и воли людей. Это — примѣръ для всѣхъ проповѣдниковъ Евангелія и служителей Церкви. Въ связи съ обращенной къ нему просьбой Господь разсказалъ притчу, предостерегающую отъ недуга **любостяжанія**, то-есть страсти къ пріобрѣтенію имѣній для наслажденія благами міра сего. **«Жизнь человѣка»**, то-есть его благополучіе или счастіе, **«не зависитъ отъ изобилія его имѣнія».** У одного человѣка случился богатый урожай въ полѣ. Не помышляя нисколько о будущей жизни, онъ думаетъ о томъ лишь, какъ бы использовать свои богатства для наслажденій въ настоящей жизни. Нѣтъ у него мысли ни о Богѣ, ни о духовной жизни, но только о животныхъ, чувственныхъ удовольствіяхъ: **«почивай, яждь, пій, веселися».** Онъ и не подозрѣвалъ, что наступилъ послѣдній день его земной жизни, и ему не придется насладиться собранными сокровищами: **«Безумне, въ сію нощь душу твою истяжутъ отъ тебе: а яже уготовалъ еси, кому будутъ»** — «никакой пользы не получишь уже ты отъ собраннаго богатства, а что послѣ тебя будетъ съ этимъ богатствомъ, тебѣ уже безразлично». Вмѣсто того, чтобы собирать земныя богатства **себѣ,** надо **въ Бога богатѣть,** то-есть заботиться о пріобрѣтеніи вѣчныхъ нетлѣнныхъ богатствъ, или **добродѣтелей,** которыя можно пріобрѣсти, расходуя земныя богатства не для низменныхъ плотскихъ наслажденій, а на **добрыя дѣла** всякаго рода.

32. ПРИТЧИ ОБЪ ОЖИДАНІИ ВТОРОГО ПРИШЕСТВІЯ ХРИСТОВА: О РАБАХЪ, ОЖИДАЮЩИХЪ ВОЗВРАЩЕНІЯ ГОСПОДИНА СВОЕГО И О ВѢРНОМЪ И БЛАГОРАЗУМНОМЪ ДОМОПРАВИТЕЛѢ.
(Матѳея 24:42-51 и Луки 12:35-48).

Надо быть готовымъ на всякій часъ, ибо неизвѣстно, когда произойдетъ второе пришествіе Христово или придетъ смерть, что для человѣка имѣетъ одинаковое значеніе, ибо и въ томъ и въ другомъ случаѣ, человѣкъ, долженъ будетъ дать отчетъ Богу въ томъ, какъ онъ проводилъ свою земную жизнь. **«Да будутъ чресла ваши препоясаны»** — образъ взятъ отъ восточной широкой одежды: когда нужно было что-нибудь дѣлать, эту широкую и длинную одежду перетягивали поясомъ, чтобы она не мѣшала. Это выраженіе означаетъ поэтому — **быть готовымъ. «Свѣтильники горящи»** выражаетъ ту же мысль: рабы должны быть готовы встрѣтить своего господина съ зажженными свѣтильниками, когда онъ возвращается домой ночью. Какъ исправные слуги должны быть готовы встрѣтить своего господина въ любое время ночи, когда бы онъ ни возвратился, **во вторую ли стражу или въ третью,** такъ истинные послѣдователи Господа Іисуса Христа должны быть всегда нравственно готовы встрѣтить Его второе пришествіе. За эту духовную бдительность Господь обѣщаетъ блаженство — **блаженны рабы тѣ.** Это блаженство образно представляется тѣмъ, что господинъ **препояшется** и самъ станетъ услуживать своимъ рабамъ, сдѣлавъ ихъ какъ бы своими гостями — это величайшая честь, какая только можетъ быть воздана рабамъ по восточнымъ обычаямъ. На вопросъ Петра, къ Апостоламъ ли только относится эта приточная рѣчь или ко всѣмъ, Господь не даетъ прямого отвѣта, но изъ дальнѣйшей рѣчи видно, что увѣщаніе Господа о духовной бдительности относится ко всѣмъ послѣдователямъ Христовымъ. Въ этой второй притчѣ Господь ублажаетъ вѣрнаго и благоразумнаго домоправителя, **котораго господинъ поставилъ надъ слугами своими,** за исправное исполненіе довѣренной ему службы — **«даяти во время житомѣріе»** и предсказываетъ печальную участь тому рабу-домоправителю, который не ожидая скораго возвращенія своего господина, начнетъ небречь о своихъ обязанностяхъ и станетъ безчинствовать: **«бити рабы и рабыни, ясти** же и пити и упиватися». Такой рабъ подвергнется тяжкимъ мукамъ: **«растешетъ его»,** то-есть разсѣчетъ — казнь, употреблявшаяся на Востокѣ для самыхъ тяжкихъ преступниковъ. Еванг. Лука добавляетъ къ этому, что наказаніе для такихъ нерадивыхъ рабовъ будетъ неодинаковое: знавшій волю господина своего понесетъ болѣе тяжкое наказаніе, чѣмъ незнавшій, но и послѣдній будетъ наказанъ за то, конечно, что не позаботился узнать волю господина. Кому было дано больше возможностей исполнять эту волю, тотъ будетъ и больше наказанъ за неисполненіе ея.

33. ГОСПОДЬ ПРЕДСКАЗЫВАЕТЪ О РАЗДѢЛЕНІИ СРЕДИ ЛЮДЕЙ.
(Луки 12: 49-53).

«Огня пріидохъ воврещи на землю, и что хощу, аще уже возгорѣся» — подъ этимъ **«огнемъ»** свв. отцы понимаютъ духовную ревность, которую пришелъ насадить Господь въ сердцахъ человѣческихъ и которая неминуемо породитъ раздѣленіе и вражду между людьми, ибо одни горячо, всѣмъ сердцемъ примутъ ученіе Христово, а другіе воспротивятся ему. Такъ какъ этотъ огонь ревности долженъ былъ возгорѣться съ особой силою только послѣ крестныхъ страданій Христовыхъ, Его Воскресенія, Вознесенія и ниспосланія Святаго Духа Апостоламъ, то Господь выражаетъ желаніе скорѣе **креститься** тѣмъ крещеніемъ, которымъ Онъ **долженъ креститься,** то-есть скорѣе понести ожидающія Его страданія для искупленія человѣчества, въ результатѣ чего возжжется этотъ огонь ревности. Въ результатѣ искупительнаго дѣла Христова среди людей уже не будетъ того зловреднаго мира, который объединяетъ людей на преступной почвѣ и удаляетъ ихъ отъ Бога, но наступитъ спасительное раздѣленіе: послѣдователи ученія Христова отдѣлятся отъ враговъ Христовыхъ. Вражду, возникшую на этой почвѣ даже между близкими родственниками мы видѣли особенно во время гоненій на христіанъ со стороны язычниковъ, но она неизбѣжна всегда, ибо зло ненавидитъ добро и стремится его уничтожить.

34. ПРИЗЫВЪ КЪ ПОКАЯНІЮ ВЪ СВЯЗИ СЪ ГИБЕЛЬЮ ГАЛИЛЕЯНЪ И ПАДЕНІЕМЪ СИЛОАМСКОЙ БАШНИ.
(Луки 13: 1-5).

Пришедшіе изъ Іерусалима разсказали Господу о Галилеянахъ, кровь которыхъ Пилатъ смѣшалъ съ жертвами ихъ. Евреи часто возставали противъ римскаго владычества и, вѣроятно, это было одно изъ такихъ возмущеній, происшедшее въ храмѣ во время одного изъ большихъ праздниковъ, когда вооруженные римскіе воины охраняли въ немъ порядокъ. Судя по этому повѣствованію, Пилатъ приказалъ убить возмутившихся Галилеянъ въ храмѣ въ то самое время, какъ тамъ приносились жертвы, вслѣдствіе чего кровь убитыхъ смѣшалась съ кровью жертвенныхъ животныхъ. Іисусъ Христосъ объяснилъ, что эту насильственную смерть въ такомъ святомъ мѣстѣ нельзя объяснять тѣмъ, что эти Галилеяне были грѣшнѣе всѣхъ прочихъ: поэтому не слѣдуетъ думать, что не пострадавшіе такимъ образомъ праведнѣе пострадавшихъ — тѣхъ, кого Господь не наказываетъ столь суровымъ образомъ, Онъ только долготерпитъ, ожидая ихъ покаянія. Смыслъ словъ Господа тутъ такой: вы — такіе же грѣшники, какъ и тѣ, и также погибнете, если не раскаетесь — надъ тѣми судъ Божій уже совершился, а надъ вами еще совершится такъ или иначе, **если не покаетесь**. Возможно, что здѣсь Господь намекаетъ на судъ Божій, совершившійся надъ еврейскимъ народомъ, когда Титъ Флавій разрушилъ Іерусалимъ, и громадное количество евреевъ погибло, подобнымъ же образомъ въ храмѣ, какъ эти убитые Пилатомъ Галилеяне. При этомъ уже Самъ Господь вспоминаетъ другой случай, когда 18 человѣкъ въ Іерусалимѣ были побиты упавшей Силоамской башней. Изъ этого случая тоже нѣкоторые могли сдѣлать выводъ, что эти 18 человѣкъ были грѣшнѣе всѣхъ прочихъ жителей Іерусалима. Оба несчастныхъ случая Господь предлагаетъ объяснять иначе: это — лишь предупрежденіе живущимъ, чтобы они покаялись, ибо **если не покаются, всѣ также погибнутъ**. Развивая дальше эту же мысль, Господь разсказываетъ

35. ПРИТЧУ О БЕЗПЛОДНОЙ СМОКОВНИЦѢ.
(Луки 13: 6-9).

Подъ образомъ хозяина виноградника въ этой притчѣ разумѣется Господь Богъ, который ждетъ покаянія еврейскаго народа, представленнаго въ притчѣ подъ образомъ безплодной смоковницы. Садить смоковницу въ виноградникѣ необычное дѣло, но въ этомъ высказывается та важная мысль, что еврейскій народъ занималъ особое положеніе избраннаго народа, стоя одиноко среди прочихъ народовъ міра, какъ одиноко должна была стоять смоковница среди виноградника. Подъ виноградаремъ разумѣется Господь Іисусъ Христосъ, пришедшій къ избранному народу Божію еврейскому, и три года общественнаго служенія Своего дѣлавшій все возможное, чтобы обратить еврейскій народъ къ спасительной вѣрѣ въ Себя, какъ въ Мессію, ожидавшій отъ евреевъ плодовъ этой Своей работы. **«Въ слѣдующій годъ срубишь его»** — грозное предуказаніе на кару Божію, постигшую еврейскій народъ за то, что онъ все же не обратился къ Богу, не принесъ ожидаемыхъ плодовъ, и на четвертый годъ общественнаго служенія Господа Іисуса Христа предалъ Его крестной смерти, за что былъ отверженъ Богомъ и наказанъ нашествіемъ римлянъ и страшнымъ разрушеніемъ Іерусалима и храма. Сынъ Божій (виноградарь притчи) представленъ здѣсь, какъ Ходатай за людей, умоляющій Бога Отца о милосердіи къ нимъ.

36. ИСЦѢЛЕНІЕ СКОРЧЕННОЙ ЖЕНЩИНЫ.
(Луки 13: 10-17).

Во время пребыванія Своего въ Галилеѣ, Господь, уча въ одной изъ синагогъ, совершилъ тамъ чудо исцѣленія женщины, которая 18 лѣтъ была скорчена и не могла выпрямиться. Начальникъ синагоги вознегодовалъ на то, что исцѣленіе было совершено въ субботу, когда, по закону, ничего нельзя было дѣлать, и высказалъ это негодованіе вслухъ, обращаясь къ народу. Господь назвалъ его за это **лицемѣромъ,** какъ Онъ обыкновенно называлъ фарисеевъ, указавъ этимъ, что его негодованіе вызвано не мнимымъ нарушеніемъ субботняго покоя, а просто завистью къ Господу-Исцѣлителю. При этомъ Господь пояснилъ, что въ субботу не запрещается творить добрыя дѣла, если допустимы даже необходимыя дѣла житейскія, какъ напр., забота о домашнемъ скотѣ. **«Сію же дщерь Авраамову сущу, юже связа сатана, се осмоенадесяте лѣто, не достояше ли разрѣшитися ей отъ юзы сея въ день субботный?»,** то-есть именно въ субботу умѣстно творить благодѣянія людямъ, нуждающимся въ помощи. **«Дщерь Авраамову,** то-есть исцѣленная была природная іудеянка, и начальникъ синагоги, на которомъ лежала обязанность заботиться о благосостояніи своихъ пасомыхъ, долженъ былъ бы радоваться такому благодѣянію Христа Спасителя, а онъ негодуетъ. **«Связа сатана»** — эти слова толкуются неодинаково: одни полагаютъ, что болѣзнь этой женщины происходила отъ дѣйствія духа нечистаго, которому Господь попустилъ скорчить эту женщину, какъ попустилъ, напр., наслать проказу на праведнаго Іова; другіе полагаютъ, что болѣзнь этой женщины была результатомъ ея порочной жизни. Св. Григорій Двоесловъ считаетъ, что, какъ неплодная смоковница, такъ и скорченная женщина, суть два образа одной и той же испорченности человѣческаго рода. Выслушавъ Господа, противившіеся Ему **стыдились,** такъ какъ, конечно, не могли не сознавать справедливости Его словъ, а весь остальной народъ, люди простые, **радовался о всѣхъ славныхъ бывающихъ отъ Него.**

37. О ТѢСНОМЪ ПУТИ ВЪ ЦАРСТВІЕ БОЖІЕ.
(Луки 13: 22-30).

По дорогѣ, когда Господь направлялся изъ Галилеи къ Іерусалиму, нѣкто задалъ Ему вопросъ: **«Господи, аще мало есть спасающихся?»** Очевидно вопрошавшій поставилъ такой вопросъ, имѣя въ виду строгость нѣкоторыхъ требованій Христа Спасителя отъ желающихъ войти въ Царство Мессіи. Господь отвѣчаетъ на этотъ вопросъ не ему только лично, а всѣмъ строго и рѣзко: **«Подвизайтеся внити сквозѣ тѣсная врата»**... образъ часто Имъ употреблявшійся. Царство Мессіи, или Церковь Христова представляется здѣсь подъ образомъ дома, который кромѣ большихъ парадныхъ дверей имѣетъ еще узкую тѣсную дверь, черезъ которую только иногда дозволяется входъ. Многіе бы поискали войти въ эту тѣсную дверь, но не смогутъ, — такъ они испорчены нравственно и столько въ нихъ всевозможныхъ предразсудковъ относительно Царства Мессіи. Смыслъ образа въ томъ, что для іудеевъ того времени входъ въ Царство Мессіи являлся дѣйствительно тѣснымъ входомъ чрезъ **покаяніе и самоотверженіе,** къ чему, благодаря распространявшимся черезъ фарисеевъ предразсудкамъ, они были мало способны. **«Отнелѣже возстанетъ дому Владыка»** — Богъ представляется домохозяиномъ, сидящимъ и ожидающимъ друзей Своихъ на вечерю, а потомъ — встающимъ и запирающимъ двери своего дома и непозволяющимъ войти другимъ. Это — изображеніе времени суда Господня надъ каждымъ человѣкомъ и надъ всѣми послѣ второго пришествія Христова. Всѣ будутъ осуждены внѣ покоя, гдѣ происходитъ вечеря Господа съ Его друзьями, какъ недостойные блаженнаго общенія съ Богомъ, хотя сознаютъ свои грѣхи и будутъ стремиться войти туда, но будетъ уже поздно. Послѣ смерти уже нѣтъ покаянія. Отвергнутые они станутъ говорить: **«Ядохомъ предъ Тобою и пихомъ, и на распутіяхъ нашихъ училъ еси»,** то-есть неудостоившіеся войти на вечерю будутъ напоминать хозяину, что они знакомы ему, были нѣкогда **в н ѣ ш н и м и** послѣдователями Христова ученія, но не были **истинными христіанами,** а потому будутъ отвергнуты. «Мы ѣли и пили предъ Тобою и на улицахъ нашихъ училъ насъ» — эти слова особенно подходятъ въ буквальномъ смыслѣ своемъ къ іудеямъ, тѣмъ не менѣе отвергнувшимъ своего Мессію, а потому и лишившимся права на входъ въ Царство Мессіи. Они узнаютъ свою ошибку при второмъ Его пришествіи, но тогда будетъ уже поздно, и они получатъ отвѣтъ: **«Не вѣмъ васъ»**... **«Отступите отъ Мене вси дѣлателіе неправды»**... Вмѣсто отвергнутыхъ іудеевъ, въ Царство Мессіи войдутъ увѣровавшіе во Христа язычники **отъ востока, и запада, и сѣвера, и юга,** то-есть со всѣхъ концовъ вселенной. **«Се суть послѣдни, иже будутъ перви,** и суть первіи, иже будутъ послѣдни» — іудеи считали себя «первыми», а какъ отвергшіе Мессію, окажутся «послѣдними»; «первыми» же въ Царствѣ Мессіи окажутся язычники, которыхъ они считали «послѣдними». Точно такъ и всѣ тѣ, которые сами считали себя «первыми», но въ дѣйствительности не исполнявшіе, какъ должно, заповѣдей Христовыхъ, окажутся на Страшномъ судѣ «послѣдними», а тѣ, коихъ они презирали, будутъ «первыми».

38. ХРИСТОСЪ ОТВѢЧАЕТЪ НА УГРОЗЫ ИРОДА И СѢТУЕТЪ О ГИБЕЛИ ІЕРУСАЛИМА.
(Луки 13: 31-35 и Мат. 23: 37-39).

Подъ видомъ дружбы и заботливаго участія, фарисеи совѣтуютъ Господу удалиться изъ предѣловъ Ирода Антипы. Изъ того, что Господь въ отвѣтъ назвалъ Ирода лисицей, можно предполагать, что эти фарисеи были подосланы самимъ Иродомъ съ цѣлью застращать Господа и удалить Его изъ Галилеи. Такъ какъ Господа постоянно окружали толпы народа, то, повидимому, Иродъ опасался, чтобы не произошло какого-нибудь народнаго волненія. Самъ расправиться съ Господомъ онъ не рѣшался, а потому и рѣшился удалить Господа такимъ образомъ. Въ такомъ поступкѣ Ирода дѣйствительно сказались хитрость и лукавство лисицы. **«Се изгоню бѣсы и исцѣленія творю днесь и утрѣ, и въ третій день скончаюся»** — то-есть: «Я буду творить Свое дѣло, несмотря ни на какія угрозы, до времени». Это были дѣйствительно послѣдніе дни пребыванія Господа въ Галилеѣ, ибо Онъ уже шелъ къ Іерусалиму (Лук. 13: 22), гдѣ ожидала Его крестная смерть. **«Ибо не бываетъ, чтобы пророкъ погибъ внѣ Іерусалима»** — глубоко-грустная священная иронія, ибо дѣйствительно, какъ показываетъ исторія, пророки умирали насильственной смертью главнымъ образомъ въ Іерусалимѣ. Это вызываетъ у Господа чувства глубочайшей грусти объ этомъ священномъ городѣ: «голосъ, милосердія, состраданія и великой любви», какъ отмѣчаетъ св. Златоустъ. Здѣсь предсказаніе о страшной карѣ Божіей, постигшей Іерусалимъ въ 70 г., когда его опустошили римляне. **«Не увидите Меня отнынѣ, доколѣ не воскликнете: благословенъ грядый во имя Господне»** — здѣсь разумѣется день Второго Пришествія Христова, когда невѣрующіе невольно поклонятся Господу.

39. ИСЦѢЛЕНІЕ СТРАДАЮЩАГО ВОДЯНКОЙ.
(Луки 14: 1-6).

Когда Господь былъ въ субботу въ домѣ одного изъ «начальниковъ фарисейскихъ», то-есть, повидимому, у какого-нибудь іудейскаго начальника, принадлежавшаго къ фарисейской сектѣ, или у какого-нибудь выдающагося фарисея, передъ Нимъ предсталъ страждущій водяной болѣзнью, считавшейся неизлѣчимой. Такъ какъ фарисеи «наблюдали за Нимъ», то-есть ждали случая, чтобы обвинить Его въ чемъ-либо, то Господь, прежде чѣмъ исцѣлить больного спросилъ ихъ: **«Позволительно ли врачевать въ субботу?»** Они не рѣшились сказать, что нѣтъ, ибо законъ не запрещалъ этого, а только вымышленныя «преданія старцевъ». Тогда Господь однимъ прикосновеніемъ исцѣлилъ больного, а фарисеямъ прочелъ наставленіе объ ослѣ или волѣ, упавшемъ въ колодезь, ясно показывавшее, что можно совершать въ субботу дѣла милосердія. Это было такъ убѣдительно, что **«не могли отвѣчать ему на сіе»**.

40. ПРИТЧА О ЛЮБЯЩИХЪ ПЕРВЕНСТВОВАТЬ.
(Луки 14: 7-15).

Когда началась вечеря, фарисеи поспѣшали, сколько возможно скорѣе, занять высшія мѣста. Господь сталъ смѣло и откровенно порицать такое ихъ честолюбіе, причемъ сказалъ «притчу», собственно притчу не въ строгомъ смыслѣ этого слова, а назиданіе, заимствованное отъ приточнаго, часто употреблявшагося Спасителемъ образа брачнаго пиршества, какъ наиболѣе многолюднаго и торжественнаго изъ пиршествъ. **«Когда ты будешь позванъ кѣмъ на бракъ, не садись на первое мѣсто»**... Этими словами Господь не думалъ давать, конечно, лишь обыкновенное правило благоразумія: здѣсь рѣчь идетъ о внутреннемъ расположеніи сердца, почему Господь и закончилъ притчу словами: **«Всякій, возвышающій самъ себя, униженъ будетъ, а унижающій себя возвысится»**. Это было сказано гостямъ, а хозяину Господь далъ особое наставленіе. Замѣтивъ, что онъ пригласилъ только друзей своихъ, родственниковъ и богатыхъ сосѣдей, Господь внушилъ ему, что неправильно приглашать только тѣхъ, отъ которыхъ можно получить отвѣтное воздаяніе за угощеніе, а надо приглашать нищихъ, увѣчныхъ, слѣпыхъ и хромыхъ, которые ничѣмъ воздать за приглашеніе не могутъ; нехорошо гнушаться бѣдныхъ, какъ дѣлали это фарисеи, а надо смотрѣть на трапезу, какъ на дѣло, могущее имѣть нравственную цѣну, какъ на доброе дѣло. За это послѣдуетъ воздаяніе отъ Бога въ будущей жизни — **«въ воскрешеніе праведныхъ»**. Общій смыслъ наставленія такой же, какъ въ нагорной проповѣди: **«если любите любящихъ васъ, какая вамъ награда?»** (Луки 6:32). Услышавъ это, нѣкто изъ гостей воскликнулъ: **«Блаженъ, кто вкуситъ хлѣба въ Царствіи Божіемъ»**. «Вѣроятно онъ не былъ духовенъ, чтобы понять, то-есть водился человѣческими размышленіями», предполагаетъ бл. Ѳеофилактъ, иными словами высказалъ господствовавшее между фарисеями чисто чувственное представленіе о Царствѣ Мессіи. Но можетъ быть онъ, употребляя образную рѣчь, начатую Господомъ, хотѣлъ просто выразить, какъ блаженны тѣ, которые будутъ участниками въ Царствѣ Мессіи.

41. ПРИТЧА О ЗВАННЫХЪ НА ВЕЧЕРЮ.
(Луки 14: 16-24).

Въ отвѣтъ на это восклицаніе одного изъ участниковъ обѣда, Господь разсказалъ притчу, въ которой подъ образомъ «вечери» представилъ царство Мессіи, или Церковь Христову. Устроитель этой вечери Господь Богъ, посредствомъ закона и пророковъ, какъ черезъ слугъ Своихъ, приглашалъ весь іудейскій народъ вступить въ это царство, а когда это царство приблизилось, вновь послалъ повторить Свое приглашеніе уже Самого Мессію-Христа, (въ нѣкоторыхъ пророчествахъ, какъ напр. Исаіи 52: 13, Мессія именовался «рабомъ Господа» какъ явившійся въ образѣ человѣка). Посланный Мессія явился прежде всего къ «званнымъ» — іудеямъ съ вѣстью о томъ, что **«приблизилось Царство Небесное: идите, ибо уже все готово».** Но тѣ изъ іудеевъ, къ которымъ въ первую очередь относился этотъ призывъ, какъ къ знатокамъ ветхозавѣтнаго закона, — книжники и фарисеи и прочіе руководители избраннаго народа Божія, какъ бы сговорившись, начали отказываться отъ приглашенія. Предлогами къ отказу служили ихъ земныя, чувственныя побужденія, изъ-за которыхъ они оказались глухи къ Божественному призыву, и отвергли пришедшаго къ нимъ Мессію-Христа. Тогда Господь повелѣлъ Мессіи звать мытарей и грѣшниковъ, а такъ какъ мѣста оставалось и послѣ этого много, то Господь призвалъ затѣмъ и язычниковъ въ Свое Царство. Всѣ отозвавшіеся на евангельскую проповѣдь вошли въ Царство Мессіи — Царство Божіе, а пренебрегшіе зовомъ книжники и фарисеи оказались внѣ его.

42. УЧЕНІЕ ОБЪ ИСТИННЫХЪ ПОСЛѢДОВАТЕЛЯХЪ ХРИСТОВЫХЪ.
(Луки 14: 25-33).

«**Если кто приходитъ ко Мнѣ, и не возненавидитъ отца своего, и матери**»... «**не можетъ быть Моимъ ученикомъ**» — «смотри, не соблазнись симъ изреченіемъ», говоритъ блаж. Ѳеофилактъ, «ибо Человѣколюбецъ не безчеловѣчью учитъ, не самоубійство внушаетъ, но хочетъ, чтобы искренній Его ученикъ ненавидѣлъ своихъ родныхъ тогда (только), когда они препятствуютъ ему въ дѣлѣ Богопочтенія, и когда онъ, при отношеніяхъ къ нимъ, находитъ затрудненія въ совершеніи добра». Если плотскія привязанности представляютъ собою рѣшительныя препятствія къ послѣдованію за Христомъ, то надо возненавидѣть ихъ ради Христа и разорвать съ ними все. Ненависть перестаетъ быть безнравственнымъ чувствомъ, когда она направлена на то, что рѣшительно отклоняетъ человѣка отъ высшаго его назначенія — спасенія души.

Наставленіе о самоотверженіи, необходимомъ истинному христіанину, Господь подкрѣпляетъ притчами о желающемъ строить башню, о войнѣ между двумя царями и о соли (34-35). Смыслъ притчи о башнѣ таковъ: рѣшившійся со всѣмъ самоотверженіемъ стать послѣдователемъ Христовымъ долженъ заранѣе разсчитать свои силы и подготовить себя, какъ слѣдуетъ, къ предстоящему подвигу, чтобы не стать потомъ посмѣшищемъ для людей. Тотъ же смыслъ и во второй притчѣ — желающій стать послѣдователемъ Христовымъ долженъ пріобрѣсти духовныя средства для этого, изъ которыхъ первое — самоотверженіе; иначе онъ не сможетъ исполнить своего добраго намѣренія и даже можетъ подвергнуться опасности пораженія со стороны духовныхъ враговъ. **«Просить о мирѣ»** — это, конечно, употреблено только для наглядности притчи, но не означаетъ того, чтобы нужно было заключать миръ съ духовными врагами. Въ притчахъ не всѣ черты подлежатъ истолкованію въ духовномъ смыслѣ: нѣкоторыя употребляются, безъ всякаго внутренняго смысла, лишь для большей живости повѣствованія. Послѣдователи Христовы сравниваются съ солью, предохраняющей отъ разложенія все, съ чѣмъ она смѣшана. Но ученики Христовы, не имѣющіе силы нравственнаго самоотверженія, уже ни на что не пригодны, какъ соль, потерявшая свою силу.

43. ПРИТЧА О БЛУДНОМЪ СЫНѢ.
(Луки 15: 11-32).

Этой притчѣ св. Евангелистъ Лука, который одинъ только и приводитъ ее въ своемъ Евангеліи, предпосылаетъ двѣ краткихъ притчи о заблудшей овцѣ (15: 1-7) и о потерянной драхмѣ (15:8-10). Фарисеи и книжники осуждали Господа Іисуса Христа за то, что Онъ «принимаетъ грѣшниковъ и ѣстъ съ ними». На это Господь и разсказалъ имъ эти притчи, въ которыхъ изображается, сколь великая бываетъ радость на небесахъ, когда грѣшники, казавшіеся уже погибшими, потерянными для Царствія Небеснаго, каются. Подъ 99 праведниками, не имѣющими нужды въ покаяніи, толкователи Евангелія понимаютъ обычно Ангеловъ Божіихъ, или праведниковъ, уже отошедшихъ въ вѣчность и сподобившихся блаженства. Драхма — небольшая серебрянная монета, стоимость которой почти 25 коп. Въ этихъ притчахъ Господь используетъ естественное свойство сердца человѣческаго, которое радуется потерянному и вновь найденному предмету, больше чѣмъ тому, что не было потеряно, хотя бы это стоило несравненно дороже.

Далѣе въ притчѣ о блудномъ сынѣ Господь уподобляетъ радость Божію по поводу покаянія грѣшника радости чадолюбиваго отца, къ которому вернулся его блудный сынъ (ст. ст. 11-32).

У нѣкотораго человѣка было два сына: подъ образомъ этого человѣка представляется Богъ; два сына — это грѣшники и мнимые праведники — книжники и фарисеи. Младшій, повидимому достигшій уже совершеннолѣтія, но, конечно, еще неопытный и легкомысленный, проситъ выдѣлить ему полагающуюся часть отцовскаго имѣнія, согласно закону Моисееву (Втор. 21:17), третью часть, въ то время, какъ старшій братъ получалъ двѣ трети. По полученіи имѣнія въ младшемъ сынѣ явилось желаніе жить на свободѣ, по своей волѣ, и онъ ушелъ въ далекую страну, гдѣ расточилъ полученное имѣніе, живя блудно. Такъ человѣкъ, надѣленный отъ Бога дарованіями духовными и тѣлесными, почувствовавъ влеченіе ко грѣху, начинаетъ тяготиться Божественнымъ закономъ, отвергаетъ жизнь по волѣ Божіей, предается беззаконію, и въ духовномъ и тѣлесномъ распутствѣ расточаетъ всѣ тѣ дарованія, которыми надѣлилъ его Богъ. **«Насталъ великій голодъ»** — такъ нерѣдко Богъ посылаетъ грѣшнику, далеко зарвавшемуся въ своей грѣховной жизни, и внѣшнія бѣдствія, чтобы заставить его образумиться. Эти внѣшнія бѣдствія суть одновременно и наказаніе Божіе и призывъ Божій къ покаянію. **«Пасти свиней»** — самое унизительное для истаго Іудея занятіе, ибо законъ іудейскій гнушался свиньей, какъ животнымъ нечистымъ. Такъ грѣшникъ, когда привязывается къ какому-нибудь предмету, черезъ который удовлетворяетъ свою грѣховную страсть, доводитъ себя нерѣдко до самаго унизительнаго состоянія. Даже **рожковъ никто не давалъ ему** — это плоды одного дерева, растущаго въ Сиріи и Малой Азіи, которыми питаютъ свиней. Этимъ указывается на крайне бѣдственное состояніе грѣшника. И вотъ онъ «приходитъ въ себя». **«Пришедши въ себя»** — это чрезвычайно выразительный оборотъ рѣчи. Какъ больной, выздоравливая послѣ тяжкой болѣзни, сопровождающейся потерей сознанія, приходитъ въ себя, такъ и грѣшникъ, весь объятый грѣхомъ, можетъ быть уподобленъ такому больному, потерявшему сознаніе, ибо онъ уже не сознаетъ требованій закона Божія и совѣсть въ немъ какъ бы замираетъ. Тяжкія послѣдствія грѣха въ соединеніи съ внѣшними бѣдствіями, наконецъ, заставляютъ его очнуться: онъ какъ бы просыпается, приходитъ въ себя отъ прежняго безсознательнаго состоянія, и трезвое сознаніе къ нему возвращается: онъ начинаетъ видѣть и понимать всю бѣдственность своего состоянія, и ищетъ средствъ къ выходу изъ него. «**Встану, пойду къ отцу моему**» — это рѣшимость грѣшника оставить грѣхъ и покаяться. «**Согрѣшихъ на небо**», то-есть передъ святымъ мѣстомъ обитанія Бога и чистыхъ безгрѣшныхъ духовъ, «**и предъ тобою**» пренебреженіемъ къ любящему отцу, «**и уже нѣсмь достоинъ нарещися сынъ твой**» — выраженіе глубокаго смиренія и сознанія своего недостоинства, каковыми всегда сопровождается искреннее покаяніе грѣшника. «**Сотвори мя, яко единаго отъ наемникъ твоихъ**» — выраженіе глубокой любви къ дому и крову отеческому и согласіе хотя бы на самыхъ тяжелыхъ условіяхъ быть принятымъ въ домъ отчій. Все дальнѣйшее изображеніе событій имѣетъ цѣлью подчеркнуть безпредѣльность любви Божіей къ кающемуся грѣшнику, Божественное всепрощеніе и ту радость, которая бываетъ, по словамъ Христовымъ, **на небеси о единомъ грѣшницѣ кающемся** (Луки 15: 7). Отецъ-старецъ, издалека увидѣвъ возвращающагося сына и еще не зная ничего о его внутреннемъ настроеніи, с а м ъ б ѣ ж и т ъ ему навстрѣчу, обнимаетъ и цѣлуетъ его, не давая договорить ему до конца покаянныхъ словъ, велитъ обуть и одѣть его, вмѣсто рубища, въ самую лучшую одежду и устраиваетъ въ честь его возвращенія домашній пиръ. Все это человѣкообразныя черты того, какъ по любви къ кающемуся грѣшнику, Господь милосердно пріемлетъ его покаяніе и ущедряетъ его новыми духовными благами и дарами, взамѣнъ утраченныхъ имъ черезъ грѣхъ. «**Бѣ мертвъ и оживе**» — грѣшникъ, отчуждившійся отъ Бога, это тоже, что мертвый, ибо истинная жизнь человѣка зависитъ только отъ источника жизни — Бога: обращеніе грѣшника къ Богу представляется поэтому, какъ воскресеніе изъ мертвыхъ. Старшій братъ, гнѣвающійся на отца за милосердіе къ младшему брату, это живой образъ книжниковъ и фарисеевъ, гордыхъ своимъ по виду точнымъ и строгимъ исполненіемъ закона, но въ душѣ холодныхъ и безсердечныхъ въ отношеніи къ своимъ братіямъ, хвалящихся исполненіемъ воли Божіей, но не хотящихъ имѣть общенія съ кающимися мытарями и грѣшниками. Какъ старшій братъ «**разгнѣвася и не хотяше внити**», такъ и мнимые точные исполнители закона фарисеи гнѣвались на Господа Іисуса Христа за то, что Онъ вступаетъ въ близкое общеніе съ кающимися грѣшниками. Вмѣсто сочувствія брату и отцу, старшій братъ начинаетъ выставлять свои заслуги, брата не желаетъ даже называть «братомъ», а презрительно говоритъ: «этотъ сынъ твой». «**Ты всегда со мною и все мое — твое**» — этимъ указывается на то, что фарисеи, въ рукахъ которыхъ законъ, всегда могутъ имѣть доступъ къ Богу и духовнымъ благамъ, но не могутъ заслужить благоволенія Отца Небеснаго при такомъ извращенномъ и жестокомъ дух.-нравственномъ настроеніи.

44. ПРИТЧА О НЕВѢРНОМЪ ДОМОПРАВИТЕЛѢ.
(Луки 16: 1-17).

Это — притча, которая совершенно напрасно многихъ смущаетъ. Прекрасно объясняетъ Еп. Ѳеофанъ Затворникъ, что «всякая притча прикровенно и образно объясняетъ сущность какого-нибудь предмета, но она не во всемъ подобна тому предмету, для объясненія котораго берется. Поэтому не слѣдуетъ всѣ части притчи изъяснять до тонкости». Въ притчѣ важна только основная мысль ея. Въ притчѣ о невѣрномъ управителѣ многихъ смущаетъ, что хозяинъ именія, подъ которымъ несомнѣнно разумѣется Богъ, похвалилъ своего управляющаго за то, будто, что тотъ, будучи отставленъ отъ управленія именіемъ, совершилъ мошенничество, поддѣлавъ съ должниками своего господина расписки для того, чтобы «они приняли его въ домы свои», то-есть чтобы снискать себѣ въ ихъ лицѣ поддержку послѣ потери должности. Но господинъ похвалилъ управителя не за мошенничество какъ таковое, а за **находчивость,** которую тотъ проявилъ, оказавшись въ бѣдственномъ положеніи. Смыслъ притчи тотъ, что всѣ мы лишь временные обладатели земными благами, которыя находятся въ нашемъ распоряженіи лишь потому, что Господь довѣрилъ ихъ намъ на время нашей земной жизни. И мы должны использовать эти земныя блага такъ, чтобы съ помощью ихъ обезпечить себя въ будущей вѣчной жизни. Мы, однако, этого часто не дѣлаемъ, не проявляемъ догадливости, какую проявилъ невѣрный управитель, почему Господь и сказалъ, что **«сынове вѣка сего мудрѣйши паче сыновъ свѣта въ родѣ своемъ суть».** Между тѣмъ мы, подобно приточному управителю должны были бы **«пріобрѣтать себѣ друзей отъ мамоны неправды (богатствомъ неправеднымъ), чтобы они приняли насъ въ вѣчныя обители.** Богатство называется «мамоной неправды», потому что часто неправедно пріобрѣтается, часто неправедно употребляется, часто дѣлаетъ человѣка несправедливымъ въ отношеніи къ другимъ и никогда не оправдываетъ прилагаемыхъ о немъ попеченій и возлагаемыхъ на него надеждъ. Поэтому единственно разумное употребленіе богатства это — использовать его на помощь нуждающимся, употребить на всевозможныя добрыя дѣла, дабы такимъ образомъ сдѣлать его средствомъ къ пріобрѣтенію себѣ Царства Небеснаго. Вѣдь богатство все равно мы такъ или иначе потеряемъ, съ собой его на тотъ свѣтъ не возьмемъ, а добрыя дѣла, сдѣланныя при помощи его, всегда останутся съ нами и послужатъ къ нашему оправданію на Страшномъ Судѣ Божіемъ. Въ заключеніе Господь говоритъ: **«Вѣрный въ маломъ и во многомъ вѣренъ; а невѣрный въ маломъ невѣренъ и во многомъ. Итакъ, если вы въ неправедномъ богатствѣ не были вѣрны: кто повѣритъ вамъ истинное? И если въ чужомъ не были вѣрны: кто дастъ вамъ ваше?»** то-есть, если вы въ земномъ богатствѣ были невѣрны, не умѣли имъ распорядиться, какъ должно, на пользу души, то какъ можете вы заслужить, чтобы вамъ повѣрено было богатство духовное, богатство благодатныхъ даровъ?

Сребролюбивые фарисеи въ отвѣтъ стали смѣяться надъ Господомъ, не желая, видимо, сознавать, что страсть къ земному богатству можетъ быть препятствіемъ къ пріобрѣтенію духовныхъ даровъ. Въ обличеніе имъ Господь произнесъ цѣлую притчу о неправильномъ употребленіи богатства — о богатомъ и Лазарѣ.

45. ПРИТЧА О БОГАТОМЪ И ЛАЗАРѢ.
(Луки 16: 19-31).

Основная мысль этой притчи та, что неправильное употребленіе богатства лишаетъ человѣка Царства Небеснаго и низводитъ его въ адъ на вѣчныя муки. Одинъ богатый человѣкъ одѣвался въ порфиру и виссонъ. Порфира это сирская верхняя одежда изъ дорогой матеріи краснаго цвѣта, а виссонъ — бѣлая, тонкая нѣжная матерія изъ египетскаго льна. Этотъ богачъ, живя роскошно, каждый день пиршествовалъ, живя, слѣдовательно, въ свое удовольствіе. У воротъ его дома лежалъ нищій именемъ Лазарь. Слово «Лазарь» буквально значитъ «Божія помощь» то-есть «нищій» всѣми оставленный, кому можно надѣяться только на Бога. Псы причиняли ему еще больше страданій, приходя и облизывая струпья его, а онъ, видимо, не имѣлъ силы отогнать ихъ. Въ этомъ именно нищемъ богачъ и могъ себѣ снискать друга, который и принялъ бы его по смерти въ вѣчныя обители, по мысли предыдущей притчи, но богачъ, какъ видно былъ человѣкомъ безсердечнымъ, безжалостнымъ къ нищему, хотя и не скупымъ, поскольку каждый день пировалъ. Онъ не жалѣлъ денегъ, но тратилъ ихъ лишь на свои удовольствія. По смерти Лазаря, душа его была отнесена Ангелами на лоно Авраамово. Не сказано «въ рай», потому что рай былъ отверзтъ только страданіями и воскресеніемъ Господа Іисуса Христа, но выражается лишь та мысль, что Лазарь, какъ истинный сынъ Авраама, раздѣлилъ съ Авраамомъ его посмертный жребій, улучивъ состояніе, полное утѣшительныхъ надеждъ на будущее блаженство, ожидающее всѣхъ праведниковъ. Лазарь заслужилъ эти «вѣчные кровы», безъ сомнѣнія, своимъ тяжкимъ и безропотнымъ страданіемъ. «Умеръ и богачъ и похоронили его». Упоминается о похоронахъ, вѣроятно, потому, что они были роскошны, въ то время какъ трупъ Лазаря былъ просто выброшенъ на съѣденіе дикимъ звѣрямъ. Но богачъ оказался въ аду въ мукахъ. И вотъ видитъ онъ вдали Авраама и Лазаря на лонѣ его. Такъ созерцаніе грѣшными блаженства праведныхъ увеличиваетъ страданія грѣшниковъ въ адѣ и, можетъ быть, возбуждаетъ въ нихъ надежду, хотя и тщетную, на облегченіе. Какъ прежде Лазарь желалъ насытиться только крошками, такъ теперь обнищавшій богачъ проситъ только о нѣсколькихъ капляхъ воды, чтобы остудить воспаленный языкъ. Богачу, однако, отказывается и въ этомъ маломъ утѣшеніи: какъ Лазарь утѣшается въ полной соразмѣрности со своими прежними мученіями, такъ и богачъ страдаетъ въ такой же полной соразмѣрности со своимъ прежнимъ безпечнымъ и безсердечнымъ веселіемъ. Кромѣ того Авраамъ приводитъ и другое основаніе своему отказу: **неизмѣняемость** приговора Божія, вслѣдствіе котораго между мѣстомъ блаженства праведниковъ и мѣстомъ мученія грѣшниковъ устанавливается непроходимая пропасть, въ полномъ соотвѣтствіи съ нравственной пропастью раздѣляющей тѣхъ и другихъ. Авраамъ отказываетъ богачу и въ просьбѣ послать Лазаря въ домъ отца его, чтобы предупредить его братьевъ, дабы они не слѣдовали примѣру его жизни. **«У нихъ есть Моисей и пророки»**, то-есть есть писанный Законъ Божій, изъ котораго они могутъ научиться, какъ надо жить, чтобы не попасть на мѣсто мученій. Богачъ признается, что братія его, подобно ему, глухи къ Закону Божію, и что только необыкновенное явленіе умершаго могло бы образумить ихъ и заставить перемѣнить образъ жизни на лучшій. На это Авраамъ возразилъ, что если они дошли до такого нравственнаго паденія, что не слушаются голоса Божія, выраженнаго въ Словѣ Божіемъ, то всякія другія увѣренія будутъ также напрасны. Невѣрующій, пораженный даже необычайностью явленія умершаго, потомъ все же начнетъ себѣ объяснять это явленіе какъ-нибудь иначе и снова останется такимъ же невѣрующимъ и неисправленнымъ. Что это такъ, видно изъ того, какъ упорно невѣровавшихъ іудеевъ нисколько не убѣждали безчисленныя знаменія и чудеса, кои совершалъ Господь Іисусъ Христосъ: они не увѣровали даже, видя воскрешеніе Лазаря, помышляли даже убить его. Все дѣло въ томъ, что сердце, испорченное грѣхомъ, упорно не желаетъ вѣрить въ будущія муки, ожидающія грѣшниковъ, и убѣдить его никакими чудесами въ этомъ нельзя.

46. УЧЕНІЕ О СВЯТОСТИ БРАКА И О ДѢВСТВѢ.
(Матѳ. 19: 3-12; Мрк. 10: 2-12; Лк. 16: 18).

Каждый разъ, когда фарисеи приступали ко Іисусу Христу съ какимъ-либо вопросомъ, они дѣлали это не для того, чтобы научиться отъ Него, но чтобы «искусить» Его, не скажетъ ли Онъ чего-нибудь противнаго закону, дабы можно было обвинить Его. Такъ и тутъ они спросили Его: **«По всякой ли причинѣ позволительно человѣку разводиться съ женою своею?»** Объ этомъ былъ споръ среди фарисеевъ и народа. Одни, слѣдуя ученію раввина Гиллела, говорили, что разводиться можно по всякой причинѣ; другіе, по ученію раввина Шаммаи, утверждали, что разводъ допустимъ только по причинѣ прелюбодѣянія. Фарисеи ожидали, какое мнѣніе выскажетъ Іисусъ Христосъ, чтобы возбудить противъ Него сторонниковъ противоположнаго мнѣнія. По закону Моисееву (Втор. 24: 1) позволяется дать женѣ разводное письмо, если она послѣ брака «не будетъ имѣть благоволенія въ очахъ мужа, потому что онъ находитъ въ ней что-нибудь срамное». Не дѣлая никакого намека на различіе мнѣнія раввиновъ, Господь изъ Писанія указываетъ на образъ творенія Богомъ мужа и жены и раскрывая тѣмъ истинный смыслъ брака, какъ Богоустановленнаго учрежденія, премудро разрѣшаетъ искусительный вопросъ. Богъ сотворилъ одного мужчину и одну женщину: слѣд., въ намѣреніи Творца было, чтобы мужчина имѣлъ лишь одну жену и не оставлялъ бы ея. Эта связь супружеская ближе и тѣснѣе, чѣмъ кровная связь сына съ отцомъ и матерью, которыхъ онъ оставляетъ ради жены: два человѣка становятся, какъ одинъ, по мыслямъ, чувствамъ, намѣреніямъ, дѣйствіямъ — они должны быть однимъ существомъ. А если они такъ соединены, по первоначальному Божественному установленію, то и **не должны разлучаться.** Только одно исключеніе можетъ быть, когда допустимъ разводъ: **«вина прелюбодѣянія»,** но это потому, что прелюбодѣяніемъ самимъ по себѣ уже разрушается идея брака, бракъ самъ собой перестаетъ тогда существовать. Моисей позволилъ разводъ лишь, **«по жестокосердію»,** вслѣдствіе того, что мужья мучили и истязали нелюбимыхъ ими женъ, то-есть допустилъ меньшее зло, ради избѣжанія большаго. Христосъ же возстанавливаетъ первоначальный законъ брака, утверждая его **нерасторжимость.** Ученики, смутившись такимъ требованіемъ, сказали: **«если такова обязанность человѣка къ женѣ, то лучше не жениться»** то-есть лучше совсѣмъ не вступать въ бракъ, чѣмъ, вступивъ, терпѣть при себѣ жену злую и сварливую, не имѣя возможности отослать ее отъ себя. Господь Своимъ отвѣтомъ исправляетъ такое легкомысленное сужденіе учениковъ. Съ одной стороны, Онъ подтверждаетъ, что дѣйствительно «лучше не жениться», а съ другой, указываетъ, что безбрачіе, соединенное съ сохраненіемъ цѣломудрія не только не легче состоянія брачнаго, но даже настолько трудно и тяжко, что не всѣ могутъ взять на себя этотъ подвигъ: **«не вси вмѣщаютъ»**, то-есть могутъ подъять и понести, **«словесе сего»**, то-есть такое дѣло, **«но имже дано есть».** Этими словами Господь возноситъ состояніе **дѣвства** на такую нравственную высоту, на которой находятся высшія и совершеннѣйшія состоянія духовной жизни, ибо все лучшее, чѣмъ можетъ обладать человѣкъ, Онъ всегда представляетъ, какъ драгоцѣнный даръ Отца Небеснаго (см. напр.: разумѣніе таинъ Царствія Божія Матѳ. 13: 11; вѣру Петра 16: 17 и многое другое). **«Имже дано есть»** не значитъ, однако, что этотъ даръ Божій не зависитъ отъ нашей собственной воли. Св. Златоустъ говоритъ, что дано тѣмъ, кои хотятъ. Вступающій въ подвигъ дѣвства имѣетъ великую нужду въ помощи Божіей и получаетъ ее, если добросовѣстно ищетъ. Далѣе Господь сравниваетъ безбрачіе съ добровольнымъ скопчествомъ, которое, конечно, нельзя понимать буквально, грубо физически, какъ это ясно изъ всего контекста. Это скопчество духовное, а не тѣлесное. Господь и противопоставляетъ его именно физическому скопчеству, когда говоритъ, что **«есть скопцы, которые изъ чрева материня родились такъ, и есть скопцы, которые оскоплены отъ людей».** О нихъ нельзя сказать, что они взяли на себя подвигъ дѣвства, ибо они, по самой физической природѣ своей, неспособны къ брачной жизни. Исказить себя, сдѣлать скопцомъ, Царствія ради небеснаго, значитъ совершенно отсѣчь плотское вожделѣніе, убить въ себѣ плотскую похоть и рѣшиться вести безбрачную жизнь, ради болѣе удобнаго служенію Богу и достиженія Царства Небеснаго, чему очень мѣшаютъ заботы семейныя. **«Могій вмѣстити, да вмѣститъ»** — никто не принуждается къ этому подвигу, но кто чувствуетъ себя въ силахъ подъять его, съ помощью Божіей, тотъ долженъ рѣшиться на это. «Этими словами», какъ говоритъ св. Златоустъ, «Господь показалъ совершенную возможность сей добродѣтели, чтобы тѣмъ сильнѣе возбудить въ волѣ желаніе оной».

47. БЕСѢДА О СИЛѢ ВѢРЫ И ОБЪ ОБЯЗАННОСТИ ИСПОЛНЯТЬ ЗАПОВѢДИ.
(Луки 17: 5-10).

Апостолы приступили къ Господу съ просьбой о томъ, чтобы Онъ умножилъ ихъ вѣру, ибо чувствовали, что вѣра ихъ недостаточна для тѣхъ дѣлъ, къ совершенію которыхъ они призываются (сравнить съ Матѳ. 17: 19-20). Апостолы несомнѣнно вѣровали въ Господа Іисуса Христа, но, такъ какъ они не отрѣшились еще вполнѣ отъ ложныхъ фарисейскихъ понятій о Мессіи и Его Царствѣ, вѣра ихъ иногда колебалась, и это мучило ихъ. На эту просьбу ихъ Господь повторилъ свои прежнія слова о силѣ и могуществѣ истинной вѣры, хотя бы она была совсѣмъ мала, какъ «горчичное зерно». Изъ малаго сѣмени горчичнаго выростаетъ большое дерево — такая большая сила заключается въ этомъ ничтожномъ по виду зернѣ; точно такъ и самая слабая, но искренняя вѣра, если она только будетъ въ Апостолахъ, возрастетъ и усилится въ нихъ такъ, что будетъ въ состояніи производить необычайныя чудесныя дѣла. Это мѣсто не имѣетъ того неблагопріятнаго для Апостоловъ оттѣнка, какъ въ Матѳ. 17: 20, гдѣ слова Господа звучатъ укоромъ. Тутъ они звучатъ обнадеживающе для Апостоловъ, являются какъ бы увѣщаніемъ и вмѣстѣ съ тѣмъ пробуждаютъ въ нихъ надежду. Дальнѣйшія слова **«Кто изъ васъ, имѣя раба пашущаго»**... имѣютъ такой смыслъ: когда вѣра ваша настолько возрастетъ, что будетъ творить великія чудеса, берегитесь гордыни и самомнѣнія, чтобы не утратить вамъ плодовъ такой вѣры. Это — даръ Божій, которымъ надо пользоваться съ великимъ смиреніемъ, каковымъ смиреніемъ этотъ даръ еще болѣе возгрѣвается. Такимъ образомъ, не отвѣчая прямо на просьбу учениковъ умножить ихъ вѣру, Господь приточно указываетъ имъ способъ усиленія ея смиреніемъ и предостерегаетъ отъ опасности. Это предостереженіе было тогда особенно нужно Апостоламъ еще потому, что они водились нѣкоторыми несовершенными воззрѣніями: спорили о первенствѣ въ Царствѣ Мессіи, ожидали себѣ наградъ внѣшнихъ и т.п. Господь приводитъ въ примѣръ то, что бываетъ между господиномъ и слугой: если рабъ пашетъ землю и пасетъ скотъ, то господинъ считаетъ ли это заслугой? Когда рабъ приходитъ съ поля усталый, показываетъ ли вниманіе къ его усталости, приглашаетъ ли его скорѣе садиться за столъ? Нѣтъ. Господинъ велитъ послужить сначала ему. Станетъ ли онъ потомъ благодарить раба, когда тотъ исполнитъ всѣ его приказанія? «Не думаю» отвѣчаетъ Господь и затѣмъ заключаетъ свою рѣчь словами: **«Тако и вы: егда сотворите вся повелѣнная вамъ, глаголите, яко рабы неключими есмы: яко еже должни бѣхомъ сотворити, сотворихомъ».** Смыслъ этого не тотъ, что Господь не похвалитъ Своихъ рабовъ и не дастъ имъ отдыха, а тотъ, что **мы сами** на добрыя дѣла свои должны смотрѣть, какъ на **долгъ**, а на себя, какъ на непотребныхъ рабовъ, которые ничего сверхъ уплаты долга не можемъ принести Владыкѣ. Иными словами: **у человѣка заслуги передъ Богомъ быть не можетъ.**

48. ИСЦѢЛЕНІЕ ДЕСЯТИ ПРОКАЖЕННЫХЪ.
(Луки 17: 11-19).

Это чудо Господь совершилъ во время послѣдняго Своего путешествія изъ Галилеи въ Іерусалимъ на послѣдній праздникъ Пасхи, когда Онъ былъ распятъ. Прокаженные цѣлой группой въ 10 человѣкъ **«сташа издалеча»,** ибо законъ запрещалъ имъ приближаться къ здоровымъ людямъ, и громкимъ голосомъ умоляли Господа помиловать ихъ. Господь повелѣлъ имъ идти и показаться священникамъ. Это значило, что Онъ Своею чудотворною силою исцѣляетъ ихъ отъ болѣзни, ибо посылаетъ ихъ къ священникамъ для того, чтобы они, согласно требованію закона освидѣтельствовали исцѣленіе ихъ отъ проказы, причемъ приносилась жертва и давалось позволеніе жить въ обществѣ. Покорность прокаженныхъ слову Господа — идти на освидѣтельствованіе къ священникамъ — указываетъ на ихъ живую вѣру. И они дѣйствительно по дорогѣ замѣтили, что болѣзнь ихъ оставила. Получивши исцѣленіе, они, однако, какъ это часто бываетъ, забыли о Виновникѣ своей радости, и только одинъ изъ нихъ, Самарянинъ, возвратился къ Господу, чтобы поблагодарить Его за исцѣленіе. Этотъ случай показываетъ, что хотя Іудеи и презирали Самарянъ, послѣдніе оказывались иногда выше ихъ. Господь со скорбью и кроткимъ упрекомъ спросилъ: **«Не десять ли очистишася, да девять гдѣ? Како не обрѣтошася возвращшеся дати славу Богу?»** Эти девять — живой примѣръ человѣческой неблагодарности Благодѣтелю Богу.

49. БЕСѢДА О ПРИШЕСТВІИ ЦАРСТВІЯ БОЖІЯ И О ВТОРОМЪ ПРИШЕСТВІИ ХРИСТОВОМЪ.
(Луки 17: 20-37).

На вопросъ фарисеевъ: когда пріидетъ Царствіе Божіе, Господь отвѣчаетъ: **«Не пріидетъ Царствіе Божіе съ соблюденіемъ** (примѣтнымъ образомъ), **ниже рекутъ: се здѣ, или ондѣ. Се бо Царствіе Божіе внутрь васъ есть».** Для Царствія Божія не назначено опредѣленнаго мѣста въ мірѣ, ибо оно не матеріально: существо Царствія Божія во внутреннемъ обновленіи и освященіи людей. Фарисеи подъ «Царствомъ Божіимъ» понимали земное царство Мессіи, открытія котораго, вмѣстѣ съ освобожденіемъ отъ ига ненавистныхъ римлянъ, они ожидали. Господь внушаетъ имъ, что это царство духовное, внутреннее, а не внѣшнее, земное, чувственное и что оно уже наступило. **«Внутрь васъ есть»** понимается двояко: 1) Царство Божіе уже пришло — оно среди васъ, среди народа Іудейскаго, хотя вы и не замѣчаете его, по своей духовной слѣпотѣ; 2) Царствіе Божіе невидимо для внѣшнихъ очей, ибо оно водворяется въ душѣ человѣка. Сказавъ о наступленіи Царствія Божія, которое вначалѣ будетъ только какъ бы духовной закваской, внутренне преобразовывающей міръ, Господь переходитъ потомъ къ мыслямъ о бѣдствіяхъ, ожидающихъ Іудеевъ, которые не примѣтили наступленіе Его Царствія (разрушеніе Іерусалима римлянами въ 70 г.) и о явномъ открытіи Царства Его, которое наступитъ со вторымъ Его пришествіемъ, во всей славѣ своей, подобно молніи, сверкнувшей отъ одного края неба до другого. Также неожиданно, какъ всемірный потопъ во дни Ноя или гибель Содома и Гоморры во дни Лота, будетъ и пришествіе Христово на судъ съ Іерусалимомъ при разрушеніи его и второе пришествіе — на судъ со всѣмъ родомъ человѣческимъ при концѣ міра. Тогда надо будетъ идти во срѣтеніе Господу, не озираясь на осужденный міръ, подобно женѣ Лотовой, ибо тогда совершится окончательное разлученіе праведниковъ и грѣшниковъ, хотя бы въ ту ночь они были на однихъ ложахъ или находились вмѣстѣ при одномъ и томъ же занятіи. Пораженные этимъ ученики спросили, гдѣ все это будетъ происходить. На это Господь отвѣтилъ имъ поговоркой: **«Гдѣ трупъ, тамъ соберутся и орлы»** (Аввакума 1:8), то-есть какъ хищныя птицы слетаются туда, гдѣ лежитъ трупъ, такъ и карающій судъ Божій проявитъ себя тамъ, гдѣ замерла внутренняя жизнь и началось духовное разложеніе.

50. ПРИТЧА О СУДЬѢ НЕПРАВЕДНОМЪ.
(Луки 18: 1-8).

Тяжкое время будетъ при второмъ пришествіи Христовомъ, но не нужно по этому поводу унывать, а нужно **«всегда молиться»**. А какъ молиться, Господь образно представилъ это въ притчѣ о судьѣ неправедномъ, который не хотѣлъ исполнить просьбы обижаемой вдовы защитить ее, но наконецъ все же исполнилъ только потому, что она не давала ему покоя, докучая ему. Господь не хочетъ сравнивать Бога съ судьей неправеднымъ (лишнее доказательство того, что въ притчахъ не всѣ подробности подлежатъ истолкованію въ духовномъ смыслѣ), но только какъ выводъ отъ худшаго къ совершеннѣйшему, дѣлаетъ заключеніе, что тѣмъ болѣе Богъ всеблагій и всеправедный защититъ Своихъ избранниковъ, если они будутъ вопіять къ Нему день и ночь, хотя бы Онъ вначалѣ и медлилъ выступать на защиту ихъ. **«Но Сынъ Человѣческій, пришедши, найдетъ ли вѣру на землѣ?»** — несмотря на ту несомнѣнную истину, что Богъ защититъ избранныхъ Своихъ вскорѣ, найдетъ ли Онъ такихъ вѣрныхъ, которые имѣли бы такое постоянство и такую настойчивость въ молитвѣ, какая требуется? Иными словами: нечего опасаться, что Богъ не защититъ вѣрныхъ Своихъ отъ грядущихъ бѣдъ и напастей, а скорѣе можно опасаться, что вѣрныхъ такихъ на землѣ ко времени втораго пришествія Христова не будетъ.

51. ПРИТЧА О МЫТАРѢ И ФАРИСЕѢ.
(Луки 18: 9-14).

Какова должна быть эта молитва вѣрныхъ послѣдователей Господа, дабы она могла привлечь Его помощь и защиту, Господь показываетъ въ разсказанной Имъ послѣ сего притчѣ, о томъ, какъ молились въ храмѣ два человѣка фарисей и мытарь. Фарисей молился съ чувствомъ самомнѣнія, самопревозношенія, выставляя передъ Богомъ свои добрыи дѣла, какъ заслуги, и уничижая другихъ людей. Мытарь молился съ сознаніемъ своей грѣховности, своего недостоинства. Въ результатѣ онъ пошелъ въ домъ свой оправданнымъ **«паче онаго»**, то-есть фарисея, ибо, какъ выражаетъ Господь идею этой притчи въ заключительныхъ словахъ ея: **«всякій возвышающій самъ себя, униженъ будетъ, а смиряющій себя возвысится».** Слѣдовательно, молиться нужно со с м и р е н і е м ъ, съ сердечнымъ сокрушеніемъ о своихъ грѣхахъ. Молитва мытаря: **Боже милостивъ буди мнѣ грѣшнику»**, какъ образцовая, вошла во всеобщее употребленіе.

52. БЛАГОСЛОВЕНІЕ ДѢТЕЙ.
(Матѳ. 19: 13-15; Марк. 10: 13-16 и Луки 18: 15-17).

Изъ трехъ Евангелистовъ, сообщающихъ объ этомъ событіи, подробнѣе всѣхъ повѣствуетъ св. Маркъ, который говоритъ, что Господь **«вознегодовалъ»** на учениковъ Своихъ за то, что они не допускали къ Нему дѣтей. Столь велика, слѣдовательно, была любовь Господа къ дѣтямъ, если Онъ, съ величайшей кротостью и терпѣніемъ переносившій людскія неправды, вознегодовалъ на учениковъ Своихъ. Любовь Свою къ дѣтямъ Господь объясняетъ указаніемъ на достоинства ихъ, и эти достоинства ставитъ примѣромъ для подражанія всѣмъ, желающимъ войти въ Царствіе Небесное, говоря, что **«Кто не приметъ Царствія Божія, какъ дитя, тотъ не войдетъ въ него»**, то-есть Царствіе Божіе надо принять въ свое сердце съ такимъ же чистымъ, невиннымъ и непорочнымъ расположеніемъ духа, каково оно бываетъ у малыхъ, еще нравственно не испорченныхъ дѣтей. **«Не препятствуйте дѣтямъ приходить ко Мнѣ, ибо таковыхъ есть Царствіе Небесное»** — отсюда выводъ, что великій грѣхъ совершаютъ тѣ родители и воспитатели, которые не приводятъ дѣтей ко Христу, научая ихъ вѣрѣ христіанской, и еще большій грѣхъ тяготѣетъ на тѣхъ изъ нихъ, которыя намѣренно отклоняютъ дѣтей отъ пути вѣры.

53. О БОГАТОМЪ ЮНОШѢ.
(Матѳ. 19: 16-26; Марк. 10: 17-27 и Луки 18: 18-27).

Объ этомъ юношѣ, или князѣ, какъ называетъ его св. Лука, спрашивавшемъ Господа Іисуса Христа, что ему дѣлать, дабы **наслѣдовать жизнь вѣчную,** разсказываютъ всѣ три первыхъ Евангелиста. Эта бесѣда, какъ и дальнѣйшія, происходили по пути въ Іерусалимъ, куда уже шелъ Господь на предстоящія Ему страданія. Обращаясь къ Господу, юноша назвалъ Его: **«Учитель благій».** Господь на это сказалъ: **«Что ты называешь Меня благимъ? Никто не благъ, какъ только одинъ Богъ»,** то-есть, если ты обращаешься ко Мнѣ только, какъ къ «учителю», слѣдовательно, какъ къ обыкновенному человѣку, то не слѣдуетъ Меня называть благимъ, ибо это названіе приличествуетъ только Богу. На его вопросъ Господь предложилъ ему: **«Соблюди заповѣди».** Юноша очевидно предположилъ, что Господь говоритъ о какихъ-то особенныхъ, неизвѣстныхъ ему заповѣдяхъ, а потому спросилъ: **«Какія?»** Но Господь указалъ ему на обыкновенныя заповѣди Десятословія, поименовавъ только нѣкоторыя изъ нихъ — 6-ую, 7, 8, 9 и 5, а затѣмъ общую заповѣдь о любви къ ближнему. На это юноша отвѣтилъ, что всѣ эти заповѣди онъ **«Сохранилъ отъ юности своей».** Надо полагать, что исполненіе заповѣдей онъ понималъ по фарисейски: иначе бы не рѣшился такъ сказать. Но все же важно, что онъ считалъ себя еще не докончившимъ все, что нужно для спасенія: совѣсть, очевидно, подсказывала ему, что одного такого внѣшняго исполненія заповѣдей недостаточно. Тогда Господь раскрылъ ему тайну христіанскаго совершенства въ словахъ: **«Аще хощеши совершенъ быти, иди, продаждь имѣніе твое, и даждь нищымъ: и имѣти имаши сокровище на небеси: и гряди вслѣдъ Мене».** Въ отвѣтъ на этотъ призывъ къ высшему совершенству юноша отошелъ отъ Господа, **«скорбя»,** ибо у него было большое имѣніе. Слѣдовательно, богатство, которымъ онъ обладалъ, стало такимъ его кумиромъ, разстаться съ которымъ онъ не могъ. Этотъ кумиръ онъ предпочелъ даже жизни вѣчной, къ которой, повидимому, искренно стремился. Имѣя ввиду эту страсть, порабощающую себѣ всего человѣка, а не богатство само по себѣ, Господь сказалъ: **«Истинно говорю вамъ,** что **трудно богатому войти въ Царство Небесное».** Евангелистъ Маркъ говоритъ, что **«ученики ужаснулись отъ словъ Его».** И это понятно, ибо богатство такая вещь, которой всѣ такъ желаютъ, и, по закону, есть знакъ благословенія Божія человѣку, а между тѣмъ Господь поставляетъ его такимъ сильнымъ препятствіемъ на пути къ Царствію Божію. Чтобы успокоить учениковъ и объяснить, въ какомъ смыслѣ Имъ это сказано, Господь говоритъ: **«Дѣти, какъ трудно н а д ѣ ю щ и м с я на богатство войти въ Царствіе Божіе.** Какъ поясняетъ св. Златоустъ, «Христосъ не богатство порицаетъ, но тѣхъ, кои пристрастились къ нему», ибо грѣшной природѣ человѣка богатство представляетъ много соблазновъ и препятствій къ исполненію закона Божія. **«Удобнѣе верблюду пройти сквозь игольныя уши, нежели богатому войти въ Царствіе Божіе»** — это народное присловіе, доселѣ употребительное на Востокѣ, означающее, что дѣло невозможно или чрезвычайно трудно исполнимо. Нѣкоторые подъ «верблюдомъ» понимаютъ тутъ корабельный канатъ, дѣлавшійся изъ верблюжьей шерсти. Другіе полагаютъ, что подъ «игольными ушами» здѣсь надо понимать очень низкія и узкія калитки, черезъ которыя съ трудомъ пролѣзаетъ верблюдъ. Не само по себѣ богатство опасно, но то, если человѣкъ на него надѣется и все счастье жизни своей въ немъ полагаетъ, такъ что богатство становится какъ бы его кумиромъ. Но Апостолы все же въ волненіи недоумѣвали: **«кто убо можетъ спасенъ быти?»** на это Господь, **«воззрѣвъ на нихъ»,** то-есть самымъ взглядомъ Своимъ успокаивая ихъ волненіе, сказалъ: **«Человѣкамъ это невозможно, но не Богу, ибо все возможно Богу»,** то-есть, милующая и спасающая благодать Божія сильна сдѣлать и то, чего не можетъ сдѣлать человѣкъ одними своими собственными силами: Богъ можетъ исцѣлить богача отъ препятствующей его спасенію язвы любостяжанія.

54. АПОСТОЛЫ, ОСТАВИВШІЕ ВСЕ РАДИ ХРИСТА, НАСЛѢДУЮТЪ ЖИЗНЬ ВѢЧНУЮ.
(Матѳ. 19: 27-30; Маркъ. 10:28-31 и Луки 18: 28-30).

Въ связи съ отвѣтомъ Господа богатому юношѣ, св. Апостолъ Петръ отъ лица всѣхъ Апостоловъ предложилъ Господу вопросъ, какая будетъ награда имъ за то, что они все оставили и послѣдовали за Христомъ. Были они люди бѣдные и немногое имѣли — сѣти, уды, лодки да бѣдныя жилища, но это немногое было ихъ в с е, что они дѣйствительно оставили ради послѣдованія за Христомъ, и этимъ явили подлинное самоотверженіе. Можетъ быть, Апостолы сомнѣвались, могутъ ли они стать совершенными при своей бѣдности. На это Господь успокоилъ ихъ, сказавъ, что не только они, но и всякій, кто ради Него и Евангелія, оставитъ все, къ чему привязанъ своей душой, получитъ великую награду и притомъ не только въ будущей жизни, но еще и въ этой земной жизни. Оставившій свой домъ или родныхъ получитъ во сто кратъ домовъ и родственниковъ въ лицѣ истинныхъ христіанъ и ихъ жилищъ. Дѣйствительно, въ первые вѣка христіанства, во время гоненій, это предреченіе Господа исполнялось буквально: всѣ христіане составляли какъ бы одну семью, всѣ были братья и сестры во Христѣ, и домъ каждаго изъ нихъ былъ всегда открытъ для каждаго христіанина, былъ для него какъ бы его собственнымъ домомъ взамѣнъ оставленнаго ради Христа. Отрекшійся ради Христа и Евангелія отъ своего дома и своей семьи, вступалъ въ домъ каждаго христіанина, какъ въ свой собственный и находилъ въ немъ для себя какъ бы новую семью: и отца, и мать, и братьевъ, и сестеръ, и дѣтей. Но главная награда это, конечно, **въ вѣкѣ грядущемъ — жизнь вѣчная.** Подъ **«пакибытіемъ»** разумѣется обновленіе міра, которое откроется воскресеніемъ мертвыхъ, всеобщимъ судомъ и преобразованіемъ неба и земли. Тогда Апостолы будутъ участвовать въ прославленіи Богочеловѣка Іисуса Христа, принимая участіе въ судѣ Его надъ израильскимъ народомъ и надъ всѣми людьми свидѣтельствомъ и ходатайствомъ.

Евреи, какъ избранный народъ Божій, считали себя **«первыми»** среди другихъ; разсчитывали быть первыми и въ будущей жизни. Но Господь сказалъ, что **многіе** изъ нихъ, конечно, за невѣріе въ Него, какъ Мессію, окажутся въ будущей жизни **послѣдними,** какъ покаявшіеся мытари и грѣшники, а также и язычники, окажутся **первыми.**

55. ПРИТЧА О РАБОТНИКАХЪ ВЪ ВИНОГРАДНИКѢ, ПОЛУЧИВШИХЪ РАВНУЮ ПЛАТУ.
(Матѳ. 20: 1-16).

Эта притча имѣетъ цѣлью уяснить, какъ можетъ оказаться, что **«послѣдній будетъ первымъ».** Сдѣлаетъ это милосердіе, благость Божія. Царствіе Божіе представляется здѣсь подъ образомъ домохозяина, нанимающаго работниковъ въ свой виноградникъ. Сговорившись съ первыми, нанятыми имъ поутру по **«пѣнязю (или по динарію) на день»,** онъ при расплатѣ далъ по динарію же и всѣмъ остальнымъ, которые начали работу не съ утра, а позже: съ 3-го, 6-го, 9-го и даже съ 11-го часа. Пришедшіе первыми начали роптать на такую расплату, считая ее несправедливой, но домохозяинъ на это возразилъ: **«Другъ, я не обижаю тебя; не за динарій ли ты договорился со мною? Возьми свое и** пойди; я же хочу дать этому послѣднему то же, что и тебѣ, развѣ я не властенъ въ своемъ дѣлать, что хочу? Или глазъ твой завистливъ оттого, что я добръ?»

«Пѣнязь», или динарій равнялся десяти римскимъ ассамъ, одной греческой драхмѣ или нашимъ 25 копейкамъ, что составляло на востокѣ обычную поденную плату. День у евреевъ дѣлился на 12 часовъ, которые отсчитывались съ утра, начиная отъ восхода солнца. Смыслъ этой притчи тотъ, что Господь Самъ распоряжается наградами за служеніе Ему: люди не могутъ входить съ Нимъ въ какіе-либо договоры или заключать условія. Вознаграждаетъ Господь людей единственно по Своей благости. Надо знать также, что въ дѣлѣ спасенія человѣка такъ мало дѣлается самимъ человѣкомъ, что о возмездіи по долгу не можетъ быть и рѣчи. Господь вознаграждаетъ не по долгу, а **по благодати:** слѣдовательно, съ полной свободой, по Собственному Своему усмотрѣнію. Поэтому, кто меньше подвизался, можетъ получить не меньше много подвизавшагося. Въ этомъ заключается надежда грѣшниковъ, которые однимъ покаяннымъ вздохомъ, исходящимъ изъ глубины души, могутъ привлечь милосердіе Божіе и благодать, очищающую ихъ грѣхъ. Какая была цѣль этой притчи? Петръ только что спрашивалъ: «вотъ мы оставили все и послѣдовали за Тобой: какая намъ за это будетъ награда?» Господь не обличилъ сразу этой гордости младенствующаго ума, а какъ бы наоборотъ — даже обѣщалъ Апостоламъ высокую награду, но сейчасъ же разсказанной притчей показалъ, что награда зависитъ не отъ заслугъ человѣческихъ, а исключительно отъ милости Божіей, что можетъ даже получиться такъ, что первые по заслугамъ получатъ послѣднюю награду, а послѣдніе по количеству заслугъ, призванные Господомъ въ послѣдній моментъ жизни могутъ получить первую награду. Въ заключеніе притчи Господь сказалъ: **«Мнози бо суть звани, мало же избранныхъ»,** то-есть, хотя и многіе, собственно в с ѣ призываются къ вѣчному блаженству въ Царствіи Небесномъ, избранными для этого блаженства оказываются лишь нѣкоторые, немногіе. Конечно, какъ и во всякихъ притчахъ, и въ этой притчѣ не слѣдуетъ отыскивать значенія каждой отдѣльной черты: важна лишь основная идея, основная мысль ея, что человѣкъ награждается Богомъ не по количеству заслугъ своихъ, а единственно по милосердію Божію.

56. ГОСПОДЬ ПОВТОРЯЕТЪ ПРЕДСКАЗАНІЕ О ПРЕДСТОЯЩИХЪ ЕМУ СТРАДАНІЯХЪ И ВОСКРЕСЕНІИ И ДАЕТЪ ОТВѢТЪ СЫНАМЪ ЗЕВЕДЕЕВЫМЪ О ПЕРВЕНСТВѢ ВЪ ЕГО ЦАРСТВѢ.

(Матѳ. 20: 17-28; Маркъ. 10: 32-45 и Луки 18: 31-34).

Всѣ три синоптика согласно повѣствуютъ, что по дорогѣ въ Іерусалимъ Господь вновь сталъ говорить ученикамъ о предстоящихъ Ему тамъ страданіяхъ, смерти и воскресеніи. Подробнѣе всего и живѣе всего описываетъ это св. Маркъ, какъ несомнѣнно слышавшій обо всемъ этомъ изъ устъ Ап. Петра. Онъ говоритъ, что Господь шествовалъ **впереди**, очевидно, какъ грядущій на вольное страданіе, жаждавшій совершить волю Божію (сравни Лук. 12:50). Ученики же Его, мыслившіе человѣческое, думавшіе лишь о земной славѣ Мессіи, **«ужасахуся и вслѣдъ идуще бояхуся»**. Отозвавъ 12 учениковъ, очевидно потому, что съ ними шло много народа, Господь наединѣ повѣдалъ имъ о томъ, что въ Іерусалимѣ должно совершиться все, написанное о Немъ пророками, что Онъ подвергнется поруганіямъ, будетъ осужденъ на смерть и преданъ язычникамъ, то-есть римлянамъ, которые, послѣ біеній, оплеваній и поруганій, убьютъ Его, а въ третій день Онъ воскреснетъ. Св. Лука прибавляетъ къ этому, что ученики ничего изъ этого не поняли, ибо **«бѣ глаголъ сей сокровенъ отъ нихъ».**

Тогда приступила къ Господу матерь сыновъ Зеведеевыхъ, а по св. Марку, и сами они Іаковъ и Іоаннъ, съ просьбой — сидѣть одному изъ нихъ «одесную» Его, то есть занимать второе послѣ Него мѣсто въ открывающемся, какъ они думали, земномъ царствѣ Мессіи, а другому — «ошуюю», то-есть по лѣвую руку, занимая третье мѣсто. На эту просьбу Господь отвѣтилъ: **«Не знаете, чего просите».** Апостолы дѣйствительно не понимали тогда, что просить первенства значило первенствовать въ самоотреченіи и въ мученичествѣ за Имя Христово; они думали, что испрашиваютъ себѣ только почести, власть и радости. Поэтому Господь Своимъ вопросомъ: **«Можета ли пити чашу, юже Азъ имамъ пити?»** указываетъ именно на то, что приближеніе къ Нему въ Его царствѣ будетъ заключать въ себѣ уподобленіе Ему въ страданіяхъ. О страданіяхъ здѣсь говорится, какъ о чашѣ, которую должны раздѣлить со Христомъ тѣ, которые хотятъ быть къ Нему ближе. Образъ этотъ заимствованъ изъ обычая восточныхъ царей посылать осужденнымъ на смерть чашу съ ядомъ. Сынъ Божій и представляется въ Евангеліи, какъ осужденный, которому Отецъ Небесный посылаетъ чашу смерти (Іоан. 18:11). **«Или крещеніемъ, имже Азъ крещаюся креститися?»** — выражается та же мысль: перенесеніе страданій представляется какъ бы погруженіемъ въ нихъ человѣка, какъ бы омовеніе въ водѣ. **«Можева»**, отвѣчали Апостолы, «въ жару усердія, не зная, что сказали» (Злат.) — сказали то же, что и всѣ ученики говорили, обѣщая идти за Господомъ хотя бы на смерть. **«Чашу Мою испіета»**... «хотя обѣщаете необдуманно», какъ бы такъ отвѣтилъ имъ Господь, «но дѣйствительно въ будущемъ (проницая его Своимъ Божественнымъ взоромъ) вы уподобитесь Мнѣ въ терпѣніи и подвигѣ», **«а еже сѣсти одесную Мене»**, то-есть въ царствѣ славы, минуя царство Божіе, воинствующее въ семъ мірѣ, **«нѣсть Мое дати, но имже уготовася отъ Отца Моего»** — это значитъ: «не въ Моей власти дать всякому желающему, а тѣмъ лишь, кому уготовано, кто заслужилъ этого своими подвигами». Остальные Апостолы вознегодовали, очевидно, по зависти, какъ бы братьямъ не удалось ихъ искательство. Господь дѣлаетъ внушеніе всѣмъ, убѣждая ихъ не искать первенства. Въ отвѣтъ на проявленное ими честолюбіе Господь учитъ ихъ, что основное правило нравственности членовъ **Его Царства,** въ отличіе отъ царствъ земныхъ, — это смиреніе и самоотверженіе. Какъ на примѣръ такого смиренія и самоотверженія Господь указываетъ Апостоламъ, на Самого Себя: Онъ пришелъ не для того, чтобы **«Ему служили»**; **«но чтобы послужить, и отдать душу Свою для искупленія многихъ».** «Многіе» названы здѣсь вмѣсто «всѣхъ». Всѣ люди находились въ духовномъ рабствѣ діавола и работали грѣху. Чтобы освободить ихъ, необходимъ былъ выкупъ (по греч. **«литрон»).** Господь и далъ этотъ выкупъ, искупленіе (**«аполитросин»**), цѣною Своихъ крестныхъ страданій и смерти.

57. ИСЦѢЛЕНІЕ ДВУХЪ ІЕРИХОНСКИХЪ СЛѢПЦОВЪ.
(Матѳ. 20: 29-34; Марк. 10: 46-52; Луки 18: 35-43).

Іерихонъ былъ большой въ то время іудейскій городъ въ 20 верстахъ къ сѣверо-востоку отъ Іерусалима и въ 7 верстахъ къ западу отъ Іордана, городъ важный по историческимъ воспоминаніямъ. Недалеко отъ него евреи чудесно перешли черезъ Іорданъ, когда шли изъ Египта (Нав. 3:16). Это былъ первый, чудесно взятый евреями городъ (Нав. 6: 20). Здѣсь были потомъ пророческія училища (4 Цар. 2: 5), здѣсь пророкъ Елисей совершилъ чудо, усладивъ горькія воды (4 Цар. 2: 21). Окрестности отличались роскошной растительностью и превосходнымъ климатомъ но далѣе, по дорогѣ къ Іерусалиму лежала скалистая мрачная пустыня, въ которой обитали дикіе звѣри и разбойники. Когда Господь выходилъ изъ Іерихона, шествуя обычной для іудеевъ дорогой изъ Галилеи черезъ заіорданскую область Перею, **«за Нимъ слѣдовало множество народа»,** подобно Ему шедшаго въ Іерусалимъ на праздникъ Пасхи. Сидѣвшіе при дорогѣ и просившіе милостыню слѣпцы начали кричать: «**помилуй ны, Господи, Сыне Давидовъ**». Это восклицаніе свидѣтельствовало о живой вѣрѣ ихъ въ Іисуса Христа, какъ въ Мессію. Народъ заставлялъ ихъ молчать, чтобы они не безпокоили Іисуса Христа, вѣроятно потому, что Господь въ это время говорилъ какое-либо поученіе народу. Господь спросилъ ихъ, чего они хотятъ отъ Него, и получивъ отвѣтъ: «**чтобы отверзлись очи наши**», прикоснувшись къ очамъ ихъ, исцѣлилъ ихъ отъ слѣпоты, послѣ чего они пошли за Нимъ. Объ этомъ разсказываютъ всѣ три синоптика, но только св. Матѳей говоритъ о д в у х ъ слѣпцахъ; св. Маркъ и св. Лука говорятъ лишь объ одномъ, причемъ св. Маркъ повѣствуетъ о чудѣ съ наибольшими подробностями, указывая даже имя исцѣленнаго слѣпца — **Вартимей,** что значитъ: «сынъ Тимеевъ». Надо полагать, что одинъ изъ этихъ слѣпыхъ былъ всѣмъ извѣстенъ, а другого никто не зналъ, и онъ былъ незамѣтенъ для многихъ, почему о немъ вторые два синоптика не упомянули. Еще одна разница въ повѣствованіяхъ: по первымъ двумъ синоптикамъ исцѣленіе было совершено Господомъ, когда Онъ **выходилъ** изъ Іерихона, а по св. Лукѣ, когда Онъ **подходилъ къ Іерихону.** Еп. Михаилъ объясняетъ что употребленное св. Лукою греч. слово «**энгизин**» означаетъ, собственно, не входить, а **находиться близъ чего-либо;** слѣдовательно, правильнѣе было бы сказать, что чудо совершилъ Господь, находясь **близъ** Іерихона — при выходѣ изъ него или при входѣ — все равно.

58. ГОСПОДЬ ІИСУСЪ ХРИСТОСЪ ПОСѢЩАЕТЪ ЗАКХЕЯ.
(Луки 19: 1-10).

О посѣщеніи Господомъ начальника мытарей Закхея повѣствуетъ только Евангелистъ Лука. Исцѣливъ слѣпыхъ, Господь вошелъ въ Іерихонъ, гдѣ Его очень хотѣлъ видѣть весьма богатый человѣкъ по имени Закхей, бывшій начальникомъ мытарей. **Закхей** — имя чисто-еврейское, означающее «**чистый**», «**праведный**». Іерихонъ славился производствомъ и торговлей бальзама, и должность сборщика податей здѣсь особенно была важной и вмѣстѣ съ тѣмъ выгодной и доходной. Закхей же былъ не рядовымъ сборщикомъ податей, а начальникомъ, которому вѣроятно были подчинены мытари цѣлаго округа. Подчеркивается, что онъ былъ **человѣкъ богатый:** такъ мало вѣдь богатыхъ слѣдовало за бѣднымъ Галилейскимъ Учителемъ. Будучи малъ ростомъ, Закхей влѣзъ на смоковницу, чтобы лучше видѣть Господа, окруженнаго толпой народа. Очевидно зная доброе нравственное расположеніе Закхея, съ какимъ онъ желалъ видѣть Господа, что это не было пустое лишь любопытство, Господь удостоилъ домъ Закхея Своимъ посѣщеніемъ. Великая радость по поводу того, что Господь не возгнушался имъ, какъ грѣшникомъ, окончательно пробудила совѣсть Закхея и совершила полный нравственный переворотъ въ его душѣ. Сознавая, что совѣсть его нечиста въ способахъ пріобрѣтенія имѣнія, онъ даетъ во всеуслышаніе торжественное обѣщаніе загладить свой грѣхъ любостяжанія: **«Се полъ имѣнія моего дамъ нищымъ: и аще кого чимъ обидѣхъ, возвращу четверицею»** (согласно съ закономъ о ворахъ, изложеннымъ въ кн. Исходъ 22: 1). На это Спаситель отвѣчаетъ: **«Днесь спасеніе дому сему бысть, зане и сей** (то-есть Закхей: рѣчь Господа обращена далѣе къ тѣмъ, которые были недовольны, что Христосъ **«ко грѣшну мужу вниде витати»**) **сынъ Авраамль есть»,** не только по плоти, но и по духу. Покаяніе Закхея это образецъ истиннаго покаянія, которое не ограничивается лишь безплоднымъ сожалѣніемъ о содѣянныхъ грѣхахъ, но стремится загладить эти грѣхи противоположными имъ добрыми дѣлами. Поэтому Евангеліе о Закхеѣ всегда читается передъ первой приготовительной къ Великому Посту недѣлей о Мытарѣ и Фарисеѣ.

59. ПРИТЧА О ДЕСЯТИ МИНАХЪ, ИЛИ О ТАЛАНТАХЪ.
(Луки 19: 11-28 и Матѳ. 25: 14-30).

Находясь еще въ домѣ Закхея, Господь тутъ же разсказалъ притчу о десяти минахъ, которая имѣетъ много сходства съ изложенной у Евангелиста Матѳея притчей о талантахъ. При всемъ ихъ большомъ сходствѣ, есть между этими притчами и существенныя различія; притомъ, какъ видно изъ Евангелія отъ Матѳея, притча о талантахъ была разсказана Господомъ значительно позже, въ связи съ его бесѣдами о второмъ Его пришествіи, кончинѣ міра и Страшномъ Судѣ. Тѣмъ не менѣе, основная идея обѣихъ притчей одна и та же, а потому можно ихъ разсматривать параллельно. Въ притчѣ о минахъ рѣчь идетъ о человѣкѣ высокаго рода, который отправлялся въ дальнюю страну для того, чтобы получить себѣ царство и снова возвратиться. Образъ взятъ, видимо, отъ положенія въ то время царской власти въ Іудеѣ. Іудейскіе цари должны были отправляться для утвержденія въ своемъ царскомъ достоинствѣ въ Римъ. Такъ дѣлалъ Архелай, сынъ Ирода Великаго, такъ же поступилъ и Иродъ Антипа, тетрархъ Галилеи. Въ притчѣ о талантахъ рѣчь идетъ просто о человѣкѣ, отправлявшемся въ чужую страну. Въ обѣихъ притчахъ подъ этимъ лицомъ подразумѣвается Христосъ, отъ Котораго многіе евреи ждали въ то время открытія на землѣ славнаго царства Мессіи. Въ притчѣ о минахъ господинъ даетъ десяти рабамъ десять минъ — каждому по минѣ, давъ имъ приказъ, чтобы серебро было пущено въ оборотъ. Мина — 100 драхмъ, около 25 рублей. Въ притчѣ о талантахъ господинъ, уходя, передалъ рабамъ **все** свое имѣніе, вручая каждому такую часть, съ которой онъ былъ бы въ силахъ управиться. Одинъ талантъ это около 60-ти минъ. Конечно, въ обѣихъ притчахъ подъ рабами подразумѣваются ученики и послѣдователи Христовы, которые получаютъ отъ Господа, какъ разнообразныя **дарованія,** такъ и разныя **внѣшнія блага,** которыя они должны использовать и умножать во славу Божію, на пользу ближнимъ и во спасеніе своей души. Далѣе въ притчѣ о минахъ мы находимъ обстоятельство, подобнаго которому нѣтъ въ притчѣ о талантахъ. Граждане возненавидѣли этого высокорожденнаго человѣка и послали вслѣдъ за нимъ посольство, сказавъ: «**не хощемъ сему, да царствуетъ надъ нами».** Здѣсь черта, напоминающая недавній случай съ Архелаемъ, ѣздившимъ въ Римъ. Іудеи, не любившіе его, отправили въ Римъ посольство изъ 50 человѣкъ, просить, чтобы онъ не былъ утвержденъ царемъ, хотя и напрасно. Въ отношеніи къ Господу Іисусу Христу здѣсь имѣется въ виду отверженіе Его еврейскимъ народомъ, какъ своего Мессіи, но напрасно, ибо Онъ остался, какъ ихъ, такъ и всего міра Царемъ и Судіей, Который потребуетъ отчета отъ рабовъ Своихъ и накажетъ не хотѣвшихъ признавать Его власти. Подъ возвращеніемъ господина въ обѣихъ притчахъ разумѣется Второе Пришествіе Христово, когда каждый долженъ будетъ дать отчетъ на Страшномъ Судѣ, какъ онъ использовалъ данныя ему Богомъ дарованія и внѣшнія блага. Умножавшіе свои мины и таланты удостоятся похвалы и получатъ каждый соотвѣтствующую своему усердію награду. Скрывшій свою мину или талантъ будетъ наказанъ, какъ «рабъ лукавый и лѣнивый», не пожелавшій трудиться надъ данными ему дарами благости Божіей, въ которомъ благодать Божія осталась безплодной. Обвиненія лѣнивымъ рабомъ своего господина въ жестокости это — обычное самооправданіе грѣшника, по грѣховности своей потерявшаго чувство сыновства къ Богу и представляющаго Бога поэтому жестокимъ и несправедливымъ. Кто дѣлаетъ доброе употребленіе изъ своихъ благъ, тотъ пріумножаетъ ихъ; нерадивый же и безпечный лишается и того, что имѣетъ. Поэтому: «**всякому имѣющему дастся, а у неимѣющаго отнимется и то, что имѣетъ».** Притча о минахъ оканчивается угрозой суроваго наказанія еврейскому народу за непризнаніе Господа Іисуса Христа Мессіей. Закончивъ притчу, Господь пошелъ далѣе по направленію къ Іерусалиму.

60. ВОСКРЕШЕНІЕ ЛАЗАРЯ.
(Іоанна 11: 1-46).

Объ этомъ событіи разсказываетъ только одинъ Евангелистъ Іоаннъ. Еще во время пребыванія Господа въ Переѣ, Имъ было получено извѣстіе о болѣзни любимаго Имъ друга Лазаря, жившаго въ Виѳаніи со своими сестрами Марѳою и Маріею. Это семейство было особенно близко Господу, и Онъ бывая въ Іерусалимѣ, надо полагать, часто посѣщалъ его, чтобы отдохнуть тамъ отъ шума постоянно слѣдившей за Нимъ толпы и лукавыхъ совопросниковъ книжниковъ и фарисеевъ. Сестры послали сказать Господу: «**се, егоже любиши болитъ**» въ надеждѣ, что Господь Самъ поспѣшитъ придти къ нимъ, чтобы исцѣлить болящаго. Но Господь не только не поспѣшилъ, а даже нарочно остался на томъ мѣстѣ, гдѣ былъ, еще «**два дня**», сказавъ, что «**эта болѣзнь не къ смерти, но къ славѣ Божіей, да прославится Сынъ Божій ея ради**». Господь зналъ, что Лазарь умретъ, и, если сказалъ, что его болѣзнь не къ смерти, то потому что намѣренъ былъ воскресить его. Только спустя два дня, когда Лазарь уже умеръ, Господь сказалъ ученикамъ: «**идемъ во Іудею паки**». Господь указываетъ не на Виѳанію, а на Іудею, какъ на цѣль ихъ путешествія, чтобы вызвать наружу вѣдомую Ему и гнѣздившуюся въ сердцѣ учениковъ мысль объ угрожающей Ему въ Іудеѣ опасности. Этимъ Господь хотѣлъ укоренить въ нихъ мысль о необходимости, а потому и неизбѣжности страданій и смерти ихъ Учителя. И ученики дѣйствительно высказали страхъ за Него, напоминая, что еще недавно іудеи хотѣли побить Его въ Іерусалимѣ камнями. На это опасеніе учениковъ Господь отвѣчаетъ аллегорической рѣчью, заимствовавъ ее отъ обстоятельствъ, въ которыхъ Онъ находился въ то время. Это было, вѣроятно, раннимъ утромъ, при восходѣ солнца: они имѣли, слѣдовательно 12 дневныхъ часовъ для своего путешествія. Въ продолженіе всего этого времени можно совершать путешествіе безпрепятственно: опасно было бы, если бы пришлось путешествовать послѣ захода солнца, ночью, но въ этомъ нѣтъ надобности, ибо до Виѳаніи можно успѣть дойти еще ранѣе захожденія солнца. Въ духовномъ смыслѣ, это значитъ: время нашей земной жизни опредѣлено высшей Божественной волей, а потому, пока это время продолжается, мы можемъ безъ страха идти опредѣленнымъ намъ путемъ, исполнять дѣла, къ которымъ мы призваны: мы безопасны, ибо Божественная воля охраняетъ насъ отъ всякихъ опасностей, какъ свѣтъ солнца охраняетъ ходящихъ днемъ. Опасность была бы, еслибы въ нашемъ дѣлѣ застала насъ ночь, то-есть, когда мы, вопреки волѣ Божіей, вздумали бы продолжать нашу дѣятельность: тогда мы споткнулись бы. Въ отношеніи къ Іисусу Христу это значитъ, что жизнь и дѣятельность Господа Іисуса Христа не кончится раньше опредѣленнаго ей свыше срока, а поэтому ученики не должны страшиться угрожающихъ Ему опасностей. Совершая свой путь во свѣтѣ воли Божіей, Богочеловѣкъ не можетъ подвергнуться опасности непредвидѣнной. Объяснивъ это, Господь указываетъ на ближайшую цѣль путешествія въ Іудею: «**Лазарь другъ нашъ успе, но иду, да возбужу его**». Смерть Лазаря Господь назвалъ сномъ, какъ это дѣлалъ и въ другихъ подобныхъ случаяхъ (см. Матѳ. 9: 24, Марк. 5: 29). Для Лазаря смерть дѣйствительно была какъ бы сномъ по ея кратковременности. Ученики не поняли, что Господь говоритъ о смерти Лазаря, принимая во вниманіе ранѣе Имъ сказанное, что эта болѣзнь не къ смерти: они полагали, что Господь придетъ и чудесно исцѣлитъ его. «**Если уснулъ, то выздоровѣетъ**» — сказано было, вѣроятно, для того, чтобы отклонить Господа отъ путешествія въ Іудею: «нѣтъ надобности идти, разъ болѣзнь приняла благопріятный оборотъ». Тогда Господь, отстраняя всякое прекословіе учениковъ и желая подчеркнуть безусловную необходимость идти въ Іудею, сказалъ прямо: «**Лазарь умре**». При этомъ Іисусъ добавилъ, что радуется за нихъ, Апостоловъ, что Его не было въ Виѳаніи, когда Лазарь былъ боленъ, такъ какъ простое исцѣленіе его отъ болѣзни не могло бы укрѣпить вѣру ихъ въ Него такъ, какъ предстоящее теперь великое чудо воскрешенія его изъ мертвыхъ. Рѣшительно прекращая разговоръ, вызванный опасеніями учениковъ, Господь говоритъ: «**но пойдемъ къ нему**». Хотя нерѣшительность и была побѣждена, но опасенія учениковъ не разсѣялись, и одинъ изъ нихъ Ѳома, называемый Дидимъ, что значитъ Близнецъ, выразилъ эти опасенія весьма трогательнымъ образомъ: «**Пойдемъ и мы, умремъ съ нимъ**», то-есть, если ужъ нельзя отвратить Его отъ этого путешествія, то неужели мы оставимъ Его? Пойдемъ и мы на смерть съ Нимъ. Когда они приблизились къ Виѳаніи, оказалось, что Лазарь уже четыре дня, какъ находится во гробѣ. «**Виѳанія же была близъ Іерусалима, стадіяхъ въ пятнадцати**», то-есть около двухъ съ половиной верстъ, въ получасѣ ходу, сказано для того, чтобы объяснить, какимъ образомъ въ домѣ Марѳы и Маріи въ немноголюдномъ селеніи оказалось много народа. Марѳа, какъ отличавшаяся большей живостью характера, услышавъ о приходѣ Господа, поспѣшила Ему навстрѣчу, не сказавъ даже объ этомъ сестрѣ своей Маріи, которая «**дома сѣдяше**», въ великой горести, принимая утѣшенія пришедшихъ утѣшать «**о братѣ ею**». Со скорбію говоритъ она, не упрекая Господа, а только выражая сожалѣніе, что такъ случилось: «**Господи, еслибы Ты былъ здѣсь, не умеръ бы братъ мой**». Вѣра въ Господа поселяетъ въ ней, однако, увѣренность, что и теперь не все потеряно, что можетъ совершиться чудо, хотя прямо этого и не высказываетъ, но говоритъ: «**знаю, что чего Ты попросишь у Бога, дастъ Тебѣ Богъ**». На это Господь прямо говоритъ ей: «**воскреснетъ братъ твой**». Какъ бы провѣряя себя, не ошибается ли она и желая побудить Господа уточнить эти слова, дать ей ясно понять, о какомъ воскресеніи говоритъ Господь, о чудѣ ли, которое Онъ намѣренъ сейчасъ совершить, или только объ общемъ воскресеніи мертвыхъ при кончинѣ міра, Марѳа говоритъ: «**знаю, что воскреснетъ въ воскресеніе, въ послѣдній день**», Марѳа высказала вѣру въ то, что Богъ исполнитъ всякую просьбу Іисуса: слѣдовательно, у нея не было вѣры въ Самого Іисуса, какъ всемогущаго Сына Божія. Поэтому Господь возводитъ ее къ этой вѣрѣ, сосредотачиваетъ ея вѣру на Своемъ лицѣ, говоря: «**Азъ есмь Воскрешеніе и Животъ: вѣруяй въ Мя, аще и умретъ, оживетъ. И всякъ живый и вѣруяй въ Мя, не умретъ во вѣки**». Смыслъ этихъ словъ тотъ: во Мнѣ источникъ оживотворенія и вѣчной жизни: слѣдовательно, Я могу, если захочу, воскресить твоего брата и теперь, прежде общаго воскресенія. «**Вѣришь ли сему?**» спрашиваетъ затѣмъ Господь Марѳу, и получаетъ утвердительный отвѣтъ, что она вѣруетъ въ Него, какъ въ пришедшаго въ міръ Мессію-Христа. По повелѣнію Господа, Марѳа пошла затѣмъ за сестрой своей Маріей, чтобы и ее привести къ Господу. Такъ какъ она позвала Марію тайно, то утѣшавшіе ее іудеи не знали, куда она идетъ и послѣдовали за ней, думая, что она пошла на гробъ Лазаря, «**да плачетъ тамо**». Марія со слезами пала къ ногамъ Іисусовымъ, произнося тѣ же самыя слова, что и Марѳа. Вѣроятно, въ скорби своей они часто говорили между собой, что не умеръ бы братъ ихъ, еслибы Господь и Учитель ихъ былъ съ ними, и вотъ, не сговариваясь, они выражаютъ свою надежду на Господа одними и тѣми же словами. Господь «**возскорбѣлъ духомъ и возмутился**» при видѣ этого зрѣлища печали и смерти. Еп. Михаилъ полагаетъ, что эта скорбь и возмущеніе Господа объясняются присутствіемъ іудеевъ, плакавшихъ неискренно и пылавшихъ злобой противъ Него, собиравшагося совершить столь великое чудо. Это чудо Господь хотѣлъ совершить для того, чтобы передъ предстоящими Ему страданіями дать возможность Своимъ врагамъ одуматься и раскаяться, увѣровать въ Него: но вмѣсто этого, они еще больше воспылали къ Нему ненавистью и рѣшительно вынесли Ему уже формально и окончательно смертный приговоръ. Преодолѣвъ въ себѣ это возмущеніе духа. Господь спрашиваетъ: «**гдѣ вы положили его?**» Вопросъ былъ обращенъ къ сестрамъ умершаго. «Богочеловѣкъ зналъ, гдѣ погребенъ Лазарь, но, обращаясь съ людьми, поступалъ по-человѣчески» (бл. Августинъ). Сестры отвѣчали: «Господи, пріиди и виждь». «**Прослезися Іисусъ**» — это, конечно, дань человѣческой природы Его. Евангелистъ говоритъ далѣе о впечатлѣніи, какое произвели эти слезы на присутствовавшихъ. Одни были тронуты, а другіе злорадствовали, говоря: «**не могъ ли Сей, отверзшій очи слѣпому, сдѣлать, чтобы и этотъ не умеръ?**» Еслибы могъ, то, конечно, любя Лазаря, не допустилъ бы его до смерти, а такъ какъ Лазарь умеръ, то, слѣдовательно, не могъ, а потому теперь и плачетъ. Подавляя въ Себѣ чувство скорби, отъ злобы іудеевъ, Господь подошелъ ко гробу Лазаря и сказалъ, чтобы отняли камень. Гробы въ Палестинѣ устраивались въ видѣ пещеры, входъ въ которую закрывался камнемъ. Открытіе такихъ пещеръ производилось лишь въ крайнихъ случаяхъ, да и то лишь послѣ погребенія вскорѣ же, а не тогда, когда трупъ уже разлагался. Въ тепломъ климатѣ Палестины разложеніе труповъ послѣ смерти начинается очень быстро, вслѣдствіе чего іудеи хоронили своихъ покойниковъ въ тотъ же день, въ какой они умерли. На четвертый же день разложеніе должно было достигнуть такой степени, что даже вѣрующая Марѳа не могла удержаться, чтобы не возразить Господу: «**Господи, уже смердитъ: четверодневенъ бо есть**». Напоминая Марѳѣ прежде ей сказанное, Господь говоритъ: «**не сказалъ ли я тебѣ, что, если будешь вѣрить, увидишь славу Божію?**» Когда камень былъ отнятъ, Господь возвелъ очи Свои къ небу и сказалъ: «**Отче, хвалу Тебѣ воздаю, яко услышалъ еси Мя**». Зная, что враги Его приписываютъ чудотворную силу Его власти бѣсовской, Господь молитвой этой хотѣлъ показать, что Онъ творитъ чудеса въ силу Своего полнаго единства съ Богомъ Отцемъ. Душа Лазаря возвратилась въ тѣло его, и Господь громкимъ голосомъ воззвалъ: «**Лазаре, гряди вонъ!**». Громкій голосъ здѣсь — выраженіе рѣшительной воли, которая увѣрена въ безпрекословномъ повиновеніи, или какъ бы возбужденіе глубоко спящаго. Къ чуду воскресенія присоединилось еще чудо: **связанный** по рукамъ и ногамъ погребальными пеленами Лазарь смогъ самъ выйти изъ пещеры, послѣ чего Господь повелѣлъ развязать его. Подробности изображенія этого событія свидѣтельствуютъ, что оно описано очевидцемъ. Въ результатѣ этого чуда произошло обычное раздѣленіе между Іудеями: **многіе** увѣровали, но другіе **пошли къ фарисеямъ**, злѣйшимъ врагамъ Господа, очевидно, съ недобрыми чувствами и намѣреніями, дабы разсказать имъ о происшедшемъ.

61. РѢШЕНІЕ СИНЕДРІОНА УБИТЬ ГОСПОДА ІИСУСА ХРИСТА. (Іоанна 11: 47-57).

Вѣсть о чудѣ настолько взволновала враговъ Господа, что первосвященники и фарисеи немедленно собрали совѣтъ верховнаго іудейскаго судилища синедріона. Въ своей средѣ они не стѣснялись высказываться совершенно откровенно, а потому прямо поставили вопросъ, что имъ дѣлать для сохраненія своей власти и своего вліянія въ народѣ. Они признаютъ чудеса Господа, какъ дѣйствительныя чудеса, но выражаютъ опасеніе, что можетъ произойти народное волненіе, а этимъ воспользуются римляне для того, чтобы уничтожить и ту тѣнь самостоятельности іудеевъ, какую они еще имѣли. Роковая ложь такого сужденія заключалась въ томъ, что они, не признавая Господа Мессіей, такъ какъ Онъ не соотвѣтствовалъ ихъ извращеннымъ представленіямъ о Мессіи, высказывали опасеніе, что Онъ можетъ стать во-главѣ народнаго возмущенія и этимъ навлечь бѣду на цѣлую націю. **«Единъ же отъ нихъ именемъ Каіафа, архіерей сый лѣту тому»** — это не значитъ, что архіереи, или первосвященники іудейскіе избирались только на годъ, а указываетъ лишь на частую смѣну первосвященниковъ, которыя зависѣли отъ римскаго правителя Іудеи — **«рече имъ: вы не вѣсте ничесоже: ни помышляете, яко уне есть намъ, да единъ человѣкъ умретъ за люди, а не весь языкъ погибнетъ»**, то-есть надо предупредить возможность такого опаснаго для евреевъ возстанія противъ римлянъ съ Іисусомъ во-главѣ, и для этого — убить Іисуса. Здѣсь Каіафа принимаетъ на себя личину ревнителя національнаго блага и вмѣстѣ съ тѣмъ находитъ извиненіе замышляемому убійству въ соображеніяхъ государственно-національной политики. Евангелистъ Іоаннъ указываетъ въ этихъ словахъ Каіафы на его невольное пророчество о томъ, что Господу Іисусу Христу надлежало **«умрети за люди»**, то-есть пострадать для искупленія человѣчества. Первосвященники, какъ провозвѣстники воли Божіей, были какъ бы посредниками между Богомъ и людьми, и въ качествѣ таковыхъ пророчествовали даже невольно, что въ данномъ случаѣ произошло даже съ такимъ первосвященникомъ, какъ Каіафа. Только Каіафа говорилъ объ одномъ іудейскомъ народѣ, а Христосъ умеръ для спасенія и собранія воедино въ Церкви Своей и язычниковъ, какъ **«чадъ Божіихъ разсѣянныхъ во всемъ мірѣ»**. Было вынесено рѣшеніе убить Господа, какъ окончательный приговоръ, и дано было приказаніе взять Іисуса. Узнавъ о приговорѣ, Господь ушелъ изъ Виѳаніи въ г. Ефраимъ близъ Іерихонской пустыни, ибо еще не насталъ часъ Его страданій. Какъ истинный Агнецъ Пасхальный, Онъ долженъ былъ умереть въ Пасху и притомъ торжественно, а не тайно, какъ повидимому, желалъ того синедріонъ, боясь народа (Матѳ. 26: 4).

62. ВЕЧЕРЯ ВЪ ВИѲАНІИ ВЪ ДОМѢ ЛАЗАРЯ.
(Іоанна 12: 1-11).

Эта вечеря была устроена для Господа за шесть дней до Пасхи и отличается отъ той вечери, которую описываютъ первые два

Евангелиста и которая имѣла мѣсто за два дня до Пасхи въ домѣ Симона прокаженнаго. Происходила она, конечно, въ домѣ воскресшаго Лазаря. На это ясно указываетъ то, что Марѳа, сестра Лазаря, служила на ней, а самъ Лазарь былъ «**одинъ изъ возлежащихъ**». На этой вечери Марія помазала ноги Господа драгоцѣннымъ мѵромъ, въ то время какъ на вечери, описанной первыми двумя Евангелистами, Господу помазала мѵромъ голову нѣкая жена, по преданію грѣшница (что запечатлѣно у насъ въ богослуженіи Великой Среды, когда это помазаніе вспоминается). По Евангелисту Іоанну, только Іуда сдѣлалъ замѣчаніе Маріи относительно цѣнности мѵра, по первымъ двумъ Евангелистамъ, — и другіе ученики. Нѣтъ ничего невѣроятнаго въ томъ, что Господь былъ дважды помазанъ мѵромъ: Марія сдѣлала это изъ чувства глубокой благодарности за воскрешеніе брата, а жена грѣшница въ знакъ своего покаянія, чувства болѣе безкорыстнаго, почему ей и обѣщана была великая награда: ей сказано было больше, чѣмъ Маріи. Марія **берегла** это мѵро, вѣроятно, отъ погребенія брата своего Лазаря, какъ бы въ пророчественномъ предвидѣніи.

Часть третья.

Послѣдніе дни земной жизни Господа Іисуса Христа.

1. ВХОДЪ ГОСПОДЕНЬ ВО ІЕРУСАЛИМЪ.
(Матѳ. 21: 1-11; Мрк. 11: 1-11; Лк. 19: 29-44: Іоан. 12: 12-19).

Объ этомъ великомъ событіи, которое служитъ какъ бы преддверіемъ страданій Христовыхъ, понесенныхъ насъ ради человѣкъ и нашего ради спасенія, разсказываютъ весьма обстоятельно всѣ четыре Евангелиста, св. Іоаннъ короче первыхъ трехъ.

Господь Іисусъ Христосъ шелъ теперь въ Іерусалимъ для того, чтобы исполнилось все написанное о Немъ, какъ о Мессіи, пророками: Онъ шелъ для того, чтобы испить чашу искупительныхъ страданій, дать душу Свою въ избавленіе за многихъ и потомъ войти въ славу Свою. Поэтому въ полную противоположность тому, какъ держалъ Себя Господь прежде, Ему благоугодно было этотъ Свой послѣдній входъ въ Іерусалимъ обставить особой торжественностью. Первые три Евангелиста передаютъ намъ подробности, которыми сопровождалась подготовка этого торжественнаго входа. Когда Господь съ учениками, окруженный множествомъ народа, сопровождавшаго Его отъ Виѳаніи и встрѣчавшагося по пути, приблизился къ горѣ Елеонской, Онъ послалъ двухъ учениковъ въ селеніе, находившееся передъ ними съ порученіемъ привести ослицу и молодого осла. Гора Елеонская, или Масличная, называлась такъ по множеству росшихъ на ней масличныхъ деревъ («елеа» — маслина). Она находится къ востоку отъ Іерусалима и отдѣляется отъ него ручьемъ или потокомъ Кедрономъ, который почти совершенно высыхалъ лѣтомъ. На западномъ склонѣ горы, обращенномъ къ Іерусалиму, находился садъ, называвшійся Геѳсиманіей. На восточномъ же склонѣ горы лежали два селенія, упоминаемыя у свв. Марка и Луки Виѳсфагія и Виѳанія (св. Матѳей говоритъ только о первой). Съ горы Елеонской былъ прекрасный видъ на всѣ части Іерусалима. Изъ Виѳаніи въ Іерусалимъ было два пути: одинъ огибалъ гору Елеонскую съ юга, другой шелъ черезъ самый верхъ горы: послѣдній былъ короче, но труднѣе и утомительнѣе. Въ Палестинѣ было мало коней, и они употреблялись почти исключительно для войны. Для домашняго обихода и путешествій употреблялись ослы, мулы и верблюды. Сѣсть на коня было тогда эмблемой войны, сѣсть на мула или на осла — эмблемой мира. Въ мирное время и цари и вожди народные ѣздили на этихъ животныхъ. Такимъ образомъ, входъ Господа Іисуса Христа въ

Іерусалимъ на ослѣ былъ символомъ мира: Царь мира ѣдетъ въ свою столицу на ослѣ — эмблемѣ мира. Замѣчательно, что хозяева осла и ослицы, по слову Господа, сразу же отдали своихъ животныхъ, когда Апостолы сказали, для Кого они ихъ берутъ. Отмѣчая удивительность этого обстоятельства, св. Златоустъ говоритъ, что Господь хотѣлъ этимъ дать понять, что «Онъ могъ воспрепятствовать жестоковыйнымъ іудеямъ, когда они пришли схватить Его, и сдѣлать ихъ безгласными, но только не захотѣлъ сего». Евангелисты Матѳей и Іоаннъ указываютъ, что это было исполненіемъ пророчества Захаріи, которое они и приводятъ, но въ сокращенномъ видѣ и которое полностью читается такъ: «**Радуйся зѣло, дщи Сіоня, проповѣдуй, дщи Іерусалимля: се Царь твой грядетъ тебѣ праведенъ и спасаяй, Той кротокъ, и всѣдъ на подъяремника** (осла, который обыкновенно ходитъ подъ ярмомъ) **и жребца юна**». (Зах. 9: 9). Это пророчество близко пророчеству Исаіи, изъ котораго св. Матѳей заимствуетъ первыя слова: «**Рцыте дщери Сіоновѣ: се Спаситель твой грядетъ, имѣяй съ собою мзду и дѣло свое предъ лицемъ Своимъ** (Исаіи 62: 11)». Разумѣя величіе этихъ минутъ, Апостолы сами стараются украсить это шествіе торжественностью: они покрываютъ ослицу и молодого осла своими одеждами, которыя какъ бы должны были замѣнить собой златотканныя ткани, коими украшались царскіе кони. «**И всѣде верху ихъ**», то-есть поверхъ одеждъ. Ѣхалъ Господь, какъ ясно видно изъ повѣствованія св. Марка, Луки и Іоанна, на осленкѣ, а ослица, повидимому, шла рядомъ. «**Множайшіи же народи постилаху ризы своя по пути**», слѣдуя примѣру учениковъ, «**друзіи же**», не имѣя верхнихъ одеждъ, по бѣдности, «**рѣзаху вѣтви отъ древъ и постилаху по пути**», чтобы сдѣлать путь мягкимъ и удобнымъ для осленка и такимъ образомъ послужить и воздать честь Сидящему на немъ. Далѣе изъ совмѣщенія повѣствованій всѣхъ Евангелистовъ можно составить себѣ слѣдующую общую картину: «**Приближающужеся Ему уже къ нисхожденію горѣ Елеонстѣй**» (Лук. 19: 37), то-есть, когда они приблизились къ перевалу, откуда начинался спускъ и открылся дивный видъ на Іерусалимъ, «**начаша все множество ученикъ, радующеся хвалити Бога гласомъ веліимъ**» за спасеніе міра, уготованное во Христѣ, и въ частности за всѣ чудеса — «**о всѣхъ силѣхъ, яже видѣша**». Къ этому добавляетъ св. Іоаннъ: «**Народъ многъ, пришедый въ праздникъ, слышавше, яко Іисусъ грядетъ во Іерусалимъ, пріяша ваія отъ финикъ и изыдоша въ срѣтеніе Ему**» (Іоан. 12: 12-13). Такъ соединилось два множества народа: одно шло отъ Виѳаніи со Христомъ, другое отъ Іерусалима, навстрѣчу Ему. Видъ Іерусалима представшаго съ горы во всей своей красѣ, вызвалъ восторгъ всей этой народной массы, который вылился въ радостныхъ и громогласныхъ кликахъ: «**Осанна Сыну Давидову,** благословенъ грядый во имя Господне, осанна въ вышнихъ!» «Осанна» въ буквальномъ переводѣ съ древне-еврейскаго языка значитъ: «Спаси же», «даруй спасеніе». Это восклицаніе употреблялось, какъ выраженіе радости и благоговѣнія на подобіе нынѣшняго: «Да здравствуетъ». «Осанна въ вышнихъ» — пожеланіе чтобы и на небѣ было принесено въ даръ Царю Израилеву, Сыну Давидову, то же радостное восклицаніе «Осанна». «Благословенъ грядый во имя Господне» — значитъ: «достоинъ благословенія или прославленія Тотъ, Кто приходитъ отъ Іеговы съ Его повелѣніями, съ Его властью, какъ приходятъ отъ земного царя посланники и правители съ полномочіемъ замѣнять его (сравни Іоан. 5: 43). Еванг. Маркъ присоединяетъ къ этому еще восклицаніе: «Благословенно грядущее царство во имя Господа, отца нашего Давида». Царство Давида долженъ былъ возстановить Мессія, Котораго престолъ долженъ былъ пребывать вѣчно и власть должна была распространиться на всѣ народы. Въ этихъ словахъ сыны Израилевы и прославляютъ Христа, грядущаго возстановить это царство Давидово. Св. Лука передаетъ еще одно восклицаніе: «Миръ на небеси», въ смыслѣ: «снисходятъ съ небесъ всѣ истинныя духовныя блага и вѣчное спасеніе». Св. Іоаннъ объясняетъ, какъ причину этой радости встрѣчи Господа, великое чудо воскрешенія Лазаря, только что Имъ совершенное, а св. Лука — всѣ вообще чудеса Его. Въ этомъ событіи Церковь наша усматриваетъ особое устроеніе Божіе и внушеніе Духа Святаго, какъ говоритъ объ этомъ Синаксарь на Недѣлю Ваій: «Сіе же бысть языки подвигшу, Всесвятому Духу». Съ этой точки зрѣнія понятенъ отвѣтъ Господа, данный Имъ на лукавый и злобный совѣтъ фарисеевъ: «Учителю, запрети ученикомъ Твоимъ (ибо Ты, какъ и мы, понимаешь, насколько все это неприлично и опасно для Тебя)» — «Аще сіи умолчатъ, каменіе возопіетъ» (Луки 19: 39-40). то-есть это славословіе Христу Мессіи устрояется въ сердцахъ и устахъ народа Самимъ Богомъ, и еслибы люди воспротивились этому опредѣленію Божію, тогда бездушные камни замѣнили бы людей въ прославленіи Господа. Въ этихъ словахъ Церковь видитъ также иносказательное указаніе на язычниковъ, бывшихъ сначала какъ бы каменносердечными, но потомъ замѣнившихъ собою Израиля, отвергшаго Христа. Тотъ же смыслъ имѣетъ и приводимый св. Матѳеемъ отвѣтъ Господа фарисеямъ, негодовавшимъ, по злобѣ и зависти на то, что еврейскія дѣти въ храмѣ восклицали: «Осанна Сыну Давидову», — «Нѣсте ли чли николиже, яко изъ устъ младенецъ и ссущихъ совершилъ еси хвалу»: то-есть Богъ Самъ устрояетъ Себѣ хвалу въ устахъ младенцевъ и грудныхъ дѣтей. (Изъ Пс. 8: 3 — Матѳ. 21: 15-16). «Видѣвъ градъ», какъ повѣствуетъ св. Лука (19: 41-44), Господь «**плакася о немъ**», то-есть о скорой его погибели. Замѣчательно, что въ 70 году Римляне, начиная осаду Іерусалима, устроили свой лагерь какъ разъ на томъ самомъ мѣстѣ на горѣ Елеонской, гдѣ находился въ это время Христосъ Спаситель, и самая осада началась тоже незадолго до Пасхи. «**Аще бы**», то-есть: «**О если бы**» «**разумѣлъ и ты**» (какъ разумѣю Я) «**въ день сей твой**» (или въ **день посѣщенія твоего,** какъ сказано ниже), «**еже къ миру твоему**», то-есть «**что служитъ ко спасенію твоему**». «**Нынѣ же сокрыся отъ очію твоею**», ты упорно закрываешь глаза, чтобы не видѣть, что, отвергая Меня, ты устрояешь свою погибель. «**Не разумѣлъ еси времени посѣщенія твоего**», то-есть: того времени, когда милостивъ былъ къ тебѣ Богъ и призывалъ тебя ко спасенію черезъ посланнаго къ тебѣ Мессію, котораго ты отвергъ, вмѣсто того, чтобы послушать Его.

Св. Матѳей свидѣтельствуетъ, что «**когда вошелъ Онъ въ Іерусалимъ, весь городъ пришелъ въ движеніе**» — столь велико было впечатлѣніе отъ этой торжественной встрѣчи.

2. ИЗГНАНІЕ ТОРГУЮЩИХЪ ИЗЪ ХРАМА.
(Матѳ. 21: 12-17; Марк. 11: 15-19; Лк. 19: 45-48).

Войдя въ Іерусалимъ, Господь направился прямо въ храмъ и совершилъ изгнаніе торгующихъ изъ храма. Объ этомъ повѣствуютъ только три первыхъ Евангелиста, причемъ повѣствованіе св. Марка отличается отъ повѣствованія св. Матѳея и Луки тѣмъ, что по св. Марку, Господь, войдя въ храмъ, «**и осмотрѣвъ все, какъ время уже было позднее, вышелъ въ Виѳанію съ двѣнадцатью**» и только на другой день, послѣ проклятія смоковницы, снова, войдя въ храмъ, совершилъ изгнаніе торгующихъ. Тутъ нельзя видѣть серьезнаго противорѣчія: Апостолы въ изложеніи событій не всегда придерживались точнаго хронологическаго порядка; для нихъ часто важнѣе представлялась связь событій логическая. Нѣкоторые же допускаютъ, что было двойное очищеніе храма отъ торгующихъ: въ самый день входа Господня во Іерусалимъ и вторично — на другой день. Три года тому назадъ, когда Господь пришелъ въ Іерусалимъ на первую, послѣ Своего крещенія Пасху, Онъ засталъ дворы и притворы храма обращенными въ торговую площадь, и изгналъ всѣхъ торгующихъ. Въ слѣдующемъ году Господь опять пришелъ въ Іерусалимъ на Пасху, но торговли въ храмѣ, повидимому, не засталъ. На третію Пасху Своего служенія Господь совсѣмъ не былъ въ Іерусалимѣ. Когда же приближалась четвертая Пасха, то Іудеи были озабочены, придетъ ли Іисусъ на праздникъ. Зная, что начальство уже вынесло Ему смертный приговоръ, и думая, что Онъ не рѣшится идти въ Іерусалимъ на явную смерть, торговцы, съ разрѣшенія первосвященниковъ, нагнали опять въ притворы и во дворъ храма стада животныхъ, разставили палатки съ разными товарами, поставили столы съ размѣнными кассами, скамьи съ голубями, которыхъ разводили для продажи сами первосвященники, — и начали торговать. Приходъ Господа въ храмъ явился для нихъ неожиданностью. Послѣ того, какъ народъ торжественно привѣтствовалъ Его криками **«осанна»**, никто не рѣшился противодѣйствовать Ему, когда Онъ, какъ и въ первый годъ Своего служенія, началъ **«изгонити продающыя и купующыя въ Церкви, и трапезы торжникомъ и сѣдалища продающихъ голуби испроверже»**. Св. Маркъ къ этому добавляетъ еще, что Господь **«не позволялъ, чтобы кто пронесъ черезъ храмъ какую-либо вещь»**, то есть постороннія вещи, не имѣющія отношенія къ совершаемому въ храмѣ богослуженію. Очевидно, величіе и могущество Божества просіявали въ этотъ моментъ на лицѣ Господа, такъ что никто не смѣлъ оказать Ему противодѣйствія, и всѣ невольно повиновались Ему. Первосвященники очевидно тоже не смѣли ничего предпринять противъ Господа, видя, какъ народъ **«неотступно слушаетъ Его, удивляясь ученію Его»** (Марк. 11: 18 и Луки 19: 47-48).

Великій понедѣльникъ.

3. ПРОКЛЯТІЕ БЕЗПЛОДНОЙ СМОКОВНИЦЫ.
(Матѳея 21: 18-19; Марка 11: 12-14).

Два Евангелиста свв. Матѳей и Маркъ разсказываютъ, что послѣ торжественнаго входа въ Іерусалимъ, Господь провелъ со своими учениками ночь въ Виѳаніи, а утромъ на другой день, идя опять въ Іерусалимъ, по дорогѣ увидѣвъ смоковницу, пожелалъ вкусить отъ нея плодовъ, но ничего не нашелъ на ней, хотя она и одѣта была листьями, и сказалъ: **«Да не будетъ же впредь отъ тебя плода во вѣкъ». «И абіе изсше смоковница»**, чему чрезвычайно поразились ученики. Евангелисты говорятъ, что Господь **«взалкалъ»** и потому искалъ плодовъ. Это не должно удивлять, ибо Господь Іисусъ Христосъ, по Своей человѣческой природѣ, былъ подверженъ всѣмъ немощамъ человѣческаго естества, и во всемъ былъ подобенъ намъ, **кромѣ грѣха**. Вѣдь Онъ былъ не только Богъ, но **БОГОЧЕЛОВѢКЪ**. Характерно, что для удовлетворенія Своихъ человѣческихъ потребностей Онъ никогда не пользовался Своимъ Божественнымъ всемогуществомъ и силою, а прибѣгалъ въ такихъ случаяхъ къ обычнымъ человѣческимъ средствамъ, отвергнувъ разъ навсегда первое діавольское искушеніе о претвореніи камней въ хлѣбы. Св. Маркъ замѣчаетъ при этомъ, что на смоковницѣ не было плодовъ, потому что еще было **не время.** За что же тогда смоковница подверглась проклятію? За то, что она видомъ своимъ обманывала, вводила въ заблужденіе. На смоковницѣ листья являются обычно послѣ плодовъ, а эта смоковница своимъ зеленѣющимъ видомъ обѣщала плоды проходящимъ по дорогѣ путникамъ, въ то время какъ въ дѣйствительности на ней ничего, кромѣ однихъ листьевъ, не было. По ученію Церкви смоковница эта была символомъ представителей и руководителей іудейской ветхозавѣтной церкви — первосвященниковъ, книжниковъ и фарисеевъ, которые имѣли только внѣшній видъ исполнителей Закона Божія, а дѣйствительныхъ плодовъ вѣры не приносили. Господь обрекъ ихъ на изсушеніе въ наказаніе за ихъ лицемѣріе, и предрекъ, какъ мы увидимъ дальше, что **«отъимется отъ нихъ Царствіе Божіе и дастся языку творящему плоды его (Матѳ. 21: 43)».**

4. ЖЕЛАНІЕ ЭЛЛИНОВЪ ВИДѢТЬ ІИСУСА ХРИСТА И БЕСѢДА ГОСПОДА ПО ЭТОМУ ПОВОДУ.

(Іоанна 12: 20-50).

Послѣ торжественнаго входа Господа въ Іерусалимъ, вѣроятно, на другой же день, къ апостолу Филиппу подошли эллины и просили его, говоря: **«Господинъ, намъ хочется видѣть Іисуса».** Эллины — значитъ собственно греки, но такъ называли въ Іудеѣ всѣхъ вообще язычниковъ. Повидимому, это были такъ наз. **«прозелиты»,** то-есть обращенные въ іудейскую вѣру язычники. Филиппъ передалъ эту просьбу Андрею. Характерно, что Филиппъ и Андрей были единственные ученики Господа, которые носили греческія имена. Въ Десятиградіи жило немало грековъ, а такъ какъ Филиппъ былъ родомъ изъ Виѳсаиды Галилейской, то возможно, что къ нему обратились именно греки, которые знали его. Обращеніе «господинъ» показываетъ, что эти эллины съ особымъ почтеніемъ отнеслись къ ученику столь знаменитаго Учителя. Слова: **«Намъ хочется видѣть Іисуса»** указываютъ не на простое любопытство, ибо видѣть Его могъ каждый, когда Онъ ходилъ по двору храма и училъ. Очевидно эти эллины искали большей близости къ Господу, хотѣли говорить съ Нимъ. Еп. Михаилъ высказываетъ предположеніе, что они хотѣли предложить Ему идти съ проповѣдью въ ихъ страну, зная о злобѣ къ Нему книжниковъ и фарисеевъ, какъ это сдѣлалъ, по преданію, эдесскій царь Авгарь. Во всякомъ случаѣ въ этомъ выразилось стремленіе язычниковъ пріобщиться къ открывающемуся Царству Христову—это было первымъ предвѣстникомъ обращенія ко Христу всего языческаго міра, какъ результатъ Его крестныхъ страданій — искупительной жертвы за грѣхи всего человѣчества. Вотъ почему это обращеніе эллиновъ заставило Господа погрузиться мыслью въ предстоящія Ему страданія и глубокую идею креста Своего. Этимъ и объясняется то, что изъ устъ Его излилась вдохновенная рѣчь, которую приводитъ намъ только одинъ Евангелистъ Іоаннъ.

«**Пріиде часъ, да прославится Сынъ Человѣческій**». Какой это часъ? По отношенію къ Самому Христу это — часъ Его крестныхъ страданій, смерти и воскресенія, по отношенію къ князю міра сего діаволу, какъ часъ его изгнанія, по отношенію къ людямъ, какъ часъ ихъ привлеченія ко Христу, вознесенному на крестъ. Господь называетъ себя здѣсь «Сыномъ Человѣческимъ», указывая тѣмъ, что Ему придется понести страданія и смерть, какъ человѣку для того, чтобы войти въ славу Свою, какъ Богочеловѣку и черезъ это привлечь къ Себѣ **все человѣчество**. Какъ въ видимой природѣ, смерть не всегда причина уничтоженія, а бываетъ наоборотъ началомъ новой жизни, подобно пшеничному зерну, которое должно какъ бы умереть въ землѣ, чтобы умножиться, такъ и Его смерть явится началомъ новой жизни, умноженія послѣдователей Царства Его на землѣ. Такъ и послѣдователи Господа не должны бояться смерти (**«любить свою душу»**), но наоборотъ должны для пріобрѣтенія жизни вѣчной жертвовать своей земной жизнью. Человѣческая природа Господа, однако, возмущается мыслью о предстоящихъ ей страшныхъ страданіяхъ: «**Нынѣ душа моя возмутися**». Это начало той борьбы между человѣческой и Божественной природой Христа, которая потомъ достигла своего наивысшаго напряженія въ Геѳсиманскомъ саду. Человѣческая природа побуждаетъ молиться: «**Отче, спаси мя отъ часа сего**», но Божественная природа сейчасъ же побѣждаетъ это смущеніе, побуждая молиться: «**Отче, прослави Имя Твое**», то-есть: «**Да совершится то, ради чего я пришелъ на землю**». Въ отвѣтъ Самъ Отецъ Небесный подкрѣпилъ Своего Возлюбленнаго Сына на предстоящій Ему подвигъ, возгремѣвъ съ неба: «**И прославихъ, и паки прославлю**», то-есть: «прославилъ уже многочисленными дѣлами, знаменіями и чудесами, и вновь прославлю черезъ предстоящія скоро крестныя страданія, смерть и воскресеніе». Впечатлѣніе этого небеснаго голоса было неодинаково для слышавшихъ, что объясняется неодинаковымъ духовнымъ состояніемъ слышавшихъ. Люди, невѣровавшіе во Христа, говорили, что это простой громъ, другіе, что это Ангелъ говорилъ Ему. Господь, отвѣчая на эти ложные толки, поясняетъ, что этотъ голосъ былъ «**народа ради**», то-есть, чтобы всѣ увѣровали въ Него, вразумились бы хотя бы въ эти послѣдніе часы Его пребыванія на землѣ, ибо наступаетъ часъ суда надъ

«Княземъ міра сего» діаволомъ и изгнанія его изъ душъ человѣческихъ. «Княземъ міра сего» діаволъ называется во многихъ мѣстахъ Слова Божія, какъ обладающій всѣмъ невѣрующимъ и враждебнымъ Христу человѣчествомъ. «**И аще Азъ вознесенъ буду отъ земли, вся привлеку къ Себѣ**» — то-есть распятіе Господа, а затѣмъ и послѣдующее вознесеніе Его на небо повлечетъ за собой обращеніе къ Господу всего человѣчества. Народъ понялъ, что подъ «вознесеніемъ отъ земли» Господь разумѣетъ Свою кончину, а потому выражаетъ недоумѣніе, кто же будетъ тогда царствовать на землѣ, ибо о Мессіи было представленіе, какъ о земномъ царѣ, который будетъ царствовать на землѣ вѣчно. На это Господь увѣщеваетъ ихъ, чтобы они пользовались временемъ, пока Онъ — «**Свѣтъ міру**» — находится еще съ ними и увѣровали бы въ Него, и отошелъ отъ нихъ, вѣроятно, на гору Елеонскую или въ Виѳанію, гдѣ Онъ проводилъ ночи, уча днемъ во храмѣ. Далѣе Евангелистъ со скорбію размышляетъ о причинахъ невѣрія Іудеевъ въ Господа, указывая на то, что объ этомъ невѣріи предсказывалъ еще пророкъ Исаія (53: 1 и 6: 9-10), какъ объ окамененіи сердецъ избраннаго народа. Причина враждебности къ Господу — также предпочтеніе славы человѣческой славѣ Божіей. Въ заключеніе св. Іоаннъ приводитъ послѣднія увѣщательныя слова Господа, сказанныя іудеямъ въ храмѣ, о томъ, что Онъ пришелъ спасти міръ, и Слово Его будетъ судить людей въ послѣдній день, ибо это слово есть ничто иное, какъ заповѣдь людямъ Самого Небеснаго Отца.

Великій вторникъ.

5. ЗАСОХШАЯ СМОКОВНИЦА И ПОУЧЕНІЕ О СИЛѢ ВѢРЫ.
(Матѳ. 21: 20-22; Мрк. 11: 20-24).

Св. Маркъ подробнѣе и раздѣльнѣе, чѣмъ св. Матѳей, описываетъ обстоятельства проклятія Господомъ безплодной смоковницы. Онъ и говоритъ, что только на другой день, очевидно, когда Господь вновь шелъ съ учениками изъ Виѳаніи въ Іерусалимъ тою же дорогою, что и наканунѣ, ученики обратили вниманіе на то, что смоковница засохла. Въ отвѣтъ на выраженное учениками по этому поводу удивленіе, Господь поучаетъ ихъ о силѣ вѣры, говоря, что, если они будутъ имѣть **вѣру Божію**, преодолѣвая всѣ сомнѣнія, то смогутъ творить еще большія чудеса: «**Аще и горѣ сей речете: двигнися и верзися въ море, будетъ**». Въ примѣрѣ горы, конечно, только представляется, что для вѣры, свободной отъ сомнѣнія, нѣтъ ничего невозможнаго. Поэтому и въ молитвѣ надо обо всемъ просить съ вѣрою, чтобы получить. Св. Маркъ добавляетъ къ этому въ 25-26 стихахъ, что условіемъ дѣйственности молитвы является прощеніе ближнимъ. Непрощеніе ближнимъ есть оскорбленіе любви Божіей, а потому при непрощеніи не можетъ быть ни истинной твердой вѣры, ни дѣйственной поэтому молитвы.

6. БЕСѢДА ВЪ ХРАМѢ: ОТВѢТЪ ГОСПОДА СТАРѢЙ-ШИНАМЪ, КТО ДАЛЪ ЕМУ ТАКУЮ ВЛАСТЬ.
(Матѳея 21: 23-27; Марка 11: 27-33 и Луки 20: 1-8).

Когда Господь вновь пришелъ въ храмъ и началъ, по обычаю, учить, приступили къ Нему первосвященники и старѣйшины съ лукавымъ вопросомъ: **«Коею властью сія твориши, и кто Ти даде власть сію?»** то-есть какое право имѣетъ Онъ распоряжаться въ храмѣ — изгонять торжниковъ и учить. Ясно, что это не вопросъ людей, желающихъ знать истину, а лукавое совопросничество. Какъ и всегда злобные враги Господа хотѣли уловить Его въ словѣ. Но Господь, не отвѣчая прямо на ихъ коварный вопросъ, Самъ уловляетъ ихъ въ словѣ. Онъ спрашиваетъ ихъ: **«Крещеніе Іоанново откуду бѣ, съ небесе ли, или отъ человѣкъ?»** Вопросъ о крещеніи Іоанновѣ былъ въ то же время вопросомъ объ его пророческомъ достоинствѣ и о Божественномъ его посланничествѣ. Іоаннъ свидѣтельствовалъ объ Іисусѣ, какъ о Мессіи, Сынѣ Божіемъ, вземлющимъ грѣхи міра. Признать его посланникомъ Божіимъ это значило признать Іисуса Мессіею, и тогда самъ собою разрѣшался вопросъ, какою властью Іисусъ творитъ то, что раздражало Іудеевъ. Совопросники поставлены были въ очевидное затрудненіе, зная, что народъ чтилъ св. Іоанна, какъ пророка, и боясь, что народъ побьетъ ихъ камнями, если они рѣшатся сказать, что Іоаннъ не пророкъ. Признать же открыто Іоанна пророкомъ, это значило признать и его свидѣтельство объ Іисусѣ, какъ о Сынѣ Божіемъ. И они не рѣшились дать опредѣленнаго отвѣта, сказавъ: **«Не вѣмы».** Такой синедріонъ, который не могъ вынести опредѣленнаго рѣшенія на столь важный вопросъ, подлежавшій именно его вѣдѣнію, показалъ себя не состоятельнымъ и не заслуживалъ отвѣта Господа. Поэтому и Господь отвѣчалъ: **«И Я вамъ не скажу, какою властью сія творю».** На это лишнее было и отвѣчать, ибо они, конечно, прекрасно знали, какой властью Господь дѣйствуетъ, но сознательно противились этой власти. Всѣ три синоптика повѣствуютъ объ этомъ разговорѣ совершенно согласно между собой.

7. ПРИТЧА О ДВУХЪ СЫНОВЬЯХЪ.
(Матѳея 21: 28-32).

Продолжая дальше разговоръ съ ними, Господь разсказалъ имъ притчу, желая, чтобы они сами надъ собой произнесли приговоръ. **«У одного человѣка было два сына»** — какъ видно изъ дальнѣйшаго, подъ человѣкомъ разумѣется Богъ, подъ первымъ сыномъ — мытари и блудницы, то-есть вообще люди грѣшные, а подъ вторымъ сыномъ — книжники и фарисеи, то-есть вообще всѣ, считающіе сами себя праведниками. **«Пойди, работай въ виноградникѣ Моемъ»**: подъ виноградникомъ понимается церковь, а работа въ немъ — дѣла благочестія, исполненіе заповѣдей Божіихъ. На требованія Божіи грѣшники отвѣчаютъ: **«Не хочу»** самою жизнью своею, но потомъ каются, какъ покаялись мытари и блудницы, послѣ проповѣди Іоанна Крестителя, и начинаютъ исполнять волю Божію. Фарисеи и мнимые праведники говорятъ **«иду»**, то-есть на словахъ какъ будто исполняютъ волю Божію, а на дѣлѣ нѣтъ, ибо не принимаютъ проповѣди Господа о покаяніи. Не понявъ смысла притчи, совопросники естественно на вопросъ Господа, который изъ двухъ исполнилъ волю отца, отвѣтили Ему: **«Первый»**. Тогда-то Господь и раскрылъ имъ значеніе притчи, направленной къ осужденію ихъ. Онъ указалъ имъ, что тѣ люди, которыхъ они презираютъ, какъ грѣшниковъ, оказались болѣе достойными, чѣмъ они войти въ Царство Мессіи — Церковь Христову.

8. ПРИТЧА О ЗЛЫХЪ ВИНОГРАДАРЯХЪ.
(Матѳея 21: 33-46; Марка 12: 1-12; Луки 20: 9-19).

Притчу эту передаютъ намъ всѣ три синоптика совершенно одинаково. Нѣкоторый хозяинъ, подъ которымъ разумѣется Господь Богъ, устроилъ «виноградникъ», подъ которымъ надо понимать ветхозавѣтную церковь. Обнесъ его «оградой», подъ которой толкователи понимаютъ законъ Моисеевъ и всѣ вообще учрежденія, назначенныя для того, чтобы предохранять избранный народъ Божій Іудеевъ отъ вліянія язычества; выкопалъ въ немъ «точило» — бассейнъ или яма, въ которой выжимался сокъ, построилъ «башню», назначавшуюся для сторожей, которые охраняли виноградникъ отъ воровъ и животныхъ. Подъ «точиломъ» и «башней» свв. отцы разумѣютъ алтарь и храмъ. Сдѣлавъ все нужное для благоустроенія виноградника, хозяинъ «отдалъ его виноградарямъ», какъ было въ обычаѣ, съ тѣмъ, чтобы они уродившіеся плоды сполна или въ извѣстномъ условленномъ количествѣ доставляли хозяину. Подъ «виноградарями» разумѣются іудейскіе народные начальники, по преимуществу первосвященники и члены синедріона. Затѣмъ хозяинъ отлучился: это значитъ, что Господь ввѣрилъ имъ всю полноту власти надъ еврейскимъ народомъ, съ тѣмъ, чтобы они потомъ представили ему плоды своего управленія — показали бы, чтобы они воспитали народъ такъ, какъ слѣдовало, въ духѣ закона Божія. Черезъ нѣкоторое время хозяинъ послалъ своихъ «слугъ», подъ которыми надо понимать пророковъ. Но злые виноградари, **«емше рабовъ Его, оваго убо биша, оваго же убиша, оваго же каменіемъ побиша»** — такъ, поступали начальники іудейскаго народа съ посланниками Божіими пророками. Они управляли народомъ, не заботясь о его духовномъ совершенствованіи, а преслѣдуя только свою личную корысть и интересы, и потому жестоко избивали пророковъ Божіихъ, напоминавшихъ имъ объ ихъ обязанностяхъ. Объ этомъ свидѣтельствуетъ вся ветхозавѣтная священная исторія (Іерем. 44: 4-6; 2 Пар. 24: 20-21; 36: 16; Неем. 9: 26 и др.). Наконецъ, хозяинъ послалъ къ нимъ «сына своего» (по Марку, единственнаго и возлюбленнаго); послѣднимъ чрезвычайнымъ посланникомъ Божіимъ къ Іудейскому народу былъ Самъ Единородный Сынъ Божій Господь Іисусъ Христосъ. **«Сей есть наслѣдникъ»**, сказали злые виноградари: **«пріидите, убіемъ Его, и удержимъ достояніе Его».** Господь Іисусъ Христосъ называется «наслѣдникомъ» въ томъ смыслѣ, что все предано Ему Отцемъ Его (Матѳ. 11: 27). Первосвященники и старѣйшины Іудейскіе рѣшили убить Его, чтобы не лишиться своей власти надъ еврейскимъ народомъ. **«Емше Его изведоша вонъ изъ винограда, и убиша»** — такъ начальники Іудейскіе убили Господа Іисуса Христа, выведши Его изъ Іерусалима, который былъ священнымъ средоточіемъ ветхозавѣтной церкви, за стѣнами его. Закончивъ притчу, Господь пожелалъ, чтобы слушатели сами произнесли надъ собою приговоръ, что они дѣйствительно и сдѣлали, по св. Матѳею, а по св. Марку, Господь, съ Своей стороны, подтвердилъ правильность этого приговора. А по св. Лукѣ, первосвященники и старѣйшины, уразумѣвъ, что этотъ приговоръ они изрекли сами надъ собой, затѣмъ сказали: **«Да не будетъ»**, то-есть этого съ нами. Подъ «пришествіемъ» хозяина надо понимать здѣсь не Второе Пришествіе Христово, ибо далѣе говорится о томъ, что Онъ, то-есть Богъ, **виноградъ предастъ инымъ дѣлателемъ»** (слѣдовательно, земная жизнь людей еще будетъ продолжаться), а разрушеніе Іерусалима, отмѣну первосвященническаго служенія и власти синедріона и значенія книжниковъ и фарисеевъ. Тогда призваны будутъ на дѣло обработки виноградника Божія **«иные дѣлатели»** — Апостолы и ихъ преемники, пастыри Христовой Церкви. Въ заключеніе притчи Христосъ примѣняетъ къ себѣ 22-23 стихи 117 псалма, называя Себя

Камнемъ, который отвергли строители, то-есть вожди Іудейскаго народа, но Который сдѣлался **«Главою угла»** — сталъ краеугольнымъ камнемъ величественнаго зданія новозавѣтной Церкви. Пришествіе въ міръ Самого Сына Божія было **«отъ Господа»** и **«есть дивно»** въ очахъ человѣческихъ, съ точки зрѣнія человѣческой. Называя Себя камнемъ, Господь указываетъ на два вида людей, которые не увѣруютъ въ Него и которые подвергнутся за это наказанію: одни, для которыхъ Онъ будетъ **Камнемъ претыканія,** то-есть соблазна, другіе, которые, оставаясь не раскаянными, ожесточенно возстали противъ Господа и начали бороться противъ распространенія Его Царства. Вина вторыхъ тяжелѣе. Преткнувшагося о камень и разбившагося можно возстановить и исцѣлить, сотреніе же выражаетъ окончательную гибель, которая и постигнетъ всѣхъ ожесточенныхъ противниковъ Христовыхъ. Въ результатѣ такого непокорства Іудеевъ, назначенныхъ первоначально быть избраннымъ народомъ Божіимъ, **«Отъимется отъ нихъ царствіе Божіе, и дастся языку творящему плоды Его»,** то-есть новому народу Божію — всѣмъ будущимъ членамъ Царства Божія, или Церкви Христовой, которые представляются здѣсь, какъ одинъ народъ — **новый Израиль.** Понявъ весь глубокій смыслъ притчи до конца **первосвященники и фарисеи... старались схватить Его, но побоялись народа»,** то-есть возможности народнаго возмущенія, которое могло бы быть вызвано въ защиту Господа, почитавшагося пророкомъ.

9. ПРИТЧА О ЗВАННЫХЪ НА БРАЧНЫЙ ПИРЪ ЦАРСКАГО СЫНА.
(Матѳ. 22: 1-14).

Эта притча, по содержанію и основной мысли, сходна съ притчей о званныхъ на вечерю, изложенной въ 14 главѣ Евангелія отъ Луки (16-24). Но эти притчи несомнѣнно произнесены въ разное время. Притча о званныхъ на вечерю была разсказана Господомъ въ домѣ фарисея въ день субботній, задолго еще до Его торжественнаго входа во Іерусалимъ, а эту притчу Господь изложилъ послѣ Своего входа въ Іерусалимъ, вѣрнѣе всего во вторникъ. Главная мысль притчи о званныхъ на вечерю та, что **многіе, ради житейскихъ попеченій, откажутся отъ Царства Божія.** Притча же о бракѣ царскаго сына находится въ связи съ притчей о злыхъ виноградаряхъ. Въ обѣихъ этихъ притчахъ, при томъ и слѣдующихъ одна за другой непосредственно, говорится о слугахъ, изъ которыхъ одни были подвергнуты оскорбленіямъ, другіе убиты, а также о злой гибели оскорбителей и убійцъ. И здѣсь, какъ въ первой притчѣ, подъ образомъ званныхъ надо понимать народъ Іудейскій, а подъ слугами царя — ветхозавѣтныхъ пророковъ. Подъ истребленіемъ убійцъ и сожженіемъ ихъ города необходимо разумѣть гибель Іудейскаго народа и разрушеніе Іерусалима. Призываніе на брачный пиръ всѣхъ, кто встрѣтится, это — призваніе въ Царство Божіе всѣхъ людей, которое послѣдовало тогда, когда Іудеи отвергли апостольскую проповѣдь (см. Дѣянія 13:46). На бракъ — въ Царствіе Божіе — призываются **всѣ: и добрые и злые,** ибо для вступленія въ него не нужна ни святость ни заслуги: въ него призываются не за дѣла, а по милосердію Призывающаго. Судъ — установленіе различія между добрыми и злыми, достойными пребывать въ Царствіи Божіемъ и недостойными — будетъ потомъ, позже. Поэтому, кто разъ призванъ, долженъ ходить достойно своего званія, быть облеченнымъ въ **брачную одежду.** Въ древности цари и князья на Востокѣ имѣли обычай давать приглашеннымъ спеціальную парадную одежду, въ которой тѣ и должны были являться на пиръ. Такъ и каждому призываемому въ Царство Христово дается при крещеніи свѣтлая одежда чистоты духовной. Пренебрегшій этой одеждой и вошедшій на духовный пиръ въ одеждѣ, оскверненной грѣхами, достоинъ осужденія и наказанія. По толкованію св. Златоуста, «войти въ нечистой одеждѣ означаетъ, имѣя нечистую жизнь, лишиться благодати. Потому и сказано: онъ же молчалъ... Не имѣя, чѣмъ защитить себя, онъ осудилъ самого себя и подвергъ чрезвычайному наказанію». Какъ не пожелавшаго надѣть предложенную ему отъ царя одежду выгоняли изъ ярко-освѣщенныхъ палатъ царскаго пира наружу во внѣшнюю (кромѣшнюю) тьму, гдѣ онъ отъ холода и досады скрежеталъ зубами, такъ на Страшномъ Судѣ будутъ извергнуты изъ сонма спасаемыхъ въ Церкви Христовой нераскаянные грѣшники, загрязнившіе своей грѣховной нечистотой одежду крещенія. Общая заключительная мысль этой притчи съ притчей св. Луки: **«мнози бо суть звани, мало же избранныхъ»** — означаетъ то, что призываются въ Царство Христово многіе, всѣ, кто отзовутся на проповѣдь Евангелія, но истинными членами этого Царства дѣлаются не всѣ званные, а только избранные изъ нихъ. Такъ, всѣ Іудеи призывались въ Церковь Христову, но лишь немногіе вошли въ нее; точно также и всѣ другіе народы, хотя и призваны были, но истинныхъ христіанъ оказывалось среди нихъ и будетъ оказываться немного.

Выслушавъ все это посрамленные Господомъ члены синедріона начали совѣщаться, какія бы мѣры принять имъ противъ Него и замыслили послать людей, которые бы могли **уловить Его въ словѣ,** дабы легче было обвинить Его и предать суду.

10. ОТВѢТЪ ГОСПОДА О ДАНИ КЕСАРЮ.
(Матѳ. 22: 15-22; Марк. 12: 13-17; Луки 20: 20-26).

Среди учениковъ своихъ и иродіанъ, приверженцевъ царя Ирода, которому не всѣ хотѣли платить подати, какъ иноплеменнику, фарисеи выбрали наиболѣе лукавыхъ людей, которыхъ подослали къ Господу Іисусу Христу съ коварнымъ вопросомъ: **«достойно ли есть дати кинсонъ кесареви или ни?»** Лукавый вопросъ былъ разсчитанъ на то, что если Господь скажетъ, что **надо** платить подать языческому императору, ненавистному для Іудеевъ, то этимъ Онъ оттолкнетъ отъ Себя народъ, а если скажетъ, что **не надо,** то можно сразу же будетъ обвинить Его передъ римлянами, какъ возмутителя народа. Въ вопросѣ искусителей была сокрыта такая мысль: Іудейскій народъ это народъ Божій, который своимъ Царемъ признаетъ лишь Бога, а потому не можетъ служить иноземному да еще языческому царю, такъ какъ иначе явится противникомъ Богу; слѣдовательно, что же имъ дѣлать — **давать ли подать кесарю или соблюдать неизмѣнную вѣрность Богу?** На это Господь далъ мудрый отвѣтъ, что **нужно дѣлать и то и другое — «воздадите убо кесарева кесареви, и Божія Богови».** то-есть исполняйте свои обязанности, какъ въ отношеніи къ Богу, такъ и въ отношеніи къ государственной власти, поскольку послѣднее не противорѣчитъ первому, конечно.

11. ПОСРАМЛЕНІЕ САДДУКЕЕВЪ ВЪ ВОПРОСѢ О ВОСКРЕСЕНІИ.
(Матѳ. 22: 23-33; Марка 12: 18-27; Луки 20: 27-40).

Послѣ посрамленія фарисеевъ съ иродіанами, тотчасъ же подошли къ Господу саддукеи, которые представляли собой секту невѣрующихъ въ воскресеніе душъ и будущую жизнь (см. Дѣян. 23: 8). Они вели постоянные споры съ фарисеями, стремясь доказать, что въ книгахъ Моисеевыхъ не только нѣтъ никакихъ указаній на безсмертіе души, но содержатся даже такія постановленія, которыя противорѣчатъ ученію о воскресеніи мертвыхъ, какъ, напр., законъ ужичества, или левиратный бракъ. Этотъ споръ саддукеи и представили на разрѣшеніе Господа Іисуса Христа, измысливъ исторію о семи братьяхъ, которые поочередно брали за себя одну и ту же жену и затѣмъ умирали. Съ ихъ точки зрѣнія это постановленіе закона Моисеева опровергало ученіе о будущей жизни, ибо **«котораго изъ семи братьевъ** могла бы быть въ будущей жизни эта жена?» Св. Златоустъ справедливо отмѣчаетъ невѣроятность такой исторіи, ибо іудеи, отличаясь суевѣріемъ, не стали бы брать такую жену, у которой мужья подрядъ одинъ за другимъ умирали. Господь далъ саддукеямъ мудрый отвѣтъ, обличивъ ихъ въ томъ, что они не понимаютъ будущей вѣчной жизни, въ которой уже не будетъ ничего чувственнаго, и люди будутъ жить иною жизнью, духовною, ангельскою, «**яко Ангели Божіи на небеси суть**». Еслибы люди послѣ смерти совершенно уничтожались, то не говорилъ бы Богъ, явившійся при купинѣ Моисею: **Азъ есмь Богъ Авраамовъ, и Богъ Исааковъ, и Богъ Іаковль**», ибо «**нѣсть Богъ Богъ мертвыхъ, но Богъ живыхъ**», то-есть умершіе уже тогда праотцы для Бога живы, ибо Богъ не можетъ быть Богомъ несуществующаго. Св. Лука говоритъ, что этотъ отвѣтъ понравился даже книжникамъ, которые не могли удержаться, чтобы не сказать: «**Учитель, Ты хорошо сказалъ**». А народъ, видя посрамленіе саддукеевъ, удивлялся мудрости Іисуса.

12. БЕСѢДА О НАИБОЛЬШЕЙ ЗАПОВѢДИ ВЪ ЗАКОНѢ И О БОЖЕСТВЕННОМЪ ДОСТОИНСТВѢ МЕССІИ.
(Матѳ. 22: 34-46; Марка 12: 28-37; Луки 20: 40-44).

Фарисеи, узнавъ о посрамленіи саддукеевъ, собрались тутъ же въ храмѣ на совѣщаніе и рѣшили предложить Іисусу самый трудный, по ихъ мнѣнію, вопросъ, о томъ, какую заповѣдь слѣдуетъ считать **наибольшей** въ законѣ. Коварство вопроса станетъ понятнымъ, если мы примемъ во вниманіе, что іудейскіе книжники различали въ законѣ заповѣди **большія** и **меньшія** и между ними происходили постоянныя споры о семъ. Одни считали наибольшей заповѣдь о жертвахъ, другіе — о субботѣ, третіи — объ обрѣзаніи и вообще ставили обрядовые законы на первое мѣсто. На этотъ вопросъ Господь отвѣчалъ прямо словами Второзаконія (6: 3): «**возлюбиши Господа Бога твоего всѣмъ сердцемъ твоимъ, и всею душею твоею, и всею мыслію твоею**», указавъ, что это — «**первая и большая заповѣдь**» и прибавивъ, что «**вторая подобна ей: возлюбиши искренняго твоего, яко самъ себе**» (Лев. 19: 18). Св. Маркъ добавляетъ къ этому, что этотъ отвѣтъ Господа привелъ въ восторгъ самого законника, воскликнувшаго: «**хорошо, учитель. Истину сказалъ Ты**». Искренность его тронула Іисуса и, видя, что этотъ грѣшникъ можетъ исправиться, Господь сказалъ ему: «**недалеко ты отъ царствія Божія**». Послѣ всѣхъ этихъ неудачныхъ покушеній уловить Господа въ словѣ, фарисеи уже не смѣли ни о чемъ спрашивать Его, но Онъ, чтобы показать **имъ**, какъ они сами несвѣдущи въ Писаніяхъ и какъ невѣжественны въ своихъ ложныхъ понятіяхъ о Мессіи, Самъ задалъ имъ вопросъ: «**что вамъ мнится о Христѣ? чій есть Сынъ?**» Нисколько не задумываясь, они отвѣчали: «**Давидовъ**», конечно, потому, что Давиду было обѣщано, что изъ его рода долженъ произойти Мессія. Итакъ, вы думаете, какъ бы такъ отвѣтилъ имъ Господь, что Христосъ **только** Человѣкъ, но **«како убо Давидъ духомъ** (по вдохновенію отъ Духа Божія) **Господа Его нарицаетъ, глаголя: рече Господь Господеви Моему: сѣди одесную Мене»**... Если Мессія-Христосъ только потомокъ Давида, то какъ Онъ могъ существовать тогда, когда Давидъ писалъ о Немъ, а если Онъ существовалъ уже тогда, и Давидъ назвалъ Его Своимъ Господомъ, то, слѣдовательно, Онъ не просто человѣкъ, какъ думали фарисеи, а въ то же время и Богъ, то-есть **Богочеловѣкъ.** Фарисеи, ослѣпленные буквой закона и потерявшіе ключъ къ правильному пониманію его смысла, ничего не могли отвѣтить на этотъ вопросъ Господа. Такимъ образомъ Господь обличилъ ихъ невѣжество въ законѣ и одновременно далъ намъ свидѣтельство о Своемъ Божественномъ достоинствѣ и вѣчномъ бытіи. Потерпѣвъ такое рѣшительное пораженіе, фарисеи уже больше не отваживались искушать Господа коварными своими вопросами, а множество народа слушало Его съ услажденіемъ (Марк. 12: 37).

13. ОБЛИЧИТЕЛЬНАЯ РѢЧЬ ПРОТИВЪ КНИЖНИКОВЪ И ФАРИСЕЕВЪ.

(Матѳ. 23: 1-39; Мрк. 12: 38-40; Лк. 20: 45-47).

Посрамивъ фарисеевъ и сдѣлавъ ихъ безотвѣтными, Господь для предостереженія Своихъ учениковъ и народа отъ духа фарисейскаго, произнесъ противъ фарисеевъ грозную обличительную рѣчь, въ которой изобличилъ ихъ главнѣйшія заблужденія, какъ относительно ученія, такъ и относительно жизни. Эта рѣчь полностью приводится только св. Матѳеемъ, а у св. Марка и св. Луки приведены лишь отрывки изъ нея. Началъ эту рѣчь Господь словами: **«на Моисеевѣ сѣдалищи сѣдоша книжницы и фарисее»,** то-есть книжники и фарисеи заняли мѣсто Моисея и присвоили себѣ исключительное право учить законамъ Моисея народъ и истолковывать ихъ смыслъ. **«Вся убо, елика аще рекутъ вамъ блюсти, соблюдайте и творите, по дѣломъ же ихъ не творите»** — здѣсь фарисеи изобличаются въ томъ, что они, уча закону, сами не живутъ по закону. **«Вся»,** то-есть «все» надо, конечно, понимать съ ограниченіемъ, ибо Самъ Спаситель нерѣдко обличалъ книжниковъ и фарисеевъ въ неправильномъ пониманіи и истолкованіи заповѣдей закона. **«Связуютъ бо бремена тяжка и бѣднѣ носима»**... какъ тяжелую поклажу на животныхъ, возлагаютъ они **«на плеща человѣческая»** всѣ многочисленныя и разнообразныя постановленія Моисеева закона (ср. Дѣян. 15: 10), сурово требуя отъ народа исполненія ихъ до послѣднихъ мелочей, а сами не хотѣли нисколько споспѣшествовать въ этомъ народу. Если же фарисеи и дѣлаютъ что-либо изъ того, что требуютъ отъ другихъ, то не для угожденія Богу, а для того, чтобы ихъ видѣли и хвалили люди. Они **«расширяютъ хранилища своя»**, то-есть безъ нужды, на показъ другимъ, увеличиваютъ тѣ кожаные мѣшочки или ящички, въ которые вкладывались листки изъ папируса или изъ пергамента съ изреченіями изъ закона: Исхода 13: 1-10; 13: 11-17; Втор. 6: 4-10 и 11: 13-22, и которые во время молитвы прикрѣплялись ремешками одинъ ко лбу, а другой къ лѣвой рукѣ. Обычай носить эти хранилища произошелъ изъ буквальнаго пониманія словъ кн. Исхода 13: 9: **«и будетъ тебѣ заповѣдь Божія знаменіе на руцѣ твоей, и воспоминаніе предъ очима твоима»**. Евреи вѣрили, что эти хранилища предохраняли отъ злыхъ духовъ. **«И величаютъ воскрилія ризъ своихъ»** — четыре кисточки, которыя пришивались къ краямъ верхней одежды и идущія отъ этихъ кисточекъ по краямъ одежды нити яхонтоваго цвѣта. Ихъ дѣлать и носить повелѣно было закономъ, въ напоминаніе заповѣдей Божіихъ и въ отличіе евреевъ отъ другихъ народовъ (Числа 15: 37-40). Фарисеи, по тщеславію, и эти кисти дѣлали больше обычныхъ. **«Любятъ же преждевозлеганія на вечеряхъ и преждесѣданія на сонмищахъ»** — въ тѣ времена пищу вкушали не сидя, а полулежа на особыхъ длинныхъ и широкихъ подушкахъ, прислонявшихся къ столу, имѣвшему обычно форму буквы П. Главныя или почетныя мѣста были въ серединѣ стола и ихъ-то добивались фарисеи: въ синагогахъ они требовали себѣ мѣстъ, ближайшихъ къ каѳедрѣ. «Вы же не **нарицайтеся учители**»... это значитъ: «не домогайтесь, чтобы васъ величали, какъ учителей, отцовъ и наставниковъ, ибо въ собственномъ смыслѣ для всѣхъ людей единственный Отецъ это Богъ и единственный Наставникъ и Учитель Христосъ. Это запрещеніе называться «учителями», «отцами» и «наставниками» нельзя понимать буквально, какъ дѣлаютъ это сектанты, ибо изъ посланій Апостольскихъ видно, что эти наименованія употреблялись самыми Апостолами, какъ, напр. I Іоан. 2: 13; Рим. 4: 16; I Кор. 4: 15; Ефес. 6: 4; Фил. 2: 22; I Сол. 2: 11; I Тим. 5: 11; Дѣян. 13: 1; Іак. 3: 1; Рим. 2: 20; 12:71; I Кор. 12: 28; 12: 29; I Тим. 2: 7; II Тим. 4: 3; Евр. 5: 12 («учители»); I Кор. 4: 15; Евр. 13: 7; 13: 17; («наставники»). Нельзя допустить, чтобы Апостолы нарушили данную имъ заповѣдь Христову, употребляя эти наименованія. Правильнѣе понимать, что эта заповѣдь относилась лишь къ самимъ Апостоламъ лично, предостерегая ихъ отъ превозношенія другъ передъ другомъ и внушая имъ, что они всѣ равны между собой, а кто желаетъ быть большимъ, долженъ быть всѣмъ слугой. Не слѣдуетъ воздавать человѣку чести, подобающей единому Богу, и чтить учителей и наставниковъ самихъ по себѣ чрезмѣрно, какъ еслибы эти учителя и наставники говорили свое слово, а не слово Божіе. «**Горе вамъ, книжницы и фарисее лицемѣри, яко затворяете царствіе небесное предъ человѣки**»... за то, что сами не увѣровали въ Мессію-Христа и другихъ отвратили отъ этой спасительной вѣры. «**Снѣдаете домы вдовицъ**» ... обманываете вдовъ своей показной набожностью и расхищаете ихъ имущество. «**Преходите море и сушу**»—пріобрѣтаете прозелитовъ изъ язычниковъ, не заботясь объ ихъ наставленіи въ истинной вѣрѣ, а еще больше развращая ихъ дурнымъ примѣромъ своей лицемѣрной жизни. «**Горе вамъ, вожди слѣпіи, глаголющіи: иже аще кленется церковью, ничесоже есть, а иже кленется златомъ церковнымъ, долженъ есть**: — Іудейскіе учители раздѣляли клятвы на великія и малыя и учили, что исполненіе малой клятвы необязательно. Клятва даромъ или златомъ церковнымъ считалась великой, а клятва храмомъ или олтаремъ — малой. Господь указываетъ, что клясться всѣми этими предметами — значитъ клясться самимъ Богомъ, а потому нельзя нарушать ни одной изъ этихъ клятвъ. «**Горе вамъ, яко одесятствуете мятву, и копръ, и киминъ, и остависте вящшая закона, судъ, и милость, и вѣру**»... фарисеи, во исполненіе закона о десятинѣ (Числ. 18: 20-24; Втор. 14: 22-28), приносили десятую часть даже отъ такихъ травъ, о которыхъ законъ не упоминаетъ, по ихъ ничтожности. Господь и обличаетъ за то, что они, соблюдая строго мелочи, оставляютъ безъ вниманія важнѣйшее, какъ-то: справедливость въ судебныхъ разбирательствахъ, милосердіе къ бѣднымъ и несчастнымъ, вѣрность Богу и Его закону. «**Оцѣждающіи комары, велблуды же пожирающе**» — народная поговорка на Востокѣ: заботясь о мелочахъ и оставляя безъ вниманія важнѣйшее, фарисеи похожи на тѣхъ, которые тщательно отцѣживаютъ попавшагося въ напитокъ комара, и безбоязненно глотаютъ цѣлаго верблюда (гиперболическое выраженіе, конечно), то-есть допускаютъ тяжкіе грѣхи. «**Очищаете внѣшнее сткляницы и блюда, внутрьуду же суть полны хищенія и неправды**» — наружной сторонѣ сосуда, о чистотѣ которой заботились фарисеи, противопоставляется то, что внутри сосуда — пища добытая хищеніемъ и несправедливостью. Надо заботиться объ этой внутренней чистотѣ прежде всего, о томъ, чтобы добывать себѣ хлѣбъ насущный честнымъ путемъ. «**Подобитеся гробомъ поваплeнымъ**», то-есть убѣленнымъ известью. Ежегодно 15 числа мѣсяца Адара пещеры, служившія гробницами, бѣлились для того, чтобы къ нимъ не приближались и не прикасались прохожіе, такъ какъ прикосновеніе ко гробу, по закону, причиняло нечистоту на 7 дней (Числ. 19: 16). Обѣленные гробы казались снаружи красивыми: такъ и фарисеи, по внѣшности, казались праведниками, а на самомъ дѣлѣ были лицемѣрами и беззаконниками. Далѣе Господь обличаетъ фарисеевъ, что они лицемѣрно строятъ гробницы пророкамъ и украшаютъ памятники праведнымъ, которые были избиты отцами ихъ. Они будто бы чтятъ избитыхъ праведниковъ, а на самомъ дѣлѣ они еще хуже отцовъ своихъ, происхожденіемъ отъ коихъ гордятся, ибо собираются убить Самого Господа. **«И вы исполните мѣру отецъ вашихъ»** — то-есть превзойдете отцевъ вашихъ въ ихъ злодѣяніяхъ. **«Азъ послю къ вамъ пророки»** — разумѣется посланіе Апостоловъ и ихъ сотрудниковъ на проповѣдь евангельскаго ученія; здѣсь Господь предрекаетъ о томъ, какъ будутъ гнать и преслѣдовать ихъ Іудеи, уподобляясь въ этомъ отцамъ ихъ, избившимъ ветхозавѣтныхъ пророковъ. **«Да пріидетъ на вы всяка кровь праведна»** . . . будучи злы, фарисеи примутъ на себя отвѣтственность за кровь всѣхъ праведниковъ когда-либо убитыхъ, какъ ими самими, такъ и ихъ предками, начиная отъ крови Авеля, убитаго своимъ братомъ Каиномъ, до крови Захаріи, сына Варахіина, убитаго между храмомъ и жертвенникомъ. Одни полагаютъ, что это тотъ Захарія, который, по повелѣнію царя Іоаса, былъ побитъ камнями во дворѣ дома Господня (2 Пар. 24: 20). Правда, этотъ Захарія называется сыномъ Іоддая, но можетъ быть, это было его второе имя, такъ какъ у евреевъ было въ обычаѣ носить два имени. Нѣкоторые древніе толкователи, какъ, св. Василій Великій, Григорій Богословъ и др. полагаютъ, что здѣсь идетъ рѣчь объ отцѣ св. Іоанна Крестителя. За всѣ преступленія, совершенные вождями Іудейскаго народа книжниками и фарисеями, Господь изрекаетъ суровый приговоръ Іерусалиму: **«се оставляется вамъ домъ вашъ пустъ»**, что и исполнилось спустя 36 лѣтъ, когда въ 70 году по Р. Хр. Титъ Флавій съ римскими полчищами подвергъ Іерусалимъ полному разоренію. Съ глубокой скорбью говоритъ объ этомъ Господь, указывая на всю любовь свою къ этому жестоковыйному народу, подобную любви птицы къ своимъ птенцамъ. **«Не увидите Меня отнынѣ . . . дондеже речете: благословенъ грядый во имя Господне»** — здѣсь разумѣется время второго пришествія Христова, когда даже невѣрующіе, противъ воли своей, должны будутъ прославить Его Божество.

14. ЛЕПТА ВДОВИЦЫ.
(Марка 12: 41-44 и Луки 21: 1-4).

О «лептѣ вдовицы», вошедшей давно уже въ поговорку, разсказываютъ вполнѣ согласно только два Евангелиста св. Маркъ и св. Лука. Въ такъ называемомъ «дворѣ женъ» находилась сокровищница, то-есть большая сборная кружка, въ которую народъ клалъ свои добровольныя пожертвованія на храмъ. Передъ праздникомъ Пасхи было принято особенно много жертвовать: каждый входящій въ храмъ опускалъ что-либо въ эту кружку, по мѣрѣ своихъ средствъ и усердія. Многіе богатые клали много, а бѣдная вдова положила д в ѣ лепты. «Лепта» была самой мелкой монетой, равнявшейся ¼ копейки; двѣ лепты равнялись мелкой римской монетѣ, называвшейся «кодрантъ». Кодрантъ равнялся ½ копейки и ¼ аса, а 10 асъ равнялись динарію — около 20 копеекъ. Господь сказалъ, что эта бѣдная вдова **«положила больше всѣхъ»**, то-есть больше не по количеству положенныхъ денегъ, но относительно средствъ ея сравнительно съ другими. Прочіе подавали то, въ чемъ не имѣли большой нужды, не отягощая себя слишкомъ, а она положила послѣднее, что у нея было, и такимъ образомъ посвятила Богу все, что имѣла.

15. БЕСѢДА ГОСПОДА СЪ УЧЕНИКАМИ НА ГОРѢ ЕЛЕОНСКОЙ О ЕГО ВТОРОМЪ ПРИШЕСТВІИ И КОНЧИНѢ МІРА.
(Матѳ. 24: 1-51; Марк. 13: 1-37 и Луки 21: 5-38).

Выйдя изъ храма, Господь направился съ учениками на гору Елеонскую. По дорогѣ Онъ предрекъ разрушеніе храма, что и исполнилось въ 70 г., когда Іерусалимъ былъ взятъ римлянами и превращенъ въ развалины, а нѣсколько позднѣе при имп. Траянѣ были уничтожены и послѣдніе слѣды его. Несмотря на желаніе самого римскаго военачальника Тита сохранить храмъ, какъ чудо искусства, опредѣленіе Божіе не могло не сбыться: отъ случайно брошенной однимъ римскимъ воиномъ горящей головни храмъ сгорѣлъ до тла. Съ горы Елеонской открывался прекрасный видъ на Іерусалимъ и храмъ, и ученики наединѣ съ Господомъ продолжили начатую ими бесѣду о будущности ихъ. Ученики Христовы полагали, что Іерусалимъ будетъ стоять до скончанія вѣка, а потому и задали Господу двойной вопросъ, какъ одинъ: **«когда сія** (то-есть разрушеніе Іерусалима и храма) **будутъ, и что есть знаменіе твоего пришествія, и кончина вѣка?»** Отвѣчаетъ Господь также, повидимому, не раздѣляя эти два событія, сообразно ихъ возрѣніямъ. Въ пророческомъ созерцаніи событія близкія и отдаленныя представляются иногда какъ бы на одной картинѣ въ перспективѣ, какъ бы сливаются, особенно, если одно событіе ближайшее служитъ прообразомъ другого отдаленнѣйшаго. Здѣсь несомнѣнно то, что разрушеніе Іерусалима и ужасы, которые будутъ сопровождать его, являются прообразомъ тѣхъ ужасовъ, которые будутъ имѣть мѣсто при кончинѣ міра передъ Вторымъ Пришествіемъ Христовымъ. И вмѣстѣ съ тѣмъ Господь даетъ ясно понять, что Второе Пришествіе Его и кончина міра послѣдуютъ очень не скоро послѣ разрушенія Іерусалима. Первымъ признакомъ приближенія суда Божія Господь поставляетъ явленіе лже-христовъ. Историкъ І. Флавій свидѣтельствуетъ, что передъ паденіемъ Іерусалима дѣйствительно появилось множество лжемессій-обольстителей. Вторымъ признакомъ будутъ войны, какъ близкія, такъ и отдаленныя (**«слышанія бранемъ»**). Но и эти войны и природныя бѣдствія будутъ только началомъ грядущихъ мучительныхъ ужасовъ, которыя, по своей тягости, сравниваются Господомъ съ болѣзнями рожденія. Третьимъ признакомъ Господь полагаетъ жестокое гоненіе на Его учениковъ и послѣдователей, о чемъ и повѣствуется въ кн. Дѣяній и о чемъ свидѣтельствуетъ исторія, какъ напр. гоненіе при Неронѣ и др. Одно имя «христіанъ» дѣйствительно было ненавистно язычникамъ, въ результатѣ чего явились неисчислимые сонмы мучениковъ за Христа. **«Тогда соблазнятся мнози»**, то-есть отступятъ отъ вѣры во Христа и будутъ предавать, то-есть выдавать на смерть и мученія своихъ братій, чтобы спасти себя. Явятся лжепророки. Во время осады Іерусалима римлянами эти лжепророки обѣщали іудеямъ помощь съ неба. **«Претерпѣвый до конца, той спасется»** — кто претерпитъ всѣ бѣдствія, не измѣнивъ Христу и не поддавшись лжеучителямъ, тотъ заслужитъ вѣчное спасеніе. Четвертымъ признакомъ приближенія суда Божія будетъ проповѣдь Евангелія во всемъ мірѣ. Евангеліе будетъ проповѣдано **«во свидѣтельство всѣмъ языкомъ»**, то-есть Христосъ не ранѣе придетъ, чѣмъ будетъ проповѣдано Евангеліе, проповѣдь котораго тогда станетъ обличительнымъ свидѣтелемъ на судѣ противъ тѣхъ, которые, слышавъ ее, не увѣровали. **«Тогда пріидетъ кончина»**. Ближайшимъ образомъ здѣсь имѣется въ виду гибель Іерусалима, но всѣ эти признаки будутъ предуказывать и приближеніе кончины міра и Страшнаго Суда. Эти признаки общи для того и другого событія. Такъ: 1) Судъ надъ Іерусалимомъ наступилъ, какъ послѣдствіе его беззаконій и оскудѣнія въ немъ любви (**«изсякнетъ любы многихъ»** за **«умноженіе беззаконія»**); точно также и кончина міра наступитъ, какъ результатъ умноженія беззаконій въ мірѣ и оскудѣнія любви среди людей, которые забудутъ, что они — братія во Христѣ; 2) Какъ послѣдніе дни Іерусалима, такъ и время передъ кончиной міра будетъ характеризоваться появленіемъ большого количества всевозможныхъ ложныхъ учителей; 3) Іерусалимъ палъ послѣ того, какъ Господь сдѣлалъ все для его спасенія: онъ былъ оглашенъ евангельской проповѣдью: точно также и кончина міра произойдетъ лишь послѣ того, какъ всѣ народы міра будутъ оглашены евангельской проповѣдью, дабы на Страшномъ Судѣ, подобно Іудеямъ, быть безотвѣтными. Далѣе Господь перечисляетъ спеціальные признаки, касающіеся уже собственно гибели Іерусалима. «**Мерзость запустѣнія**», о которой предсказывалъ еще прор. Даніилъ въ 9: 27, — это римскія войска, носившія изображенія императора и орловъ, которымъ воздавали божескія почести, идолы, внесенные ими въ полуразрушенный храмъ. «**Да бѣгутъ въ горы**», гдѣ много было пещеръ и убѣжищъ, чтобы скрыться отъ римлянъ. «**Иже на кровѣ, да не сходитъ**». . . кровли домовъ были плоскія, удобныя для прогулокъ и для уединенія: во время бѣдствія находящіеся на кровлѣ должны бѣжать сразу наружу, не тратя времени на то, чтобы спуститься внутрь дома, дабы взять что-нибудь. Точно также и находящіеся въ полѣ должны бѣжать не возвращаясь домой, «**взяти ризъ своихъ**», ибо въ полѣ работали обыкновенно безъ верхнихъ одеждъ. Историкъ Евсевій свидѣтельствуетъ, что іерусалимскіе христіане, вспомнивъ это предупрежденіе Господа, дѣйствительно бѣжали при приближеніи римлянъ въ Пеллу и другіе заіорданскіе города и благодаря этому спаслись отъ всѣхъ ужасовъ, постигшихъ осажденный городъ. Господь убѣждаетъ молиться о томъ, чтобы эти бѣдствія не наступили въ такое время, когда нельзя далеко убѣжать. Въ субботу, по толкованію іудейскихъ книжниковъ, можно было отправляться въ путь не дальше 2000 локтей, или около версты. «**Будетъ бо тогда скорбь велія**» . . . то-есть такія великія бѣдствія, что погибли бы всѣ, еслибы среди іудеевъ не было «избранныхъ», то-есть увѣровавшихъ во Христа, ради которыхъ сократятся «**дніе оны**». Историкъ І. Флавій свидѣтельствуетъ, что дѣйствительно «всѣ несчастія, какія постигли народы отъ начала міра, были ничто сравнительно съ тѣми, какія обрушились на іудеевъ». Въ продолженіе осады Іерусалима въ немъ и его окрестностяхъ погибло болѣе милліона людей. Множество умирало отъ голода, который былъ столь великъ, что одна мать убила и съѣла свое собственное дитя. Громадное количество іудеевъ было распято на крестахъ и такимъ образомъ исполнилось страшное заклятіе ихъ, когда они требовали отъ Пилата распять Господа: «**кровь Его на насъ и на дѣтяхъ нашихъ**» (Матѳ. 27: 25). Всѣ эти бѣдствія были исполненіемъ пророчества, изреченнаго еще Моисеемъ (Втор. 28: 49-57). Осаждавшій Іерусалимъ Титъ первоначально хотѣлъ принудить іудеевъ къ сдачѣ города голодомъ, но дѣла имперіи потребовали его скорѣйшаго возвращенія въ Римъ, и онъ рѣшился взять городъ штурмомъ, вслѣдствіе чего и сократилось время бѣдствій для осажденныхъ. Далѣе Господь вновь переходитъ къ рѣчи о Своемъ Второмъ Пришествіи. «**Востанутъ бо лжехристи и лжепророцы, и дадятъ знаменія велія и чудеса**» . . . — тутъ разумѣются ложныя чудеса, которыми будутъ вводиться въ заблужденіе иногда и праведники. Такія чудеса будутъ творить, по Ап. Павлу (2 Сол. 2: 9-10) и по Апокалипсису (13 гл.), антихристъ и слуги его. Явленіе Сына Человѣческаго будетъ подобно молніи, то-есть для всѣхъ непререкаемо очевиднымъ. Въ противоположность лжемессіямъ, которыя будутъ скрываться то въ пустынѣ, то въ потаенныхъ комнатахъ, истинный Мессія, открывая Свой судъ надъ міромъ, сдѣлаетъ его ощутительнымъ и страшнымъ повсюду, гдѣ будутъ духовно-мертвые грѣшники, подобно тому, какъ орлы слетаются всюду, гдѣ находятся трупы. «**Абіе по скорби дній тѣхъ**» . . . бѣдствія, постигшія Іерусалимъ кончатся, и люди предадутся безпечности, о которой говорится дальше (Матѳ. 24: 37-39). Св. Лука добавляетъ къ этому, что **Іерусалимъ будетъ попираемъ языки** (то-есть язычниками)., **дондеже скончаются времена языкъ**», то-есть отъ разрушенія Іерусалима до Второго Пришествія Христова должно пройти значительное количество времени, въ теченіе котораго, по ученію Ап. Павла, полное число язычниковъ войдетъ въ Церковь Христову, станетъ новымъ, духовнымъ Израилемъ (Рим. 11: 25).

«**Но въ тыя дни, по скорби той, солнце померкнетъ, и луна не дастъ свѣта своего**» —эти слова не указываютъ съ такой опредѣленностью, какъ 24 ст. 21 главы отъ Луки (о томъ, что Іерусалимъ въ теченіе какого-то длительнаго періода времени будетъ попираемъ язычниками), на значительность промежутка времени между разрушеніемъ Іерусалима и кончиной міра, но, однако, даютъ понять, что послѣ разрушенія Іерусалима наступятъ совершенно другіе дни, которые превзойдутъ всякое сравненіе по страшнымъ событіямъ, какія тогда совершатся. Греческій текстъ этого стиха даетъ основанія къ такому перифразу: «Не думайте, что за гибелью Іерусалима немедленно послѣдуетъ Мое пришествіе и кончина міра. Нѣтъ: иначе. Для этого наступятъ другіе дни. Тогда солнце померкнетъ и луна не дастъ свѣта своего и тд.» У св. Матѳея употреблено слово «**абіе**», но оно въ Свящ. Писаніи обычно означаетъ не «немедленно сейчасъ же, вслѣдъ за тѣмъ», а только: «внезапно», «вдругъ», какъ это и переведено въ русскомъ текстѣ. Подъ этимъ древлепророческимъ «**абіе**», говоритъ Еп. Михаилъ, иногда сокрываются цѣлые вѣка. «**Силы небесныя подвигнутся**», то-есть произойдетъ потрясеніе всего мірозданія. Характерныя черты этого страшнаго времени указываетъ въ гл. 21: ст. 25-26 св. Лука: на землѣ будетъ уныніе народовъ и недоумѣніе: море возшумитъ и возмутится, люди будутъ изнывать отъ страха и ожиданія бѣдствій, грядущихъ на вселенную. «**Тогда явится знаменіе Сына Человѣческаго на небеси**» —св. Златоустъ считаетъ, что это будетъ знаменіе Креста, который явится передъ приходомъ Самого Христа Спасителя, какъ впереди земного Владыки выносятъ его стягъ. Это и будетъ то знаменіе, которое заставитъ неувѣровавшихъ во Христа іудеевъ и всѣхъ безбожниковъ, въ порывѣ слишкомъ поздняго и уже безплоднаго раскаянія, невольно воскликнуть: «**Благословенъ грядый во Имя Господне**». И всѣ невѣрующіе«**тогда восплачутся**», увидя, какъ они прежде заблуждались, живя во тьмѣ невѣрія. «**И узрятъ Сына Человѣческаго, грядущаго на облацѣхъ небесныхъ съ силою и славою многою**». По гласу таинственной трубы послѣдуетъ воскресеніе мертвыхъ, и Ангелы соберутъ со всѣхъ концевъ земли всѣхъ людей. Еще Моисей созывалъ іудеевъ на собранія, приказывая трубить въ серебряныя трубы: этотъ способъ созыва обратился въ обычай и употреблялся іудеями во все послѣдующее время (Лев. 25: 9; Числа 10: 2; Суд. 3:27), почему Спаситель и употребляетъ этотъ знакомый всѣмъ евреямъ образъ, для обозначенія нѣкоего дѣйствія Божія, по мановенію котораго Ангелы соберутъ «**избранныхъ Его отъ четырехъ вѣтровъ**», то-есть со всѣхъ концовъ земли. Ангелы соберутъ, какъ «**избранныхъ**» для вѣчной славы, такъ и «**всѣхъ творящихъ беззаконіе**» (ср. 13: 41) для вѣчнаго мученія. «**Отъ смоковницы же научитеся притчи**»... какъ о наступленіи лѣта судили по вѣтвямъ смоковницъ, въ изобиліи росшихъ на горѣ Елеонской, вмѣстѣ съ маслинами, такъ и о приближеніи кончины міра надо судить по тѣмъ знаменіямъ временъ, которыя передъ тѣмъ перечислилъ Господь. «**Не мимоидетъ родъ сей, дондеже вся сія будутъ**» — «**сіе**» противополагается здѣсь «**тому**», о чемъ говорится дальше въ ст. 36. Разрушеніе Іерусалима дѣйствительно произошло еще при поколѣніи современниковъ Господа. Но это выраженіе можно относить и къ кончинѣ міра: тогда подъ «родомъ симъ», какъ толкуетъ св. Златоустъ, можно понимать «**Родъ ищущихъ Господа**» (Псал. 23: 6) родъ увѣровавшихъ во Христа, который, несмотря на всѣ ужасы, сохранится до скончанія вѣка. «**Небо и земля прейдутъ, словеса же мои не мимоидутъ**» — это утвержденіе непреложности изреченнаго пророчества. Видя, какъ въ точности исполнилось предреченіе Господа о разрушеніи Іерусалима, никто не можетъ сомнѣваться и въ томъ, что также точно исполнится и пророчество о Второмъ Пришествіи Его. «**О дни же томъ и часѣ никтоже вѣсть**», по св. Марку даже «**Сынъ**», конечно, какъ человѣкъ, а не какъ Богъ. По св. Лукѣ, люди будутъ жить безпечно, какъ во времена Ноевы передъ потопомъ, и день Второго Пришествія Христова найдетъ внезапно, какъ сѣть на всѣхъ живущихъ по всему лицу земли. (Луки 17: 26-27 и Лук. 21: 34-35). Это уподобленіе послѣднихъ дней днямъ Ноя мы находимъ и у св. Матѳея. **«Тогда два будета на селѣ»**... эти слова показываютъ, какъ быстро и рѣшительно произойдетъ раздѣленіе между праведниками и грѣшниками, хотя бы они находились въ моментъ Второго Пришествія Христова близко другъ къ другу и за одними занятіями, хотя бы даже спали на одной постели (Лук. 17: 34). **«Бдите убо, яко не вѣсте, въ кій часъ Господь вашъ пріидетъ»** —отсюда естественно вытекаетъ необходимость постояннаго бодрствованія: Господь желаетъ, чтобы мы не спали духовно, не были безпечны, но были бы внимательны къ признакамъ временъ и были всегда готовы къ срѣтенію Его, ведя добродѣтельную жизнь. По своей неожиданности, и внезапности, пришествіе Господне нерѣдко сравнивается съ приходомъ вора. Слѣдующая затѣмъ притча о вѣрномъ и нерадивомъ приставникахъ или рабахъ имѣетъ цѣлью еще сильнѣе внушить необходимость постояннаго духовнаго бодрствованія. Эта притча имѣетъ особенно близкое отношеніе къ духовнымъ пастырямъ и гражданскимъ начальникамъ, которые поэтому должны бояться нерадѣнія въ исполненіи своихъ обязаностей, помня, что они должны будутъ дать отчетъ въ своей дѣятельности.

16. ПРИТЧА О ДЕСЯТИ ДѢВАХЪ.
(Матѳея 25: 1-13.)

Въ этой притчѣ Второе Пришествіе Христово представляется подъ образомъ пришествія жениха въ домъ невѣсты. Жениха, приходившаго въ сопровожденіи друзей и «сыновъ брачныхъ» (Іоан. 3: 29 и Матѳ. 9: 15), встрѣчали очень торжественно, выходили къ нему навстрѣчу со свѣтильниками въ рукахъ, а такъ какъ женихъ могъ опоздать приходомъ, то встрѣчавшіе должны были имѣть въ отдѣльныхъ сосудахъ запасное масло, на случай, если налитое въ свѣтильники сгоритъ до прихода жениха. Употребляя этотъ понятный на Востокѣ образъ, Господь сравнилъ ожиданіе Своего Второго Пришествія съ ожиданіемъ жениха, котораго должны встрѣтить 10 дѣвъ со свѣтильниками въ рукахъ. Изъ нихъ 5 были «мудрыми», то-есть предусмотрительными, которые запаслись масломъ, а 5 — «юродивыми», то-есть неразумными, которыя не позаботились взять съ собой запаснаго елея, и свѣтильники ихъ догорѣли и начали угасать. Пока они ходили покупать себѣ елей, пришелъ женихъ, двери чертога брачнаго затворились, и они не были впущены женихомъ на брачный пиръ. Подъ «мудрыми дѣвами» здѣсь разумѣются всѣ истинные христіане, всегда готовые встрѣтить Господа, имѣющіе при своей чистой и искренней вѣрѣ и **добрыя дѣла («елей»):** подъ« неразумными дѣвами» здѣсь имѣются въ виду христіане болѣе по имени, безпечные, не имѣющіе добродѣтелей. Такіе не войдутъ на брачный пиръ, то есть въ Царство Небесное, ибо Господь сказалъ: **«не всякій, говорящій мнѣ: Господи, Господи, войдетъ въ Царство Небесное, но только исполняющій волю Отца Моего Небеснаго»** (Матѳ. 7: 21). Послѣднія слова притчи: «Бдите убо»... опять указываютъ на необходимость постояннаго духовнаго бодрствованія для встрѣчи Господа, день и часъ пришествія Котораго сокрытъ отъ насъ.

17. О СТРАШНОМЪ СУДѢ.
(Матѳея 25: 31-46).

Полную картину послѣдняго Страшнаго Суда Божія надъ всѣмъ человѣческимъ родомъ рисуетъ намъ словами Самого Господа Іисуса Христа только одинъ Ев. Матѳей въ непосредственной связи съ рѣчами Его о необходимости постояннаго духовнаго бодрствованія и готовности встрѣтить Второе Его Пришествіе. Описанію Страшнаго Суда предшествуетъ притча о талантахъ (Матѳ. 25: 14-30), очень сходная съ разобранной уже нами притчей о десяти минахъ, которую передаетъ св. Лука въ 19: 11-28. Идея этой притчи та, что каждый долженъ будетъ дать отчетъ Богу на Страшномъ Судѣ о томъ, какъ онъ использовалъ полученныя имъ отъ Бога дарованія, какъ благодатныя такъ и естественныя и что добраго пріобрѣлъ съ помощью ихъ.

Повѣствованіе о Страшномъ Судѣ Господь начинаетъ съ уподобленія Своего Второго Пришествія торжественнымъ выходамъ земныхъ царей **«во славѣ своей»**. **«Сядетъ на престолѣ славы Своея»** — это означаетъ, что Господь явится, какъ Царь и Судія вселенной. Сопровождать Его будутъ **«вси святіи ангели»**, а встрѣчать в с ѣ люди, какъ застигнутые въ живыхъ Его пришествіемъ, такъ и воскрешенные изъ мертвыхъ, всѣ, когда-либо жившіе на землѣ. Передъ пришествіемъ Христовымъ будетъ всеобщее воскресеніе, причемъ воскреснутъ усопшіе уже въ особыхъ преображенныхъ тѣлахъ, не «душевныхъ», а «духовныхъ», оставшіеся же въ живыхъ мгновенно измѣнятся (1 Кор. 15: 25-54; Сол. 4: 16-17). **«И разлучитъ ихъ другъ отъ друга, якоже пастырь разлучаетъ овцы отъ козлищъ»** — овцы здѣсь представляютъ праведниковъ, такъ какъ они служатъ образомъ невинности и простоты (Іоан. 10: 7-14; 15: 16-27; Псал. 99: 3 и Псал. 73: 1), а козлы — осуждаемыхъ, такъ какъ они служатъ образомъ недобрыхъ нравственныхъ качествъ (Іезек. 34: 17) и отъ нихъ нѣтъ никакого плода — ни волны, ни молока, ни ягнятъ, что все приносятъ овцы. Овцы будутъ поставлены **«одесную»**, такъ какъ правая сторона всегда считалась почетной, назначалась людямъ самымъ близкимъ, а **«козлища»** — **«ошуюю»**—сторона менѣе почетная, означающая въ данномъ случаѣ мѣсто осуждаемыхъ. **«Пріидите, благословенніи Отца Моего, наслѣдуйте уготованное вамъ царствіе отъ сложенія міра»** — удостоившіеся благословенія Бога Отца христіане въ Новомъ Завѣтѣ часто называются наслѣдниками обѣщанныхъ благъ, какъ истинныя чада Божіи, которымъ принадлежатъ блага, уготованныя Богомъ людямъ (Рим. 8: 17; Гал. 4: 6-7; Евр. 1: 14). Богъ отъ вѣчности предвидѣлъ дѣла, а потому отъ вѣчности же и опредѣлилъ имъ соотвѣтствующее воздаяніе за нихъ: за добрыя дѣла — Царство Небесное, а за злыя — мученія. Какъ видно изъ этой картины Страшнаго Суда, Царство Небесное праведники наслѣдуютъ за дѣла любви и милосердія къ ближнимъ. **О вѣрѣ** здѣсь не упоминается, ибо она уже предполагается самыми дѣлами любви, которыя суть **плоды вѣры** (Іоан. 13: 35; I Кор.13: 1). Равно и **молитва** и всѣ прочіе подвиги вѣры не упоминаются, потому, что безъ нихъ невозможна истинная любовь къ ближнимъ и искреннія, нелицемѣрныя дѣла милосердія. Говорится только о дѣлахъ милосердія, потому, что они доказываютъ истинную вѣру и благочестіе христіанина (см. Іак. 2: 14-26; I Іоан. 4: 20-21; I Іоан.3: 15-18). Отвѣтъ праведниковъ свидѣтельствуетъ объ ихъ смиреніи и сознаніи своего недостоинства. Таковъ законъ нравственнаго самосовершенствованія: чѣмъ болѣе человѣкъ нравственно усовершается, тѣмъ болѣе сознаетъ онъ ничтожность своихъ совершенствъ. Своихъ послѣдователей Господь называетъ «братіями Своими», какъ близкихъ, какъ сродныхъ Ему по духу, по расположеніямъ, по страданіямъ; «меньшими» называетъ ихъ потому, что они уничижены, что они — нищи. отвержены. **«Идите отъ Мене проклятіи»** — проклятые значитъ — лишенные даровъ благословенія. Они осуждаются на **«огнь вѣчный, уготованный діаволу и ангеломъ его»** — огонь здѣсь изображаетъ высшую степень мученія, такъ какъ казнь черезъ сожженіе огнемъ есть самая жестокая казнь. Этотъ образъ заимствованъ отъ огня долины Енномовой къ юго-западу отъ Іерусалима, гдѣ совершались во время уклоненія евреевъ въ идолопоклонство жертвоприношенія Молоху и куда потомъ свозились нечистоты и трупы казненыхъ и гдѣ для очищенія этого мѣста постоянно горѣлъ огонь, почему это мѣсто и получило прозваніе долины огненной и стало служить образомъ вѣчнаго мученія грѣшниковъ. Эти вѣчныя мученія назначены собственно для возмутившихся противъ Бога злыхъ духовъ, но поскольку грѣшники дѣлаются соучастниками этого зла, которое сѣетъ діаволъ и ангелы его, они осуждаются на тѣ же мученія. **«И идутъ сіи въ муку вѣчную»** — мученія грѣшниковъ, вопреки нѣкоторымъ лжеучителямъ, не будутъ имѣть конца, ибо они сами добровольно отвергли любовь Божію. Эти мученія, какъ многіе полагаютъ, будутъ состоять въ страшныхъ, но уже безплодныхъ терзаніяхъ совѣсти. Нѣкоторое подобіе ихъ испытывается уже въ земной жизни: таково, напр., состояніе безысходной тоски. Столь же вѣчнымъ и нескончаемымъ будетъ блаженство праведниковъ, предначатіе коего бываетъ еще здѣсь.

Великая среда.

18. СОВѢЩАНІЕ ПЕРВОСВЯЩЕННИКОВЪ И СТАРѢЙШИНЪ ОБЪ УБІЕНІИ ХРИСТОВОМЪ, ПОМАЗАНІЕ ГОСПОДА ЖЕНОЙ-ГРѢШНИЦЕЙ ВЪ ДОМѢ СИМОНА ПРОКАЖЕННАГО И ПРЕДАТЕЛЬСТВО ІУДЫ.

(Матѳ. 26: 1-16; Марка 14: 1-11; Луки 22: 1-6).

Закончивъ всѣ вышеприведенныя рѣчи ученикамъ Своимъ, Господь предрекъ скорое наступленіе часа Своихъ крестныхъ страданій въ словахъ, приводимыхъ только однимъ Еванг. Матееемъ: **«вѣсте, яко по двою дню Пасха будетъ, и Сынъ Человѣческій преданъ будетъ на пропятіе».** Праздникъ Пасхи начинался 14 Нисана вечеромъ и въ тотъ годъ приходился въ пятницу (см. Іоан. 19: 14): отсюда можно заключить, что слова эти были произнесены во вторникъ вечеромъ или въ среду.

ПАСХА была самымъ главнымъ и торжественнымъ праздникомъ у евреевъ. Праздновалась она въ память чудеснаго избавленія евреевъ изъ египетскаго рабства. Самое слово **«пасха»** произошло отъ еврейскаго **«пейсахъ»**, что значитъ: **«прохожденіе», «пощада»** въ память того момента, когда Ангелъ, погублявшій египетскихъ первенцевъ, видя кровь закланнаго агнца на дверныхъ косякахъ и перекладинахъ еврейскихъ домовъ, **проходилъ мимо и такимъ образомъ щадилъ** первенцевъ еврейскихъ. (Исх. гл. 12). Въ соединеніи съ праздникомъ **опрѣсноковъ**, который начинался на второй день Пасхи, Пасха праздновалась 8 дней — съ вечера 14-го по 21-ое число мѣсяца **Нисана**, соотвѣтствующаго концу нашего марта мѣсяца и началу апрѣля. Въ 10-ый день Нисана отцы семействъ должны были избрать по агнцу однолѣтнему, безъ порока, который и закалался въ 14-ый день, во дворѣ святилища, по надлежащемъ приготовленіи, а затѣмъ испекался. Въ память первоначальнаго окропленія кровью его косяковъ и пороговъ, впослѣдствіи при празднованіи Пасхи кровью закланнаго агнца кропили жертвенникъ, почему агнецъ и закалался при скиніи, а потомъ при храмѣ. Приготовленнаго агнца ѣли всего сполна, не оставляя ни костей, ни жилъ и т. п. съ прѣснымъ хлѣбомъ и горькими травами. Это вкушеніе начиналось тотчасъ по захожденіи солнца вечеромъ 14

Нисана. Прежде всего приступали къ чашѣ, наполненной виномъ, разбавленнымъ водой: воздавъ хвалу Богу, глава семейства пилъ изъ нея, а за нимъ по очереди всѣ присутствующіе: это называлось **первая чаша.** Послѣ сего умывали руки, благодаря Бога. За тѣмъ начинали понемногу вкушать агнца пасхальнаго, съ прѣснымъ хлѣбомъ, горькими травами и родомъ густого соуса изъ финиковъ, смоквъ, винограда и уксуса, произнося славословіе, послѣ чего блюда уносились и снова поставлялась чаша съ виномъ и водой. Блюда уносились, чтобы возбудить любопытство дѣтей и на разспросы ихъ разсказать исторію праздника (Исх. 12: 26-27). Глава семейства разсказывалъ исторію еврейскаго рабства въ Египтѣ, избавленія отъ него и установленія въ память этого праздника Пасхи. Когда снова вносились блюда, онъ произносилъ: **«это — Пасха, которую мы вкушаемъ въ память того, что Господь пощадилъ домы наши въ Египтѣ»**; возвышая прѣсные хлѣбы и горькія травы, онъ объяснялъ, что первые напоминаютъ поспѣшность бѣгства евреевъ изъ Египта, а послѣднія — горечь египетскаго рабства. Засимъ пѣли первую часть такъ называемой **аллилуіи,** именно **псалмы** 110-114, произносили краткую молитву и снова пили вино изъ чаши, что называлось **вторая чаша.** Опять умывали руки и снова вкушали агнца, травы и хлѣбъ: отъ агнца ничего не должно было оставаться до слѣдующаго дня. Затѣмъ опять умывали руки и пили **третью чашу,** называвшуюся **чашей благословенія** такъ какъ испивая ее, глава семейства въ особенной молитвѣ благословлялъ Бога за Его особенную благодать. Въ заключеніе испивали **четвертую чашу, называемую «галлел»,** такъ какъ вслѣдъ за ней воспѣвали вторую часть **аллилуіи,** то-есть псалмы 115-118. Эта пасхальная вечеря, по общему убѣжденію литургистовъ, легла въ основу чина нашей христіанской Евхаристіи — таинства Причащенія.

Слова: **«преданъ будетъ на пропятіе»** указываютъ на Божественную прозорливость Господа. Онъ зналъ день Своей смерти, хотя сами враги Его говорили: **«но не въ праздникъ, да не молва будетъ въ людехъ».**

Всѣ три синоптика передаютъ потомъ о совѣщаніи, какое было у первосвященниковъ и старѣйшинъ іудейскихъ о погубленіи Іисуса. Боясь возмущенія народа, который могъ вступиться за Господа, они рѣшили взять Его хитростью, тихонько отъ народа и по минованіи праздника. Найдя предателя, они, одержимые неистовой злобой, не стали ждать окончанія праздника. Св. Матѳей говоритъ, что это совѣщаніе было въ домѣ **первосвященника, глаголемаго Каіафы,** именно во **дворѣ.** Дворы на Востокѣ, находившіеся внутри зданія, нерѣдко служили мѣстами собраній.

Собственное имя Каіафы было **Іосифъ,** а **Каіафа** было прозвище или фамилія. Онъ былъ зятемъ прежняго, смѣненнаго римскимъ проконсуломъ первосвященника **Анны, или Анана.**

Далѣе первые два Евангелиста св. Матѳей и св. Маркъ повѣствуютъ о помазаніи Господа мѵромъ нѣкоей женой въ **дому Симона прокаженнаго.** Это помазаніе церковное преданіе отличаетъ отъ того помазанія, которое было совершено Маріей, сестрой воскрешеннаго Лазаря, за шесть дней до Пасхи и еще до входа Господа въ Іерусалимъ. Этотъ Симонъ прокаженный называется такъ потому, что, повидимому, былъ исцѣленъ Господомъ отъ проказы. По церковному же преданію, запечатлѣнному очень умилительно въ богослужебномъ послѣдованіи Великой Среды, жена, приступившая ко Господу съ тѣмъ, чтобы помазать его драгоцѣннымъ миромъ, была кающейся грѣшницей. Она принесла **мѵро въ алавастровомъ сосудѣ.** Мѵро представляло собой благовонную жидкость изъ маслъ и пахучихъ веществъ, обыкновенно — изъ лучшаго оливковаго масла въ соединеніи съ благовонными смолистыми веществами въ родѣ нарда или смирны и разныхъ цвѣтовъ. Алавастръ это родъ мрамора, замѣчательнаго своей легкостью, прозрачностью и красотой. Изъ него приготовлялись разныя вазы, урны, курильницы и сосуды для храненія ароматическихъ веществъ. Помазаніе мѵромъ на Востокѣ употреблялось не только въ смыслѣ высшаго значенія, какъ при помазаніи царей и первосвященниковъ, а и въ обыденной жизни людьми богатыми и знатными, ради удовольствія. Помазывали обыкновенно волосы на головѣ, лобъ, лицо, бороду, одежду (Пс. 22: 5; 132: 2; Еккл. 9: 8 и др.), а въ знакъ выраженія особаго почтенія кому-либо — ноги.

«**Ученицы Его негодоваша, глаголюще: чесо ради гибель сія бысть?**» — не зная мыслей и чувствъ глубочайшаго благоговѣнія жены-грѣшницы, ученики осудили ея поступокъ, зная, что Учитель ихъ не терпѣлъ роскоши и выше всего ставилъ дѣла милосердія и благотворенія. Но они въ этомъ случаѣ ошиблись. Господь оправдалъ ея поступокъ, какъ происходившій отъ теплой вѣры и сердечнаго сокрушенія. «**Нищихъ всегда имѣете съ собой**» и, слѣд., всегда можете творить имъ добро: «**Мене же не всегда имате**» — это прикровенное указаніе на близость Своей смерти. Кромѣ того, этому дѣйствію Господь даетъ и еще особое символическое значеніе: «**возліявши бо сія мѵро сіе на тѣло Мое, на погребеніе Мя сотвори**» — ибо въ древности былъ обычай умащать тѣла мертвыхъ благовоніями. Въ награду за ея поступокъ Господь предрекъ ей всегдашнюю память объ ея поступкѣ между христіанами, что мы и видимъ, ибо повѣствованіе объ этомъ не только записано въ Евангеліи, но включено и въ наше богослуженіе: въ послѣдованіи Великой Среды Церковь прославляетъ поступокъ этой жены, проводя какъ бы параллель по контрасту между нимъ и предательствомъ Іуды, совершеннымъ въ тотъ же день, сразу послѣ этого.

«**Тогда шедъ единъ отъ обоюнадесяте, глаголемый Іуда Искаріотскій, ко архіереомъ, рече: что ми хощете дати, и азъ вамъ предамъ Его?**» — «Тогда»: этимъ словомъ выражается не столько послѣдовательность событій, сколько ихъ внутренняя логическая связь. Іуда ожидалъ отъ Господа Іисуса Христа земныхъ благъ, мірского богатства и владычества: его корыстолюбіе теряло терпѣніе, видя полную нестяжательность Учителя: онъ началъ самъ вознаграждать себя изъ ковчежца, тайно присваивая себѣ вметаемыя въ него пожертвованія, по свидѣтельству Евангелиста Іоанна (Іоан. 12: 6). Случай въ домѣ Симона прокаженнаго окончательно далъ ему понять, что онъ напрасно ждетъ обогащенія отъ Учителя добровольной нищеты и самоуничиженія. Досада на Господа, обманувшаго, какъ ему казалось, его надежды, и желаніе использовать хоть какой-нибудь случай къ наживѣ, сдѣлали его предателемъ. Уже зная о рѣшеніи синедріона схватить Господа, онъ самъ пошелъ къ первосвященникамъ, чтобы предложить имъ за деньги свои услуги — предать имъ Господа безъ народа, въ уединенномъ мѣстѣ. «**Что ми хощете дати?**»... эти слова указываютъ на его досаду и злобу противъ своего Учителя, котораго онъ рѣшилъ во всякомъ случаѣ предать, не споря о цѣнѣ. Поэтому ему и назначаютъ въ общемъ совсѣмъ ничтожную сумму — цѣну бѣглаго раба — «**тридесять сребреникъ**», то-есть тридцать серебряныхъ, такъ называемыхъ «священныхъ сиклей», въ каждомъ изъ которыхъ было всего по 80 копекъ приблизительно, а всего, слѣдовательно, около 24 рублей серебромъ. Такую цѣну положили, повидимому, чтобы показать все свое презрѣніе къ Господу Іисусу Христу, и въ разсчетѣ на скупость и сребролюбіе предателя, который не станетъ торговаться. И Іуда дѣйствительно оказался сговорчивымъ, не требовалъ большаго, и «**оттолѣ искаше удобна времене, да Его предастъ**», удобнаго случая, тоесть такого, когда можно будетъ схватить Іисуса наединѣ, безъ обычно окружавшаго Его народа. Назначеніемъ такой цѣны исполнилось пророчество Захаріи въ 11: 12-13 о 30 сребренникахъ, коими неблагодарный народъ оцѣнилъ отеческое попеченіе о немъ Іеговы.

Великій Четвертокъ.

19. ТАЙНАЯ ВЕЧЕРЯ.

(Матѳ. 26: 17-29; Марка 14: 12-25; Луки 22: 7-30 и Іоан. 13: 1-30).

Всѣ четыре Евангелиста повѣствуютъ о послѣдней Тайной Вечери Господа съ Своими учениками наканунѣ Его крестныхъ страданій, но не всѣ передаютъ обстоятельства этой вечери съ одинаковой полнотой. Кромѣ того въ выраженіяхъ, употребленныхъ первыми тремя Евангелистами о днѣ, въ который происходила Тайная Вечеря, находится, повидимому, нѣкое какъ бы противорѣчіе съ выраженіями, употребленными четвертымъ Евангелистомъ св. Іоанномъ. Совершенно несомнѣнно лишь то, что Тайная Вечеря происходила въ пятый день недѣли, то-есть, по нашему, въ **четвергъ,** такъ же, какъ ясно, что Господь былъ осужденъ и распятъ въ шестой день недѣли — въ **пятницу,** пробылъ во гробѣ седьмой день недѣли — **субботу** и воскресъ изъ мертвыхъ въ **первый день** недѣли. Но вызываетъ недоумѣніе и разногласіе во мнѣніяхъ то, въ какомъ отношеніи находился день Тайной Вечери къ праздновавшемуся тогда іудейскому празнику Пасхи, то-есть: происходила ли Тайная Вечеря 14 Нисана, въ вечеръ котораго начинается іудейская Пасха, или 13 Нисана, то-есть въ день, предшествующій тому вечеру, когда начиналось празднованіе Пасхи? Эти недоумѣнія порождаются слѣдующими указаніями Евангелистовъ относительно дня Тайной Вечери:

Матѳей 26: 17: **Въ первый день опрѣсночный . . .**

Маркъ 14: 12: **Въ первый день опрѣснокъ, егда Пасху жряху . .**

Луки 22: 7: **Пріиде же день опрѣснокъ, въ оньже подобаше жрети Пасху . . .**

Іоаннъ 13: 1: **Прежде праздника Пасхи . . .**

Пасха начиналась вечеромъ 14 Нисана, и, слѣдовательно, если придерживаться строго-библейскаго словоупотребленія, **«первымъ днемъ опрѣсноковъ»** можно назвать только слѣдующій за этимъ день, то-есть 15 Нисана. Очевидно первые три Евангелиста придерживались не строго-библейскаго словоупотребленія, а обычнаго, разговорнаго. По этому словоупотребленію можно было назвать «первымъ днемъ опрѣсноковъ» не 15-ое Нисана, которое бываетъ на другой день по вкушеніи Пасхи, даже не 14-е, когда вкушается Пасха, а 13-е, день передъ Пасхой, какъ это ясно указано у св. Евангелиста Іоанна, утверждающаго, что Тайная Вечеря была **«прежде праздника Пасхи».** Кромѣ того, у св. Іоанна есть и другія свидѣтельства о томъ, что іудейская Пасха начиналась только вечеромъ въ пятницу, когда Господь былъ распятъ: Іоан. 18:28, — ведшіе Іисуса къ Пилату не вошли въ преторъ, **«да не осквернятся, но да ядятъ Пасху»,** и Іоан. 19: 31 — Іудеи спѣшили перебить голени у распятыхъ, чтобы не оставлять на крестѣ тѣла ихъ въ субботу, **«бѣ бо великъ день тоя субботы»,** то-есть суббота совпадала съ первымъ днемъ праздника Пасхи, и слѣдовательно, вкушали Пасху наканунѣ въ пятницу вечеромъ, послѣ того, какъ Христосъ былъ распятъ.

Является вопросъ, почему же Христосъ совершилъ іудейскую Пасху, которая несомнѣнно была совершена Имъ на Тайной вечери (хотя Апостолы и не описываютъ совершенія ея въ подробностяхъ, ибо главное вниманіе ихъ устремлено было на установленіе Пасхи новозавѣтной — причащеніе Тѣла и Крови Христовой) **однимъ днемъ раньше,** чѣмъ слѣдовало. Основательно предполагаютъ, что такъ какъ вечеръ 14 Нисана былъ въ этомъ году началомъ субботняго покоя (наступала суббота), то пасхальный агнецъ закалаемъ былъ вечеромъ 13-го, съ чѣмъ совпадаютъ указанія св. Марка: «**егда Пасху жряху**» и св. Луки: «**въ оньже подобаше жрети Пасху**». Кромѣ того извѣстно, что Іудеи, а особенно Галилеяне, послѣ плѣна Вавилонскаго стали ревновать о празднованіи даже дней, предшествовавшихъ наступленію праздника, и въ частности — для Галилеянъ, приходившихъ въ Іерусалимъ пасхальный агнецъ всегда закалался днемъ раньше — 13 Нисана вмѣсто 14-го. Это было большимъ облегченіемъ для служащихъ при храмѣ, которымъ закланіе 256.000 агнцевъ въ теченіе нѣсколькихъ часовъ въ одинъ день 14 Нисана было бы слишкомъ обременительнымъ. Наконецъ, полагаютъ, что Господь совершилъ Пасху днемъ раньше, зная, что на другой день Онъ уже будетъ преданъ въ руки Іудеевъ и распятъ и для того, чтобы его Крестная Жертва, прообразомъ Которой были пасхальные агнцы, была принесена въ тотъ самый день и часъ, когда закалались пасхальные агнцы. Во всякомъ случаѣ, мы знаемъ, что цѣлью св. Евангелиста Іоанна было восполнить повѣствованія первыхъ трехъ Евангелистовъ, а потому мы должны принять, какъ несомнѣнное его указаніе, — что Тайная Вечеря была совершена Господомъ до наступленія праздника Пасхи, то-есть не 14-го, а 13го Нисана.

Самое уготованіе Тайной Вечери было чудеснымъ. Господь изъ Виѳаніи послалъ двухъ учениковъ въ городъ, то-есть въ Іерусалимъ, сказать имъ, что они встрѣтятъ тамъ человѣка, несущаго кувшинъ воды. Они должны послѣдовать за нимъ, и хозяину дома, куда войдетъ этотъ человѣкъ, сказать: «**Учитель глаголетъ: время Мое близко**», Я не могу откладывать празднованіе Пасхи и сегодня же «**у тебе сотворю Пасху со ученики Моими**». Ученики, по св. Лукѣ Петръ и Іоаннъ пошли и случилось все такъ, какъ сказалъ имъ Господь. Хозяинъ того дома отвелъ имъ **горницу велію, постлану, готову,** и они приготовили тамъ Пасху. Во всемъ этомъ, конечно, сказалось всевѣдѣніе Господа. Вмѣстѣ съ тѣмъ слова Господа указываютъ на поспѣшность, въ виду приближенія времени, когда должны были совершиться съ Нимъ великія и послѣднія событія Его земной жизни. Умилительно начинаетъ повѣствованіе о вечери св. Іоаннъ: «**вѣдый Іисусъ, яко пріиде Ему часъ, да прейдетъ отъ міра сего ко Отцу, возлюбль Своя сущая въ** мірѣ, до конца возлюби ихъ» — здѣсь сочетаются и Божественность и человѣчность Христа: какъ Богъ Онъ знаетъ о приближеніи Своего часа и Самъ идетъ ему навстрѣчу; какъ человѣкъ, Онъ почеловѣчески груститъ о предстоящей Ему видимой разлукѣ съ учениками, и это производитъ въ Немъ особый преизбытокъ любви къ нимъ. И эту Свою любовь «до конца» Господь обнаружилъ во всемъ, что говорилось и творилось на таинственной вечерѣ.

Св. Лука говоритъ, что Господь началъ вечерю словами: «**желаніемъ возжелѣхъ сію Пасху ясти съ вами, прежде даже не пріиму мукъ. Глаголю бо вамъ, яко отселѣ не имамъ ясти отъ нея, дондеже скончаются** (пока она не совершится) **во Царствіи Божіи**». Это была послѣдняя пасхальная вечеря, которую Господь могъ праздновать съ учениками Своими въ Своей земной жизни: вмѣсто этой сѣновной подзаконной Пасхи Онъ вознамѣревался установить теперь истинную Пасху — таинственную вечерю Тѣла и Крови Своей, то-есть таинство Евхаристіи; это — послѣдняя ветхозавѣтная Пасха для всѣхъ Его послѣдователей: впредь они будутъ причащаться Тѣла и Крови Его, доколѣ не вступятъ съ Нимъ въ тѣснѣйшее и пріискреннѣйшее общеніе въ будущей блаженной жизни — «**въ невечернемъ дни царствія Его**», какъ поется въ одномъ изъ тропарей пасхальнаго канона. Въ этой будущей жизни близость общенія всѣхъ истинныхъ христіанъ со Христомъ можно отчасти уподобить той близости, какая была у Господа съ Его учениками на Тайной Вечери. Слѣдовательно, смыслъ вышеприведенныхъ словъ Христовыхъ таковъ: «Эта Пасха, въ такомъ видѣ, какъ мы совершаемъ ее сегодня, не повторится болѣе, пока въ будущемъ вѣкѣ, въ торжествующей Церкви, не совершится въ полнѣйшей и окончательной мѣрѣ». Непосредственно вслѣдъ за тѣмъ, по св. Лукѣ, Господь далъ ученикамъ пить чашу съ виномъ, слѣдуя еще ветхозавѣтному ритуалу, причемъ сказалъ: «**не имамъ пити отъ плода лознаго, дондеже Царствіе Божіе пріидетъ**», по св. Марку, «**егда пію е ново во Царствіи Божіи**». Что это за новое вино, этому научаетъ насъ Церковь, воспѣвающая въ день Воскресенія Христова: «**пріидите новаго винограда рожденія — Божественнаго веселія царствія Христова пріобщимся**». Итакъ, новый плодъ винограда, новое вино, это божественное веселіе царства Христова, поскольку вино есть символъ веселія, радости.

Надо полагать, что послѣ этихъ словъ Христовыхъ, пасхальныя яства были потреблены съ обычными молитвословіями и обрядами, о чемъ Евангелисты считали лишнимъ говорить, поскольку ихъ задача была указать на установленіе Господомъ совершенія новой, уже христіанской Пасхи — таинства Евхаристіи. Эта новозавѣтная вечеря открылась умовеніемъ ногъ.

Умовеніе ногъ.

(Іоан. 13: 2-20).

Былъ обычай передъ вечерею умывать ноги, что дѣлалъ обыкновенно слуга. Но обычай этотъ не всегда соблюдался (ср. Лук. 7: 44); видно, не былъ соблюденъ и въ маломъ обществѣ Господа, очевидно потому, что Господь Самъ имѣлъ въ виду показать ученикамъ примѣръ смиренія и самоотверженной любви. Св. Лука сообщаетъ, что на вечери произошелъ между учениками споръ, кто изъ нихъ больше. Вѣроятно, этотъ споръ и явился поводомъ къ тому, чтобы показать ученикамъ наглядный примѣръ смиренія и взаимной любви путемъ умовенія ногъ имъ. Объ этомъ умовеніи ногъ разсказываетъ и притомъ весьма обстоятельно, только одинъ Евангелистъ Іоаннъ, какъ обычно восполняющій повѣствованія другихъ Евангелистовъ. **«Вѣдый Іисусъ, яко вся даде Ему Отецъ въ руцѣ, и яко отъ Бога изыде, и къ Богу грядетъ»**, — смыслъ этихъ словъ тотъ: Богомъ Отцемъ было предоставлено Богочеловѣку употреблять для спасенія людей всѣ средства, какія Онъ найдетъ полезными — въ этомъ причина, почему Онъ собирается сейчасъ совершить дѣло столь необычное, столь противоположное человѣческимъ понятіямъ. Онъ встаетъ, при общемъ недоумѣніи учениковъ снимаетъ съ себя верхнюю одежду, чтобы она не мѣшала, конечно, и остается въ одной туникѣ, какъ рабъ. Затѣмъ беретъ полотенце, подобно рабу же имъ препоясуется, наливаетъ воду въ умывальницу и начинаетъ, исполняя обязанности слуги, умывать ноги Своимъ ученикамъ, отирая ихъ полотенцемъ, которымъ былъ препоясанъ. Это — былъ безмолвный, но наглядный завѣтъ уходящаго Учителя Своимъ ученикамъ — завѣтъ **смиренія и взаимнаго служенія,** безъ всякаго превозношенія одного передъ другимъ. Какое сильное здѣсь опроверженіе ложнаго римско-католическаго ученія о главенствѣ св. Апостола Петра надъ прочими Апостолами и основаннаго на этомъ ложнаго догмата о папскомъ приматѣ въ Церкви.

«Пріиде же къ Симону Петру» . . . изъ этого видно, что Симонъ былъ не первый, къ кому Онъ подошелъ, и, повидимому, онъ возлежалъ не близко отъ Христа (ср. ст. 24). Петръ былъ пораженъ дѣйствіями Господа и нашелъ ихъ несообразными съ Его высокимъ достоинствомъ, почему во второй разъ въ жизни дерзнулъ прекословить Христу (ср. Матѳ. 16: 22): **«не умыеши ногу Моею во вѣки».** За это онъ услышалъ страшную угрозу, что если будетъ до конца упорствовать въ непослушаніи и будетъ свой разумъ ставить на мѣсто ума Христова, то не будетъ имѣть **«части»** со Христомъ, то-есть, иными словами, будетъ отлученъ отъ общенія со Христомъ. Испугавшись этой угрозы и горя любовію къ своему Божественному Учителю, Петръ предлагаетъ умыть **«не токмо нозѣ, но и руцѣ и главу»**, то-есть выражаетъ какъ бы готовность повиноваться Своему Господу даже больше, чѣмъ другіе, которымъ умываются только ноги. «Какъ въ этой частной чертѣ характеризуется Симонъ Петръ», говоритъ Еп. Михаилъ, «который рѣшается идти ко Господу по волнамъ и вопіетъ — погибаю, который ударяетъ раба архіереова ножемъ и потомъ убѣгаетъ, который проникаетъ во дворъ, гдѣ судили Господа, тамъ отрекается отъ Него и уходитъ съ горькими слезами». Въ своемъ отвѣтѣ Петру Господь указываетъ на высшій смыслъ Своихъ дѣйствій и вмѣстѣ съ тѣмъ, какъ бы утѣшаетъ Петра послѣ сдѣланной ему угрозы. **«И вы чисти, но не вси»** — ясный намекъ на предателя Іуду. Закончивъ умовеніе ногъ, Господь объяснилъ Своимъ ученикамъ намѣреніе, съ какимъ Онъ сдѣлалъ это, научая ихъ, чтобы и они съ любовью служили другъ другу, никакого труда не считая для себя унизительнымъ и не гордясь другъ передъ другомъ.

Господь объявляетъ о своемъ предателѣ.
(Матѳ. 26: 21-25; Марка 14: 18-21; Луки 22: 21-23 и Іоан. 13: 21-30).

Подробнѣе всего объ изобличеніи Господомъ Своего предателя разсказываетъ св. Іоаннъ, какъ бывшій ближе всего ко Іисусу на вечери, возлежавшій у Него на персяхъ, по выраженію самого Евангелиста. Умывъ ноги учениковъ и сказавъ имъ наставленіе объ этомъ, Господь **«возмутися духомъ»** отъ сознанія, что въ эти торжественные часы, когда Онъ собирался установить великое таинство причащенія Тѣла и Крови Его и дать ученикамъ Свои послѣднія прощальныя наставленія, тутъ же присутствуетъ и предатель Его. И, конечно, съ цѣлью, быть можетъ, и въ самомъ Іудѣ возбудить раскаяніе въ замышляемомъ имъ страшномъ преступленіи, Господь сказалъ: **«аминь, аминь глаголю вамъ, яко единъ отъ васъ предастъ Мя»**. Эти слова вызвали вполнѣ понятное смятеніе среди учениковъ: въ нихъ заговорило чувство глубокой скорби по поводу того, что ихъ Возлюбленный Учитель найдетъ среди нихъ предательство. **«И начаша скорбѣти»**, по св. Марку, и были **«скорбяще зѣло»**, по св. Матѳею. Ясно понимая глубокое паденіе человѣческой природы, они всѣ, какъ бы не полагаясь сами на себя, спрашиваютъ: **«не я ли, Господи?»** и переглядываются, по св. Іоанну, недоумѣвая, кого можетъ имѣть въ виду Господь. По св. Матѳею, и Іуда спросилъ: «Не я ли, Равви?» и Господь тихо сказалъ ему: **«ты реклъ еси»**, въ послѣдній разъ побуждая его къ покаянію, хотя и безрезультатно. «**Бѣ же единъ отъ**

ученикъ Его возлежа на лонѣ Іисусовѣ, егоже любляше Іисусъ» такъ говоритъ о себѣ возлюбленный ученикъ Христовъ св. Іоаннъ Богословъ, по смиренію, не называя себя по имени. По обычаю, у возлежащихъ за трапезою лицо и грудь были обращены къ трапезѣ, лѣвая рука опиралась локтемъ на подушку, правая была свободна и могла протягиваться къ пищѣ, а ноги лежали наискось, въ сторону отъ трапезы, такъ что слѣдующій возлежащій находился головой не у ногъ, а у груди перваго. Такъ именно Іоаннъ имѣлъ голову у груди Іисусовой, иначе сказать, возлежалъ на Его лонѣ. Пользуясь этимъ св. Петръ сдѣлалъ знакъ св. Іоанну, чтобы тотъ спросилъ Господа о предателѣ. Это показываетъ, что самъ Петръ не былъ столь близко къ Господу, не занималъ перваго мѣста около Него, съ точки зрѣнія тогдашнихъ обычаевъ (вопреки ложному ученію римо-католиковъ о первенствѣ Петра). Съ особымъ дерзновеніемъ, на какое могъ рѣшиться только возлюбленный ученикъ св. Іоаннъ, припадши совсѣмъ близко къ груди Іисусовой, тихо вопросилъ Господа: **«кто есть?»** И Іисусъ отвѣчалъ: **«емуже Азъ омочивъ хлѣбъ подамъ: и омочь хлѣбъ, даде Іудѣ».** Хлѣбъ на пасхальной вечери обмакивали въ особый соусъ изъ фиников и смоквъ. Глава семьи раздавалъ иногда такіе куски въ знакъ своего особаго благоволенія. И этимъ, конечно, Господь хотѣлъ еще разъ пробудить въ Іудѣ чувство покаянія. Это было ясно только для Іоанна. Другимъ же Апостоламъ Господь сказалъ о предателѣ, какъ повѣствуютъ объ этомъ первые три Евангелиста, въ общемъ выраженіи: **«омочивый со Мною въ солило руку, той Мя предастъ».** **«Горе человѣку тому, имже Сынъ Человѣческій предается»** — Господь останавливаетъ здѣсь вниманіе не на гнусности предательства, но на несчастной судьбѣ предателя и выражаетъ скорбь о немъ. «Но иной скажетъ», говоритъ св. Златоустъ: «Если написано, что Христосъ такъ пострадаетъ, то за что осуждается Іуда? Онъ исполнилъ то, что написано. Но онъ дѣлалъ не съ тою мыслью, а по злобѣ. Если ты не будешь смотрѣть на цѣль, то и діавола освободишь отъ вины. Но нѣтъ, нѣтъ. И тотъ и другой достойны безчисленныхъ мученій, хотя и спасалась вселенная. Ибо не предательство Іуды содѣлало намъ спасеніе, но мудрость Христа и величайшее Его промышленіе, обращающее злодѣянія другихъ въ нашу пользу. Что же, спросишь ты, еслибы Іуда Его не предалъ, то не предалъ ли бы кто-нибудь?... Еслибы всѣ были добры, то не исполнено было бы строительство нашего спасенія. — Да не будетъ. Ибо Самъ Премудрый зналъ, какъ устроить наше спасеніе, хотя бы и не случилось предательства. Премудрость Его велика и непостижима. Посему-то, дабы не подумалъ кто, что Іуда былъ служителемъ домостроительства, Іисусъ называетъ его несчастнѣйшимъ человѣкомъ». Тѣмъ, что Господь далъ Іудѣ кусокъ хлѣба, Онъ хотѣлъ пробудить въ немъ раскаяніе, но съ омраченной душой Искаріота произошло совершенно противное: **«по хлѣбѣ тогда вниде въ онь сатана». Несмотря** на предостерегающія слова Господа и на этотъ жестъ Его, призывающій къ покаянію, Іуда еще больше ожесточился противъ Господа, какъ бываетъ съ душами, глубоко погрязшими во злѣ. Господь, какъ Сердцевѣдецъ, видѣлъ, что дѣлается въ душѣ Іуды, но не хотѣлъ его обличить явно передъ всѣми учениками, дабы ученики не предприняли какихъ-либо насильственныхъ мѣръ противъ Іуды и не возъимѣли бы тщетной мысли воспрепятствовать Божественному предопредѣленію, а потому сказалъ лишь ему одному понятныя слова: **«еже твориши, сотвори скоро».** «Дѣлай скорѣе, что ты задумалъ» — это властительное приказаніе Господа, жаждавшаго скорѣе осуществить волю Божію и совершить Свой подвигъ Искупителя человѣчества, и вмѣстѣ съ тѣмъ благовидный предлогъ освободить общество учениковъ отъ присутствія Іуды, установить **безъ** него, какъ недостойнаго, великое таинство Евхаристіи и дать ученикамъ послѣднія прощальныя наставленія. Св. Іоаннъ утверждаетъ, что никто не понялъ этихъ словъ Господа, въ томъ числѣ и самъ Іоаннъ, не подозрѣвавшій, что предательство совершится въ эту же ночь, а всѣ подумали, что Господь дѣлаетъ Іудѣ распоряженіе о покупкѣ всего требуемаго къ празднику. Вотъ это еще новое доказательство, что праздникъ еще не наступилъ и что, слѣдовательно, Тайная Вечеря была совершена наканунѣ наступленія іудейской Пасхи 13 Нисана. Въ самый вечеръ праздника нельзя было бы ничего купить, нельзя было и нищихъ найти, чтобы имъ помочь, ибо тогда всѣ — и богатые и бѣдные — не выходили изъ своихъ домовъ, празднуя по закону Пасху. **«Бѣ же нощь, егда изыде»,** какъ предполагаетъ бл. Ѳеофилактъ, здѣсь Евангелистъ, быть можетъ, имѣетъ въ виду и ту мысленную ночь, ту духовную тьму, которая покрыла окончательно омраченную сребролюбіемъ душу Іуды-предателя. Далѣе св. Іоаннъ начинаетъ излагать прощальную бесѣду Господа съ учениками, начинающуюся словами: **«Нынѣ прославися Сынъ Человѣческій»,** которая читается у насъ за богослуженіемъ въ качествѣ 1-го Евангелія св. страстей въ Великій Четвертокъ вечеромъ. Необходимо, однако, предположить, что тотчасъ же по выходѣ Іуды Господь сначала установилъ таинство Евхаристіи, о чемъ повѣствуютъ первые три Евангелиста, но умалчиваетъ Іоаннъ, а потомъ уже обратился къ ученикамъ съ тѣми словами, которыя подробно излагаетъ св. Іоаннъ, какъ дополняющій не разсказанное первыми тремя Евангелистами.

Установленіе таинства Евхаристіи.

(Матѳея 26: 26-29; Марка 14: 22-25 и Луки 22: 19-20).

Всѣ три синоптика повѣствуютъ объ этомъ приблизительно одинаково. Господь **пріемъ**, то-есть «взялъ» хлѣбъ и благословивъ преломилъ, и раздавая ученикамъ, сказалъ: **«Пріимите, ядите: сіе есть Тѣло Мое»**. «Хлѣбъ» здѣсь по-гречески называется **«артос»**, что значитъ «хлѣбъ поднявшійся», вскисшій на дрожжахъ, въ противоположность **«аксимон»**, какъ называется хлѣбъ прѣсный, употреблявшійся евреями на Пасху. Надо полагать, что такой хлѣбъ нарочито былъ приготовленъ по повелѣнію Господа для установленія новаго таинства. Значеніе этого хлѣба въ томъ, что онъ какъ бы живой, символизирующій собою жизнь, въ противоположность прѣсному хлѣбу, хлѣбу мертвому. **«Благословивъ»**, **«благодаривъ»** указываетъ на словесное выраженіе благодарности Богу Отцу, какъ это было, напр.,еще въ моментъ воскрешенія Лазаря: просимое было исполнено въ самый моментъ прошенія, почему въ тотъ же моментъ стало предметомъ благоденія. Чрезвычайно важно то, что Господь сказалъ: **«С і е есть Тѣло Мое»**: Онъ не сказалъ **«сей»**, то-есть «сей хлѣбъ», а именно **сіе**, потому, что въ этотъ моментъ хлѣбъ уже пересталъ быть хлѣбомъ, а сталъ подлиннымъ Тѣломъ Христовымъ, только видъ имѣвшимъ хлѣба. Не сказалъ Господь: «С і е есть образъ Тѣла Моего. но **сіе есть Тѣло мое»** (Св. Златоустъ, бл. Ѳеофилактъ). Вслѣдствіе молитвы Христовой, хлѣбъ принялъ существо Тѣла, сохранивъ только внѣшній видъ хлѣба. «Поелику мы слабы», говоритъ бл. Ѳеофилактъ, «и нерѣшились бы ѣсть сырое мясо, особенно человѣческую плоть, то намъ преподается хлѣбъ, а **на самомъ дѣлѣ это есть плоть»**. «Отчего ученики», спрашиваетъ св. Златоустъ, «услышавъ сіе, не смутились? Оттого, что Христосъ прежде много важнаго говорилъ имъ о семъ таинствѣ (вспомнимъ Его бесѣду о хлѣбѣ, сходящемъ съ небесъ) (Іоан. 6 гл.)». Подъ «Тѣломъ Христовымъ» разумѣется все физическое существо Богочеловѣка, нераздѣльно соединенное съ Его душой и Божествомъ. Это же самое существо Богочеловѣка дается подъ видомъ вина, дается не въ другой разъ, а только для полноты его видимаго явленія, почему выраженіе «причаститься подъ двумя видами» есть совершенно точное выраженіе — подразумѣвается: причаститься **одной и той же сущности.**

Но это не значитъ, что Тѣло можетъ замѣнить собой Кровь и что достаточно причаститься только одного Тѣла. Еслибы это было такъ, тогда не устанавливалъ бы Господь причащенія именно **подъ двумя видами.** А причастивъ Своихъ учениковъ Тѣла, Онъ взялъ, какъ повѣствуютъ всѣ три синоптика, чашу и снова **благодаривъ**, то-есть молитвенно призвавъ Духа Отчя, прелагающаго вино въ истинную Кровь Христову, сказалъ: **«Пійте отъ нея вси: сія бо есть Кровь Моя Новаго Завѣта, яже за многія изливаемая, во оставленіе грѣховъ».** Не напрасно прибавлено **вси**. Вина нельзя было раздѣлить, какъ раздѣленъ былъ хлѣбъ, который Самъ Господь разломилъ и раздѣлилъ между учениками. Чаша была одна и должна была передаваться изъ рукъ въ руки. Чтобы кто-нибудь не былъ обнесенъ или самъ не пропустилъ чаши мимо себя, Христосъ настоятельно говоритъ: **«пійте отъ нея вси»**. Здѣсь нельзя не видѣть обличенія для римо-католиковъ, которые лишили мірянъ чаши Христовой. «Поелику твердую пищу можно принимать не всѣмъ», поясняетъ бл. Ѳеофилактъ: «а только тѣмъ, кои имѣютъ совершенный возрастъ, пить же можно всѣмъ, то по этой причинѣ и сказалъ здѣсь Христосъ: п е й т е в с ѣ». Опять сказано: **«сія бо есть Кровь Моя»** — не образъ только, не символъ крови, но истинная и дѣйствительная кровь. Что значитъ: **«Новаго Завѣта»?** «Какъ Ветхій Завѣтъ», поясняетъ св. Златоустъ: 'имѣлъ овновъ и тельцовъ, такъ и Новый имѣетъ Кровь Господню. Симъ также показываетъ Христосъ, что Онъ претерпѣлъ смерть, почему и упоминаетъ о Завѣтѣ и воспоминаетъ вмѣстѣ о первомъ, поелику и сей завѣтъ обновленъ былъ кровью». Слово **«завѣтъ»,** по своему первому значенію, тождественно со словомъ «завѣщаніе». Завѣтъ содержитъ въ себѣ обѣтованія, а вмѣстѣ съ тѣмъ и условія полученія этихъ обѣтованій, въ данномъ случаѣ — соблюденіе заповѣдей Божіихъ. Съ этой точки зрѣнія слово **завѣтъ** можетъ быть объясняемо, какъ «договоръ между Богомъ и людьми». Договоръ всегда чѣмъ-то удостовѣряется и скрѣпляется. Господь и хочетъ сказать, что этотъ **Новый** договоръ между Богомъ и людьми, взамѣнъ Ветхаго, скрѣпляется **Его Кровью**. **«За многія изливаемая, во оставленіе грѣховъ»** — означаетъ, что страданія и смерть Единороднаго Сына Божія послужили **жертвой умилостивленія** за грѣхи всего человѣчскаго рода **(многія сказано вмѣсто всѣхъ),** которые поэтому и прощаются всѣмъ вѣрующимъ во Христа и причащающимся Пречистаго Тѣла и Крови Его. Св. Лука, а также и св. Ап. Павелъ въ 11гл. посланія 1-го къ Коринѳянамъ, говорятъ, что при этомъ Господь еще добавилъ: **«сіе творите въ Мое воспоминаніе».** Отсюда никакъ нельзя, однако, сдѣлать выводъ, какъ это дѣлаютъ сектанты, что Евхаристія это простое «воспоминаніе» Тайной Вечери: это сказано потому, что Господа уже не будетъ потомъ съ Его учениками и послѣдователями видимымъ образомъ и, вступая съ Нимъ лишь въ таинственное общеніе черезъ вкушеніе Тѣла и Крови Его, они будутъ вспоминать Его прежнее тѣлесное соприсутствіе съ ними. Въ книгѣ Дѣяній Св. Апостоловъ, въ Посланіяхъ св. Апостола Павла и во многихъ древнихъ памятникахъ христіанской писменности мы находимъ множество свидѣтельствъ того, что всякое молитвенное собраніе христіанъ того времени сопровождалось принятіемъ Тѣла и Крови Христовыхъ подъ видомъ хлѣба и вина. Въ первые вѣка христіанства всѣ христіане, кромѣ находившихся подъ запрещеніемъ или отлученіемъ, приходившіе въ церковь въ воскресные и праздничные дни непремѣнно причащались Св. Таинъ.

Споръ учениковъ о старшинствѣ.
(Луки 22: 24-30).

Св. Лука разсказываетъ, что послѣ этого у учениковъ возникъ споръ о старшинствѣ между ними. Умывъ ноги ученикамъ, Господь научилъ Апостоловъ смиренно служить другъ другу, но черезъ это не уничтожилъ самой идеи старшинства или власти, введя всеобщее безразличное равенство въ Своей Церкви, какъ умывая ноги, не отрекся отъ Своего достоинства **Господа и Учителя.** Вразумляя въ этотъ разъ учениковъ, Господь сказалъ, что и **большій** долженъ служить другимъ. Если стать на точку зрѣнія римо-католиковъ, что Ап. Петръ былъ главою Апостоловъ, то этотъ споръ между Апостолами былъ бы непонятенъ, и Господь долженъ былъ бы прекратить его, подтвердивъ, что большій между ними — Ап. Петръ. Между тѣмъ, мы слышимъ отъ Господа совсѣмъ другое: какъ и прежде въ подобныхъ случаяхъ, Господь только внушаетъ Апостоламъ, чтобы они не стремились къ первенству, а думали бы только о взаимномъ служеніи другъ другу и тутъ же обѣщаетъ имъ за вѣрность Ему, что они всѣ наслѣдуютъ Царство Небесное и **всѣ равно** сядутъ на престолахъ, **судяще обѣманадесяте колѣнома израилевома,** то-есть всѣ равно получатъ особую честь въ будущей жизни.

Прощальная бесѣда Господа съ учениками.
(Іоанна 13 гл. 31-38 и главы 14-я, 15-я и 16-я; Матѳея 26: 30-35; Марка 14: 26-31 и Луки 22: 31-38).

Эта замѣчательно-умилительная бесѣда Господа съ учениками приводится полностью только однимъ четвертымъ Евангелистомъ св. Іоанномъ, небольшой отрывокъ изъ нея приводитъ св. Лука, а первые два Евангелиста говорятъ только о предреченіи Господомъ отреченія Петра и о встрѣчѣ съ учениками по воскресеніи въ Галилеѣ. Вся эта рѣчь чрезвычайно пространна и занимаетъ нѣсколько главъ. Вмѣстѣ со слѣдующей за ней так наз. «Первосвященнической молитвой» Господа она вся читается у насъ за богослуженіемъ вечеромъ въ Великій Четвергъ въ качествѣ перваго Евангелія святыхъ страстей.

По св. Іоанну началъ эту Свою бесѣду Господь Іисусъ Христосъ тотчасъ же по уходѣ Іуды словами: **«Нынѣ прославися Сынъ Человѣческій, и Богъ прославися о Немъ»**... Надо полагать, однако, что эта бесѣда начата Господомъ этими словами не только послѣ ухода Іуды, но и послѣ установленія Господомъ таинства Причащенія, о чемъ св. Іоаннъ умалчиваетъ, какъ лишь восполняющій повѣствованія первыхъ трехъ Евангелистовъ. Преподавъ ученикамъ Тѣло Свое и Кровь Свою и видя тайну искупленія какъ бы уже совершившейся, такъ какъ если бы Онъ уже былъ принесенъ въ жертву и совершена была побѣда надъ всѣми враждебными силами, Господь и воскликнулъ эти побѣдныя слова: **«нынѣ прославися Сынъ Человѣческій»**... **«Нынѣ»**, то-есть въ эту таинственную и страшную ночь наступило прославленіе Сына Человѣческаго, которое въ то же время есть и прославленіе Бога Отца, благоволившаго дать Сына Своего Единороднаго въ жертву за спасеніе людей, и это земное прославленіе Сына Его есть начало Его будущаго небеснаго прославленія, какъ побѣдителя смерти и ада. Желая вывести учениковъ Своихъ изъ того угнетеннаго настроенія духа, въ которомъ они находились подъ вліяніемъ мысли о предательствѣ одного изъ нихъ, Господь обращаетъ ихъ мысль къ Своей Божественной славѣ, которая откроется и въ Его предстоящихъ страданіяхъ и въ воскресеніи и вознесеніи на небо. **«Вскорѣ прославитъ»**, то-есть недолго будетъ продолжаться Его уничиженіе, а скоро начнется Его видимое прославленіе. **«Чадца, еще съ вами мало есмь»** — **«дѣтки»** или **«дѣточки»** — это чрезвычайно нѣжное обращеніе Господа къ ученикамъ нигдѣ больше не встрѣчается въ Евангеліи: вылилось оно изъ глубокаго чувства предстоящей разлуки при столь тяжелыхъ и искусительныхъ для ихъ вѣры обстоятельствахъ. Какъ я говорилъ прежде Іудеямъ, такъ теперь и вамъ говорю, что отхожу отъ васъ путемъ, которымъ вы не можете идти теперь за Мной. Оставляя васъ въ мірѣ для продолженія Моего дѣла, Я **«заповѣдь новую даю вамъ, да любите другъ друга, якоже возлюбихъ вы»**... Изъ любви къ людямъ Я полагаю жизнь Свою за нихъ и вы должны подражать Мнѣ въ этомъ. Заповѣдь о любви къ ближнимъ дана была и въ законѣ Моисеовѣ, но Христосъ далъ этой заповѣди н о в ы й характеръ, невѣдомый прежде — о любви даже къ врагамъ своимъ вплоть до самопожертвованія **во Имя Христово.** Такая чистая, безкорыстная и самоотверженная любовь есть признакъ истиннаго христіанства. Св. Петръ задаетъ тогда полный страха и печали вопросъ: **«Господи, камо идеши?»** Господь подтверждаетъ ему, что теперь онъ не можетъ за Нимъ идти, но тутъ же предрекаетъ ему, что въ будущемъ онъ пойдетъ за Нимъ тѣмъ же путемъ мученичества. Дальше слѣдуетъ предреченіе Петру троекратнаго отреченія, о чемъ повѣствуютъ всѣ четыре Евангелиста. Предостерегая Петра отъ самонадѣянности, когда тотъ сталъ увѣрять, что душу свою положитъ за Господа, Господь по св. Лукѣ, сказалъ ему: **«Симоне, Симоне, се сатана проситъ васъ, дабы сѣялъ, яко пшеницу»**....Характерно, что Господь называетъ его тутъ не **Петромъ**, а **Симономъ**, ибо отрекшись отъ Господа Петръ показалъ, что онъ уже пересталъ быть «камнемъ». Подъ этимъ «сѣяніемъ» разумѣется искушеніе отъ сатаны, которому дѣйствительно подверглись Апостолы въ часы страданій ихъ Божественнаго Учителя, когда вѣра ихъ въ Него готова была поколебаться. Эта просьба сатаны напоминаетъ просьбу его относительно Іова Многострадальнаго, котораго Господь попустилъ подвергнуть такому тяжкому искушенію. Своей всесильной молитвой Господь защитилъ учениковъ Своихъ, а въ особенности Петра, отъ совершеннаго паденія; Петру попустилъ временно пасть, чтобы тѣмъ сильнѣе и тверже былъ онъ послѣ и утвердилъ тѣмъ своихъ собратій. **«Молился о тебѣ»** — хотя опасность со стороны сатаны грозила всѣмъ, но Господь молился особенно о Петрѣ, ибо ему, какъ болѣе пылкому и рѣшительному, грозила и наибольшая опасность. **«Ты нѣкогда обращся утверди братію твою»** — этимъ указывается на то, что Петръ, покаявшись послѣ своего отреченія отъ Христа, явится для всѣхъ образцомъ истиннаго покаянія и примѣромъ твердости. На это Петръ у всѣхъ четырехъ Евангелистовъ начинаетъ увѣрять Господа въ своей непоколебимой вѣрности Ему, въ готовности идти за нимъ и въ темницу и на смерть. Какъ возможно, однако, было отреченіе Петра, если Господь молился за него да не оскудѣетъ вѣра его? Но вѣра въ Петрѣ и не оскудѣла: онъ отрекся въ припадкѣ малодушнаго страха и тотчасъ же, какъ мы видимъ, предался самому глубокому раскаянію. По всѣмъ четыремъ Евангелистамъ, Христосъ предрекаетъ Петру, что онъ отречется отъ него въ предстоящую ночь трижды, прежде нежели пропоетъ пѣтухъ, причемъ по Марку, прежде нежели пропоетъ пѣтухъ д в а ж д ы . Эта большая точность св. Марка объясняется, конечно, тѣмъ, что онъ писалъ свое Евангеліе подъ руководствомъ самого Ап. Петра. Первое пѣніе пѣтуховъ бываетъ около полуночи, второе — предъ утромъ; слѣд., смыслъ этого тотъ, что еще до наступленія утра Петръ трижды отречется отъ своего Учителя и Господа. Видимо, отреченіе Петру Господь предрекъ два раза: въ первый разъ еще за вечерей, о чемъ разсказываютъ св. Лука и св. Іоаннъ, а во второй разъ — уже по выходѣ съ вечери, по дорогѣ въ Геѳсиманію, о чемъ сообщаютъ св. Матѳей и св. Маркъ. Къ предсказанію объ отреченіи Петра, по св. Лукѣ, Господь присоединилъ предсказанія о томъ, какая нужда и борьба ожидаютъ впредь Его учениковъ. **«Егда послахъ вы безъ влагалища, и безъ мѣха, и безъ сапогъ, еда чесого лишени бысте?»**... какъ прежде апостоламъ ни о чемъ заботиться не нужно было, ибо они всюду находили себѣ пропитаніе и все необходимое, пока ходили и проповѣдывали при жизни Господа по Іудеѣ и Самаріи, такъ теперь наступаютъ другія времена, когда злоба людей противъ ихъ Учителя распространится и на нихъ. Всю дальнѣйшую рѣчь Господа о взятіи влагалища и мѣха и покупкѣ ножа (или меча), конечно, нужно понимать не въ буквальномъ смыслѣ, а въ символическомъ. Господь просто предупреждаетъ ихъ о томъ, что наступаетъ крайне-тяжелый для нихъ періодъ жизни, и они должны приготовиться къ нему сами, что ихъ ожидаетъ и голодъ и жажда и бѣдствія, вражда со стороны людей; если и Самъ ихъ Учитель будетъ въ глазахъ этихъ людей причтенъ къ злодѣямъ, то чего же хорошаго могутъ ожидать они? Апостолы, по наивности, поняли все сказанное Господомъ буквально, и говорятъ: **«се ножа здѣ два».** Видя, что не понимаютъ Его, Господь прекратилъ этотъ разговоръ словами: **«довольно есть».**

«Да не смущается сердце ваше» — мысль о скоромъ отшествіи отъ нихъ Господа не должна смущать учениковъ, потому что это отшествіе есть только средство привести ихъ въ постоянное, уже вѣчное общеніе съ Нимъ: Господь обѣщаетъ имъ, когда придетъ для того время, взять ихъ къ Себѣ въ вѣчныя обители Отца Своего Небеснаго. Отуманенные все еще по прежнему ложными представленіями о земномъ царствѣ Мессіи, ученики не понимаютъ этихъ словъ Господа, и потому Ѳома говоритъ: **«Господи, не вѣмы, камо идеши»**... Въ отвѣтѣ Господь объясняетъ, что Онъ и есть Самъ тотъ путь, которымъ они должны идти къ Отцу, что-бы водвориться въ ожидающихъ ихъ вѣчныхъ обителяхъ. **«Никтоже пріидетъ ко Отцу, токмо Мною»** — такъ какъ Христосъ есть Искупитель и только вѣрою въ совершенное Имъ дѣло искупленія человѣчества возможно спасеніе. **«Аще Мя бысте знали, и Отца Моего знали бысте»**, ибо во Христѣ — полное откровеніе Бога, какъ и раньше Онъ говорилъ Іудеямъ: **«Азъ и Отецъ едино есма (Іоан. 10: 30)».** И ученики Господа, зная Христа, должны знать и Отца. Правда они плохо знали Христа, но постепенно приближались къ этому знанію, каковое Господь далъ имъ особенно на Тайной вечери черезъ умовеніе ногъ, причащеніе Тѣла и Крови Его и черезъ Свои наставительныя бесѣды. Сходный по характеру съ Ѳомой и такъ же, какъ и тотъ, отличавшійся разсудочностью, Филиппъ сказалъ тогда Господу: **«покажи намъ Отца, и довлѣетъ намъ»**, разумѣя, конечно, подъ этимъ чувственное видѣніе, какого удостаивались, напр., пророки. Господь выражаетъ какъ бы сожалѣніе непонятливости Филиппа и внушаетъ ему ненужность его просьбы, поскольку въ Немъ-черезъ дѣла Его, черезъ ученіе Его, черезъ самую Богочеловѣческую личность Его — они давно должны были познать Отца. Продолжая, дальше утѣшать учениковъ, Господь обѣщаетъ имъ надѣлить ихъ силою чудотворенія, исполняя все, что они въ молитвѣ будутъ просить у Него: молитва во Имя Господа Искупителя будетъ творить чудеса. При условіи, что ученики, любя Господа, будутъ соблюдать Его заповѣди, Господь обѣщаетъ послать имъ **Утѣшителя,** Который пребудетъ съ ними во вѣкъ, **Духа Истины,** Который какъ бы замѣнитъ имъ Христа и благодаря Которому, они будутъ имѣть постоянное таинственное общеніе со Христомъ. «Міръ» какъ совокупность невѣрующихъ въ Господа и враждебныхъ Ему людей, во всемъ чуждый и противоположный Духу-Утѣшителю, не можетъ принять Его, а съ Апостолами Онъ пребывалъ благодаря общенію ихъ съ Господомъ во время земной Его жизни, и **въ нихъ будетъ,** чтобы пребывать съ ними во вѣкъ, когда сойдетъ на нихъ въ день Пятидесятницы. «**Не оставлю васъ сиры: пріиду къ вамъ**», и видимымъ образомъ послѣ воскресенія и таинственнымъ черезъ духовное общеніе въ таинствѣ причащенія, при посредствѣ Духа Святаго. «**И вы живи будете**» въ единеніи со Мной, какъ источникомъ жизни вѣчной, въ то время, какъ міръ, мертвый духовно, не будетъ видѣть Господа. «**Въ той лечь**», тоесть въ день Пятидесятницы, «**уразумѣете, яко Азъ во Отцѣ Моемъ, и вы во Мнѣ, и Азъ въ васъ**», поймете сущность духовнаго общенія съ Богомъ во Христѣ. Условіе этого Богообщенія — любовь къ Господу и соблюденіе заповѣдей Его. **Іуда, не Искаріотскій,** называемый Леввеемъ или Ѳаддеемъ, который, видимо, не разстался съ любимой мыслью іудеевъ о чувственномъ царствѣ Мессіи, понявъ слова Господа въ буквальномъ смыслѣ, что Онъ явится въ чувственно-тѣлесномъ видѣ любящимъ Его и соблюдающимъ заповѣди Его, выразилъ недоумѣніе, почему Господь хочетъ явиться только имъ, а не всему міру, какъ основатель славнаго всемірнаго царства Мессіи. Господь объясняетъ, что Онъ говоритъ о Своемъ таинственномъ духовномъ явленіи Своимъ послѣдователямъ, повторяя прежнюю мысль о необходимости для этого любить Его и исполнять заповѣди Его. Міръ же, нелюбящій Его и не исполняющій заповѣдей Его, неспособенъ къ такому духовному общенію съ Господомъ. Заповѣди же Христовы суть вмѣстѣ съ тѣмъ и заповѣди Отца. Все это ученикамъ теперь можетъ быть неясно, но когда придетъ **Утѣшитель, Духъ Святый, Егоже послетъ Отецъ во имя Христово,** Онъ наставитъ Апостоловъ — научитъ ихъ всему и напомнитъ имъ все, чему училъ ихъ Христосъ: откроетъ имъ тайну жизни духовной, жизни во Христѣ.

Оканчивая пасхальную вечерю, глава семейства говорилъ присутствующимъ: «миръ вамъ», а затѣмъ вечеря заключалась пѣніемъ псалмовъ. Господь, намѣреваясь оставить пасхальную горницу и, имѣя въ виду, что скоро отходитъ отъ учениковъ Своихъ, слѣдуя обычаю, также преподаетъ имъ **миръ**, но высшій **миръ**, по сравненію съ тѣмъ, какой обыкновенно даетъ міръ, во злѣ лежащій: **«миръ мой даю вамъ»** — это миръ, который совершенно уравновѣшиваетъ всѣ силы человѣческаго духа, вноситъ полную гармонію во внутреннее настроеніе человѣка, успокаиваетъ всякое смятеніе и возмущеніе, это тотъ именно миръ, о которомъ пѣли Ангелы въ Рождественскую ночь. Поэтому Апостолы и не должны ничѣмъ смущаться или устрашаться.

Вечеря окончилась. Наступало время оставить сіонскую горницу, гдѣ она происходила. Снаружи былъ мракъ неизвѣстности, страхъ разлуки со Христомъ и безпомощности во враждебномъ мірѣ. Поэтому Христосъ снова утѣшаетъ учениковъ обѣщаніемъ придти къ нимъ и говоритъ, что они должны радоваться тому, что Онъ идетъ ко Отцу, **«яко Отецъ Мой болій Мене есть»** — болѣе, конечно, какъ Первопричина (Сынъ, рождаясь отъ Отца, заимствуетъ отъ Него Свое бытіе), болѣе, какъ Богъ, по сравненію съ Христомъ — **Богочеловѣкомъ.** Все должно произойти, по написанному, такъ, какъ Господь предупреждалъ учениковъ прежде: черезъ исполненіе предреченнаго ученики убѣдятся въ истинѣ словъ Христовыхъ. **«Ктому немного глаголю съ вами»** — оставалось лишь нѣсколько часовъ до того момента, когда Іуда съ воинами должны были взять Господа. Господь духовнымъ взоромъ Своимъ видитъ приближеніе къ Себѣ врага Своего **«князя міра сего»** — сатаны въ лицѣ Іуды со спирой и въ Геѳсиманскомъ саду, когда діаволъ совершилъ нападеніе на Господа, искушая Его страхомъ мученій и смертнаго часа — послѣдняя попытка отклонить Господа отъ совершенія Имъ искупительнаго подвига для спасенія человѣчества. Господь говоритъ при этомъ, что діаволъ въ Немъ **«не имать ничесоже»,** то-есть, по безгрѣшности Христовой, не можетъ въ Немъ найти ничего, надъ чѣмъ бы онъ могъ господствовать. Это доказательство полной нравственной свободы Господа, съ какой Онъ, единственно по любви Своей, отдаетъ жизнь Свою за спасеніе міра, во исполненіе воли Отца. **«Возстаните, идемъ отсюду»** — пойдемъ навстрѣчу приближающемуся врагу, князю міра сего въ лицѣ Іуды-предателя.

Многіе толкователи склоняются къ тому, что послѣ этихъ словъ надлежитъ читать слова Ев. Матѳея, совпадающія съ такими же словами Ев. Марка: **«и воспѣвше, изыдоша въ гору Елеонску»,** то-есть Господь съ учениками пропѣли по іудейскому обычаю псалмы второй части «Аллилуіи» -115-118 и пошли по направленію къ Елеонской горѣ, причемъ дальнѣйшая бесѣда продолжалась уже на ходу. Однако, Епископъ Ѳеофанъ Затворникъ считаетъ, что бесѣда продолжалась все же въ горницѣ, и горница была покинута лишь по окончаніи всей бесѣды и первосвященнической молитвы Христовой. За первое предположеніе, противъ мысли Еп. Ѳеофана, говоритъ, повидимому то, что дальше Господь ведетъ бесѣду о себѣ, какъ о виноградной лозѣ. По дорогѣ же къ Елеонской горѣ и на склонахъ ея какъ разъ было много виноградниковъ, глядя на которые Господь и употребилъ этотъ наглядный и живой образъ.

Продолженіе прощальной бесѣды.
(15 и 16 гл. отъ Іоанна).

Какъ полагаютъ, проходя черезъ виноградники и указывая на виноградъ Апостоламъ, Господь заимствуетъ отъ виноградной лозы образъ духовнаго отношенія между Нимъ и вѣрующими въ Него: **«Азъ есмь лоза истинная, и Отецъ Мой дѣлатель есть».** Отецъ — виноградарь, какъ собственникъ винограда, воздѣлывающій его самъ и черезъ другихъ: Онъ ниспослалъ на землю Сына Своего, насадивъ Его, какъ плодоносную Лозу, чтобы одичавшія и безплодныя отрасли человѣчества, срастясь съ этой Лозой, принимали отъ Него новые соки и сами становились бы плодоносными. Вѣтви не приносящія плода отсѣкаются: кто не доказываетъ вѣры своей дѣлами, извергается изъ общества вѣрующихъ, иногда еще въ сей жизни, окончательно же въ день Суда; вѣрующіе же и приносящіе плодъ очищаются силою и дѣйствіемъ св. Духа, искушеніями разнаго рода и страданіями, дабы еще болѣе усовершиться въ нравственной жизни. Апостолы Христовы уже очистили себя, слушая ученіе Господа, но для поддержанія и усовершенія этой чистоты, они должны постоянно заботиться о томъ, чтобы быть едино со Христомъ. Только тотъ, кто состоитъ въ постоянномъ духовномъ общеніи со Христомъ, можетъ приносить плоды христіанскаго совершенства: **«Безъ Мене не можете творити ничесоже».** Вѣтви, не приносящіе плода, «собираютъ и бросаютъ въ огонь, и онѣ сгораютъ». Время, когда говорилъ это Господь, было временемъ очистки виноградныхъ садовъ и, можетъ быть, передъ глазами Господа и учениковъ были огни, на которыхъ горѣли сухія вѣтви виноградныхъ лозъ. Это былъ выразительный образъ духовно-засохшихъ людей, которымъ въ будущей жизни уготованъ огнь геенскій. Далѣе Господь обѣщаетъ ученикамъ, что если они пребудутъ въ постоянномъ духовномъ общеніи съ Нимъ, всякая молитва ихъ, конечно, сообразная съ волей Божіей, будетъ исполнена. Но для этого необходимо имъ пребывать постоянно въ любви Христовой и исполнять заповѣди Его. Выраженіемъ же пребыванія учениковъ въ любви Христовой служитъ ихъ взаимная любовь другъ къ другу, которая должна простираться до готовности отдать жизнь свою за ближняго. **«Вы друзи Мои есте, аще творите, елика Азъ заповѣдаю вамъ»** — взаимная любовь между учениками дѣлаетъ ихъ друзьями между собой, а такъ какъ союзъ этой взаимной любви ихъ во Христѣ, Который возлюбилъ ихъ той же любовью, то они, дѣлаясь друзьями другъ другу, дѣлаются друзьями и Христа. Въ силу этой любви Господь открылъ имъ **всю волю Божію**: это и есть доказательство, что они не рабы, но друзья Христовы. Изобразивъ со всею полнотою Свою любовь къ Апостоламъ, которая сказалась въ томъ, что Онъ ихъ избралъ для великаго служенія, Господь всю эту часть Своей бесѣды (стихи 12-17) заканчиваетъ вновь увѣщаніемъ: **«сія заповѣдаю вамъ, да любите другъ друга».** Далѣе Господь въ стихахъ 18-27 и 1-3 ст. 16 главы пространно предупреждаетъ учениковъ о тѣхъ гоненіяхъ со стороны враждебнаго Христу міра, которыя ихъ ожидаютъ. Они не должны смущаться этой ненавистью міра, зная, что ихъ Божественный Учитель первый подвергся этой ненависти: ненависть эта понятна, потому что Господь выдѣлилъ учениковъ изъ міра, который любитъ только то, что принадлежитъ ему, что соотвѣтствуетъ его духу всякаго грѣха, злобы и лукавства. Въ гоненіяхъ со стороны міра ученики должны утѣшать себя мыслью, что они **не больше своего** Господа и Учителя. Однако, грѣхъ міра неизвинителенъ, поскольку самъ Сынъ Божій приходилъ въ него съ проповѣдью покаянія, а міръ, видя преславныя дѣла Его не покаялся, а еще возненавидѣлъ Его: возненавидѣть же Сына, значитъ возненавидѣть и Отца. Ободряя учениковъ въ ожидающихъ ихъ скорбяхъ, Господь вновь напоминаетъ о предстоящемъ ниспосланіи имъ **Утѣшителя, Духа Истины, иже отъ Отца исходитъ,** Который черезъ Апостоловъ будетъ свидѣтельствовать міру о Христѣ. Утѣшителя пошлетъ Господь Іисусъ Христосъ, по праву искупительныхъ заслугъ Своихъ, но пошлетъ не **отъ Себя, а отъ Отца,** ибо вѣчное происхожденіе Духа Святаго не отъ Сына, а **отъ Отца: «иже отъ Отца исходитъ»** (ст. 26-й). Этимъ стихомъ совершенно опровергается ложное ученіе римо-католиковъ объ исхожденіи Духа Святаго не только отъ Отца, но и отъ Сына. Далѣе Господь предрекаетъ о томъ, что Апостолы будутъ свидѣтельствовать о Немъ въ мірѣ, какъ видѣвшіе славу Его и первыми воспріявшіе Его благодать и истину.

Все это **«глаголахъ вамъ, да не соблазнитеся»,** то-есть, чтобы вѣра ваша въ ожидающихъ васъ гоненіяхъ не поколебалась. Эти гоненія будутъ доходить до того, что васъ будутъ отлучать отъ синагогъ и даже считать богоугоднымъ дѣломъ убивать васъ. Іудейскій фанатизмъ дѣйствительно дошелъ до такой степени ослѣпленія. Іудеи были убѣждены, что «кто проливаетъ кровь нечестивыхъ, тотъ дѣлаетъ тоже, что приносящій жертву». Такъ жертвой этого фанатизма палъ св. первомученикъ Стефанъ. Гонитель Савлъ, ставшій потомъ ап. Павломъ, тоже думалъ, что участвуя въ убійствѣ христіанъ, онъ дѣлаетъ угодное Богу (Дѣян. 8: 1; 22:20; 26: 9:11; Галат. 1: 13-14). Видимо, отъ этихъ словъ Христовыхъ ученики были повергнуты въ столь глубокую печаль, что Господь въ утѣшеніе ихъ началъ объяснять имъ, насколько важно для нихъ и для всего міра Его отшествіе, ибо только въ этомъ случаѣ придетъ къ нимъ **Утѣшитель,** который **обличитъ міръ о грѣхѣ, о правдѣ и о судѣ.** «Обличитъ» употреблено здѣсь въ смыслѣ: **«выведетъ наружу», «доведетъ до сознанія неправоту, преступленіе, грѣхъ»** (ср. Іоан. 3: 20; 8: 9; 8: 46; 1 Кор. 14: 24; Тит. 1: 9; Матѳ. 18: 15; Лук. 3: 19). Это обличеніе тоже, что **нравственный судъ надъ міромъ.** Слѣдствіемъ этого суда можетъ быть одно изъ двухъ: или обращеніе ко Христу черезъ покаяніе,или совершенное духовное ослѣпленіе и ожесточеніе (Дѣян. 24: 25: Римл. 11: 7). Это обличеніе міра Духомъ Святымъ должно совершиться черезъ проповѣдь Апостоловъ и ихъ преемниковъ и всѣхъ вообще вѣрующихъ, пріявшихъ въ себя Духа Святаго, сдѣлавшихся Его органами. П е р в ы й предметъ обличенія есть грѣхъ невѣрія въ Господа, какъ въ Мессію, грѣхъ самый существенный и самый тяжкій, ибо имъ отвергается Искупитель и Спаситель человѣчества; в т о р о й предметъ — **«о правдѣ, яко ко Отцу Моему иду»** — о томъ, что Христосъ дѣйствительно есть Сынъ Божій, праведность Котораго, совершенно отличная отъ мнимой праведности фарисейской, засвидѣтельствована Богомъ тѣмъ, что Онъ спосадилъ Его одесную Себя (Ефес. 2: 6). Т р е т і й предметъ — судъ надъ княземъ міра сего — діаволомъ, каковому суду и осужденію подлежатъ и всѣ нераскаянные и ожесточенные подобно діаволу. Такимъ образомъ, при помощи Духа Святаго, Апостолы одержатъ великую нравственную **побѣду надъ міромъ симъ, во злѣ лежащимъ,** хотя онъ и будетъ гнать и преслѣдовать ихъ. Это предреченіе Господа исполнилось, когда робкіе прежде и боязливые ученики, разбѣжавшіеся въ разныя стороны при взятіи Господа и сидѣвшіе потомъ «страха ради іудейска» въ запертой горницѣ, послѣ сошествія на нихъ Духа Святаго, мужественно и неустрашимо проповѣдывали о Христѣ передъ многотысячными толпами народа, свидѣтельствовали о Немъ по всему міру и ничего уже не боялись, будучи даже «ведомы предъ царей и владыкъ міра (Матѳ. 10: 18).

«Еще много имамъ глаголати вамъ, но не можете носити нынѣ» — здѣсь Господь говоритъ ученикамъ, что до озаренія своего благодатію Духа Святаго, они неспособны, какъ слѣдуетъ, понять и усвоить все, что Онъ долженъ сказать имъ, но Духъ Святый, когда придетъ «наставитъ ихъ на всякую истину», то-есть будетъ руководить ими въ трудно-постигаемой для нихъ сейчасъ области христіанской истины. Всѣ эти откровенія Духа Святаго будутъ почерпнуты изъ того же источника Божественной мудрости, какъ и ученіе Іисуса Христа: Онъ будетъ говорить, какъ и Христосъ, то, что «слышалъ отъ Отца (Іоан. 3: 32; 5: 30; 12: 49-50)», какъ отъ Первоисточника Божественной истины. Этими дѣйствіями Духа Святаго **прославится** Христосъ, потому что Онъ будетъ учить тому же, чему училъ Христосъ и такимъ образомъ какъ бы **оправдаетъ все дѣло Христово** въ мірѣ. **«Отъ Моего пріиметъ»**, потому что Сынъ и Отецъ — одно, и все то, что будетъ говорить Духъ, принадлежитъ равно, какъ Отцу, такъ и Сыну. **«Вмалѣ, и ктому не видите Мене»** — Господь вновь обращается къ мысли о Своемъ отшествіи отъ учениковъ, но тутъ же и утѣшаетъ ихъ надеждой на новое свиданіе съ Нимъ, очевидно, какъ при явленіяхъ Господа по воскресеніи, такъ и въ духовномъ таинственномъ общеніи съ Нимъ. Эти слова Господа показались нѣкоторымъ изъ учениковъ загадочными, въ чемъ опять проявилось несовершенство ихъ духовнаго разумѣнія. Весь дальнѣйшій ходъ бесѣды и посвященъ разъясненію этихъ словъ Господа. Въ основѣ недоумѣнія учениковъ опять лежитъ все тотъ же ихъ предразсудокъ о земномъ царствѣ Мессіи. Если Господь хочетъ основать на землѣ царство Свое, то зачѣмъ Онъ отходитъ? А если Онъ не хочетъ основать такого царства, то зачѣмъ обѣщается придти опять?

Господь отвѣчаетъ имъ: **«вмалѣ, и не видите Мене»** это значитъ, что вы **«восплачете и возрыдаете»**, такъ какъ міръ исполнитъ свои убійственные замыслы — прикровенное указаніе Господа на скоро предстоящія Ему страданія и смерть. **«Вмалѣ, и паки узрите Мя»** — это значитъ, что **«печаль ваша въ радость будетъ»**, на подобіе того, какъ скорбь раждающей жены претворяется въ радость. Здѣсь разумѣется радость учениковъ, которую они испытали увидѣвъ Господа воскресшимъ — радость, которая не покидала ихъ потомъ во всю ихъ жизнь: **«и радости вашея никтоже возьметъ отъ васъ». «Въ той день»**, то-есть день сошествія Св. Духа, съ каковаго дня Апостолы вступятъ въ постоянное духовное общеніе со Христомъ, имъ станутъ ясными всѣ Божественныя тайны, и всякая молитва ихъ будетъ исполняться, въ довершеніе полноты ихъ радости.

«Яко Азъ иду ко Отцу» это значитъ: «изыдохъ отъ Отца, и пріидохъ въ міръ, и паки оставляю міръ, и иду ко Отцу» — итакъ, для Христа идти ко Отцу означаетъ возвратиться въ то состояніе, въ какомъ Онъ былъ до воплощенія, какъ Ипостасное Слово. Эти слова поразили учениковъ своей ясностью; они съ особымъ удовлетвореніемъ отмѣтили то, что Господь говоритъ теперь съ ними прямо, не употребляя прикровенной приточной рѣчи, и выразили свою горячую вѣру въ Него, какъ истиннаго Мессію. Это была искренняя и глубокая вѣра, но взоръ Господа видѣлъ несовершенство этой вѣры, не озаренной еще Духомъ Святымъ. «Нынѣ ли вѣруете?» спрашиваетъ Онъ: «нѣтъ, теперешняя ваша вѣра еще несовершенна, она не выдержитъ перваго же испытанія, которому скоро, черезъ нѣсколько часовъ всего, должна будетъ подвергнуться, когда вы «разыдетеся кійждо во своя, и Мене единаго оставите». «Все это я сказалъ вамъ», заканчиваетъ Свою прощальную бесѣду Господь. «для того, чтобы вы «имѣли во Мнѣ миръ», чтобы не пали духомъ въ часы предстоящихъ вамъ испытаній, помня, что я предупреждалъ васъ обо всемъ этомъ заранѣе. Въ духовномъ общеніи со Мной вы будете находить необходимое спокойствіе духа».

«Въ мірѣ» — враждебномъ Мнѣ и моему дѣлу обществѣ людей, вы **скорбни будете;** но не теряйте мужества, помня, **«яко Азъ побѣдихъ міръ»** — побѣдилъ совершеніемъ великаго дѣла искупленія человѣчества Своею смертью, побѣдилъ господствующаго въ мірѣ духа гордости и злобы Своимъ смиреніемъ и самоуничиженіемъ даже до смерти, и положилъ начало превращенію этого міра изъ царства сатаны въ Царствіе Божіе.

Первосвященническая молитва Господа Іисуса Христа — (Іоанна глава 17-я).

По окончаніи прощальной бесѣды, непосредственно вслѣдъ за ней, когда по предположенію нѣкоторыхъ толкователей, Господь съ учениками, идя въ Геѳсиманію, дошелъ уже до потока Кедронскаго, Онъ передъ переходомъ черезъ него произнесъ вслухъ учениковъ Своихъ торжественную молитву къ Богу Отцу. Эта молитва называется обыкновенно **Первосвященнической,** такъ какъ въ ней Господь молится Богу Отцу, какъ Великій Архіерей, Самъ Себя приносящій въ жертву, имѣющую великое необъятное значеніе для всего міра.

«Отче, пріиде часъ: прослави Сына Твоего, да и Сынъ Твой прославитъ Тя» — такимъ торжественнымъ восклицаніемъ начинаетъ Господь эту молитву: «Наступилъ часъ Моихъ страданій: дай Мнѣ проявить въ этотъ часъ всю силу любви Моей къ Тебѣ и къ созданному Тобой міру, дабы черезъ предстоящій Мнѣ подвигъ искупленія человѣчества явилась слава Твоя». **«Якоже Ты далъ еси ему власть всякія плоти»**... Отецъ предалъ Сыну весь родъ людской, дабы Онъ устроилъ его спасеніе, и даровалъ людямъ жизнь вѣчную. Вѣчную жизнь Господь опредѣляетъ, какъ познаніе Бога и посланнаго Имъ Искупителя міра. Передъ духовнымъ взоромъ Господа все дѣло Его представляется уже оконченнымъ, а потому Онъ говоритъ: **«Азъ прославихъ Тя на земли»**... Теперь Ему слѣдуетъ уже и по человѣчеству войти въ славу Божественную, о чемъ Онъ и молитъ: **«и нынѣ прослави Мя Ты, Отче»**... Это — первая часть молитвы Господа о Себѣ (1-5 ст.).

Окончивъ молитву о Себѣ, Господь молится дальше объ ученикахъ Своихъ (съ 6 по 19 ст.), о тѣхъ, кому Онъ передаетъ теперь дѣло распространенія и утвержденія на землѣ Своего Царства. Господь какъ бы даетъ отчетъ Богу Отцу о томъ, что сдѣлано Имъ: Онъ открылъ Своимъ ученикамъ полное и правильное понятіе о Богѣ, и они стали особыми Божіими избранниками, принявъ Божественное ученіе, принесенное отъ Отца Сыномъ Божіимъ, и уразумѣли тайну Божественнаго домостроительства. Далѣе Господь молится о Своихъ ученикахъ, чтобы Отецъ Небесный взялъ ихъ подъ Свое особое покровительство въ этомъ враждебномъ для нихъ мірѣ, въ которомъ они остаются одни, послѣ отшествія Господа, и сохранилъ ихъ чистыми и святыми въ духовномъ единеніи вѣры и любви между собой, единеніи, подобномъ единенію Бога Отца и Бога Сына. Господь говоритъ дальше, что Онъ будучи въ мірѣ, ограждалъ ихъ отъ паденія, и **«никтоже отъ нихъ погибе, токмо сынъ погибельный»**, разумѣется Іуда-предатель, **«да сбудется Писаніе»**, то-есть въ согласіи съ пророчествомъ псалма 40:10. Моля Отца о сохраненіи учениковъ Своихъ отъ всякаго зла въ этомъ возненавидѣвшемъ ихъ мірѣ, Господь проситъ освятить ихъ **словомъ Божественной истины,** то-есть сообщить имъ особые благодатные дары для успѣшнаго служенія распространенію ученія истины по всему міру. Господь говоритъ дальше, что Онъ **посвящаетъ Себя за нихъ,** то-есть приноситъ Самъ Себя въ жертву, дабы они послѣдовали стопамъ Его и стали бы свидѣтелями и жертвами за истину.

Начиная съ 20-го стиха содержится третья часть молитвы Господа уже за вѣрующихъ. Господь молится о нихъ: **«да вси едино будутъ: якоже Ты, Отче, во Мнѣ и Азъ въ Тебѣ, да и тіи въ Насъ едино будутъ: да міръ вѣру иметъ, яко Ты Мя послалъ еси»** — единеніе вѣрующихъ во Христа должно быть подобно единенію Бога Отца съ Богомъ Сыномъ: тутъ разумѣется, конечно, единеніе нравственное. Такое единеніе всѣхъ христіанъ въ вѣрѣ и любви сможетъ содѣйствовать тому, что и весь міръ придетъ къ вѣрѣ во Христа, какъ въ Мессію. Это мы и видимъ въ первые вѣка христіанства: глядя на жизнь первыхъ христіанъ и іудеи и язычники, кромѣ совершенно ослѣпшихъ духовно и ожесточившихся сердцемъ, плѣнялись возвышенной красотой Христова ученія и становились сами христіанами. Это единеніе всѣхъ вѣрующихъ Господь опредѣляетъ дальше, какъ единеніе во славѣ Бога и Христа. Въ дальнѣйшихъ стихахъ (22-24) Господь какъ бы уже созерцаетъ Свою Церковь въ небесной славѣ въ единеніи съ Богомъ въ Царствѣ Мессіи и говоритъ, что эта слава даже враждебный Христу міръ, противъ воли его, доведетъ его до сознанія, что Господь Іисусъ есть истинный Мессія. Слова: **«Отче, ихже далъ еси Мнѣ, хощу, да идѣже есмь Азъ, и тіи будутъ со Мною»** есть какъ бы завѣщаніе Умирающаго, которое непремѣнно должно быть исполнено, тѣмъ болѣе, что воля Сына Божія нераздѣльна съ волею Бога Отца: тутъ отдающій жизнь Свою за спасеніе міра Сынъ Божій испрашиваетъ у Бога Отца для всѣхъ вѣрующихъ тѣ небесныя обители, о которыхъ Онъ говорилъ Своимъ Апостоламъ въ началѣ Своей прощальной бесѣды (Іоан. 14:2).

25 и 26 стихи представляютъ собою заключеніе первосвященнической молитвы, въ которомъ Господь обращается къ Богу Отцу, какъ къ Всеправедному Мздовоздаятелю. Господь указываетъ здѣсь на превосходство вѣрующихъ надъ остальнымъ міромъ въ томъ, что они **«познали Бога»**, а потому они способны къ воспріятію даровъ Божественной любви. Господь и проситъ, чтобы Богъ Отецъ отличилъ ихъ передъ міромъ Своими щедротами и сдѣлалъ ихъ соучастниками той любви, которую Онъ имѣетъ къ Сыну: **«да любы, еюже Мя возлюбилъ еси, въ нихъ будетъ»**. Для этого Самъ Господь Іисусъ обѣщаетъ **«быть въ Нихъ»**, дабы любовь Отца, неразлучно пребывающая на Сынѣ, отъ Сына и ради Сына простиралась и на тѣхъ, въ комъ пребываетъ Сынъ. Такъ, любовь всеобъемлющая, всесозидающая будетъ и всесовершающей въ вѣчномъ славномъ Царствѣ Отца и Сына и Святаго Духа.

20. ГЕѲСИМАНСКІЙ ПОДВИГЪ: МОЛЕНІЕ О ЧАШѢ.
(Матѳ. 26: 36-46; Марк. 14: 32-42; Луки 22: 39-46; Іоан. 18: 1).

Какъ повѣствуетъ св. Евангелистъ Іоаннъ, окончивъ Свою первосвященническую молитву, **«Іисусъ изыде со ученики Своими на онъ полъ потока Кедрска, идѣже бѣ вертоградъ, въ оньже вниде Самъ и ученицы Его»**. Потокъ Кедрскій или Кедронъ, что значитъ «черный» былъ незначительный ручей, который наполнялся водой только послѣ сильныхъ дождей, а въ остальное время его русло было сухо или почти сухо. Онъ протекалъ такъ называемой Іосафатовой долиной и отдѣлялъ Іерусалимъ отъ Елеона. Св. Іоаннъ говоритъ, что за этимъ потокомъ былъ садъ, куда вошелъ Іисусъ и ученики Его, но не называетъ сада по имени и не говоритъ ничего о томъ, что тамъ происходило до прихода Іуды со стражей. Первые два Евангелиста Матѳей и Маркъ называютъ этотъ садъ **Геѳсиманіей,** а св. Лука указываетъ его мѣстонахожденіе на горѣ Елеонской. Всѣ трое повѣствуютъ о молитвѣ Господа въ этомъ Геѳсиманскомъ саду. «Геѳсиманія» значитъ «жомъ для выжиманія масла»: вѣроятно, садъ былъ оливковый и здѣсь приготовлялось оливковое масло. Можно предполагать, что этотъ садъ принадлежалъ какому-нибудь расположенному къ Господу владѣльцу, ибо, по словамъ св. Іоанна (18:2). Господь Іисусъ Христосъ «часто собирался тамъ съ учениками Своими», почему Іуда и повелъ туда стражу въ увѣренности, что найдетъ Господа послѣ Тайной вечери именно тамъ, въ чемъ и не ошибся.

Войдя въ садъ, Господь остановилъ учениковъ, сказавъ имъ: **«сѣдите ту, дондеже шедъ, помолюся тамо»** и, взявъ съ Собой Петра, Іакова и Іоанна, по словамъ св. Луки, отошелъ **«на верженіе камня»,** то-есть на такое разстояніе, на какое долетаетъ обыкновенно брошенный камень, и **«начатъ скорбѣти и тужити». «Прискорбна есть душа Моя до смерти»,** сказалъ Онъ этимъ ближайшимъ Своимъ и довѣреннѣйшимъ ученикамъ: **«пождите здѣ и бдите со Мною».** Отошедъ отъ нихъ, по словамъ св. Матѳея и св. Марка, **«немного»,** Онъ палъ на лице Свое, преклонивъ колѣна, и молился: «Отче Мой, аще возможно есть, да мимоидетъ отъ Мене чаша сія: обаче не якоже Азъ хощу, но якоже Ты». Молитва эта была столь напряженной, что, по словамъ св. Луки, **«бысть потъ Его, яко капли крове, каплющыя на землю».** Говорятъ, что иногда чрезвычайныя нравственныя страданія вызываютъ на самомъ дѣлѣ такой кровавый потъ. Св. Лука говоритъ, что **«явися Ему Ангелъ съ небесе, укрѣпляя Его».** Богъ Отецъ, какъ бы оставилъ на время Своего Сына (см. Матѳ. 27: 46), а потому утѣшаетъ и ободряетъ Его Ангелъ.

О чемъ такъ скорбѣлъ и тяжко страдалъ въ Геѳсиманскомъ саду воплотившійся Сынъ Божій?

Кто изъ насъ грѣшныхъ людей можетъ осмѣлиться утверждать, что онъ доподлинно знаетъ все происходившее въ чистой и святой душѣ Богочеловѣка въ эту минуту, когда наступалъ рѣшительный часъ преданія Его на крестную смерть, ради спасенія человѣчества? Но и раньше существовали и теперь продолжаютъ дѣлаться попытки объяснить причины этихъ нравственныхъ мукъ Господа, пережитыхъ имъ въ эти предсмертные часы въ Геѳсиманскомъ саду. Самое естественное предположеніе это то, что скорбѣла и страшилась смерти Его человѣческая природа. «Смерть вошла въ человѣческій родъ не по природѣ», говоритъ бл. Ѳеофилактъ: « потому природа человѣческая боится ея и бѣжитъ отъ нея». Смерть есть слѣдствіе грѣха (Римл. 5: 12, 15), а потому безгрѣшная природа Богочеловѣка не должна была бы подлежать смерти: смерть для нея — явленіе противоестественное: отъ того чистая безгрѣшная природа Христова возмущается противъ смерти, скорбитъ и тоскуетъ при видѣ ея. Эти нравственныя страданія Христовы — доказательство наличія д в у х ъ природъ въ Немъ: Божеской и ч е л о в ѣ ч е с к о й, что отрицали еретики-монофизиты, а также и двухъ воль, что отрицали моноѳелиты.

Вмѣстѣ съ тѣмъ нравственныя страданія эти происходили несомнѣнно и отъ того, что Господь принялъ на Себя в с ѣ грѣхи всего міра и шелъ на смерть за нихъ: **то, что долженъ былъ претерпѣть весь міръ за свои грѣхи, сосредоточилось теперь, такъ сказать, на Немъ О д н о м ъ .** Не исключена и та возможность, что діаволъ, отошедшій отъ Него по св. Лукѣ **«до времени»** (Лук. 4: 13), теперь вновь приступилъ къ Нему со своими искушеніями, пытаясь, хотя и безуспѣшно, отклонить Его отъ предстоящаго подвига крестныхъ страданій. Скорбь Христа Спасителя вызывалась также сознаніемъ человѣческаго ожесточенія, человѣческой неблагодарности Богу.

По изображенію первыхъ двухъ Евангелистовъ, Господь, возставъ отъ молитвы, дважды приходитъ къ тремъ ученикамъ Своимъ, оставленнымъ недалеко, но вмѣсто того, чтобы найти утѣшеніе въ ихъ усердіи и преданности Ему, готовности бодрствовать съ Нимъ, застаетъ ихъ спящими и кротко упрекаетъ ихъ за это, говоря при этомъ: **«бдите и молитеся, да не внидете въ напасть: духъ убо бодръ, плоть же немощна».** Какъ могло случиться, что ученики уснули въ такой моментъ? Св. Лука объясняетъ, что они уснули **«отъ печали».** Жизнь свидѣтельствуетъ, что сильныя переживанія дѣйствительно производятъ иногда столь сильное переутомленіе нервной системы, что человѣкъ не въ силахъ бороться со сномъ. Господь обращается съ упрекомъ именно къ Петру потому, что онъ особенно клялся Господу въ своей преданности только что, незадолго передъ тѣмъ. Ученикамъ предстояло великое искушеніе, великое испытаніе ихъ вѣры, а потому Господь и убѣждаетъ ихъ въ необходимости бодрствовать и молиться, чтобы преодолѣть это искушеніе. **«Духъ бодръ, плоть же немощна»** значитъ: душа ваша расположена къ борьбѣ съ этимъ искушеніемъ и способна побороть его, но человѣческая природа немощна и, при ослабленіи бодрствованія и молитвы, способна къ великому паденію.

Трижды становился Господь на молитву. Въ первый разъ Онъ молился объ отвращеніи отъ Него чаши страданій, во второй разъ Онъ изъявилъ уже прямую покорность волѣ Божіей, и Ему посланъ былъ Ангелъ, чтобы окончательно укрѣпить Его въ этой волѣ, послѣ чего Онъ въ полной рѣшимости воскликнулъ: **«буди воля Твоя».** Помолившись въ третій разъ, Онъ пришелъ къ ученикамъ предупредить ихъ о приближеніи предателя: **«спите прочее и почиваете: се приближися часъ, и Сынъ Человѣческій предается въ руки грѣшниковъ»:** показывая, что не имѣетъ нужды въ ихъ помощи, когда намѣренъ былъ предаться, Онъ говоритъ: теперь уже спите; или произноситъ это, чтобы пристыдить ихъ, какъ бы такъ говоря: «вотъ предатель приблизился; если вамъ угодно и время позволяетъ спать, спите» (Блаж. Ѳеофилактъ). **«Въ руки грѣшниковъ»,** — по мнѣнію св. Златоуста, Господь говоритъ это для ободренія духа учениковъ, «показывая, что совершающееся надъ Нимъ есть дѣло злобы грѣшниковъ, а не Его вины въ какомъ-либо грѣхѣ». **«Востаните, идемъ»,** то-есть пойдемъ навстрѣчу предателю, да совершится то, чему надлежитъ быть, по Писанію.

21. ПРЕДАНІЕ ІИСУСА ХРИСТА: ВЗЯТІЕ ЕГО ПОДЪ СТРАЖУ, МЕЧЪ ПЕТРА И БѢГСТВО УЧЕНИКОВЪ.

(Матѳ. 26: 47-56; Марк. 14: 43-52; Луки 22: 47-53 и Іоан. 18: 2-12).

Всѣ четыре Евангелиста согласно разсказываютъ о преданіи Господа, причемъ каждый лишь привноситъ свои подробности, которыя дополняютъ картину. По св. Іоанну, Іуда привелъ цѣлую **спиру,** то-есть часть легіона, называемую **когортой** и состоящую изъ 1000 человѣкъ съ тысяченачальникомъ во главѣ, о которомъ особо упоминается въ 12-мъ стихѣ, а также служителей отъ первосвященниковъ и фарисеевъ. Хотя было полнолуніе, толпа эта пришла съ фонарями и факелами въ предположеніи, что Господь можетъ укрыться въ потаенныхъ мѣстахъ сада. Воины были вооружены мечами, а слуги первосвященниковъ — дрекольями. Повидимому, они ожидали возможности серьезнаго сопротивленія. Характерно предательство **лобзаніемъ.** Первосвященники, очевидно боясь народнаго возмущенія, дали приказъ Іудѣ взять Іисуса осторожно. Отряду, видимо, не было сказано, Кого онъ долженъ привести: было приказано взять Того, на Кого укажетъ Іуда. А Іуда, храня въ тайнѣ данное ему порученіе, ограничился однимъ лишь указаніемъ: «Кого я поцѣлую, Тотъ и есть, за Кѣмъ мы идемъ: возьмите Его и ведите осторожно» (Марк. 14:44). Можно предполагать, что Іуда намѣревался, отдѣлившись отъ отряда, подойти къ Іисусу съ обычнымъ привѣтствіемъ, поцѣловать Его, а затѣмъ отойти къ Апостоламъ и такимъ образомъ скрыть свое предательство. Но это ему не удалось. Когда онъ подошелъ къ Іисусу и растерянно сказалъ: «Равви, равви»..., то Іисусъ кротко спросилъ его: «Другъ, для чего ты пришелъ?» Не зная, что сказать на этотъ вопросъ, Іуда въ смущеніи произнесъ: «Радуйся, Равви», и поцѣловалъ Его. Чтобы показать Іудѣ, что онъ не можетъ скрыть своего предательства, Господь сказалъ: «Іуда, цѣлованіемъ ли предаешь Сына Человѣческаго?» Между тѣмъ стража приблизилась и, какъ повѣствуетъ объ этомъ одинъ св. Іоаннъ, дополняя первыхъ трехъ Евангелистовъ, Господь спросилъ: «Кого ищете?» Съ отрядомъ были, конечно, старѣйшины іудейскія, которые знали, за кѣмъ отрядъ посланъ; они то и отвѣчали: **«Іисуса Назорея».** «Это Я», громко отвѣчалъ Господь. Пришедшимъ было внушено, что они должны будутъ взять Іисуса хитростью, осторожно, такъ какъ Онъ имѣетъ приверженцевъ, которые могутъ за Него заступиться. И вдругъ Онъ открыто, какъ бы ничего не боясь, говоритъ: «Это Я». Эти слова Христовы заключали въ себѣ для враговъ Его потрясающую силу. И неожиданность такого отвѣта и сила духа, проявленная въ немъ, произвели на пришедшихъ необыкновенное дѣйствіе: **они отступили назадъ и пали на землю.** Когда они нѣсколько оправились отъ потрясенія, Господь вторично спросилъ ихъ: «Кого ищете?» Они снова отвѣчали: «Іисуса Назорея». Господь говоритъ имъ тогда: «Я сказалъ вамъ, что это Я. Итакъ, если Меня ищете, оставьте ихъ, пусть идутъ». Трогательна эта забота Господа о Своихъ ученикахъ. Св. Іоаннъ поясняетъ при этомъ, что должны были сбыться слова первосвященнической молитвы Его: «Изъ тѣхъ, которыхъ Ты Мнѣ далъ, Я не погубилъ никого». И стража дѣйствительно оставила Апостоловъ и приступила ко Іисусу, чтобы взять Его. Но тутъ Апостолы рѣшили вступиться за Господа, и нетерпѣливый Петръ, не дождавшись отвѣта на вопросъ одного изъ нихъ: «Господи, не ударить ли намъ мечемъ?» извлекъ мечъ и, ударивъ первосвященническаго раба Малха, отсѣкъ ему правое ухо, но не совершенно, такъ что Господь однимъ прикосновеніемъ исцѣлилъ его (Луки 22: 51). **«Возврати мечъ твой въ его мѣсто»,** сказалъ Господь Петру; **«ибо всѣ взявшіе мечъ, мечемъ погибнутъ»** — это, конечно, не пророчество (иначе можно было бы считать его несбывшимся), а только законъ Божественной правды общаго характера: кто нападаетъ на другого съ намѣреніемъ лишить его жизни или нанести ему рану, тотъ самъ достоинъ того же. Это та же мысль, которая заключена въ заповѣди, данной послѣ потопа: **«проливаяй кровь человѣчу въ ея мѣсто его проліется»** (Быт. 9: 6). **«Или мнится ти,** яко не могу нынѣ умолити Отца Моего, и представитъ Ми вящше, неже дванадесяте легіона Ангелъ?».** Легіономъ назывался у римлянъ отрядъ, состоявшій изъ 10 когортъ и заключавшій въ себѣ около 10,000 воиновъ. Весь Ангельскій міръ ополчился бы въ защиту Сына Божія, еслибы Онъ не предавалъ Себя на страданія добровольно. 12 легіоновъ Господь какъ бы противополагаетъ 12-ти ученикамъ Своимъ. **«Како убо сбудутся писанія, яко тако подобаетъ быти?»** (Іоан. 18: 11) — это значитъ, что все происходящее есть исполненіе пророчествъ. Среди пришедшихъ за Іисусомъ, какъ свидѣтельствуетъ св. Лука, находились сами первосвященники и начальники храма. Къ нимъ Господь обратился съ обличительной рѣчью: **«какъ будто на разбойника вы вышли съ мечами и кольями».** Смыслъ этого обличенія тотъ, что они явно шли на неправое дѣло, если не хотѣли обвинить Господа открыто предъ всѣми и взять Его, какъ нарушителя закона среди бѣлаго дня, въ присутствіи народа, а употребили такой скрытный способъ схватить Его ночью: **«се есть ваша година и область темная». «Тогда ученицы вси оставльше Его, бѣжаша»** — такъ исполнилось предсказаніе Господа, недавно Имъ произнесенное (ст. 31 у Матѳ.). Одинъ только Евангелистъ Маркъ добавляетъ, что нѣкій юноша, завернувшись въ покрывало, слѣдовалъ за отрядомъ, взявшимъ Іисуса. Сочтя это подозрительнымъ, воины схватили этого юношу, но онъ вырвался отъ нихъ и убѣжалъ нагой, оставивъ покрывало въ ихъ рукахъ. Можно думать, что этотъ юноша жилъ гдѣ-то неподалеку, проснулся отъ шума, произведеннаго отрядомъ, и поспѣшилъ, не одѣваясь, а лишь прикрывшись одѣяломъ, выйти изъ дома и посмотрѣть, что такое происходитъ. Древнее преданіе видитъ въ этомъ юношѣ самого Евангелиста Марка. Евангелисты часто скрывали свое имя, говоря о самихъ себѣ. Но не всѣ Апостолы окончательно покинули Господа. Двое изъ нихъ — именно Петръ и Іоаннъ — стали издали слѣдить за удалявшимся отрядомъ воиновъ, который взялъ Іисуса, пошли за Нимъ, хотя и въ нѣкоторомъ отдаленіи и такъ дошли до самого Іерусалима, видя, куда былъ приведенъ ихъ любимый Учитель. Куда бѣжали остальные девять учениковъ неизвѣстно, но — повидимому, они такъ были потрясены и напуганы всѣмъ происшедшимъ, что сидѣли гдѣ-то спрятавшись при запертыхъ дверяхъ, о чемъ мы знаемъ изъ Іоанна 20: 19.

22. СУДЪ НАДЪ ГОСПОДОМЪ У ПЕРВОСВЯЩЕННИКОВЪ АННЫ И КАІАФЫ.
(Іоан. 18: 12-23; Матѳ. 26: 57-60; Марка 14: 53-65; Луки 22: 54, 63-65).

Взявши Господа Іисуса, враги повели Его связаннымъ (черта, которую указываетъ только одинъ св. Іоаннъ) въ домъ, гдѣ жили первосвященники. Восполняя показанія первыхъ трехъ Евангелистовъ, св. Іоаннъ одинъ только упоминаетъ, что Господа привели сначала къ Аннѣ, который сдѣлалъ Ему предварительный допросъ, а затѣмъ послалъ Его къ Каіафѣ. Св. Іоаннъ тутъ же и поясняетъ, почему Господа привели сначала къ Аннѣ, а не къ Каіафѣ, который въ тотъ годъ былъ правящимъ первосвященникомъ, а Анна (или Ананъ, какъ называетъ его Іосифъ Флафій), **«бѣ бо тесть Каіафѣ».** Взявшіе Господа думали этимъ оказать особое вниманіе и честь знатному родственнику правящаго первосвященника, а кромѣ того старый хитрецъ Анна пользовался особымъ уваженіемъ въ своей средѣ. Надо полагать, однако, что Анна, по смѣщеніи его съ должности первосвященника, продолжалъ оставаться жить въ первосвященническомъ домѣ, тѣмъ болѣе, что новый первосвященникъ Каіафа былъ его близкимъ родственникомъ, такъ что жилища Анны и Каіафы имѣли общій дворъ, хотя и находились въ разныхъ отдѣленіяхъ большого первосвященническаго дома.

Св. Іоаннъ, дополняя повѣствованія первыхъ Евангелистовъ, говоритъ, что за Іисусомъ слѣдовалъ не только Петръ, объ отреченіи котораго повѣствуютъ всѣ четыре евангелиста, но и **«другій ученикъ»** — несомнѣнно онъ самъ, Св. Іоаннъ былъ знакомъ первосвященнику, которому именно и почему, неизвѣстно: по преданію — по своему рыболовству. Поэтому онъ вошелъ внутрь первосвященническаго двора, а затѣмъ сказалъ придверницѣ, чтобы она пустила внутрь и Петра. Тутъ-то и произошло первое отреченіе Петра, по св. Іоанну, когда во время допроса Господа Анной, Петръ стоялъ у разведеннаго на дворѣ огня и грѣлся.

Хитрый Анна, ни въ чемъ не обвиняя Христа, сталъ распрашивать Его только о томъ, чему Онъ училъ и кто были Его ученики. Этимъ онъ намѣренно далъ опасный тонъ всему дальнѣйшему ходу дѣла, набросивъ подозрѣніе на Іисуса, какъ на главу какого-то тайнаго заговора, съ тайнымъ ученіемъ и тайными цѣлями. Но Господь изобличилъ эту его хитрость своимъ отвѣтомъ: **«Я говорилъ явно міру: Я всегда училъ въ синагогѣ и храмѣ... и тайно не говорилъ ничего».** Въ доказательство этого Господь предложилъ спросить свидѣтелей, слышавшихъ, что говорилъ Онъ. Несмотря на то, что въ такомъ отвѣтѣ ничего не было оскорбительнаго для первосвященника, одинъ изъ слугъ, желая вѣроятно угодить первосвященнику, ударилъ Господа рукой въ ланиту, сказавъ: **«тако ли отвѣщаваеши архіереови?»** Еслибы Іисусъ молча перенесъ это, могли бы подумать, что Онъ признаетъ этотъ ударъ, нанесенный Ему, справедливымъ, и не въ мѣру ревностный слуга еще возгордился бы такимъ молчаливымъ одобреніемъ его поступка. Поэтому, чтобы пресѣчь зло въ самомъ началѣ и вразумить слугу, Господь возразилъ: **«если я сказалъ худо, покажи, что**

худо; а если хорошо, что ты бьешь Меня?» то-есть, если ты можешь доказать, что Я училъ народъ чему-нибудь худому, то изобличи Меня въ этомъ, докажи это, а не бей безъ всякихъ основаній.

Далѣе св. Іоаннъ говоритъ, что Анна послалъ Іисуса связаннымъ къ первосвященнику Каіафѣ (ст. 24). Вѣроятно, Господа провели только черезъ внутренній дворъ того же самого дома, гдѣ былъ разложенъ огонь и гдѣ стоялъ и грѣлся Петръ, уже разъ отрекшійся отъ Господа. О томъ, что происходило у Каіафы, повѣствуютъ подробно два первыхъ Евангелиста св. Матѳей и св. Маркъ. У Каіафы собрались всѣ первосвященники, старѣйшины и книжники, словомъ почти весь синедріонъ. Несмотря на глубокую ночь, всѣ они спѣшили скорѣе собрать свидѣтельства противъ Іисуса, чтобы подготовить все необходимое для другого, утренняго оффиціальнаго засѣданія синедріона, на которомъ они могли бы оффиціально изречь Ему смертный приговоръ. Для этого они стали искать лжесвидѣтелей, которые могли бы обвинить Іисуса въ какомъ-либо уголовномъ преступленіи, **«и не обрѣтаху».** Наконецъ пришло два лжесвидѣтели, а законъ требовалъ именно **двухъ**, но не менѣе, для осужденія обвиняемаго (Числ. 35: 30' Втор. 17: 6 и др.). Они указали на слова, произнесенныя Господомъ въ Іерусалимѣ при первомъ изгнаніи торгующихъ изъ храма, причемъ злонамѣренно эти слова переиначили и вложили въ нихъ другой смыслъ. Господь говорилъ тогда: **разрушьте храмъ сей, и Я въ три дня воздвигну его»** (Іоан. 2: 19), но не говорилъ: «могу разрушить»; а «въ три дня воздвигну его» — **«возбужу»**, по-гречески: **«эгеро»**, но не говорилъ: **«создамъ»,** что выражается совсѣмъ другимъ греческимъ словомъ: **«икодомисо».** Онъ говорилъ тогда о храмѣ Тѣла Своего, а лжесвидѣтели представили эти тогдашнія слова Его какъ какое-то хвастовство, въ которомъ по существу тоже ничего не было преступнаго, почему св. Маркъ и говоритъ: **«но и такое свидѣтельство ихъ не было достаточно»** (14: 59). На все это Іисусъ молчалъ, ибо нечего было отвѣчать на такія нелѣпыя и путанныя къ тому же обвиненія (другой свидѣтель, по св. Марку, говорилъ нѣсколько иначе). Это раздражило Каіафу, и онъ рѣшилъ вынудить у Господа такое признаніе, которое дало бы поводъ осудить Его на смерть, какъ богохульника. По судебнымъ обычаямъ того времени, онъ обратился къ Господу съ рѣшительнымъ вопросомъ: **«заклинаю Тя Богомъ живымъ, да речеши намъ, аще Ты еси Христосъ Сынъ Божій?»** «Заклинаю Тебя» — это была обычная формула заклинанія, когда судъ требовалъ, чтобы обвиняемый непремѣнно отвѣчалъ на вопросъ обвиняющихъ и отвѣчалъ сущую правду, призывая Бога во свидѣтели. На такой прямо поставленный, да еще подъ заклятіемъ, вопросъ Господь не могъ не отвѣтить, тѣмъ болѣе, что Ему теперь уже не было никакой надобности скрывать Свое Мессіанское Божественное достоинство, а надо было наоборотъ торжественно засвидѣтельствовать его. И Онъ отвѣчаетъ: **«ты реклъ еси»**, то-есть: **«да, вѣрно: Я — Христосъ»**, и къ этому еще прибавляетъ: **«отселѣ узрите Сына Человѣческаго сѣдяща одесную силы, и грядуща на облацѣхъ небесныхъ»**. Это, конечно, указаніе на слова Псалма 109: 1, въ которомъ Мессія изображается сѣдящимъ одесную Бога, а также — на пророчество Даніила 7: 13-14 о Мессіи, какъ о «Сынѣ Человѣческомъ», грядущемъ на облакахъ небесныхъ. Этимъ Господь хотѣлъ сказать, что всѣ эти нечестивые судіи Его скоро увидятъ во многихъ знаменіяхъ и чудесахъ проявленіе Его Божественной силы, какъ Сына Божія. **«Тогда архіерей растерза ризы своя глаголя, яко хулу глагола»** — раздраніе одежды у іудеевъ было обычнымъ выраженіемъ скорби и сѣтованія. Первосвященнику запрещалось раздирать свою одежду (Лев. 10: 6; 21: 10), и такимъ образомъ, раздравъ свою одежду, Каіафа хотѣлъ выразить этимъ свою особую скорбь, которая даже заставила его забыть это запрещеніе. Конечно, это было только лицемѣріе съ его стороны, для того, чтобы объявить признаніе Господомъ Себя Мессіей богохульствомъ. **«Что ся вамъ мнитъ?** каково ваше мнѣніе о семъ?» — спрашиваетъ Каіафа присутствующихъ, и получаетъ желанный отвѣтъ: **«повиненъ есть смерти»**. Какъ надъ осужденнымъ уже преступникомъ, они начали ругаться и издѣваться надъ Христомъ: плевали Ему въ лице, въ знакъ крайняго презрѣнія и уничиженія, заушали Его, били по главѣ, по ланитамъ, и издѣваясь спрашивали: **«прорцы намъ, Христе, кто есть ударей тя?** тоесть если Ты — Мессія всевѣдущій, то назови по имени того, кто ударяетъ Тебя, не видя его или не зная его». Послѣднее показываетъ, что весь судъ былъ только грубымъ лицедѣйствомъ, подъ которымъ скрывалась кровожадная звѣрская злоба. Это были не судіи, а звѣри, не умѣвшіе скрывать свою ярость.

23. ОТРЕЧЕНІЕ ПЕТРА.

(Мѳ. 26: 69-75; Марк. 14: 66-72; Лук. 22: 55-62; Іоан. 18: 16-18, 25-27).

Объ отреченіи Петровомъ повѣствуетъ всѣ 4-ре Евангелиста, хотя въ повѣствованіяхъ ихъ сразу бросается въ глаза нѣкоторая разница. Впрочемъ различіе это нисколько не касается существа дѣла: Евангелисты только дополняютъ и разъясняютъ другъ друга, такъ что изъ сопоставленія всѣхъ ихъ показаній слагается точная и полная исторія этого происшествія.

Петръ находился во время суда надъ Господомъ, сначала у Анны, а потомъ у Каіафы, въ одномъ и томъ же внутреннемъ дворѣ первосвященническаго дома, куда его ввела придверница, по просьбѣ св. Іоанна, знакомаго первосвященнику. То, что это былъ одинъ и тотъ же дворъ общаго первосвященническаго дома, въ разныхъ отдѣленіяхъ котораго жили оба первосвященника и Анна и Каіафа, устраняетъ кажущееся противорѣчіе между повѣствованіями св. Евангелиста Іоанна, съ одной стороны, и тремя другими Евангелистами, съ другой стороны. Св. Іоаннъ представляетъ отреченія начавшимися во дворѣ Анны и тамъ же окончившимися, а прочіе три Евангелиста, совсѣмъ не упоминающіе о допросѣ Господа у Анны, излагаютъ дѣло такъ, какъ будто всѣ три отреченія происходили на дворѣ у первосвященника Каіафы. Ясно, что это былъ одинъ и тотъ же общій дворъ. Когда при содѣйствіи Іоанна, который **бѣ знаемъ архіереови,** Петръ вошелъ во дворъ первосвященника, вводившая его привратница, по св. Іоанну, сказала ему: «**еда и ты ученикъ еси Человѣка Сего?**» Петръ отвѣчалъ: «**нѣсмь**», и сталъ къ огню, который былъ разведенъ ради непогоды и холода. Однако, служанка не оставила его въ покоѣ, и, по св. Марку. (14:67), **всмотрѣвшись въ его лицо,** освѣщенное огнемъ, утвердительно сказала: «**и ты съ Назаряниномъ Іисусомъ былъ еси**», а также и другимъ говорила: «**и сей съ Нимъ бѣ**» (Лук. 22: 36). Тогда Петръ продолжалъ то же отреченіе, говоря: «**жено, не знаю Его**» (Лук. 57), «**не вѣмъ, что ты глаголеши**» (Марк. 68 и Матѳ. 70). Такъ совершилось п е р в о е отреченіе, начавшееся у воротъ и кончившееся у огня. Какъ свидѣтельствуетъ св. Маркъ, Петръ, желая, видимо, избавиться отъ неотвязчивой привратницы, ушелъ отъ огня въ переднюю часть двора, **на преддворіе,** къ воротамъ, чтобы въ случаѣ нужды бѣжать. Такъ прошло не малое время. Снова увидѣвъ его, все та же служанка (Марк. 69) стала говорить стоявшимъ тутъ: «**яко сей отъ нихъ есть**». Къ ней присоединилась и другая служанка (Матѳея 71), тоже говорившая: «**и сей бѣ со Іисусомъ Назореомъ**». Еще кто-то обратился прямо къ Петру: «**и ты отъ нихъ еси**» (Лук. 58). Петръ снова перемѣнилъ мѣсто и опять сталъ у огня, но и тутъ нѣкоторые (Іоан. 25) начали говорить: «**еда и ты отъ ученикъ Его еси?**» «**Онъ же отвержеся и рече: нѣсмь**». Это было в т о р о е отреченіе, происшедшее какъ разъ въ то время, когда Іисуса отъ Анны вели къ Каіафѣ, какъ можно думать на основаніи 24 и 25 ст. 18 гл. отъ Іоанна. Послѣ второго отреченія прошло около часа (Лук. 59). Приближался утренній разсвѣтъ и съ нимъ обычное «пѣтлоглашеніе» (Марк. 13: 35). Оканчивался судъ надъ Господомъ у первосвященника Каіафы. Тогда одинъ изъ рабовъ, родственникъ Малха, которому Петръ отсѣкъ ухо, сказалъ Петру: «**не азъ ли тя видѣхъ въ вертоградѣ съ Нимъ?**» (Іоан. 26), а другой добавилъ: «**и сей съ Нимъ бѣ, ибо галилеанинъ есть** (Лук. 59), и вслѣдъ за тѣмъ многіе начали говорить: «**галилеанинъ еси, и бесѣда твоя подобится**» (Марк. 70), и явѣ тя творитъ (Матѳ. 73). На Петра напалъ страхъ, и онъ началъ «ротитися и клятися, яко не вѣмъ Человѣка Сего», и второе алекторъ возгласи, какъ свидѣтельствуетъ св. Маркъ, несомнѣнно со словъ самого Петра (Марк. 71-72). Въ первый же разъ пѣтухъ запѣлъ, по свидѣтельству св. Марка, послѣ перваго отреченія (ст. 68). «И обращся Господь воззрѣ на Петра: и помяну Петръ слово Господне — и исшедъ вонъ плакася горько» (Лук. 22: 61-62). Такъ совершилось т р е т ь е отреченіе, которое, видимо, совпало съ моментомъ, когда Господа уже осужденнаго и подвергнутаго поруганіямъ и избіеніямъ, вывели изъ дома Каіафы во дворъ, гдѣ Онъ подъ стражей долженъ былъ ожидать утра (Лук. 63-65). и новаго уже оффиціальнаго засѣданія синедріона, на которомъ былъ вынесенъ формальный приговоръ. Отъ пѣнія пѣтуха и взгляда, брошеннаго на него Господомъ, въ душѣ Петра возникло жгучее, горькое раскаяніе: онъ бѣжитъ отъ мѣста своего паденія наружу и горько его оплакиваетъ.

Великая Пятница.
24. ПРИГОВОРЪ СИНЕДРІОНА.
(Матѳ. 27: 1; Марк. 15: 1 и Луки 22: 66-71).

Объ этомъ второмъ, уже оффиціальномъ собраніи синедріона, лишь кратко въ одномъ стихѣ упоминаютъ Евангелисты Матѳей и Маркъ; подробнѣе говоритъ о немъ св. Лука. Это собраніе было созвано лишь для соблюденія формы внѣшней законности смертнаго приговора, вынесеннаго Іисусу на ночномъ засѣданіи. Въ Талмудѣ, гдѣ собраны всѣ древнія еврейскія узаконенія, сказано, что въ уголовныхъ дѣлахъ окончательное произнесеніе приговора должно слѣдовать не ранѣе, какъ на другой день послѣ начала суда. Но ни Каіафа ни синедріонъ, конечно, не хотѣли откладывать окончательное осужденіе Іисуса на время послѣ праздника Пасхи. Поэтому они спѣшили соблюсти хотя бы форму вторичнаго суда. И синедріонъ собрался рано на разсвѣтѣ, на этотъ разъ въ еще болѣе многочисленномъ составѣ (къ нему присоединились книжники, какъ говоритъ объ этомъ св. Лука 22: 66) и при томъ уже не въ домѣ Каіафы, а въ помѣщеніи синедріона, куда и повели Іисуса, проведшаго все время до разсвѣта на первосвященническомъ дворѣ, въ поруганіяхъ со стороны стражи и первосвященническихъ слугъ. Господа ввели въ засѣданіе синедріона и снова спрашивали: «аще Ты еси Христосъ?» отчасти потому, что были новые члены, которые не присутствовали при ночномъ сборищѣ, отчасти, можетъ быть, потому, что надѣялись услышать отъ Господа еще что-нибудь новое. Прежде чѣмъ прямо отвѣчать на этотъ вопросъ, Господь предлагаетъ обличеніе ихъ, показывающее, что Ему, какъ Сердцевѣдцу, извѣстны помышленія ихъ. Судъ былъ созванъ только ради формы: участь Господа все равно была уже предрѣшена, что бы Онъ ни говорилъ. Поэтому Господь отвѣчалъ: «аще вамъ реку, не имете вѣры: аще же и вопрошу вы, не отвѣщаете ми, ни отпустите», то-есть говорить Мнѣ безполезно: еслибы Я спросилъ васъ о томъ, что могло бы вести къ разъясненію дѣла о Моемъ мессіанскомъ достоинствѣ и къ разсѣянію вашего ослѣпленія, вы все равно не станете Мнѣ отвѣчать и не дадите Мнѣ возможности оправдаться передъ вами и быть отпущеннымъ на свободу: но знайте, что послѣ всего того, чему подобаетъ совершиться, благодаря вашей злобѣ, вы увидите Меня не иначе, какъ во славѣ Отца Моего: «отселѣ будетъ Сынъ Человѣческій сѣдяй одесную силы Божія». — «Итакъ Ты Сынъ Божій?» снова настойчиво спросили они, и Господь какъ бы нехотя подтверждаетъ это: «вы глаголете, яко Азъ есмь». Довольные этимъ члены синедріона объявляютъ уже ненужнымъ дальнѣйшее разслѣдованіе дѣла и выносятъ приговоръ о преданіи Господа Іисуса Христа римской языческой власти — **Понтійскому Пилату** — для исполненія надъ Нимъ смертной казни.

25. ПОГИБЕЛЬ ІУДЫ ПРЕДАТЕЛЯ.
(Матѳея 27: 3-10).

Только одинъ Евангелистъ Матѳей разсказываетъ намъ о дальнѣйшей участи Іуды предателя. «**Видѣвъ Іуда, предавый Его, яко осудиша Его, раскаявся возврати тридесять сребреники архіереемъ и старцемъ**» — возможно, конечно, что Іуда не ожидалъ смертнаго приговора для Іисуса или вообще, ослѣпленный сребролюбіемъ, не думалъ о послѣдствіяхъ, къ которымъ приведетъ его предательство. Когда же его Учитель былъ осужденъ, въ немъ, уже насытившемся обладаніемъ сребрениками, вдругъ проснулась совѣсть: передъ ней предсталъ весь ужасъ его безумнаго поступка. Онъ **раскаялся,** но, къ несчастью для него, это раскаяніе было соединено въ немъ **съ отчаяніемъ,** а не съ надеждой на всепрощающее милосердіе Божіе. Это раскаяніе есть только невыносимое мученіе совѣсти, безъ всякой надежды на исправленіе, почему оно безплодно, безполезно, почему и довело Іуду до самоубійства. «**Возврати тридесять сребреники**» — то, что еще недавно казалось для него такъ плѣнительнымъ, теперь, когда совѣсть заговорила, показалось для него отвратительнымъ. Таковъ и всякій грѣхъ вообще. Ему надо было бы не сребреники повергать передъ первосвященниками, а самому повергнуться передъ Господомъ Іисусомъ Христомъ, умоляя Его о прощеніи своего грѣха, и тогда онъ, конечно, былъ бы прощенъ. Но онъ думаетъ, безъ помощи свыше, одними **своими силами** какъ-то поправить сдѣланное: возвращаетъ сребреники, свидѣтельствуя при этомъ: **«согрѣшихъ, предавъ кровь неповинную».** Это свидѣтельство, по словамъ св. Златоуста, умножаетъ вину и его и ихъ, первосвященниковъ: «его — потому, что онъ не раскаялся, или раскаялся, но уже поздно, и самъ произнесъ осужденіе на себя, ибо самъ исповѣдалъ, что предалъ его напрасно; ихъ вину умножаетъ потому, что они, тогда какъ могли раскаяться и перемѣнить свои мысли, не раскаялись». Безсердечно, холодно и насмѣшливо отнеслись они къ Іудѣ: **«что есть намъ? ты узриши».** Это указываетъ на ихъ крайнее нравственное огрубѣніе. **«И повергъ сребреники въ церкви, отъиде: и шедъ удавися».** Не взятые изъ его рукъ деньги онъ бросилъ въ храмѣ, думая, можетъ быть, этимъ успокоить мученія совѣсти, но напрасно: мученія эти довели его до такого отчаянія, что онъ пошелъ и повѣсился, послѣ чего, вѣроятно, упалъ съ той высоты, на которой висѣлъ, такъ какъ Ап. Петръ въ кн. Дѣяній (1: 18) свидѣтельствуетъ, что **«когда низринулся, разсѣлось чрево его, и выпали всѣ внутренности его».** При всей своей развращенности, первосвященники признали все-таки невозможнымъ употребить эти деньги въ пользу храма — **«вложити ихъ въ корвану»,** то-есть въ сокровищницу церковную, такъ какъ это была **«цѣна крове».** Впрочемъ, вѣроятно, они основывались на Втор. 23: 18, и въ этомъ случаѣ обнаружилось ихъ крайне злое чувство въ отношеніи къ Господу Іисусу Христу, какъ обнаружилось оно и въ томъ, что они оцѣнили предательство Его 30-ю сребрениками. Поразительно ярко характеризуетъ фарисеевъ это стремленіе исполнить менѣе важный законъ, нарушивъ болѣе важный — не осуждать невинныхъ. **«Купиша ими село скудельниче»** — поле извѣстнаго горшечника ни на что негодное, такъ какъ тамъ копалась глина и обжигались горшки, **«въ погребаніе страннымъ»** — іудеевъ и прозелитовъ, въ огромномъ количествѣ собиравшихся въ Іерусалимъ на праздникъ Пасхи и другіе большіе праздники. **Тогда сбысться реченное Іереміемъ пророкомъ: и пріяша тридесять сребреникъ цѣну цѣненаго, егоже цѣниша отъ сыновъ Израилевыхъ: и даша я на село скудельниче».** Ничего похожаго на эти слова у пророка Іереміи мы не находимъ: единственное мѣсто въ 32: 7 говоритъ вообще о фактѣ покупки поля. Возможно, что это вставка позднѣйшаго переписчика. Сходныя же изреченія мы находимъ у другого пророка Захаріи въ 11: 12-13. О горшечникѣ говорятъ также главы 18-19 пророка Іереміи, и возможно, что Захарія взялъ свой образъ оттуда. Кромѣ того въ древности принято было сокращать собственныя имена и возможно, что переписчикъ, вмѣсто имени Захаріи (ЗРІУ), по ошибкѣ поставилъ имя Іереміи (ІРІУ). Смыслъ этого мѣста изъ кн. пр. Захаріи таковъ. Пророкъ былъ поставленъ

Богомъ, чтобы, какъ представитель Верховнаго Пастыря Бога, пасти овецъ дома Израилева. Іудеи не внимали пророку, то-есть не внимали Самому Богу. Чтобы наглядно показать іудеямъ, какъ мало они цѣнятъ попеченіе о нихъ пророка и, слѣдовательно, Самого Бога, Богъ повелѣваетъ пророку спросить ихъ: какую дадутъ они плату ему за пастырскіе труды его? Они дали ему цѣну раба — 30 сребрениковъ, то-есть оцѣнили труды для нихъ пророка и, слѣдовательно, Самого Бога, какъ ничтожные, какъ труды раба. Тогда Богъ сказалъ пророку: брось это для горшечника, сію высокую (иронія, конечно) цѣну, какою Я оцѣненъ у нихъ. И взялъ я, говоритъ пророкъ, тридцать сребрениковъ и бросилъ ихъ въ домъ Іеговы для горшечника (Зах. 11: 11-12). Это пророчество исполнилось въ преданіи Господа Іисуса Христа. Добраго Пастыря своего Іисуса Христа іудеи оцѣнили въ 30 сребрениковъ — цѣною раба — и на эти деньги купили потомъ поле у горшечника.

26. ГОСПОДЬ ІИСУСЪ ХРИСТОСЪ НА СУДѢ У ПИЛАТА.
(Матѳ. 27: 2, 11-30; Марк. 15: 1-19: Луки 23: 1-25 и Іоан. 18: 28-19: 16.)

«И связавше Его ведоша, и предаша Его Понтійскому Пилату игемону» — Со времени подчиненія Іудеи римлянамъ у синедріона было отнято право наказывать преступниковъ смертью, что видно и изъ Іоан. 18: 31. Побіеніе камнями Стефана было самовольнымъ поступкомъ. По закону обвиненные въ богохульствѣ побивались камнями, но іудеи, безсознательно исполняя тѣмъ волю Божію, желали предать Господа Іисуса Христа болѣе поносной смерти — распятію на крестѣ — и съ этой цѣлью, послѣ вынесенія смертнаго приговора синедріономъ, отвели его къ Понтійскому Пилату игемону, то-есть правителю.

Понтій, по прозванію **Пилатъ**, былъ пятымъ прокураторомъ, или правителемъ Іудеи. Онъ получилъ назначеніе на эту должность въ 26 г. по Р. Хр. отъ римскаго имп. Тиверія. Человѣкъ гордый, надменный и жестокій, но вмѣстѣ съ тѣмъ малодушный и трусливый, онъ ненавидѣлъ іудеевъ и, въ свою очередь, былъ ненавидимъ ими. Вскорѣ послѣ распятія Христова онъ былъ вызванъ въ Римъ на судъ, заточенъ въ Віеннѣ (въ южной Галліи) и тамъ кончилъ жизнь самоубійствомъ. Прокураторы обычно жили въ Кесаріи, но на праздникъ Пасхи для наблюденія за порядкомъ переселялись въ Іерусалимъ.

Подробнѣе всего о судѣ у Пилата повѣствуетъ св. Евангелистъ Іоаннъ. Онъ говоритъ, что іудеи повели Іисуса въ **преторію**, то-есть судебную палату римскаго правителя, вѣроятно, въ крѣпости или близь крѣпости Антоніевой на сѣверо-западѣ отъ храма, въ которой помѣщался римскій гарнизонъ. Прикосновеніе къ чему-либо языческому считалось оскверненіемъ, а потому они не вошли внутрь, дабы не воспрепятствовать вкушенію Пасхи (ясное указаніе, что Пасха наступала въ тотъ день вечеромъ, и что Христосъ вкушалъ Пасху наканунѣ праздника, а принесъ Себя въ жертву, какъ истинный Агнецъ Пасхальный, въ самый день наступленія ветхозавѣтной Пасхи, бывшей прообразомъ Его страданія). Пилатъ, дѣлая въ данномъ случаѣ уступку іудейскимъ обычаямъ (извѣстно, что римляне старались щадить привычки и обычаи побѣжденныхъ народовъ, чтобы не слишкомъ ихъ возстанавливать противъ себя), самъ вышелъ къ нимъ на **лиѳостротонъ** — открытое возвышенное мѣсто передъ жилищемъ прокуратора (каменный помостъ отъ греч. **лиѳос** — камень) и спросилъ: **«кую рѣчь приносите на Человѣка Сего?** то-есть: въ чемъ Его обвиняете?» Первые два Евангелиста начинаютъ описаніе суда Пилатова допросомъ Господа, третій — обвиненіями Господа со стороны приведшихъ Его, а св. Іоаннъ — вопросомъ Пилата къ приведшимъ Господа: такимъ образомъ, св. Іоаннъ начинаетъ съ самаго начала и дальше, во всемъ описаніи держится болѣе подробнаго и послѣдовательнаго порядка судопроизводства, дополняя повѣствованія первыхъ трехъ Евангелистовъ.

«Аще не бы былъ Сей злодѣй, не быхомъ предали Его тебѣ» — іудеи не хотѣли новаго разбирательства дѣла Іисусова: они надѣялись, что Пилатъ будетъ только исполнителемъ произнесеннаго ими приговора. Пилатъ хорошо понималъ съ какими людьми онъ имѣетъ дѣло, а потому сразу поставилъ обвинителей въ должное положеніе по отношенію къ себѣ, какъ представителю римской власти: я не могу осуждать, не выслушавъ дѣла, а потому: **«поимите Его вы, и по закону вашему судите Ему».** Синедріону дѣйствительно было предоставлено право безъ утвержденія римской власти осуждать и приводить въ исполненіе нѣкоторыя наказанія: нельзя было только наказывать смертью. Пилатъ и предлагаетъ имъ воспользоваться ихъ правомъ. Измѣняя гордый тонъ на покорный, іудеи сознаются, что ихъ права ограничены, и они не могутъ достойнаго, по ихъ мнѣнію, смерти преступника, подвергнуть казни: **«намъ не достоитъ убити никогоже», «да слово Іисусово сбудется, еже рече, назнаменуя, коею смертію хотяше умрети».** Господь дѣйствительно не разъ предрекалъ, что Его предадутъ язычникамъ (Матѳ. 20: 19), что Онъ будетъ вознесенъ отъ земли, то-есть распятъ (26: 2; Іоан. 12: 32). Враги Христовы вынуждены были послѣ этого изложить свои обвиненія противъ Христа, что мы и находимъ у св. Луки: **«Сего обрѣтохомъ развращающа языкъ нашъ, и возбраняюща кесареви дань даяти, глаголюща себе Христа Царя быти»** (23: 2) — лукавые лицемѣры, ненавидящіе сами римлянъ, изобрѣтаютъ это клеветническое обвиненіе чисто-политическаго характера, чтобы легче добиться утвержденія смертнаго приговора для Іисуса. На это обвиненіе, какъ повѣствуетъ св. Іоаннъ (18: 33), Пилатъ наединѣ, внутри преторіи, спросилъ Іисуса: «**Ты ли еси Царь іудейскъ?**» — «**О себѣ ли ты сіе глаголеши, или иніи тебѣ рекоша о Мнѣ?**» спросилъ на это Господь: надо было знать, каково происхожденіе этого вопроса — если Пилатъ самъ пришелъ къ нему, то надо было отвѣтить «нѣтъ», потому что Христосъ не былъ царемъ въ смыслѣ Пилата; если вопросъ Пилата — только повтореніе того, что говорили іудеи, то надо было дать отвѣтъ утвердительный, ибо Христосъ дѣйствительно былъ Царемъ Истины. Христосъ не былъ политическимъ царемъ іудейскимъ, но былъ теократическимъ царемъ вселенной. Господь и хотѣлъ заставить Пилата высказаться, въ какомъ смыслѣ онъ употребляетъ въ отношеніи къ Нему это слово «**царь**», то-есть, самъ ли онъ обвиняетъ Его въ присвоеніи Себѣ этого титула или только повторяетъ обвиненіе іудеевъ. Отвѣтъ Пилата дышетъ презрѣніемъ къ іудейству: «**еда азъ жидовинъ есмь? Родъ твой и архіерее предаша Тя мнѣ: что еси сотворилъ?**» — то-есть никакого царственнаго достоинства во Христѣ онъ не допускаетъ, а только хочетъ знать, за что народъ и первосвященники предали Его, обвиняя Его въ присвоеніи Себѣ титула царя. «**Отвѣща Іисусъ: царство Мое нѣсть отъ міра сего**» — Господь утверждаетъ, что Онъ дѣйствительно царь, но не въ политическомъ, а въ духовномъ смыслѣ этого слова, не такой царь, какъ ты себѣ представляешь. «**Рече же Ему Пилатъ: убо Царь ли еси Ты?**» — понявъ, что Іисусъ не политическій претендентъ на земное царство, Пилатъ выражаетъ сомнѣніе въ возможности существованія какого-то другого духовнаго царства. Тогда Господь подтверждаетъ, что Онъ дѣйствительно **Царь** — Царь духовнаго Царства Истины и пришелъ на землю для того, чтобы свидѣтельствовать объ **Истинѣ**, разумѣя подъ «Истиной», конечно, религіозную истину Своего Божественнаго ученія. Его подданные тѣ, кто способны внимать этой Истинѣ. Пилатъ, конечно, какъ грубый язычникъ, не могъ понять этихъ словъ Господа и пренебрежительно сказалъ: «**Что есть истина?**», но онъ понялъ, что Царство Іисусово не политическое и ничѣмъ не угрожаетъ римскому владычеству. Языческо-греко-римскій міръ **въ то время дошелъ до такого умственнаго и нравственнаго растлѣнія, что утратилъ вѣру въ возможность существованія истины вообще и не вѣрилъ, что есть истина.** Выраженіемъ этого отчаяннаго невѣрія въ истину служитъ историческій вопросъ Пилата: «**что есть истина?**» отвѣта на который онъ даже не желалъ и выслушать, а просто вышелъ къ іудеямъ и заявилъ, что онъ никакой вины не находитъ въ Іисусѣ. Это заявленіе глубоко уязвило самолюбіе членовъ синедріона, и они, какъ повѣствуютъ объ этомъ первые три Евангелиста, начали настойчиво обвинять Господа во многомъ, желая во что бы то ни стало добиться Его осужденія. Господь хранилъ при этомъ непрерывное молчаніе, «яко дивитися игемону зѣло?» (Матѳ. 27: 12). Тутъ они обмолвились, что Онъ возмущаетъ народъ, уча по всей Іудеѣ, начиная отъ Галилеи (Лук. 23: 5), и Пилатъ, спросивъ тогда: **«развѣ Онъ галилеянинъ?»** отправилъ Его къ царю Ироду, жившему тогда тоже, въ связи съ праздниками, въ Іерусалимѣ. О судѣ Господа предъ Иродомъ сообщаетъ только одинъ Евангелистъ Лука въ 23: 7-12. Вѣроятно Пилатъ надѣялся получить отъ Ирода болѣе опредѣленныя свѣдѣнія о лицѣ и дѣлѣ обвиняемаго, которыя были для него не совсѣмъ понятны. Изъ дальнѣйшаго же замѣчанія св. Луки, что Пилатъ и Иродъ съ того времени стали друзьями, можно заключить, что Пилатъ нарочно отправилъ Господа къ Ироду, желая такимъ образомъ прекратить существовавшую между ними вражду. Можетъ быть, онъ надѣялся получить отъ Ирода благопріятный отзывъ объ Іисусѣ, чтобы избавить Господа отъ рукъ Его настойчивыхъ обвинителей. Недаромъ же онъ послѣ указываетъ на то, что и Иродъ не нашелъ въ Немъ ничего достойнаго смерти (Лук. 23: 15). Иродъ очень обрадовался, увидѣвъ Іисуса. Это былъ тотъ самый Иродъ Антипа, который умертвилъ Іоанна Крестителя, и услышавъ о дѣлахъ Христовыхъ, подумалъ, что это воскресшій изъ мертвыхъ Іоаннъ. Иродъ надѣялся видѣть отъ Господа чудо: не для того, чтобы увѣровать въ Него, но насытить зрѣніе, подобно какъ мы на зрѣлищахъ смотримъ, какъ кудесники представляютъ, будто они проглатываютъ змѣя, мечи и т. п. и удивляемся» (бл. Ѳеофилактъ). Иродъ, видимо, считалъ Господа чѣмъ-то въ родѣ чародѣя. Задавалъ онъ Ему и многіе вопросы, надѣясь услышать что-нибудь занимательное, но на всѣ его вопросы Господь хранилъ полное молчаніе. Первосвященники и книжники безъ умолку обвиняли Господа, вѣроятно доказывая, что проповѣдь Его опасна столько же для Ирода, сколько и для кесаря. Надругавшись надъ Господомъ, Иродъ облекъ Его въ бѣлую одежду и отослалъ обратно къ Пилату. Въ бѣлую (свѣтлую) одежду облекались у римлянъ кандидаты на какую-либо начальственную или почетную должность (самое слово «кандидатъ» происходитъ отъ лат. «кандидусъ», что значитъ бѣлый, свѣтлый). Одѣвъ въ такую одежду Господа, Иродъ тѣмъ самымъ хотѣлъ выразить, что онъ смотритъ на Іисуса только, какъ на забавнаго претедента на іудейскій царскій престолъ и не считаетъ Его серьезнымъ и опаснымъ преступникомъ. Такъ это понялъ и Пилатъ. Ссылаясь на то, что и Иродъ не нашелъ въ Іисусѣ ничего достойнаго смерти, Пилатъ предлагаетъ первосвященникамъ, книжникамъ и народу, **наказавъ,** отпустить Его. Легкимъ наказаніемъ Пилатъ думалъ удовлетворить ихъ. Онъ вспомнилъ при этомъ, что у іудеевъ былъ обычай передъ Пасхой являться къ правителю съ просьбой отпустить на свободу одного изъ осужденныхъ на казнь преступниковъ и самъ предложилъ имъ: **«кого хощете отъ обою отпущу вамъ: Варавву ли, или Іисуса, глаголемаго Христа** (Матѳ. 17)?**»** Къ этому первые два Евангелиста прибавляютъ: **«вѣдяше бо, яко зависти ради предаша Его»** (18). Пилатъ очевидно надѣялся, что въ простомъ народѣ онъ найдетъ другія чувства къ Іисусу, и народъ испроситъ освободить именно Іисуса. Къ этой-то многочисленной народной толпѣ, собравшейся передъ домомъ прокуратора, Пилатъ и обратился съ вопросомъ: **«кого хощете отъ обою отпущу вамъ?»** Тутъ случилось еще одно обстоятельство, подѣйствовавшее на Пилата въ благопріятномъ для Господа Іисуса Христа направленіи. Когда онъ сидѣлъ на своемъ судейскомъ мѣстѣ, открытомъ и возвышенномъ, называвшемся по-гречески **«лиѳостротонъ»**, а по-еврейски — **«гавваѳа»**, къ нему явился посланный отъ его жены, который передалъ ему слова ея: **«ничтоже тебѣ и праведнику тому»,** то-есть: «не дѣлай ничего худого тому Праведнику», **«много бо пострадахъ днесь во снѣ Его ради».** У нѣкоторыхъ древнихъ христіанскихъ писателей называется ея имя: **Клавдія Прокула.** Предполагаютъ, что она исповѣдывала іудейскую вѣру или, по крайней мѣрѣ, была расположена къ ней, а преданіе говоритъ, что она потомъ сдѣлалась христіанкой. Вѣроятно, она много слышала о Господѣ Іисусѣ Христѣ и боялась, что ея мужъ за осужденіе Его навлечетъ на себя наказаніе Божіе. Неизвѣстно, что за сонъ она видѣла, но можно полагать, что Іисусъ Галилеянинъ предсталъ ей во снѣ, какъ невинно терзаемый Праведникъ, и она мучилась во снѣ мыслью, терзалась совѣстью, что это ея собственный мужъ является Его палачомъ. Но въ то время, какъ посланный передавалъ Пилату слова его жены, іудейскіе начальники стали наущать народъ, чтобы онъ просилъ у Пилата отпустить Варавву, и народъ поддался ихъ нечестивымъ внушеніямъ. Когда Пилатъ вторично задалъ вопросъ: **«кого хощете отъ обою отпущу вамъ?»** они отвѣчали: **«Варавву». «Что убо сотворю Іисусу, глаголемому Христу?»** спросилъ тогда Пилатъ. Они же отвѣчали: **«да распятъ будетъ»;** по св. Лукѣ, они кричали: **«смерть Ему!»** (славян. **«возми Сего»**). Тогда Пилатъ, желая все же отпустить Христа, возвысилъ голосъ, говоря: **«кое убо зло сотвори?»** «Они же излиха, то-есть, еще сильнѣе **«вопіяху, глаголюще: да пропятъ будетъ».** Евѳимій Зигабенъ подчеркиваетъ: «не говорятъ — да будетъ убитъ, но да будетъ распятъ, дабы и самый родъ смерти показывалъ въ немъ злодѣя». Такъ должны были исполниться пророчества о самомъ родѣ смерти Христовой за насъ. Господу Іисусу Христу развращенный своими духовными вождями народъ предпочелъ

Варавву, о которомъ Евангелисты сообщаютъ, что онъ былъ извѣстнымъ разбойникомъ, который съ шайкой сообщниковъ произвелъ возмущеніе въ городѣ съ цѣлью грабежа и совершалъ убійства (Матѳ. 27: 16; Іоан. 18: 40; Лук. 23: 19 и Марк. 15: 7).

Слыша этотъ неистовый крикъ народа, котораго онъ, видимо, не ожидалъ, Пилатъ окончательно растерялся. Онъ испугался, что его дальнѣйшая настойчивость въ защитѣ Праведника можетъ вызвать серьезное волненіе народа, которое придется усмирять вооруженной силой, и что озлобленные первосвященники могутъ донести на него кесарю, обвиняя его въ томъ, что онъ самъ вызвалъ это волненіе, защищая государственнаго преступника, какимъ они старались выставить Господа Іисуса. Подъ давленіемъ такихъ чувствъ Пилатъ рѣшилъ попробовать удовлетворить жажду крови въ народѣ, отдавъ Невиннаго на бичеваніе. Вѣроятно, онъ надѣялся, сдѣлавъ этимъ уступку народной ярости, добиться всетаки освобожденія Іисуса отъ крестной смерти. **«Тогда убо Пилатъ поятъ Іисуса и би Его»** (Іоан. 19: 1). Повѣствованіе о бичеваніи находится у всѣхъ Евангелистовъ. По первымъ двумъ Евангелистамъ, для бичеванія воины отвели Іисуса въ преторію (по-славянски: **«на судище»**), то-есть внутрь двора, вѣроятно, для того, чтобы имѣть тамъ больше простора, такъ какъ передъ дворомъ не было мѣста изъ-за тѣснившейся народной толпы, и собрали противъ Него весь полкъ, или спиру, или когорту. Воины раздѣли Іисуса и начали бичевать Его. Такое бичеваніе назначалось у римлянъ за тяжкія преступленія, и притомъ — большей частью для рабовъ. Бичи дѣлались изъ веревокъ и ремней, и въ концы ихъ вдѣлывались острыя костяныя и металлическія палочки. Истязаніе это было столь мучительно, что многіе подъ бичами умирали. Бичуемаго привязывали обыкновенно къ столбу въ наклонномъ положеніи и затѣмъ воины били его бичами по обнаженной спинѣ, причемъ тѣло съ первыхъ же ударовъ разрывалось, и кровь обильно текла изъ ранъ. Такому страшному наказанію подвергъ Пилатъ Того, въ Комъ не находилъ никакой вины, но надо полагать — въ разсчетѣ удовлетворить этимъ кровожадность толпы и спасти Его отъ смерти на крестѣ. Окончивъ бичеваніе, жестокосердные воины стали издѣваться надъ Страдальцемъ: надѣли на Него **«хламиду червленую»**, или **багряницу,** то-есть военный плащъ краснаго цвѣта, подобный тѣмъ плащамъ, какіе надѣвали цари и высшіе военачальники. Такіе плащи были безъ рукавовъ и накидывались на плечо такъ, что правая рука оставалась свободной. Эта хламида должна была изображать царскую порфиру для Царя Іудейскаго. На главу Господа возложили вѣнецъ, сплетенный изъ колючаго тернія, а въ руки Ему дали трость, которая должна была изображать царскій скипетръ. Сдѣлавъ все это въ насмѣшку надъ Божественнымъ Страдальцемъ, воины стали преклонять предъ Нимъ колѣни и ругаясь надъ Нимъ, какъ-будто привѣтствуя, стали говорить: «**радуйся, Царю Іудейскій**»», при чемъ били Его по ланитамъ, плевали на Него, брали изъ рукъ Его трость и били Его по главѣ Его, чтобы колючки терноваго вѣнца входили глубже и ранили сильнѣе.

Всѣ эти дѣйствія представляются у первыхъ двухъ Евангелистовъ, какъ состоявшіяся уже послѣ окончательнаго осужденія Іисуса на смерть, но св. Іоаннъ, поставившій себѣ цѣлью дополнять и разъяснять повѣствованія первыхъ трехъ Евангелистовъ, указываетъ, что бичеваніе и эти издѣвательства надъ Христомъ состоялись раньше и, какъ можно думать, были предприняты Пилатомъ именно съ цѣлью, хотя бы такимъ путемъ, добиться избавленія Іисуса отъ смертной казни. Измученнаго и истерзаннаго такимъ образомъ Господа Пилатъ повелѣлъ вывести наружу, чтобы вызвать жалость къ Нему іудеевъ. Онъ разсчитывалъ, что ихъ сердца дрогнутъ отъ такого ужаснаго зрѣлища, и они уже не будутъ настаивать на преданіи Господа смерти. Такъ разсуждалъ язычникъ, не знавшій истиннаго Бога и Его заповѣди о любви къ ближнему, но — увы — не такъ разсуждали духовные вожди и начальники избраннаго народа Божія, неистовствовавшіе въ своей неутолимой злобѣ. Когда Господь былъ выведенъ на лиѳостротонъ, Пилатъ сказалъ: «**се извожду Его вамъ вонъ, да разумѣете, яко въ Немъ ни единыя вины обрѣтаю**» и при этомъ, указывая на Него, добавилъ: «**се Человѣкъ**». Восклицаніемъ этимъ Пилатъ обращался къ суду ихъ совѣсти: смотрите, какъ бы говорилъ онъ имъ — вотъ Человѣкъ одинокій, униженный, истерзанный: неужели Онъ похожъ на какого-то опаснаго бунтовщика; не возбуждаетъ ли Онъ однимъ Своимъ видомъ больше сожалѣнія, чѣмъ опасеній? Вмѣстѣ съ тѣмъ, Пилатъ, не думая, вѣроятно, о томъ, сказалъ подлинную правду: Господь и въ уничиженіи Своемъ, больше, чѣмъ во славѣ и царственномъ блескѣ, проявилъ все духовное величіе и нравственную красоту истиннаго Человѣка, какимъ онъ долженъ быть, по замыслу Творца. Для христіанъ слова Пилата означаютъ: вотъ образецъ Человѣка, къ которому должны стремиться христіане.

Но первосвященникамъ и слугамъ ихъ все было нипочемъ. Едва увидѣли они измученнаго и истерзаннаго Христа, какъ снова возопили: «**распни, распни Его!**». Такая настойчивость обвинителей вызвала у Пилата досаду и заставила его съ рѣзкостью и колкостью сказать: «**поимите Его вы и распните: азъ бо не обрѣтаю въ Немъ вины**» — если вы такъ настойчивы, то распинайте Его сами на свою отвѣтственность, а я не могу принимать участія въ такомъ недостойномъ моего положенія, какъ представителя правосудія, поступкѣ, какъ осужденіе на смерть ни въ чемъ неповиннаго Человѣка. Кромѣ крайняго возмущенія и нетерпѣнія эти слова Пилата ничего не выражали, а потому враги Христовы продолжали добиваться согласія Пилата на смертный приговоръ, выставивъ новое обвиненіе: «**мы законъ имамы, и по закону нашему долженъ есть умрети, яко Себе Сына Божія сотвори**». Услышавъ это, Пилатъ «**паче убояся**». Конечно, выраженіе «**Сынъ Божій**» Пилатъ могъ понимать только въ языческомъ смыслѣ, въ смыслѣ полубоговъ, героевъ, которыми полна языческая миѳологія, но и этого достаточно было, чтобы его смутить, принимая во вниманіе и предупрежденіе его жены, видѣвшей какой-то таинственный сонъ объ этомъ загадочномъ Человѣкѣ. И вотъ Пилатъ уводитъ Іисуса съ собой въ преторію и наединѣ спрашиваетъ Его: «**Откуду еси Ты?**», то-есть: каково Твое происхожденіе, съ небесъ ли Ты или отъ земли? дѣйствительно ли Ты — Сынъ Божій? «**Іисусъ же отвѣта не даде ему**» — безполезно было отвѣчать на этотъ вопросъ. Господь уже объяснилъ кое-что о Себѣ Пилату, но это вызвало у него только легкомысленно-скептическій вопросъ (Іоан. 18: 36-38). Могъ ли грубый язычникъ-скептикъ понять ученіе объ истинномъ Сынѣ Божіемъ? Побѣждая въ себѣ страхъ, Пилатъ рѣшилъ показать свою власть, а вмѣстѣ съ тѣмъ и расположить Іисуса къ отвѣту: «**мнѣ ли не глаголеши**»... Господь отвѣчаетъ на эти горделивыя слова съ Божественной мудростію: «**не имаши власти ни единыя на Мнѣ, аще не бы ти дано свыше**» — то, что Я въ твоихъ рукахъ, это лишь попущеніе Божіе. Предавъ народъ Свой въ рабство языческой римской власти, Богъ черезъ это передалъ и тебѣ власть надо Мной. Ты будешь виновенъ, однако, въ этомъ осужденіи Меня, ибо противъ совѣсти осуждаешь, но болѣе грѣха будетъ на томъ, кому свыше не было дано надо Мной власти, кто сдѣлалъ это самовольно, по злобѣ, то-есть синедріонъ, Каіафа, какъ орудіе его, Іуда Искаріотъ. Мудрыя слова Господа, видимо, понравились Пилату, и, «**отъ сего искаше Пилатъ пустити Его**». Тогда обвинители рѣшились прибѣгнуть къ крайнему средству — къ угрозѣ обвинить самого прокуратора въ измѣнѣ власти римскаго кесаря: «**аще Сего пустиши, нѣси другъ кесаревъ**»... Это испугало Пилата, ибо императоромъ былъ тогда подозрительный и крайне жестокій деспотъ **Тиверій**, охотно принимавшій доносы. Этой угрозой дѣло было рѣшено. Пилатъ, возсѣвъ на свое судейское мѣсто **лиѳостротонъ**, формально и торжественно оканчиваетъ судъ. Евангелистъ отмѣчаетъ поэтому **день и часъ осужденія Господа**: «**бѣ же пятокъ пасцѣ, часъ же яко шестый**», то-есть была пятница передъ праздникомъ Пасхи и шестой часъ, то-есть по нашему счету около 12-ти часовъ дня. Въ указаніи этого часа у св. Іоанна оказывается какъ-будто разногласіе съ другими Евангелистами, особенно со св. Маркомъ, который говоритъ: **«бѣ же часъ третій и распяша Его»** (Марк. 15: 25), а отъ шестого до девятаго часа была тьма по всей землѣ (Матѳ. 27: 45; Марк. 15: 33 и Лук. 23: 44), но дѣло въ томъ, что день, какъ и ночь, дѣлился вообще на четыре части по три часа въ каждой, а потому въ Новомъ Завѣтѣ упоминается только о первомъ, третьемъ, шестомъ, и девятомъ часѣ. Св. Іоаннъ не говоритъ «часъ былъ шестый», но **«яко шестый»**, то-есть «какъ бы шестый»: по нашему это могло быть во весь періодъ времени между 9-ю часами утра и полуднемъ. Есть, наконецъ, мнѣніе (Гладковъ), что св. Іоаннъ указываетъ время по римскому счисленію, соотвѣтствующему нашему, то-есть было около шести часовъ утра, какъ мы теперь считаемъ, отъ полуночи.

«И глагола іудеемъ: се царь вашъ» — трудно сказать, что хотѣлъ выразить Пилатъ этими словами, но нельзя не видѣть и въ нихъ послѣдней попытки освободить Господа отъ смерти. Вѣроятно, въ раздраженіи на то, что его заставляютъ вынести приговоръ противъ совѣсти, онъ бросаетъ еще разъ жестокій упрекъ всему синедріону: онъ какъ бы такъ говоритъ — вы мечтаете о возвращеніи себѣ самостоятельности, о какомъ-то своемъ высокомъ призваніи среди всѣхъ народовъ міра: эту высокую задачу никто не былъ бы такъ способенъ исполнить, какъ этотъ Человѣкъ, называющій Себя духовнымъ Царемъ Израиля. Какъ же это вы, вмѣсто того, чтобы преклониться передъ Нимъ, требуете Его смерти? хотите, чтобы я, ненавистный вамъ римскій правитель, отнялъ у васъ вашего Царя, который можетъ осуществить всѣ ваши завѣтныя мечтанія?

Видимо, такъ и поняли эти слова обвинители, потому что съ особою яростію возопили: **«возми, возми, распни Его, смерть, смерть Ему!»** Это, по словамъ Еп. Михаила, — «крикъ отъ нанесенной въ самое чувствительное мѣсто раны», но «Пилатъ, прежде чѣмъ окончательно уступить, еще разъ повертываетъ ножъ въ этой ранѣ словами: **«Царя ли вашего распну?»** — если Іисусъ называетъ Себя вашимъ Царемъ, то тѣмъ самымъ обѣщаетъ вамъ освобожденіе отъ власти римлянъ: какъ же это вы можете требовать, чтобы я, представитель римской власти, предалъ Его смерти? одумайтесь, что вы дѣлаете?» — На это увѣщаніе первосвященники, въ своемъ безумномъ ослѣпленіи злобой противъ Іисуса, произнесли страшныя, роковыя слова, явившіяся приговоромъ надъ всей дальнѣйшей исторіей еврейскаго народа: **«не имамы** царя токмо кесаря». Раньше первосвященники говорили: «нѣтъ у насъ иного Царя, кромѣ Бога»: теперь, только для того, чтобы добиться распятія Христова, они отъ всего отреклись, сказавъ, что не имѣютъ и не желаютъ имѣть никакого другого царя, кромѣ римскаго кесаря. Только тогда Пилатъ рѣшился удовлетворить ихъ желанію и **«предаде Его (Іисуса) имъ, да распнется»**. Св. Матѳей сообщаетъ, что передъ этимъ Пилатъ умылъ руки (27: 24): **«видѣвъ же Пилатъ, яко ничтоже успѣваетъ, но паче молва бываетъ, пріемъ воду, умы руцѣ предъ народомъ, глаголя: неповиненъ есмь отъ крове Праведнаго Сего: вы узрите»**. У іудеевъ былъ обычай умывать руки въ доказательство того, что умывающій невиновенъ въ пролитіи крови найденнаго убитымъ человѣка (Втор. 21: 6-8). Пилатъ воспользовался этимъ обычаемъ въ знакъ того, что онъ снимаетъ съ себя отвѣтственность за казнь Іисуса, Котораго онъ считалъ невиннымъ и Праведникомъ. «Вы узрите» — вы сами будете отвѣчать за послѣдствія этого несправедливаго убійства. Лишь бы получить отъ прокуратора согласіе на утвержденіе смертнаго приговора, злобные іудеи соглашаются на все, не думая ни о какихъ послѣдствіяхъ: **«кровь Его на насъ и на чадѣхъ нашихъ»**, то-есть: если это преступленіе, то пусть кара Божія ляжетъ на насъ и на потомство наше. «Такова безразсудная ярость», говоритъ св. Златоустъ: **«такова злая страсть... пусть такъ, что вы самихъ себя прокляли; для чего навлекаете проклятіе и на дѣтей?»** Это проклятіе, которое сами на себя навлекли іудеи, скоро исполнилось: именно въ 70 г. по Р. Хр., когда при осадѣ Іерусалима римлянами громадное количество евреевъ было распято на крестахъ. Исполнялось оно и на всей дальнѣйшей исторіи евреевъ, разсѣянныхъ съ тѣхъ поръ по всему міру, въ тѣхъ безчисленныхъ «погромахъ», которымъ они постоянно подвергались, во исполненіе пророчества Моисея во Второзаконіи (гл. 28: 49-57; 64-67).

«Тогда отпусти имъ Варавву: Іисуса же бивъ предаде имъ, да Его пропнутъ», то-есть, утвердивъ приговоръ синедріона, Пилатъ далъ имъ воиновъ для совершенія надъ Господомъ Іисусомъ Христомъ смертной казни черезъ распятіе.

Умывъ руки, Пилатъ, конечно, не могъ снять тѣмъ отвѣтственности съ себя, какъ ему этого хотѣлось. Выраженіе «умывать руки» съ тѣхъ поръ вошло въ поговорку. Кара Божія постигла Пилата за малодушіе и неправедное осужденіе Того, Кого онъ самъ назвалъ Праведникомъ. Онъ былъ отправленъ въ ссылку въ Галлію (г. Віенну) и тамъ черезъ два года изнуренный тоской, терзаемый угрызеніями совѣсти и отчаяніемъ, окончилъ свою жизнь самоубійствомъ.

27. КРЕСТНЫЙ ПУТЬ ГОСПОДА — ШЕСТВІЕ НА ГОЛГОѲУ.

(Матѳ. 27: 31-32; Марк. 15: 20-21; Лук. 23: 26-32; Іоан. 19: 16-17).

О крестномъ пути Господа повѣствуютъ всѣ четыре Евангелиста. Первые два — св. Матѳей и св. Маркъ — говорятъ о немъ совершенно одинаково. **«Егда поругашася Ему, совлекоша съ Него багряницу, и облекоша Его въ ризы Своя: и ведоша Его на пропятіе. Исходяще же обрѣтоша человѣка Киринейска именемъ Симона, и сему задѣша понести крестъ Его».** Св. Іоаннъ говоритъ совсѣмъ коротко, ничего не упоминая о Симонѣ Киринейскомъ. Подробнѣе всѣхъ говоритъ св. Лука. Какъ сообщаетъ объ этомъ св. Іоаннъ и какъ это вообще было принято съ осужденными на смерть черезъ распятіе, Господь Самъ несъ Свой крестъ на мѣсто казни. Но Онъ былъ такъ истомленъ и геѳсиманскимъ внутреннимъ бореніемъ и безъ сна проведенной ночью и страшными истязаніями, что оказался не въ силахъ донести крестъ до мѣста назначенія. Не изъ состраданія, конечно, но изъ желанія скорѣе дойти, чтобы завершить свое злое дѣло, враги Господа захватили по пути нѣкоего Симона, переселенца изъ Киринеи, города въ Ливіи на сѣверномъ берегу Африки къ западу отъ Египта (гдѣ жило много евреевъ, издавна туда переселившихся), и заставили его понести крестъ Господа, когда онъ возвращался съ поля въ городъ. Св. Маркъ добавляетъ, что Симонъ былъ отцомъ Александра и Руфа, извѣстныхъ потомъ въ первенствующей христіанской церкви, о которыхъ упоминаетъ въ посл. къ Римл. 16: 13 св. ап. Павелъ.

Св. Лука добавляетъ, что **«идяше во слѣдъ Его народъ многъ людей, и жены, яже и плакахуся и рыдаху Его».** Не только враги, но и почитатели Господа, сострадавшіе Ему, шли за Нимъ. Несмотря на обычай, согласно которому запрещалось преступнику, ведомому на казнь, выражать сочувствіе, бывшіе въ этой толпѣ народа женщины громко, рыданіями изъявляли свое состраданіе Господу. Выраженное ими состраданіе было столь глубоко и искренно, что Господь счелъ нужнымъ отозваться и обратился къ нимъ съ цѣлою рѣчью, надо полагать, въ то время, когда произошла остановка въ шествіи при возложеніи креста Христова на Симона Киринеянина. **«Дщери іерусалимскія, не плачитеся о Мнѣ, обаче себе плачите и чадъ вашихъ»**... **«Дщери іерусалимскія»** — любвеобильное обращеніе, указывающее на благорасположеніе Господа къ этимъ женщинамъ, выражавшимъ Ему такое трогательное сочувствіе. Господь какъ бы забываетъ о предстоящихъ Ему страданіяхъ и духовный взоръ Его обращается къ будущему избраннаго народа, къ тому страшному наказанію, которое постигнетъ его за отверженіе Мессіи. **«Плачьте о себѣ и о дѣтяхъ вашихъ»** — въ этихъ словахъ Господь предупреждаетъ ихъ о бѣдствіяхъ, имѣющихъ постигнуть ихъ и дѣтей ихъ. Тутъ Онъ какъ-будто имѣетъ въ виду ту страшную клятву, которую такъ легкомысленно навлекли на себя іудеи, кричавшіе: «Кровь Его на насъ и на дѣтяхъ нашихъ» (Матѳ. 27: 25). **«Се, дніе грядутъ»**... приходятъ, приближаются дни страшныхъ бѣдствій, когда высшее благословеніе чадородія превратится въ проклятіе и будутъ считаться блаженными тѣ, которыя считались ранѣе находящимися подъ гнѣвомъ Божіимъ, какъ неплодныя, нераждающія. **«Тогда начнутъ глаголати горамъ: падите на ны»**... столь велики будутъ бѣдствія. Рѣчь здѣсь идетъ несомнѣнно о разрушеніи Іерусалима Титомъ въ 70-мъ году по Р. Хр.

«Аще въ суровѣ древѣ сія творятъ» — ибо если съ зеленѣющимъ деревомъ это дѣлаютъ, — **«въ сусѣ что будетъ?»** — то съ сухимъ, что будетъ? Это, видимо, народное присловіе. Подъ «зеленѣющимъ деревомъ», полнымъ жизни, Господь разумѣетъ Себя; подъ «сухимъ деревомъ» — народъ іудейскій. Если Ему, Невинному, не дали пощады, то что будетъ съ виновнымъ народомъ? «Огнь идетъ на Іудею (ср. Іезек. 20: 47); если зеленое дерево сгорѣло, то съ какою же силою онъ будетъ истреблять сухое?» (Еп. Михаилъ).

28. РАСПЯТІЕ.

(Матѳ. 27: 33-44; Марк. 15: 22-32; Лук. 23: 33-38; Іоан. 19: 18-24).

Согласно повѣствованію всѣхъ четырехъ Евангелистовъ, Господа привели на мѣсто, называемое **Голгоѳа**, что значитъ: **«лобное мѣсто»** и тамъ распяли Его посреди двухъ разбойниковъ, о которыхъ св. Лука сообщаетъ, что ихъ тоже вели на смерть вмѣстѣ съ Нимъ. «Голгоѳа», или «лобное мѣсто» — это былъ небольшой холмъ, находившійся въ то время внѣ городскихъ стѣнъ Іерусалима къ сѣверо-западу. Неизвѣстно точно, почему этотъ холмъ носилъ такое названіе. Думаютъ, что или потому, что онъ имѣлъ видъ черепа, или потому, что на немъ находилось много череповъ казненныхъ тамъ людей. По древнему преданію, на этомъ же самомъ мѣстѣ былъ погребенъ прародитель Адамъ. Св. Ап. Павелъ въ посланіи къ Евреямъ 13: 11-12 указываетъ на особое значеніе того, что **«Іисусъ пострадалъ внѣ вратъ»**. Когда Іисуса привели на Голгоѳу, то давали Ему пить, по св. Марку 15: 23, вино со смирною, а по св. Матѳею 27: 34, уксусъ, смѣшанный съ желчью. Это — напитокъ, одуряющій и притупляющій чувство, который давали осужденнымъ на казнь черезъ распятіе, чтобы нѣсколько уменьшить мучительность страданій. Римляне называли его «усыпительнымъ». По свидѣтельству еврейскихъ раввиновъ, это было вино, въ которое подбавлялась смола, благодаря чему вино помрачало сознаніе осужденнаго и тѣмъ облегчало для него муки. Смирна — одинъ изъ видовъ смолы, почему ее и указываетъ св. Маркъ. Приправа вина смолой давала крайне ѣдкій и горькій вкусъ, почему св. Матѳей называетъ ее «желчью», а вино, какъ очевидно уже скисшее, называетъ «уксусомъ». **«И вкушь, не хотяше пити»** — желая претерпѣть всю чашу страданій до конца, въ полномъ сознаніи, Господь не сталъ пить этого напитка.

«Бѣ же часъ третій, и распяша Его» — такъ говоритъ св. Маркъ (15: 25). Это какъ будто бы противорѣчитъ свидѣтельству св. Іоанна о томъ, что еще въ шестомъ часу Господь былъ на судѣ у Пилата (19: 14). Но надо знать, что по примѣру ночи, дѣлившейся на четыре стражи, по три часа въ каждой, и день дѣлился на четыре части, называвшіяся по послѣднему часу каждой части: часъ **третій,** часъ **шестый** и часъ **девятый.** Если предположить, что окончательный приговоръ былъ произнесенъ Пилатомъ съ лиѳостротона по истеченіи третьяго часа по іудейскому счету, то-есть въ 9 съ небольшимъ часовъ утра, по нашему, то св. Іоаннъ вполнѣ могъ сказать, что это былъ часъ **шестый,** ибо начиналась вторая четверть дня, состоявшая изъ 4-го, 5-го и 6-го часовъ, которая у евреевъ называлась по своему послѣднему часу **шестымъ** часомъ. Съ другой стороны, св . Маркъ могъ сказать, что это былъ часъ **третій,** потому что шестый часъ, въ смыслѣ второй четверти дня еще только начинался, а истекъ лишь **третій** часъ, въ смыслѣ первой четверти дня.

«И распяша Его» — кресты бывали различной формы и распинали по разному, иногда пригвождая ко кресту, лежащему на землѣ, послѣ чего крестъ поднимали и водружали въ землѣ вертикально; иногда же сперва водружали крестъ, а потомъ поднимали осужденнаго и пригвождали его. Иногда распинали внизъ головой (такъ распятъ былъ, по собственному желанію, св. ап. Петръ). Руки и ноги иногда пригвождались гвоздями, иногда только привязывались. Тѣло распятаго безпомощно свѣшивалось, въ ужасныхъ конвульсіяхъ, всѣ мускулы сводила мучительная судорога, язвы отъ гвоздей, подъ тяжестью тѣла, раздирались, казненнаго томила невыносимая жажда, вслѣдствіе жара, возбуждавшагося гвоздинными язвами. Страданія распятаго были столь велики и невѣроятно мучительны, а къ тому же и длительны (иногда распятые висѣли на крестахъ, не умирая, по трое сутокъ и даже болѣе), что эта казнь примѣнялась лишь къ самымъ большимъ преступникамъ и считалась самой ужасной и позорной изъ всѣхъ видовъ казни. Дабы руки не разорвались преждевременно отъ ранъ, подъ ноги иногда прибивали подставку-перекладину, на которую распинаемый могъ встать. На верхнемъ оставшемся свободномъ концѣ креста прибивалась поперечная дощечка съ надписаніемъ вины распятаго.

Среди неописуемыхъ страданій Господь не оставался совершенно безмолвнымъ: Онъ **семь разъ** говорилъ съ креста. Первыми Его словами была молитва за распинателей, вторыми словами Своими Онъ удостоилъ благоразумнаго разбойника райскаго блаженства, третьими словами — поручилъ Свою Пречистую Матерь св. ап. Іоанну, четвертыя слова Его — возглашеніе: **«Боже Мой, Боже Мой, вскую Мя еси оставилъ»**; пятое слово — **«жажду»**, шестое — **«совершишася»**, седьмое — **«Отче, въ руцѣ Твои предаю духъ мой»**.

Первыми словами Господа была молитва за распинателей, которую приводитъ св. Лука (23: 34): **«Отче, отпусти имъ: не вѣдятъ бо что творятъ»**. Никто изъ распинателей Христа не зналъ, что Онъ — Сынъ Божій. **«Аще бо быша разумѣли, не быша Господа славы распяли»** (1 Кор. 2: 8), говоритъ св. ап. Павелъ. Даже и іудеямъ св. ап. Павелъ говорилъ въ своей второй проповѣди при исцѣленіи хромого: **«вѣмъ, яко по невѣдѣнію сіе сотвористе»** (Дѣян. 3: 17). Римскіе воины, конечно, не знали, что они распинаютъ Сына Божія, осудившіе на смерть Господа іудеи до такой степени были ослѣплены въ своей злобѣ, что дѣйствительно не думали, что они распинаютъ Мессію своего. Однако, такое невѣдѣніе не оправдываетъ ихъ преступленія, ибо они имѣли возможность и средства знать. Молитва Господа свидѣтельствуетъ о величіи Его духа и служитъ намъ примѣромъ, чтобы и мы не мстили своимъ врагамъ, но молились за нихъ Богу.

«Написа же и титла Пилатъ»... Св. Іоаннъ свидѣтельствуетъ о томъ, что по приказу Пилата, написана была дощечка съ указаніемъ вины Господа, какъ это было обыкновенно принято (19: 19-22). Желая еще разъ уязвить членовъ синедріона, Пилатъ приказалъ написать: **«Іисусъ Назорянинъ Царь Іудейскій»**. Такъ какъ члены синедріона обвиняли Господа въ томъ, что Онъ присвоялъ Себѣ царское достоинство, то Пилатъ и приказалъ написать эту Его вину, въ посрамленіе синедріону; царь іудейскій распятъ по требованію представителей народа іудейскаго. Вопреки обычаю, надпись была сдѣлана на трехъ языкахъ: еврейскомъ-мѣстномъ, національномъ, греческомъ — тогда общераспространенномъ и римскомъ — языкѣ побѣдителей. Цѣль этого была та, чтобы каждый могъ прочесть эту надпись. Не думая о томъ, Пилатъ исполнилъ этимъ высшую промыслительную цѣль: въ минуты самаго крайняго Своего уничиженія Господь Іисусъ Христосъ на весь міръ былъ объявленъ **Царемъ**. Обвинители Господа восприняли это, какъ злую насмѣшку, и требовали, чтобы Пилатъ измѣнилъ надпись, но гордый римлянинъ рѣзко отказалъ имъ въ этомъ, давъ почувствовать имъ свою власть.

«Распеншіи же Его, раздѣлиша ризы Его, вергше жребія»...

Римскій законъ отдавалъ въ собственность воиновъ, совершавшихъ казнь, одежды распинаемыхъ. Совершавшихъ распятіе, по свидѣтельству Филона, бывало четверо. Св. Іоаннъ, подробнѣе другихъ разсказывающій о раздѣленіи одеждъ Господа, такъ и говоритъ, что верхнюю одежду воины разорвали на четыре части, **«коемуждо воину часть»,** а нижняя одежда — хитонъ — была не шитая, а тканая, или вязаная сверху, то-есть начиная съ отверстія для головы внизъ. Если разорвать такой хитонъ, то части его не будутъ имѣть никакой цѣнности. Поэтому о немъ былъ брошенъ воинами жребій, для того, чтобы онъ достался одному въ цѣломъ видѣ. По преданію, этотъ хитонъ былъ вытканъ Пречистой Матерью Божіею. Дѣлая это, воины безсознательно, конечно, исполнили древнее пророчество о Мессіи изъ Псалма 21: 19, которое и приводитъ св. Іоаннъ, повѣствуя объ этомъ: **«Раздѣлиша ризы Моя себѣ и о одежди Моей меташа жребій».**

Далѣе первые три Евангелиста повѣствуютъ о насмѣшкахъ и хуленіяхъ, которымъ подвергали Господа, какъ воины, такъ и проходящіе враги Его изъ народа, а особенно, конечно, первосвященники съ книжниками, старѣйшинами и фарисеями. Хуленія эти имѣли одну общую основу въ сопоставленіи прошедшаго съ настоящимъ. Вспоминая все то, что въ прошломъ говорилъ Господь и дѣлалъ, они указывали на теперешнюю Его безпомощность и насмѣшливо предлагали Ему совершить явное для всѣхъ и очевидное чудо — **сойти со креста,** обѣщая, лицемѣрно, конечно, въ такомъ случаѣ, увѣровать въ Него. Въ этихъ хуленіяхъ, по словамъ св. Матѳея принимали участіе и разбойники, распятые по правую и по лѣвую сторону отъ Господа.

29. ПОКАЯНІЕ БЛАГОРАЗУМНАГО РАЗБОЙНИКА.
(Луки 23: 39-43).

Дополняя повѣствованіе первыхъ двухъ Евангелистовъ, св. Лука передаетъ о покаяніи и обращеніи къ Господу одного изъ двухъ разбойниковъ. Въ то время, какъ одинъ изъ нихъ, видимо, еще болѣе озлобившись отъ мученій, и ища предметъ, на который можно было бы обратить свое озлобленіе, сталъ по примѣру враговъ Господа, хулить Его, подражая имъ, другой разбойникъ, очевидно не въ такой степени испорченный, сохранившій чувство религіозности, сталъ усовѣщевать своего товарища. **«Ни ли ты боишися Бога, яко въ томъ же осужденъ еси? и мы убо въ правду: достойная бо по дѣламъ наю воспріемлева: Сей же ни единаго зла сотвори».** Очевидно онъ слышалъ плачъ и терзанія іерусалимскихъ женщинъ, сопровождавшихъ Господа на Голгоѳу; произвела, быть можетъ на него впечатлѣніе надпись, сдѣланная на крестѣ Господа, задумался онъ надъ словами враговъ Господа: **«иныхъ спасалъ»**, но можетъ быть важнѣйшей проповѣдью о Христѣ была для него молитва Христова объ Его врагахъ-распинателяхъ. Такъ или иначе, но совѣсть въ немъ сильно заговорила, и онъ не побоялся среди хуленій и насмѣшекъ открыто выступить въ защиту Господа. Мало того, въ его душѣ произошелъ такой рѣшительный переломъ, что онъ, ярко выражая свою вѣру въ распятаго Господа, какъ въ Мессію, обратился къ Нему съ покаянными словами: **«помяни мя, Господи, егда пріидеши во Царствіи Си»**. Иначе сказать: «вспомяни обо мнѣ, Господи, когда будешь царствовать». Онъ не проситъ славы и блаженства, но молитъ о самомъ меньшемъ, какъ хананеянка, желавшая получить хотя бы крупицу отъ трапезы Господней. Слова благоразумнаго разбойника стали съ той поры для насъ примѣромъ истиннаго глубокаго покаянія и даже вошли у насъ въ богослужебное употребленіе. Это удивительное исповѣданіе ярко свидѣтельствовало о силѣ вѣры покаявшагося разбойника. Страждущаго, измученнаго, умирающаго онъ признаетъ Царемъ, который придетъ въ Царствіе Свое, Господомъ, Который оснуетъ это Царство. Это такое исповѣданіе, которое не подъ силу было даже ближайшимъ ученикамъ Господа, не вмѣщавшимъ мысли о страждущемъ Мессіи. Несомнѣнно тутъ и особое дѣйствіе благодати Божіей, озарившей разбойника, дабы онъ былъ примѣромъ и поученіемъ всѣмъ родамъ и народамъ. Это его исповѣданіе заслужило высочайшую награду, какую только можно себѣ представить. **«Днесь со Мною будеши въ раи»** — сказалъ ему Господь, то-есть сегодня же онъ войдетъ въ рай, который вновь откроется для людей черезъ искупительную смерть Христову.

30. БОГОМАТЕРЬ У КРЕСТА.
(Іоанна 19: 25-27).

Только одинъ Евангелистъ Іоаннъ, какъ свидѣтель и даже участникъ событія, разсказываетъ о томъ, какъ Господь Іисусъ Христосъ съ креста поручилъ его заботамъ и попеченію Пречистую Матерь Божію. Когда злобные враги насытили свою злобу и стали понемногу отходить отъ креста, ко кресту приблизились стоявшіе до того нѣсколько поодаль Пресвятая Богородица, сестра ея Марія Клеопова, Марія Магдалина и **«ученикъ, егоже любляше Іисусъ»**, какъ обычно называетъ себя въ своемъ Евангеліи св. Іоаннъ Богословъ. Съ отшествіемъ Христовымъ изъ этого міра Пречистая Матерь Его оставалась одна, и некому уже было заботиться о Ней, а потому словами: **«Жено, се сынъ Твой»** и ученику: **«Се Мати твоя»** Господь поручаетъ Свою Пречистую Матерь возлюбленному ученику Своему. **«И отъ того часа поятъ Ю ученикъ во свояси»** — съ того времени Пречистая Матерь Божія до самой Своей смерти, какъ свидѣтельствуетъ и церковное преданіе, жила у св. Іоанна, который заботился о Ней, какъ любящій сынъ. Это особенно важно и знаменательно вотъ въ какомъ отношеніи. Протестанты и сектанты, не упускающіе случая похулить Пречистую Матерь Божію, отвергаютъ Ея приснодѣвство и говорятъ, что послѣ Іисуса у Нея были другіе дѣти, рожденныя естественнымъ путемъ отъ Іосифа и что это и были тѣ «братія Господни», о которыхъ упоминается въ Евангеліи. Но спрашивается: если у Пресвятой Богородицы были родныя дѣти, которыя несомнѣнно могли бы и должны были бы заботиться о Ней, какъ о своей Матери, то зачѣмъ было бы поручать Ее св. Іоанну Богослову? Надо полагать, что и Пресвятая Дѣва Марія и св. Іоаннъ Богословъ оставались при крестѣ до самаго конца, ибо св. Іоаннъ указываетъ въ своемъ Евангеліи, что онъ самъ былъ свидѣтелемъ кончины Господа и всего, что за тѣмъ послѣдовало (Іоан. 19: 35).

31. СМЕРТЬ ХРИСТОВА.

(Матѳ. 27: 45-56; Маpк. 15: 33-41; Лук. 23: 44-49; Іоан. 19: 28-37).

По свидѣтельству первыхъ трехъ Евангелистовъ, смерти Господа на крестѣ предшествовала тьма, покрывшая землю: **«отъ шестаго же часа тьма бысть по всей земли до часа девятаго»**, то-есть по нашему времени — отъ полудня до трехъ часовъ дня. Св. Лука добавляетъ къ этому, что **«померче солнце»**. Это не могло быть обыкновенное солнечное затменіе, такъ какъ на еврейскую Пасху 14 Нисана всегда бываетъ полнолуніе, а солнечное затменіе случается только при новолуніи, но не при полнолуніи. Это было чудесное знаменіе, которое свидѣтельствовало о поразительномъ и необычайномъ событіи — смерти возлюбленнаго Сына Божія. Объ этомъ необыкновенномъ затменіи солнца, въ продолженіи котораго даже видны были звѣзды, свидѣтельствуетъ римскій астрономъ **Флегонтъ**. Объ этомъ же необыкновенномъ солнечномъ затменіи свидѣтельствуетъ и греческій историкъ Ѳаллосъ. Вспоминаетъ о немъ въ своихъ письмахъ къ Аполлофану св. Діонисій Ареопагитъ, тогда еще бывшій язычникомъ. Но замѣчательно, какъ подчеркиваетъ св. Златоустъ и блаж. Ѳеофилактъ, что эта **тьма «бысть по всей земли»**, а не въ какой-либо части только, какъ это бываетъ при обычномъ затменіи солнца. Видимо, эта тьма послѣдовала вслѣдъ за глумленіями и насмѣшками надъ распятымъ Господомъ; она же и прекратила эти глумленія, вызвавъ то настроеніе въ народѣ, о которомъ повѣствуетъ св. Лука: **«вси** пришедшіи народи на позоръ сей, видяще бывающая, біюще перси своя возвращахуся» (Лук. 23: 48).

«О девятомъ же часѣ возопи Іисусъ гласомъ веліимъ, глаголя: Или, Или, ліма савахѳани». Эти слова св. Маркъ передаетъ какъ «Элои», вмѣсто «Или». Этотъ вопль, конечно, не былъ воплемъ отчаянія, но только выраженіемъ глубочайшей скорби души Богочеловѣка. Для того, чтобы искупительная жертва совершилась, необходимо было, чтобы Богочеловѣкъ испилъ до самаго дна всю чашу человѣческихъ страданій. Для этого потребовалось, чтобы распятый Іисусъ не чувствовалъ радости Своего единенія съ Богомъ Отцомъ. Весь гнѣвъ Божій, который, въ силу Божественной правды, долженъ былъ излиться на грѣшное человѣчество, теперь какъ бы сосредоточился на одномъ Христѣ, и Богъ какъ бы оставилъ Его. Среди самыхъ тяжкихъ, какія только можно себѣ представить, мученій тѣлесныхъ и душевныхъ, это оставленіе было наиболѣе мучительнымъ, почему и исторгло изъ устъ Іисусовыхъ это болѣзненное восклицаніе.

По еврейски «Илія» произносилось «Еліагу». Поэтому вопль Господа послужилъ новымъ поводомъ къ насмѣшкамъ надъ Нимъ: **«Илію глашаетъ Сей».** Язвительность насмѣшки этой состояла въ томъ, что передъ пришествіемъ Мессіи іудеи ожидали прихода Иліи. Насмѣхаясь надъ Господомъ, они какъ бы хотѣли сказать: вотъ Онъ и теперь еще, распятый и поруганный, все еще думаетъ, что Онъ — Мессія, и зоветъ Илію Себѣ на помощь. Первые два Евангелиста говорятъ, что тотчасъ же одинъ изъ воиновъ побѣжалъ, взялъ губку, наполнилъ уксусомъ и, наложивъ на трость, давалъ ему пить. Очевидно это было кислое вино, которое было обыкновеннымъ питіемъ римскихъ воиновъ, особенно въ жаркую погоду. Губку, впитывавшую въ себя жидкости, воинъ наложилъ на трость, по св. Іоанну, **«иссопъ»,** то-есть стволъ растенія, носящаго это имя, такъ какъ висѣвшіе на крестѣ находились довольно высоко отъ земли, и имъ нельзя было просто поднести питія. Распятіе производило невѣроятно сильную, мучительную жажду въ страдальцахъ, и св. Іоаннъ сообщаетъ, что Господь произнесъ, очевидно передъ этимъ: **«жажду»** (19:28-30), добавляя при этомъ: **«да сбудется Писаніе».** Псалмопѣвецъ въ 68 пс. 22 ст. изображая страданія Мессіи, дѣйствительно предрекъ это: **«и въ жаждѣ Моей напоиша Мя оцта».** Вкусивъ оцта, по свидѣтельству св. Іоанна, Господь возгласилъ: **«совершишася»,** то-есть: **совершилось дѣло Мессіи,** предопредѣленное въ Совѣтѣ Божіемъ, — **совершилось искупленіе человѣческаго рода и примиренія его съ Богомъ черезъ смерть Мессіи** (Іоан. 19: 30). По словамъ св. Луки, вслѣдъ затѣмъ Господь воскликнулъ: **«Отче, въ руцѣ Твои предаю духъ Мой»** (Лук. 23: 46) и, **«преклонь главу, предаде духъ»** Іоан. 19: 30). Всѣ три первыхъ Евангелиста свидѣтельствуютъ, что въ этотъ моментъ смерти Іисусовой **«завѣса церковная раздрася на двое съ вышняго края до нижняго»**, то-есть сама собой раздралась на двѣ части та завѣса, которая отдѣляла Святилище въ храмѣ отъ Святаго Святыхъ. Такъ какъ это было время принесенія вечерней жертвы — около 3 часовъ пополудни по нашему времени, — то очевидно чредной священникъ былъ свидѣтелемъ этого чуднаго раздранія завѣсы. Это символизировало собой прекращеніе Ветхаго Завѣта и открытіе Новаго Завѣта, который отверзалъ людямъ входъ въ закрытое дотолѣ Царство Небесное. **«Земля потрясеся»** — произошло сильное землетрясеніе, какъ знакъ гнѣва Божія на тѣхъ, кто предалъ смерти Сына Его Возлюбленнаго. Отъ этого землетрясенія **«каменіе распадеся»**, то-есть скалы разсѣлись и открылись дѣлавшіяся въ нихъ погребальныя пещеры. Въ знаменіе побѣды Господа надъ смертью, **«многа тѣлеса усопшихъ святыхъ восташа»** — воскресли погребенные въ этихъ пещерахъ тѣла умершихъ, которые на третій день, по воскресеніи Господа, явились во Іерусалимѣ знавшимъ ихъ людямъ. Всѣ три Евангелиста говорятъ, что эти чудесныя знаменія, сопровождавшія смерть Господа, произвели столь сильное, потрясающее дѣйствіе на римскаго сотника, что онъ произнесъ: по первымъ двумъ Евангелистамъ: **«воистинну Божій Сынъ бѣ Сей»**, а по св. Лукѣ: **«воистинну Человѣкъ Сей праведенъ бѣ»**. Преданіе говоритъ, что этотъ сотникъ, по имени Лонгинъ, сталъ христіаниномъ и даже мученикомъ за Христа (память его 16 окт.). По свидѣтельству св. Луки, потрясенъ былъ и весь народъ, собравшійся на Голгоѳѣ: **«біюще перси своя возвращахуся»** — такіе рѣзкіе переходы отъ одного настроенія къ другому естественны въ возбужденной толпѣ. Всѣ три Евангелиста указываютъ, что свидѣтелями смерти Господа и происшедшихъ при этомъ событій были **«жены многи издалеча зряще, яже идоша по Іисусѣ отъ Галилеи, служаще Ему»**, а среди этихъ женщинъ, какъ перечисляютъ св. Матѳей и Маркъ поименно, были: Марія Магдалина, Марія — мать Іакова и Іосіи и мать сыновъ Зеведеевыхъ Саломія. О дальнѣйшемъ, что произошло по смерти Іисуса и до Его погребенія, повѣствуетъ только, дополняя, какъ и всегда, первыхъ трехъ Евангелистовъ, только св. Іоаннъ, бывшій, какъ онъ тутъ же утверждаетъ, самъ свидѣтелемъ всего этого. Такъ какъ была **пятница** — по-гречески **«параскеви»**, что значитъ **«приготовленіе»**, то-есть «день передъ субботой», а суббота та была **«великимъ днемъ»**, такъ какъ совпадала съ первымъ днемъ Пасхи, то, дабы не оставлять на крестахъ тѣла распятыхъ въ этотъ «великій день», іудеи, то-есть враги Господа, или члены синедріона, просили Пилата, **«да пребіютъ голени ихъ»** и, умертвивъ ихъ такимъ образом, «**возмутъ**», то-есть снимутъ и похоронятъ еще до наступленія вечера, когда надо было уже вкушать Пасху. По жестокому римскому обычаю, распятымъ, для ускоренія ихъ смерти, пребивали голени, то-есть раздробляли ноги. Получивъ на это разрѣшеніе Пилата, воины пребили голени у разбойниковъ, распятыхъ со Іисусомъ, которые были еще живы. «**На Іисуса же пришедше, яко видѣша Его уже умерша, не пребиша Ему голеній: но единъ отъ воинъ копіемъ ребра Ему прободе: и абіе изыде кровь и вода**». Отрицательная критика очень много занималась вопросомъ, могла ли изъ мертваго тѣла Іисусова истечь кровь и вода, и доказывала, что это невозможно, такъ какъ изъ мертваго застывшаго тѣла не можетъ истекать кровь, ибо она находится въ жидкомъ состояніи въ мертвомъ тѣлѣ весьма недолго, не болѣе часа, а что отдѣленіе водянистой жидкости начинается лишь съ наступленіемъ разложенія да еще при нѣкоторыхъ болѣзняхъ, какъ напр., при тифозной горячкѣ, лихорадкѣ и т. п. Всѣ эти разсужденія неосновательны. Вѣдь мы не знаемъ всѣхъ мельчайшихъ подробностей распятія и смерти Господа, а потому и не можемъ судить о всѣхъ этихъ деталяхъ. Но общеизвѣстенъ фактъ, что у распятыхъ наступаетъ именно лихорадочное состояніе. Да и само прободеніе ребра произошло несомнѣнно очень скоро послѣ смерти и ужъ во всякомъ случаѣ не болѣе, чѣмъ черезъ часъ, ибо наступалъ вечеръ, и іудеи спѣшили окончить свое злое дѣло. Нѣтъ при томъ надобности разсматривать это истеченіе крови и воды, какъ явленіе естественное. Самъ св. Іоаннъ, подчеркивающій его въ своемъ Евангеліи, видимо отмѣчаетъ его, какъ явленіе чудесное («**и видѣвый свидѣтельствова, и истинно есть свидѣтельство его**» — 19: 35). Чистѣйшее Тѣло Богочеловѣка и не могло подвергнуться обыкновенному закону разложенія человѣческаго тѣла, а, вѣроятно, съ самой минуты смерти начало входить въ то состояніе, которое окончилось воскресеніемъ Его въ новомъ, прославленномъ, одухотворенномъ видѣ. Символически это истеченіе крови и воды свв. Отцы объясняютъ, какъ знаменіе таинственнаго способа единенія вѣрующихъ со Христомъ въ таинствахъ крещенія и евхаристіи: «водою мы рождаемся, а кровію и тѣломъ питаемся» (бл. Ѳеофилактъ и св. Златоустъ). Св. Іоаннъ, стоявшій при крестѣ и видѣвшій все это, свидѣтельствуетъ и то, что онъ говоритъ истину и то, что и самъ онъ не обманывается, утверждая это — «**вѣсть, яко истину глаголетъ**» (19: 35). Изліяніе воды и крови изъ прободеннаго ребра Христова есть знаменіе того, что Христосъ сдѣлался нашимъ Искупителемъ, очистивъ насъ водою въ таинствѣ крещенія и Своею Кровью, которой напаетъ насъ въ таинствѣ причащенія. Вотъ почему тотъ же ап. Іоаннъ въ своемъ 1-мъ соборномъ посланіи говоритъ: **«Сей есть пришедый водою и кровію и духомъ, Іисусъ Христосъ, не водою точію, но водою и кровію... тріе суть свидѣтельствующіи на земли, духъ, и вода, и кровь»** (1 Іоан. 5: 6-8).

«Быша бо сія», то-есть не только прободеніе ребра, но и то, что у Господа не были перебиты голени, **«да сбудется Писаніе: кость не сокрушится отъ Него»**. Это было предуказано въ кн. Исходъ 12: 46: Пасхальный агнецъ, прообразовавшій Господа Іисуса Христа, долженъ былъ быть снѣдаемъ безъ сокрушенія костей, а все оставшееся должно было быть предано огню. **«И паки другое Писаніе глаголетъ: «воззрятъ Нань, Егоже прободоша»** — это заимствовано изъ кн. пр. Захаріи 12: 10. Въ этомъ мѣстѣ Іегова въ лицѣ Мессіи представляется, какъ пронзенный народомъ своимъ, и этотъ самый народъ при взглядѣ на пронзеннаго представляется приносящимъ предъ Нимъ покаяніе съ плачемъ и рыданіемъ. Эти слова постепенно исполнялись на іудеяхъ, коими Господь былъ преданъ смерти, и будетъ исполняться до кончины міра, передъ которой произойдетъ всеобщее обращеніе іудеевъ ко Христу, какъ предрекаетъ это св. ап. Павелъ въ Римл. 11: 25-26.

32. ПОГРЕБЕНІЕ ГОСПОДА ІИСУСА ХРИСТА.
(Мѳ. 27: 57-66; Марк. 15: 42-47; Лук. 23: 50-56; Іоан. 19: 38-42).

О погребеніи Господа повѣствуютъ совершенно согласно всѣ четыре Евангелиста, причемъ нѣкоторые сообщаютъ каждый свои подробности. Погребеніе состоялось при наступленіи вечера, но суббота еще не наступила, хотя и приближалась, то-есть, надо полагать, это было за часъ или за два до захода солнца, съ котораго уже начиналась суббота. Это ясно указываютъ всѣ четыре Евангелиста: Матѳ. 27: 57, Марк. 15: 42, Лук. 23: 54 и Іоан. 19: 42, а особенно подчеркиваютъ св. Маркъ и Лука. Пришелъ Іосифъ изъ Аримаееи, іудейскаго города вблизи Іерусалима, членъ синедріона, какъ свидѣтельствуетъ св. Маркъ, человѣкъ благочестивый, потаенный ученикъ Христовъ, по свидѣтельству св. Іоанна, который не участвовалъ въ осужденіи Господа (Лук. 23: 51). Пришедши къ Пилату, онъ испросилъ у него тѣло Іисусово для погребенія. По обычаю римлянъ, тѣла распятыхъ оставались на крестахъ и дѣлались добычей птицъ, но можно было, испросивъ разрѣшенія начальства, предавать ихъ погребенію. Пилатъ выразилъ удивленіе тому, что Іисусъ уже умеръ, такъ какъ распятые висѣли иногда по нѣсколько дней, но, провѣривъ черезъ сотника, который удостовѣрилъ ему смерть Іисуса, повелѣлъ выдать тѣло Іосифу. По повѣствованію св. Іоанна, пришелъ и Никодимъ, приходившій прежде ко Іисусу ночью (см. Іоан. 3 гл.), который принесъ составъ изъ смирны и алоя около 100 фунтовъ. Іосифъ купилъ плащаницу — длинное и цѣнное полотно. Они сняли Тѣло, умастили его, по обычаю, благовоніями, обвили плащаницей и положили въ новой погребальной пещерѣ въ саду Іосифа, находившемся неподалеку отъ Голгоѳы. Такъ какъ солнце уже склонялось къ западу, все дѣлалось, хотя и старательно, но очень поспѣшно. Приваливъ камень къ дверямъ гроба, они удалились. За всѣмъ этимъ наблюдали женщины, стоявшія прежде на Голгоѳѣ. Св. Златоустъ, а за нимъ и бл. Ѳеофилактъ, считаютъ, что упоминаемая Евангелистами **«Марія, Іакова и Іосіи мати»** есть Пресвятая Богородица, «поелику Іаковъ и Іосія были дѣти Іосифа отъ первой его жены. А какъ Богородица называлась женой Іосифа, то по праву называлась и матерью, то-есть мачихою дѣтей его». Однако, другіе того мнѣнія, что это была Марія, жена Клеопы, сестра Богоматери. Всѣ они сидѣли противъ входа въ пещеру, какъ свидѣтельствуетъ о томъ св. Матѳей (27: 61), а затѣмъ, по свидѣтельству св. Луки, возвратившись приготовили благовонія и масти, чтобы по окончаніи дня субботняго покоя придти и помазать Тѣло Господа, по іудейскому обычаю (23: 56). По сказанію св. Марка, эти женщины, именуемыя «мѵроносицами», купили ароматы не въ самый день погребенія Господа, а по прошествіи субботы, то-есть въ субботу вечеромъ. Тутъ нельзя видѣть противорѣчія. Въ пятницу вечеромъ оставалось очевидно очень мало времени до захода солнца. Отчасти, что успѣли, они приготовили еще въ пятницу, а чего не успѣли, закончили въ субботу вечеромъ.

Св. Матѳей сообщаетъ еще объ одномъ важномъ обстоятельствѣ, происшедшемъ на другой день послѣ погребенія — **«во утрій день, иже есть по пятцѣ»**, то-есть въ субботу. Первосвященники и фарисеи собрались къ Пилату, не думая даже о нарушеніи субботняго покоя, и просили его дать распоряженіе объ охранѣ гроба до третьяго дня. Просьбу свою они мотивировали заявленіемъ: **«помянухомъ, яко льстецъ** (обманщикъ) **Онъ рече еще сый живъ: по тріехъ днехъ востану. Повели убо утвердити гробъ до третьяго дне: да не како пришедше ученицы Его нощію, украдутъ Его, и рекутъ людемъ: воста отъ мертвыхъ: и будетъ послѣдняя лесть горша первыя** (и будетъ послѣдній обманъ хуже перваго). «Первымъ обманомъ» они называютъ здѣсь то, что Господь Іисусъ Христосъ училъ о Себѣ, какъ о Сынѣ Божіемъ, Мессіи, а «послѣднимъ обманомъ» — проповѣдь о Немъ, какъ о воставшемъ изъ гроба Побѣдителѣ ада и смерти. Этой проповѣди они боятся больше, и въ этомъ они правы были, что показала и вся дальнѣйшая исторія распространенія христіанства. На эту просьбу Пилатъ имъ сказалъ: **«имате кустодію»**, то-есть стражу, **«идите, утвердите, якоже вѣсте».** Въ распоряженіи членовъ синедріона находилась на время праздниковъ стража изъ римскихъ воиновъ, которой они пользовались для охраненія порядка и спокойствія, въ виду громаднаго стеченія народа изъ всѣхъ странъ въ Іерусалимъ. Пилатъ предлагаетъ имъ, использовавъ эту стражу, сдѣлать все такъ, какъ они сами хотятъ, дабы потомъ они никого не могли винить ни въ чемъ. **«Они же шедше утвердиша гробъ, знаменавше камень съ кустодіею»** — они пошли и приняли всѣ мѣры для безопасности гроба, припечатавъ гробъ, то-есть, вѣрнѣе, камень, которымъ онъ былъ закрытъ, шнуромъ и печатью, въ присутствіи стражи, которая потомъ осталась при гробѣ, чтобы его охранять.

Такимъ образомъ, злѣйшіе враги Господа, сами того не думая, подготовили неоспоримыя доказательства Его преславнаго воскресенія изъ мертвыхъ.

ВОСКРЕСЕНІЕ ГОСПОДА НАШЕГО ІИСУСА ХРИСТА.

Повѣствуя о величайшемъ событіи Воскресенія Христова, всѣ четыре Евангелиста ничего не говорятъ о таинственной и непостижимой для насъ сторонѣ этого событія, не описываютъ, какъ именно оно произошло, и какъ Воскресшій Господь вышелъ изъ гроба, не нарушивъ его печатей. Они говорятъ только о происшедшемъ землетрясеніи, вслѣдствіе того, что Ангелъ Господень отвалилъ камень отъ двери гроба (уже послѣ того, какъ Господь воскресъ, что подчеркивается и въ нашихъ церковныхъ пѣснопѣніяхъ, а не такъ, какъ обыкновенно думаютъ, будто Ангелъ отвалилъ камень для того, чтобы Господь могъ выйти изъ гроба), о рѣчи Ангела, обращенной къ пришедшимъ ко гробу женамъ-мѵроносицамъ, и затѣмъ о цѣломъ рядѣ явленій Воскресшаго Господа женамъ-мѵроносицамъ и ученикамъ Его.

33. ПРИХОДЪ ЖЕНЪ-МѴРОНОСИЦЪ КО ГРОБУ И ЯВЛЕНІЕ ИМЪ АНГЕЛА.

(Матѳ. 28: 1-8; Марка 16: 1-8; Луки 24: 1-12 и Іоан. 20: 1-10).

Женщинамъ, присутствовавшимъ на Голгоѳѣ, а затѣмъ при погребеніи Господа, казалось, что безцѣнное Тѣло Его слишкомъ поспѣшно было приготовлено къ погребенію, и имъ было прискорбно, что они не приняли участія въ обычномъ у іудеевъ помазанiи Его мѵромъ. Поэтому они, проведя, по заповѣди, всю субботу въ покоѣ, на первый день недѣли, уже на разсвѣтѣ поспѣшили ко гробу, чтобы исполнить свое благочестивое желанiе и послѣднiй долгъ любви по отношенiю къ своему Возлюбленному Учителю. Во главѣ этихъ глубоко-преданныхъ Господу женщинъ, вошедшихъ въ исторiю съ именемъ **«женъ-мироносицъ»**, какъ свидѣтельствуютъ объ этомъ всѣ четыре Евангелиста, была **Марiя Магдалина**; за ней слѣдовала «другая Марiя», или Марiя Iаковлева, Саломiя и другiя жены, послѣдовавшiя Господу отъ Галилеи (Лук. 23: 55). Это былъ цѣлый сонмъ женъ, изъ которыхъ однѣ шли быстро, почти бѣжали, быть можетъ, другiя шли медленнѣе, не съ такой большой поспѣшностью. Нѣтъ ничего удивительнаго поэтому, что и время ихъ прихода ко гробу у Евангелистовъ опредѣляется различно, чѣмъ, на первый взглядъ, и создается впечатлѣнiе какъ бы нѣкотораго противорѣчiя между ними, котораго, въ дѣйствительности, нѣтъ.

Прежде всего: кто эта «другая Марiя», о которой дважды такъ выражается св. Матѳей, повѣствуя о погребенiи Господа (27: 61), а затѣмъ — о воскресенiи (28: 1). По древнему преданiю Церкви, изложенному въ Синаксарiи на день Пасхи, это была сама Божiя Матерь. Почему же этого не сказано съ полной опредѣленностью? Какъ объясняетъ Синаксарiй, **«да не сомнилося бы»** (чтобы не показалось сомнительнымъ) **«воскресенiе за еже къ матери присвоенiя** (изъ-за того, что свидѣтельство о таковомъ величайшемъ событiи присвоено матери), **евангелисты глаголютъ: первѣе явися Магдалини Марiи** (Марк. 16: 9), **она же и на камени Ангела видѣ... и просто рещи, различно еже на гробъ женъ прихожденiе бысть, въ нихъ же бѣ и Богородица, та бо есть Юже Iосiеву глаголетъ Марiю Евангелiе, Iосифовъ же бѣ сынъ сей Iосiя».**

Саломiя была матерью «сыновъ Зеведеевыхъ» — апостоловъ Iакова и Iоанна. Iоанна, упоминаемая св. Лукой (24: 10), была жена Хузы, домоправителя царя Ирода. Остальныя жены-мѵроносицы поименно не упоминаются, но св. Лука ясно говоритъ, что были **«и прочыя съ ними»** (24: 10). Въ числѣ этихъ «прочихъ» церковное преданiе указываетъ еще: Марiю и Марѳу, сестеръ Лазаря, воскрешеннаго Господомъ, Марiю Клеопову и Сусанну, а также и многихъ другихъ, **«якоже Лука божественный повѣствуетъ: яже бяху глаголетъ, служащыя Христу, и ученикомъ Его отъ имѣнiй своихъ»** (Синаксарiй въ недѣлю Женъ-Мѵроносицъ).

Жены-мѵроносицы ожидали окончанiя субботняго покоя, причемъ нѣкоторыя изъ нихъ купили ароматы еще въ пятницу вечеромъ, какъ говоритъ св. Лука (23: 56), а другiя — уже «по прошествiи субботы», то-есть вечеромъ въ субботу (Марк. 16: 1).

Въ разныхъ выраженіяхъ затѣмъ говорятъ Евангелисты о времени прихода мѵроносицъ ко гробу.

Св. Матѳей — «**въ вечеръ субботный, свитающи во едину отъ субботъ**»...

Св. Маркъ — «**зѣло заутра во едину отъ субботъ... возсіявшу солнцу**»...

Св. Лука — «**во едину отъ субботъ зѣло рано**»...

Св. Іоаннъ — «**во едину отъ субботъ Марія Магдалина пріиде заутра, еще сущей тьмѣ**»...

Прежде всего надо знать, что выраженіе «**во едину отъ субботъ**», по еврейской фразеологіи, означаетъ: «**въ первый день п о с л ѣ субботы**», или: «**въ первый день недѣли**», какъ и переведено у насъ въ русскомъ Евангеліи. Славянскій переводъ выраженія св. Матѳея: «**въ вечеръ субботный**» сдѣланъ не точно: смыслъ греческаго выраженія здѣсь: «**позже («опсе») субботы**», то-есть: «**по прошествіи субботы**», какъ и переведено по-русски. Такимъ образомъ, всѣ эти указанія времени совпадаютъ, говоря только о разныхъ моментахъ наступленія утра, изъ чего видно, что жены-мѵроносицы не всѣ сразу пришли въ одно и то же время. Болѣе всего отличается отъ другихъ Евангелистовъ описаніе св. Іоанна, что и понятно, ибо онъ, какъ и всегда, опускаетъ разсказанное первыми тремя Евангелистами и восполняетъ ихъ повѣствованія тѣмъ, что относится только къ Маріи Магдалинѣ и двумъ ученикамъ. Изъ снесенія повѣствованія всѣхъ четырехъ Евангелистовъ получается полная картина всего происшедшаго. Конечно, описанное только у св. Матѳея землетрясеніе, вслѣдствіе схожденія Ангела Господня, отвалившаго камень отъ дверей гроба, было еще **до** прихода женъ-мѵроносицъ. Значеніе его въ томъ, чтобы обратить въ бѣгство стражей и показать гробъ пустымъ. Господь воскресъ до этого, какъ и поется объ этомъ въ нашихъ церковныхъ пѣснопѣніяхъ: «**Запечатану гробу, животъ отъ гроба возсіялъ еси, Христе Боже**»... (тропарь въ нед. Ѳомину); «**Господи, запечатану гробу отъ беззаконниковъ, прошелъ еси изъ гроба, якоже родился еси отъ Богородицы: не уразумѣша, како воплотился еси, безплотніи Твои ангели: не чувствоваша, когда воскресъ еси, стрегущіи Тя воини**»... (Стихира на хвалитехъ въ нед. утра 5 гл.). Поэтому совсѣмъ не отвѣчаетъ дѣйствительности изображеніе воскресенія Христова, распространившееся и у насъ въ послѣднее время, подъ вліяніемъ Запада, — камень отваленъ, Христосъ выходитъ изъ гроба, а воины въ страхѣ падаютъ ницъ. Ангелъ сошелъ съ небесъ и отвалилъ камень уже послѣ того, какъ Христосъ воскресъ. Это привело въ трепетъ и омертвѣніе стражей, бѣжавшихъ затѣмъ въ Іерусалимъ.

Изъ сопоставленія всѣхъ четырехъ евангельскихъ повѣствованій создается ясная картина послѣдовательности событій. Первая пришла ко гробу, какъ это видно изъ повѣствованія св. Іоанна, Марія Магдалина, **«заутра, еще сущей тьмѣ»** (Іоан. 20: 1). Но она шла **не** одна, а съ цѣлымъ сонмомъ мѵроносицъ, о чемъ повѣствуютъ первые три Евангелиста. Она только, по особенной любви къ Господу и живости темперамента, упредила другихъ женъ и пришла, когда еще было темно, въ то время какъ другія жены подошли ко гробу, когда уже начало свѣтать. То, что она шла не одна, видно и изъ сказанія Іоаннова, ибо возвратившись къ апостоламъ Петру и Іоанну, она говоритъ не въ единственномъ, а во множественномъ числѣ: **«не знаемъ,** гдѣ положили Его» (20: 2). Такъ ясно видно въ греческомъ текстѣ и такъ переведено на русскій языкъ. Увидѣвъ, что камень отваленъ отъ гроба (Ангела, явившагося потомъ женамъ она не видѣла), она подумала, что Тѣло Господа унесено, и немедленно бѣжитъ сообщить объ этомъ апостоламъ Петру и Іоанну. На обратномъ пути она, конечно, встрѣтилась съ прочими женами, которыхъ между тѣмъ, занимала мысль, кто отвалитъ имъ камень отъ дверей гроба (Марк. 16: 13), и сообщила имъ свое опасеніе. Пока она ходила къ апостоламъ, остальныя жены-мѵроносицы подходятъ ко гробу, видятъ Ангеловъ, слышатъ отъ нихъ благую вѣсть о воскресеніи Христовомъ и поспѣшно идутъ къ Апостоламъ, чтобы подѣлиться съ ними этой радостью. Обо всемъ этомъ подробно повѣствуютъ первые три Евангелиста (Матѳ. 28: 5-8; Марк. 15: 4-8 и Лук. 24: 3-8). Между тѣмъ, двое изъ Апостоловъ Петръ и Іоаннъ, вслѣдствіе вѣсти, принесенной имъ Маріею Магдалиною, еще ничего не зная о совершившемся (а можетъ быть, и другими мѵроносицами, которымъ они не повѣрили — **«и явишася предъ ними, яко лжа глаголы ихъ, и не вѣроваху имъ»** — Лук. 24: 11), поспѣшно пошли или даже побѣжали на гробъ. Іоаннъ, будучи моложе Петра, бѣжалъ скорѣе, а потому ранѣе прибѣжалъ ко гробу, когда женъ тамъ уже не было, но не вошелъ во гробъ. Можно полагать, что робость въ уединеніи сада удержала его отъ этого. Наклонившись, однако, въ отверстіе, отъ котораго отваленъ былъ камень, онъ увидѣлъ лежащія пелены. Вслѣдъ за нимъ приходитъ Симонъ Петръ, который, какъ болѣе смѣлый и мужественный, рѣшается войти во гробъ и видитъ тамъ однѣ только пелены лежащія и сударь, которымъ была обвита голова Господа, **«не съ ризами лежащь, но особь свитъ на единомъ мѣстѣ»** (Іоан. 20: 3-7). Тогда вошелъ и **«другій ученикъ пришедый прежде ко гробу»**, то-есть Іоаннъ, **«и видѣ и вѣрова»**, то-есть увѣровалъ въ истину воскресенія Христова, ибо при похищеніи тѣла незачѣмъ было бы развязывать и совлекать съ него пелены и къ тому же укладывать ихъ здѣсь въ такомъ порядкѣ. «**Не у бо вѣдяху Писанія, яко подобаетъ Ему изъ мертвыхъ воскреснути**» — до того, какъ Господь «**отверзе имъ умъ разумѣти Писанія**» (Лук. 24: 45), они многаго ясно не понимали: не понимали и рѣчей Господа о предстоящихъ Ему страданіяхъ и воскресеніи (какъ видно, наприм., изъ Лук. 18: 34 и Марк. 9: 10), а потому нуждались въ доказательствахъ вещественныхъ. Такимъ доказательствомъ истины воскресенія Христова послужило для Іоанна то обстоятельство, что пелены и сударь остались во гробѣ старательно сложенными. Но это убѣдило въ истинѣ происшедшаго только одного Іоанна. О Петрѣ св. Лука говоритъ, что онъ «**отъиде, въ себѣ дивяся бывшему**» (Лук. 24: 12). Состояніе духа его, послѣ троекратнаго отреченія отъ Господа, было, вѣроятно очень тяжелымъ и не располагало къ живой вѣрѣ. И вотъ, вѣроятно, при возвращеніи его отъ гроба милосердный Господь явился ему въ утѣшеніе и умиротвореніе сердца его, о чемъ лишь кратко упоминаетъ св. Лука въ 24: 34 и св. ап. Павелъ въ 1 Коринѳ. 15: 5. Какъ видно изъ этихъ мѣстъ, Господь явился Петру наединѣ и прежде другихъ Апостоловъ.

34. ЯВЛЕНІЕ ВОСКРЕСШАГО ГОСПОДА МАРІИ МАГДАЛИНѢ И ДРУГОЙ МАРІИ.

(Іоан. 20: 11-18; Марка 16: 9-11; Матѳ. 28: 9-10).

Послѣ того, какъ Апостолы Петръ и Іоаннъ ушли отъ гроба, тамъ осталась одна Марія Магдалина, можетъ быть, пришедшая вмѣстѣ съ ними или сейчасъ же вслѣдъ за ними. Душа ея была въ смятеніи, и она плакала, считая тѣло Господа похищеннымъ. Плача, она наклонилась къ отверстію гроба и увидѣла тамъ двухъ Ангеловъ, сидящихъ на томъ одрѣ, на которомъ въ гробныхъ пещерахъ полагали тѣла мертвыхъ. Скорбь о Господѣ была столь велика, что заглушала всѣ прочія чувства, а потому Магдалина, видимо, даже не была особенно потрясена этимъ явленіемъ Ангеловъ, и на ихъ вопросъ, конечно, съ желаніемъ ее утѣшить: «**жено что плачешися?**» она запросто, какъ бы говоря съ земными существами, трогательно выражаетъ свою скорбь все въ тѣхъ же словахъ, какъ раньше Апостоламъ Петру и Іоанну: «**взяша Господа моего, и не вѣмъ, гдѣ положиша Его**». Сказавъ это она, можетъ быть случайно, въ растерянности чувствъ, а, можетъ быть, движимая инстинктивнымъ внутреннимъ чувствомъ, обратилась назадъ и увидѣла Іисуса, но не узнала Его. Не узнала, вѣроятно, потому, что Онъ явился «**инѣмъ образомъ**», какъ позже еммаусскимъ путникамъ, въ «смиренномъ и обыкновенномъ» видѣ (Св. Іоаннъ Злат.), почему она и приняла Его за садовника. А можетъ быть, не узнала и потому, что глаза ея были заплаканы, она была подавлена скорбью и отнюдь не ожидала видѣть Господа живымъ. Не узнала она Его вначалѣ даже по голосу, когда Онъ спросилъ ее: **«жено, что плачеши? кого ищеши?»** Принимая Его за садовника, что вполнѣ естественно, ибо кому же и быть такъ рано въ саду, какъ не садовнику? она говоритъ Ему: **«Господи,** въ смыслѣ «господинъ», **«аще ты еси взялъ Его, повѣждь ми, гдѣ еси положилъ Его, и азъ возму Его»,** не думая даже при этомъ, будетъ ли она, слабая женщина, въ состояніи поднять Его. Тогда Господь открылся ей, произнеся ея имя очевидно особой, хорошо и давно знакомой ей интонаціей голоса: **«Маріе». «Обращшися»** — это показываетъ, что она послѣ словъ своихъ воображаемому садовнику, снова обратила взоры свои къ гробу, — **«глагола Ему: Раввуни, еже глаголется: Учителю»,** и при этомъ, видимо, въ неописуемой радости упала къ ногамъ Господа, желая прильнуть къ нимъ, осязать ихъ, можетъ быть, для того, чтобы убѣдиться въ томъ, что видитъ настоящаго живого Іисуса, а не призракъ. Господь запретилъ ей это, сказавъ: **«не прикасайся Мнѣ, не у бо взыдохъ ко Отцу Моему: иди же ко братіи Моей, и рцы имъ: восхожду ко Отцу Моему и Отцу вашему, и Богу Моему и Богу вашему».** «Вѣрь не осязанію своему, а слову Моему», какъ бы такъ сказалъ Господь. Смыслъ этого запрещенія еще тотъ, что Господь хотѣлъ этимъ какъ бы сказать Маріи: «оставь Меня, ибо тебѣ нельзя быть со Мной неотлучно, не удерживай Меня и себя, а иди и проповѣдуй Мое воскресеніе, Мнѣ же надлежитъ теперь уже не оставаться больше съ вами, а вознестись къ Отцу Небесному». Хорошее разъясненіе смысла этого запрещенія прикасаться къ Господу мы находимъ въ утренней стихирѣ 8-го гласа: **«Еще земная мудрствуетъ жена: тѣмже и отсылается не прикасатися Христу».**

«Пріиде же Марія Магдалина повѣдающе ученикомъ, яко видѣ Господа, и сія рече ей» — сличая эти слова съ повѣствованіемъ св. Матѳея, мы должны предположить, что на пути Марія Магдалина встрѣтилась съ **«другой Маріей»,** и имъ обѣимъ вмѣстѣ снова явился Господь (второе явленіе), **«глаголя: радуйтеся».** Онѣ же, простерлись передъ Нимъ ницъ, припавъ къ ногамъ Его, и Онъ вновь повторилъ имъ Свое повелѣніе идти къ ученикамъ, назвавъ ихъ **«братіей Моею»,** и возвѣстить имъ о Своемъ воскресеніи, повторивъ то же, что передъ этимъ сказалъ Ангелъ: **«да идутъ въ Галилею».** Трогательно это наименованіе **«братіей»,** которое даетъ воскресшій Господь, уже прославленный Мессія, готовый идти ко Отцу, Своимъ ученикамъ — Онъ не стыдится называть ихъ такъ, какъ подчеркнулъ это потомъ въ своемъ послан. къ Евреямъ 2: 11-12 св. ап. Павелъ.

Св. Маркъ говоритъ, что на женъ-мѵроносицъ напалъ такой трепетъ и ужасъ, конечно, благоговѣйный, что онѣ **«никомуже ничтоже рѣша»**. Это надо понимать въ томъ смыслѣ, что онѣ, по дорогѣ, когда бѣжали, никому ничего не сказали о видѣнномъ и слышанномъ. О томъ же, что, пришедши домой, онѣ разсказали обо всемъ апостоламъ, повѣствуетъ далѣе самъ же Евангелистъ Маркъ (Марк. 16: 8 и 16: 10) и другіе Евангелисты (Лук. 24: 9).

По евангельскимъ сказаніямъ, первое явленіе Господа по воскресеніи было какъ-будто бы Маріи Магдалинѣ (Марк. 16: 9-10). Но Св. Церковь издревле хранитъ преданіе о томъ, что прежде Маріи Магдалины воскресшій Господь явился Своей Пречистой Матери, что вполнѣ естественно и понятно. Въ Іерусалимѣ, въ храмѣ Воскресенія до сихъ поръ указываютъ мѣсто явленія воскресшаго Спасителя Своей Пречистой Матери недалеко отъ кувуклія. Преданіе, освященное вѣками, не можетъ не быть основаннымъ на дѣйствительномъ фактѣ. А если въ Евангеліяхъ ничего объ этомъ не говорится, то это потому, что въ Евангеліяхъ вообще многаго не записано, какъ свидѣтельствуетъ объ этомъ св. Іоаннъ (21: 25; 20: 30-31). Надо полагать, что Самой Пречистой Матери Божіей было неугодно, по Ея смиренію, чтобы разглашали завѣтныя тайны Ея жизни, — вотъ почему о Ней вообще говорится въ Евангеліяхъ чрезвычайно мало, кромѣ самыхъ необходимыхъ фактовъ, связанныхъ непосредственно съ жизнью Самого Господа Іисуса Христа. Пресвятую Богородицу Евангелисты, видимо, вообще не хотѣли упоминать, какъ свидѣтельницу истинности событія Воскресенія Христова потому, что свидѣтельство матери не могло бы быть принято съ довѣріемъ сомнѣвающимися (смотри синаксарій въ недѣлю Пасхи). Евангелисты говорятъ, что разсказы женъ-мѵроносицъ о видѣнномъ и слышанномъ ими у гроба и о явленіи имъ Самого воскресшаго Господа, показались имъ пустыми, они имъ не повѣрили (Лук. 24: 11). Если даже апостолы не повѣрили женамъ-мѵроносицамъ, то могли ли бы повѣрить постороннie люди свидѣтельству Матери?

35. ЛОЖЬ ІУДЕЕВЪ И ПОДКУПЪ СТРАЖИ ГРОБА ГОСПОДНЯ ПЕРВОСВЯЩЕННИКАМИ.
(Матѳея 28: 11-15).

«Нѣцыи отъ кустодіи», то-есть нѣкоторые изъ стражи, бѣжавшей отъ гроба Господня, вѣроятно, начальствующіе, какъ отвѣтственные за оставленіе мѣста стражи, сообщили обо всемъ происшедшемъ первосвященникамъ. Именно имъ, а не Пилату, ибо они были поставлены ихъ распоряженіемъ, а не распоряженіемъ самого прокуратора. Первосвященники собрали синедріонъ и рѣшили подкупить воиновъ, чтобы они оклеветали истину Воскресенія Христова. «Они купили кровь Его», говоритъ св. Златоустъ: «когда Онъ былъ живъ, а по Его распятіи и воскресеніи опять деньгами же стараются подорвать истину воскресенія». **«Рцыте, яко ученицы Его нощію пришедше украдоша Его, намъ спящымъ»** — такъ научили они сказать воиновъ. «Ихъ слова совершенно невѣроятны и никакого правдоподобія не имѣли», разсуждаетъ св. Златоустъ: «Какимъ образомъ украли Его ученики, сіи бѣдные и простые люди, которые не смѣли даже показаться?... да и не была ли на гробѣ положена печать? Не окружали ли то мѣсто со всѣхъ сторонъ столько стражей и воиновъ и простыхъ іудеевъ? Не подозрѣвали ли и они сего же самаго, не безпокоились ли, не бдѣли ли, не заботились ли? Да и для чего украсть имъ? Для того ли, чтобы выдумать ученіе о воскресеніи? Но какъ бы пришло на мысль выдумать что-нибудь подобное людямъ, которые любили жить въ неизвѣстности? Да и какъ они отвалили камень запечатанный? Какъ укрылись отъ такого множества?.. Да и какая была бы имъ польза, еслибы Іисусъ Христосъ не воскресъ?» Справедливо отмѣчаютъ всѣ толкователи Евангелія, что всѣ предпріятія синедріона — беречь во гробѣ, какъ можно крѣпче, Пречистое Тѣло Господа, придуманы и выполнены, какъ бы нарочно для того, чтобы со всею историческою ясностью утвердить достовѣрность событія, которое члены синедріона хотѣли затмить и представить ложнымъ. Вѣдь кража мертвыхъ была совершенно неслыханнымъ дѣломъ у іудеевъ, боявшихся осквернить себя черезъ прикосновеніе къ мертвому тѣлу (Числ. 19: 11-22). Какъ могло случиться, что воины заснули столь глубокимъ сномъ именно тогда, когда ожидалась кража — на третій день? А сонъ ихъ долженъ былъ быть необыкновенно глубокъ, если они не слышали даже, какъ отваливался громадный камень отъ дверей гроба. Еслибы они даже рѣшились заснуть, что совершенно непохоже на римскихъ воиновъ, то, конечно, легли бы передъ самымъ входомъ такъ, что невозможно было бы отвалить камень, не задавивъ ихъ. Самое невѣроятное это то, что напуганные и разбѣжавшіеся ученики могли бы рѣшиться на такую безсмысленную кражу, отъ которой имъ не было бы ровно никакой пользы, а громадная опасность очевидна. Удивительно и то, что воины могли распускать такую вѣсть сами о себѣ, не вызывая недоумѣнія у слушавшихъ ихъ, почему они не были наказаны за такую служебную провинность? Этотъ вымыселъ злобныхъ іудеевъ, упорно, несмотря на очевидность, нежелавшихъ вѣровать въ истину воскресенія Христова, только подтверждаетъ эту великую истину христіанства.

36. ЯВЛЕНІЕ ВОСКРЕСШАГО ГОСПОДА УЧЕНИКАМЪ НА ПУТИ ВЪ ЭММАУСЪ.
(Луки 24: 13-35 и Марка 16: 12).

Объ этомъ подробно разсказываетъ одинъ Евангелистъ Лука, по преданію, бывшій однимъ изъ этихъ двухъ учениковъ. Другимъ былъ Клеопа, вѣроятно, мужъ сестры Богоматери. Оба они были изъ числа 70-ти учениковъ Христовыхъ. Кратко упоминаетъ объ этомъ явленіи Господа и св. Маркъ (16: 12). Даже сама необыкновенная живость описанія этого событія и полнота изображенія его со всѣми внутренними переживаніями показываетъ, что однимъ изъ двухъ участниковъ его былъ несомнѣнно самъ Лука, по обычаю священныхъ писателей, не называющій себя по имени. Ученики направлялись въ селеніе Эммаусъ, находившееся въ разстояніи 60-ти стадій, то-есть 10-12 верстахъ, отъ Іерусалима къ западу по дорогѣ въ Іоппію. При медленной ходьбѣ, съ которой они шли туда, на покрытіе этого пути могло потребоваться около 3-хъ часовъ, а при поспѣшномъ возвращеніи назадъ они могли затратить на это часа полтора-два. Это было въ **«тойже день»**, то-есть въ день самаго воскресенія Христова. Они шли медленно, разсуждая между собой о всѣхъ печальныхъ событіяхъ, связанныхъ съ послѣдними днями земной жизни Господа, которыя тяжестью легли на ихъ души, а также, какъ это видно изъ дальнѣйшаго (ст. 22-23), и о событіяхъ этого дня, которыя, видимо, не смогли утвердить въ нихъ вѣру въ истину воскресенія Христова, ибо они шли печальными (**«еста дряхла»** — ст. 17). На пути Самъ Господь присоединился къ нимъ въ видѣ спутника, направляющагося той же дорогой. **«Очи же ею держастѣся, да Его не познаета».** Св. Маркъ объясняетъ, что Господь явился имъ **«инѣмъ образомъ»**, то-есть въ иномъ видѣ, а поэтому они Его не узнали. Сдѣлалъ Господь это намѣренно, ибо Ему неугодно было, чтобы они сразу узнали Его. Сдѣлалъ Онъ это для того, чтобы преподать имъ необходимое въ ихъ душевномъ состояніи наставленіе. Онъ хотѣлъ, «чтобы они открыли всѣ свои недоумѣнія, обнаружили свою рану и потомъ уже приняли лѣкарство; чтобы послѣ долгаго промежутка явиться имъ болѣе пріятнымъ; чтобы научить ихъ изъ Моисея и пророковъ, и тогда уже быть узнаннымъ; чтобы они лучше повѣрили, что Тѣло Его уже не таково, что бы могло быть усматриваемо всѣми вообще, но что хотя воскресло то же самое, которое и пострадало, однако же видимо бываетъ только для тѣхъ, кому Онъ благоволитъ», такъ разсуждаетъ объ этомъ бл. Ѳеофилактъ.

Всевѣдущій — Онъ хочетъ отъ нихъ самихъ узнать, что составляетъ предметъ ихъ печали: **«что суть словеса сія, о нихже** стязаетася къ себѣ идуща, и еста дряхла?»** Этимъ вопросомъ Господь вызываетъ Своихъ учениковъ на то, чтобы они излили передъ Нимъ свои чувства. Клеопа принимаетъ тогда Господа за іудея, пришедшаго въ Іерусалимъ на праздникъ изъ какой-нибудь другой страны, ибо не можетъ допустить мысли, чтобы житель Палестины не зналъ обо всемъ происшедшемъ въ Іерусалимѣ въ эти дни. Тогда ученики исповѣдали Господу всю свою горесть. Характерно, однако, что они называютъ своего Учителя только «пророкомъ», высказывая при этомъ, что ихъ надежды на Него, какъ на Мессію, не сбылись: **«мы же надѣяхомся, яко Сей есть хотя избавити Израиля».** Впрочемъ, они сами еще не знаютъ, что думать обо всемъ происшедшемъ, ибо жены нѣкоторыя, бывшія сегодня рано у гроба, разсказывали удивительныя вещи: они не нашли Тѣла Его, но видѣли явленіе ангеловъ, которые говорятъ, что Онъ живъ. Очевидно Лука и Клеопа ушли изъ Іерусалима, еще не слыхавъ о томъ, что Господь явился Маріи Магдалинѣ и прочимъ муроносицамъ. **«И идоша нѣцыи отъ насъ ко гробу»** — здѣсь очевидно идетъ рѣчь объ апостолахъ Петрѣ и Іоаннѣ, о чемъ повѣствуется въ Евангеліи послѣдняго (20: 1-10) — **«Самого же не видѣша»** — это и ставитъ ихъ въ затрудненіе, почему они и не знаютъ, что обо всемъ этомъ думать.

Тогда Господь, не открываясь еще имъ, начинаетъ Свою учительную рѣчь, давая имъ понять, что причина ихъ неопредѣленнаго духовнаго состоянія въ нихъ самихъ — въ ихъ несмысленности и въ косности ихъ сердецъ. **«Не сія ли подобаше пострадати Христу, и внити въ славу Свою?»** — Онъ прямо называетъ Учителя ихъ Христомъ и объясняетъ, что все произошло въ полномъ согласіи съ ветхозавѣтными пророчествами о Христѣ, что именно черезъ страданія Мессіи и надлежало **«войти въ славу свою»** — славу Своего духовнаго, а не земного царства.

Съ большимъ вниманіемъ и внутреннимъ горѣніемъ сердецъ слушали ученики своего таинственнаго спутника и такъ внутренне расположились къ Нему сердцемъ, что стали уговаривать Его остаться съ ними на ночлегъ въ Эммаусѣ, ссылаясь на то, что день уже склоняется къ вечеру, а по ночамъ ходить въ одиночествѣ въ Палестинѣ было небезопасно. Господь остался и, когда пришло время вечерней трапезы, Онъ, какъ старѣйшій, **«пріимъ хлѣбъ благослови, и преломивъ даяше има».** Видимо, это характерное для ихъ Учителя дѣйствіе и послужило толчкомъ къ тому, что у нихъ отверзлись очи, и**«познаста Его: и Той невидимъ бысть има».** Какъ видно изъ евангельскихъ повѣствованій, прославленное Тѣло Господа было уже особеннымъ, не такимъ, какъ прежнее обыкновенное смертное человѣческое тѣло: для него не существовало никакихъ преградъ, и оно могло вдругъ являться и вдругъ становиться невидимымъ.

Почему только теперь Господь далъ узнать Себя? Цѣль явленія Его была — объяснить ученикамъ, какъ сбылись на Немъ всѣ ветхозавѣтныя пророческія писанія. Порывистая радость, которая несомнѣнно овладѣла бы ими, еслибы они сразу узнали Его, могла бы только помѣшать спокойному размышленію объ истинѣ Его воскресенія и убѣжденію въ дѣйствительности его. А такъ Господь постепенно довелъ ихъ до глубокаго убѣжденія въ этой истинѣ, заставивъ, по ихъ собственному признанію, горѣть сердца ихъ, и напослѣдокъ открылся имъ, воспламенивъ ихъ такимъ образомъ горячей вѣрой, уже недоступной никакимъ сомнѣніямъ и искушеніямъ.

Несмотря на то, что наступала уже ночь, они тотчасъ же поспѣшили въ Іерусалимъ, чтобы подѣлиться своею радостію съ прочими учениками. Тѣ въ свою очередь повѣдали имъ, **«яко воистину воста Господь, и явися Симону»**. Но разсказу Луки и Клеопы, какъ свидѣтельствуетъ св. Маркъ (16: 12-13), прочіе ученики **не повѣрили**. Надо полагать, что ихъ смутили эти непонятныя для нихъ явленія Господа то тутъ, то тамъ, невозможныя для обыкновеннаго человѣка, а также и то, что Онъ явился эммаусскимъ путникамъ «инѣмъ образомъ». Вѣра ихъ не была еще твердой, такъ какъ они не понимали еще новаго бытія Господа по воскресеніи, не знали свойствъ Его прославленнаго Тѣла. Вотъ почему, когда Онъ затѣмъ является всѣмъ имъ вмѣстѣ, при закрытыхъ дверяхъ, они принимаютъ Его за призракъ.

37. ЯВЛЕНІЕ ВОСКРЕСШАГО ГОСПОДА ДЕСЯТИ УЧЕНИКАМЪ ВЪ ДЕНЬ ВОСКРЕСЕНІЯ.
(Марка 16: 14; Луки 24: 36-45 и Іоанна 20: 19-23).

Кратко упоминаетъ объ этомъ явленіи св. Маркъ, подробно разсказываютъ о немъ св. Лука и св. Іоаннъ, взаимно дополняя другъ друга. По словамъ св. Луки, Господь явился десяти ученикамъ, собраннымъ вмѣстѣ (отсутствовалъ Ѳома, по св. Іоанну), какъ разъ въ то время, когда пришедшіе изъ Эммауса Лука и Клеопа еще продолжали свой разсказъ, какъ бы для того, чтобы разсѣять въ своихъ ученикахъ всякія сомнѣнія и излѣчить ихъ отъ остатковъ невѣрія. По словамъ св. Іоанна, это было **«сущу поздѣ, въ день той во едину отъ субботъ»**, то-есть поздно вечеромъ въ первый день недѣли. Тутъ св. Іоаннъ отступаетъ отъ обычнаго еврейскаго счисленія, по которому вечеръ есть начало другого дня. Двери дома были заперты изъ опасенія іудеевъ — **«страха ради іудейска»;** до учениковъ, видимо, дошла молва, что тѣло

Христово было украдено ими, и поэтому они вполнѣ естественно могли опасаться какихъ-нибудь насильственныхъ мѣръ со стороны враждебно-настроенныхъ къ нимъ іудеевъ. И вотъ — **«дверемъ затвореннымъ», «пріиде Іисусъ и ста посредѣ, и глагола имъ: миръ вамъ».** Здѣсь проявилось особенное свойство прославленнаго Тѣла Господа, по которому вещественные предметы не составляли для Него препятствія къ прохожденію сквозь нихъ. Чудесность такого прохожденія Господа сквозь закрытыя двери вызвала смущеніе учениковъ, о которомъ говоритъ св. Лука: **«убоявшеся же и пристрашни бывше, мняху духъ видѣти»** — они подумали, что это только духъ Господа, отрѣшенный отъ тѣла и пришедшій къ нимъ изъ шеола, то-есть что явившійся къ нимъ не живой, а мертвецъ. Для увѣренія, что это именно Онъ, Господь показываетъ имъ руки и ноги Свои, раны гвоздинныя на коихъ свидѣтельствуютъ, что это то же самое тѣло, которое распято было на крестѣ, предлагаетъ даже осязать Себя, дабы убѣдиться, что это Онъ Самъ, а не духъ или призракъ Его. Съ цѣлью искоренить въ ученикахъ послѣдніе остатки невѣрія, Господь вкушаетъ передъ ними, вѣроятно, оставшуюся отъ ихъ вечери часть печеной рыбы и сотоваго меда. **«Возрадовашася ученицы, видѣвше Господа»** — сомнѣнія ихъ разсѣялись, и ихъ охватила та радость, о которой предсказывалъ имъ Господь на Тайной вечери: **«Паки узрю вы, и возрадуется сердце ваше, и радости вашея никтоже возметъ отъ васъ»** (Іоан.16:22). По словамъ св. Марка, Господь упрекалъ ихъ за невѣріе и жестокосердіе, что они не повѣрили тѣмъ, которые видѣли Его воскресшимъ, то-есть женамъ-мѵроносицамъ, Лукѣ и Клеопѣ (Марк. 16: 14).

«Сія суть словеса, яже глаголахъ къ вамъ» — все происшедшее это исполненіе того, о чемъ Я еще прежде неоднократно предрекалъ вамъ, говоря о предстоящихъ Мнѣ страданіяхъ и воскресеніи. Обо всемъ этомъ было предсказано въ ветхозавѣтныхъ писаніяхъ — **«законѣ Моисеовѣ», «пророцѣхъ»** и **«псалмѣхъ»**, а потому всему этому и надлежало исполниться. Здѣсь Господь указываетъ на то трехчастное дѣланіе ветхозавѣтныхъ священныхъ книгъ, которое существовало у іудеевъ. Они раздѣляли свои свящ. книги на три отдѣла: 1) **законъ**, подъ которымъ понималось Пятокнижіе Моисеево; 2) **пророки**, подъ которыми разумѣлись почти всѣ остальныя историческія и пророческія книги, и 3) **псалмы, или агіографы,** къ которымъ причислялись книги **учительныя** и малыя изъ историческихъ. Такимъ образомъ, по указанію Самого Господа, весь Ветхій Завѣтъ, въ цѣломъ его составѣ, исполненъ пророчествъ о Немъ. Раньше апостолы не понимали правильно этихъ пророчествъ: теперь черезъ особенное благодатное озареніе Господь **«отверзе имъ умъ разумѣти Писанія».** Св. Іоаннъ добавляетъ къ этому, что Господь затѣмъ вторично сказалъ имъ: **«Миръ вамъ»** и вслѣдъ затѣмъ черезъ видимый знакъ — дуновеніе — преподалъ имъ, прежде дня Пятидесятницы, предварительную благодать Святаго Духа, сказавъ: **«пріимите Духъ Святъ. Имже отпустите грѣхи, отпустятся имъ: и имже держите, держатся»**. Полное изліяніе всѣхъ даровъ Святаго Духа на апостоловъ совершилось въ день Пятидесятницы; но очевидно еще до этого дня апостоламъ были необходимы такіе дары Св. Духа, которые укрѣпили бы ихъ въ несомнѣнной и твердой вѣрѣ въ истину воскресенія Христова, помогли бы имъ правильно разумѣть писанія, а въ особенности для того, чтобы породить въ 11 апостолахъ вѣру въ ихъ Божественное посланничество — вѣру въ то, что они не только бывшіе спутники и слушатели Господа Іисуса Христа, но «Апостолы» — посланники Его, поставленные Имъ на великое служеніе дѣлу Евангельскаго благовѣстія во всемъ мірѣ: **«якоже посла Мя Отецъ, и Азъ посылаю вы»**. Это — начатокъ Духа, который необходимъ былъ для укрѣпленія апостольскаго общества. Вмѣстѣ съ тѣмъ этимъ дуновеніемъ всѣмъ апостоламъ дана была власть отпускать грѣхи, ранѣе только обѣщанная Петру за его исповѣданіе (Матѳ. 16: 19) и другимъ апостоламъ (Матѳ. 18: 18).

38. ЯВЛЕНІЕ ВОСКРЕСШАГО ГОСПОДА ОДИННАДЦАТИ УЧЕНИКАМЪ ВЪ ОСЬМЫЙ ДЕНЬ ПО ВОСКРЕСЕНІИ И РАЗСѢЯНІЕ НЕВѢРІЯ ѲОМЫ.
(Іоанна 20: 24-31).

Евангелистъ Іоаннъ отмѣчаетъ, что при первомъ явленіи Господа всѣмъ Своимъ ученикамъ, собраннымъ вмѣстѣ, отсутствовалъ апостолъ Ѳома, называемый **Близнецъ,** или **Дидимъ** (по-гречески). Какъ видно изъ Евангелія, характеръ этого апостола отличался косностью, переходящей въ упорство, которое свойственно людямъ простого, но твердо сложившагося воззрѣнія. Еще когда Господь шелъ въ Іудею для воскрешенія Лазаря, Ѳома высказалъ увѣренность, что изъ этого путешествія ничего не получится добраго: **«пойдемъ и мы умремъ съ Нимъ** (Іоан. 11: 16). Когда Господь въ Своей прощальной бесѣдѣ сказалъ ученикамъ: **«куда Я иду, вы знаете, и путь знаете»**, то Ѳома и тутъ сталъ противорѣчить: **«не вѣмы, камо идеши: и како можемъ путь вѣдѣти?»** (Іоан. 14: 5). Крестная смерть Учителя произвела поэтому на Ѳому особенно тяжкое, удручающее впечатлѣніе: онъ какъ бы закоснѣлъ въ убѣжденіи, что утрата Его невозвратна. Упадокъ духа его былъ столь великъ, что онъ даже не былъ съ прочими учениками въ день воскресенія: онъ, видимо, рѣшилъ, что уже незачѣмъ быть вмѣстѣ, такъ какъ все кончено, все распалось и теперь каждый изъ учениковъ долженъ по прежнему вести свою отдѣльную, самостоятельную жизнь. И вотъ, встрѣтивъ другихъ учениковъ, онъ вдругъ слышитъ отъ нихъ: **«видѣхомъ Господа»**. Въ полномъ соотвѣтствіи съ своимъ характеромъ, онъ рѣзко и рѣшительно отказывается вѣрить ихъ словамъ. Считая воскресеніе Своего Учителя невозможнымъ, онъ заявляетъ, что повѣрилъ бы этому только тогда, еслибы не только видѣлъ своими глазами, но и осязалъ своими руками язвы гвоздинныя на рукахъ и ногахъ Господа и прободенное копіемъ ребро Его. **«Вложу руку мою въ ребра Его»** — изъ этихъ словъ Ѳомы видно, что рана, нанесенная Господу воиномъ, была очень глубока.

Спустя восемь дней послѣ перваго явленія Господа десяти апостоламъ, Господь снова является **«дверемъ затвореннымъ»**, повидимому, въ томъ же домѣ. На этотъ разъ и Ѳома былъ съ ними. Можетъ быть, подъ вліяніемъ обращенія съ другими учениками, упорное невѣріе начало оставлять его, и душа его малопомалу становилась вновь способной къ вѣрѣ. Господь и явился для того, чтобы воспламенить въ немъ эту вѣру. Ставъ, какъ и въ первый разъ, совершенно неожиданно среди Своихъ учениковъ и преподавъ имъ миръ, Господь обратился къ Ѳомѣ: **«принеси перстъ твой сѣмо, и виждь руцѣ Мои»**... На сомнѣнія Ѳомы Господь отвѣчаетъ его же собственными словами, которыми онъ обуславливалъ свою вѣру въ Его воскресеніе. Понятно, что уже одно это знаніе Господомъ его сомнѣній должно было поразить Ѳому. Господь къ тому же прибавилъ: **«И не буди невѣренъ, но вѣренъ»**, то-есть: ты находишься въ положеніи рѣшительномъ: передъ тобой сейчасъ только двѣ дороги — полной вѣры и рѣшительнаго ожесточенія духовнаго. Въ Евангеліи не сказано, осязалъ ли дѣйствительно Ѳома язвы Господа — можно думать, что осязалъ — но такъ или иначе, вѣра возгорѣлась въ немъ яркимъ пламенемъ, и онъ воскликнулъ: **«Господь мой и Богъ мой!»**. Этими словами Ѳома исповѣдалъ не только вѣру въ Воскресеніе Христово, но и вѣру въ Его Божество.

Однако, эта вѣра все же основывалась на чувственномъ удостовѣреніи, а потому Господь, въ назиданіе Ѳомѣ, другимъ апостоламъ и всѣмъ людямъ на всѣ будущія времена открываетъ **высшій путь къ вѣрѣ**, ублажая тѣхъ, которые достигаютъ вѣры не такимъ чувственнымъ путемъ, какимъ достигъ ее Ѳома: **«блажени не видѣвшіе, и вѣровавше»**. И раньше Господь неоднократно давалъ преимущество той вѣрѣ, которая основывается не на чудѣ, а на словѣ. Распространеніе вѣры Христовой на землѣ было бы невозможно, еслибы каждый требовалъ такого же удостовѣренія для своей вѣры, какъ Ѳома, или вообще неперестающихъ чудесъ. Поэтому

Господь и ублажаетъ тѣхъ, которые достигаютъ вѣры однимъ только довѣріемъ къ свидѣтельству **словомъ,** довѣріемъ къ **ученію Христову.** Это — **лучшій путь вѣры.**

Этимъ повѣствованіемъ св. Іоаннъ заканчиваетъ свое Евангеліе. Слѣдующая 21-я глава написана имъ позже, спустя нѣкоторое время, какъ думаютъ, по поводу слуха о томъ, что ему опредѣлено жить до втораго пришествія Христова. Теперь же св. Іоаннъ заключаетъ свое повѣствованіе свидѣтельствомъ о томъ, что **«многа же и ина знаменія сотвори Іисусъ предъ ученики Своими, яже не суть писана въ книгахъ сихъ»** — хотя св. Іоаннъ и поставилъ себѣ цѣлью дополнить повѣствованія первыхъ трехъ Евангелистовъ, но и онъ записалъ далеко **не все.** Онъ, однако, считаетъ, какъ видно, что и написаннаго вполнѣ достаточно, **«да вѣруете, яко Іисусъ есть Христосъ Сынъ Божій, и да вѣрующе, животъ имате во Имя Его»** — и того немногаго, что записано, довольно для утвержденія вѣры въ Божество Христово и для спасенія черезъ эту вѣру.

39. ЯВЛЕНІЕ ВОСКРЕСШАГО ГОСПОДА УЧЕНИКАМЪ ПРИ МОРѢ ТИВЕРІАДСКОМЪ.
(Іоанна 21: 1-24).

Еще до Своихъ страданій Господь предупреждалъ Своихъ учениковъ, что по воскресеніи Своемъ Онъ явится имъ въ Галилеѣ. Это же сказали и ангелы, находившіеся у гроба Господня, женамъ-мѵроносицамъ (Матѳ. 26: 32 и 28: 7). Пробывъ полностью всѣ восемь дней праздника Пасхи во Іерусалимѣ, апостолы отправились въ Галилею, гдѣ вполнѣ естественно занялись опять своимъ прежнимъ ремесломъ — ловлей рыбы на Геннисаретскомъ озерѣ, что давало имъ пропитаніе.

Здѣсь **«паки явися Іисусъ ученикомъ Своимъ... на мори Тиверіадстѣмъ».** Это было, по счету св. Іоанна, третье явленіе Господа Своимъ ученикамъ, собраннымъ вмѣстѣ. На этотъ разъ ихъ было семеро: Симонъ Петръ, Ѳома, Наѳанаилъ, сыны Зеведеевы, то-есть Іаковъ и Іоаннъ, и еще двое, которые не поименованы. По смиренію, св. Іоаннъ ставитъ себя съ братомъ, при этомъ перечисленіи, на послѣднемъ мѣстѣ, не указывая и именъ ихъ, въ то время какъ всюду въ другихъ Евангеліяхъ они ставятся обычно послѣ Андрея и Петра. Цѣлую ночь трудились апостолы, ловя рыбу, но ничего не поймали. Это несомнѣнно должно было напомнить имъ ту ночь, которая, по сказанію св. Луки (5: 5 и д.), три года тому назадъ предшествовала ихъ избранію на апостольское служеніе. И въ этотъ разъ опять повторилось нѣчто подобное.

«Утру же бывшу, ста Іисусъ при брезѣ: не познаша же ученицы, яко Іисусъ есть». «Ста при брезѣ» — выраженіе внезапнаго явленія. Ученики Его не узнали, быть можетъ, потому, что и въ этотъ разъ Онъ явился, какъ и Лукѣ съ Клеопой, «инѣмъ образомъ», или же просто потому, что еще не разсѣялся вполнѣ мракъ ночи или утренній туманъ. **«Дѣти, еда что снѣдно имате?»** обратился къ нимъ Господь, разумѣя подъ **«снѣднымъ»**, какъ видно изъ дальнѣйшаго, рыбу. Въ отвѣтъ на ихъ отрицаніе Господь предложилъ имъ закинуть сѣть **«одесную страну корабля»**, и вновь повторилось уже пережитое ими три года тому назадъ чудо: они не были въ состояніи вытащить сѣть изъ-за множества попавшейся рыбы. Это чудо, какъ и первое, несомнѣнно должно было прообразовать собой ихъ будущую плодоносную апостольскую дѣятельность, въ которой они, трудясь сами, должны были вмѣстѣ съ тѣмъ во всемъ руководиться указаніями Господа. **«Ученикъ, егоже любляше Іисусъ»**, то-есть Іоаннъ, какъ онъ не разъ такъ называетъ себя, пораженный этой чудесной ловитвой, сразу почувствовалъ своимъ сердцемъ, Кто этотъ таинственный незнакомецъ, стоявшій на берегу, и сообщилъ свою догадку Петру: **«Господь есть»**. Не дерзая предстать передъ Господомъ обнаженнымъ, Петръ опоясался **«епендитомъ»**, то-есть верхней одеждой, чтобы надѣть ее на себя при выходѣ изъ воды, и бросился въ море, дабы выйти на берегъ къ Господу. Изъ этого мы видимъ особенности характеровъ этихъ двухъ Апостоловъ: Іоаннъ — возвышеннѣе, Петръ — пламеннѣе, Іоаннъ болѣе способенъ къ созерцанію, Петръ — рѣшительнѣе въ дѣйствіи. «Іоаннъ проницательнѣе», говоритъ бл. Ѳеофилактъ, «Петръ пламеннѣе; Іоаннъ первый узналъ Господа, а Петръ первый поспѣшилъ къ Нему». Другіе ученики тѣмъ временемъ приплыли на лодкѣ, **«влекуще мрежу рыбъ»**: рыбы было такъ много, что они не рѣшались втащить сѣть въ лодку, чтобы она не опрокинулась подъ тяжестью пойманной рыбы, а потому тащили сѣть къ берегу, гдѣ удобнѣе было вытащить ее безъ всякаго риска.

«Егда убо излѣзоша на землю, видѣша огнь лежащъ, и рыбу на немъ лежащу, и хлѣбъ» — Господь опять чудесно приготовилъ имъ, голоднымъ, пищу, но желая, чтобы они вмѣстѣ съ тѣмъ вкусили и отъ плодовъ рукъ своихъ, сказалъ: **принесите отъ рыбъ, яже ясте нынѣ».** Симонъ Петръ возвратился къ лодкѣ и, вѣроятно, съ помощью другихъ учениковъ вытащилъ на берегъ сѣть, въ которой оказалось **сто пятьдесятъ три рыбы.** Видимо, чуднымъ было и то, что при такомъ количествѣ сѣть не прорвалась. Во всякомъ случаѣ, надо полагать, что эта чудесная ловитва произвела сильнѣйшее впечатлѣніе на Іоанна, если онъ даже запомнилъ на всю жизнь количество пойманной рыбы. Должно быть, изъ особаго благоговѣнія, пораженные всѣмъ происшедшимъ, апостолы **стояли въ нѣкоторомъ почтительномъ отдаленіи отъ Госпо-**

да, почему Онъ и пригласилъ ихъ подойти ближе и начать трапезу словами: **«Пріидите, обѣдуйте».** Должно быть и Самъ Іисусъ находился въ нѣкоторомъ отдаленіи, потому что дальше сказано: **«пріиде же Іисусъ».** Какъ хозяинъ, Онъ сталъ угощать апостоловъ, давая имъ вкушать приготовленный хлѣбъ и рыбу. **«Ни одинъ же смѣяше отъ ученикъ истязати Его, ты кто еси, вѣдяще, яко Господь есть»** — нѣчто необычайное видѣли ученики въ явившемся Господѣ: Онъ не былъ очевидно вполнѣ похожъ на такого, какимъ они всегда привыкли Его видѣть, такъ какъ тѣло Его по воскресеніи было особеннымъ, прославленнымъ, исполненнымъ особаго величія и Божественности, но они **знали,** что это несомнѣнно Онъ.

40. ВОЗСТАНОВЛЕНІЕ АПОСТОЛА ПЕТРА ВЪ ЕГО АПОСТОЛЬСКОМЪ ДОСТОИНСТВѢ И ПРЕДСКАЗАНІЕ ЕМУ МУЧЕНИЧЕСТВА. — (Іоан. 21: 15-25).

«Егда же обѣдоваше, глагола Симону Петру Іисусъ: Симоне Іонинъ, любиши ли Мя паче сихъ?» — Симонъ больше всѣхъ обѣщалъ Господу, передъ Его страданіями, свою вѣрность: **«Аще и вси соблазнятся о Тебѣ, азъ никогдаже соблажнюся»** (Матѳ. 26: 33); **«нынѣ душу мою за Тя положу»** (Іоан. 13: 37); **«аще ми есть съ Тобою и умрети, не отвергуся Тебе»** (Марк. 14: 31); **«съ Тобою готовъ есмь и въ темницу и на смерть ити»** (Луки 22: 33). Несмотря на всѣ эти горячія увѣренія, Петръ трижды отрекся отъ Господа и этимъ, конечно, лишился своего апостольскаго званія и апостольскихъ правъ — пересталъ быть апостоломъ. Это отмѣчаетъ, несомнѣнно со словъ самого Петра, и Евангелистъ Маркъ, который повѣствуетъ, что ангелъ, явившійся женамъ-мѵроносицамъ, говоритъ: **«идите, рцыте ученикомъ Его и Петрови»**... выдѣляетъ Петра, какъ отпавшаго чрезъ отреченіе отъ лика апостольскаго, ставя его на послѣднее мѣсто, послѣ остальныхъ апостоловъ.

За искреннее и глубокое покаяніе Господь милостиво возстановляетъ Петра въ его апостольскомъ достоинствѣ. Трижды Петръ отрекся, трижды же Господь заставляетъ его на вопросъ: **«любиши ли Мя?»** отвѣтить: **«ей, Господи, Ты вѣси, яко люблю Тя»** и послѣ каждаго увѣренія поручаетъ ему, какъ апостолу, пасти агнцевъ Его, пасти овецъ Его. **«Троекратнымъ вопрошеніемъ, еже, Петре, любиши ли Мя, трикратное отверженіе Христосъ исправилъ есть»,** поется поэтому въ службѣ 29 іюня на день памяти свв. первоверховныхъ апостолъ Петра и Павла (стихира на «Славу» на «Господи, воззвахъ»). Совершенно напрасно и неосновательно хотятъ римо-католики видѣть въ этомъ дарованіе св. ап. Петру какихъ-то особенныхъ правъ и преимуществъ, по сравненію съ другими апостолами. **«Агнцы»,** которыхъ поручаетъ Господь Петру пасти, это самые молодые, новорожденные, такъ сказать, члены Церкви Христовой, нуждающіеся въ особенной заботливости пастыря, а **«овцы»** — обыкновенные, уже духовно-зрѣлые члены Церкви, не требующіе уже такого, особенно тщательнаго ухода и заботы. Весьма характерно, что въ первый разъ Господь спрашиваетъ Петра: **«Симоне Іонинъ, любиши ли Мя паче сихъ?»** какъ бы намекая на то, что Петръ обѣщалъ Господу большую вѣрность и преданность, чѣмъ другіе ученики. Характерно и то, что Онъ называетъ Петра его прежнимъ именемъ — **«Симоне»**, — а не Петромъ, ибо отрекшись, обнаруживши неустойчивость, отсутствіе твердости духа, онъ тѣмъ самымъ пересталъ быть **«Петромъ»**, то-есть — **«камнемъ»**. Смиренно сознавая глубину своего паденія, Петръ уже не сравниваетъ свою любовь къ Господу съ любовью прочихъ учениковъ, и даже вообще не смѣетъ завѣрять Господа въ своей любви къ Нему, а только ссылается на Его всевѣдѣніе: **«Ты вѣси, яко люблю Тя»**. Мало того, по смиренію, вмѣсто слова «любить» — **«агапан»**, употребленнаго въ вопросѣ Господа и означающаго любовь полную и совершенную, Петръ употребляетъ другое слово — **«филин»**, означающее личную сердечную привязанность и преданность. Спрашивая Петра въ третій разъ, Господь употребляетъ это же самое слово **«филин»**. Это опечалило Петра, что Господь какъ бы подвергаетъ сомнѣнію его личную привязанность къ Нему, и поэтому въ третій разъ онъ съ особенной силой исповѣдуетъ Ему свою любовь, ссылаясь на всевѣдѣніе Господа. Какъ въ третій разъ онъ съ особенной силой, съ клятвой и божбой отрекся отъ Господа, такъ Господь заставляетъ его въ третій разъ съ особенной силой исповѣдать свою любовь къ Нему.

Съ возстановленіемъ Петра въ его апостольскомъ званіи Господь соединяетъ предреченіе о предстоящей ему къ концу его апостольства мученической кончинѣ, къ которой приведетъ его эта засвидѣтельствованная имъ только что любовь къ Господу. **«Егда былъ еси юнъ, поясался еси самъ, и ходилъ еси, аможе хотѣлъ еси: егда же состарѣешися, воздѣжеши руцѣ твои, и инъ тя пояшетъ, и ведетъ, аможе не хощеши»** — насильственную мученическую смерть Господь символически представляетъ здѣсь подъ видомъ безсилія старца, съ которымъ, противъ его воли, дѣлаютъ, что хотятъ. Св. Ап. Петръ дѣйствительно былъ распятъ въ Римѣ на крестѣ при имп. Неронѣ въ 68 г. **«Иди за Мной»** — это послѣднее рѣшительное слово возстановленія падшаго Петра въ апостольскомъ чинѣ. Послѣ сихъ словъ Іисусъ пошелъ, а ученики, видимо, послѣдовали за Нимъ. Видя возлюбленнаго ученика Господа Іоанна, Петръ возгорѣлся желаніемъ знать, какова будетъ его участь, ожидаетъ ли и его мученическая кончина за

Христа. Но Господу не было угодно открыть образъ кончины возлюбленнаго ученика Своего. Онъ отвѣтилъ Петру, что знать это — не его дѣло: **«что къ тебѣ? Ты по Мнѣ гряди».** Здѣсь опять опроверженіе римо-католическаго лжеученія о томъ, что Петру были поручены Господомъ другіе ученики, что онъ былъ поставленъ «княземъ» ихъ. Еслибы Господь поручилъ Петру, какъ Своему намѣстнику, другихъ учениковъ, то, конечно, Петръ былъ бы вправѣ спрашивать объ Іоаннѣ, и Господь не далъ бы ему такого отвѣта: «что тебѣ до того?» Объ Іоаннѣ же Господь произнесъ слова, которыя дали поводъ думать, что онъ не умретъ, а будетъ жить до самого второго пришествія Христова: **«Аще хощу да той пребываетъ, дондеже пріиду, что къ тебѣ?»** Самъ Евангелистъ, однако, такое мнѣніе опровергаетъ, подчеркивая, что рѣчь Господа была условная: **«Аще хощу тому пребывати»**...

Повѣствованіе свое объ этомъ, а вмѣстѣ съ тѣмъ и все свое Евангеліе св. Іоаннъ заканчиваетъ увѣреніемъ: **«Сей есть ученикъ, свидѣтельствуяй о сихъ, иже и написа сія: и вѣмъ яко истинно есть свидѣтельство его».** Этимъ удостовѣряется принадлежность Евангелія св. Іоанну Богослову и истинность всего имъ сообщаемаго въ Евангеліи. Въ заключеніе св. Іоаннъ опять повторяетъ, что въ Евангеліяхъ многое не записано изъ того, **«яже сотвори Іисусъ»,** ибо, еслибы писать обо всемъ подробно, то **«ни самому мнѣ всему міру вмѣстити пишемыхъ книгъ».** Это можетъ показаться преувеличеніемъ, гиперболическимъ выраженіемъ, но рѣчь тутъ идетъ именно о необъятности дѣлъ Христовыхъ, значенія которыхъ не въ состояніи вмѣстить этотъ ограниченный міръ. Нѣкоторые полагаютъ, что эти два послѣднихъ стиха 24 и 25 приписаны къ Евангелію отъ Іоанна впослѣдствіи древнѣйшими читателями его, желавшими на вѣчныя времена удостовѣрить подлинность этого Евангелія.

41. ЯВЛЕНІЕ ВОСКРЕСШАГО ГОСПОДА УЧЕНИКАМЪ НА ГОРѢ ВЪ ГАЛИЛЕѢ.

(Матѳея 28: 16-20; Марка 16: 15-18 и Луки 24: 46-49).

«Единіиженадесяте ученицы идоша въ Галилею, въ гору, аможе повелѣ имъ Іисусъ. И видѣвше Его, поклонишася Ему, ови же усумнѣшася» — такъ какъ ангелы сказали женамъ-муроносицамъ, что Господь предваряетъ и х ъ въ Галилеѣ, то надо полагать, не одни апостолы устремились въ Галилею, чтобы видѣть тамъ Господа, согласно Его обѣщанію. Многіе считаютъ, что это явленіе Господа на горѣ было именно тѣмъ, о которомъ говоритъ св. ап. Павелъ въ 1 Коринѳ. 15: 6, что Господь явился тогда **«болѣ пяти сотъ братіямъ единою».** Что это за гора, неизвѣстно, но очень вѣроятно, что это была гора преображенія Ѳаворъ, на которой ученики сподобились видѣть проображеніе того славнаго состоянія Господа, въ которомъ Онъ имъ явился теперь. Нѣкоторые изъ собравшихся «усумнились», что именно и показываетъ, что это не могло быть массовой галлюцинаціей, какъ пытаются увѣрять невѣрующіе.

«**И приступль Іисусъ**», то-есть приближась, дабы разсѣять всякія сомнѣнія въ томъ, что это дѣйствительно Онъ, «**рече имъ, глаголя: «дадеся Ми всяка власть на небеси и на земли»** — какъ Единородный Сынъ Божій, Онъ отъ начала міра имѣлъ всякую власть на небѣ и на землѣ; теперь же, какъ Побѣдитель ада и смерти, Онъ пріобрѣлъ такую же власть надъ всѣмъ и по человѣчеству, какъ Искупитель міра. Явившись въ міръ, какъ человѣкъ, Сынъ Божій ограничилъ Себя въ употребленіи Своей Божественной власти, ибо не восхотѣлъ совершить дѣло спасенія людей однимъ Своимъ всемогуществомъ. Черезъ воскресеніе Онъ воспріялъ всю полноту Своей Божественной власти уже, какъ Богочеловѣкъ, и отъ Него теперь зависѣло завершить все дѣло спасенія людей ниспосланіемъ Духа Святаго, учрежденіемъ Церкви Своей и посольствомъ Апостоловъ на проповѣдь во весь міръ.

«**Шедше научите вся языки**», какъ говоритъ св. Матѳей, или: «**шедше въ міръ весь, проповѣдите евангеліе всей твари**», какъ передаетъ св. Маркъ; «**тако писано есть и тако подобаше пострадати Христу, и воскреснути отъ мертвыхъ въ третій день, и проповѣдатися во имя Его покаянію и отпущенію грѣховъ во в с ѣ х ъ языцѣхъ, наченше отъ Іерусалима. Вы же есте свидѣтеліе симъ**» — такъ передаетъ это полномочіе, данное Господомъ Своимъ Апостоламъ, св. Лука. Теперь Господь уже не ограничиваетъ ихъ проповѣдь одними іудеями, какъ прежде (Матѳ. 10: 5-6; 15: 24), но посылаетъ ихъ учить **всѣ народы**, ибо **весь міръ** искупленъ страданіями Христовыми и долженъ быть призванъ въ Царство Христово. «**Крестяще ихъ во имя Отца, и Сына, и Святаго Духа**» — Богочеловѣкъ даетъ Своимъ ученикамъ право и налагаетъ обязанность крестить **всѣ народы во имя Святой Троицы**. Это значитъ, что крещающіе дѣйствуютъ не сами отъ себя, но по власти, даруемой имъ отъ Самого Тріѵпостаснаго Бога, а крещаемые принимаютъ на себя черезъ это обязанность вѣровать во Святую Троицу и посвящать свою жизнь призвавшему ихъ, искупившему и возродившему Тріипостасному Божеству. Крещеніе есть знаменіе омытія грѣховъ человѣка невидимымъ дѣйствіемъ Святаго Духа и знакъ его вступленія въ Церковь Христову для новой, возрожденной въ Богѣ жизни. Крещеніе должно сопровождаться наученіемъ крещаемыхъ всему тому, что заповѣдано Христомъ Спасителемъ: «**учаще ихъ блюсти вся, елика заповѣдахъ вамъ**».

Св. Маркъ добавляетъ къ этому еще, какія чудесныя знаменія явятся послѣдствіемъ вѣры для тѣхъ, которые увѣруютъ: **«Именемъ Моимъ бѣсыижденутъ: языки возглаголютъ новы, змія возмутъ, аще и что смертное испіютъ, не вредитъ ихъ: на недужныя руки возложатъ, и здрави будутъ»** — отъ человѣческаго грѣха весь міръ пришелъ въ разстройство, и зло стало въ немъ господствовать: увѣровавшіе во Христа-Искупителя получатъ власть и силу побѣждать это зло и возстанавливать утраченную міромъ гармонію. Эти чудеса, какъ свидѣтельствуетъ вся дальнѣйшая исторія Церкви, дѣйствительно творили апостолы и всѣ истинные христіане.

«И се Азъ съ вами есмь во вся дни до скончанія вѣка» — возлагая на апостоловъ тяжкій трудъ распространенія евангельскаго благовѣстія по всему міру, Господь ободряетъ ихъ, обѣщая имъ Свое таинственное незримое сопребываніе съ ними до скончанія вѣка. Но такъ какъ апостолы не дожили «до скончанія вѣка», то обѣтованіе это надо относить и ко всѣмъ апостольскимъ преемникамъ. Это не значитъ, что **послѣ** скончанія вѣка Господь не будетъ съ учениками Своими. «Нѣтъ, тогда-то особенно и будетъ» (бл. Ѳеофилактъ), но значитъ лишь то, что до скончанія вѣка несомнѣнно Онъ Самъ будетъ находиться незримо среди истинно вѣрующихъ, во-главѣ основанной Имъ Церкви и руководить ею ко спасенію людей.

42. ВОЗНЕСЕНІЕ ГОСПОДНЕ.
(Луки 24: 49-53 и Марка 16: 19-20).

Послѣднее явленіе Воскресшаго Христа Спасителя, заключившееся вознесеніемъ Его на небо, подробнѣе всего описывается Евангелистомъ Лукою. Вкратцѣ говоритъ объ этомъ также Евангелистъ Маркъ. Явленіе это имѣло мѣсто во Іерусалимѣ, куда, слѣдовательно, апостолы вновь пришли изъ Галилеи, по прошествіи сорока дней въ теченіе коихъ Господь неоднократно являлся имъ, уча ихъ о Царствіи Божіи, какъ сообщаетъ объ этомъ св. Лука въ 1-й главѣ книги Дѣяній Св. Апостолъ (1: 2-5). Господь далъ повелѣніе апостоламъ оставаться въ городѣ Іерусалимѣ, пока они не облекутся силою свыше, обѣщая имъ послать на нихъ обѣтованіе Отца Своего, подъ чѣмъ надо понимать ниспосланіе Духа Святаго для содѣйствія дѣлу ихъ всемірной проповѣди. Духъ Святый долженъ былъ дать имъ необходимую силу для совершенія этого великаго дѣла — проповѣди Евангелія всему міру. Затѣмъ Господь вывелъ учениковъ Своихъ вонъ изъ Іерусалима до Виѳаніи, лежавшей на восточномъ склонѣ горы Елеонской, **«и воздвигъ** руцѣ Свои, и благослови ихъ», произнося очевидно извѣстныя слова, какъ было принято въ Ветхомъ Завѣтѣ, но которыя Евангелистомъ здѣсь не приведены. Символическое дѣйствіе поднятія рукъ при благословеніи извѣстно было въ Ветхомъ Завѣтѣ, какъ напр, говоритъ кн. Левитъ 9: 22. **«И бысть, егда благословляше ихъ, отступи отъ нихъ, и возношашеся на небо».** «Какой чудный образъ дѣйствія», говоритъ объ этомъ Московскій Митрополитъ Филаретъ: «Господь благословляетъ и еще не оканчиваетъ благословенія, а продолжаетъ благословлять, и между тѣмъ возносится на небо. Что это значитъ? То, что Онъ не хочетъ прекратить Своего благословенія, но продолжаетъ безъ конца благословлять Свою Церковь и всѣхъ вѣрующихъ въ Него. Помыслимъ, братіе, что и нынѣ надъ нами простерты руцѣ Его, и взоръ Его, и благословеніе Его. Какой стыдъ и страхъ для тѣхъ, которые въ суетѣ мірской забываютъ Его. Какая радость для любящихъ Его». Ученики **поклонились** возносящемуся къ Отцу Своему Богочеловѣку и **«возвратишася во Іерусалимъ съ радостью великою»**. Радость эта происходила отъ того, что они теперь своими очами узрѣли **славу** своего Господа и Учителя и ожидали исполненія обѣтованія Его о ниспосланіи Св. Духа. Они какъ-будто переродились теперь, въ результатѣ несомнѣнно 40-дневнаго пребыванія съ ними Воскресшаго Господа, Который училъ ихъ тайнамъ Царствія Божія. Въ этомъ молитвенномъ состояніи высокаго духовнаго подъема они **«бяху выну въ церкви, хваляще и благословяще Бога»** за все, что имъ пришлось пережить, видѣть и слышать и за предстоящую имъ высокую миссію проповѣди евангельскаго ученія. Св. Маркъ добавляетъ къ этому, что Господь, вознесшись на небо, **«сѣде одесную Бога»**. Это — образное выраженіе, основывающееся на нѣкоторыхъ видѣніяхъ (Дѣян. 7: 36), которое означаетъ то, что Господь и по человѣчеству воспріялъ Божественную власть надъ всѣмъ міромъ вмѣстѣ съ Богомъ Отцемъ, такъ какъ сидѣніе по правую руку на языкѣ Библіи означаетъ раздѣленіе власти посаждаемаго такъ съ самимъ сѣдящимъ. Заключаетъ св. Маркъ свое Евангеліе свидѣтельствомъ о томъ, что произошло уже послѣ сошествія Св. Духа: о томъ, что Апостолы **«изшедше»** изъ Іерусалима, конечно, **«проповѣдаша всюду»**, по всему міру, **«Господу поспѣшствующу»**, при помощи Божіей, **«и слово утверждающу послѣдствующими знаменьми»**... доказывая истину своего слова сопровождавшими ихъ проповѣдь чудесами, о чемъ подробно разсказываетъ намъ книга Дѣяній Апостольскихъ. Всѣ Евангелія заключаются словомъ: **«Аминь»**, что значитъ: **истинно такъ** все было, какъ описано въ Евангеліи.

ОГЛАВЛЕНІЕ.

Предисловіе	3
Вступленіе.	
Понятіе о Священномъ Писаніи Новаго Завѣта	5
Цѣль написанія священныхъ книгъ Новаго Завѣта и ихъ содержаніе	5
Число, наименованія и порядокъ священныхъ книгъ Новаго Завѣта	5
Содержаніе различныхъ наименованій священныхъ книгъ Новаго Завѣта	6
Раздѣленіе новозавѣтныхъ священныхъ книгъ по ихъ содержанію	6
Исторія канона священныхъ книгъ Новаго Завѣта	7
Языкъ новозавѣтныхъ священныхъ книгъ и исторія ихъ текста	10
Время написанія новозавѣтныхъ священныхъ книгъ	12

Часть первая.

ЧЕТВЕРОЕВАНГЕЛІЕ

Значеніе четверичнаго числа Евангелій	13
Смыслъ выраженій: «Евангеліе отъ Матѳея» и т. д.	15
Взаимоотношеніе четырехъ Евангелій по ихъ содержанію	15
Характеръ и особенности каждаго изъ четырехъ Евангелій	17
1. Евангеліе отъ Матѳея	18
2. Евангеліе отъ Марка	23
3. Евангеліе отъ Луки	27
4. Евангеліе отъ Іоанна	33

ПОСЛѢДОВАТЕЛЬНЫЙ ОБЗОРЪ СОДЕРЖАНІЯ ВСЕГО ЧЕТВЕРОЕВАНГЕЛІЯ СЪ ИЗЪЯСНЕНІЕМЪ ВАЖНѢЙШИХЪ МѢСТЪ.

Вступленіе	38
Часть I. Пришествіе въ міръ Господа Іисуса Христа.	
1. Предисловіе Евангелія: его достовѣрность и цѣль	40
2. Предвѣчное рожденіе и воплощеніе Сына Божія	41
3. Зачатіе Предтечи Христова Іоанна	43
4. Благовѣщеніе Пресвятой Дѣвѣ Маріи о воплощеніи отъ Нея Сына Божія	45
5. Свиданіе Пресвятой Дѣвы Маріи съ Елисаветой	46
6. Рождество Св. Іоанна Крестителя	47
7. Родословіе Господа Іисуса Христа по плоти	49

8. Рождество Христово: откровеніе тайны воплощенія праведному Іосифу, обстоятельства и время Рождества Христова..... 50
Обрѣзаніе и Срѣтеніе Господне... 56
Поклоненіе волхвовъ... 59
Бѣгство въ Египетъ. Избіеніе младенцевъ. Возвращеніе въ Назаретъ.. 61
Отрочество Господа Іисуса Христа...................................... 64

Часть II. Общественное служеніе Господа Іисуса Христа.

а) Выходъ Господа Іисуса Христа на общественное служеніе и событія Его жизни до первой Пасхи.

1. Іоаннъ Креститель и его свидѣтельство о Господѣ Іисусѣ Христѣ... 66
2. Крещеніе Господа Іисуса Христа...................................... 69
3. Сорокадневный постъ и искушеніе отъ діавола................ 71
4. Первые ученики Христовы.. 74
5. Первое чудо на бракѣ въ Канѣ Галилейской.................... 77

б) Первая Пасха общественнаго служенія Господа Іисуса Христа.

1. Изгнаніе торгующихъ изъ храма...................................... 79
2. Бесѣда Господа Іисуса Христа съ Никодимомъ............... 81
3. Послѣднее свидѣтельство св. Іоанна Крестителя объ Іисусѣ Христѣ... 85
4. Заключеніе св. Іоанна въ темницу................................... 87
5. Отшествіе Господа въ Галилею и бесѣда Его съ Самарянкой. 88
6. Прибытіе Христа Спасителя въ Галилею и начало Его проповѣди.. 92
7. Исцѣленіе въ Канѣ сына царедворца................................ 93
8. Призваніе къ Апостольскому служенію рыбарей: Петра, Андрея, Іакова и Іоанна... 94
9. Сила проповѣди Христовой и исцѣленіе бѣсноватаго въ Капернаумской синагогѣ.. 95
10. Исцѣленіе тещи Петровой и многихъ другихъ................ 96
11. Проповѣдь и дѣла Господа въ Галилеѣ.......................... 97
12. Проповѣдь Іисуса Христа въ Назаретской синагогѣ....... 97
13. Исцѣленіе прокаженнаго.. 99
14. Исцѣленіе разслабленнаго въ Капернаумѣ..................... 100
15. Призваніе Матѳея.. 101

в) Вторая Пасха общественнаго служенія Господа Іисуса Христа.

1. Исцѣленіе разслабленнаго при Овчей купели................. 104
2. Ученіе Господа Іисуса о Своемъ равенствѣ Богу Отцу и о всеобщемъ воскресеніи и судѣ... 105
3. Срываніе колосьевъ въ субботу....................................... 108

4. Исцѣленіе сухорукаго въ субботу ... 109
5. Большое стеченіе народа вокругъ Господа и обильныя исцѣленія. Господь избѣгаетъ извѣстности и пророчество о семъ. 109
6. Избраніе двѣнадцати Апостоловъ ... 109
7. Нагорная проповѣдь ... 110
8. Исцѣленіе прокаженнаго ... 123
9. Исцѣленіе слуги Капернаумскаго сотника ... 123
10. Воскрешеніе сына Наинской вдовы ... 124
11. Посольство отъ Іоанна Предтечи къ Господу Іисусу Христу и свидѣтельство Господа объ Іоаннѣ ... 125
12. Обличеніе нечестивыхъ городовъ, прославленіе Бога за открытіе истины младенцамъ и призывъ къ Себѣ труждающихся и обремененныхъ ... 126
13. Прощеніе грѣшницы въ домѣ Симона-фарисея ... 127
14. Исцѣленіе бѣсноватаго и обличеніе фарисеевъ за хулу на Духа Святаго ... 128
15. Отвѣтъ Господа искавшимъ отъ Него знаменія ... 130
16. Женщина прославляетъ Матерь Христову, и Христосъ отвѣчаетъ ей. Духовное родство съ Господомъ ... 131
17. Ученіе Господа Іисуса о Царствіи Божіемъ въ притчахъ:
    Притча о сѣятелѣ ... 132
    Притча о плевелахъ ... 134
    Притча о невидимо растущемъ сѣмени ... 134
    Притча о зернѣ горчичномъ ... 135
    Притча о закваскѣ ... 135
    Притча о сокровищѣ, скрытомъ въ полѣ ... 135
    Притча о драгоцѣнной жемчужинѣ ... 136
    Притча о неводѣ, закинутомъ въ море ... 136
18. Отвѣты Господа колеблющимся слѣдовать за Нимъ ... 137
19. Укрощеніе бури на морѣ ... 138
20. Изгнаніе легіона бѣсовъ въ странѣ Гадаринской ... 139
21. Исцѣленіе кровоточивой и воскрешеніе дочери Іаира ... 140
22. Исцѣленіе двухъ слѣпцовъ и бѣсноватаго нѣмого ... 142
23. Вторичное посѣщеніе Назарета ... 143
24. Хожденіе Господа Іисуса Христа по Галилеѣ съ учениками и нѣкоторыми женщинами. Скорбь Его о недостаткѣ дѣлателей на жатвѣ ... 144
25. Христосъ посылаетъ двѣнадцать Апостоловъ на проповѣдь. 144
26. Усѣкновеніе главы Іоанна Крестителя ... 148
27. Чудесное насыщеніе пяти тысячъ народа пятью хлѣбами ... 150
28. Хожденіе Господа по водамъ и исцѣленіе многихъ больныхъ. 151
29. Бесѣда о Хлѣбѣ Небесномъ — о Таинствѣ Причащенія ... 152

г) Третья Пасха общественнаго служенія Господа Іисуса Христа.
1. Обличеніе фарисейскихъ преданій ... 158
2. Исцѣленіе дочери Хананеянки ... 160
3. Исцѣленіе глухого косноязычнаго и многихъ больныхъ ... 161

4. Чудесное насыщеніе четырехъ тысячъ народа 162
5. Обличеніе фарисеевъ, просившихъ знаменія съ неба и предостереженіе отъ закваски фирисейской и саддукейской 162
6. Исцѣленіе слѣпого въ Виѳсаидѣ 163
7. Апостолъ Петръ исповѣдуетъ отъ лица всѣхъ Апостоловъ Іисуса Христа Сыномъ Божіимъ 163
8. Господь предрекаетъ о Своей смерти и воскресеніи и учитъ о несеніи креста 166
9. Преображеніе Господне 168
10. Исцѣленіе бѣсноватаго отрока: о важности вѣры, молитвы и поста 170
11. Чудесная уплата церковной подати 172
12. Бесѣда о томъ, кто больше въ Царствѣ Небесномъ — Господь ставитъ дитя въ примѣръ ученикамъ 172
13. Именемъ Христовымъ творились чудеса и тѣми, кто съ Нимъ не ходилъ 173
14. Ученіе о борьбѣ съ соблазнами 174
15. Притча о заблудшей овцѣ, о вразумленіи заблуждающихся и о значеніи суда Церкви 175
16. О прощеніи обидъ и притча о немилосердномъ должникѣ. 177
17. Христосъ отказывается идти на праздникъ Кущей въ Іерусалимъ вмѣстѣ съ братіями 178
18. Христосъ идетъ въ Іерусалимъ съ учениками: Самарянское селеніе отказывается принять Его 180
19. Христосъ посылаетъ на проповѣдь семьдесятъ учениковъ.... 180
20. Господь въ Іерусалимѣ на праздникѣ Кущей 181
21. Судъ Христа надъ грѣшницей, приведенной къ Нему фарисеями 185
22. Бесѣда Господа Іисуса Христа съ іудеями въ храмѣ 187
23. Исцѣленіе слѣпорожденнаго 191
24. Бесѣда о добромъ пастырѣ 194
25. Бесѣда въ праздникъ Обновленія 195
26. Возвращеніе семидесяти учениковъ 196
27. Притча о милосердномъ Самарянинѣ 198
28. Господь Іисусъ Христосъ въ домѣ Марѳы и Маріи 199
29. Притча о неотступной просьбѣ 200
30. Обличеніе книжниковъ и фарисеевъ 200
31. Притча о безразсудномъ богачѣ 201
32. Притчи объ ожиданіи второго пришествія Христова: о рабахъ, ожидающихъ возвращенія господина своего и о вѣрномъ и благоразумномъ домоправителѣ 202
33. Господь предсказываетъ о раздѣленіи среди людей 203
34. Призывъ къ покаянію въ связи съ гибелью Галилеянъ и паденіемъ Силоамской башни 203
35. Притча о безплодной смоковницѣ 204
36. Исцѣленіе скорченной женщины 205
37. О тѣсномъ пути въ Царствіе Божіе 206
38. Христосъ отвѣчаетъ на угрозы Ирода и сѣтуетъ о гибели Іерусалима 207

39. Исцѣленіе страдающаго водянкой ... 207
40. Притча о любящихъ первенствовать ... 208
41. Притча о званныхъ на вечерю ... 209
42. Ученіе объ истинныхъ послѣдователяхъ Христовыхъ ... 209
43. Притча о блудномъ сынѣ ... 210
44. Притча о невѣрномъ домоправителѣ ... 213
45. Притча о богатомъ и Лазарѣ ... 214
46. Ученіе о святости брака и о дѣвствѣ ... 216
47. Бесѣда о силѣ вѣры и объ обязанности исполнять заповѣди ... 217
48. Исцѣленіе десяти прокаженныхъ ... 219
49. Бесѣда о пришествіи Царствія Божія и о второмъ пришествіи Христовомъ ... 219
50. Притча о судьѣ неправедномъ ... 220
51. Притча о мытарѣ и фарисеѣ ... 221
52. Благословеніе дѣтей ... 221
53. О богатомъ юношѣ ... 222
54. Апостолы, оставившіе все ради Христа, наслѣдуютъ жизнь вѣчную ... 223
55. Притча о работникахъ въ виноградникѣ, получившихъ равную плату ... 224
56. Господь повторяетъ предсказаніе о предстоящихъ Ему страданіяхъ и воскресеніи и даетъ отвѣтъ сынамъ Зеведеевымъ о первенствѣ въ Его Царствѣ ... 226
57. Исцѣленіе двухъ Іерихонскихъ слѣпцовъ ... 227
58. Господь Іисусъ Христосъ посѣщаетъ Закхея ... 228
59. Притча о десяти минахъ, или талантахъ ... 229
60. Воскрешеніе Лазаря ... 231
61. Рѣшеніе синедріона убить Господа Іисуса Христа ... 234
62. Вечеря въ Виѳаніи въ домѣ Лазаря ... 235

Часть III. Послѣдніе дни земной жизни Господа Іисуса Христа.

1. Входъ Господень во Іерусалимъ ... 237
2. Изгнаніе торгующихъ изъ храма ... 240
3. Проклятіе безплодной смоковницы ... 241
4. Желаніе эллиновъ видѣть Іисуса Христа и бесѣда Господа по этому поводу ... 242
5. Засохшая смоковница и поученіе о силѣ вѣры ... 244
6. Бесѣда въ храмѣ: отвѣтъ Господа старѣйшинамъ, кто далъ Ему такую власть ... 245
7. Притча о двухъ сыновьяхъ ... 246
8. Притча о злыхъ виноградаряхъ ... 246
9. Притча о званныхъ на брачный пиръ царскаго сына ... 248
10. Отвѣтъ Господа о дани кесарю ... 250
11. Посрамленіе саддукеевъ въ вопросѣ о воскресеніи ... 250
12. Бесѣда о наибольшей заповѣди въ Законѣ Божіемъ и о Божественномъ достоинствѣ Мессіи ... 251
13. Обличительная рѣчь противъ книжниковъ и фарисеевъ ... 252
14. Лепта вдовицы ... 255

15. Бесѣда Господа съ учениками на горѣ Елеонской о Его второмъ пришествіи и кончинѣ міра 256
16. Притча о десяти дѣвахъ 261
17. О Страшномъ Судѣ 262
18. Совѣщаніе первосвященниковъ и старѣйшинъ объ убіеніи Христовомъ, помазаніе Господа женой-грѣшницей въ домѣ Симона прокаженнаго и предательство Іуды 264
19. Тайная Вечеря 267
    Умовеніе ногъ 271
    Господь объявляетъ о Своемъ предателѣ 272
    Установленіе Таинства Евхаристіи 275
    Споръ учениковъ о старшинствѣ 277
    Прощальная бесѣда Господа съ учениками 277
    Первосвященническая молитва Господа 287
20. Геѳсиманскій подвигъ: моленіе о чашѣ 289
21. Преданіе Іисуса Христа: взятіе Его подъ стражу, мечъ Петра и бѣгство учениковъ 292
22. Судъ надъ Господомъ у первосвященниковъ Анны и Каіафы. 294
23. Отреченіе Петра 297
24. Приговоръ синедріона 299
25. Погибель Іуды-предателя 300
26. Господь Іисусъ Христосъ на судѣ у Пилата 302
27. Крестный путь Господа — шествіе на Голгоѳу 312
28. Распятіе 313
29. Покаяніе благоразумнаго разбойника 316
30. Богоматерь у креста 317
31. Смерть Христова 318
32. Погребеніе Господа Іисуса Христа 322

Воскресеніе Господа нашего Іисуса Христа

33. Приходъ женъ-муроносицъ ко гробу и явленіе имъ ангела 324
34. Явленіе воскресшаго Господа Маріи Магдалинѣ и другой Маріи 328
35. Ложь іудеевъ и подкупъ стражи гроба Господня первосвященниками 330
36. Явленіе воскресшаго Господа ученикамъ на пути въ Эммаусъ. 332
37. Явленіе воскресшаго Господа десяти ученикамъ въ день воскресенія 334
38. Явленіе воскресшаго Господа одиннадцати ученикамъ въ осьмый день по воскресеніи и разсѣяніе невѣрія Ѳомы 336
39. Явленіе воскресшаго Господа ученикамъ на морѣ Тиверіадскомъ 338
40. Возстановленіе Апостола Петра въ его апостольскомъ достоинствѣ и предсказаніе ему мученичества 340
41. Явленіе воскресшаго Господа ученикамъ на горѣ въ Галилеѣ. 342
42. Вознесеніе Господне 344